中國佛教思想資料選編

（全十册，附索引）

石　峻　樓宇烈　方立天　許抗生　樂壽明 編

十

漢譯經論卷

中 華 書 局

目　録

箭喻經

〔簡介〕箭喻經一卷，出中部阿含經（Majjhimanikāyaāgama）例品，東晉僧伽提婆譯。另有一單譯本，稱佛說箭喻經，失譯者名，譯文稍異。

此經以“爲中毒箭者拔除毒箭”爲喻，批評那種執著於對世有常、世無常等問題必須先弄清楚，然後才能從佛修行的人。經中指出，這種人就像中毒箭者，一定要先弄清箭是用什麼材料造的，是什麼顏色的，造箭人是誰等等，然後才肯拔箭一樣愚蠢。進而指出，佛一向說的根本法是苦、習（集）、滅、道四諦，其餘法均爲非根本者。此經有助於了解佛說之根本宗旨。

本書選入此經所據版本爲影印宋磧砂藏本。

箭喻經

我聞如是，一時佛遊舍衛國，在勝林給孤獨園。爾時，尊者鬘童子獨安靜處，宴坐思惟。心作是念：所謂此見，世尊捨置除却不盡通說，謂世有常，世無有常；世有底，世無底；命卽是身，爲命異身異；如來終，如來不終；如來終不終，如來亦非終亦非不終耶；我不欲此，我不忍此，我不可此。若世尊爲我一向說世有常者，我從彼學梵行，若世尊不爲我一向說世有常者，我當難詰彼，捨之而去。如是世無有常，世有底，世無底；命卽是身，爲命異身異；如來終，如來不終；如來終不終，如來亦非終亦非不終耶，若世尊爲我一向說此是真諦,餘皆虚妄言者,我從彼學梵行,若世尊不爲我一向説此是真諦,餘皆虚妄言者,我當難詰彼,捨之而去。

於是,尊者鬘童子則於晡時從宴坐起,往詣佛所,稽首作禮,却坐一面,白曰:世尊,我今獨安静處宴坐思維,心作是念:所謂此見,世尊捨置除却不盡通説,謂世有常,世無有常;世有底,世無底;命卽是身,爲命異身異;如來終,如來不終;如來終不終如來亦非終亦非不耶;我不欲此,我不忍此,我不可此。若世尊一向知世有常者,世尊當爲我説;若世尊不一向知世有常者,當直言不知也。如是世無有常,世有底,世無底;命卽是身,爲命異身異;如來終,如來不終;如來終不終,如來亦終亦非不終耶。若世尊一向知此是真諦,餘皆虚妄言者,世尊當爲我説;若世尊不一向知此是真諦,餘皆虚妄言者,當直言不知也。

世尊問曰:鬘童子,我本頗爲汝如是説世有常,汝來從我學梵行耶?鬘童子答曰:不也,世尊。如是世無有常,世有底,世無底;命卽是身,爲命異身異;如來終,如來不終;如來終不終,如來亦非終亦非不終耶。我本頗爲汝如是説,此是真諦,餘皆虚妄言,汝從我學梵行耶?鬘童子答曰:不也,世尊。鬘童子,汝本頗向我説,若世尊爲我一向説世有常者,我當從世尊學梵行耶。鬘童子答曰:不也,世尊。如是世無有常,世有底,世無底;命卽是身,爲命異身異;如來終,如來不終;如來終不終,如來亦非終亦非不終耶。鬘童子,汝本頗向我説,若世尊爲我一向説此是真諦,餘皆虚妄言者,我當從世尊學梵行耶。鬘童子答曰:不也,世尊。

世尊告曰:鬘童子,我本不向汝有所説,汝本亦不向我有所説,汝愚癡人,何故虚妄誣謗我耶!於是尊者鬘童子爲世尊面訶責數,内懷憂慼,低頭默然,失辯無言,如有所伺。

於是,世尊面訶鬘童子已,告諸比丘。若有愚癡人作如是念:

若世尊不爲我一向説世有常者，我不從世尊學梵行。彼愚癡人竟不得知，於其中間而命終也。如是世無有常，世有底，世無底；命即是身，爲命異身異；如來終，如來不終；如來終不終，如來亦非終亦非不終耶。若有愚癡人作如是念：若世尊不爲我一向説此是真諦，餘皆虚妄言者，我不從世尊學梵行。彼愚癡人竟不得知，於其中間而命終也。猶如有人身被毒箭，因毒箭故，受極重苦。彼有親族，憐念愍傷，爲求利義，饒益安隱，便求箭醫。然彼人者方作是念：未可拔箭，我應先知彼人如是姓、如是名、如是生，爲長短粗細，爲黑白不黑不白，爲刹利族、梵志、居士、工師族，爲東方、南方、西方、北方耶？未可拔箭，我應先知彼弓爲柘、爲桑、爲槻、爲角耶；未可拔箭，我應先知弓扎爲是牛筋、爲麞鹿筋、爲是絲耶；未可拔箭，我應先知弓色爲黑、爲白、爲赤、爲黄耶；未可拔箭，我應先知弓弦爲筋、爲絲，爲紵、爲麻耶；未可拔箭，我應先知箭簳爲木、爲竹耶；未可拔箭，我應先知箭纏爲是牛筋、爲麞鹿筋、爲是絲耶；未可拔箭，我應先知箭羽爲飄鷂毛、爲鵰鷲毛、爲鶡雞毛、爲鶴毛耶；未可拔箭，我應先知箭鏑爲齊、爲錍、爲矛、爲鈹刀耶；未可拔箭，我應先知作箭鏑師如是姓、如是名、如是生，爲長短粗細，爲黑白不黑不白，爲東方南方西方北方耶？彼人竟不得知，於其中間而命終也。

若有愚癡人作如是念：若世尊不爲我一向説世有常者，我不從世尊學梵行。彼愚癡人竟不得知，於其中間而命終也。如是世無有常，世有底，世無底；命即是身，爲命異身異；如來終，如來不終；如來終不終，如來亦非終亦非不終耶。若有愚癡人作如是念：若世尊不爲我一向説此是真諦，餘皆虚妄言者，我不從世尊學梵行。彼愚癡人竟不得知，於其中間而命終也。世有常因此見故，從我學梵行者，此事不然。如是世無有常，世有底，世無底；命即是身，爲命異身異；如來終，如來不終；如來終不終，如來亦非終亦非不終耶。

因此見故,從我學梵行者,此事不然。世有常有此見故,不從我學梵行者,此事不然。如是世無有常,世有底,世無底;命卽是身,爲命異身異;如來終,如來不終;如來終不終,如來亦非終亦非不終耶。有此見故,不從我學梵行者,此事不然。世有常無此見故,從我學梵行者,此事不然。如是世無有常,世有底,世無底;命卽是身,爲命異身異;如來終,如來不終;如來終不終,如來亦非終亦非不終耶。無此見故,從我學梵行者,此事不然。世有常無此見故,從我學梵行者,此事不然。如是世無有常,世有底,世無底;命卽是身,爲命異身異;如來終,如來不終;如來終不終,如來亦非終亦非不終耶。無此見故,不從我學梵行者,此事不然。

世有常者,有生有老,有病有死,愁慼啼哭,憂苦懊惱,如是此淳大苦陰生。如是世無常,世有底,世無底;命卽是身,爲命異身異;如來終,如來不終;如來終不終,如來亦非終亦非不終者,有生有老,有病有死,愁慼啼哭,憂苦懊惱,如是此淳大苦陰生。世有常,我不一向說此。以何等故,我不一向說此?此非義相應,非法相應,非梵行本,不趣智、不趣覺、不趣涅槃,是故我不一向說此。如是世無常,世有底,世無底;命卽是身,爲命異身異;如來終,如來不終;如來終不終,如來亦非終亦非不終,我不一向說此。以何等故,我不一向說此?此非義相應,非法相應,非梵行本,不趣智、不趣覺、不趣涅槃,是故我不一向說此也。

何等法我一向說耶?此義我一向說:苦苦、集苦、滅苦、滅道跡我一向說。以何等故,我一向說此?此是義相應,是法相應,是梵行本,趣智、趣覺、趣於涅槃,是故我一向說此。是爲不可說者則不說,可說者則說。當如是持,當如是學。佛說如是,彼諸比丘聞佛所說,歡喜奉行。

(選自中阿含經卷六十,據影印磧砂藏本)

布咤婆樓經

〔簡介〕　布咤婆樓經一卷，出長部阿含經(Dighanikāyaāgama)第三分，姚秦佛陁耶舍與竺佛念譯。

此經通過對外道"無因無緣而想生，無因無緣而想滅"，及"想即是我"等理論的批駁，來闡明原始佛教關於因緣而生和無我等一些最基本的理論。

本書選入此經所據版本爲影印宋磧砂藏本。

布咤婆樓經

如是我聞，一時佛在舍衛國祇樹給孤獨園，與大比丘衆千二百五十人俱。爾時，世尊清旦著衣持鉢，入舍衛城乞食。時世尊念言，今日乞食於時爲早，今我寧可往至布吒婆樓梵志林中觀看，須時至當乞食。

爾時，世尊卽詣梵志林中。時布吒婆樓梵志遥見佛來，卽起迎逆言：善來沙門瞿曇，久不來此，今以何緣而能屈顧？可前就座。爾時世尊卽就其坐，告布吒婆樓曰：汝等集此，何所作爲，爲何講說？梵志白佛言：世尊，昨日多有梵志沙門、婆羅門，集此婆羅門堂，說如是事相違逆論。瞿曇，或有梵志作是說言：人無因無緣而想生，無因無緣而想滅。想有去來，來則想生，去則想滅。瞿曇，或有梵志作是說：由命有想生，由命有想滅，彼想有去來，來則想生，去則想滅。瞿曇，或有梵志作是說：如先所言，無有是處。有大鬼神，有大威力，彼持想去，彼持想來。彼持想去則想滅，彼持想來則想生。我因是故生念，念沙門瞿曇必知此義，必能善知想知滅定。

爾時，世尊告梵志曰：彼諸論者，皆有遇咎。言無因無緣而有想生，無因無緣而有想滅，相有去來，來則想生，去則想滅。或言因命想生，因命想滅，想有去來，來則想生，去則想滅。或有言無有是處，有大鬼神，彼持想來，彼持想去，持來則想生，持去則想滅。如此言者，皆有過咎。所以者何？梵志，有因緣而想生，有因緣而想滅。若如來出現於世，至真等正覺，十號具足。有人於佛法中出家爲道，乃至滅五盖覆蔽心者，除去欲惡不善法，有覺有觀，離生喜樂，入初禪。先滅欲想，生喜樂想。梵志，以此故知，有因緣想生，有因緣想滅。滅有覺觀，内喜一心，無覺無觀，定生喜樂，入第二禪。梵志，彼初禪想滅，二禪想生，以是故知，有因緣想滅，有因緣想生。捨喜修護，專念一心，自知身樂，賢聖所求，護念清淨，入第三禪。梵志，彼二禪想滅，三禪想生，以是故知，有因緣想滅，有因緣想生。捨苦捨樂，先滅憂喜，護念清淨，入第四禪。梵志，彼三禪想滅，四禪想生，以是故知，有因緣想滅，有因緣想生。捨一切色想，滅恚不念異想，入空處。梵志，一切色想滅，空處想生，以是故知，有因緣想滅，有因緣想生。越一切空處，入識處。梵志，彼空處相滅，識處想生，故知有因緣想滅，有因緣想生。越一切識處，入不用處。梵志，彼識處想滅，不用處想生，以是故知，有因緣想滅，有因緣想生。捨不用處，入有想無想處。梵志，彼不用處想滅，有想無想處想生，以是故知，有因緣想滅，有因緣想生。彼捨有想無想處，入想知滅定。梵志，彼有想無想處想滅，入想知滅定，以是故知，有因緣想生，有因緣想滅。

彼得此想已作是念，有念爲惡，無念爲善。彼作是念時，微妙想不滅，更粗想生。彼復念言，我今寧可不爲念行，不起思惟？彼不爲念行，不起思惟已，微妙想滅，粗想不生。彼不爲念行，不起思惟，微妙想滅，粗想不生時，卽入想知滅定。

云何梵志，汝從本已來，頗曾聞此次第滅想因緣不？梵志白佛言：從本已來，信自不聞如是次第滅想因緣。又白佛言：我今生念，謂此有想此無想，或復有想此想已，彼作是念，有念爲惡，無念爲善。彼作是念時，微妙想不滅，粗想更生。彼復念言，我今寧可不爲念行，不起思惟？彼不爲念行，不起思惟已，微妙想滅，粗想不生。彼不爲念行，不起思惟，微妙想滅，粗想不生時，卽入想知滅定。佛告梵志言：善哉，善哉！此是賢聖法中次第滅想定。

梵志復白佛言：此諸想中，何者爲無上想？佛告梵志：不用處想爲無上。梵志又白佛言：諸想中何者爲第一無上想？佛言：諸〔言有〕想，諸言無想，於其中間能次第得想知滅定者，是爲第一無上想。梵志又問：爲一想爲多想？佛言，有一想無多想。梵志又問，先有想生然後智，先有智生然後想，爲想智一時俱生耶？佛言：先有想生然後智，由想有智。

梵志又問：想卽是我耶？佛告梵志：汝說何等人是我？梵志白佛言：我不說人是我，我自說色身，四大六入，父母生育乳餔成長，衣服莊嚴無常磨滅法，我說此人是我。佛告梵志：汝言色身四大六入，父母生育乳餔成長，衣服莊嚴無常摩滅法，說此人是我，梵志，且置此我，但人想生人想滅。梵志言：我不說人是我，我說欲界天是我。佛言：且置欲界天是我，但人想生人想滅。梵志言：我不說人是我，我自說色界天是我。佛言：且置色界天是我，但人想生人想滅。梵志言：我不說人是我，我自說空處、識處、不用處、有想無想處、無色天是我。佛言：且置空處、識處、無所有處、有想無想處、無色天是我，但人想生人想滅。

梵志白佛言：云何瞿曇，我寧可得知人想生人想滅不？佛告梵志:汝欲知人想生人想滅者,甚難甚難! 所以者何? 汝異見、異習、異忍、異受,依異法故。梵志白佛言:如是瞿曇,我異見、異習、異忍、異受,依異法故,欲解人想生人想滅者,甚難甚難。所以者何? 我世間有常此實餘虚,我世間無常此實餘虚,我世間有常無常此實餘虚,我世間非有常非無常此實餘虚。我世間有邊此實餘虚,我世間無邊此實餘虚,我世間有邊無邊此實餘虚,我世間非有邊非無邊此實餘虚。是命是身此實餘虚,命異身異此實餘虚,身命非異非不異此實餘虚,無命無身此實餘虚。如來終此實餘虚,如來不終此實餘虚,如來終不終此實餘虚,如來非終非不終此實餘虚。佛告梵志:世間有常,乃至如來非終非不終,我所不記。梵志白佛言:瞿曇,何故不記? 我世間有常,乃至如來非終非不終,盡不記耶? 佛言:此不與義合,不與法合,非梵行,非無欲,非無爲,非寂滅,非止息,非正覺,非沙門,非泥洹,是故不記。梵志又問:云何爲義合法合,云何爲梵行初,云何無爲,云何無欲,云何寂滅,云何止息,云何正覺,云何沙門,云何泥洹,云何名記。佛告梵志:我記苦諦、苦集、苦滅、苦出要諦,所以者何? 此是義合法合,梵行初首,無欲、無爲、寂滅、止息、正覺、沙門、泥洹,是故我記。

爾時,世尊爲梵志説法示教利喜已,即從坐〔起〕而去。佛去未久,其後諸餘梵志語布吒婆樓梵志曰:汝何故聽瞿曇沙門所説語,印可瞿曇言? 我及世間有常,乃至如來非終非不終,不與義合故我不記。汝何故印可是言? 我等不可沙門瞿曇如是所説。布吒婆樓報諸梵志言:沙門瞿曇所説,我世間有常,乃至如來非終非不終,不與義合故我不記,我亦不印可此言。但彼沙門瞿曇,依法住法,以法而言,以法出離,我當何由違此智言? 沙門瞿曇,如此微妙法言,不可違也。

時布吒婆樓梵志,又於異時〔共〕象首舍利弗詣世尊所,問訊已，一面坐。象首舍利弗禮佛而坐。時梵志白佛言：佛先在我所時，去未久，其後諸餘梵志語我言，汝何故聽沙門瞿曇所說語，印可瞿曇言，我世間有常，乃至如來非終非不終，不合義故我不記。汝何故印可是言。我等不可沙門瞿曇如是所說。我報彼言，沙門瞿曇所説，我世間有常，乃至如來非終非不終，不與義合故我不記，我亦不印可此言。但彼沙門瞿曇依法住法，以法而言，以法出離，我等何由違此智言？沙門瞿曇微妙法言，不可違也。佛告梵志曰：諸梵志言，汝何故聽沙門瞿曇所説語，印可此言，有咎。所以者何？我所說法，有決定記不決定記。云何名不決定記？我世間有常，乃至如來非終非不終，我亦説此言，而不決定記。所以然者，此不與義合，不與法合，非梵行初，非無欲，非無爲，非寂滅，非止息，非正覺，非沙門，非泥洹。是故梵志，我雖説此言，而不決定記。云何名爲決定記？我記苦諦、苦集、苦滅、苦出要諦，所以者何？此與法合義合，是梵行初首，無欲、無爲、止息、正覺、沙門、泥洹，是故我說決定記。

梵志，或有沙門婆羅門於一處世間一向説樂，我語彼言，汝等審説一處世間一向樂耶？彼報我言，如是。我又語彼言，汝知見一處世間一向樂耶？彼答我言，不知不見。我復語彼言，一處世間一向樂，汝曾見不？彼報我言，不知不見。又問彼言，彼一處世間諸天，汝頗共坐起、言語、精進、修定不耶？答我言，不。我又問彼言，彼一處世間諸天一向樂者，頗曾來語汝言，汝所行質直，當生彼一向樂天。我以所行質直，故得生彼共受樂耶？彼答我言，不也。我又問彼言，汝能於己身起心化作他四大身，身體具足，諸根無闕不？彼答我言，不能。云何梵志，彼沙門婆羅門所言，爲是誠實，爲應法不？梵志白佛言：此非誠實，爲非法言。

佛告梵志，如有人言，我與彼端正女人交通稱讚淫女，餘人問言,汝識彼女不?爲在何處?東方、西方、南方、北方耶?答曰,不知。又問,汝知彼女所止土地城邑村落不?答曰,不知。又問,汝識彼女父母及其姓字不?答曰,不知。又問,汝知彼女爲是剎利女,爲是婆羅門、居士、首陀羅女耶?答曰,不知。又問,汝知彼女形貌爲長短粗細、黑白好醜耶?答曰,不知。云何梵志,此人所説爲誠實不?答曰:不也。梵志,彼沙門婆羅門亦復如是,無有真實。梵志,猶如有人立梯空地,餘人問言,立梯用爲?答曰,我欲上堂。又問,堂何所在?答曰,不知。云何梵志,彼立梯者豈非虚妄耶?答曰:如是,彼實虚妄。佛言:諸沙門婆羅門亦復如是,虚妄無實。

佛告布吒婆樓,汝言我身色四大六入,父母生育,乳餔成長,衣服莊嚴,無常磨滅,以此爲我者,我説此爲染污,爲清淨,爲得解?汝意或謂染污法不可滅,清淨法不可生,常在苦中,勿作是念。何以故?染污法可滅盡,清淨法可出生,處安樂地,歡喜愛樂,專念一心智慧增廣。梵志,我於欲界天、色界天、空處、識處、不用處、有想無想處天,説爲染污,亦説清淨,亦説得解。汝意或謂染污法不可滅,清淨法不可生,常在苦中,勿作是念。所以者何?染污可滅,淨法可生,處安樂地,歡喜愛樂,專念一心智慧增廣。

爾時,象首舍利弗白佛言:世尊,當有欲界人身四大諸根時,復有欲界天身,色界天身,空處、識處、無所有處、有想無想處天身,一時有不?世尊,當有色界天身時,復有欲界人身四大諸根,及色界天身,空處、識處、無所有處、有想無想處天身,一時有不?如是至有想無想處天身時,有欲界人身四大諸根,及欲界天身,色界天身、空處、識處、無所有處天身,一時有不?佛告象首舍利弗,若有欲界人身四大諸根,爾時正有欲界人身四大諸根,非欲界天身,色界天身,空處、識處、無所有處、有想無想處天身。如是,乃至有有想無想處天身,爾時正有有想無想處天身,無有欲界人身四大諸根,及欲界天身，色界天身，空處、識處、無所有處天身。象首，譬如牛乳，乳變爲酪，酪爲生蘇，生蘇爲熟蘇，熟蘇爲醍醐，醍醐爲第一。象首，於此亦如是。若有欲界人身四大諸根時，無有欲界天身，色界天身，乃至有想無想處天身。如是展轉有有想無想處天身時，唯有有想無想處天身，無有欲界人身四大諸根，及欲界天身，色界天身，乃至無所有天身。

象首，於汝意云何：若有人問汝言，若有過去身時，有未來、現在身，一時有不？有未來身時，有過去、現在身，一時有不？有現在身時，有過去、未來身，一時有不？設有此問者，汝云何報？象首言：設有如是問者，我當報言，有過去身時，唯是過去身，無未來、現在；有未來身時，唯是未來身，無過去、現在；有現在身時，唯是現在身，無過去、未來身。象首，此亦如是，有欲界人身四大諸根時，無欲界天身、色界天身、乃至有想無想處天身。如是展轉，至有想無想處天身時，無有欲界人身四大諸根，及欲界天身、色界天身至不用處天身。

復次，象首，若有人問汝言，汝曾有過去已滅不，未來當生不，現在今有不？設有是問者，汝當云何答？象首白佛言：若有是問者，當答彼言，我曾有過去，已滅非不有也；有未來當生，非不有也；現在今有，非不有也。佛言：象首，此亦如是，有欲界人身四大諸根時，無欲界天身，乃至有想無想天身。如是展轉，至有想無想天身時，無有欲界人身四大諸根，及欲界天身，乃至無所有處天身。

爾時，象首白佛言：世尊，我今歸依佛、歸依法、歸依僧，聽我於正法中爲優婆塞。自今以後，盡形壽不殺、不盜、不淫、不欺、不飲酒。時布吒婆樓梵志白佛言：我得於佛法中出家受戒不？佛告梵志：若有異學欲於我法中出家爲道者，先四月觀察稱衆人意，然後乃得出家受戒，雖有是法，亦觀人耳。梵志白佛言：諸有異學欲於佛法中出家受戒者，先當四月觀察稱衆人意，然後乃得出家受戒，如我今者，乃能於佛法中四歲觀察稱衆人意，然後乃望出家受戒。佛告梵志：我先語汝，雖有是法，當觀其人。時彼梵志即於正法中得出家受戒。如是不久，以信堅固，淨修梵行，於現法中自身作證，生死已盡。所作已辦，不受後有，即成阿羅漢。

爾時布吒婆樓聞佛所説，歡喜奉行。

（選自長阿含經卷十七，據影印磧砂藏本）

分别聖諦經

〔簡介〕　分别聖諦經一卷，出中部阿含經　(Majjhimanikàya āgama)相應品，東晉僧伽提婆譯。

此經分别細述了苦、集、滅、道四諦的基本内容，是了解原始佛教四聖諦學説的一篇簡明讀物。

本書選入此經所據版本爲影印宋磧砂藏本。

分别聖諦經

我聞如是，一時佛遊舍衛國，在勝林給孤獨園。爾時，世尊告諸比丘，此是正行説法，謂四聖諦，廣攝廣觀，分别發露，開仰施設，顯示趣向。過去諸如來無所著等正覺，彼亦有此正行説法，謂四聖諦，廣攝廣觀，分别發露，開仰施設，顯示趣向。未來諸如來無所著等正覺，彼亦有此正行説法，謂四聖諦，廣攝廣觀，分别發露，開仰施設，顯示趣向。我今現如來無所著等正覺，亦有此正行説法，謂四聖諦，廣攝廣觀，分别發露，開仰施設，顯示趣向。

舍梨子比丘聰慧、速慧、捷慧、利慧、廣慧、深慧、出要慧、明達慧、辯才慧。舍梨子比丘成就實慧。所以者何？謂我略説此四聖諦，舍梨子比丘則能爲他廣教廣觀，分别發露，開仰施設，顯現趣向。舍梨子比丘廣教廣示此四聖諦，分别發露，開仰施設，顯示趣向時，令無量人而得於觀。舍梨子比丘能以正見爲導御也，目揵連比丘能令立於最上真際，謂究竟漏盡。舍梨子比丘生諸梵行猶如生母，目〔犍〕連比丘長養諸梵行猶如養母。是以諸梵行者，應奉事供養，恭敬禮拜舍梨子、目犍連比丘。所以者何？舍梨子、目犍連比丘爲諸梵行者求義及饒益，求安隱快樂。

爾時，世尊説如是已，即從座起，入室宴坐。於是，尊者舍梨子告諸比丘：諸賢，世尊爲我等出世，謂爲他廣永此四聖諦，分别發露，開仰施設，顯現趣向。云何爲四？謂苦聖諦，苦集、苦滅、苦滅道聖諦。

諸賢，云何苦聖諦？謂生苦、老苦、病苦、死苦、怨憎會苦、愛别離苦、所求不得苦、略五盛陰苦。諸賢，説生苦者，此説何因？諸賢，生者，謂彼衆生彼彼衆生種類，生則生、出則出、成則成。興起五陰，已得命根，是名爲生。諸賢，生苦者，謂衆生生時，身受苦受遍受覺遍覺，心受苦受遍受覺遍覺，身心受苦受遍受覺遍覺；身熱受遍受覺遍覺，心熱受遍受覺遍覺，身心熱受遍受覺遍覺；身壯熱煩惱憂慼受遍受覺遍覺，心壯熱煩惱憂慼受遍受覺遍覺，身心壯熱煩惱憂慼受遍受覺遍覺。諸賢，説生苦者因此故説。

諸賢，説老苦者，此説何因？諸賢，老者，謂彼衆生彼彼衆生種類，彼爲老耄，頭白齒落，盛壯日衰，身曲脚戾，體重氣上，拄杖而行，肌縮皮緩，皺如麻子，諸根毁熟，顔色醜惡，是名爲老。諸賢，老苦者，謂衆生老時，身受苦受遍受覺遍覺，心受苦受遍受覺遍覺，身心受苦受遍受覺遍覺；身熱受遍受覺遍覺，心熱受遍受覺遍覺，身心熱受遍受覺遍覺；身壯熱煩惱憂慼受遍受覺遍覺，心壯熱煩惱憂慼受遍受覺遍覺，身心壯熱煩惱憂慼受遍受覺遍覺。諸賢，説老苦者，因此故説。

諸賢，説病苦者，此説何因？諸賢，病者，謂頭痛、眼痛、耳痛、鼻痛、面痛、脣痛、齒痛、舌痛、齶痛、咽痛，風喘欬嗽，噎吐喉痺，癲癇癰瘻，經溢赤痰，壯熱枯槁，痔瘻下痢。若有如是比除種種病從，更樂觸生不離心立在身中，是名爲病。諸賢，病苦者，謂衆生病時，身受苦受遍受覺遍覺，心受苦受遍受覺遍覺，身心受苦受遍受覺遍覺；身熱受遍受覺遍覺，心熱受遍受覺遍覺，身心熱受遍受覺遍覺；身壯熱煩惱憂慼受遍受覺遍覺，心壯熱煩惱憂慼受遍受覺遍覺，身心壯熱煩惱憂慼受遍受覺遍覺。諸賢，説病苦者，因此故説。

諸賢，説死苦者，此説何因？諸賢，死者，謂彼衆生彼彼衆生種類，命終無常，死喪散滅，壽盡破壞，命根閉塞，是名爲死。諸賢，死苦者，謂衆生死時，身受苦受遍受覺遍覺，心受苦受遍受覺遍覺，身心受苦受遍受覺遍覺；身熱受遍受覺遍覺，心熱受遍受覺遍覺，身心熱受遍受覺遍覺；身壯熱煩惱憂慼受遍受覺遍覺，心壯熱煩惱憂慼受遍受覺遍覺，身心壯熱煩惱憂慼受遍受覺遍覺。諸賢，説死苦者，因此故説。

諸賢，説怨憎會苦者，此説何因？諸賢，怨憎會者，謂衆生實有内六處，不愛眼處、耳鼻舌身意處，彼同會一，有攝和集，共合爲苦；如是外處，更樂覺想思愛，亦復如是。諸賢，衆生實有六界，不愛地界、水火風空識界，彼同會一，有攝和集，共合爲苦，是名怨憎會。諸賢，怨憎會苦者，謂衆生怨憎會時，身受苦受遍受覺遍覺，心受苦受遍受覺遍覺，身心受苦受遍受覺遍覺。諸賢，説怨憎會苦者，因此故説。

諸賢，説愛别離苦者，此説何因？諸賢，愛别離苦者，謂衆生實有内六處，愛眼處、耳鼻舌身識處，彼異分散，不得相應，别離不會，不攝不集，不和合爲苦；如是外處，更樂覺想思愛，亦復如是。諸賢，衆生實有六界，愛地界、水火風空識界，彼異分散，不得相應，别離不會，不攝不集，不和合爲苦，是名愛别離。諸賢，愛别離苦者，謂衆生别離時，身受苦受遍受覺遍覺，心受苦受遍受覺遍覺，身心受苦受遍受覺遍覺。諸賢，説愛别離苦者，因此故説。

諸賢，説所求不得苦者，此説何因？諸賢，謂衆生生法不離生法，欲得令我而不生者，此實不可以欲而得。老法、死法、愁憂慼法，不離憂慼法，欲得令我不憂慼者，此亦不可以欲而得。諸賢，衆生實生苦而不可樂不可愛念，彼作是念，若我生苦而不可樂不可愛念者，欲得轉是令可愛念，此亦不可以欲而得。諸賢，衆生實生樂而可愛念，彼作是念，若我生樂可愛念者，欲得令是常恒久住不變易法，此亦不可以欲而得。諸賢，衆生實生思想而不可樂不可愛念，彼作是念，若我生思想而不可樂不可愛念者，欲得轉是令可愛念，此亦不可以欲而得。諸賢，衆生實生思想而可愛念，彼作是念，若我生思想可愛念者，欲得令是常恒久住不變易法，此亦不可以欲而得。諸賢，説所求不得苦者，因此故説。

諸賢，説略五盛陰苦者，此説何因？謂色盛陰、覺想行識盛陰。諸賢，説略五盛陰苦者，因此故説。

諸賢，過去時是苦聖諦，未來、現在時是苦聖諦，真諦不虚，不離於如，亦非顛倒，真諦審實，合如是諦，聖所有、聖所知、聖所見、聖所了、聖所得、聖所等正覺，是故説苦聖諦。

諸賢，云何愛集苦集聖諦？謂衆生實有愛内六處，眼處、耳鼻舌身意處，於中若有愛、有膩、有染、有著者，是名爲集。諸賢，多聞聖弟子知我如是知，此法如是見、如是了、如是視、如是覺，是謂愛集苦集聖諦。如是知之云何知耶？若有愛妻子、奴婢、給使、眷屬、田地、屋宅、店肆、出息、財物，爲所作業有愛、有膩、有染、有著者，是名爲集。彼知此愛集苦集聖諦，如是外處，更樂覺想思愛，亦復如是。諸賢，衆生實有愛六界，地界、水火風空識界，於中若有愛、有膩、有染、有著者，是名爲集。諸賢，多聞聖弟子知我如是知，此法如是見、如是了、如是視、如是覺，是謂愛集苦集聖諦。如是知之云何知耶？若有愛妻子、奴婢、給使、眷屬、田地、屋宅、店肆、出息、財物，爲所作業有愛、有膩、有染、有著者，是名爲集。彼知是愛集苦集聖諦。諸賢，過去時是愛集苦集聖諦，未來、現在時是愛集苦集聖諦，真諦不虚，不離於如，亦非顛倒，真諦審實，合如是諦，聖所有、聖所知、聖所見、聖所了、聖所得、聖所等正諦，是故説愛集苦集聖諦。

諸賢，云何愛滅苦滅聖諦？謂衆生實有愛内六處，眼處、耳鼻舌身意處，彼若解脱不染不著，斷捨吐盡無欲滅止没者，是名苦滅。諸賢，多聞聖弟子知我如是知，此法如是見、如是了、如是視、如是覺，是謂愛滅苦滅聖諦。如是知之，云何知耶？若有不愛妻子、奴婢、給使、眷屬、田地、屋宅、店肆、出息、財物，不爲所作業，彼若解脱，不染、不著，斷捨吐盡無欲滅止没者，是名苦滅。彼知是愛滅苦滅聖諦。如是外處，更樂覺想思愛，亦復如是。諸賢，衆生實有愛六界，地界、水火風空識界，彼若解脱，不染、不著，斷捨吐盡無欲滅止没者，是名苦滅。諸賢，多聞聖弟子知我如是知，此法如是見、如是了、如是視、如是覺，是謂愛滅苦滅聖諦。如是知之，云何知耶？若有不愛妻子、奴婢、給使、眷屬、田地、屋宅、店肆、出息、財物，不爲所作業，彼若解脱，不染、不著，斷捨吐盡無欲滅止没者，是名苦滅。彼知是愛滅苦滅聖諦。諸賢，過去時是愛滅苦滅聖諦，未來、現在時是愛滅苦滅聖諦，真諦不虚，不離於如，亦非顛倒，真諦審實，合如是諦，聖所有、聖所知、聖所見、聖所了、聖所得、聖所等正覺，是故説愛滅苦滅聖諦。

諸賢，云何苦滅道聖諦？謂正見、正志、正語、正業、正命、正方便、正念、正定。

諸賢，云何正見？謂聖弟子念苦是苦時，集是集、滅是滅、念道是道時，或觀本所作，或學念諸行，或見諸行災患，或見涅槃止息，或無著念觀善心解脱時，於中擇遍，擇決擇擇，法視遍視，觀察明達，是名正見。

諸賢，云何正志？謂聖弟子念苦是苦時，集是集、滅是滅、念道是道時，或觀本所作，或學念諸行，或見諸行災患，或見涅槃止息，或無著念觀善心解脱時，於中心伺遍伺，隨順〔伺〕伺，可念則念，可望則望，是名正志。

諸賢，云何正語？謂聖弟子念苦是苦時，集是集、滅是滅、念道是道時，或觀本所作，或學念諸行，或見諸行灾患，或見涅槃止息，或無著念觀善心解脱時，於中除口四妙行，諸餘口惡行遠離除斷，不行不作，不合不會，是名正語。

諸賢，云何正業？謂聖弟子念苦是苦時，集是集、滅是滅、念道是道時，或觀本所作，或學念諸行，或見諸行災患，或見涅槃止息，或無著念觀善心解脱時，於中餘身三妙行，諸餘身惡行遠離除斷，不行不作，不合不會，是名正業。

諸賢，云何正命？謂聖弟子念苦是苦時，集是集、滅是滅、念道是道時，或觀本所作，或學念諸行，或見諸行災患，或見涅槃止息，或無著念觀善心解脱時，於中非無理求，不以多欲無厭足，不爲種種技術呪説邪命活，但以法求衣，不以非法，亦以法求食、牀、座，不以非法，是名正命。

諸賢，云何正方便？謂聖弟子念苦是苦時，集是集、滅是滅、念道是道時，或觀本所作，或學念諸行，或見諸行災患，或見涅槃止息，或無著念觀善心解脱時，於中若有精進方便，一向精勤求，有力趣向，專著不捨，亦不衰退，正伏其心，是名正方便。

諸賢，云何正念？謂聖弟子念苦是苦時，集是集、滅是滅、念道是道時，或觀本所作，或學念諸行，或見諸行災患，或見涅槃止息，或無著念觀善心解脱時，於中若念順念背，不向念念遍念憶，復憶心正不忘心之所應，是名正念。

諸賢，云何正定？謂聖弟子念苦是苦時，集是集、滅是滅、念道是道時，或觀本所作，或學念諸行，或見諸行災患，或見涅槃止息，或無著念觀善心解脫時，於中若心住禪住順住，不亂不散攝止正定，是名正定。

諸賢，過去時是苦滅道聖諦，未來、現在時是苦滅道聖諦，真諦不虛，不離於如，亦非顛倒，真諦審實，合如是諦，聖所有、聖所知、聖所見、聖所了、聖所得、聖所等正覺，是故說苦滅道聖諦。

於是頌曰：

佛明達諸法　見無量善德　苦集滅道諦　善顯現分別

尊者舍梨子所說如是，彼諸比丘聞尊者舍梨子所說，歡喜奉行。

（選自中阿含經卷七，據影印磧砂藏本）

緣 起 經

〔簡介〕 緣起經一卷，唐玄奘譯。

此經扼要地闡述了關於十二緣起說的基本内容，是了解原始佛教緣起理論的一篇簡明讀物。

本書選入此經所據版本爲影印宋磧砂藏本。

緣 起 經

如是我聞，一時薄伽梵在室羅筏，住誓多林給孤獨園，與無量無數聲聞、菩薩、天人等俱。爾時，世尊告苾芻衆，吾當爲汝宣説緣起初、差別義，汝應諦聽，極善思惟。吾今爲汝分別解説。苾芻衆言，唯然，願説，我等樂聞。

佛言：云何名緣起初？謂依此有故彼有，此生故彼生。所謂無明緣行，行緣識，識緣名色，名色緣六處，六處緣觸，觸緣受，受緣愛，愛緣取，取緣有，有緣生，生緣老死。起愁歎苦憂惱，是名爲純大苦蘊集，如是名爲緣起初義。

云何名爲緣起差別？謂無明緣行者。云何無明？謂於前際無知，於後際無知，於前後際無知；於内無知，於外無知，於内外無知；於業無知，於異熟無知，於業異熟無知；於佛無知，於法無知，於僧無知，於苦無知，於集無知，於滅無知，於道無知，於因無知，於果無知，於因已生諸法無知，於善無知，於不善無知，於有罪無知，於無罪無知，於應修習無知，於不應修習無知，於下劣無知，於上妙無知，於黑無知，於白無知，於有異分無知，於緣已生或六觸處如實通達無知，如是於彼彼處如實無知，無見無現觀，愚癡無明黑闇，是謂無明。云何爲行？行有三種，謂身行、語行、意行，是名爲行。

行緣識者。云何爲識？謂六識身，一者眼識，二者耳識，三者鼻識，四者舌識，五者身識，六者意識，是名爲識。

識緣名色者。云何爲名？謂四無色蘊，一者受蘊，二者想蘊，三者行蘊，四者識蘊。云何爲色？謂諸所有色，一切四大種，及四大種所造。此色前名總略爲一，合名名色，是謂名色。

名色緣六處者。云何六處？謂六内處，一眼内處，二耳内處，三鼻内處，四舌内處，五身内處，六意内處，是謂六處。

六處緣觸者。云何爲觸？謂六觸身，一者眼觸，二者耳觸，三者鼻觸，四者舌觸，五者身觸，六者意觸，是名爲觸。

觸緣受者。云何爲受？受有三種，謂樂受、苦受、不苦不樂受，是名爲受。

受緣愛者。云何爲愛？愛有三種，謂欲愛、色愛、無色愛，是名爲愛。

愛緣取者。云何爲取？謂四取，一者欲取，二者見取，三者戒禁取，四者我語取，是名爲取。

取緣有者。云何爲有？有有三種，謂欲有、色有、無色有，是名爲有。

有緣生者。云何爲生？謂彼彼有情，於彼彼有情類，諸生等生趣，起出現蘊，得界、得處、得諸蘊，生起命根出現，是名爲生。

生緣老死者。云何爲老？謂髮衰變，皮膚緩皺，衰熟損壞，身脊傴曲，黑黶間身，喘息奔急，形貌僂前，憑據杖策，惛昧羸劣，損減衰退，諸根耄熟，功用破壞，諸行朽故，其形腐敗，是名爲老。云何爲死？謂彼彼有情，從彼彼有情類，終盡壞没，捨壽捨煖，命根謝滅，棄捨諸蘊，死時運盡，是名爲死。此死前老，總略爲一，合名老死。如是名爲緣起差别義。

苾芻，我已爲汝等説所據緣起初、差别義。時薄伽梵説是經已，聲聞、菩薩、天人等衆，聞佛所説，皆大歡喜，得未曾有，信受奉行。

（據影印磧砂藏本）

佛遺教經

〔簡介〕 佛遺教經一卷，或稱佛垂般涅槃略説教誡經、佛入涅槃略説教誡經、佛臨般涅槃經、遺教經等，姚秦鳩摩羅什譯。

此經記述釋迦牟尼佛臨入涅槃前爲弟子們最後所説之法。其中心是要求弟子們在佛入滅後"尊重珍敬波羅提木叉(Prātimokṣa)"。波羅提木叉譯意爲"正順解脱"。此經佛説認爲，"戒是正順解脱之本，故名波羅提木叉"。因此經中反復闡明持淨戒的重要性，要求佛弟子住戒以製五根，"勿令放逸入於五欲"，並認爲如能持戒，則"得生諸禪定及滅苦智慧"。此經最後復申"世皆無常，會必有離"的教理，要求弟子們"當修精進，早求解脱，以智慧明，滅諸癡闇"。而且宣稱，佛入滅後，"我諸弟子轉展行之，則是如來法身常在而不滅也"。這裡對"如來法身"的説法比較原始質樸，值得注意。

此經在印度卽有天親(Vasubandhu 又譯世親)的解説，漢譯爲遺教經論一卷(陳眞諦譯)。此經在中土流傳也甚廣，唐太宗在施行遺教經敕中命令説:"其官宦五品已上，及諸州刺史，各付一卷。"現存的注解本有佛遺教經論疏節要一卷(宋淨源節要、明袾宏補注)、佛遺教經注一卷(宋守遂注、明了童補注)、佛遺教經解一卷(明智旭述)、遺教經指南一卷(明道霈述)等。

本書選入此經所據版本爲影印宋磧砂藏本。

佛遺教經

釋迦牟尼佛初轉法輪，度阿若憍陳如，最後説法度須跋陀羅。所應度者皆以度訖，於娑羅雙樹間將入涅槃，是中夜寂然無聲，爲諸弟子略説法要。

汝等比丘，於我滅後當尊重珍敬波羅提木叉，如暗遇明，貧人得寶。當知此則是汝等大師，若我住世無異此也。持淨戒者，不得販賣貿易，安置田宅，畜養人民、奴婢、畜生，一切種植及諸財寶皆當遠離，如避火坑；不得斬伐草木，墾土掘地，合和湯藥，占相吉凶，仰觀星宿，推步盈虚，歷數算計，皆所不應；節身時食，清淨自活，不得參預世事，通致使命，呪術仙藥，結好貴人，親厚媟慢，皆不應作；當自端心，正念求度，不得色藏瑕疵，顯異惑衆，於四供養，知量知足，趣得供事，不應畜積。此則略説持戒之相。戒是正順解脱之本，故名波羅提木叉。依因此戒，得生諸禪定及滅苦智慧。是故，比丘當持淨戒，勿令毁缺。若人能持淨戒，是則能有善法，若無淨戒，諸善功德皆不得生，是以當知戒爲第一安隱功德之所住處。汝等比丘已能住戒，當制五根，勿令放逸入於五欲。譬如牧牛之人，執仗視之，不令縱逸犯人苗稼。若縱五根，非唯五欲將無涯畔，不可制也，亦如惡馬，不以轡制，將當牽人墜於坑陷。如被劫害，苦止一世，五根賊禍，殃及累世，爲害甚重，不可不慎。是故，智者制而不隨，持之如賊，不令縱逸。假令縱之，皆亦不久見其磨滅。此五根者，心爲其主，是故汝等當好制心。心之可畏，甚於毒蛇，惡獸怨賊，大火越逸，未足喻也。動轉輕躁，但觀於蜜，不見深坑，譬如狂象無鉤，猨猴得樹騰躍踔躑，難可禁制，當急挫之，無令放逸。縱此心者，喪人善事，制之一處，無事不辦，是故比丘當勤精進，折伏汝心。

汝等比丘，受諸飲食當如服藥，於好於惡，勿生增減，趣得支身，以除飢渴，如蜂採華，但取其味，不損色香。比丘亦爾，受人供養，趣自除惱，無得多求，壞其善心，譬如智者，籌量牛力所堪多少，不令過分以竭其力。

汝等比丘，晝則勤心修習善法，無令失時，初夜後夜亦勿有廢。中夜誦經，以自消息，無以睡眠因緣，令一生空過，無所得也。當念無常之火燒諸世間，早求自度，勿睡眠也。諸煩惱賊常伺殺人，甚於怨家，安可睡眠不自警寤？煩惱毒蛇睡在汝心，譬如黑蚖在汝室睡，當以持戒之鈎早併除之，睡蛇既出，乃可安眠，不出而眠，是無慚人也。慚耻之服於諸莊嚴最爲第一，慚如鐵鈎，能制人非法。是故比丘常當慚耻，無得暫替，若離慚耻，則失諸功德。有愧之人則有善法，若無愧者，與諸禽獸無相異也。

汝等比丘，若有人來節節支解，當自攝心無令瞋恨，亦當護口勿出惡言。若縱恚心，則自妨道，失功德利。忍之爲德，持戒苦行所不能及，能行忍者，乃可名爲有力大人。若其不能歡喜忍受惡駡之毒如飲甘露者，不名入道智慧人也。所以者何？瞋恚之害，則破諸善法，壞好名聞，今世後世人不喜見。當知瞋心甚於猛火，常當防護，勿令得入劫功德賊。無過瞋恚，白衣受欲非行道人，無法自制，瞋猶可恕，出家行道，無欲之人，而懷瞋恚，甚不可也。譬如清冷雲中霹靂起火，非所應也。

汝等比丘，當自摩頭，已捨飾好，著壞色衣，執持應器，以乞自活自見如是。若起憍慢，當疾滅之。增長憍慢，尚非世俗白衣所宜，何況出家入道之人，爲解脱故，自降其身而行乞耶！

汝等比丘，諂曲之心與道相違，是故宜應質直其心。當知諂曲但爲欺誑入道之人，則無是處，是故汝等宜當端心，以質直爲本。

汝等比丘,當知多欲之人多求利故,苦惱亦多;少欲之人無求無欲,則無此患。直爾少欲,尚應修習,何況少欲能生諸功德。少欲之人則無諂曲以求人意,亦復不爲諸根所牽行。少欲者心則坦然無所憂畏,觸事有餘,常無不足。有少欲者則有涅槃,是名少欲。

汝等比丘,若欲脱諸苦惱,當觀知足。知足之法,即是富樂安隱之處。知足之人,雖卧地上,猶爲安樂;不知足者,雖處天堂,亦不稱意。不知足者,雖富而貧;知足之人,雖貧而富。不知足者,常爲五欲所牽,爲知足者之所憐愍,是名知足。

汝等比丘,欲求寂静無爲安樂,當離憒閙。獨處閑居静處之人,牽釋諸天所共敬重,是故當捨己衆他衆,空閑獨處,思滅苦本。若樂衆者,則受衆惱,譬如大樹,衆鳥集之,則有枯折之患。世間縛著,没於衆苦,譬如老象溺泥,不能自出,是爲遠離。

汝等比丘,若勤精進,則事無難者,是故汝等當勤精進。譬如小水常流,則能穿石。若行者之心,數數懈廢,譬如鑽火未熱而息,雖欲得火,火難可得,是名精進。

汝等比丘,求善知識,求善護助,無如不忘念。若有不忘念者,諸煩惱賊則不能入,是故汝等常當攝念在心。若失念者,則失諸功德,若念力堅强,雖入五欲賊中,不爲所害,譬如著鎧入陣,則無所畏,是名不忘念。

汝等比丘,若攝心者,心則在定。心在定,故能知世間生滅法相,是故汝等常當精勤修習諸定。若得定者,心則不教,譬如惜水之家,善治堤塘。行者亦爾,爲智慧水故,善修禪定,令不漏失,是名爲定。

汝等比丘,若有智慧,則無貪著,常自省察,不令有失,是則於我法中,能得解脱。若不爾者,既非道人,又非白衣,無所名也。實智慧者,則是度老病死海堅牢船也,亦是無明黑暗大明燈也,一切病者之良藥也，伐煩惱樹之利斧也，是故汝等當以聞思修慧而自增益。若人有智慧之照，雖是肉眼，而是明見人也，是爲智慧。

汝等比丘，若種種戲論，其心則亂，雖復出家，猶未得脱，是故比丘當急捨離亂心戲論。若汝欲得寂滅樂者，唯當善滅戲論之患，是名不戲論。

汝等比丘，於諸功德常當一心，捨諸放逸，如離怨賊。大悲世尊所説利益，皆已究竟，汝等但當勤而行之。若於山間，若空澤中，若在樹下，閑處靜室，念所受法勿令忘失，常當自勉，精進修之，無爲死後致有悔我。如良醫知病説藥，服與不服非醫咎也，又如善導導人善道，聞之不行，非導過也。

汝等若於苦等四諦有所疑者，可疾問之，無得懷疑不求決也。爾時世尊如是三唱，人無問者。所以者何？衆無疑故。

時阿㝹樓馱觀察衆心而白佛言：世尊，月可令熱，日可令冷，佛説四諦不可令異。佛説苦諦實苦，不可令樂；集真是因，更無異因；苦若滅者，即是因滅；因滅故果滅，滅苦之道實是真道，更無餘道。世尊，是諸比丘於四諦中決定無疑。於此衆中，若所作未辦者，見佛滅度當有悲感，若有初入法者，聞佛所説，即皆得度。譬如夜見電光，即得見道，若所作已辦，已度苦海者，但作是念：世尊滅度一何疾哉！

阿㝹樓馱雖説是語，衆中皆悉了達四聖諦義，世尊欲令此諸大衆皆得堅固，以大悲心復爲衆説：汝等比丘，勿懷悲惱，若我住世一劫，會亦當滅，會而不離，終不可得。自利利人，法皆具足，若我久住，更無所益。應可度者，若天上人間，皆悉已度，其未度者，皆亦已作得度因緣。自今已後，我諸弟子轉展行之，則是如來法身常在而不滅也。是故當知，世皆無常，會必有離，勿懷憂惱，世相如是，當勤精進，早求解脱，以智慧明，滅諸癡闇。世實危脆無牢强者，我今得滅，如除惡病，此是應捨罪惡之物，假名爲身，没在老病生死大海，何有智者得除滅之，如殺怨賊而不歡喜？

汝等比丘，常當一心勤求出道，一切世間動不動法，皆是敗壞不安之相，汝等且止勿得復語。時將欲過，我欲滅度，是我最後之所教誨。

（據影印磧砂藏本）

八大人覺經

〔簡介〕　八大人覺經一卷，後漢安世高譯。

此經文簡意賅，主旨爲教誨佛弟子應晝夜誦念八種"大人"(佛、菩薩)的覺法，即：覺世間無常，覺多欲爲苦，覺心無厭足，覺懈怠墮落，覺愚癡生死，覺貧苦多怨，覺五欲過患，覺生死熾然。這些都是出家佛徒應具備的最基本覺悟。

此經在中土流傳甚廣，今存注解本有釋八大人覺經一卷(明真可釋)、八大人覺經解一卷(明智旭解)、八大人覺經疏一卷(清續法撰)等。

本書選入此經所據版本爲影印宋磧砂藏本。

八大人覺經

爲佛弟子，常於晝夜至心誦念八大人覺：

第一覺悟，世間無常，國土危脆，四大苦空，五陰無我，生滅變異，虛僞無主，是心惡源，形爲罪藪。如是觀察，漸離生死。

第二覺知，多欲爲苦，生死疲勞，從貪欲起，少欲無爲，身心自在。

第三覺知，心無厭足，惟得多求，增長罪惡，菩薩不爾，常念知足，安貧守道，惟慧是業。

第四覺知，懈怠墮落，常行精進，破煩惱惡，摧伏四魔，出陰界獄。

第五覺悟,愚癡生死,菩薩常念,廣學多聞,增長智慧,成就辯才,教化一切,悉以大樂。

第六覺知,貧苦多怨,横結惡緣,菩薩布施,等念怨親,不念舊惡,不憎惡人。

第七覺悟,五欲過患,雖爲俗人,不染世樂,念三衣瓦鉢法器,志願出家,守道清白,梵行多遠,慈悲一切。

第八覺知,生死熾然,苦惱無量,發大乘心,普濟一切,願代衆生受無量苦,令衆生畢竟大樂。

如此八事,乃是諸佛、菩薩大人所覺悟,精進行道,慈悲修慧,乘法身船,至涅槃岸,復還生死,度脱衆生。以前八事,開導一切,令諸衆生,覺生死苦,捨離五欲,修心聖道。若佛弟子誦此八事於念念中,滅無量罪,進趣菩提,速登正覺,永斷生死,常住快樂。

(據影印磧砂藏本)

法　句　經

〔簡介〕　法句經(Dhammapada)二卷，三國(吳)維祇難等譯。

據龍樹(Nāgārjuna)在大智度論中說："佛涅槃後，諸弟子抄集要偈，諸無常偈等作無常品，乃至婆羅門偈等作婆羅門品"(卷三三)。此處所舉二品，均存今法句經中，可見此經乃集錄佛說偈頌而成。又據阿毗曇毗婆沙論中說："如法句經，世尊於處處方邑爲衆生故，種種演說，尊者達摩多羅(Dharmatrāta法救)於佛滅後，種種說中，無常義者立無常品，乃至梵志義者立梵志品"(卷一)。因此相傳此經爲法救所集。然據漢譯法句經序(作者佚，或說爲吳支謙作)說："五部沙門各自鈔採經中四句六句之偈，比次其義，條別爲品，於十二部經靡不斟酌，無所適名，故曰法句。"又說："法句經別有數部，有九百偈或七百偈及五百偈者。"由此可見，歷史上曾有過佛教各部派多種法句經，法救大概是根據已流傳的本子，修訂改編爲一新本法句經。

法句經主要內容爲佛教的一些最基本教義和道德格言，因爲是偈頌形式，易頌易記，爲佛教信徒入門必讀之書。上引吳譯佚名序中說："其在天竺，始進業者不學法句謂之越敍。"葉均（了參法師)在其所譯法句的再版前言中也說，此經在南傳佛教盛行的國家中，有其最崇高的地位，"佛教徒以此爲道德行爲的指南，佛學者以此爲思想理論的基礎"。而"對上座部的比丘僧來說，則更爲重要，都爲座右銘"。並舉例說，斯里蘭卡的僧人在受比丘戒前，必須考試——背誦全部法句偈，如不能背誦，則要延期受比丘戒，直至能背誦爲止。

漢譯法句經對我國佛教思想發展也有相當影響。如在我國廣爲流傳，並有很大影響，稱爲第一部漢譯佛典的四十二章經，據呂澂先生等考證，即認爲與法句經有很大關係（詳見呂著中國佛學源流略講及其附録四十二章經抄出的年代一文）又如吴譯第三十七品生死品（南傳本無此品）中論形神關係説："神以形爲廬，形壞神不亡。""精神居形軀，猶雀藏器中，器破雀飛去，身壞神逝生。"齊梁間蕭衍等與范縝關於形神關係之爭，蕭衍等所持神不滅論，即源於此。

法句經有多種漢譯本。如上引經序中曾説到，在維祇難譯出法句經前，已有"近世葛氏傳七百偈，偈義致深，譯人出之，頗使其渾漫"，但此譯已無可考見。維祇難與竺將炎等所譯初本爲五百偈法句經，而且"譯所不解，則缺不傳，故有脱失"，後來竺將炎又重新校訂，增加了十三品，共得七百五十二偈，這就是現存的吴譯本。此後，西晉法炬與法立譯法句譬喻經四卷，這是法句經解説，品目與吴譯一致。姚秦時，僧伽跋澄與竺佛念譯出曜經（即譬喻）三十卷（或作二十卷），"集比一千章，立爲三十三品"，序亦標稱"法救菩薩之所撰也"。據印順言："這是一切有部所傳的法救集本。"（見葉均譯法句原序），宋太宗時天息災譯法集要頌四卷，與三十三品，近一千章之數相合，且引秦譯原頌極多。一九五三年葉均將今存斯里蘭卡巴利文佛典中的法句譯成漢語出版，分二十六品，計四百二十三頌。一九八四年重加修訂後由中國佛教協會印行。以上爲法句經的漢譯情況，除第一譯已無可考外，其餘五譯均傳於世。

本書選入此經所據版本爲原支那内學院刊藏要本。該刊本以南宋後思溪藏本爲底本，對勘高麗藏本和後晉可洪撰新集藏經音義隨函録（簡稱可洪音義）。譯文方面則與晉譯、秦譯、宋譯及巴利文本等對勘,堪稱精善。本書選入時保存了該本全部校勘記,以資參考。

法句經卷上

無常品第一[①]二十有一章[②]

無常品者,寤欲昏亂,榮命難保,惟道是真[③]。

1. 睡眠解寤,宜歡喜思,聽我們説,撰集佛言。
2. 所行非常,謂興衰法,夫生輒死,此滅爲樂。
3. 譬如陶家,埏埴作器,一切要壞,人命亦然。
4. 如河駛流,往而不返,人命如是,逝者不還。
5. 譬人操杖,行牧食牛,老死猶然,亦養命去[④]。
6. 千百非一,族姓男女,貯聚財産,無不衰喪。
7. 生者日夜,命自攻削,壽之消盡,如熒穽水[⑤]。
8. 常者皆盡,高者亦墮,合會有離,生者有死。
9. 衆生相剋,以喪其命,隨行所墮,自受殃福[⑥]。
10. 老見苦痛,死則意去,樂家縛獄,貪世不斷。
11. 咄嗟老至,色變作耄,少時如意,老見蹈藉。

---

① 晉本、秦本品名次第同,宋本"有爲品第一"。此品至言語品,巴本皆缺。

② 原刻此註列於次行,與序文合作一段,今依麗刻改正。以下各品均同。

③ 各本皆無此序,疑是譯人所加。以下各品均同。

④ 巴本第135頌,入刀杖品。

⑤ 原作"榮穽",今依麗刻及可洪音義二十二改。

⑥ 秦本此頌連上頌爲一章。

12. 雖壽百歲，亦死過去，爲老所壓，病條至際。

13. 是日已過，命則隨減，如少水魚，斯有何樂。

14. 老則色衰，所病自壞，形敗腐朽，命終自然①。

15. 是身何用，恒漏臭處，爲病所困，有老死患。

16. 嗜欲自恣，非法是增，不見聞變，壽命無常。

17. 非有子恃，亦非父兄，爲死所迫，無親可怙②。

18. 晝夜慢惰，老不止淫，有財不施，不受佛言，有此四蔽，爲自侵欺。

19. 非空非海中，非人山石間，無有地方所，脱之不受死③。

20. 是務是吾作，當作令致是，人爲此躁擾，履踐老死憂。

21. 知此能自淨，如是見生盡，比丘厭魔兵，從生死得度④。

教學品第二⑤二十有九章

教學品者，導以所行，釋己愚暗，得見道明。

1. 咄起何爲寐，蝓螺蚌蠹類，隱蔽以不淨，迷惑計爲身。

2. 焉有被斫瘡，心而嬰疾痛，遘于衆厄難，而反爲用眠。

3. 思而不放逸，爲仁學仁迹，從是無有憂，常念自滅意⑥。

4. 正見學務增，是爲世間明，所生福千倍，終不墮惡道。

5. 莫學小道，以信邪見，莫習放蕩，令增欲意。

6. 善修法行，學誦莫犯，行道無憂，世世常安。

7. 敏學攝身，常慎思言，是到不死，行滅得安。

---

① 巴本第148頌，入老耄品。又“自然”之“自”字，晉本作“其。”

② 巴本第288頌，入道品。

③ 巴本第128頌，入惡行品。

④ 秦本首二句云：“是故習禪定，生盡無熱惱。”

⑤ 晉本品第同，又別開護戒品，仍次第二，餘本缺。

⑥ 秦本此章入放逸品。

8．非務勿學，是發宜行，已知可念，則漏得滅。
9．見法利身，夫到善方，知利建行，是謂賢明。
10．起覺義者，學滅以固，着滅自恣，損而不興。
11．是向以强，是學得中，從是解義，宜憶念行。
12．學先斷母，率君二臣，廢諸營從，是上道人①。
13．學無朋類，不得善友，寧獨守善，不與愚偕②。
14．樂戒學行，奚用伴爲，獨善無憂，如空野象。
15．戒聞俱善，二者孰賢，方戒稱聞，宜諦學行。
16．學先護戒，闢閉必固，施而無受，力行勿卧。
17．若人壽百歲，邪學志不善，不如生一日③，精進受正法。
18．若人壽百歲，奉火修異術，不如須臾敬，事戒者福勝。
19．能行説之可，不能勿空語，虚僞無誠信，智者所屏棄。
20．學當先求解，觀察别是非，受諦應④誨彼，慧然不復惑⑤。
21．被髮學邪道，草衣内貪濁，矇矇不識真，如聾聽五音。
22．覺能捨三惡，以藥消衆毒，健夫度生死，如蛇脱故皮。
23．學而多聞，持戒不失，兩⑥世見譽，所願者得⑦。
24．學而寡聞，持戒不完，兩世受痛，喪其本願。
25．夫學有二，常親多聞，安諦解義，雖困不邪。
26．稊稗害禾，多欲妨學，耘除衆惡，成收必多。

---

① 南本第295頌，入廣衍品。又秦本梵志品有此一章，文云："先去其母，王及二臣，盡勝境界，是謂梵志"。
② 秦本次二章入忿怒品。
③ 原刻作"月"，今依麗刻改。
④ 原刻作"能"，今依麗刻及巴本改。
⑤ 巴本第158頌，入愛身品。
⑥ 原刻作"滿"，今依麗刻及秦本改。次頌同。
⑦ 秦本此下别開護戒品。秦本次二章入聞品。

27．慮而後言，辭不强梁，法說義說，言而莫違。

28．善學無犯，畏法曉忌，見微知著，誡無後患。

29．遠捨罪福，務行梵行，終身自攝，是名善學。

多聞品第三①十有九章

多聞品者，亦勸聞②學，積聞成聖，自致正覺。

1．多聞能持固，奉法而垣牆，精進難踰③毁，從是戒慧成。

2．多聞令志明，已明智慧增，智則博解義，見義行法安。

3．多聞能除憂，能以定爲歡，善說甘露法，自致得泥洹。

4．聞爲知法律，解疑亦見正，從聞捨非法，行到不死處。

5．爲能師現④道，解疑令學明，亦興清淨本，能奉持法藏。

6．能攝爲解義，解則義不穿，受法猗法者，從是疾得安。

7．若多少有聞，自大以憍人，是如盲執燭，照彼不自明⑤。

8．夫求爵位財，尊貴昇天福，辯決世間悍，斯聞爲第一⑥。

9．帝王聘禮聞，天上天亦然，聞爲第一藏，最富旖力强。

10．智者爲聞屈，好道者亦樂，王者盡心事，雖釋梵亦然。

11．仙人尚敬聞，況貴巨富人，是以慧爲貴，可禮無過是。

12．事日爲明故，事父爲恩故，事君以力故，聞故事道人。

13．人爲命事醫，欲勝依豪强，法在智慧處，福行世世明。

14．察友在爲謀，别伴在急時，觀妻在房樂，欲知智在說。

15．聞能今世利，妻子昆弟友，亦致後世福，積聞成聖智。

---

① 晉本品第同，秦本聞品第二十三，宋本多聞品第二十二。

② 原刻作“文”，今依麗刻改。

③ 原刻作“喻”，今依麗刻及晉本改。

④ 原刻作“思”，今依麗刻改。晉本作“見”，義通。

⑤ 晉本此章在後“欲知智在說”下。

⑥ 巴本第178頌，人世間品。

16. 是能散憂恚，亦除不祥衰，欲得安隱吉，當事多聞者。
17. 所創無過憂，射箭無過愚，是壯莫能拔，唯從多聞除。
18. 盲從是得眼，闇者從得燭，示導世間人，如目將無目。
19. 是故可捨癡，離慢豪富樂，務學事聞者，是名積聚德。

篤信品第四①十有八章

篤信品者，立道之根，果於見正，行不回頭。

1. 信慚戒意財，是法雅士②譽，斯道明智說，如是昇天世。
2. 愚不修天行，亦不譽布施，信施助善者，從是到彼安。
3. 信者真人長，念法所住安，近者意得上，智壽壽中賢。
4. 信能得道，法致滅度，從聞得智，所到有明③。
5. 信能度淵，攝爲船師，精進除苦，慧到彼岸。
6. 士有信行，爲聖所譽，樂無爲者，一切縛解。
7. 信之與戒，慧意能行，健夫度恚，從是脱淵。
8. 信使戒誠④，亦受⑤智慧，在在能行，處處見養。
9. 比方世利⑥，慧信爲明，是財上寶，家產非常。
10. 欲見諸真，樂聽講法，能捨慳垢，此之爲信。
11. 信能渡河，其福難奪，能禁止盜，野沙門樂。
12. 無信不習，好剥正言，如拙取水，掘泉揚泥。

---

① 晉本品第同，秦本信品第十一，宋本正信品第十。
② 原刻作"意"，今依麗刻及秦本改。
③ 晉本此章次在後文"一切縛解"下。又"所到有明"句，秦本云"一切縛得解"。
④ 秦本作"成"，謂成就也。
⑤ 秦本作"壽"，謂壽不中夭。
⑥ 原刻作"別"，今依麗刻及秦本改。

13．賢夫習智，樂仰清流，如善取水，思令①不擾。

14．信不染他，唯賢與人②，可好則學，非好則遠。

15．信爲我輿，莫知我載，如大象調，自調最勝。

16．信財戒財，慚愧亦財，聞財施財，慧爲七財。

17．從信守戒，常淨觀法，慧而利行，奉教不忘。

18．生有此財，不問男女，終己不貧，賢者識真。

戒慎品第五③十有六章

戒慎品者，授與善道，禁制邪④非，後無所悔也。

1．人而常清，奉律至終，淨修善行，如是戒成。

2．慧人護戒，福致三寶，名聞得利，後上天樂。

3．常見法處，護戒爲明，得成真見，輩中吉祥。

4．持戒者安，令身無惱，夜卧恬淡，寤則常歡。

5．修戒布施，作福爲福，從是適彼，常到安處。

6．何終爲善，何善安止，何爲人寶，何盜不取。

7．戒終老安，戒善安止，慧爲人寶，福盜不取。

8．比丘立戒，守攝諸根，食知自節，悟意令應。

9．以戒降心，守意正定，内學止觀，無忘正智。

10．明哲守戒，内思正智，行道如應，自清除苦。

11．蠲除諸垢，盡慢勿生，終身求法，勿暫離聖。

12．戒定慧解，是當善惟，都已離垢，無禍除有。

13．着解則度，餘不復生，越諸魔界，如日清明。

---

① 秦本作“冷”。

② 秦本作“仁”。

③ 晉本品第同，秦本戒品第七，宋本正信品第七。

④ 此字依麗刻加。

14．狂惑自恣，已①常外避，戒定慧行，求滿勿離。

15．持戒清淨，心不自恣，正智已解，不覩邪部。

16．是往吉處，爲無上道，亦捨非道，離諸魔界。

惟念品第六②十有二章

惟念品者，守微之始，内思安般，必解道紀。

1．出息入息念，具滿諦思惟，從初意通利，安③如佛所説。

2．是則照世間，如雲解月現，起止學思惟，坐卧不廢忘。

3．比丘立是念，前利後則好，始得終必勝，誓不覩生死。

4．若現身所念，六更以爲最，比丘常一心，便自知泥洹。

5．已有是諸念，自身常建行，若其不如是，終不得意行。

6．是隨本行者，如是度愛勞，若能悟意念，知解④一心樂，應時等行法，是度生死惱⑤。

7．比丘悟意行，當令應是念，諸欲生死棄，爲能作苦際。

8．常當聽微妙，自覺悟其意，能覺者爲賢，終始無所會。

9．以覺意能應，日夜務學行，當解甘露要，令諸漏得盡。

10．夫人得善利，乃來自歸佛，是故當晝夜，常念佛法衆⑥。

11．已知自覺意，是爲佛弟子，常當晝夜念，佛與法及僧。

---

① 秦本作"比丘"。

② 晉本品第同，秦本惟念品第十六，宋本憶念品第十五。道安安般注序云："安般居十念之一，於五根則念根也，故撰法句者屬惟念品也。"

③ 秦本作"案"。

④ 秦本作"解脱"。

⑤ 秦本作"老死地"。

⑥ 秦本此頌廣爲三章，次頌同。

12．念身念非常，念戒布施德，空不願無相①，晝夜當念是。

慈仁品第七② 十有九章

慈仁品者，是謂大仁，聖人所履，德普無量。

1．爲仁③不殺，常能攝身，是處不死，所適無患。

2．不殺爲仁，慎言守心，是處不死，所適無患④。

3．彼亂已整，守以慈仁，見怒能忍，是爲梵行。

4．至誠安徐，口無粗言，不瞋彼所，是謂梵行。

5．垂拱無爲，不害衆生，無所嬈惱，是應梵行。

6．常以慈哀，淨如佛教，知足知止，是度生死。

7．少欲好學，不惑於利，仁而不犯，世上所稱。

8．仁壽無犯，不興變快，人爲諍擾，慧以嘿安。

9．普愛賢友，哀加衆生，常行慈心，所適者安。

10．仁儒不邪，安止無憂，上天衛之，智者樂慈。

11．晝夜念慈，心無尅伐，不害衆生，是行無仇。

12．不慈則殺，違戒言妄，愚不施與，不觀衆生。

13．酒致失志，爲放逸行，後墮惡道，無修不真。

14．履仁行慈，博愛濟衆，有十一譽，福常隨身。

15．卧安覺安，不見惡夢，天護人愛，不毒不兵。

16．水火不喪，在所得利，死昇梵天，是爲十一。

17．若念慈心，無量不廢，生死漸薄，得利度世。

18．仁無亂志，慈最可行，愍傷衆生，此福無量。

---

① 秦本此句云"念天安般死"。

② 晉本品第同，秦本學品第八，宋本善行品第七。

③ 原刻作"人"，今依麗刻及晉本改。

④ 晉本次接"垂拱無爲"二章。

19. 假令盡壽命，勤事天下人，象馬以祠天，不如行一慈。

言語品第八①十有二章

言語品者，所以戒口，發説談論，當用道理。

1. 惡言罵詈，憍陵蔑人，興起是行，疾怨滋生。
2. 遜言順辭，尊敬於人，棄結忍惡，疾怨自滅。
3. 夫士之生，斧在口中，所以斬身，由其惡言。
4. 諍爲少利，如掩失財，從彼致諍，令意向惡。
5. 譽惡惡所譽，是二俱爲惡，好以口快②鬬，是後皆無安。
6. 無道墮惡道，自增地獄苦，遠愚修忍意，念諦則無犯。
7. 從善得解脱，爲惡不得解，善解者爲賢，是爲脱惡惱③。
8. 解自抱損惡，不躁言得中，義説如法説，是言柔軟甘。
9. 是以言語者，必使己無患，亦不尅衆人，是爲能善言。
10. 言使意投可，亦令得歡喜，不使至惡意，出言衆悉可。
11. 至誠甘露説，如法而無過，諦如義如法，是爲近道立。
12. 如説佛言者，是吉得滅度，爲能作法際，是謂言中上。

雙要品第九④二十有二章

雙要品者，兩兩相明，善惡有對，舉義不單。

1. 心爲法本，心尊心使，中心念惡，即言即行，罪苦自追，車轢

---

① 晉本品第同，秦本誹謗品第九，宋本語言品第八。

② 秦本作"會"。

③ 秦本此章末有二句云："聖賢解不然，如彼愚得解。"

④ 晉本品第同，秦本雙要品第三十，宋本相應品第二十九，巴本雙品第一。

于轍①。

2. 心爲法本,心尊心使,中心念善,即言即行,福樂自追,如影隨形。

3. 隨亂意行,拘愚入冥,自大無法,何解善言②。

4. 隨正意行,開解清明,不爲妬嫉,慜達善言。

5. 愠於怨者,未嘗無怨,不愠自除,是道可宗。

6. 不好責彼,務自省身,如有知此,永滅無患。

7. 行見身③淨,不攝諸根,飲食不節,慢墮④怯弱,爲邪所制,如風靡草。

8. 觀身不淨,能攝諸根,食知節度,常樂精進,不爲邪動,如風大山。

9. 不吐毒態,欲心馳騁,未能自調,不應法衣。

10. 能吐毒態,戒意安静,降心已調,此應法衣。

11. 以真爲僞,以僞爲真,是爲邪計,不得真利。

12. 知真爲真,見僞知僞,是爲正計,必得真利⑤。

13. 蓋屋不密,天雨則漏,意不惟行,淫泆爲穿⑥。

14. 蓋屋善密,雨則不漏,攝意惟行,淫失不生。

15. 鄙夫染人,如近臭物,漸迷習非,不覺成惡⑦。

16. 賢夫染人,如附香熏,進智習善,行成潔芳。

---

① 秦本此二章入心意品。

② 巴本缺次二章。

③ 原刻作"行",今依麗刻改。

④ 原刻作"隨",今依麗刻改。

⑤ 晉本次有二章云:"世皆有死,三界無安,諸天雖樂,福盡亦喪。觀諸世間,無生不終,欲離生死,當行道真"。

⑥ 秦本此二章入心意品。

⑦ 巴本缺次二章。

17．造憂後憂，行惡兩憂，彼[1]憂惟懼，見罪心懅[2]。

18．造喜後喜，行善兩喜，彼喜惟懽，見福心安。

19．今悔後悔，爲惡兩悔，厥爲自殃，受罪熱惱。

20．今歡後歡，爲善兩歡，厥爲自祐，受福悦豫。

21．巧言多求，放蕩無戒，懷淫怒癡，不惟止觀，聚如羣牛，非佛弟子。

22．時言少求，行道如法，除淫怒癡，覺正意解，見對不起，是佛弟子。

放逸品第十[3]有二十章

放逸品者，引律戒情，防邪撿失，以道勸賢。

1．戒爲甘露道，放逸爲死徑，不貪則不死，失道爲自喪

2．慧智守道勝，終不爲放逸，不貪致歡喜，從是得道樂。

3．常當惟念道，自强守正行，健者得度世，吉祥無有上。

4．正念常興起，行淨惡易滅，自制以法壽，不犯善名增。

5．發行不放逸，約己自調心，慧能作錠明，不返冥淵中。

6．愚人意難解，貪亂好諍訟，上智當重慎，護斯爲寶尊。

7．莫貪莫好諍，亦莫嗜欲樂，思心不放逸，可以獲大安。

8．放逸如自禁，能却[4]之爲賢，已昇智慧閣，去危爲即安，明智觀於愚，譬如山與地。

9．居亂而身正，彼爲獨覺悟，是力過師子，棄惡爲大智[5]。

---

① 原刻作“後”，今依麗刻及晉本改。

② 晉本次接“今後悔”章。

③ 晉本品第同，秦本無放逸品第四，放逸品第五，宋本放逸品第四，巴本不放逸品第三。

④ 原刻作“覺”，今依麗刻及巴本改。

⑤ 巴本缺次四章。

10．睡眠重若山，癡冥爲所蔽，安卧不計苦，是以常受胎。
11．不爲時自恣，能制漏得盡，自恣魔得便，如師子搏鹿。
12．能不自恣者，是爲戒比丘，彼思正淨者，常當自護心。
13．比丘謹慎樂[①]，放逸多憂愆，變諍小致大，積惡入火焚。
14．守戒福致善，犯戒有懼心，能斷三界漏，此乃近泥洹。
15．若前放逸，後能自禁，是照世間，念定其宜[②]。
16．過失爲惡，追覆以善，是照世間，念善其宜。
17．少壯捨家，盛修佛教，是照世間，如月雲消[③]。
18．人前爲惡，後止不犯，是照世間，如月雲消。
19．生不施惱，死時不慼，是見道悍，應中勿憂。
20．斷濁黑法，學惟清白，度淵不反，棄猗行止，不復染樂，欲斷無憂。

心意品第十一[④]十有二章

心意品者，説意精神，雖空無形，造作無竭。

1．意使作狗，難護難禁，慧正其本，其明乃大。
2．輕躁難持，唯欲是從，制意爲善，自調則寧[⑤]。
3．意微難見，隨欲而行，慧常自護，能守卽安。
4．獨行遠逝，寢藏無形，損意近道，魔繫乃解[⑥]。
5．心無住息，亦不知法，迷於世事，無有正智。

---

① 晉本作"戒"，"謹慎戒"猶言不放逸，與巴本合。
② 巴本缺次六章。
③ 秦本此下四章入雜品。
④ 晉本品第同，秦本心意品第三十二，宋本護心品第三十，巴本心品第三。
⑤ 秦本譯此頌云："輕難護持，爲欲所居，降心爲善，以降便安。"
⑥ 秦本梵志品有此章，末二句云："難降能降，是謂梵志。"

6. 念無適止，不絶無邊，福能遏惡，覺者爲賢。
7. 佛説心法，雖微非真，常覺逸意，莫隨放心。
8. 見法最安，所願得成，慧護微意，斷苦因緣。
9. 有身不久，皆當歸土，形壞神去，寄住何貪。
10. 心豫造處，往來無端，念多邪僻，自爲招患。
11. 是意自造，非父母爲，可勉向正，爲福勿回。
12. 藏六如龜，防意如城，慧與魔戰，勝則無患。

華香品第十二①十有七章

華香品者，明學當行，因華見實，使僞反真。

1. 孰能擇地，捨鑑取天，誰説法句，如擇善華。
2. 學②者擇地，捨鑑取天，善説法句，能採德華。
3. 知世壞喻，幻法忽有，斷魔華敷，不覩生死③。
4. 見身如沫，幻法自然，斷魔華敷，不覩生死。
5. 身病則痿，若華零落，死命來至，如水湍聚。
6. 貪欲無厭，消散人念，邪致之財，爲自侵欺。
7. 如蜂集華，不嬈色香，但取味去，仁入聚然。
8. 不務觀彼，作與不作，常自省身，知正不正。
9. 如可意華，色好無香，吾語如是，不行無得。
10. 如可意華，色美且香，吾語有行，必得其福。
11. 多作寶華，結步摇④綺，廣積德者，所生轉好。

① 晉本品第同，秦本華品第十九，宋本華喻品第十八，巴本華品第四。
② 原刻作"覺"，今依麗刻改。
③ 晉本作"死生"。勘秦本、巴本，應作"死生"，今寫刻倒訛也。次頌末句同。
④ 原刻作"珧瑶"，今依麗刻及晉本改。

12．琦草芳華，不逆風薰，近道敷開，德人逼①香②。

13．栴檀多香，青蓮芳華，雖曰是真，不如戒香。

14．華香氣微，不可謂真，持戒之香，到天殊勝。

15．戒具成就，行無放逸，定意度脱，長離魔道。

16．如作田溝，近于大道，中生蓮華，香潔可意。

17．有生死然，凡夫處邊，慧者樂出，爲佛弟子。

闇愚品第十三③二十有一章④

闇愚品者，將以開矇，故陳其然，欲使闚明。

1．不寐夜長，疲倦道長，愚生死長，莫知正法⑤。

2．癡意常冥，逝如流川，在一行彊，獨而無偶。

3．愚人着數，憂戚久長，與愚居苦，於我由怨⑥。

4．有子有財，愚惟汲汲，我且非我，何有子財。

5．暑當止此，寒當止此，愚多預慮，莫知來變⑦。

6．愚矇愚極，自謂我智，愚而勝智，是謂極愚。

7．頑闇近智，如瓢斟味，雖久狎習，猶不知法⑧。

8．開達近智，如舌嘗味，雖須臾習，卽解道要。

9．愚人施行，爲身招患，快心作惡，自致重殃。

10．行爲不善，退見悔恪，致涕流面，報由宿習。

---

① 晉本、秦本均作“遍”。

② 秦本此下四章入戒品。

③ 晉本品第同，巴本愚品第五，餘本缺。

④ 依巴本末二章皆六句，實止二十章。

⑤ 秦本此章入無常品。

⑥ 巴本缺此章。

⑦ 巴本第286頌，入道品。秦本次下三章均入無常品。

⑧ 秦本此下二章入廣衍品。

11. 行爲德善，進覩歡喜，應來受福，喜笑玩習。

12. 過罪未熟，愚以恬惔，至其熟時，自受大罪。

13. 愚所望處，不謂適苦，臨墮危地，乃知不善①。

14. 愚惷作惡，不能自解，殃追自焚，罪成熾然②。

15. 愚好美食，日月滋甚，於十六分，未一思法③。

16. 愚生念慮，至終無利，自招刀杖，報有印章。

17. 觀處知其愚，不施而廣求，所墮無道智，往往有惡行。

18. 遠道近欲者，爲食在學名，貪倚家居故，多取供異姓。

19. 學莫墮三望，莫作家沙門，貪家違聖教，爲後自匱乏，此行與愚同，但令欲慢增。

20. 利求之願異，求道意亦異，是以有識者，出爲佛弟子，棄愛捨世習，終不墮生死。

明哲品第十四④十有七章

明哲品者，學念行者，修福進道，法爲明鏡。

1. 深觀善惡，心知畏忌，畏而不犯，終吉無憂。

2. 故世有福，念⑤思紹行，善致其願，福祿轉勝。

3. 信善作福，積行不厭，信知陰德，久而必彰⑥。

4. 常避無義，不親愚人，思從賢友，狎附上上。

5. 喜法卧安，心悦意清，聖人演法，慧常樂行。

---

① 巴本缺此章。又晉本此下二章次序互倒。

② 巴本第 136 頌，入刀杖品。

③ 巴本此章入廣衍品，譯文云："從月至其月，愚者用摶食，彼不信於佛，十六不獲一。"

④ 晉本品第同，巴本賢品第六，餘本缺。

⑤ 原刻作"愚"，今依麗刻改，次下"不親愚人"句同。

⑥ 巴本缺此章。

6．仁人智者，齋戒奉道，如星中月，照明世間。

7．弓工調角，水人調船，巧匠調木，智者調身①。

8．譬如厚石，風不能移，智者意重，毁譽不傾。

9．譬如深淵，澄静清明，慧人聞道，心淨歡然②。

10．大人體③無欲，在所昭然明，雖或遭苦樂，不高現其智。

11．大賢無世事，不願子財國，常守戒慧道，不貪邪富貴。

12．智人知④動揺，譬如沙中樹，朋友志未强，隨色染其素⑤。

13．世皆没⑥淵，尠⑦克度岸，如或有人，欲度必奔。

14．誠貪道者，覽⑧受正教，此近彼岸，脱死爲上。

15．斷五陰法，静思智慧，不反入淵，棄倚其明。

16．抑制情欲，絶樂無爲，能自拯濟，使意爲慧。

17．學取正智，意惟正道，一心受諦，不起爲樂，漏盡習除，是得度世。

羅漢品第十五⑨有十章

羅漢品者，言⑩真人性，脱欲無着，心不渝變。

1．去離憂患，脱於一切，縛結已解，冷而無煗。

---

① 秦本此章入水品。
② 秦本此章入水品。
③ 原刻作"禮"，今依麗刻及晉本改。
④ 原刻作"智"，今依麗刻及晉本改。
⑤ 巴本缺此章。
⑥ 原刻作"度"，今依麗刻改。
⑦ 原刻作"解"，今依麗刻改。
⑧ 原刻作"賢"，今依麗刻改。
⑨ 晉本品第同，秦本水品第十八，宋本水喻品第十七，巴本羅漢品第七。
⑩ 此字依麗刻加。

2．心淨得念，無所貪樂，已度癡淵，如鴈①棄池。

3．量腹而食，無所藏積，心空無想，度衆行地，如空中鳥，遠逝無礙。

4．世間習盡，不復仰食，虚心無患，已致脱處，譬如飛鳥，暫下輒逝。

5．制根從正，如馬調御，捨憍慢習，爲天所敬。

6．不怒如地，不動如山，真人無垢，生死世絶。

7．心已休息，言行亦止，從正解脱，寂然歸滅。

8．棄欲無着，缺三界障，望意已絶，是謂上人。

9．在聚在野，平地高岸，應真所過，莫不蒙祐。

10．彼樂空閑，衆人不能，快哉無望②，無所欲求。

述千品第十六③十有六章

述千品者，示學者徑，多而不要，不如約明。

1．雖誦千言，句義不正，不如一要，聞可滅意。

2．雖誦千章，不義何益，不如一義，聞行可度。

3．雖多誦經，不解何益，解一法句，行可得道。

4．千千爲敵，一夫勝之，未若自勝，爲戰中上④。

5．自勝最賢，故曰人雄，護意調身，自損至終。

6．雖曰尊天，神魔梵釋，皆莫能勝，自勝之人。

7．月千反祠，終身不輟，不如須臾，一心念法，一念道福，勝彼

① 巴本作"鵝"。

② 原刻作"淫"，今依麗刻及巴本改。

③ 晉本品第同，秦本廣衍品第二十五，宋本廣説品第二十四，巴本千品第八。

④ 秦本此章入我品。

終身。

8. 雖終百歲,奉事火祠,不如須臾,供養三尊,一供養福,勝彼百千。

9. 祭神以求福,從後觀其報,四分未望一,不如禮賢者。

10. 能善行禮節,常敬長老者,四福自然增,色力壽而安。

11. 若人壽百歲,遠正不持戒,不如生一日,守戒正意禪。

12. 若人壽百歲,邪僞無有智,不如生一日,一心學正智。

13. 若人壽百歲,懈怠不精進,不如生一日,勉力行精進。

14. 若人壽百歲,不知成敗事,不如生一日,見微知所忌。

15. 若人壽百歲,不見甘露道,不如生一日,服行甘露味。

16. 若人壽百歲,不知大道義,不如生一日,學惟佛法要。

惡行品第十七①二十有二章②

惡行品者,感切惡人,動有罪報,不得無患。

1. 見善不從,反隨惡心,求福不正,反樂邪淫。

2. 凡人爲惡,不能自覺,愚癡快意,令後鬱毒③。

3. 殉人行虐,沉漸數數,快欲爲人,罪報自然。

4. 吉人行德,相隨積增,甘心爲之,福應自然。

5. 妖孽見福,其惡未熟,至其惡熟,自受罪酷。

6. 禎祥見禍,其善未熟,至其善熟,必受其福。

7. 擊人得擊,行怨得怨,罵人得罵,施怒得怒④。

---

① 晉本品第同,秦本惡行品第二十九,宋本罪障品第二十八,巴本惡行品第九。

② 巴本十三章。

③ 巴本缺此章。

④ 巴本缺次二章。

8. 世人無聞,不知正法,生此壽少,何宜爲惡。

9. 莫輕小惡,以爲無殃,水滴雖微,漸盈大器,凡罪充滿,從小積成①。

10. 莫輕小善,以爲無福,水滴雖微,漸盈大器,凡福充滿,從纖纖積。

11. 夫士爲行,好之與惡,各自爲身,終不敗亡②。

12. 好取之士,自以爲可,没取彼者,人亦没之。

13. 惡不即時,如搆牛乳,罪在陰伺,如灰覆火③。

14. 戲笑爲惡,已作身行,號泣受報,隨行罪至。

15. 作惡不起,如兵所截,牽往乃知,已墮惡行,後受苦報,如前所習。

16. 如毒摩瘡,船入洄澓,惡行流僒,靡不傷尅。

17. 如惡誣罔人,清白猶不汙,愚殃反自及,如塵逆風坌。

18. 過失犯非惡,能追悔爲善,是明照世間,如日無雲曀④。

19. 大士以所行,然後身自見,爲善則得善,爲惡則得惡。

20. 有識墮胞胎,惡者入地獄,行善上昇天,無爲得泥洹⑤。

21. 非空非海中,非隱山石間,莫能於此處,避免宿惡殃⑥。

22. 衆生有苦惱,不得免老死,唯有仁智者,不念人非惡⑦。

---

① 秦本次二章入水品。

② 巴本次二章合爲第七十一頌,入愚品。又秦本次五章入行品。

③ 巴本缺次四章。

④ 巴本缺次二章。

⑤ 秦本此章入無常品。

⑥ 秦本此二章入行品。

⑦ 巴本缺此章。

刀杖品第十八[①]十有四章

刀杖品者，教習慈仁，無行刀杖，賊害衆生。

1. 一切皆懼死，莫不畏杖痛，恕己可爲譬，勿殺勿行杖[②]。
2. 能常安羣生，不加諸楚毒，現世不逢害，後世長安隱。
3. 不當粗言，言當畏報，惡往禍來，刀杖歸軀。
4. 出言以善，如叩衆磬，身無議論，度世則易。
5. 敺杖良善，妄讒無罪，其殃十倍，災迅[③]無赦。
6. 生受酷痛，形體毁析，自然惱病，失意恍惚。
7. 人所誣枉，或縣官厄，財産耗盡，親戚離别。
8. 舍宅所有，災火焚燒，死入地獄，如是爲十。
9. 雖裸剪髮，被服草衣，沐浴踞石，奈疑結何。
10. 不伐殺燒，亦不求勝，仁愛天下，所適無怨[④]。
11. 世儻有人，能知慚愧，是名誘進，如策良馬，如策善馬，進道能遠。
12. 人有信戒，定意精進，受道慧成，便滅衆苦。
13. 自嚴以修[⑤]法，滅損受淨行，杖不加羣生，是沙門道人。
14. 無害於天下，終身不遇害，常念於一切，孰能以爲怨。

老耄品第十九[⑥]十有四章

老耄品者，誨人勤力，不與命競，老悔何益。

---

① 晉本品第同，巴本刀杖品第十，餘本缺。
② 秦本此章入念品。
③ 原刻作“迂”，今依麗刻改，晉本作“卒”。
④ 原刻作“患”，今依麗刻改。
⑤ 原刻“以修”二字互倒，今依麗刻改。
⑥ 晉本品第同，巴本老品第十一，餘本缺。

1．何喜何笑，念常熾然，深蔽幽冥，如不求定①。

2．見身形範，倚②以爲安，多想致病，豈知不真。

3．老則色衰，病無光澤，皮緩肌縮，死命近促。

4．身死神徙，如御棄車，肉消骨散，身何可怙。

5．身爲如城，骨幹肉塗，生死老死，但藏恚慢。

6．老如形變，喻如故車，法能除苦，宜以力學。

7．人之無聞，老若特牛，但長肌肥，無有福慧。

8．生死無聊，往來艱難，意倚貪身，生苦無端。

9．慧以見苦，是故棄身，滅意斷行，愛盡無生。

10．不修梵行，又不富財，老如白鷺，守伺空池③。

11．既不守戒，又不積財，老羸氣竭，思故何逮。

12．老如秋葉，行穢鑑録④，命疾脱至，亦⑤用後悔⑥。

13．命欲日夜盡，及時可勤力，世間諦非常，莫惑墮冥中。

14．當學燃意燈，自煉求智慧，離垢勿染汙，執燭觀道地。

愛身品第二十⑦ 十有三章

愛身品者，所以勸學，終有益己⑧，滅罪興福。

---

① 秦本此章入無常品。又，"如不"，晉本作"不如"，"定"，秦本作"錠"。

② 原刻作"已"，今依麗刻及晉本改。

③ 晉本此上有二頌半云："晝夜慢惰，老不止淫，有財不施，不受佛言。有此四蔽，爲自侵欺。咄嗟老至，色變作耄，少時如意，老見蹈踐。"又，秦本此章入水品。

④ 晉本作"襤縷"。

⑤ 原刻作"乏"，今依麗刻改。

⑥ 巴本缺次三章。

⑦ 晉本品第同，秦本我品第二十四，宋本己身品第二十三，巴本自己品第十二。

⑧ 原刻作"四"，今依麗刻改。

1. 自愛身者，慎護所守，希望欲解，學正不寐。
2. 身爲第一，常自勉學，利乃誨人，不倦則智。
3. 學先自正，然後① 正人，調身入慧，必遷爲上。
4. 身不能利，安能利人，心調體正，何願不至②。
5. 本我所造，後我自受，爲惡自更，如鋼鑽珠。
6. 人不持戒，滋蔓如藤，逞情極欲，惡行日增。
7. 惡行危身，愚以爲易，善最安身，愚以爲難③。
8. 如真人教，以道法身，愚者病之，見而爲惡。行惡得惡，如種苦種。
9. 惡自受罪，善自受福，亦各須熟，彼不自代④。習善得善，亦如種甜。
10. 自利利人，益而不費，欲知利身，戒聞爲最。
11. 如有自愛，欲生天上，敬樂聞法，當念佛教。
12. 凡用必豫慮，勿以損所務，如是意日修，事務不失時。
13. 夫治事之士，能至終成利，真見身應行，如是得所欲⑤。

世俗品第二十一⑥十有四章

世俗品者，説世幻夢，當捨浮華，勉修道用。

1. 如車行道，捨平大塗，從邪徑敗，生折軸憂⑦。
2. 離法如是，從非法增，愚守至死，亦有折患。

---

① 原刻作“後如”，今依麗刻及秦本改。晉本作“如後”。
② 原刻作“正”，今依麗刻及晉本改。
③ 秦本此頌廣爲二章，入惡行品。
④ 原刻作“伐”，今依麗刻及晉本改。
⑤ 巴本缺此章。
⑥ 晉本品第同。巴本世間品第十三，僅有三頌文同。餘本缺此品。
⑦ 秦本此二章入放逸品。

3．順行正道，勿隨邪業，行法卧安，世世無患。

4．萬[①]物爲泡，意如野馬，居世若幻，奈何樂此。

5．若能斷此，伐其樹根，日夜如是，必至于定。

6．一施如信，如樂之人，或從惱意，以飯食衆，此輩日夜，不得定意。

7．世俗無眼，莫見道真，如少見明，當養善意。

8．如[②]鴈將羣，避羅高翔，明人導[③]世，度脱邪衆。

9．世皆有死，三界無安，諸天雖樂，福盡亦喪。

10．觀諸世間，無生不終，欲離生死，當行道真。

11．癡覆天下，貪令不見，邪疑却道，苦愚行是[④]。

12．一法脱過，謂妄語人，不免後世，靡惡不更[⑤]。

13．雖多積珍寶，崇高至于天，如是滿世間，不如見道跡。

14．不善像如善，愛如似無愛，以苦爲樂像，狂夫爲所致[⑥]。

法句經卷下

述佛品第二十二[⑦]二十有一章

述佛品者，道佛神德，無不利度，明爲世則。

---

① 原刻作"百"，今依麗刻改。
② 巴本第175頌。又"如"字原刻作"爲"，今依麗刻改。
③ 原刻作"道"，今依麗刻改。
④ 巴本第174頌。
⑤ 巴本第176頌。
⑥ 晉本作"滅"。
⑦ 晉本品第同。秦本如來品第二十二，宋本如來品第二十一，巴本佛品第十四。

1. 己勝不受惡,一切勝世間,叡智廓無疆,開矇令入道①。
2. 決網無罣礙,愛盡無所積,佛意深無極,未踐迹令踐。
3. 勇健立一心,出家日夜滅,根斷無欲意,學正念清明。
4. 見諦淨無穢,已渡五道淵,佛出照世間,爲除衆憂苦②。
5. 得生人道難,生壽亦難得,世間有佛難,佛法難得聞③。
6. 我既無師保,亦獨無伴侶,積一行得佛,自然通聖道④。
7. 船師能渡水,精進爲橋梁,人以種姓繫,度者爲健雄。
8. 壞惡度爲佛,止地爲梵志,除饉爲學法,斷種爲弟子。
9. 觀行忍第一,佛説泥洹最,捨罪作沙門,無嬈害於彼⑤。
10. 不嬈亦不惱,如戒一切持,少食捨身貪,有行幽隱處。意諦以有黠,是能奉佛教⑥。
11. 諸惡莫作,諸善奉行,自淨其意,是諸佛教⑦。
12. 佛爲尊貴⑧,斷漏無淫,諸釋中雄⑨,一羣從心。
13. 快哉福報,所願皆成,敏於上寂,自致泥洹。
14. 或多自歸,山川樹神,廟立圖像,祭祀求福。
15. 自歸如是,非吉非上,彼不能來,度我衆苦。
16. 如有自歸,佛法聖衆,道德四諦,必見正慧。
17. 生死極苦,從諦得度,度世八道,斯除衆苦。

---

① 秦本云"我爲勝"。
② 巴本第195頌,次在後。
③ 巴本第182頌。
④ 晉本此上有一頌云:"八正覺自得,無離無所染,愛盡破欲網,自然無師受。"巴本缺次三章。
⑤ 巴本第184頌。
⑥ 巴本第185頌。
⑦ 秦本此章入惡行品。
⑧ 巴本缺次二章,又秦本此句云:"我爲世尊。"
⑨ 秦本此句云:"諸天世人"。

18. 自歸三尊，最吉最上，唯獨有是，度一切苦。

19. 士如中正，志道不慳，利哉斯人，自歸佛者。

20. 明人難值，亦不比有，其所生處，族親蒙慶。

21. 諸佛興快，說經道快，衆聚和快①，和則常安②。

安寧品第二十三③十有四章

安寧品者，差次安危，去惡即善，快而不墮。

1. 我生已安，不慍於怨，衆人有怨，我行無怨。

2. 我生已安，不病於病，衆人有病，我行無病。

3. 我生已安，不慼於憂，衆人有憂，我行無憂。

4. 我生已安，清淨無爲，以樂爲食，如光音天。

5. 我生已安，澹泊無爲，彌薪國火，安能燒我④。

6. 勝則生怨，負則自鄙，去勝負心，無諍自安。

7. 熱無過淫，毒無過怒，苦無過身，樂無過滅。

8. 無樂小樂，小辯小慧，觀求大者，乃獲大安⑤。

9. 我爲世尊，長解無憂，正度三有，獨降衆魔。

10. 見聖人快，得依附快，得離愚人，爲善獨快⑥。

11. 守正道快，巧說法快，與世無諍，戒具常快。

12. 依賢居快，如親親會⑦，近仁智者，多聞高遠⑧。

---

① 秦本此二句云："說法堪受樂，衆僧和亦樂。"

② 秦本此章入樂品。

③ 晉本品第同。秦本樂品第三十一，巴本安樂品第十五，宋本缺。

④ 巴本缺此章。

⑤ 巴本缺次二章。

⑥ 秦本此頌云："得覩諸聖樂，同會亦復樂，不與愚從事，畢故永以樂。"

⑦ 巴本缺此半頌。

⑧ 巴本此二句連下爲第207頌。

13．壽命鮮少，而棄世多，學當取要，令至老安。

14．諸欲得甘露，棄欲滅諦快，欲度生死苦，當服甘露味①。

好喜品第二十四②十有二章

好喜品者，禁人多喜，能不貪欲，則無憂患。

1．違道則自順，順道則自違，捨義取所好，是爲順愛欲。

2．不當趣所愛，亦莫有不愛，愛之不見憂，不愛見亦憂。

3．是以莫造愛③，愛憎惡所由，已除結縛者，無憂無所憎。

4．愛喜生憂，愛喜生畏，無所愛喜，何憂何畏④。

5．好樂生憂，好樂生畏，無所好樂，何憂何畏。

6．貪欲生憂，貪欲生畏，解無貪欲，何憂何畏。

7．貪法戒成，至誠知⑤慚，行身近道，爲衆所愛。

8．欲態不出，思正乃語，心無貪愛，必截流渡。

9．譬人久行，從遠吉還，親厚普安，歸來喜歡。

10．好行福者，從此到彼，自受福祚，如親來喜。

11．起從聖教，禁制不善，近道見愛，離道莫親⑥。

12．近與不近，所往者異，近道昇天，不近墮獄。

忿怒品第二十五⑦二十有六章

忿怒品者，見瞋恚害，寬弘慈柔，天祐人愛。

---

① 巴本第204頌，在前出。

② 晉本品第同。秦本忿品第六，宋本愛樂品第五，巴本愛品第十六。

③ 秦本作“念”，此章末句云：“無念無不念。”

④ 秦本此二章又重出於無常品。又，“愛”字秦本皆作“念。”

⑤ 原刻作“如”，今依麗刻及晉本改。

⑥ 巴本缺次二章。

⑦ 晉本品第同。秦本忿怒品第十五，又恚品第二十一，宋本瞋恚品第二十，巴本忿怒品第十七。

1．忿怒不見法，忿怒不知道，能除忿怒者，福喜常隨身①。

2．貪淫不見法，癡愚意亦然，除淫去癡者，其福第一尊。

3．恚能自制，如止奔車，是爲善御，棄冥入明。

4．忍辱勝恚②，善勝不善，勝者能施，至誠勝欺。

5．不欺不怒，意不多求，如是三事，死則上天。

6．常自攝身，慈心不殺，是生天上，到彼無憂。

7．意常覺悟，明暮勤學，漏盡意解，可致泥洹③。

8．人相謗毁，自古至今，既毁多言，又毁訥訒，亦毁中和，世無不毁④。

9．欲意非聖，不能制⑤中，一毁一譽，但爲利名。

10．明智所譽，唯稱是賢，慧人守戒，無所譏謗。

11．如羅漢淨，莫而誣謗，諸天咨嗟，梵釋所稱。

12．常守慎身，以護瞋恚，除身惡行，進修德行⑥。

13．常守慎言，以護瞋恚，除口惡言，誦習法言。

14．常守慎心，以護瞋恚，除意惡念，思惟念道。

15．節身慎言，守攝其心，捨恚行道，忍辱最强。

16．捨恚離慢，避諸愛貪，不著名色，無爲滅苦⑦。

17．起⑧而解怒，淫生自禁，捨不明健⑨，斯皆得安。

---

① 巴本缺次二章。

② 秦本作“怨”。

③ 秦本此章入戒品。

④ 秦本此章入誹謗品。

⑤ 晉本作“折”。

⑥ 秦本次三章入學品。

⑦ 巴本第221頌，入次品。又，秦本此章次句云:“超度諸結使”，末句云:“除有何有哉。”

⑧ 以下巴本缺。

⑨ 秦本作“無明根”。

18．瞋斷臥安，恚滅淫憂，怒爲毒本，輭意梵志，言善得譽，斷爲無患①。

19．同志相近，詳爲作惡，後別餘恚，火自燒惱。

20．不知慚愧，無戒有怒，爲怒所牽，不厭有務②。

21．有力近兵，無力近輭，夫忍爲上，宜常忍羸。

22．舉衆輕之，有力者忍，夫忍爲上，宜常忍羸。

23．自我與彼，大畏有三，如知彼作，宜滅己中③。

24．俱兩行義，我爲彼教，如知彼作，宜滅己中。

25．善智勝愚④，粗言惡説，欲常勝者，於言宜默。

26．夫爲惡者，怒有怒報，怒不報怒，勝彼鬬負。

塵垢品第二十六⑤十有九章

塵垢品者，公別清濁，學當潔白，無行汙辱。

1．生無善行，死墮惡道，往疾無間，到無資用。

2．當求智慧，以然意定，去垢勿汙，可離苦形。

3．慧人以漸，安徐精進，洗除心垢，如工鍊金。

4．惡生於心，還自壞形，如鐵生垢，反食其身⑥。

5．不誦爲言垢，不勤爲家垢，不嚴爲色垢，放逸爲事垢。

6．慳爲惠施垢，不善爲行垢，今世亦後世，惡法爲常垢。

7．垢中之垢，莫甚於癡，學當捨惡，比丘無垢。

---

① 秦本此二句云:“賢聖能惡除，斷彼善眠睡。”

② 秦本此句云:“如冥失明。”

③ 秦本此二章云:“自我與彼人，大畏不可救，如知彼瞋恚，宜滅己中瑕。”“二俱行其義，我與彼亦然，如知彼瞋恚，宜滅己中瑕。”

④ 秦本此句云:“若愚勝智。”

⑤ 晉本品第同，巴本塵垢品第十八，餘本缺。

⑥ 秦本此章入行品。

8. 苟生無恥，如鳥長喙，強顏耐辱，名曰穢生。
9. 廉耻雖苦，義取清白，避辱不妄，名曰潔生。
10. 愚人好殺，信無誠實，不與而取，好犯人婦。
11. 逞心犯戒，迷惑於酒，斯人世世，自掘身本。
12. 人如覺是，不當念惡，愚近非法，久自燒没。
13. 若信布施，欲揚名譽，貪人虛飾，非入淨定。
14. 一切斷欲，截意根源，晝夜守一，必入定意。
15. 著欲爲塵，從染塵漏，不染不行，淨而離愚。
16. 見彼自侵，常内自省，行漏自欺，漏盡無垢。
17. 火莫熱於淫，捷莫疑於怒，網莫密於癡，愛流駃於河。
18. 虛空無轍迹，沙門無外意，衆人盡樂惡，唯佛淨無穢①。
19. 虛空無轍迹，沙門無外意，世間皆無常，佛無我所有。

奉持品第二十七② 十有七章

奉持品者，解説道義，法貴德行，不用貪侈。

1. 好經道者，不競於利，有利無利，無欲不惑。
2. 常愍好學，正心以行，權懷寶慧，是謂爲道。
3. 所謂智者，不必辯言，無恐無懼，守善爲智③。
4. 奉持法者，不以多言，雖素少聞，身依法行，守道不忘，可謂奉法。
5. 所謂長老，不必年耆，形熟髮白，惷愚而已④。

---

① 巴本缺次二章。

② 晉本品第同。秦本沙門品第十二，宋本同品第十一，巴本奉持品第十九。

③ 晉本次接“所謂長老”章。

④ 秦本次二章入沙門品，第二章首二句云：“謂捨罪福，淨修梵行。”

6．謂懷諦法，順[①]調慈仁，明達清潔，是爲長老。

7．所謂端正，非色如華，慳嫉虛飾，言行有違。

8．謂能捨惡，根原已斷，慧而無恚，是謂端正。

9．所謂沙門，非必除髮，妄語貪取，有欲如凡[②]。

10．謂能止惡[③]，恢廓弘道，息心滅意，是爲沙門。

11．所謂比丘，非時乞食，邪行望彼，稱名而已。

12．謂捨罪福，淨修梵行，慧能破惡，是爲比丘。

13．所謂仁明，非口不言，用心不淨，外順而已。

14．謂心無爲，内行清虛，此彼寂滅，是爲仁明。

15．所謂有道，非救一物，普濟天下，無害爲道[④]。

16．戒衆不言，我行多誠，得定意者，要由閉損。

17．意解求安，莫習凡夫，使結未盡，莫能得脱。

道行品第二十八[⑤]二十有八章

道行品者，旨説大要，度脱之道，此爲極妙。

1．八直最上道，四諦爲法迹，不淫行之尊，施燈必得明[⑥]。

2．是道無復畏[⑦]，見淨乃度世，此能壞魔兵，力行滅邪苦。

3．我已開正道，爲大現異明，已聞當自行，行乃解邪縛。

---

① 原刻作“損”，今依麗刻及晉本改。

② 秦本次二章入沙門品。

③ 秦本此句在章末云“粗結不興”。

④ 秦本次有一頌半云：“奉持法者，不以多言，雖素少聞，身依法行。守道不忘，是爲奉法。”

⑤ 晉本品第同，秦本道品第十三，宋本正道品第十二，巴本道品第二十。

⑥ 秦本末二句云：“是道名無爲，以錠滅愛冥。”又有一章云：“道爲八直妙，聖諦四句上，無欲法之最，明眼二足尊。”

⑦ 秦本云：“無有餘。”

4．生死非常苦，能觀見爲慧，欲離一切苦，行道一切除①。

5．生死非常空，能觀見爲慧，欲離一切苦，但當勤行道。

6．起時當即起，莫如愚覆淵，與墮與瞻聚，計疲不進道。

7．念應念則正，念不應則邪，慧而不起邪，思正道乃成。

8．慎言守意正，身不善不行，如是三行除，佛説是得道。

9．斷樹無伐本②，根在猶復生，除根乃無樹，比丘得泥洹。

10．不能斷樹，親戚相戀，貪意自縛，如犢慕乳。

11．能斷意本，生死無彊，是爲近道，疾得泥洹。

12．貪淫致老，瞋恚致病，愚癡致死，除三得道③。

13．釋前解後，脱中度彼，一切念滅，無復老死。

14．人營妻子，不觀病法，死命卒至，如水湍驟。

15．父子不救，餘親何望，命盡怙親，如盲守燈。

16．慧解是意，可修經戒，勤行度世，一切除苦。

17．遠離諸淵，如風却雲，已滅思想，是爲知見④。

18．智爲世長，惔樂無爲，知受正教，生死得盡。

19．知衆行空，是爲慧見，疲厭世苦，從是道除⑤。

20．知衆行苦，是爲慧見，疲厭世苦，從是道除。

21．衆行非身，是爲慧見，疲厭世苦，從是道除。

22．吾語汝法，愛箭爲射，宜以自勗，受如來言。

23．吾爲都已除，往來生死盡，非一情以解，所演爲道眼。

24．駃流注于海，潘⑥水漾疾滿，故爲智者説，可趣服甘露。

---

① 巴本缺次二章。

② 原刻作“木”，今依麗刻改。

③ 巴本缺次二章。

④ 以下巴本缺。又“遠”字，秦本作“慧”，末句“知”字同。

⑤ 秦本此上有“衆行無常”一章。

⑥ 秦本作“潘”。

25. 前未聞法輪,轉爲哀衆生,於是奉事者,禮之度三有。

26. 三念可念善,三亦難[1]不善,從念而有行,滅之爲正斷。

27. 三定爲轉念,棄猗行無量,得三三窟除,解結可應念。

28. 知以戒禁惡,思惟慧樂念,已知世成敗,息意一切解。

廣衍品第二十九[2]十有四章

廣衍品者,言凡善惡,積小致大,證應章句。

1. 施安雖小,其報彌大,慧從小施,受見景福。

2. 施勞於人,而欲望祐,殃咎歸身,自遘廣怨。

3. 已爲多事,非事亦造,伎樂放逸,惡習日增。

4. 精進惟行,習是捨非,修身自覺,是爲正習。

5. 既自解慧,又多學問,漸進普廣,油酥投水[3]。

6. 自無慧意,不好學問,凝縮狹小,酪酥投水。

7. 近道名顯,如高山雪,遠道暗昧,如夜發箭[4]。

8. 爲佛弟子,常悟自覺,晝夜念佛,惟法思衆[5]。

9. 爲佛弟子,常悟自覺,日暮思禪,樂觀一心。

10. 人當有念意,每食知自少,則是痛欲薄,節消而保壽[6]。

11. 學難捨罪難,居在家亦難,會止同利難,艱難無過有。

12. 比丘乞求難,何可不自勉,精進得自然,後無欲於人。

13. 有信則戒成,從戒多致寶,亦從得諧偶,在所見供養。

---

① 秦本作"離"。

② 晉本品第同。巴本雜品第二十一,餘本缺。

③ 巴本缺次二章。

④ 巴本第 301 頌。又,秦本此章入雙要品。

⑤ 次二章巴本第 296 至 301 頌。又,巴本開次二句爲三頌,下章同。

⑥ 秦本此章入雙要品。

14．一坐一處卧，一行無放恣，守一以正身，必樂居樹間①。

地獄品第三十②十有六章

地獄品者，道泥犁事，作惡受惡，罪牽不置。

1．妄語地獄近，作之言不作，二罪後俱受，自作自牽往。

2．法衣在其身，爲惡不自禁，苟没惡行者，終則墮地獄。

3．無戒受供養，理豈不自損，死噉燒鐵丸，然熱劇火炭。

4．放逸有四事，好犯他人婦，卧③險非福利，毁三淫泆四④。

5．不福利墮惡，畏而畏樂寡，王法重罰加，身死入地獄。

6．譬如拔菅草，執緩則傷手，學戒不禁制，獄録乃自賊⑤。

7．人行爲慢墮，不能除衆勞，梵行有玷缺，終不受大福。

8．常行所當行，自持必令强，遠離諸外道，莫習爲塵垢。

9．爲所不當爲，然後致鬱毒，行善常吉順，所適無悔恡⑥。

10．其於衆惡行，欲作若已作，是苦不可解，罪近難得避⑦。

11．妄證求賂，行已不正，怨譖良人，以枉治士，罪縛斯人，自投于坑。

12．如備邊城，中外牢固，自守其心，非法不生，行缺致憂，令墮地獄⑧。

---

① 秦本此章入我品。中二句云："獨步無伴，當自降伏。"

② 晉本品第同。秦本行品第十，宋本業品第九，巴本地獄品第二十二。

③ 秦本作"危"。

④ 秦本次二章入無放逸品。

⑤ 秦本沙門品有一章正與此相反，文云："譬如拔菅草，執牢不傷手，沙門制禁戒，漸近泥洹路。"

⑥ 原刻作"悕"，今依麗刻改。

⑦ 巴本缺次二章。

⑧ 秦本此章入念品，廣爲二頌。

13．可羞不羞，非羞反羞，生爲邪見，死墮地獄[①]。

14．可畏不畏，非畏反畏，信向邪見，死墮地獄。

15．可避不避，可就不就，翫習邪見，死墮地獄。

16．可近則近，可遠則遠，恒守正見，死墮善道。

象喻品第三十一[②]十有八章

象喻品者，教人正身，爲善得善，福報快焉。

1．我如象鬭，不恐中箭，當以誠信，度無戒人。

2．譬象[③]調正，可中王乘，調爲尊人，乃受誠信。

3．雖爲常調，如彼新馳，亦最善象，不如自調[④]。

4．彼不能適，人所不至，唯自調者，能致[⑤]調方。

5．如象名財守[⑥]，猛害難禁制，繫絆不與食，而猶暴逸象[⑦]。

6．没在惡行者，恒以貪自繫，其象不知厭，故數入胞胎。

7．本意爲純行，及常行所安，悉捨降使結，如鉤制象調。

8．樂道不放逸，能常自護心，是爲拔身苦，如象出于塪。

9．若得賢能伴，俱行行善悍，能伏諸所聞，至到不失意。

10．不得賢能伴，俱行行惡悍，魔斷王邑里，寧獨不爲惡。

11．寧獨行爲善，不與愚爲侶，獨而不爲惡，如象驚自護。

12．生而有利安，伴輭和爲安，命盡爲福安，衆惡不犯安。

---

① 秦本次二頌合爲一章，入雜品。

② 晉本品第同，秦本馬喻品第二十，宋本同品第十九，巴本象喻品第二十二。

③ 秦本作"馬"。

④ 晉本此下二章在後文"如象生于塪"下。

⑤ 晉本作"到"。

⑥ 晉本作"護財"。

⑦ 秦本心意品有象喻三章，略與此同。

13. 人家有母樂，有父斯亦樂，世有沙門樂，天下有道樂。
14. 持戒終老安，信正所正善，智慧最安身，不犯惡最安。
15. 如馬調軟，隨意所如，信戒精進，定法要具①。
16. 明行成立，忍和意定，是斷諸苦，隨意所如。
17. 從是住定，如馬調御，斷恚無漏，是受天樂。
18. 不自放逸，從是多悟，羸馬比良，棄惡爲賢②。

愛欲品第三十二③三十有二章

愛欲品者，賤淫恩愛，世人爲此，盛生災害。

1. 心放在淫行，欲愛增枝條，分布生熾盛，超躍貪果獲。
2. 以爲愛忍苦，貪欲著世間，憂患日夜長，莚如蔓草生。
3. 人爲恩愛惑，不能捨情欲，如是憂愛多，潺潺盈于池。
4. 夫所以憂悲，世間苦非一，但爲緣愛有，離愛則無憂。
5. 己意安棄憂，無憂何有世，不憂不染求，不愛焉得安④。
6. 有愛以死時⑤，爲致親屬多，涉憂之長塗，愛苦常墮危。
7. 爲道行者，不與欲會，先誅愛本，無所植根，勿如刈葦，令心後生。
8. 如樹根深固，雖截猶復生，愛意不盡除，輒當還受苦。
9. 猨猴得離樹，得脱復趣樹，衆人亦如是，出獄復入獄⑥。
10. 貪意爲常流，習與憍慢并，思想猗淫欲，自覆無所見。

---

① 巴本缺次三章。
② 巴本第 29 頌，入不放逸品。
③ 晉本品第同。秦本欲品第二，愛品第三，宋本愛欲品第二，貪品第三，巴本愛欲品第二十四。
④ 巴本缺次二章。
⑤ 秦本作“有死”。
⑥ 巴本缺次二章。

11．一切意流衍，愛結如葛藤，唯慧分別見，能斷意根原。

12．夫從愛潤澤，思想爲滋蔓，愛欲深無底，老死是用增。

13．所生枝不絶，但用食貪欲，養怨益丘塚，愚人常汲汲①。

14．雖獄有鉤鍱，慧人不謂牢，愚見妻子息，染著愛甚牢。

15．慧説愛爲獄，深固難得出，是故當斷棄，不視欲能安。

16．見色心迷惑，不惟觀無常，愚以爲美善，安知其非真②。

17．以淫樂自裹，譬如蠶作繭，智者能斷棄，不盻除衆苦。

18．心念放逸者，見淫以爲淨，恩愛意盛增，從是造獄牢。

19．覺意滅淫者，常念欲不淨，從是出邪獄，能斷老死患。

20．以欲網自蔽，以愛蓋自覆，自恣縛於獄，如魚人笱口，爲老死所伺，若犢求母乳③。

21．離欲滅愛迹，出網無所蔽，盡道除獄縛，一切此彼解，已得度邊行，是爲大智士。

22．勿親遠法人，亦勿爲愛染，不斷三世者，會復墮邊行④。

23．若覺一切法，能不著諸法，一切愛意解，是爲通聖意。

24．衆施經施勝，衆味道味勝，衆樂法樂勝，愛盡勝衆苦。

25．愚以貪自縛，不求度彼岸，貪爲敗愛故，害人亦自害。

26．愛欲意爲田，淫怒癡爲種，故施度世者，得福無有量。

27．伴少而貨多，商人怵惕懼，嗜欲賊害命，故慧不貪欲⑤。

28．心可則爲欲，何必獨五欲，速可絶五欲，是乃爲勇士⑥。

29．無欲無有界，恬惔無憂患，欲除使結解，是爲長出淵。

---

① 巴本缺此章。

② 同上。

③ 巴本缺次二章。

④ 巴本缺此章。

⑤ 巴本第123頌，入華品。

⑥ 以下巴本缺。又晉本此下二章在後文“則汝而不有”下。

30. 欲我知汝本,意以思想生,我不思想汝,則汝而不有①。

31. 伐樹勿休,樹生諸惡,斷樹盡株,比丘滅度②。

32. 夫不伐樹,少多餘親,心繫於此,如犢求母。

利養品第三十三③有二十章④

利養品者,勵己防貪,見德思義,不爲穢生。

1. 芭蕉以實死,竹蘆實亦然,駏驉坐妊死,士以貪自喪。

2. 如是貪無利,當知從癡生,愚爲此害賢,首領分于地。

3. 天雨七寶,欲猶無厭,樂少苦多,覺者爲賢。

4. 雖有天欲,慧捨無貪,樂離恩愛,爲佛弟子。

5. 遠道順邪,貪養比丘,止有慳意,以供彼姓⑤。

6. 勿猗此養,爲家捨罪,此非至意,用用何益。愚爲愚計,欲慢用增。

7. 異哉失利,泥洹不同,諦知是者,比丘佛子。不樂利養,閑居却意⑥。

8. 自得不恃,不從他望,望彼比丘,不至正定⑦。

9. 夫欲安命,息心自省,不知計數,衣服飲食。

10. 夫欲安命,息心自省,取得知足,守行一法。

11. 夫欲安命,息心自省,如鼠藏穴,潛隱習教。

12. 約利約耳,奉戒思惟,爲慧所稱,清吉勿怠。

---

① 秦本此章入欲品第二。

② 巴本次二章爲第283頌、第284頌,入道品。

③ 晉本品第同。秦本利養品第十四,宋本同品第十三,巴本缺。

④ 篇中有二章各六句,故實止十九章。

⑤ 巴本次二章爲第186、第187頌,入佛品。

⑥ 巴本次三章爲第73、第74、第75頌,入愚品。

⑦ 秦本作"亂意"。

13．如有三明，解脱無漏，寡智鮮識，無所憶念。
14．其於飲食，從人得利，而有惡法，從供養嫉。
15．多結怨利，强服法衣，但望飲食，不奉佛教。
16．當知是過，養爲大畏，寡取無憂，比丘釋心。
17．非食命不濟，孰能不搏食，夫立食爲先，知是不宜嫉。
18．嫉先創己，然後創人，擊人得擊，是不得除。
19．寧噉燒石①，吞飲鎔銅，不以無戒，食人信施②。

沙門品第三十四③三十有二章

沙門品者，訓以正法，弟子受行，得道解淨。

1．端目耳鼻口，身意常守正，比丘行如是，可以免衆苦。
2．手足莫妄犯，節言順所行，常内樂定意，守一行寂然。
3．學當守口，寡言安徐，法義爲定，言必柔輭。
4．樂法欲法，思惟安法，比丘依法，正而不費。
5．學無求利，無愛他行，比丘好他，不得定意。
6．比丘少取④，以得無積，天人所譽，生淨無穢。
7．比丘爲慈，愛敬佛教，深入止觀，滅行乃安。
8．一切名色，非有莫惑，不近不憂，乃爲比丘。
9．比丘扂船，中虚則輕，除淫怒癡，是爲泥洹⑤。
10．捨五斷五，思惟五根，能分别五，乃度河淵。

---

① 秦本作“鐵”。
② 巴本第 398 頌，入梵志品。又秦本此章入行品。
③ 晉本品第同。秦本沙門品第三十三，宋本苾芻品第三十一，巴本比丘品第二十五。
④ 秦本作“乞求”。
⑤ 秦本此章入泥洹品。

11. 禪無放逸，莫爲欲亂，不① 吞鎔銅，自惱燋形。
12. 無禪不智，無智不禪，道從禪智，得至② 泥洹。
13. 當學入空，静居止意，樂獨屏處，一心觀法。
14. 當制五陰，伏意如水，清淨和悦，爲甘露味。
15. 不受所有，爲慧比丘，攝根知足，戒律悉持。
16. 生當行淨，求善師友，智者成人，度苦致喜。
17. 如衛師華，熟知自墮，釋滛怒癡，生死自解③。
18. 正身正言，心守玄默，比丘棄世，是爲受寂。
19. 當自飾身，内與心争，護身念諦，比丘惟安④。
20. 我自爲我，計無有我，故當損我，調乃爲賢。
21. 喜在佛教，可以多喜，至到寂寞，行滅永安。
22. 儻有少行，應佛教誡，此照世間，如日無曀。
23. 棄慢無餘驕，蓮華水生淨，學能捨彼此，知是勝於故⑤。
24. 割愛無戀慕，不受如蓮華，比丘渡河流，勝欲明於故。
25. 截流自忖，折心却欲，人不割欲，一意猶定⑥。
26. 爲之爲之，必强自制，捨家而懈，意猶復染。
27. 行懈緩者，勞意弗除，非淨梵行，焉致大寶。
28. 沙門何行，如意不禁，步步著黏，但隨思走。
29. 袈裟披肩，爲惡不損，惡惡行者⑦，斯墮惡道。

---

① 原刻作“夫”，今依麗刻改。
② 秦本作“近”。
③ 秦本此章入華品。
④ 秦本此句云“人不壽劫”。
⑤ 以下巴本缺。
⑥ 晉本此下三章在後文“斯墮惡道”下。
⑦ 晉本此句云：“行惡者死。”

30. 不調難戒，如風枯樹，作自[①]爲身，曷不精進。

31. 息心非剔[②]，慢訑無戒，捨貪思道，乃應息心[③]。

32. 息心非剔，放逸無信，能滅衆苦，爲上沙門。

梵志品第三十五[④]有四十章

梵志品者，言行清白，理學無穢，可稱道士。

1. 截流而渡，無欲如梵，知行已盡，是謂梵志[⑤]。

2. 以無二法，清淨度淵，諸欲結解，是謂梵志[⑥]。

3. 適彼無彼，彼彼已空，捨離貪淫，是謂梵志。

4. 思惟無垢，所行不漏，上求不起，是謂梵志。

5. 日照於晝，月照於夜，甲兵照軍，禪照道人，佛出天下，照一切冥。

6. 非剃爲沙門，稱吉爲梵志，謂能捨衆惡，是則爲道人。

7. 出惡爲梵志，入正爲沙門，棄我衆穢行，是則爲捨家。

8. 若猗於愛，心無所著，已捨已正，是滅衆苦。

9. 身口與意，淨無過失，能攝三行，是謂梵志。

10. 若心曉了，佛所説法，觀心自歸，淨於爲水。

11. 非蔟結髮，名爲梵志，誠行法行，清白則賢。

12. 剔髮無慧，草衣何施，内不離著，外捨何益[⑦]。

---

① 晉本"作自"二字互倒。

② 秦本作"剃"，次頌同。

③ 秦本作"比丘"。

④ 晉本品第同。秦本梵志品第三十四，宋本同品第三十二，巴本婆羅門品第二十六。

⑤ 秦本此章入沙門品，末句云："逮無量德。"

⑥ 晉本次接後文"非蔟結髮"二章。

⑦ 晉本次接後文"去淫怒癡"二章。

13．被服弊惡，躬承法行，閑居思惟，是謂梵志。

14．佛不教彼，讚己自稱，如諦不言，乃爲梵志。

15．絶諸可欲，不淫其志，委棄倍數，是謂梵志。

16．斷生死河，能忍超度，自覺出塹，是謂梵志。

17．見罵見擊，嘿受不怒，有忍辱力，是謂梵志。

18．若見侵欺，但念守戒，端身自調，是謂梵志。

19．心棄惡法，如蛇脱皮，不爲欲污，是謂梵志。

20．覺生爲苦，從是滅意，能下重擔，是謂梵志。

21．解微妙慧，辯道不道，體行上義，是謂梵志。

22．棄捐家居，無家之畏，少求寡欲，是謂梵志。

23．棄放治生，無賊害心，無所嬈惱，是謂梵志。

24．避争不争，犯而不慢，惡來善待，是謂梵志。

25．去淫怒癡，憍慢諸惡，如蛇脱皮①，是謂梵志。

26．斷絶世事，口無粗言，八道審諦，是謂梵志②。

27．所世惡法③，修短巨細，無取無捨，是謂梵志。

28．今世行淨，後世無穢，無習無捨，是謂梵志。

29．棄身無猗，不誦異言，行甘露滅④，是謂梵志。

30．於罪與福，兩行永除，無憂無塵，是謂梵志。

31．心喜無垢，如月盛滿，謗毁已除，是謂梵志。

32．見癡往來，墮塹受苦，欲單渡岸，不好他語，唯滅不起，是謂梵志。

33．已斷恩愛，離家無欲，愛有已盡，是謂梵志。

---

① 秦本此句云："鍼貫芥子。"

② 晉本次接後文"已斷恩愛"二章。

③ 秦本此句云："世所善惡"，今本文有脱誤。

④ 秦本此句云："兩行以除。"

34. 離人聚處,不墮天聚,諸聚不歸,是謂梵志①。

35. 棄樂無樂,滅無熅燸,健違諸世,是謂梵志。

36. 所生已訖,死無所趣,覺安無依,是謂梵志。

37. 已度五道,莫知所墮,習盡無餘,是謂梵志。

38. 于前于後,及中無有,無操無捨,是謂梵志。

39. 最雄最勇,能自解度,覺意不動,是謂梵志。

40. 自知宿命,本所更來,得要生盡,叡通道玄,明如能默,是謂梵志。

泥洹品第三十六②三十有六章

泥洹品者,敍道大歸,恬惔寂滅,度生死畏。

1. 忍爲最自守,泥洹佛稱上,捨家不犯戒,息心無所害③。

2. 無病最利,知足最富,厚爲最友,泥洹最快④。

3. 饑爲大病,行爲最苦,已諦知此,泥洹最樂。

4. 少往善道,趣惡道多,如諦知此,泥洹最樂。

5. 從因生善,從因墮惡,由因泥洹,所緣亦然。

6. 麋鹿依⑤野,鳥依虚空,法歸分别,真人歸滅。

7. 始無如不,始不如無,是爲無得,亦無有思⑥。

8. 心難見,習可覩,覺欲者,乃具見,無所樂,爲苦際⑦。

---

① 晉本次接後文"自識宿命"一章。

② 晉本品第同。秦本泥洹品第二十七,宋本圓寂品第二十六,巴本缺。

③ 巴本第184頌,入佛品。又秦本次二句云:"不以懷熱惱,害彼爲沙門。"

④ 巴本次二章爲第204、第203頌,入安樂品。

⑤ 秦本作"歸",次句同。

⑥ 秦本此章云:"我有本以無,本有我今無,非無亦非有,如今不可獲。"

⑦ 原刻作"除",今依麗刻改。

9. 在愛欲，爲增痛，明不染，淨能御，無所近，爲苦際。

10. 見有見，聞有聞，念有念，識有識，覩無著，亦無識。

11. 一切捨，爲得際①，除身想，滅痛行，識已盡，爲苦竟。

12. 猗則動，虚則静，動非近，非有樂。樂無近，爲得寂，寂已寂，已往來。

13. 來往絶，無生死，生死斷，無此彼。此彼斷，爲兩滅，滅無餘，爲苦除。

14. 比丘有世生，有有有作行，有無生無有，無作無所行。

15. 夫唯無念者，僞能得自致，無生無復有，無作無行處。

16. 生有作行者，是爲不得要，若已解不生，不有不作行。

17. 則生有得要，從身有已起，作行致死生，爲開爲法果。

18. 從食因緣有，從食致憂樂，而此要滅者，無復念行迹。

19. 諸苦法已盡，行滅湛然安，比丘吾已知，無復諸入地。

20. 無有虚空入，無諸入用入，無想不想入，無今世後世。

21. 亦無日月想，無往無所懸，我已無往反，不去而不來。

22. 不没不復生，是際爲泥洹，如是像無像，苦樂爲已解。

23. 所見不復恐，無言言無疑，斷有之射箭，遘愚無所猗。

24. 受辱心如地，行忍如門閾，淨如水無垢，生盡無彼受②。

25. 利勝不足怙，雖勝獨復苦，當自求法勝，已勝無所生。

26. 畢故不造薪，厭胎無淫行，種燋不復生，意盡如火滅。

27. 胞胎爲穢海，何爲樂淫行，雖上有善處，皆莫如泥洹。

28. 悉知一切斷，不復著世間，都棄如滅度，衆道中斯勝。

29. 佛以現諦法，智勇能奉持，行淨無瑕穢，自知度世安。

30. 道務先遠欲，早服佛教戒，滅惡極惡際，易如鳥逝空。

---

① 原刻作"除"，今依麗刻改。

② 巴本第95頌，入羅漢品。

31．若已解法句，至心體道行，是度生死岸，苦盡而無患。
32．道法無親疎，正不問羸强，要在無識想，結解爲清淨。
33．上智厭腐身，危脆非真實，苦多而樂少，九孔無一淨。
34．慧以危貿安，棄猗脱衆難，形腐銷爲沫，慧見捨不貪。
35．觀身爲苦器，生老病無痛，棄垢行清淨，可以獲大安。
36．依慧以却邪，不受漏得盡，行淨致度世，天人莫不禮。

生死品第三十七[①]十有八章

生死品者，説諸[②]人魂，靈亡神在，隨行轉生。

1．命如果待熟，常恐會零落，已生皆有苦，孰能致不死[③]。
2．從初樂恩愛，因淫入胎影，受形命如電，晝夜流難止。
3．是身爲死物，精神無形法，作令死復生，罪福不敗亡。
4．終始非一世，從癡愛久長，自此受苦樂，身死神不喪。
5．身四大爲色，識四陰曰名，其情十八種，所緣起十二。
6．神止凡九處，生死不斷滅，世間愚不聞，蔽闇無天眼。
7．自塗以三垢，無目意妄見，謂死如生時，或謂死斷滅。
8．識神造三界，善不善五處，陰行而嘿到[④]，所往如響應。
9．欲色不色有，一切因宿行，如種隨本像，自然報如影。
10．神以身爲名，如火隨形字，著燭爲燭火，隨炭草糞薪。
11．心法起則起，法滅而則滅，興衰如雨雹，轉轉不自識。
12．識神走五道，無一處不更，捨身復受身，如輪轉著地。
13．如人一身居，去其故室中，神以形爲廬，形壞神不亡。

---

① 下三品晉本品名次第同，餘本均缺。
② 此字依麗刻加。
③ 秦本此章入無常品。
④ 原刻作"言"，今依麗刻改。晉本作"至"。

14. 精神居形軀，猶雀藏器中，器破雀飛去，身壞神逝生。
15. 性癡淨常想，樂身想癡想，嫌望非上要，佛説是不明。
16. 一本二展轉，三垢五彌廣，諸海十二事，淵銷越度歡。
17. 三時斷絶時，知身無所直，命氣温煖識，捨身而轉逝。
18. 當其死卧地，猶草無所知，觀其狀如是，但幻而愚貪。

道利品第三十八十有九章①

道利品者，君父師行，開示善道，率之以正。

1. 人知奉其上，君父師道士，信戒施聞慧，終吉所生安。
2. 宿命有福慶，生世爲人尊，以道安天下，奉法莫不從。
3. 王爲臣民主，常以慈愛下，身率以法戒，示之以休咎。
4. 處安不忘危，慮明福轉厚，福德之反報，不問尊以卑。
5. 夫爲世間將，順正不阿枉，心調勝諸惡，如是爲法王。
6. 見正能施惠，仁愛好利人，既利以平均，如是衆附親。
7. 如牛厲渡水，導正從亦正，奉法心不邪，如是衆普安。
8. 勿妄嬈神像，以招苦痛患，惡意爲自殺，終不至善方。
9. 戒德可恃怙，福報常隨己，見法爲人長，終遠三惡道。
10. 戒慎除苦畏，福德三界尊，鬼龍邪毒害，不犯持戒人。
11. 無義不誠信，欺妄好鬭争，當知遠離此，近愚興罪多。
12. 仁賢言誠信，多聞戒行具，當知親附此，近智誠善多。
13. 善言不守戒，志亂無善行，雖身處潛隱，是爲非學法。
14. 美説正爲上，法説爲第二，愛説可彼三，誠説不欺四②。
15. 無便獲利刃，自以尅其身，愚學好妄説，行牽受牽戾。
16. 貪淫瞋恚癡，是三非善本，身以斯自害，報由癡愛生。

---

① 實有二十章。

② 秦本此章入誹謗品。

17．有福爲天人，非法受惡形，聖人明獨見，常善承佛令。

18．戒德後世業，以作福追身，天人稱譽善，心正無不安。

19．爲惡念不止，日縛不自悔，命逝自川流，見惡宜守戒。

20．今①我上體首，白生爲被盜，已有天使召，時正宜出家。

吉祥品第三十九十有九章

吉祥品者，修己之術，去惡就善，終厚景福。

1．佛尊過諸天，如來常現義，有梵志道士，來問何吉祥。

2．於是佛愍傷，爲說真有要，已信樂正法，是爲最吉祥。

3．若不從天人，希望求僥倖，亦不禱祠神，是爲最吉祥。

4．友賢擇善居，常先爲福德，勑身從真正，是爲最吉祥。

5．去惡從就善，避酒知自節，不婬於女色，是爲最吉祥。

6．多聞如戒行，法律精進學，修己無所争，是爲最吉祥。

7．居孝事父母，治家養妻子，不爲空之行，是爲最吉祥。

8．不慢不自大，知足念反覆，以時誦習經，是爲最吉祥。

9．所聞當可忍，樂欲見沙門，每講輒聽受，是爲最吉祥。

10．持齋修梵行，常欲見賢聖，依附明智者，是爲最吉祥。

11．以信有道德，正意向無疑，欲脱三惡道，是爲最吉祥。

12．等心行布施，奉諸得道者，亦敬諸天人，是爲最吉祥。

13．常欲離貪欲，愚癡瞋恚意，能習誠②道見，是爲最吉祥。

14．若以棄非務，能勤修道用，常事於可事，是爲最吉祥。

15．一切爲天下，建立大慈意，修仁安衆生，是爲最吉祥③。

16．欲求吉祥福，當信敬於佛，欲求吉祥福，當聞法句義。

---

① 原刻作“是”，今依麗刻及晉本改。

② 晉本作“成”。

③ 晉本次接“智者居世間”一章。

17．欲求吉祥福，當供養衆僧，戒具清淨者，是爲最吉祥。

18．智者居世間，常習吉祥行，自致成慧見，是爲最吉祥①。

19．梵志聞佛教，心中大歡喜，卽前禮佛足，歸命佛法衆。

（據支那內學院刊藏要本）

④　晉本此段作長行。

入阿毗達磨論

〔簡介〕 入阿毗達磨論二卷，塞建陀羅造，唐玄奘譯。

此論介绍了上座部一切有部的基本名相和學説綱要。論主將一切有部所説的諸法，統攝於色、受、想、行、識、虚空、擇滅、非擇滅八大類之下，認爲此"八句義"乃總攝一切義。全論即依此八句義之順序，分述其所包含的諸法名相與意義。它對俱舍論建立七十五法有一定影響，是了解一切有部學説，以及大乘瑜伽行派(唯識法相學)基本名相演變的重要論著之一。

本書選入此論所據版本爲日本弘教書院刊縮册大藏經。該刊本以高麗藏和宋、元、明三藏對勘，今並録其校勘記，以資參考。

入阿毗達磨論卷上

敬禮一切智　佛日無垢輪　言光破人天
惡趣本心闇　諸以對法理　拔除法相①愚
我頂禮如斯　一切智言藏　劣慧妄説闇
覆蔽牟尼言　照了由明燈　稽首燃燈者

有聰慧者，能具受持諸牟尼尊教之文義，由拘事業有未得退。有劣慧者，聞對法中名義稠林便生怖畏，然俱恒有求解了心，欲令彼於阿毗達磨法相海中，深洄復②處，欣樂易入，故作斯論。

① "相"字宋、元、明三本俱作"想"。
② "復"字宋、元、明三本俱作"澓"。

謂善逝宗有八句義：一色、二受、三想、四行、五識、六虚空、七擇滅、八非擇滅。此總攝一切義。

色有二種，謂大種及所造色。大種有四，謂地水火風。界能持自共相，或諸所造色，故名爲界。此四大種，如其次第，以堅濕煖動爲自性，以持攝熟長爲業。大而是種，故名大種。由此，虚空非大種攝。能生自果是種義故，遍所造色故名爲大。如是，大種唯①有四者，更無用故，無堪能故，如牀座足。

所造色有十一種：一眼、二耳、三鼻、四舌、五身、六色、七聲、八香、九味、十觸一分、十一無表色。於大種有，故名所造，即是依止大種起義。此中眼者，謂眼識所依，以見色爲用，淨色爲體。耳、鼻、舌、身准此應説。色有二種，謂顯及形，如世尊説惡顯惡形。此中顯色有十二種，謂青、黄、赤、白、煙、雲、②塵、霧、影、光、明、闇。形色有八種，謂長、短、方、圓、高、下、正、不正。此中，霧者謂地水氣，日焰名光，月、星、火藥、寶珠、電等諸焰名明，障光明生於中，餘色可見名影，翻此名闇。方謂奡③方，圓謂團圓。形平等名正，形不平等名不正。餘色易了，故今不釋。此二十種皆是眼識，及所引意識所了别境。聲有二種，謂有執受及無執受，大種爲因有差别故。墮自體者名有執受，是有覺義。與此相違名無執受。前所生者名有執受，大種爲因，謂語手等聲；後所生者名無執受，大種爲因，謂風林等聲。此有情名非有情名差别爲四，謂前聲中語聲名有情名，餘聲名非有情名；後聲中化語聲名有情名，餘聲名非有情名。此復可意及不可意差别成八，如是八種皆是耳識，及所引意識所了别境。香有三種，一好香、二惡香、三平等香。謂能長養諸根大種，

① "唯"字宋、元、明三本同作"惟"，下同。

② "煙雲"宋、元、明三本同作"雲煙"。

③ "奡"字明本作"界"。

名好香；若能損害諸根大種，名惡香；若俱相違，名平等香。如是三種皆是鼻識，及所引意識所了别境。味有六種，謂甘、醋、鹹、辛、苦、淡别故。如是六種皆是舌識，及所引意識所了别境。觸一分有七種，謂滑性、澀性、重性、輕性、及冷、飢、渴。柔軟名①滑，是意②觸義。麤强名澀，可稱名重，翻此名輕，由此所逼煖欲因③名冷，食欲因名飢，飲欲因名渴。此皆於因立果名，故作如是説，如説諸佛出現樂等。大種聚中，水火增故有滑性，地風增故有澀性，地水增故有重性，火風增故有輕性，水風增故有冷④，風增故有飢，火增故有渴。無表色者，謂能自表諸心心所轉變差别，故名爲表。與彼同類而不能表，故名無表。此於相似立遮止言，如於刹帝利等説非婆羅門等。無表相者，謂由表心大種差别，於睡眠覺亂不亂心，及無心位有善不善色相續轉不可積集，是能建立苾芻等因，是無表相。此若無者，不應建立有苾芻等。如世尊説，於有依福業事，彼恒常福增長。如是無表總有三種，謂律儀、不律儀、俱相所攝故。律儀有三種，謂别解脱、静慮、無漏律儀别故。别解脱律儀復有八種：一苾芻律儀、二苾芻尼律儀、三勤策律儀、四正學律儀、五勤策女律儀、六近事男律儀、七近事女律儀、八近住律儀。如是八種，唯欲界繫。静慮律儀，謂色界三摩地隨轉色，此唯色界繫。無漏律儀，謂無漏三摩地隨轉色，此唯不繫。不律儀者，謂諸屠兒及諸獵獸、捕鳥、捕魚、劫盜、典獄、縛龍、煮狗、罝弶、魁膾。此等身中，不善無表色相續轉。非律儀非不律儀者，謂造毗訶羅窣堵波僧伽邏⑤摩等，及禮制多燒香散華讚誦願等，並捶打等所起種種善不善無表色相

① "名"字三本俱作"而"。
② "意"字同作喜。
③ "欲"下同無"因"字。
④ "冷"下同有"性"字。
⑤ "邏"字三本俱作"羅"。

續轉，亦有無表唯一剎那，依總種類，故説相續。別解脱律儀，由誓願受得前七至命盡第八一晝夜。又前七種捨由四緣：一捨所學故，二命盡故，三善根斷故，四二形生故。第八律儀，即由前四及夜盡捨。静慮律儀，由得色界善心故得，由捨色界善心故捨，屬彼心故。無漏律儀得捨亦爾。隨無漏心而得捨故，得不律儀。由作及受，由四緣故，捨不律儀。一受律儀故，二命盡故，三二形生故，四法爾得，色界善心①處中無表。或由作故得，謂殷淨心猛利煩惱，禮讚制多及捶打等。或由受故得，謂作是念，若不爲佛造曼荼羅終不先食，如是等願。或由捨故得，謂造寺舍敷具園林施苾芻等。捨此無表，由等起心及所作事俱斷壞故。如是無表及前所説眼等五根，唯是意識所了别境，齊此名爲初色句義。然諸法相略有三種：一自共相，二分共相，三偏共相。自共相者，如變壞故，或變礙故，説名爲色，如是即説可惱壞義。如法王説，苾芻當知，由變壞故，名色取蘊。誰能變壞？謂手觸故，即便變壞。乃至廣説，如能疾行，故名爲馬；以能行故，説名牛等。分共相者，如非常性及苦性等。遍共相者，如非我性及空性等。由此方隅，於一切法應知三相。

受句義者，謂三種領納，一樂、二苦、三不苦不樂，即是領納三隨觸義。從愛非愛非二觸生，身心分位差别所起，於境歡慼非二爲相，能爲愛因，故②名受。如世尊説：觸緣受，受緣愛。此復隨識差别有六，謂眼觸所生受，乃至意觸所生受。五識俱生名身受，意識俱生名心受。由根差别建立五種，謂樂根、苦根、喜根、憂根、捨根。諸身悦受，及第三静慮心悦受，名樂根。悦是攝益義。諸身不悦受，名苦根。不悦是損惱義。除第三静慮，餘心悦受，名喜根。諸心不悦受，名憂根。諸身及心非悦非不悦受，名捨根。此廣分别，

① “心”下同有“故”字。

② “故”下同有“説”字。

如根等處。

想句義者，謂能假合相名義解，即於青、黄、長、短等色，螺鼓等聲，沉麝等香，鹹苦等味，堅軟等觸，男女等法相名義中假合而解。爲尋伺因故，名爲想。此隨識别有六如受，小大無量差别有三。謂緣少境故，名小想，緣妙高等諸大法境故，名大想；隨空無邊處等，名無量想。或隨三界立此三名。

行有二種：謂相應行、不相應行。相應行者，謂思、觸、欲、作意、勝解、念、定、慧、尋、伺、信、精進、慚、愧、不放逸、輕安、不害、捨、欣、猒、不信、懈怠、放逸、善根、不善根、無記根、結、縛、隨眠、隨煩惱、纏、漏、瀑①流、軛、取、身繫、蓋及智、忍等諸心所法，此皆與心所依所緣行相時事五義等故，説名相應。與此相違，名不相應。謂得、非得、無想定、滅定、無想事、命根、衆同分、生、住、老、無常、名身、句身、文身等。如是相應不相應行，總名行藴。故大仙説，行藴聚集，如芭蕉莖。

思謂能令心有造作，即是意業，亦是令心運動爲義。此善不善無記異故，有三種别。觸謂根境識和合生，令心觸境，以能養活心所爲相，順樂受等差别有三。欲謂希求，作②事業隨順。精進謂我當作如是事業。作意謂能令心警覺，即是引心趣境爲義，亦是憶持曾受③等。此有三種：謂學無學非學非無學。七有學身中無漏作意名學，阿羅漢身中無漏作意名無學，一切有漏作意名非學非無學。勝解謂能於境印可，即是令心於所緣境無怯弱義。念謂令心於境明記，即是不忘。已正當作謂④事業義。定謂令心專注一境，即是

① "瀑"三本俱作"暴"，下同。
② "作"上同有"所"字。
③ "受"下同有"境"字。
④ "謂"同作"諸"。

制如猨猴心,唯於一境而轉義。毗婆沙者作如是説,如蛇在筒行便不曲,心若在定,正直而轉。慧謂於法能有簡①擇,卽是於攝相應成就諸因緣果。自相共相八種法中,隨其所應觀察爲義。尋謂於境令心麤爲相,亦名分別思惟。想風所繫麤動而轉,此法卽是五識轉因。伺謂於境令心細爲相,此法卽是隨順意識於境轉因。

信謂令心於境澄淨,謂於三寶因果相屬有性等中,現前忍許,故名爲信。是能除遣心濁穢法,如清水珠置於池内,令濁穢水皆卽澄清。如是信珠在心池内,心諸濁穢皆卽除遣。信佛證菩提,信法是善説,信僧具妙行。亦信一切外道所迷,緣起法性是信事業。精進謂於善不善法生滅事中勇悍爲性,卽是沉溺生死泥者能策勵心令速出義。慚謂隨順正理白法,增上所生違②愛等流心自在性。由此勢力,於諸功德及有德者恭敬而住。愧謂修習功德爲先,違癡等流訶毁劣法。由此勢力,於罪見怖。不放逸謂修諸善法,違害放逸守護心性。心堪任性,説名輕安,違害惛沉,隨順善法,心堅善性,説名不害。由此勢力,不損惱他,能違於他樂爲損事,心平等性,説名爲捨。捨背非理及向理故。由此勢力,令心於理及於非理,無向無背,平等而住,如持秤縷。欣謂欣尚於還滅品,見功德已,令心欣慕,隨順修善。心有此故,欣樂涅槃,與此相應,名欣作意。厭謂厭患於流轉品,見過失已,令心厭離,隨順離染。心有此故,厭惡生死,與此相應,名厭作意。心不澄淨,名爲不信,是前所説信相違法。心不勇悍,名爲懈怠,與前所説精進相違。不修善法〔名〕爲放逸,違前所説不放逸性,卽是不能守護心義。如是所説不信等三,不立隨眠及纏垢者,過失輕故,易除遣故。

善根有三種:一無貪是違貪法、二無瞋是違瞋法、三無癡是違

① “簡”同作“揀”。
② “違”字明本作“爲”。

癡法，即前所説慧爲自性。如是三法是善自性，亦能爲根生餘善法，故名善根。安隱義是善義，能引可愛有及解脱芽故，或已習學成巧便義，是善義。由此能辨妙色像故，如彩畫師造妙色像，世稱爲善。不善根有三種，即前所治貪瞋癡三。貪謂欲界五部貪，瞋謂五部瞋，癡謂欲界三十四無明，除有身見及邊執見相應無明。如是三法，是不善自性，亦能爲根生餘不善故，名不善根。不安隱義是不善義，能引非愛諸有芽故，或未習學非巧便義，是不善義。由此能辨惡色像故，如彩畫師所造不妙，世稱不善。無記根有四種，謂愛、見、慢、無明。愛謂色無色界各五部貪，見謂色無色界各十二見，及欲界有身見、邊執見，慢謂色無色界各五部慢，無明謂色無色界一切無明，及欲界有身見、邊執見相應無明。此四無記根，是自所許，修静慮者有三種異故。一愛上静慮者，二見上静慮者，三慢上静慮者。此三皆因無明力起。毗婆沙者立無記根唯有三種，謂無記愛、無明、慧三。疑不堅住，慢性高舉，非根法故，於善不善義俱不記，故名無記。又不能記愛非愛果，故名無記。以不能招異熟果故，是無記性。亦能生餘無記染法，或諸無記法，故名無記根。

結有九種：謂愛結、恚結、慢結、無明結、見結、取結、疑結、嫉結、慳結。愛結者，謂三界貪，是染著相，如融膠漆，故名爲愛。愛即是結，故名愛結。恚結者，謂五部瞋，於有情等樂爲損苦①，不饒益相，如辛苦種，故名爲恚。恚即是結，故是②名恚結。慢結者，謂三界慢，以自方他，德類差别，心恃舉相，説名爲慢。如傲逸者，凌篾於他。此復七種：一慢、二過慢、三慢過慢、四我慢、五增上慢、六卑慢、七邪慢。謂因族姓、財位色力、持戒、多聞、工巧等事，若於劣謂己勝，或於等謂己等，由此令心高舉，名慢。若於等謂己勝，或於勝

① “苦”三本俱作“害”。

② “故”下同無“是”字。

謂己等,由此令心高舉,名過慢。若於勝謂己勝,由此令心高舉,名慢過慢。若於五取蘊執我我所,由此令心高舉,名我慢。若於未證得預流果等殊勝德中,謂已證得,由此令心高舉,名增上慢。若於多分族姓等勝中,謂己少劣,由此令心高舉,名卑慢。若實無德,謂己有德,由此令心高舉,名邪慢。如是七慢,總名慢結。無明結者,謂三界無知,以不解了爲相,如盲瞽者違害明故,説名無明。此遮止言依對治義,如非親友,不實等言,卽説怨家,虚誑語等。無明卽是結,故名無名結。見結者,謂三見,卽有身見、邊執見、邪見。五取蘊中無我我所,而執實有我我所相,此染汙慧,名有身見。身是聚義,有而是身,故名有身,卽五取蘊,於此起見,名有身見。卽五取蘊非斷非常,於中執有斷常二相,此染汙慧,名邊執見,執二邊故。若決定執無業,無業果;無解脱,無得解脱道,撥無實事,此染汙慧,名邪見。如是三見,名見結。取結者,謂二取,卽見取、戒禁取。謂前三見及五取蘊,實非是勝,而取爲勝,此染汙慧,名見取。取是推求及堅執義,戒謂遠離諸破戒惡禁,謂受持烏鷄鹿狗露形,拔髮斷食卧灰,或於妄執生福滅罪,諸河池中數數澡浴,或食根果草菜藥物,以自活命,或復塗灰拔頭髮①等,皆名爲禁。此二俱非能清淨道,而妄取爲能清淨道,此染汙慧,名戒禁取。諸婆羅門有多聞者,多執此法以爲淨道,而彼不能得畢竟淨。如是二取,名爲取結。疑結者,謂於四聖諦令心猶豫,如臨岐路,見結草人躊躇不決。如是於苦心生猶豫,爲是爲非,乃至廣説。疑卽是結,故名疑結。嫉結者,謂於他勝事令心不忍,謂於他得恭敬供養、財位、多聞及餘勝法,心生妒忌,是不忍義。嫉卽是結,故名嫉結。慳結者,謂於己法財令心悋惜,謂我所有勿至於他。慳卽是結,故名慳結。結義是縛義,如世尊説:非眼結色,非色結眼。此中欲貪説名爲結,如非黑牛結白

① “拔頭髮”三本俱作“持頭髻”。

牛，亦非白牛結黑牛，乃至廣説。先所説結，亦即是縛，以即結義，是縛義故。然契經中復説三縛：一貪縛，謂一切貪，如愛結相説；二瞋縛，謂一切瞋，如恚結相説；三癡縛，謂一切癡，如無明結相説。

隨眠有七種：一欲貪隨眠、二瞋隨眠、三有貪隨眠、四慢隨眠、五無明隨眠、六見隨眠、七疑隨眠。此七别相結中已説，然應依界行相部别，分别如是七種隨眠。謂貪諸欲，故名欲貪。此貪即隨眠，故名欲貪隨眠。此唯欲界五部爲五，謂見苦所斷，乃至修所斷。瞋隨眠亦唯欲界五部爲五，有貪隨眠唯色無色界各五部爲十。内門轉故，爲遮於静慮無色解脱想，故説二界貪名有貪。慢隨眠通三界各五部爲十五，無明隨眠亦爾。見隨眠通三界各十二爲三十六。謂欲界見苦所斷具五見，見集、滅所斷唯有邪見及見取二，見道所斷唯有邪見、見取、戒禁取三，總爲十二。上二界亦爾，爲三十六。疑隨眠通三界各四部爲十二。謂見苦、集、滅、道所斷，此中欲貪及瞋隨眠，唯有部别無界行相别，有貪疑慢無明隨眠，有界部别無行相别，見隨眠具有界行相部别。行相别者，謂我我所。行相轉者，名有身見。斷常行相轉者，名邊執見。無行相轉者，名邪見。勝行相轉者，名見取。淨行相轉者，名戒禁取。微細義是隨眠義，彼現起時難覺知故，或隨縛義，是隨眠義。謂隨身心相縛①而轉，如空行影水行隨故。或隨逐義是隨眠義，如油在麻膩在摶故。或隨增義是隨眠義，謂於五取藴由所緣相應而隨增故。言隨增者，謂隨所緣及相應門而增長故。如是七種隨眠，由界行相部差别故，成九十八隨眠。謂欲界見苦所斷具十隨眠，即有身見、邊執見、邪見、見取、戒禁取、疑、貪、瞋、慢、無明。見集所斷有七隨眠，於前十中除有身見、邊執見戒禁取。見滅所滅②所斷有七隨眠亦爾。見道所斷有

① "縛"三本俱作"續"。

② "滅"下同無"所滅"二字。

八隨眠，謂即前七加戒禁取。修所斷有四隨眠，謂貪、嗔、慢、無明。如是欲界有三十六隨眠，色界有三十一隨眠。謂於欲界三十六中，除五部嗔。無色界亦爾，故有九十八隨眠。於中八十八見所斷，十修所斷。三十三是遍行，謂界界中見苦集所斷諸見疑，及彼相應不共無明，餘皆非遍行。十八是無漏緣，謂界界中見滅道所斷邪見疑，及彼相應不共無明。此十八種緣滅道故，名無漏緣，餘皆有漏緣。此中有漏緣者，由所緣相應故隨增。無漏緣者，但於自聚由相應故隨增。九是無爲緣，謂界①中見滅所斷邪見疑，及彼相應不共無明。緣滅諦故名無爲緣，餘皆有爲緣。十種隨眠次第生者，先由無明於諦不了，謂於苦不欲，乃至於道不欲。由不了故，次引生疑。謂聞邪正二品，便懷猶豫，爲苦非苦，乃至爲道非道。從此猶豫，引生邪見，謂② 惡友由邪聞思生邪決定，無施與無愛樂、無祠祀，乃至廣説。從此邪見有身見生，謂取蘊中撥無苦理，便執有我或有我所。從有身見、邊執見生，謂執我有斷常邊故。從邊執見、戒禁取生，謂此邊執爲能淨故。從戒禁取、引見取生，謂能淨者是最勝故。從此見取次引貪生，謂自見中情深愛故。從此貪後次引慢生，謂自見中深③ 著己。恃生高舉，凌④ 篾他故。從此慢後次引嗔生，謂恃己見於他見中，情不能忍，必憎嫌故。或於自見取捨位中，起憎嫌故。十種隨眠，次第如是。由三因緣起諸煩惱：一未斷隨眠故，二非理作意故，三境界現前故。由因加行境界，三力煩惱現前，此説具者，亦有唯依境界力起，煩⑤亂逼⑥惱，身心相續，故名煩惱，此即隨眠。

① “界”下同有“界”字。
② “謂”下同有“遇”字。
③ “深”下同有“愛”字。
④ “凌”同作“陵”。
⑤ “煩”下同有“惱”字。
⑥ “逼”同作“逼”。

隨煩惱者,即諸煩惱,亦名隨煩惱。復有隨煩惱,謂餘一切行蘊所攝染汙心所,與諸煩惱同蘊攝故。此復云何?謂誑憍害惱恨諂等有無量種,如聖教説。誑謂惑他,憍謂染著自身所有色力、族姓、淨戒、多聞、巧辯①等已,令心傲逸無所顧性。害謂於他能爲逼迫,由此能行打罵等事。惱謂堅執諸有罪事,由此不受如理諫誨。恨謂於忿所緣事中,數數尋思,結怨不捨。諂謂心曲。如是六種,從煩惱生,穢汙相麤,名煩惱垢。於此六種煩惱垢中,誑憍二種是貪等流,貪種類故。害恨二種是瞋等流,瞋種類故。惱垢即是見取等流,執己見勝者惱亂自他故。諂垢即是諸見等流,諸見增②多諂曲故,如説諂曲謂諸惡見。此垢及纏並餘染汙,行蘊所攝,諸心所法從煩惱生,故皆名隨煩惱。

纏有十種:謂惛沉、睡眠、掉舉、惡作、嫉、慳、無慚、無愧、忿、覆。身心相續,無堪任性,名爲惛沉,是昧重義。不能任持,身心相續,令心昧略,名爲睡眠。此得纏名,唯依染汙。掉舉謂令心不寂靜。惡所作體名爲惡作。有別心所緣惡作生,立惡作名,是追悔義。此於果體假立因名,如緣空名空緣,不淨名不淨,世間亦以處而説。依處者,如言一切村邑來等。此立纏名,亦唯依染。嫉、慳二相,結中已説。於諸功德及有德者,令心不敬,説名無慚,即是恭敬所敵對法。於諸罪中不見怖畏,説名無愧。能招惡趣,善士所訶,説名爲罪。除瞋及害,於情非情令心憤發,説名爲忿。隱藏自罪,説名爲覆。此十纏縛,身心相續,故名爲纏。此中惛沉、睡眠、無愧是無明等流,惡作是疑等流,無慚、慳③、掉舉是貪等流,嫉、忿是瞋等流,覆是貪無明等流。諸心所法行相微細,一一相

① "辯"三本俱作"辨"。
② "增"下同有"者"字。
③ "慳"明本作"愧"。

續分别尚難,况一刹那俱①時而有？微密智者依佛所説，觀果差别，知其性異,爲諸學者無倒宣説。有劣慧者,未親承事,無倒解釋佛語諸師,故於心所迷謬誹撥,或説唯三,或全非有。

漏有三種:謂欲漏、有漏、無明漏。欲界煩惱並纏除無明,名欲漏。有四十一物，謂三十一隨眠並十纏。色無色界煩惱並纏除無明,名有漏。有五十四物,謂上二界各二十六隨眠,並惛沉、掉舉同無記故。内門轉故,依定地故，二界合立一有漏名。三界無明,名無明漏。有十五物,以無明是諸有本故，别立漏等。稽留有情,久住三界,障趣解脱,故名爲漏。或令流轉,從有頂天至無間獄,故名爲漏。或彼相續於六瘡門,泄過無窮,故名爲漏。

瀑流有四:謂欲、有、見、無明瀑流。欲漏中除見,名欲瀑流,有二十九物。有漏中除見，名有瀑流,有三十物。三界諸見,名見瀑流,有三十六物。三界相應不共無明,名無明瀑流，有十五物。漂奪一切有情勝事,故名瀑流,如水瀑流。軛有四種，如瀑流説。和合有情,令於②諸趣諸生諸地受苦，故名爲軛。即是和合令受種種輕重苦義。

入阿毗達磨論卷下

取有四種:謂欲取、見取、戒禁取、我語取。即欲瀑流加無明,名欲取,有三十四物。謂貪、瞋、慢、無明各五,疑四,纏十。即有瀑流加無明,名我語取,有四十物。謂貪、慢、無明各十，疑八，及惛沉、掉舉諸見中除戒禁取,餘名見取,有三十物。戒禁取名戒禁取,有六物。由此獨處③聖道怨故,雙誑在家出家衆故,於五見中此别

① "俱"同作"具"。

② "於"下三本俱有"諸界"二字。

③ "處"同作"爲"。

立取。謂在家衆由此誑惑,計自餓服氣及墜山巖等爲天道故;諸出家衆由此誑惑,計捨可愛境受杜多功德爲淨道故。薪義是取義,能令業火熾然相續而生長故,如有薪故火得熾然。如是有煩惱故,有情業得生長。又猛利義是取義,或纏裹義是取義,如蠶處繭自纏而死。如是有情四取所纏,流轉生死,喪失慧命。身繫有四種:謂貪欲身繫、瞋恚身繫、戒禁取身繫、此實執身繫。欲界五部貪,名初身繫;五部瞋,名第二身繫;六戒禁取,名第三身繫;十二見取,名第四身繫。種種纏縛,有情自纏①,故名身繫。是等羂網,有情身義。

蓋有五種:謂貪欲蓋、瞋恚蓋、惛沉睡眠蓋、掉舉惡作蓋、疑蓋。欲界五部貪,名初蓋;五部瞋,名第二蓋;欲界惛沉及不善睡眠,名第三蓋;欲界掉舉及不善惡作,名第四蓋;欲界四部疑,名第五蓋。覆障聖道及離欲染,並此二種加行善根,故名爲蓋。

前説諸界、諸趣、諸生、諸地,受苦應説。云何界、趣、生、地?界有三種:謂欲界、色界、無色界。欲界有二十處,謂八大地獄:一等活、二黑繩、三衆合、四號叫、五大號叫、六炎熱、七極炎熱、八無間,並傍生、鬼界爲十。有四洲人:一贍②部洲、二勝身洲、三牛貨洲、四俱盧洲。有六欲天:一四大王衆天、二三十三天、三夜摩天、四覩史多天、五樂變化天、六他化自在天,合二十處。色界有十六處,謂初靜慮有二處:一梵衆天、二梵輔天。第二靜慮有三天:一少光天、二無量光天、三極光淨天。第三靜慮有三天:一少淨天、二無量淨天、三遍淨天。第四靜慮有八天:一無雲天、二福生天、三廣果天、四無煩天、五無熱天、六善現天、七善見天、八色究竟天,合十六處。大梵無想,無別處所,故非十八。無色界雖無上下處所,而有四種生處差別:一空無邊處、二識無邊處、三無所有處、四非想非非想

① "纏"同作"體"。

② "贍"明本作"瞻"。

處。趣有五種：一捺洛迦、二傍生、三鬼界、四天、五人。生有四種：謂卵、胎、濕、化。地有十一：謂欲界未至靜慮，中間四靜慮、四無色爲十一地。欲界有頂，一向有漏，餘九地通有漏及無漏，前界趣生，一向有漏。

智有十種：謂法智、類智、世俗智、他心智、苦智、集智、滅智、道智、盡智、無生智。於欲界諸行，及彼因滅加行無間解脱勝進道，並法智地中所有無漏智，名法智。無始時來，常懷我執，今創見法，故名法智。於色無色界諸行，及彼因滅加行無間解脱勝進道，並類智地中所有無漏智，名類智。隨法智生，故名類智。諸有漏慧，名世俗智。此智多於瓶衣等世俗事轉，故名世俗智。此有二種：一染汙、二不染汙。染汙者，復有二種：一見性，二非見性。見性有五：謂有身見、邊執見、邪見、見取、戒禁取。非見者，謂① 疑、貪、瞋、慢、無明、忿、害等相應慧。不染汙者，亦有二種：一善、二無覆無記。無覆無記者，非見不推度故，是慧及智。善者，若五識俱，亦非見是慧及智。若意識俱，是世俗正見，亦慧亦智。諸定生智，能了知他欲色界繫，一分無漏，現在相似心心所法，名他心智。此有二種：一有漏、二無漏。有漏者，能了知他欲色界繫心心所法。無漏者，有二種：一法智品、二類智品。法智品者，知法智品心心所法。類智品者，知類智品心心所法。此智不知色無爲心不相應行，及過去未來無色界繫，一切根地補特伽羅勝心心所皆不能知。於五取蘊果分有無漏智，作非常苦空非我行相轉，名苦智。於五取蘊因分有無漏智，作因集生緣行相轉，名集智。於彼滅有無漏智，作滅靜妙離行相轉，名滅智。於彼對治得涅槃道有無漏智，作道如行出行相轉，名道智。有無漏智作是思惟：苦我已知，集我已斷，滅我已證，道我已修，盡行相轉，名盡智。有無漏智作是思惟：苦我已知、不復更知，

① “謂”三本俱作“諸”。

乃至道我已修，不復更修，無生行相轉，名無生智。此後二智，不推度故，非見性。他心智，唯見性。餘六智通見性、非見性。世俗智唯有漏，他心智通有漏及無漏，餘八智唯無漏。滅智唯無爲緣，他心苦集道智唯有爲緣，餘五智通有爲無爲緣。苦集智唯有漏緣，滅道智唯無漏緣，餘六智通有漏無漏緣。法智在六地，謂四靜慮未至中間。類智在九地，謂前六地下三無色。他心智在四地，謂四靜慮。世俗智在一切地。餘六智，法智品者在六地，類智品者在九地。

忍有八種：謂苦、集、滅、道法智忍，及苦、集、滅、道類智忍。此八是能引決定智勝慧，忍可苦等四聖諦理，故名爲忍。於諸忍中，此八唯是觀察法忍，是見及慧，非智自性。決定義是智義，此八推度意樂未息，未能審決，故不名智。苦法智忍與欲界見苦所斷十隨眠得俱滅，苦法智與彼斷得俱生。忍爲無間道，智爲解脱道，對治欲界見苦所斷十種隨眠。如有二人，一在舍内驅賊令出，一關閉門不令復入。苦類智忍與色無色界見苦所斷十八隨眠得俱滅，苦類智與彼斷得俱生，餘如前説。如是四心，能於三界苦諦現觀，於集滅道各有四心，應知亦爾。此十六心，能於三界四諦現觀，斷見所，斷八十八結，得預流果。餘修所斷十種隨眠，謂欲界四，色無色界各三爲十。欲界四種，譬如束蘆，總分爲九。謂從上上乃至下下，彼對治道無間解脱亦有九品。謂下下品道能對治上上品隨眠，乃至上上品道能對治下下品隨眠。六品盡時，得一來果。九品盡時，得不還果。如欲界四總分爲九，亦有九品無間解脱能對治道。色無色界各有四地，一一地中能治所治各有九品，應知亦然。漸次斷彼八地隨眠，乃至有頂下下品盡時得阿羅漢果。四果中間所有諸道，及前見道，名爲四向，隨在彼果前，即名彼果向。如是有八補特伽羅，謂行四向及住四果。如是向果，由種性別分爲①六種：謂鈍利

① “爲”同作“有”。

根種性異生，若入見道十五心①，須② 名隨信行及隨法行。即此二種至修道位，謂從第十六心乃至金剛喻定，名信勝解③ 及名見至。即此二種至無學位，謂從初盡智乃至最后心，名時解脱及不時解脱等。謂心所種類差别有無量種，依心有故，名心所法，猶如我所。如是心所名相應行。不相應行與此相違，謂諸得等。得謂稱説有法者，因法有三種：一淨、二不淨、三無記。淨謂信等，不淨謂貪等，無記謂化心等。若成此法，名有法者。稱説此定因，名得獲成就。得若無者，貪等煩惱現在前時，有學既無無漏心故，應非聖者。異生若起善無記心，爾時應名已離染者。又諸聖者與諸異生無涅槃得，互相似故，應俱名異生，或俱名聖者。如法王説：起得成就十無學法，故名聖者，永斷五支，乃至廣説。又世尊説：苾芻當知，若有成就善不善法，我見如是諸有情類，心相續中善不善得增長無邊。作如是説，汝等苾芻不應校量有情勝劣，不應妄④ 取補特伽羅德量淺深，乃至廣説。故知法外定有實得。此有二種：一者未得已失今獲，二者得已不失成就。應知非得與此相違。於何法中有得非得？於自相續及二滅中有得非得。非他相續，無有成就他身法故，非非相續。無有成就，非情法故，亦非虚空，無有成就虚空者故，彼得無故，非得亦無。得有三種：一者如影隨形得，二者如牛王引前得，三者如犢子隨後得。初得多分，如無覆無記法。第二得多分，如上地没生，欲界結生時，欲界善法得。第三得多分，如聞思所成慧等，除俱生所餘得。此中應作，略毗婆娑⑤。謂欲界繫善不善色，無前生

① “五”下三本俱無“心”字。

② “須”宋元本俱作“頃”明作“類”。

③ “解”下三本俱有“脱”字。

④ “妄”三本俱作“忘”。

⑤ “娑”同作“沙”。

得，但[①]有俱生及隨後得。除眼耳通慧及能變化心，並除少分，若威儀路、若工巧處，極數習者，諸餘一切無覆無記法，及有覆無記表色，唯有俱生得，勢力劣故，無前後得。所餘諸法，一一容有前後俱得。善法得唯善，不善法得唯不善，無記法得唯無記，欲界法得唯欲界，色界法得唯色界，無色界法得唯無色界，無漏法得通三界及無漏法[②]。無漏法者，謂道諦三無爲俱不繫故，道諦得唯無漏。非擇滅得通三界，擇滅得色無色界。道力起者，卽墮[③]彼界。無漏道力起者，是無漏故。無漏法得總説有四種，學法得唯學，無學法得唯無學，非學非無學法得有三種。非學非無學法者，謂諸有漏及無爲有漏，及非擇滅得唯非學非無學。擇滅得學道力起者唯學，無學道力起者唯無學，世間道力起者唯非學非無學。見所斷法得唯見所斷，修所斷法得唯修所斷。非所斷法得有三[④]種：謂修所斷及非所斷。非所斷法者，謂道諦及無爲。道諦得惟非所斷，非擇滅得唯修所斷，不染汙故，是有漏故[⑤]，故擇滅得。世間道力起者唯修所斷，無漏道力起者唯非所斷。一切非得皆惟無覆無記性攝，非如前得有差别義。然過去未來法一一各有三世非得，現在法無現在非得。得與非得性相違故，無有現在可成就法。不成就故，然有過去未來非得。欲、色、無色界及無漏法，一一皆有三界非得。無有非得是無漏者，非得中有異生性故。如説，云何異生性？謂不獲聖法，不獲卽是非得異名，又諸非得唯無記性，故非無漏。

已離第三静慮染，未離第四静慮染。第四静慮地心心所滅，有不相應法名無想定，雖滅一切心心所法而起此定，專爲除想，故名

① "但"明本作"俱"。
② "漏"下明本無"法"字。
③ "墮"三本俱作"隨"。
④ "三"同作"二"。
⑤ "故"下同無"故"字。

無想。如他心智，此無想定是善第四靜慮所攝。唯非聖者相續中起求解脱想，起此定故。聖者於此如惡趣想深心厭離，此唯順定受。謂順次生受，是加行得非離染得滅定者。謂已離無所有處染，有頂心心所法滅，有不相應法能令大種平等相續，故名爲定滅①。是有頂地加行善攝，或順次生受，或順後次受，或順不定受，起此定已，未得異熟，便般涅槃，故不定受。此定能感有頂地中四蘊異熟，彼無色故，聖者能起非諸異生，由聖道力起此定故。聖者爲得現法樂住，求起此定。異生於此怖畏斷滅，無聖道力，故不能起。聖者於此由加行得非離染得。唯佛世尊，於此滅定名離染得。初盡智時，已於此定能自在起，故名爲得。諸佛功德不由加行，隨欲即起現在前故。若生無想有情天中，有法能令心心所滅，名無想事，是實有物，是無想定異熟果故，名異熟生。無記性攝，即廣果天中有一勝處，如中間靜慮，名無想天。生時死時俱有心想，中間無故，立無想名。彼將死時②，如久睡覺還起心想，起已不久即便命終，生於欲界。將生彼者，必有欲界順後次受決定業故。如將生彼北俱盧洲，必有能感生天之業。先業所引六處相續無間斷因，依之施設四生五趣，是名命根，亦名爲壽。故對法説：云何命根？謂三界壽。此有實體，能持煖識，如伽他言：

壽煖及與識　　三法捨身時　　所捨身僵仆
如木無思覺

契經亦説，受異熟已，名那落迦。乃至非想非非想處，應知亦爾。若異命根無別有法，是根性攝，遍在三界。一期相續無間斷時，可依施設四生五趣。生無色界，起自上地善染汙心，或起下地無漏心時依何設施。化生天趣，起善染時，應名爲死，若起無記，應復名生。

① “定滅”同作“滅定”。

② “死時”三本俱作“時死”。

撥無命根,有斯①大過。諸有情類,同作事業,同樂欲因,名衆同分。此復二種:一無差别、二有差别。無差别者,謂諸有情皆有我愛,同資於食樂欲相似,此平等因名衆同分。一一身内各别有一,有差别者,謂諸有情界地趣生,種姓男女近事苾芻、學無學等種類差别,一一身内有同事業,樂欲定因名衆同分。此若無者,聖非聖等世俗言説應皆雜亂。諸異生性異生同分有何差别?同樂欲等因,説名彼同分。異生性者,能爲一切無義利因。如契經説:苾芻當知,我説愚夫無聞②異生,無有少分惡不善業,彼不能造。又世尊説:若來人中得人同分③,異生性於死生時,有捨得義,故異生性與同分别。

諸法生時有内因力,令彼獲得各别功能,即此内因説名生相,謂法生因。總有二種:一内、二外。内謂生相,外謂六因或四緣性。若無生相,諸有爲法應如虚空等,雖具外因緣亦無生義。或應虚空等亦有可生義,成有爲性,是大過失。由此故知,别有生相能引别果。暫時住因,説名住相,謂有爲法於暫住時各有勢力,能引别果令暫時住。此引别果勢力内因説名住相,若無住相,諸有爲法於暫住時,應更不能引於别果。由此故知有别住相。老謂衰損,引果功能令其不能重引别果,謂有爲法若無異相,衰損功能何緣不能引别果。已更不重引,引而復引應成無窮。若爾又應非刹那性。由此故知,别有異相。無常者,謂功能損已,令現在法入過去因,謂有别法名爲滅相,令從現在墮過去世。此若無者法應不滅,或虚空等亦有滅義。此四有爲之有爲相。若有此四有爲相者,便名有爲,非虚空等。然世尊説,有三有爲之有爲相,有爲之起亦可了知,盡及住

① “斯”明本作“期”。
② “聞”同作“問”。
③ “分”下三本俱有“非”字。

異亦可了之，爲所化生猒有爲故。如示黑[①]耳與吉祥俱，住異二相合説爲一。是故定有四有爲相，非卽所相有爲法體。若卽所相有爲體者，如所相體與能相一，能相亦應展轉無異。若爾諸法滅時應生，生時應滅，或全不生。此四本相是有爲故，如所相法有四隨相，謂名生生乃至滅滅。然非無窮，以四本相各相八法隨相唯能各相一故。謂法生時並其自體，九法俱起，自體爲一，相隨相八。本相中生，除其自體，生餘八法，隨相中生於九法内唯生本生，勢力劣故。住異滅相，應知亦爾。本相依法，隨相依隨[②]相。法因相故得有作因[③]，相因隨相得有作用。作用者何？謂生住異滅所生等者，謂引果功能。故有爲法體，雖恒有而用非常。假兹四相内外因力，用[④]得成故。名身、句身、文身等者，謂依語生。如智帶義影像而現，能詮自義名名句文，卽是想章字之異目。如眼識等依眼等生，帶色等義影像而現，能了自境。名等亦爾，非卽語音親能詮義。勿説火時便燒於口，要依語故火等名生，由火等名詮火等義。詮者，謂能於所顯義生他覺慧，非與義合，聲有礙故。諸記論者所執，常聲理不成故，不應離此名句文三，可執有法能詮於義。然四種法似同一相，一聲、二名、三義、四智。此中名者，謂色等想。句者謂能詮義究竟。如説諸惡莫作等頌，世間亦説。提婆達多驅白牛來搆[⑤]取乳等。文者卽是㝅壹等字。此三各別，合集同類，説之爲身。如大仙説：苾芻當知，如來出世，便有名身、句身、文身可了知者。意説諦實蘊處界，沙門果緣起等法名句文身。又世尊説：如來得彼彼名句文身者。意説如來獲得彼彼不共佛法名句文身等。謂此中義類差別諸行句義，齊

① “黑”明本作“異”。
② “依”下三本俱無“隨”字。
③ “因”同作“用”。
④ “用”同作“因”。
⑤ “搆”同作“犂”。

此應知。識句義者,謂總了別色等境事,故名爲識。即於色等六種境中,由眼等根伴助① 而起現在作用,唯總分別色等境事,説名爲識。若能分别差别相者,即名受等諸心所法。識無彼用,但作所依。識用但於現在世有一刹那頃,能有了别。此亦名意,亦名爲心,亦是施設有情本事,於色等境了别爲用。由根境别説② 有六種,謂名眼識乃至意識。佛於經中自説彼相,謂能了别,故立識名。由此故知,了别爲相。前於思擇有爲相中,説法生因總有二種,一内二外,内謂生相,外謂六因或四緣性。今應思擇。因緣者何?因有六種:一相應因、二俱有因、三同類因、四遍行因、五異熟因、六能作因。心心所法展轉相應,同取一境,名相應因,如心與受等。受等與受等,受等復與心各除其自性,諸有爲法更互爲果,或同一果,名俱有因,如諸大種所相能相,心心隨轉,更互相望。二因别者,如諸商人更相助力能過嶮路,是俱有因;諸所飲食展轉同義,是相應因。心隨轉者,謂諸心所及諸静慮無漏律儀諸有爲相,以彼與心俱墮一世、一起、一住、一滅、一果、一等流、一異熟,因③ 善、因不善、因無記。由此十因,名心隨轉。自地自部前生諸法,如種子法,與後相似爲同類因。自地前生諸遍行法,與後染法,爲遍行因。一切不善有漏善法,與自異熟,爲異熟因。諸法生時除其自性,以一切法爲能作因。或唯無障,或能生故。如是六因,總以一切有爲果,爲④ 是所生故,謂相應俱有因得士用果。由此勢力彼得生故,此名士用,彼名爲果。同類偏行因,得等流果,果似因,故説名爲等;從因生,故復説爲流。果即等流,名等流果。異熟因得異

① “助”明本作“坐”。

② “説”三本俱作“設”。

③ “因”三本俱作“同”,下同。

④ “果爲”同作“爲果”。

熟果,果不似因,故説爲異熟,謂成熟堪受用故。果卽異熟,名異熟果。唯有情數攝,無覆無記性,能作因得增上果,此增上力彼得生故。如眼根等①於眼識等,及田夫等於稼穡等,由前增上,後法得生。增上之果,名增上果。擇滅無爲,名離繫果。此由道得,非道所生,果卽離繫,名離繫果。緣有四種,謂因、等無間、所緣、增上緣。除能作,餘五因名因緣。過去現在心心所法,除阿羅漢最後心等,名等無間緣。一切法,名所緣緣。能作因性,名增上緣。

容有礙物是虛空相,此增上力彼得生故。能有所容受,是虛空性故。此若無者,諸有礙物應不得生,無容者故。如世尊說:梵志當知,風依虛空。婆羅門曰:虛空依何?佛復告言:汝問非理。虛空無色無見無對,當何所依?然有光明虛空可了,故知實有虛空無爲。此體若無,風何依住!說無色等言何所依?因有光明何所了別。了龜毛等,不因此故。

衆苦永斷,説名擇滅。衆苦者何?謂諸生死。如世尊説:苾芻當知,諸有若生,卽説爲苦。諸有卽是生死别名,有若不生,名苦永斷。如堤堰水,如壁障風,令苦不生,名爲擇滅。擇謂揀擇,卽勝善慧。於四聖諦數數簡擇②,彼所得滅,立擇滅名。此隨所斷體有無量,以所斷法量無邊故。若體一者初道已得,修後諸道便應無用。若言初證少分非全,卽一滅體應有多分。一體多分,與理相違,隨有漏法有爾所量。擇滅無爲,應知亦爾。此説爲善,應正理故。此隨道别立八十九,隨斷遍知,立有九種。若隨五部,立有五種。又隨果别總立爲四,謂預流等;由斷離滅界别立三;由斷苦集及有餘依、無餘依别總立二種;約生死斷,總立爲一。如是擇滅有多異名,謂名盡離滅涅槃等。如人經説:苾芻當知,四無色蘊及眼色等,總

① “根等”同作“等根”。

② “簡擇”同作“擇揀”。

名爲人。於中假想説名有情,亦名意生,亦名爲人摩納婆等。此中自謂我眼等見色等,發起種種世俗言論,謂此具壽有如是名如是族姓,乃至廣説。苾芻當知,此唯有想,唯有言説。如是諸法,皆是無常,有爲緣生,由此故苦,謂生時苦住等亦苦。於此衆苦永斷無餘,除棄變吐盡離,染滅寂静隱没,餘不續起,名永不生。此極静妙,謂一切依除棄、愛盡、離滅、涅槃。所言一切依除棄者,謂此滅中永捨一切五取蘊苦。言愛盡者,謂此滅中現盡諸愛。得比滅已,永離染法,故名爲離;獲①此滅已,衆苦皆息,故名爲滅。證此滅已,一切災患煩惱火滅,故名涅槃。

非澤滅者,謂有别法畢竟障礙未來法生,但由闕緣非由擇得。如眼與意專一色時,餘色聲香味觸等謝。緣彼境界,五識身等,由得此滅能永障故,住未來世畢竟不生。緣闕亦由此滅勢力,故非擇滅決定實有。如世尊説:若於爾時樂受,現前二受便滅。彼言滅者,除此是何?定非無常及擇滅故。又契經説:苾芻當知,若得預流,已盡地獄,已盡鬼界,已盡傍生。此言盡者,是非擇滅,爾時異熟法未擇滅故。

爲初業者愛樂勤學,離諸問答,略制斯論。諸未遍知,阿毗達磨深密相者,隨自意集諸戲論,聚置於現前,妄構邪難,欲相誹毁,彼卽謗佛所説至教。如世尊説:有二種人謗佛至教:一者不信生於憎嫉,二者雖信而惡受持。

(據日本弘教書院縮册大藏經)

① "獲"三本俱作"證"。

成　實　論（選）

〔簡介〕 成實論(Satyasidhi—śāstra) 二十卷(或作十六卷)，訶利跋摩(Harivarman)造，姚秦鳩摩羅什譯。

此論共計二百零二名，據説當時擔任筆受的曇影(鳩摩羅什的弟子)，爲了使全書結構嚴整，就按文義將全論分爲五篇，即“五聚”。今傳論本即此整理本。第一部爲“發聚”(序論) 其中又分列“佛寶論”(五品)、“法寶論”(三品)、“僧寶論”(十品)、“十論”(十七品);第二部爲“苦諦聚”，其中又分列“色論”(二十四名)、“識論”(十七品)、“想陰(論)”(一品)、“受論”(六品)、“行陰論”(十一品);第三部分爲“集諦聚”，其中又分列“集論”(二十六品)、“煩惱論”(二十品);第四部分爲“滅諦聚”(十四品); 第五部分爲“道諦聚”，其中又分列“定論”(二十六品)、“定具”(二十二品)。

此論是小乘論著中的一部重要著作。作者訶利跋摩先學於説一切有部，但後來受大乘中觀空宗思想的影響，他的思想有很大的變化，在理論上不滿於一切有的説法，而接近於大乘。論名“成實”，其宗旨是要論述四諦的確實所指。論主認爲，當時各家對四諦内容所説各異，他要重新加以考察，確定其真實内容。在論述中，他對小乘各家學説進行了詳細的評論和批駁，提出了許多有特色的的觀點。如，他破除説一切有部關於“法有”的基本觀點，而講“法空”。又如，在解釋滅諦時，他也有特别的説法，認爲滅苦要經過三個次第，與之相應而滅三類心，即:滅假名心、滅法心(即有實五蘊心)，滅空心。而且宣稱:“若能滅此三心，則諸業煩惱永不復起。”

(卷十四滅盡品第一五四)。又此論立"世界門"(俗諦)和"第一義門"(真諦),"以世界門故説有我",而"第一義門者,皆説空無"等。以上這些觀點都與大乘般若空的思想有相通處,同時此論所做大量的"破有"工作,也正是了解大乘般若空思想的必要前提,因此許多大乘學者都很重視此論。鳩摩羅什譯此論之初衷,也正是想通過此論使人們了解由説一切有向般若空演變的軌迹,作爲人們通向般若空的津梁。

此論譯出後,由於它"言精理贍",接近大乘思想,又保存了大量各家思想的資料,因而吸引了大量的研究者,一些佛教徒甚至把此論當作大乘經典加以研究,一時形成了一股研究和宣傳成實論的潮流,出現了一批以講授成實論爲主的"成實師"。南北朝時期,關於成實論的注解甚多,但這些注解書一部也没有流傳下來。

本書選録論中卷二與卷三的部分内容,即從卷二的立論品至卷三的有我無我品,共計二十三品。其内容主要有二個方面:一是論主闡明撰寫本論的出發點和基本論點,二是對外道和小乘等十種"説有"的論點進行系統的批駁。通過這些品,可以概要地了解全論的内容。

本書選入此論所據版本爲原支那内學院刊藏要本。該刊本以南宋後思溪藏本爲底本,校勘以高麗藏本,在有關文字段落處依大乘義章(隋慧遠撰)所出成實宗所立之章門出註説明。本書選録時一律照録,以資參考。

成實論卷第二

立論品第十三

今欲論佛法,饒益於世間。佛以大悲心爲廣利益一切世間,故説是法,無所齊限。或有人但爲婆羅門故,説解脱經。佛所説經皆爲度脱四品衆生,乃至畜生亦不限礙。問曰: 不應造論論佛語也。所以者何?若佛自論,可名爲論,若佛不論, 餘不能論。所以者何?一切智人意趣難解,不知何所爲故而説是事,若不得佛意, 妄有所説,則爲自傷。如經中説: 二人謗佛,一以不信憎惡故謗,二雖有信於佛,所説不能諦受,亦名謗佛。設有真智,不知佛意,尚不能得論佛所言,況未得者而欲造論論佛意耶! 所以者何?如異論經中,佛爲解故,説如是事,諸比丘等種種異論皆不得佛意。又如長老摩訶迦旃延語諸比丘: 如伐大樹,棄捨根莖,但取枝葉,汝等亦爾, 捨離如來而問我耶?若摩訶迦延旃於議論中自喻枝葉,何況餘人, 能解佛語?又佛問舍利弗: 云何學人,云何數法?三問不答。又佛爲一切諸法根本,惟佛能解,餘人不能解。又阿難白佛: 遇善知識於得道中,則爲半利,亦有道理。所以者何?以二因緣正見得生: 一從他聞,二自正念。佛語阿難: 但善知識,則爲具足得道利已。又如佛言: 若我爲人有所説法, 是人不得我意, 故生諍訟。今① 諸論師各有所執,或言過去未來有法,或有言無, 當知如是諸論師等不解如來隨宜所説,故生諍訟。又如阿難爲三摩提説諸所受皆名爲苦,爾時佛語諸比丘言: 汝觀阿難髣像是義。又諸論者謂, 阿羅漢應先受供養。比丘不知,便往問佛。佛言: 於我法中,前出家者應先受供養。飲食麤事猶尚不能知,何況如來意説微妙法! 以此等故,不應造論。

答曰: 不然。所以者何?有因緣故,能知他意。如偈中説: 能知説者,意所趣向,亦知説者,欲説何事。有二種道: 聖道,世間道,後當廣説。以此道故,知説者意。復次,異論經中, 佛亦盡聽。又迦延旃等大論議師,得佛意故,佛皆讚善。又優陀夷比丘、曇摩塵那比丘尼等,造佛法論,佛聞即聽。又佛法深妙, 解者造論, 不解則

① 原刻作"令",今依麗刻改。

止。如是其餘佛爲諸法根本等問，悉已通答。又應造論。所以者何？若經造論，義則易解，法則久住。又佛聽造論。如經中說：佛語比丘，隨所造論，應善受持。是故，於修多羅中取義之論，别爲異部，故應造論。又佛爲種種可度衆生說世間等諸論義門，如莎提等不能解故，其心迷亂。莎提等比丘說生死往來常是一識。佛如是等種種說法，若無論議，云何可解？以是等緣，故應造論。

論門品第十四

論有二門：一世界門，二第一義門。以世界門，故說有我。如經中說：我常自防護，爲善自得善，爲惡自得惡。又經中說：心識是常。又言：長夜修心，死得上生。又說：作者起業，作者自受。又說：某衆生生某處等。如是皆以世界門說。第一義門者，皆說空無。如經中說：此五陰中無我我所，心如風燄，念念生滅，雖有諸業及業果報，作者受者皆不可得，如佛以五陰相續因緣說有生死。

又有二種論門：一世俗門，二賢聖門。世俗門者，以世俗故，說言月盡，月實不盡。如摩伽羅母說：兒婦爲母，其實非母。如經中說，舌能知味，以舌識知味，舌不能知；如稍刺人，言人得苦，是識知苦，非人受苦。如貧賤人家爲富貴，佛亦隨人名爲富貴。又佛呼外道名婆羅門，亦名沙門，又如刹利、婆羅門等，佛亦隨俗稱爲尊貴。又如一器，隨國異名，佛亦隨名。又如佛言，是吾最後觀毗耶離。諸如是等隨世語言，名世俗門。賢聖門者，如經中說因緣生識眼等諸根，由如大海。又如經說，但陰界入衆緣和合，無有作者亦無受者。又說一切苦，如經中說：世間言樂，聖人說苦，聖人說苦，世間言樂。又諸所說空無相等，名賢聖門。

又有三時論門，若於此事中說名爲色，若已曾有、當有、今有，皆名爲色。識亦如是，若已曾知、當知、今知，皆名爲識，如此等名三時論門。

又有若有論門，若有觸必因六入，非一切六入盡爲觸因，若有愛必因於受，非一切受盡爲愛因。或說具足因，如觸因緣受；或說不具足因，如受因緣愛，不說無明。或復異説，如經中説，心歡喜身得猗，三禪無喜，亦有身猗；又説，猗者受樂，四禪有猗，而無受樂，是名異説。

又有通塞二種論門，如經中説，若人發足爲供養塔，中間命終，皆生天上，是名爲通；又餘經説，作逆罪者不得生天，是名爲塞。又經中説，受諸欲者，無惡不造，是名爲通；須陀洹人雖受諸欲，亦不能起墮惡道業，是名爲塞。又經中説，因眼緣色而生眼識，是名爲通，若爾，應緣一切色皆生眼識而不然。又經中説因耳緣聲生耳識等，不生眼識，是名爲塞。又所言通塞皆有道理，不壞法相。

復有二種論門：一決定，二不決定。決定者，如説佛爲一切智人，佛之所説名真妙法，佛弟子衆名正行者；又言，一切有爲皆悉無常、苦、空、無我、寂滅泥洹，如是等門是爲決定。不決定者，若言死者皆生，是則不定，有愛則生，愛盡則滅。又經中説，若得心定，皆生實智，是亦不定。聖人得定能生實智，外道得定則不能生。又如經説，所求皆得，是亦不定，或得不得。若言六入必能生觸，是亦不定，或有能生，或有不生。如是等名定不定門。

復有爲不爲論門，如説奇草芳華不逆風薰，又説拘毗羅華能逆風薰，爲人華故説不逆風薰，爲天華故説逆風薰。又説三受，苦受、樂受、不苦不樂受，又餘經説，所有諸受皆名爲苦。有三種苦：苦苦、壞苦、行苦。爲此故説所有諸受一切皆苦，又説是苦三種有新故中，新受名樂，久厭則苦，中名爲捨。又説爲得道故，名爲道人，未得道者亦名道人。有如是等相因得名。

又有近論門，如佛語比丘：汝斷戲論則得泥洹，雖未便得，但以近故，亦名爲得。

又有同相論門，如説一事，餘同相事皆名已説。又如佛説，心爲輕躁，則爲已説餘心數法。

又有從多論門，如佛言，若人不知二見生滅相者，皆名有欲，若能知者，皆名得離。須陀洹人亦知二見生滅之相而有貪欲，但以知者多是離欲人。

復有因中説果論門，如説施食則與五事命色，力樂辯才，而實不與命等五事，但與其因。又如説食錢，錢不可食，因錢得食，故名食錢。又如經説，女人爲垢，實非垢也，是貪著等煩惱垢因，故名爲垢。又説，五塵名欲，實非欲也，能生欲故，名之爲欲。又樂因緣説名爲樂，如説以法集人，是人爲樂。又苦因緣説名爲苦，如説與愚同止，是名爲苦，如説火苦火樂。又説命因爲命，如偈中説：資生之具，皆是外命，如奪人物，名爲奪命。又説漏因爲漏，如七漏經説，此中二是實漏，其餘五事是漏因緣。又果中説因，如佛言我應受宿業，謂受業果。如是等衆多論門，盡應當知。

讚論品第十五

應習此論。所以者何？學習此論得智人法。如經中説，世有二人，一謂智人，二謂愚人。若不善分别陰界諸入、十二因緣、因果等法，是名愚人。若善分别陰界入等，是名智人。今此論中正分别解陰界入等，故因此論得智人法，是以應學。又習此論故，不名凡夫。又有二人，一是凡夫，二非凡夫。如説雖剃鬚髮，被服法衣，受佛威儀，猶遠佛法，以不成就信等根故，若能成就信等根者，雖處居家，不名凡夫。如經中説，有四種人：有入僧威儀不入僧數，有在僧數非僧威儀，有入僧威儀亦入僧數，有非僧威儀亦非僧數。初名出家凡夫，次名在家聖人，三名出家聖人，四名在家凡夫。以此故知離信等根則不入僧數。是故當爲信等諸根勤行精進。欲得信等，當於佛法聽受誦讀，如説修行，是故應習此佛法論。

又從此論得二種利，自利利他。如經中説，有四種人：有能自利不能利他，有能利他不能自利，有能俱利，有俱不利。若能自具戒等功德，不能令他住戒等中，是名自利。如是四種，若人雖能自利，令他施等得大果故，亦名利他，此中佛意不説此利。若人但能爲他説法，是名利他，是人雖不自隨法行，爲他説故，自亦得利。如經中説，爲人説法得五種利，此中佛意亦不説此利。此中但説最第一利，謂如説行得盡諸漏，是故説法能利他人，以兼利故，名人中最，猶衆味中之醍醐也。

復次，是人今處明中，後亦入明。世間衆生多從冥入冥，從明入冥，若少行佛法，是人亦能從冥入明，從明入明。所以者何？行布施等不能得如聽佛法利，若少聽佛語，能得達慧，破諸衰惱，獲無量利。如經中説有四種人：有從冥入冥，從冥入明，從明入明，從明入冥。又四種人：有順流者，有逆流者，有中住者，有得度者。若人一心聽佛法者，是人卽能除滅五蓋，修七覺意，是故此人截生死流，名逆流者，亦名爲住，亦名得度者。復有四種人：有常没者，有暫出還没者，有出觀者，有得度者。若不能生隨順泥洹信等功德，是名常没；或生世閒，信等功德不能堅固，還復退失，是名暫出還没；起隨順泥洹信等功德，分别善惡，是名出觀；具足修習，隨順泥洹信等功德，是名度者。若人能解佛法正義，終不常没，設復暫退，亦不永失。又以此人名爲修功德者，若人不修身戒心慧，作少惡業，亦墮惡道；若人修習身戒心慧，雖多爲惡，不墮惡道。修身者以聞慧修身受心法，以修身故，漸次能生戒定慧品，能滅諸業，滅諸業故，生死亦滅。又經中説有四種人：有結使利而不深，有深而不利，有亦深亦利，有不深不利。初名有增上結，時時而來；次名若輭中結，常來在心;三名若增上結,常來在心;四名若輭中結,有時而來。若人得聞佛法正論,斷二種結,深而利者。又解佛法正義,既不自惱,亦不惱他。外道持戒,卽自惱身,若墮邪見,卽惱他人,謂無罪福業果報故。若行布施,亦是自惱,亦名惱他,如天祠中多殺牛羊。若解佛法義者,但爲得利,不自惱身,亦不惱他,如得禪定行慈悲者,是故應習是佛法論。

又習此論者,名可與言,解正義故。如經中說,若論議時,應當分別是可與言,是不可與言。若人不住智者法中處非處中、若分別中及道中者,是人皆名不可與言。與此相違,名可與言。不住智人法中者,論者以正智慧善解義趣,然後執用。此人不知是故不執,如尼延子等,自言我師是可信人,但隨其語。不住處非處者,不住用因中。諸外道等,於二種因,共因異因,若他說共因,答以異因,他說異因,答以共因,不住如是二種因中。不住分別中者,不住譬喻中。不住道中者,不住論道中。如說論者莫出惡言,勿捨義宗,但說實利,方便勸誨,令得解悟。自心歡喜名聖語法,是中若人正知佛法語者,乃可與言,非餘人也。又不可與言者,有應定答問以不定答,應分別答問以不分別答,應反質答問以不反質答,應置答問不至而答。與此相違,名可與言。應定答問者,唯有一因,如佛世尊世間無等,如此比也;應分別答問者,更有因緣,如死相續等;應反質答問者,如有人問,還問令答;應置答問者,若法無實體,但有假名,若問此法爲一爲異、常無常等,是不答義,唯解佛法者乃知解耳。是故應習此佛法論。

又有三種人:正定、邪定、不定。正定者,是人必入泥洹;邪定者,必不入泥洹;餘名不定。若人能解佛法義者,必入正定。又有四種人:純罪、多罪、少罪、無罪。純罪者,若人但有不善,無一善法;多罪者,多惡少善;罪少者,多善少惡;無罪者,但有善法,無有不善。若人能解佛法正義,必入二種:少罪、無罪。復次,若人解佛法義,則受苦有量,以必當得至泥洹故。

四法品第十六

復次,若習此論,得上攝法。如經中説有四攝法:布施、愛語、利行、同利。布施者,衣食等物,以此財施,攝取衆生,還可敗壞;愛語者,隨意語言,是亦有咎,取彼意故;利行者,爲他求利,若有因緣助他成事,是亦可壞;同利者,如共一船,憂喜是同,是或可壞。若人以法布施、愛語、利行、同利攝取衆生,則不可壞。以法攝者,謂習此論,故應勤學。

又習此論,得上依止。如經中説,依法不依人。有人雖言我從佛聞,若從多識比丘所聞,若從二三比丘所聞,若衆中聞,若從大德長宿邊聞,不以信此人故,便受其語,是語若入修多羅中,不違法相,隨順毗尼,然後應受。入修多羅者,謂入了義修多羅中;了義修多羅者,謂是義趣不違法相。法相者,隨順毗尼,毗尼名滅。如觀有爲法常樂我淨,則不滅貪等;若觀有爲法無常苦空無我,則滅貪等。知無常等名爲法相,應依是法,不依於人。若説依法,則總一切法,是故次説依了義經不依不了義經。了義經者,即第三依,謂依於義,不依語也。若此語義入修多羅中,不違法相,隨順毗尼,是則依止。依智不依識者,謂名識色等法,如經中説能識故識,智名通達實法,如經中説,如實知色受想行識,故名爲智。如實即空,是故識有所得不應依也,若依於智,即是依空。欲通達此上依止,故當習此論。

又經中説,天人四輪,能增善法,一依善處,二依善人,三自發正願,四宿植善根。住善處者,謂處中國,離於五難;依善人者,生值佛世；宿植善根者，不聾瘂等；自發正願者，正見是也。正見必從聞佛法生，是故應習此正法論。

又誦習此論者，於壽命中得大堅利，謂通達諦。如經中說，有四堅法：説堅、定堅、見堅、解脱堅。説堅者，若説一切有爲皆無常苦，一切無我寂滅泥洹，是名説堅，名聞慧滿；因此得定，名思慧滿；因此定故，觀有爲法無常苦等，能得正見，名修殘滿。三慧得果，名解脱堅。復次，若聞佛法正論，則得大利。如經中説四大利法：親近善人、聽聞正法、自正憶念、隨順法行。若近善人，則聞正法，以此正法在善人故。聞正法已，則生正念，以無常等正觀諸法。從是正觀，能隨法行，謂無漏見也。

又聞此論則具四德處：慧德處、實德處、捨德處、寂滅德處。聞法生慧是慧德處；以是智慧見真諦空，名實德處；見真空故，得離煩惱，名捨德處；煩惱盡故，心得寂滅，是寂滅德處。又人得聞佛法正論，能種隨順泥洹四種善根：所謂煖法、頂法、忍法、世間第一法。以無常等行觀五陰時，生順泥洹下輭善根，能令心熱，是名煖法；煖法增長成中善根，名爲頂法；頂法增長成上善根，名爲忍法；忍法增長成上上善根，名世閒第一法。又有四種善根：退分、住分、增分、達分。離諸禪定、禮敬、誦讀，是等善根，名爲退分；得定等善根，是名住分；從聞思等生諸善根，是名增分；無漏善根，是名達分。若聞佛法，永離退分，得三善根。

四諦品第十七

復次，若人聞佛法義，則能善知分別四諦：苦諦、集諦、滅諦、道諦。苦諦者，謂三界也。欲界者，從阿鼻地獄至他化自在；色界者，從梵世至阿迦尼吒天；無色界者，四無色也。又有四識處：色受想行。外道或謂識依神住，故佛説識依此四處。又有四生：卵生、胎生、溼生、化生。諸天地獄一切化生，餓鬼二種，胎生化生，餘殘四生。又有四食：摶[①]食者，若麤若細，飯等名麤，酥油香氣及諸飲等是名爲細；觸食者，冷煖風等；意思食者，或有人以思願活命；識食者，中陰地[②]獄無色衆生入滅定者，雖無現識，識得在故，亦名識食。又有六道：上罪地獄，中罪畜生，下罪餓鬼；上善天道，中善人道，下善阿修羅道。又有六種：地水火風空識。四大圍空，有識在中，數名爲人。又六觸入，眼等六根與識和合，名爲觸入。又七識處，於是處中，以顛倒力故，識貪樂住。又世八法：利、衰、稱、譏、毁、譽、苦、樂。人在世閒必受此事，故名世法。九衆生居，衆生皆以顛倒力故，能處此中。又有諸法五種分別：五陰、十二入、十八界、十二因緣、二十二根。五陰者，眼識色爲色陰；依此生識能取前色，是名識陰；卽時心生男女怨親等想，名爲想陰；若分別知怨親中人生三種受，是命受陰；是三生中生三種煩惱，是名行陰，以此事起受身因緣，名五受陰。以四緣識生，所謂因緣、次第緣、緣緣、增上緣。以業爲因緣，識爲次第緣，以識次第生識故，色爲緣緣，眼爲增上緣。此中識從二因緣生，所謂眼色乃至意法，名十二入。是中加識，名十八界，謂眼界、色界、眼識界等。是陰等法，云何當生？在十二時中，故名十二因緣。是中無[③]明是煩惱，行名爲業。因此二事，次第生識、名色、六入觸受。愛取二法是名煩惱，有名爲業。未來世中初受身識，名之爲生，餘名老死。是十二因緣示有過去、未來、現在，但衆緣生，無有我也。又爲生死往來還滅故，說二十二根。一切衆生初受身時，以識爲本，是識六種從眼等生，故說六根，所謂眼根乃至意根，能生六識，故名六根。可以分別男女相，故名男女根，有人

① 四食以自相分別義（章八、四食）。

② 地獄但有識食義（章八、四食）。

③ 無明唯是不善義（章四、十二因緣）。

名爲身根少分。此六根或名六入。從是六事生六種識，故名爲壽。所以者何？是六入六識得相續生，故名爲壽，是相續斷，故名爲死，是故此事名之曰命。是中何[①]等是根？所謂業也。以因業故，六入六識得相續生，是命中業名爲命根。是業從諸受生，諸受即名樂等五根。從此五根生貪愛等一切煩惱及身口業，此業因緣還受生死，是爲垢法，能令生死因緣相續。以何因緣能生淨法？必因信等。信等四法因緣成慧，慧有三時，謂[②]未知、欲知、知已。修習所作辦時，此根皆是知慧差别。佛以生死往來、還滅垢淨，故説二十二根。如是等法，苦諦所攝，能知此者，是名善知苦諦。

集諦者，業及煩惱。業者，業品中當説；煩惱者，煩惱品中當説。諸業煩惱是後身因緣，故名集諦。

滅諦者，後滅諦聚中當廣説，謂假名心、法心、空心，滅[③]此三心，故名滅諦。

道諦者，謂三十七助菩提法：四念處、四正勤、四如意足、五根、五力、七菩提分、八聖道分。四念處者，身受心法中正安念及從念生慧。觀身無常等，安住緣中，名身念處；是念及慧漸次轉增，能分别受，名受念處；又轉清淨，能分别心，名心念處；能以正行分别諸法，名法念處[④]。四正勤者，若生惡不善法，見其過患，爲斷故生欲勤精進，斷方便，謂知見緣；未生惡不善法，爲不生故生勤精進，不生方便，謂知見緣；未生善法，爲生故生欲勤精進，生方便，謂知見緣；已生善法，爲增長故生欲精進，以上中下次第方便以不退轉故。四如意足者，欲三昧妙行成就修如意分。因欲生三昧，名欲三昧。欲

① 業名命根義（章四、二十二根，又見本論卷七不相應行品）。

② 未知欲知合爲一根義（章四、二十二根）。

③ 無漏盡處爲數滅義（章二、三無爲）。

④ 念住以念爲自體義（章十六、道品）。

精進信、猗、憶、念、安、慧、思、捨等妙法共成，名妙行成就。功德增長故，名如意足。欲增長故，名爲精進，是名第二。行者有欲有精進故，修習定慧，得心三昧，所謂定也，思惟三昧，所謂慧也。五根者，聞法生信，是名信根；信已爲斷垢法證淨法，故勤發精進，是名精進根；修四念處，是名念根；因念能成三昧，是名定根；因定生慧，是名慧根。是五根增長有力，故名五力。八聖道分者，從聞生慧，能信五陰無常苦等，是名正見；是慧若從思生，名正思惟；以正思惟斷諸不善，修習諸善業，行精進，名正精進；從此漸次出家受戒，得三道分、正語、正業、正命；從此正戒，次成念處及諸禪定；因此念定，得如實智，名八道分，如是次第。復次，八道分中戒應在初。所以者何？戒定慧品義次第故。正念、正定是名定品，精進常徧一切處行，慧品近道，故在後説。是慧二種若麤若妙，麤者聞慧思慧，名正思惟；妙者修慧，謂入煖等法中能破假名及五陰法，是名正見。以此正見見五陰滅，名初入道。因是次得七菩提分。念菩提分者，學人失念則起煩惱，故繫念善處，繫念先來所得正見，是名擇法。不捨擇法，故名精進。行精進時，煩惱減少，心生歡喜，故名爲善。以心喜故，則身得猗，是名爲猗。身猗得樂，集則心定，是定難得，名爲金剛。得無著果，斷憂喜等，故名爲捨，是名上行。又不發不没，其心平等，故名爲捨。菩提名無學智，修此七法能得菩提，名菩提分。是三十七品得四沙門果：須陀洹果者，謂通達空，以此空智能斷三結；斯陀含果者，即修此道，能薄煩惱於欲界中有餘一生；阿那含果者，能斷欲界一切煩惱；阿羅漢者，斷一切煩惱。若能誦習此佛法論，則能通達四諦，得四沙門果，故應修習此佛法論。

法聚品第十八

復次，習此論者，則能通達可知等法聚。以通達故，外道邪論不能制伏,亦能速滅煩惱,自能離苦,亦能濟人。可知等法聚者,謂可知法可識法,色法無色法,可見法不可見法,有對法無對法,有漏法無漏法,有爲法無爲法,心法非心法,心數法非心數法,心相應法心不相應法,心共有法心不共有法,隨心行法不隨心行法,内法外法,麤法細法,上法下法,近法遠法,受法非受法,出法非出法,共凡夫法不共凡夫法,次第法非次第法,有次第法無次第法,如是等二法。又有三法:色法心法心不相應法,過去法未來法現在法,善法不善法無記法,學法無學法非學非無學法,見諦斷法思惟法無斷法,如是等三法。又有四法:欲界繫法色界繫法無色界繫法不繫法。又有四道:苦難行道苦易行道樂難行道樂易行道。又有四味:出味離味寂滅味正智味。又有四證法:身證法念證法眼證法慧證法。四受身,四入胎,四緣,四信,四聖種,四惡行,如是等四法。五陰,六種,六内入,六外入,六生性,六喜行,六憂行,六捨行,六妙行,七浄,八福生,九次第滅,十聖處,十二因緣。如是可知等法聚無量無邊,不可説盡,我今略舉其要。可知法者第一義諦也。

可識法者,謂世諦也;色法者,色聲相味觸也;無色法者,心及無作法也。可見法者,謂色入也;有對法者,色法是也。有漏法者,若法能生諸漏,如非阿羅漢假名法中心是也,與上相違名無漏法也。有爲法者,從衆緣生五陰是也;無爲法者,五陰盡滅是也。心法者,能緣是也;心數法者,若識得緣,卽次第生想等是也。心相應法者,謂識得緣次第必生,如想等是也。心共有法者,謂法心共有,如色心不相應行是也。隨心行法者,若法有心則生,無心不生,如身口無作業也。内法者,己身内六入也。麤細法者,相待有也,如觀五欲色定爲細,觀無色定色定爲麤也。上下法者,亦如是也。近遠法者,或異方故遠,或不相似故遠也。受法者,從身生法也。出法者,謂善法也。共凡夫法者,有漏法也。次第法者,從他次第生也。有次第法者，能生次第也。色法者，色等五法也；心法者，如上說。心不相應行者，無作業也。過去法者，已滅法也；未來法者，當生法也；現在法者，生而未滅也。善法者，爲利益他衆生法及真實智也，與此相違名不善法也，二俱相違名無記法也。學法者，學人無漏心法也；無學法者，無學人在第一義心也，餘名非學非無學也。見[①]諦斷法者，謂須陀洹所斷示相我慢，及[②]從此生法也；思惟斷法者，謂須陀洹、斯陀含、阿那含所斷不示相我慢，及從此生法也；無斷法者，謂無漏也。欲界繫法者，若法報得阿鼻地獄乃至他化自在天也；色界繫法者，從梵世乃至阿迦尼吒天也；無色界繫法者，四無色也；不繫法者，無漏法也。苦[③]難行道者，鈍根得定行道者是也；苦易行道者，利根得定行道者是也；樂難行道者，鈍根得慧行道者是也；樂易行道者，利根得慧行道者是也。出味者，出家求道也；離味者，身心遠離也；寂滅味者，得禪定也；正智味者，通達四諦也。念證法者，四念處也；因是念處能生四禪，是名身證；因四禪故，能生三明，名爲眼證；通達四諦，名爲慧證。四受身，有能自害他不能害，有爲他害不能自害，有能自害他亦能害，有不自害不爲他害。四入胎者，有不自念入胎亦不自念住胎出胎，有自念入胎而不自念住胎出胎，有自念入胎住胎而不自念出胎，有自念入胎住胎出胎。以顛倒心亂，故不自念，心正不亂，故能自念。四緣：因[④]緣者，生因習因依因。生因者，若法生時，能與作因，如業爲報因；習因者，如習貪欲，貪欲增長；依因者，如心心數法，依色香等，是名因緣。次

① 眼等十五界通見斷義(章八、十八界)。

② 斷苦報爲數滅義(章二、三無爲)。又斷惑悉是數滅義(章七、三界繫業)。又斷果亦名數滅義(章十八、涅槃)。

③ 四行道依定慧分別苦樂義(章十一、四種道)。

④ 三因爲因緣義(章三、四緣)。

第緣者,如以前心法滅,故後心得次第生。緣緣者,若從緣生法,如色能生眼識。增上緣者,謂法生時諸餘緣也。四[①]信:信佛者,謂得真智於佛,生清净心,決定知[②]佛於衆生中尊;信此真智,即是信法;得是智者,一切衆中最爲第一,是名信僧;得聖所愛戒,謂以深心不造諸惡,知我因是戒,能信三寶,信是戒力,故名信戒。以四聖種故,不爲衣服愛之所染,不爲飲食卧具從身愛之所染故,名四聖種。四惡行者,以貪故瞋故怖畏故癡故墮惡道中。色陰者,色等五法也;受陰者,能緣法也;想陰者,能分别假名法也;行陰者,能生後身法也;識陰者,唯能識塵法也[③]。地*種者,色香味觸和合,堅相多者名爲地種,濕相多者名爲水種,熱相多者名爲火種,輕相多者名爲風種,色相無故説名空種,能緣法故名爲識種。眼入者,四大和合,眼識所依,故名眼入,耳鼻舌身入亦如是;意入者,謂心也;色入者,眼識所緣法也,聲香味觸法入亦如是。六生性者,謂黑性人能習黑法,亦習白法及黑白法,白性人亦如是。六喜行者,依貪心也;六憂行者,依瞋心也;六捨行者,依癡心也;六妙行者,實智慧也。七净:戒净者,戒律儀也;心净者,得禪定也;見净者,斷身見也;度疑净者,斷疑結也;道非道知見净者,斷戒取也;行知見净者,思惟道也;行斷知見净者,無學道也。八福生者,人中富貴乃至梵世也,諸福報樂此中最多,故説此八也。九次第滅者,入初禪滅語言,二禪滅覺觀,三禪滅喜,四禪滅出入息,虚空處滅色相,識處滅無邊虚空相,無所有處滅無邊識相,非想非非想處滅無所有相,入滅盡定滅受及想也。十聖處者,聖人斷五法,成六法,守一法,依四

① 依章十一,此卽四不壞淨。

② 原刻作"智"今依麗刻改。

③ 受想行識四心,以前生後,悉爲意入義(章八、十二入)。

* 此"地"字據文義當作"六"——編者注。

法，滅僞諦，捨諸求，不濁思惟，離諸身行，善得心解脱，善得慧解脱，所作已辦，獨而無侶。斷五法者，斷五上分結，得阿羅漢一切結盡；行六妙法，眼等諸情於色等塵不憂不喜，亦不癡故；守一法者，繫念身也；依四法者，謂乞食等四依法也；復有人言，依四法者，聖人有法遠離、有法親近、有法除滅、有法忍受。净持戒故，能達實相，名離僞諦；斷一切見，名得初果。捨諸求者，謂欲求有求及梵行求，得初果故，知有爲法皆是虚誑也，欲捨三求，得金剛三昧已，捨於學道，爾時能盡，名捨諸求。不濁思惟者，滅六種覺，心得清净，能薄三毒，得第二果，滅除貪憂，得第三果，名不濁思惟。離身行者，除欲界結，得四禪故，名離身行。得盡智故，名善得心解脱。得無生智故，名善得慧解脱。諸聖人心住此十處，故名聖處。佛法所作，必應盡苦，故曰所作已辦；遠離凡夫及諸學人，故曰無侣；心離諸法住畢竟空，故名爲獨。十二因緣：無明者，謂隨假名心；因此倒心能集諸業，故曰無明緣行；識隨業故，能受有身，故曰行緣識也；受有身已，名爲名色、六入、觸、受，此諸分等隨時漸增，受諸受時依止假名，故能生愛；因愛生餘煩惱，故名爲取；愛取因緣有，是名三分，從是諸業煩惱因緣，後世中生，從生因緣有老死等。是中若説無明諸行，則明過去世有，令斷常見，知從無始生死往來，從業煩惱因緣受身；若説生死，則明未來世有，令斷斷見，若不得真智，則生死無邊，但有苦果。若説中間八分，明現在法，但從衆緣相續故生，無有真實。此中無明諸行是先世因緣，此因緣果謂識、名色、六入、觸、受。從此五事起愛、取、有，是未來世因，此因緣果謂生、老、死。若受諸受時，還生愛、取，是故此十二分輪轉無窮。能得真智，則不集諸業，諸業不集，則無有生，生名起成。若人習此正論，則知諸法皆自相空，不集諸業，諸業不集，則無有生，無有生故，老死憂悲苦惱都滅。故欲自利兼利衆生，漸成佛道，熾然自法滅他法者，當習此論。

十論初有相品第十九

問曰：汝經初言，廣習諸異論，欲論佛法義。何等是諸異論？答曰：於三藏中多諸異論，但人多喜起諍論者，所謂二世有二世無，一切有一切無，中陰有中陰無，四諦次第得一時得，有退無退，使與心相應心不相應，心性本净性本不净，已受報業或有或無，佛在僧數不在僧數，有人無人。

有人言二世法有，或有言無。問曰：何因緣故説有？何因緣故言無？答曰：有者若有法是中生心，三世法中能生心故，當知是有。問曰：汝當先説有相。答曰：知所行處，名曰有相。難曰：知亦行於無所有處。所以者何？如信解觀，非青見青，又所作幻事亦無而見有。又以知無所有，故名入無所有處定。又以指按目則見二月。又經中説我知内無貪欲，又經中説如色中貪斷，名爲色斷。又如夢中無而妄見。以是等緣故知亦行於無所有處，不可以知所行處，故名爲有。答曰：無有知行無所有處。所以者何？要以二法因緣故識得生，一依二緣，若當無緣而識生者，亦應無依而識得生。然則二法無用，如是亦無解脱，識應常生，是故知識不行於無。復次，以有所識，故名爲識，若無所識，則亦無識。又説識能識塵，謂眼識識色，乃至意識識法。若言有無緣識，此識何所識耶？又若言有無緣識，是則錯謬。如有人言，我狂心亂，世間所無，而我皆見。又若知無所有，不應生疑，以有所知，故得生疑。又經中説，若世間所無，我知見者，無有是處。又汝言自相違，若無，何所知耶？又經中説，能緣法者，是心心數法，亦説一切諸法皆是所緣，此中不説無法爲緣。復次，諸法塵是生識因，若無，以何爲因？又經中説，三事和合，故名爲觸，若法無者，何所和合？復次，無緣之知，云何可得？若知則不無，若無則不知，是故無無緣知。又汝先言知行無所有處，如信解觀非青見青者，無有是處。所以者何？是非青中實有青性。如經中說，是木中有净性。又取青相，心力轉廣，一切盡青，非無青相。又幻網經說，有幻幻事者，無衆生中見似衆生，故名爲幻。又汝言以知無所有故，名入無所有處定者，以三昧力故，生此無相，非是無也，如實有色，壞爲空相。又入是三昧所見法少，故名爲無，如鹽少故名無鹽，慧少故名無慧。又如說非有想非無想處，是中雖實有想，亦說非有非無。又汝言以指按目見二月者，見不審故，以一爲二，若合一眼，則不見二。又汝言我知内無欲者，是人見五蓋相違七覺法故，便生念言：我知無欲，非知無也。又汝言知色中貪斷名色斷者，見真實慧與妄解相違，故名貪斷。又汝言夢中無而見者，因先見聞憶念分别及所修習，故夢中見。又冷熱氣盛，故隨夢見。或以業緣故夢，如昔菩薩有諸大夢，或天神等來爲現夢，是故夢中見有，非知無也。難曰：汝言要以二法因緣識得生者，是事不然，佛破神我，故説二法因緣生識，非盡然也。又汝言以有所識故名識者，識法有則知有，無則知無，若此事無，以無此事故，名爲見空。又三心滅故，名爲滅諦，若無空心，何所滅耶？又汝言眼識識色，乃至意識識法者，是識但能識塵，不辨有無。又汝言若有無緣識是則錯亂者，則有知無之知，如狂病人見所無者。又汝言若知無不應生疑者，若疑爲有爲無，則有無緣知也。又汝言如經中說，若世閒所無，我若知見，無是處者，是經不順法相，似非佛語。或三昧如是，入此三昧所見盡有，爲是三昧，故如是說。又汝言自相違者，我言緣無非相違也。又汝言心心數法能緣一切法是緣者，有心心數法而無所緣，亦心心數法不能實緣，故不名緣。又諸法實相離諸相故，不名爲緣。又汝言諸塵是生識因，若無，以何爲因者，卽以無爲因。又汝言三事和合名爲觸者，若三事可得，則有和合，非一切處盡有三事。又汝言若知不無若無不知者，若有緣知，亦同是過。又汝言如木中有浄性者，是事不然，有因中有果過故。又汝言取相心轉廣者，是亦不然，本青相少而見大地一切皆青，則是妄見。如是觀少青故，能見閻浮提盡皆是青，非妄見也。又汝言幻網經説有幻幻事者無衆生中見似衆生爲衆生事，此事實無而見，則是無緣知也。又汝言以三昧力故，生此無相如實有色壞爲空者，若色實有而壞爲空，則是顛倒。又少而言無，亦是顛倒。又汝言見不審者，是事不然，如眼氣病人見空中有毛，其實無也。又汝言見五蓋相違七覺法故，便生念言我知無者，七覺法異，無貪亦異，云何爲一？又汝言見真實慧與妄解相違名貪斷者，妄解名虚妄觀，是故説知欲斷故色斷，真實慧者無常觀也。又汝言夢中實見者，是事不然，如夢墮舍而實不墮。是故有知無之知，不以知行，故名有相。

無相品第二十

問曰：若此非有相，今陰界入所攝法應當是有。答曰：此亦不然。所以者何？是人説凡夫法陰界入攝，是事不順法相。若然者，有説如等諸無爲法亦應是有，而此實無，故知陰界入所攝法非是有相。問曰：若人以現知等信有所得名爲有相。答曰：此亦非有相，是可信法決定分别，不可得説。又有經説，應依於智，不應依識，以性得故，色等諸塵不可得，後當廣説。此無相不壞，有所得相，云何可立？問曰：有與法合，故名爲有。答曰：有後當破，又有中無有，云何有與法合，故名有耶？以是因緣有相決定分别，不可得説，但以世諦故有，非第一義。問曰：若以世諦有者，今還以世諦故説，過去未來爲有爲無？答曰：無也。所以者何？若色等諸陰，在現在世能有所作，可得見知。如經中説，惱壞是色相，若在現在則可惱壞，非去來也，受等亦然。故知但有現在五陰，二世無也。復次，若法無作,則無自相,若過去火不能燒者,不名爲火。識亦如是,若在過去不能識者,則不名識。復次,若無因而有,是事不然。過去法無因可有,是故不然。復次,凡所有法皆衆緣生,如有地有種水等因緣則芽等生,有紙筆人工則字得成,二法等合則有識生。未來世中芽字識等因緣未會,云何得有?是故二世不應有也。復次,若未來法有,是則爲常,以從未來至現在故,如從舍至舍,則無無常,是事不可。又經中説,眼生無所從來,滅無所至,是故不應分别去來法也。復次,若未來有眼色識者,則應有作,過去亦爾,而實不然,是故知無去來法也。又去來色有,則應有對有礙,而實不然,是故無也。復次,若瓶等物未來有者,則陶師等不應有作,而現有作,故無未來。又佛説有爲法,三相可得,生滅住異。生者,若法先無,今現有作;滅者,作已還無;住異者,相續故住,變故名異。是三有爲相皆在現在,非過去未來。

成實論卷第三

二世有品第二十一

問曰:實有過去未來,所以者何?若法是有,此中生心,如現在法及無爲法。又佛説色相,亦説過去及未來色。又説凡所有色,若内若外,若麤若細,若過去未來現在,總名色陰。又説過去未來色尚無常,何況現在?無常是有爲相,是故應説有。又現見從智生智以修習故,如從稻生稻,是故應有過去,若無過去果則無因。又經中説,若過去事實而有益,佛則説之。又説應觀過去未來一切無我。又緣未來意識依過去意,若無過去識何所依。又知過去業有未來果,是名正見。又佛十力,知去來諸業。又佛自説,若無過去所作罪業，是人終不墮諸惡道。又學人若在有漏心中，則不應有信等諸無漏根。又諸聖人不應決定記未來事。憶若無去來，則人不應憶念五塵。所以者何？意識不知現五塵故。又說十八意行皆緣過去。又若無去來，則阿羅漢不應自稱我得禪定，以在定中無言說故。又四念處中，不應得觀内心内受。所以者何？現在不得觀過去故。又亦不應修四正勤。所以者何？未來世中無惡法故。餘三亦爾。又若無去來，則無有佛。又亦不應有修戒久近，是故不然。

二世無品第二十二

答曰：過[①]去未來無。汝雖説有法中生心，是先已答，無法亦能生心。又汝説色相色數色可相者，是事不然，過去未來不應是色，無惱壞故，亦不可説無常相也，但佛隨衆生妄想分別，故説其名。又汝言智生智者，因與果作因已滅，如種與芽作因已滅，佛亦説是事生故是事生。又汝言實而有益佛則説者，佛説是事本現在時，不言猶有，若説過去滅盡，則知無有。又汝言觀無我者，以衆生於去來法計有我故，佛如是説。又汝言是正見者，以此身起業，此業與果作因，已滅後還自受，故説有果。於佛法中若有若無，皆方便説，爲示罪福業因緣故，非第一義。如以因緣説有衆生，去來亦爾。依過去意者，是方便依，不如人依壁等，亦明心生不依於神，因先心故，後心得生。業力亦爾，佛知是業雖滅，而能與果作因，不言定知，如字在紙。罪業亦爾，以此生造業，是業雖滅，果報不失。又汝言不應有諸無漏根者，若學人得無漏根已得在現在，雖過去滅，未來未至，以成就故，不得言無。又汝言聖人不應記未來者，聖智力爾，雖未有法，而能懸記，如過去法雖已滅盡，念力能知。又汝言不應念五塵者，是凡夫人癡故妄念。先取定相，後雖滅盡，猶生憶

① 無過未二世義（竟二、三無爲）。

念。念法應爾，非如兔角等。十八意行亦復如是。現在取色雖滅過去，亦隨憶念。又汝言不應自稱我得禪定者，是定得[1]在現在，憶念力故，自言我得。又汝言不應得觀内心内受者，有二種心：一念念生滅，二次第相續。用現在心觀相續心，非念猶在。又汝言不應修習四正勤者，防未來世惡法因緣，亦起未來善法因緣。又汝言則無佛者，佛寂滅相，雖現於世不攝有無，況滅度耶？衆生歸命，亦如世人祠祀父母。又汝言亦不應有修戒久近者，不以時故，戒有差別。所以者何？時法無實，但以諸法和合生滅，故名有時。是故汝所説因，是皆不然。

一切有無品第二十三

論者言：有人説一切法有，或説一切法無。問曰：何因緣故説有？何因緣故説無？答曰：有者，佛説十二入名爲一切，是一切有。地等諸陀羅驃，數等諸求那，舉下等諸業，總相別相和合等法，及波居帝本性等。及世間事中兔角龜毛蛇足鹽香風色等，是名無。又經中佛説：虚空無轍跡，外道無沙門，凡夫樂戲論，如來則無有。又隨所受法，亦名爲有。如陀羅驃等六事是憂樓伽有，二十五諦是僧佉有，十六種義是那耶修摩有。又若有道理能咸辦事，亦名爲有，如十二入。又佛法中以方便故，説一切有一切無，非第一義。所以者何？若決定有，卽墮常邊；若決定無，則墮斷邊。離此二邊，名聖中道。

有中陰品第二十四

論者言：有人説有中陰，或有説無。問曰：何因緣故説有？何因緣故説無？答曰：有中陰者，佛阿輸羅耶那經中説：若父母會時，衆

① 原刻下衍“現”字，今依麗刻删。

生隨何處來依止其中，是故知有中陰。又和蹉經說：若衆生捨此身已，未受心生身，於其中間，我說受爲因緣，是名中陰。又七善人中，有中有滅者。又經中說雜起業，雜受身，雜生世間，當知有中陰。又經中說四有：本有、死有、中有、生有。又說七有、五道有、業有、中有。又說閻羅王呵責中陰罪人，令顛倒墮。又佛因中陰知衆生宿命，謂此衆生生此處，彼衆生生彼處。又經中說，以天眼見諸衆生死時生時。又說衆生爲陰所縛，故從此世間至彼世間。又世人亦信有中陰，言若人死時，有微四大從此陰去。又若有中陰則有後世，若無中陰則無後世。若無中陰者，捨是身已，未受後身，中間應斷，以是故知有中陰。

無中陰品第二十五

有① 人言無有中陰。汝雖說阿輪羅耶那經中說有中陰，是事不然。所以者何？若是聖人，不知此爲是誰，從何處來，則無有中陰。若有者，何故不知？又汝言和蹉經說，是事不然。所以者何？是經中問異答異，是和蹉梵志所計身異神異，故如是答中陰中有五陰。又汝言有中有滅者，是人於欲色界中間受身，於此中滅，故名有中有滅也。所以者何？如經中說，若人死何處去，何處生，在何處，是義無異。又汝言雜受身，雜生世間者，若言受身，言世間，是義不異。又汝言四有、七有者，是經不然，以不順法相故。又汝言閻王呵責者，此在生有，非中有也。又汝言佛因中陰知宿命者，是事不然，聖智力爾，雖不相續，亦能念知。又汝言天眼見死時生時者，欲生名生時，將死名死時，非中陰也。又汝言衆生爲陰所縛，從此至彼者，示有後世故如是說，不明有中陰也。又汝言死時有微四大去者，世人所見不可信也，此非用因。又汝言若無中陰，中間應

① 向無中有義（章八、四有）。

斷者,以業力故,此人生此,彼人生彼,如過去未來,雖不相續,而憶能念,是故無有中陰。又宿命智中說,知此人此間死彼間生,不說住中陰中。又佛說三種業,現報生報及後報業,不說有中陰報業。又若中陰有觸,卽名生有,若不能觸,是則無觸。觸無故,受等亦無,如是何所有耶?又若衆生受中陰形,卽名受生。如經中說,若人捨此身受餘身者,我說名生,若不受身,則無中陰。又若中陰有退,卽名爲生。所以者何?要先生後退故。若無退,是則爲常。又以業力故生,何用中陰?又若中陰從業成者,卽是生有,如說業因緣生,若不從業成,何由而有?是應速答。答曰:我以生有差別,說名中陰,是故無如上過。是人雖中陰生,亦與生有異。能令識到迦羅羅中,是名中陰。難曰:以業力能至,何用分別說中陰耶?又心無所至,以業因緣故,從此間滅於彼處生。又現見心不相續生,如人刺足頭中覺痛,此足中識無有因緣至於頭中,以近遠衆緣和合生心。是故不應分別計有中陰。

次第品第二十六

論者言:有人說四諦次第見,有人說一時見。問曰:何因緣故說次第見?何因緣故言一時見?答曰:次第見者,如經中說,若人見世間集,卽滅無見;見世間滅,卽滅有見。當知集滅二相各異。又若人能知所有集相皆是滅相,是名離垢得法眼净。又說利智慧人漸捨諸惡,如鍊金師能離身垢。又漏盡,經說能知見者則漏得盡,行者不能自知日日所盡,常修習故,得盡諸漏。又佛言於諸諦中能生眼智明慧,欲界苦中二色無色界二,集等亦爾。又經中佛自口說漸次見諦,如人登梯次第而上。以是等經故,知四諦非一時得。又諸煩惱於四諦中四種邪行,所謂無苦無集無滅無道,故無漏智亦應次第四種正行。又行者應定心分別是苦、是苦因、是苦滅、是苦滅道。若一心中,何得如是次定分别?故知次第,非一時也。

一時品第二十七

有人言:四[①]諦一時見,非次第。汝説見世間集,則滅無見;見世間滅,則滅有見者,則壞自法。若然者,亦不應以十六心、十二行得道。又汝言知所有集相皆是滅相得法眼者,若爾便應以二心得道:一者集心,二謂滅心。但以不然。又汝言利智漸捨惡者,亦不應但十六心也。又汝言漏盡經説能知色等得漏盡者,如是則應有無量心,非但十六心。又汝言眼智明慧者,佛自言於四諦中得眼智明慧,不言次第有十六心。又汝言佛自口説漸次見諦如登梯者,我不習此經,設有應業,以不順法相故。又汝言四種邪行者,於五陰等亦應邪行,隨所邪行皆應生智,如是則不應但以十六心得道。又汝言應定分别者,於色等中亦應分别,是故不但應有十六心也。又行者不得諸諦,惟有一諦,謂見苦滅名初得道,以見法等諸因緣故,行者從煖等法,次漸見諦。滅諦最後,見滅諦故名爲得道。

退品第二十八

論者言:有人説阿羅漢退,或説不退。問曰:何因緣故説退?何因緣故説不退?答曰:有退者,如經中説時解脱阿羅漢以五因緣故退:樂作務,樂誦讀,樂斷事,樂遠行,長病。又經説二種阿羅漢:退相不退相。又經中説若某比丘退解脱門,則有是處。又經中説觀身如瓶,防意如城,慧與魔戰,守勝無壞。若無退者,不應守勝。又二種智:盡智、無生智。若盡智不復生者,何用無生智。又優陀耶難得滅盡定者,即是退因。是人雖退,亦生色界,以是等緣,當知有退。

① 一時見諦義(章十七、賢聖)。

不退品第二十九

有[①]人言：聖道不退，但退禪定。問曰：若然者，無二種阿羅漢，但有退相。以一切阿羅漢於禪定中皆有退故。答曰：退禪定中自在力，非一切阿羅漢皆得自在力。問曰：不然，如劬提比丘六反退已，便以刀自害。若退禪定者，不應自害。以佛法中貴解脱，不貴定故。答曰：是人依此禪定，當得阿羅漢道，失此定故，則失無漏，非無漏有退。所以者何？如偈說：畢故不造新，於諸有中皆得厭離，滅諸結使更無生相，是諸健人猶如燈滅。又說，譬如石山，風不能動，健者如是，毁譽不傾。又經中説愛生愛等，是阿羅漢永拔愛根，何從生結？又說所謂聖人究竟盡邊，所作已辦。又說聖人散滅不集，破裂不識等。又經中説無明因緣起貪恚癡，是阿羅漢無明永盡，云何生結？又經中説若諸學人求泥洹道，我說是人應不放逸，若得漏盡，不復漏也，是故不退。又說智者善思惟、善語言、善身業，所作無失。又說比丘不樂放逸，見放逸過，是則不退親近泥洹。又經中說，麋鹿依野，鳥依虛空，法歸分別，真人歸滅。又三因緣起諸結使，貪欲不斷，所欲現前，中生邪念，是阿羅漢貪欲已斷，雖對所欲，不生邪念，故不起結。又說比丘邪觀諸法，故起三漏，是阿羅漢無邪觀故，不起諸漏。又經中說，若以聖慧知已，則無有退，如須陀洹果無有退者。又阿羅漢善知三受，生相滅相味相道相出相，故不起結。又說比丘若戒定慧三事成就，則不退轉。又阿羅漢斷已生結，未生者令不生。又經中説實行聖人終無有退，阿羅漢已證四諦，諸漏盡，故名實行者。又說七覺名不退法，阿羅漢具足七覺，是故不退。又阿羅漢證不壞解脱，是故不退。又阿羅漢於佛

---

① 二三果向及四果不退聖德義（章十七、賢聖。又見本論卷一、分別賢聖品末）。

法中得堅固利，所謂不壞解脱。又如人截手，念與不念常名截手，阿羅漢亦爾，斷結使已念與不念常名爲斷。又經中説信等根利名阿羅漢，利根者終無有退。又阿羅漢能於無上斷愛法中，心善得解脱，畢竟盡滅。又譬如火，燒所未燒，燒已不還本處，比丘如是以能成就十一法故，終無有退。問曰：有二種阿羅漢，汝所引經説不退者。答曰：此是總相説諸學人應不放逸，阿羅漢不須，非是别相説不退相者。又佛説偈：勝若還生，不名爲勝，勝而不生，是名真勝。若阿羅漢還生煩惱，則不名勝。又阿羅漢生已盡故，不復受身。汝經雖説阿羅漢退法應還得，若爾亦可法應不退。若比丘能令諸根不生名阿羅漢，是故無退。

心性品第三十

論者言：有人説心性本净，以客塵故不净。又説不然。問曰：何因緣故説本净？何因緣故説不然？答曰：不然者，心性非本净，客塵故不净。所以者何？煩惱與心常相應生，非是客相。又三種心：善、不善、無記。善、無記心，是則非垢；若不善心，本自不净，不以客故。又是心念念生滅，不待煩惱，若煩惱共生，不名爲客。問曰：心名但覺色等，然後取相，從相生諸煩惱，與心作垢，故説本淨。答曰：不然。是心心時即滅，未有垢相，心時滅已，垢何所染？問曰：我不爲念念滅心，故如是説，以相續心，故説垢染。答曰：是相續心世諦故有，非真實義，此不應説。又於世諦是亦多過，心生已滅，未生未起，云何相續？是故心性非是本净，客塵故不淨。但佛爲衆生説心常在故，説客塵所染，則心不淨。又佛爲懈怠衆生若聞心本不淨，便謂性不可改，則不發净心，故説本净。

相應不相應品第三十一

論者言:有人説諸使心相應,有説心不相應。問曰:何因緣故説心相應?何因緣故説不相應?答曰:心相應者,後使品中當説。又貪欲等諸煩惱業,是業諸使相應。汝法中雖説心不相應使與心相應結纏作因,是事不然。所以者何?經中説從無明邪念邪思惟等起貪等結,無有經説從使生也。汝法中雖説久習結纏則名爲使,是事不然。所以者何?身口等業亦有久習相,是亦應有似使心不相應行,而實不然。又若然者。諸法皆從現在因生,無過去因,然則不應從業生報,亦不從意生意識也。又此諸使念念滅故,復何因生。問曰:共相因生?答曰:是亦不然,因果不得一時合故。此事後燈喻中當説。故不應言諸使非心相應。

過去業品第三十二

論者言:迦葉鞞道人説,未受報業過去世有,餘過去無。答曰:此業若失,則過去過去,若不失,是則爲常。失者,過去異名,則爲失已復失。是業與報作因已滅,報在後生,如經中説以是事故是事得生,如乳滅時與酪作因,何用分别過去業耶。又若言若然者,餘因中有過,云何無因而識得生。如無乳時,何得有酪?若無四大,身口等業何依而有?如是等。我先説過去有過,彼應答此。

辯二寶品第三十三

論者言:摩醯舍婆道人説,佛在僧數。答曰:若説佛在四衆,所謂有衆衆生衆人衆聖人衆是則非過,若言佛在聲聞衆中,是則有咎。以聞法得悟故曰聲聞,佛相異故,不在此中。問曰:佛居僧之首,有人施者名爲施僧。答曰:此施屬何等僧?此經小失,是應當言施屬佛僧。問曰：佛語瞿曇彌，以此衣施僧則爲供養我，亦是供養僧。答曰：佛意言以語言爲供養我，是物供養僧。如經中説，若人瞻病，卽是看我。問曰：諸有成就聖功德人舍利弗等，皆在僧數中，佛亦如是，以同相故。答曰：若以同相者，諸凡夫人及非衆生數亦有應入僧數者，而實不然，是故知佛不在僧中。又佛不入僧羯磨中，亦不同諸餘僧事。又以三寶差别，故佛不在僧中。

無我品第三十四

論者言：犢子道人説有我，餘者説無。問曰：何者爲實？答曰：實無我法。所以者何？如衆經中佛語比丘，但以名字、但假施設、但以有用，故名爲我，但以名字等故，知無真實。又經中説，若人不見苦，是人則見我，若如實見苦，則不復見我。若實有我見苦者，亦應見我。又説聖人但隨俗故，説言有我。又經中佛説我卽是動處，若實有者，不名動處，如眼有故，不名動處。又處處經中皆遮計我，如聖比丘尼語魔王言，汝所謂衆生，是卽爲邪見。諸有爲法聚，皆空無衆生。又言，諸行和合，相續故有，卽是幻化，誑惑凡夫。皆爲怨賊，如箭入心，無有堅實。又言，無我無我所，無衆生無人，但是空五陰，生滅壞敗相。有業有果報，作者不可得，衆緣和合故，有諸法相續。以是等緣故，佛種種經中皆遮計我，是故無我。又經中解識義，何故名識？謂能識色乃至識法，不説識我，是故無我。又羣那比丘問佛，誰食識食？佛言我不説有食識食者，若有我應説我食識食。以不説故，當知無我。又洴沙王迎經中，佛語諸比丘，汝觀凡夫隨逐假名謂爲有我，是五陰中實無我無我所。又説因五陰故，有種種名，謂我衆生人天等，如是無量名字，皆因五陰有，若有我者，應説因我。又①長老弗尼迦謂外道言，若人邪見無而謂有，佛

① 原刻作"有"，今依麗刻改。

斷此邪慢，不斷衆生，是故無我。又炎摩伽經中，舍利弗語炎摩伽言，汝見色陰是阿羅漢耶？答言不也。見受想行識是阿羅漢耶？答言不也。見五陰和合是阿羅漢耶？答言不也。見離五陰是阿羅漢耶？答言不也。舍利弗言，若如是推求不可得者，應當言阿羅漢死後無耶？答言，舍利弗，我先有惡邪見，今聞此義，是見卽滅。若有我者，不名惡邪。又四取中說我語取，若有我者，應言我取，如欲取等，不應言我語取。又先尼經說，於三師中若有不得現我後我，我說是師則名爲佛，以佛不得，故知無我。又無我中我想名爲顚倒，若汝意謂我中我想非顚倒者，是事不然。所以者何？佛說衆生所有見我，皆見五陰，是故無我。又說衆生種種憶念，宿命皆念五陰，若有我者，亦應念我，以不念故，當知無我。若汝意謂，亦有經說憶念衆生，如某衆生中我名某者，是事不然。此爲世諦分別故說，實念五陰，非念衆生。所以者何？以意識念，意識但緣於法，是故無有念衆生念。又若人說決定有我，於六邪見中必墮一見。若汝意謂無我亦是邪見者，此事不然。所以者何？以二諦故，若以世諦說無我，第一義諦說有我，是則爲過。我今說第一義故無，世諦故有，是故無咎。又佛說拔我見根，如癡王問中佛答癡王，若人以一心觀諸世間空，則拔我見根不復見死王。又諸說有我因緣憂喜等事，皆在五陰。又以破諸外道我見因緣，是故無我。

有我無我品第三十五

問曰：汝言無我，是事不然。所以者何？四種答中是第四置答，謂人死後若有若無亦有亦無非有非無，若實無我，不應有此置答。又若人言，無有衆生受後身者，卽是邪見。又十二部經中有本生經，佛自說，言彼時大喜見王，我身是也，如是等。本生今五陰，非昔五陰，是故有我從本至今。又佛説，今喜後喜爲善兩喜，若但五陰，不應兩喜。又經中説，心垢故衆生垢，心浄故衆生浄。又一人生世間，多人得衰惱，一人生世間，多人得利益。又若修集善不善業皆依衆生，不依非衆生數。又處處經中，佛自説我言有衆生，能受後身。又能自利不利他等，以是等緣，故知有我。汝先雖説但名字等，是事不然。所以者何？佛但以外道離五陰，已別計有我常不壞相，斷此邪見，故言無我。今我等説五陰和合名之爲我，是故無咎。又雖言我，但名字等，應深思惟此言。若衆生但名字者，如殺泥牛不得殺罪，若殺實牛亦不應有罪。又如小兒以名字物施皆有果報，大人持施亦應得報，而實不然。又但名字故，無而説有者，聖人應有妄語。以實語故名爲聖人，故知有我。又若聖人見實無我，以隨俗故説有我者，則是見倒，以異説故。又若隨俗無而説有，則不應復説經中實義，十二因緣、三解脱門、無我法等。若人謂有後世隨而言有，若人謂無隨人言無，又謂世間萬物皆從自在天生，如是種種邪見，經書皆應隨説，是事不可。是故汝所引經皆已總破，故非無我。答曰：汝先言以置答故知有我者，是事不然。所以者何？此不可説法後滅諦聚中當廣分別，故無實我及不可説者，但假名説非實有也。又汝法中我以六識識，如汝經説因眼所見色故我壞，是則眼識所識，則不應言非色非非色，聲等亦如是。復次，若我六識所識則與經相違。經中説五情不能互取五塵，所伺異故，若我可六識識，則六根互用。又汝所言前後相違，眼識所識則不名爲色。又汝言無我是邪見者，經中佛自告諸比丘，雖無有我，因諸行相續故，説有生死。我以天眼見諸衆生生時死時，亦不説是我。又汝自法中有過，汝法中言我不生，若不生則無父母，無父母則無逆罪，亦無諸餘罪業，是故汝法即是邪見。又汝言有本生者，因五陰故名喜見王，即彼陰相續故名佛，故説我是彼王，汝法中我是一故，不應差别。又汝言爲善兩喜者,經中佛自遮是事,言我不説有① 捨此五陰受彼陰者,但以五陰相續不異故言兩喜。又汝言心垢故衆生垢者,以此故知無有實我,若有實我,應與心異,不應言心垢故衆生垢。所以者何?不可彼垢此受故。但以假名因緣有垢故,言假名垢,是故假名爲我,非真實也。又汝法中説我非五陰,是則不生不滅無罪福等,有如是過。我説五陰和合假名爲我,因是我故,有生有滅及罪福等,非無假名,但非實耳。又汝先言破外道意故佛説無我者,汝自妄想如是分别,佛意不然。又種種説我皆是過咎,知汝言外道離五陰已别計有我,汝亦如是。所以者何?五陰無常,我不可説若常無常,是即離陰。復次,陰有三分,戒定慧品,善不善無記,欲界繫色界無色界繫。如是分别,我不得爾,故異五陰。又我是人,五陰非人,是則爲異。又陰是五,我是一,是故我非陰也。若有我者,以此等緣則異五陰。又世間無有一法,不可説一,不可説異,是故無有不可説法。問曰:如然可然,不得言一,不得言異,我亦如是。答曰:是亦同疑。何者是然?何者可然?若火種是然,餘種是可然,則然異可然。若火種即是可然,云何言不一?若可然即是火種,若離火種亦俱不然,故名同疑。若然有可然,如我有色,即隨身見。又應多我,如薪火異,牛糞火異。我亦如是,人陰我異,天陰我異,即是多我。又如然可然在三世中,我與五陰亦應如是在三世中。如然可然是有爲故,我與五陰亦應有爲。又汝雖言然與可然不一不異,然眼見異相,我與五陰亦應有異。又五陰失而我不失,以此間没至彼間生,有兩喜故。若隨五陰有失有生,則同五陰,不名兩喜。汝以妄想分别是我,得何等利!又諸塵中無有一塵六識所識,汝所説我,可六識識,則非六塵。又十二入不攝,則非諸入;四諦不攝,則非諸諦。是故若説有我,即爲妄語。又汝法中説可知法者謂五

① 原刻作"又",今依麗刻改。

法藏，過去、未來、現在、無爲，及不可説。我在第五法中則異於四法，汝欲令異於四法而非第五，是則不可。若言有我，則有此等過，何用妄想分别我耶？是故，汝先説外道離五陰已别計有我我等不爾，是事不然。又汝先言我但假名應深思者，是事不然。所以者何？是佛法中説世諦事，不應深思。又汝説妄語見倒，亦復如是。又汝言不説經中實義者，是事應説，令知第一義故。又汝言世間所説盡應隨者，若説從自在天生萬物等，是不可受，若有利益不違實義，是則應受，是故無咎。若世諦中能生功德，能有利益，如是應受，後當廣説。又汝言殺泥牛等無殺罪者，今當答此。若於有識諸陰相續行中有業業報，泥牛等中無如此事，是故當知五陰和合假名爲我，非有實也。

（據支那内學院刊藏要本）

俱　舍　論(選)

〔簡介〕　俱舍論,全稱阿毘達摩俱舍論(Abhidharmakośa-śāstra)三十卷,世親(Vasubandhu)造,唐玄奘譯。

此論是世親宗小乘有部時的作品，但其中已有明顯的大乘學説的影響,世親本人後來也改宗大乘。俱舍論是在法救(Dharmatràta)雜阿毘曇心論的基礎上發展起來的,但同時對雜心論進行了很大的改造。此論以四諦説爲中心,對有部學説作了重新的組織。它反對有部諸法實有的理論,而認爲法有的實,有的假。這就動摇了一切有部的理論根基。此論還比較系統地提出了一套以須彌山爲中心的宇宙論，對宇宙萬法的要素，歸納爲五位、七十五法,即:色法十一、心法一、心所法四十六、不相應法十四、無爲法三。這種分類結構，對以後有部學説的發展有很大影響。大乘唯識法相學的五位百法即是在此基礎上發展起來的。

此論在玄奘譯出前已另有一漢譯本，即陳真諦譯的阿毘達摩俱舍釋論。玄奘的弟子普光、法寶等都爲此論作過注疏,如普光撰俱舍論記三十卷,法寶撰俱舍論疏三十卷,圓暉撰俱舍論頌疏三十卷等。研究和宣傳此論也曾盛行一時,俟傳入日本後,發生了更大的影響,並形成爲俱舍宗。

本書選録此論中的最後部分——破執我品,带有總結性質,可略見本論的基本思想内容。

本書選入此論所據版本爲原支那内學院刊藏要本。該刊本以南宋後思溪藏本爲底本,對勘以高麗藏本,譯文方面還參校以藏譯本。本書選録時將其校勘記一併録存,以資參考。

俱舍論卷第二十九

破執我品第九之一

越此依餘,豈無解脱?理必無有。所以者何?虚妄我執所迷亂故。謂此法外諸所執我,非卽於蘊相續假立,執有真實離蘊我故,由我執力諸煩惱生,三有輪迴無容解脱。以何爲證知諸我名唯召蘊相續,非別目①我體?於彼所計,離蘊我中無有真實現比量故。謂若我體別有實物如餘有法,若無障緣應現量得如六境意,或比量得如五色根。言五色根比量得者,如世現見雖有衆緣,由闕別緣果,便非有不闕,便有如種生芽。如是亦見,雖有現境作意等緣,而諸盲聾不盲聾等識不起,起②定知別緣有闕不闕。此別緣者,卽眼等根,如是名爲色根比量。於離蘊我二量都無,由此證知無真我體。

然犢子部執有補特伽羅,其體與蘊不一不異,此應思擇爲實爲假。實有假有相別云何?別有事物是實有相,如色聲等;但有聚集是假有相,如乳酪等。許實許假各有何失?體若是實,應與蘊異,有別性故,如別別蘊。又有實體,必應有因。或應是無爲,便同外道見,又應無用。徒執實有體若是假,便同我説。非我所立補特伽羅如仁所徵實有假有,但可依内現在世攝有③,執受諸蘊立補特伽羅。如是謬言,於義未顯,我猶不了如何名依。若攬諸蘊是此依

① 原刻錯"因",今依麗刻改。

② 此字依麗刻及藏本加。

③ 原刻作"者",今依麗刻及藏本改。

義，既攬諸成補特伽羅，則補特伽羅應成假有，如乳酪等攬色等成。若因諸蘊是此依義，既因諸蘊立補特伽羅，則補特伽羅亦同①此失。不如是立。所立云何？此如世間依薪立火。如何立火可說依薪？謂非離薪可立有火，而薪與火非異非一。若火異薪，薪應不熱，若火與薪一，所燒即能燒。如是不離蘊立補特伽羅，然補特伽羅與蘊非異一。若與蘊異，體應是常；若與蘊一，體應成斷。仁今於此且應定說，何者爲火，何者爲薪。今我了知火依薪義，何所應說？若說應言所燒是薪，能燒是火。此復應說何者所燒，何者能燒，名薪名火。且世共了諸不炎熾所然之物名所燒薪，諸有光明極熱炎熾能然之物名能燒火，此能燒然彼物相續令其後後異前前故。此彼雖俱八事爲體，而緣薪故火方得生，如緣乳酒生於酪酢，故世共說依薪有火。若依此理，火則異薪，後火前薪時各別故。若汝所計補特伽羅如火依薪依諸蘊者，則定應說緣蘊而生，體異諸蘊成無常性。若謂即於炎熾木等煖觸名火，餘事名薪，是則火薪俱時而起，應成異體。相有異故，應說依義，此既俱生，如何可言依薪立火，謂非此火用薪爲因？各從自因俱時生故。亦非此火名因薪立，以立火名因煖觸故。若謂所説火依薪言爲顯俱生或依止義，是則應許補特伽羅與蘊俱生或依止蘊。已分明許體與蘊異，理則應許若諸蘊無補特伽羅體亦非有，如薪非有火體亦無。而不許然，故釋非理。然彼於此自設難言，若火異薪薪應不熱，彼應定説熱體謂何。若彼釋言熱謂煖觸，則薪非熱體相異故。若復釋言熱謂煖合，則應異體亦得熱名，以實火名唯目煖觸，餘與煖合皆得熱名。是則分明許薪名熱，雖薪火異而過不成，如何此中舉以爲難。若謂木等徧炎熾時，説名爲薪亦名爲火，是則應説依義謂何。補特伽羅與色等蘊定應是一無理能遮，故彼所言如依薪立火，如是依蘊立補特伽羅，

①　原刻作“因”，今依麗刻及藏本改。

進退推徵，理不成立。又彼若許補特伽羅與藴一異俱不可説，則彼所許三世無爲及不可説五種爾餤亦應不可説，以補特伽羅不可説第五及非第五故。又彼施設補特伽羅應更確陳爲何所託。若言託藴假義已成，以施設補特伽羅不託補特伽羅故。若言此施設託補特伽羅，如何上言依諸藴立，理則但應説依補特伽羅。既不許然，故唯託藴。若謂有藴此則可知，故我上言此依藴立，是則諸色有眼等緣方可了知故，應言依眼等。又且應説補特伽羅是六識中何識所識。六識所識。所以者何？若於一時眼識識色，因兹知有補特伽羅，説此名爲眼識所識，而不可説與色一異。乃至一時意識識法，因兹知有補特伽羅，説此名爲意識所識，而不可説與法一異。若爾所許補特伽羅應同乳等唯假施設，謂如眼識識諸色時，因此若能知有乳等，便説乳等眼識所識，而不可説與色一異。乃至身識識諸觸時，因此若能知有乳等，便説乳等身識所識，而不可説與觸一異。勿乳等成四或非四所成，由此應成總依諸藴假施設有補特伽羅，猶如世間總依色等，施設乳等是假非實。又彼所説，若於一時眼識識色，因兹知有補特伽羅，此言何義？爲説諸色是了補特伽羅因，爲了色時補特伽羅亦可了。若説諸色是了此因，然不可言此異色者，是則諸色以眼及明作意等緣爲了因故，應不可説色異眼等。若了色時，此亦可了，爲色能了，卽了此耶，爲於此中别有能了。若色能了，卽能了此，則應許此體卽是色，或唯於色假立於此，或不應有如是分别如是類是色如是類是此。若無如是二種分别，如何立有色有補特伽羅，有性必由分别立故。若於此中别有能了了時别故，此應異色，如黄異青、前異後等。乃至於法徵難亦然。若彼救言如此，與色不可定説是一是異。二種能了相望亦然。能了不應是有爲攝，若許爾者，便壞自宗。又若實有補特伽羅，而不可説色非色者，世尊何故作如是言：色乃至識皆無有我？又彼既許補特伽羅眼識所得,如是眼識於色此俱爲緣何起? 若緣色起,則不應説眼識能了補特伽羅。此非眼識緣,如聲處等故。謂若有識緣此境起,即用此境爲所緣緣,補特伽羅非眼識緣者,如何可説爲眼識所緣? 由此定非眼識所了。若眼識起,緣此或俱,便違經説。以契經中定判識起,由二緣故。又契經説,苾芻當知,眼因色緣能生眼識,諸所有眼識,皆緣眼色故。又若爾者,補特伽羅應是無常,契經説故。謂契經説諸因諸緣能生識者,皆無常性。若彼遂謂補特伽羅非識所緣,應非所識,若非所識,應非所知,若非所知,如何立有,若不立有,便壞自宗。又若許爲六識所識眼識識故,應異聲等,猶如色。耳識識故,應異色等,譬如聲。餘識所識,爲難準此。又立此爲六識所識,便違經説。如契經言,梵志當知,五根行處,境界各别,各唯受用自所行處及自境界,非有異根亦能受用異根行處及異境界。五根謂眼耳鼻舌身,意兼受用五根行處及彼境界,彼依意故。或不應執補特伽羅是五根境,如是便非五識所識,有違宗過。若爾意根境亦應别。如六生喻,契經中言,如是六根,行處境界各有差别,各别樂求自所行處及自境界。非此中説眼等六根,眼等五根及所生識,無有勢力樂見等故,但説眼等增上勢力所引意識名眼等根。獨行意根增上勢力所引意識,不能樂求眼等五根所行境界,故此經義無違前失。又世尊説,苾芻當知,吾今爲汝具足演説一切所達所知法門。其體是何? 謂諸眼色眼識眼觸,眼觸爲緣内所生受,或樂或苦,不苦不樂。廣説乃至意觸,爲緣内所生受,或樂或苦,不苦不樂,是名一切所達所知。由此經故,決判一切所達知法唯有爾所,此中無有補特伽羅故。補特伽羅亦應非所識,以慧與識境必同故。諸謂眼見補特伽羅,應知眼根見此所有,於見非我謂見我故,彼便蹟墜惡見深坑。故佛經中自決此義,謂唯於諸蘊説補特伽羅。如人,契經作如是説,眼及色爲緣,生於眼識,三和合觸俱起受想思。於中,後四是無色蘊，初眼及色名爲色蘊，唯由此量，説名爲人。卽於此中，隨意差别假立名想，或謂有情、不悦、意生、儒童、養者、命者、生者、補特伽羅，亦自稱言我，眼見色。復隨世俗説此具壽，有如是名，如是種族，如是姓類，如是飲食，如是受樂，如是受苦，如是長壽，如是久住，如是壽際。苾芻當知此唯名想，此唯自稱，但隨世俗假施設有。如是一切無常有爲，從衆緣生，由思所造。世尊恒敕依了義經，此經了義不應異釋。又薄伽梵告梵志言，我説一切有，唯是十二處。若數取趣非是處攝，無體理成；若是處攝，則不應言是不可説。彼部所誦，契經亦言，諸所有眼，諸所有色，廣説乃至苾芻當知，如來齊此施設，一切建立，一切有自體法。此中無有補特伽羅，如何可説此有實體？頻毗娑羅契經亦説，諸有愚昧無聞異生，隨逐假名計爲我者，此中無有我我所性，唯有一切衆苦法體將正已生乃至廣説。有阿羅漢苾芻尼，名世羅，爲魔王説：汝墮惡見趣，於空行聚中，妄執有有情，智者達非有。如卽攬衆分，假想立爲車，世俗立有情，應知攬諸蘊。世尊於雜阿笈摩中，爲婆羅門婆柁梨説，婆柁梨諦聽，能解諸結法，謂依心故染，亦依心故淨。我實無我性，顛倒故執有，無有情無我，唯有有因法。謂十二有支，所攝蘊處界，審思此一切，無補特伽羅。既觀内是空，觀外空亦爾，能修空觀者，亦都不可得。經説執我有五種失，謂起我見及有情見，墮惡見趣，同諸外道，越路而行。於空性中，心不悟入，不能淨信，不能安住，不得解脱，聖法於彼不能清淨。此皆非量。所以者何？於我部中，曾不誦故。汝宗許是量爲部爲佛言，若部是量，佛非汝師，汝非釋子。若佛言者，此皆佛言，如何非量。彼謂此説，皆非真佛言。所以者何？我部不誦故。此極非理。非理者何？如是經文，諸部皆誦，不違法性及餘契經。而敢於中輒興非撥我不誦故，非真佛言。唯縱兇狂，故極非理。又於彼部豈無此經，謂一切法皆非我性？若彼意謂，補特伽羅與所依法不一不異，故說一切法皆非我，既爾應非意識所識，二緣生識，經決判故。又於餘經如何會釋，謂契經說非我計我，此中具有想心見倒。計我成倒，說於非我，不言於我，何煩會釋。非我者何？謂蘊處界。便違前說補特伽羅與色等蘊不一不異。又餘經說，苾芻當知，一切沙門婆羅門等，諸有①執我等隨觀見一切，唯於五取蘊起，故無依我起於我見，但於非我法妄分別爲我。又餘經言，諸有已憶正憶當憶種種宿住一切，唯於五取蘊起，故定無有補特伽羅。若爾，何緣此經復說我於過去世有如是色等？此經爲顯能憶宿生一相續中有種種事，若見實有補特伽羅於過去生能有色等，如何非墮起身見失，或應非撥言無此經。是故此經依總假我，言有色等如聚如流。若爾，世尊應非一切智，無心心所能知一切法，剎那剎那異生滅故。若許有我可能徧知，補特伽羅則應常住，許心滅時此不滅故。如是便越汝所許宗。我等不言佛於一切能頓徧知，故名一切智者，但約相續有堪能故。謂得佛名，諸蘊相續成就，如是殊勝堪能，纔作意時，於所欲知境無倒智起，故名一切智，非於一念能頓徧知。故於此中有如是頌：由相續有能，如火食一切，如是一切智，非由頓徧知。如何得知約相續說知一切法，非我徧知？說佛世尊有三世故。於何處說？如有頌言：若過去諸佛，若未來諸佛，若現在諸佛，皆滅衆生憂。汝宗唯許蘊有三世，非數取趣，故定應爾。

俱舍論卷第三十

破執我品第九之二

若唯五取蘊名補特伽羅，何故世尊作如是說：吾今爲汝說諸重

① 原刻作“者”，今依麗刻及藏本改。

擔，取捨重擔，荷重擔者。何緣於此佛不應説？不應重擔卽名能荷。所以者何？曾未見故。不可説事亦不應説。所以者何？亦未見故。又取重擔應非蘊攝，重擔自取曾未見故。然經説愛名取擔者既卽蘊攝，荷者應然。卽於諸蘊立數取趣，然恐謂此補特伽羅是不可説常住實有，故此經後佛自釋言，但隨世俗説此具壽有如是名，乃至廣説如上所引人經文句。爲令了此補特伽羅，可説無常非實有性。卽五取蘊自相逼害得重擔名，前前刹那引後後，故名爲荷者，故非實有補特伽羅。補特伽羅定應實有，以契經説諸有撥無化生有情邪見攝故。誰言無有化生有情？如佛所言，我説有故。謂蘊相續能往後世，不由胎卵濕，名化生有情。撥此爲無，故邪見攝，化生諸蘊，理實有故。又許此邪見謗補特伽羅，汝等應言是何所斷。見修所斷，理並不然，補特伽羅非諦攝故，邪見不應修所斷故。若謂經説有一補特伽羅生在世間，應非蘊者，亦不應理。此於總中假説一故。如世間説一麻一米一聚一言。或補特伽羅應許有爲攝，以契經説生世間故。非此言生如蘊新起。依何義説生在世間？依此今時取別蘊義。如世間説能祠者生，記論者生，取明論故。又如世説有苾芻生，有外道生，取儀式故。或如世説有老者生，有病者生，取別位故。佛已遮故，此救不成。如勝義空，契經中説，有業有異熟作者不可得；謂能捨此蘊及能續餘蘊，唯除法假，故佛已遮。頗勒具那契經亦説，我終不説有能取者，故定無一補特伽羅能於世間取捨諸蘊。又汝所引祠者等生，其體是何，而能喻此？若執是我，彼不極成；若心心所，彼念念滅新新生故，取捨不成；若許是身，亦如心等。又如明等，與身有異，蘊亦應異。補特伽羅老病二身，各與前別。數論轉變，如前已遣，故彼所引爲喻不成。又許蘊生非數取趣，則定許此異蘊及常。又此唯一蘊體有五，寧不説此與蘊有異。大種有四，造色唯一，寧言造色不異大種？是彼宗過。何謂彼宗？諸計造色即大種論，設如彼見應作是質，如諸造色即四大種，亦應即五蘊立補特伽羅。若補特伽羅即諸蘊者，世尊何不記命者即身。觀能問者阿世耶故，問者執一内用士夫體實非虚名爲命者，依此問佛與身一異。此都無故，一異不成，如何與身可記一異？如不可記龜毛硬輭。古昔諸師已解斯結。昔有大德名曰龍軍，三明六通，具八解脱。于時有一畢鄰陀王至大德所，作如是説：我今來意，欲請所疑，然諸沙門性好多語，尊能直答，我當請問。大德受請。王即問言：命者與身爲一爲異？大德答言：此不應記。王言：豈不先有要耶？今何異言，不答所問？大德質曰：我欲問疑，然諸國王性好多語，王能直答，我當發問。王便受教。大德問言：大王宫中諸菴羅樹所生果味，爲醋爲甘？王言：宫中本無此樹。大德復責，先無要耶？今何異言不答所問？王言：宫内此樹既無，寧可答言果味甘醋？大德誨曰：命者亦無，如何可言與身一異？佛何不説命者都無？亦觀問者阿世耶故。問者或於諸蘊相續謂爲命者，依之發問，世尊若答命者都無，彼墮邪見，故佛不説。彼未能了緣起理故，非受正法器，不爲説假有。理必應爾，世尊説故。如世尊告阿難陀言，有姓筏蹉出家外道來至我所，作是問言：我於世間，爲有非有？我不爲記。所以者何？若記爲有，違法真理，以一切法皆無我故；若記爲無，增彼愚惑，彼便謂我先有今無。對執有愚，此愚更甚。謂執有我，則墮常邊；若執無我，便墮斷邊。此二輕重，如經廣説。依如是義，故有頌言：觀爲見所傷，及壞諸善業，故佛説正法，如牝虎銜子。執真我爲有，則爲見牙傷，撥俗我爲無，便壞善業子。復説頌曰：由實命者無，佛不言一異，恐撥無假我，亦不説都無。謂蘊相續中，有業果命者，若説無命者，彼撥此爲無。不説諸蘊中，有假名命者，由觀發問者，無力解真空。如是觀筏蹉，意樂差别故，彼問有無我，佛不答有無。何緣不記世間常等？亦觀問者阿世耶故。

問者若執我爲世間，我體都無故，四記皆非理；若執生死皆名世間，佛四種記亦皆非理。謂若常者，無得涅槃，若是非常，便自斷滅，不由功力，咸得涅槃。若説爲常亦非常者，定應一分無得涅槃，一分有情自證圓寂。若記非常非非常者，則非得涅槃非不得涅槃，決定相違，便成戲論。然依聖道，可般涅槃，故四定記，皆不應理。如離繫子問雀死生，佛知彼心，不爲定記。有邊等四亦不記者，以同常等皆有失故。寧知此四義同常等？以有外道名嗢底迦，先問世間有邊等四，復設方便矯問世尊，爲諸世間皆由聖道能得出離爲一分耶？尊者阿難因告彼曰：汝以此事已問世尊，今復何緣改名重問？故知後四義與前同。復以何緣，世尊不記如來死後有等四耶？亦觀問者阿世耶故。問者妄計已解脱我名爲如來而發問故。今應詰問計有我者，佛何緣記有現補特伽羅，不記如來死後亦有？彼言恐有墮常失故。若爾，何緣佛記慈氏，汝於來世當得作佛，及記弟子身壞命終某甲今時已生某處，此豈非有墮常過失？若佛先見補特伽羅，彼涅槃已，便不復見，以不知故不記有者，則撥大師具一切智，或應許不記由我體都無。若謂世尊見而不説，則有離蘊及常住過；若見非見俱不可説，則應漸言不可説佛是一切智非一切智。若謂實有補特伽羅，以契經言諦故住故定執無我者，墮惡見處故，此不成證。彼經亦説定執有我者，墮惡見處故。阿毗達磨諸論師言，執我有無俱邊見攝，如次墮在常斷邊故。彼師所説深爲應理。以執有我則墮常邊，若執無我便墮斷邊。前筏蹉經分明説故。若定無有補特伽羅，爲可説阿誰流轉生死，不應生死自流轉故。然薄伽梵於契經中説，諸有情無明所覆，貪愛所繫，馳流生死，故應定有補特伽羅。此復如何流轉生死？由捨前蘊取後蘊故。如是義宗，前已徵遣。如燎原火，雖刹那滅，而由相續，説有流轉。如是蘊聚，假説有情，愛取爲緣，流轉生死。若唯有蘊，何故世尊作如是説：今我於昔爲世導師，名爲妙眼。此説何咎？蘊各異故。若爾是何物？謂補特伽羅。昔我卽今，體應常住，故説今我昔爲師，言顯昔與今是一相續，如言此火曾燒彼事。若謂決定有真實我，則應唯佛能明了觀。觀已應生，堅固我執，從斯我執，我所執生，從此應生，我我所愛。故薄伽梵作如是言：若執有我，便執我所，執我所故，於諸蘊中便復發生我我所愛。薩迦耶見我愛所縛，則爲謗佛，去解脱遠。若謂於我不起我愛，此言無義。所以者何？於非我中横計爲我，容起我愛，非實我中。如是所言，無理爲證，故彼於佛真聖教中，無有因緣起見瘡皰。如是一類執有，不可説補特伽羅。復有一類，總撥一切法體皆非有。外道執有別真我性，此等一切見不如理，皆不能免無解脱過。若一切類我體都無，刹那滅心於曾所受久相似境，何能憶知？如是憶知，從相續内念境想類心差別生。且初憶念爲從何等心差別無間生？從有緣彼作意相似相屬想等，不爲依止差別愁憂散亂等緣，損壞功能心差別起。雖有如是作意等緣，若無彼類心差別者，則無堪能修此憶念。雖有彼類心差別因，若無如是緣，亦無能修理。要具二種方可能修，諸憶念生但由於此，不見離此有功能故。如何異心見後異心能憶？非天授心曾所見境，後祠授心有憶念理。此難非理，不相屬故。謂彼二心互不相屬，非如一相續有因果性故。我等不言異心見境，異心能憶，相續一故。然從過去緣彼境心，引起今時能憶念識。謂如前説相續轉變差別力故，生念何失，由此憶念力有後記知生。我體既無，孰爲能憶？能憶是何義？由念能取境，此取境豈異念？雖不異念，但由作者。作者卽是前説念因，謂彼類心差別。然世間所言制怛羅能憶，此於蘊相續立制怛羅名。從先見心後憶念起，依如是理説彼能憶。我體若無，是誰之念？爲依何義説第六聲？此第六聲依屬主義。如何物屬何主？此如牛等屬制怛羅。彼如何爲牛主？謂依彼彼所乘構役等中，彼得自在。欲於何所驅役於念，而勤方便尋求念主？於所念境驅役於念。役念爲何？爲令念起。奇哉自在，起無理言，寧爲此生而驅役此。又我於念如何驅役，爲令念起爲令念行？念無行故，但應令起。則因名主，果名能屬。由因增上，令果得生，故因名主，果於生時是因所有，故名能屬。卽生念因足爲念主，何勞立我爲念主耶？卽諸行聚一類相續世，共施設制怛羅牛，立制怛羅名爲牛主，是牛相續於異方生變異生因，故名爲主。此中無一實制怛羅，亦無實牛，但假施設，故言牛主，亦不離因。憶念旣爾，記知亦然。如辯憶知，孰爲能了，誰之識等，亦應例釋。且識因緣與前別者，謂根境等如應當知。有作是言，决定有我，事用必待事用者故。謂諸事用待事用者，如天授行，必待天授。行是事用，天授名者，如是識等所有事用，必待所依能了等者。今應詰彼天授謂何。若是實我，此如先破，若假士夫，體非一物，於諸行相續假立此名故。如天授能行，識能了亦爾。依何理說天授能行？謂於刹那生滅，諸行不異相續，立天授名。愚夫於中執爲一體，爲自相續異處生因。異處生名行，因卽名行者，依此理說天授能行。如燄及聲，異處相續，世依此說燄聲能行。如是天授身能爲識因故，世間亦謂天授能了。然諸聖者爲順世間言說理故，亦作是說。經說諸識能了所緣，識於所緣爲何所作？都無所作，但①似境生。如果酬因，雖無所作，而似因起，說名酬因。如是識生，雖無所作，而似境故，說名了境。如何似境？謂帶②彼相。是故諸識雖亦託根生，不名了根，但名爲了境。或識於境相續生時，前識爲因，引後識起，說識能了，亦無有失。世間於因說作者故，如世間說鐘鼓能鳴，或如燈能行。識能了亦爾。爲依何理說燈能行？燄相續中，假立燈號。燈於異處相續，生時說爲燈

① 勘藏本無“但似境生”句，次文“而似境故”作“得相似體性故”。

② 勘藏本無“帶”字，但云“彼相似卽彼行相性”。

行,無别行者。如是心相續,假立識名,於異境生時,説名能了。或如色有色生色住,此中無别有生住者。説識能了,理亦應然。若後識生,從識非我,何緣後識不恒似前,及不定次生,如芽莖葉等。有爲皆有住異相故,謂諸有爲自性,法爾微細相續,後必異前。若異此者,縱意入定身心相續相似,而生後念與初無差别故,不應最後念自然從定出。諸心相續,亦有定次。若此心次,彼心應生,於此心後,彼必生故。亦有少分行相等心,方能相生,種姓别故。如女心無間起嚴污身心,或起彼夫彼子心等,後時從此諸心相續轉變差别還生女心。如是女心,於後所起嚴污心等有生功能,異此無功能,由種姓别故。女心無間容起多心,然多心中若先數起明了近起先起非餘,由如是心修力强故,唯除將起位身外緣差别。諸有修力最强盛者,寧不恆時生於自果。由此心有住異相故,此住異相於别修果相續生中,最隨順故。諸心品類,次第相生,因緣方隅,我已略説,委悉了達,唯在世尊,一切法中,智自在故。依如是義,故有頌言:於一孔雀輪,一切種因相,非餘智境界,唯一切智知。色差别因尚爲難了,況心心所諸無色法因緣差别可易了知?一類外道作如是執,諸心生時皆從於我。前之二難,於彼最切。若諸心生皆從我者,何緣後識不恆似前,及不定次生如芽莖葉等。若謂由待意合差别有異識生,理定不然,我與餘合非極成故。又二物合有分限故,謂彼自類釋合相言,非至爲先,後至名合。我與意合,應有分限,意移轉故,我應移轉。或應與意俱有壞滅。若謂一分合,理定不然。於一我體中,無别分故。設許有合,我體既常,意無别異,合寧有别?若待别覺,爲難亦同,謂覺因何得有差别?若待行别我意合者,則應但心待行差别,能生異識,何用我爲?我於識生都無有用,而言諸識皆從我生,如藥事成,能除痼疾,誑醫矯説,普沙訶言。若謂此二,由我故有,此但有言,無理爲證。若謂此二,我爲所依,如誰與誰,爲所依義。非心與行,如晝如果,我爲能持,如壁①如器。如是便有更相礙失,及有或時別住失故。非如壁器,我爲彼依。若爾如何?此但如地,能爲香等四物所依。彼如是言,證成無我,故我於此,深②生喜慰。如世間地不離香等,我亦應爾,非離心行。誰能了地離於香等?但於香等聚集差別,世俗流布立以地名。我亦應然,但於心等諸蘊差別,假立我名。若離香等無別有地,如何說言地有香等?爲顯地體有香等別,故卽如地說有香等,令他了達是此非餘,如世間言木像身等。又若有我待行差別,何不俱時生一切智?若時此行,功用最强,此能遮餘,令不生果。寧從强者,果不恆生?答:此如前修力道理,許行非常漸變異故。若爾,計我則爲唐捐,行力令③心差別生故,彼行此修體無異故。必定應信我體實有,以有念等德句義故,德必依止實句義故,念等依餘理不成故。此證非理,不極成故。謂說念等德句義攝,體皆非實,義不極成。許有別體皆名實故,經說六實物名沙門果故,彼依實我理亦不成,依義如前已遮遣故。由此所立,但有虛言。若我實無,爲何造業?爲我當受苦樂果故。我體是何?謂我執境。何名我執境?謂諸蘊相續。云何知然?貪愛彼故,與白等覺同處起故。謂世有言,我白我黑,我老我少,我瘦我肥,現見世間緣白等覺,與計我執同處而生,非所計我有此差別,故知我執但緣諸蘊。以身於我有防護恩,故亦於身假說爲我,如言臣等卽是我身。於有恩中實假說我,而諸我執所取不然。若許緣身亦起我執,寧無我執緣他身起?他與我執,不相屬故。謂若身若心,與我執相屬,此我執起,緣彼非餘,無始時來,如是習故。相屬謂何?謂因果性。若無我體,誰之

① 原刻錯"璧",今依麗刻改,次同。
② 原刻錯"染",今依麗刻改。
③ 原刻錯"念",今依麗刻改。

我執？此前已釋，寧復重來。謂我於前已作是説，爲依何義説第六聲，乃至辯因爲果所屬。若爾，我執以何爲因。謂無始來我執熏習，緣自相續，有垢染心。我體若無，誰有苦樂。若依於此有苦樂生，即説名爲此有苦樂，如林有果及樹有華。苦樂依何？謂内六處，隨其所起，説爲彼依。若我實無，誰能作業，誰能受果？作受何義？作謂能作，受謂受者。此但易名，未顯其義。辯法相者，釋此相言，能自在爲名爲作者，能領業果，得受者名。現見世間，於此事業若得自在，名爲能作。如見天授於浴食行得自在故，名浴華等者。此中汝等説何天授？若説實我，喻不極成，説蘊便非自在作者。業有三種，謂身語意。且起身業必依身心，身心各依自因緣轉，因緣展轉依自因緣，於中無一自在起者。一切有爲屬因緣故。汝所執我，不待因緣，亦無所作，故非自在。由此，彼説能自在爲名作者相，求不可得。然於諸法生因緣中，若有勝用，假名作者，非所執我，見有少用，故定不應，名爲作者。能生身業勝因者何？謂從憶念引生樂欲，樂欲生尋伺，尋伺生勤勇，勤勇生風，風起身業。汝所執我，此中何用，故於身業，我非作者，語意業起，類此應思。我復云何能領業果？若謂於果，我能了别，此定不然。我於了别，都無有用，於前分别生識因中，已遮遣故。若實無我，如何不依諸非情處，罪福生長。彼非受等所依止故，唯内六處是彼所依，我非彼依，如前已説。若實無我，業已滅壞，云何復能生未來果。設有實我，業已滅壞，復云何能生未來果？從依止我，法非法生。如誰依誰，此前已破，故法非法，不慮依我。然聖教中不作是説，從已壞業未來果生。若爾從何？從業相續轉變差别，如種生果。如世間説果從種生，然果不從已壞種起，亦非從種無間即生。若爾從何？從①種相續轉變差别，果方得生。謂種次生芽莖葉等，華爲最後方

① 原刻錯"所"，今依麗刻改。

引果生。若爾,何言從種生果?由種展轉引起華中生果功能,故作是說。若此華内生果,功能非種爲先所引起者,所生果相應與種別。如是雖言從業生果,而非從彼已壞業生,亦非從業無間生果,但從業相續轉變差別生。何名相續轉變差別?謂業爲先後色心起,中無間斷,名爲相續。卽此相續,後後刹那異前前生,名爲轉變。卽此轉變,於最後時有勝功能,無間生果勝餘轉變,故名差別。如有取識,正命終時,雖帶衆多感後有業,所引熏習,而重近起數習所引,明了非餘。如有頌言:業極重近起,數習先所作,前前前後熟,輪轉於生死。於此義中有差別者,異熟因所引,與異熟果功能,與異熟果已,卽便謝滅。同類因所引,與等流果功能,若染污者對治,起時卽便謝滅。不染污者,般涅槃時方永謝滅,以色心相續,爾時永滅故。何緣異熟果不能招異熟?如從種果,有別果生。且非譬喻,是法皆等。然從種果,無別果生。若爾,從何生於後果?從後熟變差別所生。謂於後時卽前種果,遇水土等諸熟變緣,便能引生熟變差別。正生芽位,方得種名,未熟變時,從當名說。或似種故,世説爲種。此亦如是,卽前異熟,遇聞正邪等諸起善惡緣,便能引生諸善有漏及諸不善,有異熟心,從此引生相續轉變,展轉能引轉變差別。從此差別,後異熟生,非從餘生,故喻同法。或由別法,類此可知。如枸櫞華塗紫礦汁,相續轉變,差別爲因,後果生時,瓤便色赤,從此赤色,更不生餘。如是應知,從業異熟,更不能引餘異熟生。前來且隨自覺慧境,於諸業果略顯麤相,其間異類差別功能,諸業所熏,相續轉變,至彼彼位,彼彼果生,唯佛證知,非餘境界。依如是義,故有頌言:此業此熏習,至此時與果,一切種定理,離佛無能知。

已善説此淨因道,謂佛至言真法性,應捨闇盲諸外執,惡見所爲求慧眼。此涅槃宮一廣道,千聖所遊無我性,諸佛日①言

① 原刻錯"曰",今依麗刻改。

光所照，雖開昧眼不能覩。於此方隅已略說，爲開智者慧毒門，庶各隨己力堪能，徧悟所知成勝業。

（據支那内學院刊藏要本）

異部宗輪論

〔簡介〕 異部宗輪論(Samayabhedoparacanacakra)一卷，公元一世紀末二世紀初世友(Vasumitra音譯筏蘇蜜多羅，或譯寶親、天友等)造，唐玄奘譯。

此論作者站在說一切有部的立場上，敍述了原始佛教的分裂和各部派形成的歷史過程，同時也扼要地介紹了小乘佛教各部派的主要理論及相互間的異同等。此論與保存在巴利文佛藏中的論事(Kathāvatthu)同爲研究印度部派佛教的必讀書，其中保存了最主要的部派佛教的原始資料。

此論漢譯前後凡三譯：其一爲十八部論，譯者或題失譯，或判爲姚秦鳩摩羅什譯。其二爲部執異論，譯者爲陳真諦。其三即唐玄奘譯本，今均存。相傳真諦譯出部執異論後，又作了十分詳細的疏(計十卷)，然早已佚失。玄奘的大弟子窺基著有異部宗輪論述記，注釋扼要，是讀此論的重要參考書。

本書選入此論所據版本爲原支那内學院刊藏要本。該刊本以南宋刻本爲底本，對勘高麗藏本，譯文方面則與藏文譯本、秦譯本、陳譯本對校，此外又參校以巴利文佛藏中的論事，堪稱精美。本書選入時保存了全部校勘記，以資參考。

異部宗輪論

佛般涅槃後，適滿百餘年①，聖教異部興，便引不饒益。

① 藏本云："圓滿百年已。"

展轉執異故，隨有諸部起，依自阿笈摩，説彼執令①厭。

世友②大菩薩，具大智慧覺，釋種真苾芻，觀彼時思擇。

等觀諸世間，種種見漂轉，分破牟尼語，彼彼宗當説。

應審觀佛教，聖諦説爲依，如採沙中金，擇取其真實。

如是傳聞，佛薄伽梵般涅槃後百有餘年③，去聖時淹，如日久没。摩竭陀國俱蘇摩城④，王號無憂，統攝贍部，感一白蓋化洽人神。是時佛法大衆初破，謂因四衆共議大天五事不同⑤，分爲兩部：一大衆部，二上坐部。四衆者何？一龍象衆，二邊鄙衆，三多聞衆，四大德衆。其五事者，如彼頌言：餘所誘⑥、無知，猶豫、他令入⑦，道因聲故起，是名真佛教。

後即於此第二百年，大衆部中流出三部：一一説部，二説出世部，三雞胤部⑧。次後於此第二百年，大衆部中復出一部，名多聞部⑨。次後於此第二百年，大衆部中更出一部，名説假部⑩。第二百年滿時，有一出家外道，捨邪歸正，亦⑪名大天，於大衆部中出家受具，多聞精進，居制多山，與彼部僧重詳五事⑫，因兹乖諍，分爲三

① 藏本此二字在頌首。意云：諸能生厭者，各依自執説。陳本大同。

② 秦本缺此一頌。勘藏本，“彼時”二字在頌首。意云：時世友具慧差别心觀察。故此數頌皆後人造。

③ 藏本云“已閲百年，更徑少時”。秦、陳二本均云“百十六年”。

④ 藏本云“波吒釐子華氏城”。秦、陳二本大同。

⑤ 勘藏本云：“時有上座龍象、東方多聞等出，宣説五事，安立大衆、上座二部。”陳、秦二本大同，均無大天之説。

⑥ 陳本云“餘人染污衣”。

⑦ 秦本云“由觀察”。

⑧ 秦本云“窟居部”，陳本云“灰山住部”。

⑨ 秦本缺此句，陳本此部云“得多聞部”。

⑩ 陳本云“分别説部”。

⑪ 藏本無此“亦”字。

⑫ 秦本缺此一語。

部:一制多山部①,二西山住部②,三北山住部。如是,大衆部四破或五破③,本末別説,合成九部:一大衆部,二一説部,三説出世部,四雞胤部,五多聞部,六説假部,七制多山部,八西山住部,九北山住部。

其上座部,經爾所時,一味和合。三百年初,有少乖諍,分爲兩部:一説一切有部,亦名説因部,二即本上座部,轉名雪山部。後即於此第三百年中,從説一切有部流出一部,名犢子部④。次後於此第三百年,從犢子部流出四部:一法上部,二賢胄部,三正量部⑤,四密林山部。次後於此第三百年,從説一切有部復出一部,名化地部⑥。次後於此第三百年,從化地部流出一部,名法藏部,自稱我襲采菽氏師。至三百年末,從説一切有部復出一部,名飲光部⑦,亦名善歲部。至第四百年初,從説一切有部復出一部,名經量部⑧,亦名説轉部,自稱我以慶喜爲師。如是,上坐部七破或八破⑨,本末別説,成十一部⑩:一説一切有部,二雪山部,三犢子部,四法上部,五賢胄部,六正量部,七密林山部,八化地部,九法藏部,十飲光

① 藏本無此"山"字。

② 陳本缺此部。

③ 勘藏本云:"成此四種及五種。"意謂:合有九部,不言破也。秦本大同。陳本云"合有七部"。

④ 藏本云"可住子部"。陳本云"可住子弟子部"。

⑤ 此下二部,藏本云"一切所貴部,六城部"。陳本云"正量弟子部,密林住部"。

⑥ 秦本云"正地部"。

⑦ 陳本云"飲光弟子部"。

⑧ 藏本云"説徑部,亦名法上部"。秦本云"鬱多羅部"義同。陳本云"説度部"。

⑨ 藏本無此語,秦、陳二本同。"或"字原刻作"惑",今依麗刻改。

⑩ 秦本以"上座"與"雪山"分説,故此處云十二部。

部，十一經量部。

如是諸部本宗①末宗，同義異義，我今當説。

此中大衆部、一説部、説出世部、雞胤部本宗同義者，謂四部同説：諸佛世尊皆是出世②，一切如來無有漏法，諸如來語皆轉法輪，佛以一音説一切法③。世尊所説無不如義④，如來色身實無邊際⑤，如來威力亦無邊際⑥，諸佛壽量亦無邊際。佛化有情令生淨信，無厭足心。佛無睡夢。如來答問不待思惟，佛一切時不説名等，常在定故，然諸有情謂説名等，歡喜踊躍。一刹那心了一切法，一刹那心相應般若知一切法。諸佛世尊盡智、無生智，恒常隨轉，乃至般涅槃。

一切菩薩入母胎中皆不執受羯刺藍、頞部曇、閉尸、鍵南爲自體，一切菩薩入母胎時作白象形，一切菩薩出母胎時皆從右脅生。一切菩薩不起欲想、恚想、害想。菩薩爲欲饒益有情，願生惡趣，隨意能往。

以一刹那現觀邊智，遍知四諦諸相差别⑦。眼等五識身有染有離染⑧。色無色界具六識身⑨。五種色根肉團爲體，眼不見色、耳不聞聲、鼻不齅香、舌不嘗味、身不覺觸。在等引位有發語言，亦有調

① 藏本云"根本宗義中間 bar 宗義"。秦本同。

② 藏本此句連下合爲一義。南傳案達羅四部同執佛語皆出世間，略與此同。

③ 藏本云"現説一切實事"。秦本同。

④ 藏本云"如實説一切義"，與上一切事相對。秦本同。

⑤ 南傳同。

⑥ 秦本云"光明無量"。

⑦ 南傳此是東山部執。

⑧ 南傳同。

⑨ 南傳此是案達羅四部與正量同執。

伏心，亦有諍作意①。

所作已辦，無容受法②。諸預流者心心所法能了自性。有阿羅漢爲餘所誘③，猶有無知，亦有猶豫，他令悟入，道因聲起。苦能引道④，苦言能助。慧爲加行⑤，能滅衆苦，亦能引樂。苦亦是食⑥。第八地中亦得久住，乃至性地法皆可說有退。預流者有退義，阿羅漢無退義⑦。無世間正見，無世間信根。無無記法。入正性離生時，可說斷一切結⑧。諸預流者造一切惡，唯除無間。

佛所說經皆是了義。無爲法有九種⑨：一擇滅，二非擇滅，三虚空，四空無邊處，五識無邊處，六無所有處，七非想非非想處，八緣起支性⑩，九聖道支性。心性本淨。客塵隨煩惱之所雜染，說爲不淨。隨眠非心非心所法，亦無所緣。隨眠異纏，纏異隨眠⑪，應說隨眠與心不相應，纏與心相應⑫。過去未來非實有體。一切法處非所知、非所識，是所通達⑬。都無中有⑭。諸預流者亦得靜慮。

如是等是本宗同義。

---

① 南傳同。
② 藏本云"無有處所"。秦、陳二本同。
③ 南傳五事，第一是東山、西山兩部同執，餘四是東山部異執。
④ 秦本缺此下四義。
⑤ 勘藏本意云：爲斷苦故，慧爲加行，樂爲資具。
⑥ 藏本缺此句。
⑦ 秦本云"有退義"，南傳亦云有退。
⑧ 藏本云"不斷"。秦本同。
⑨ 藏本此段在"心性本淨"下出，文不全。
⑩ 南傳"緣性決定"，與此相似。又別說"緣起支無爲"，是化地、東山部同執。
⑪ 南傳此是案達羅四部同執。
⑫ 南傳同。
⑬ 藏本缺此語。
⑭ 秦本缺此義。

此四部末宗異義者：如如聖諦，諸相差別，如是如是，有別現觀。有少①法是自所作，有少法是他所作，有少法是俱所作，有少法從衆緣生。有於一時二心俱起。道②與煩惱容③俱現前。業與異熟有俱轉時。種卽爲芽。色根大種有轉變義，心心所法無轉變義。心遍於身。心隨依境卷舒可得。諸如是等末宗所執，展轉差別有無量門④。

其多聞部本宗同義：謂佛五音是出世教，一無常，二苦，三空，四無我，五涅槃寂靜，此五能引出離道故⑤。如來餘音是世間教。有阿羅漢爲餘所誘，猶有無知，亦有猶豫，他令悟入，道因聲起。餘所執多同⑥說一切有部。

其說假部本宗同義：謂苦非蘊⑦。十二處非眞實。諸行相待展轉和合假名爲苦，無士夫用。無非時死，先業所得⑧。業增長爲因，有異熟果轉⑨。由福故得聖道，道不可修，道不可壞⑩。餘義多同大衆部執。

其制多山部、西山住部、北山住部，如是三部本宗同義：謂諸菩薩不脫惡趣。於窣堵波興供養業不得大果。有阿羅漢爲除所誘。此等五事及餘義門，所執多同大衆部說⑪。

---

① 陳本云“有苦”，次下均同。
② 原刻作“遂”，今依麗刻改。
③ 原刻作“客”，今依麗刻改。
④ 藏本缺此句。
⑤ 藏本云“道是出離”，與上文“涅槃寂靜”並列。秦本同。
⑥ 原刻二字互倒，今依麗刻改。
⑦ 秦本云“諸陰非業”。
⑧ 南傳此二指羅漢說，是王山、義成二部同執。
⑨ 南傳此是王山、義成與正量同執。
⑩ 陳本缺此義。
⑪ 藏本缺此一段。

其説一切有部本宗同義者：謂一切有部[1]，諸法有者，皆二所攝[2]：一名，二色。過去未來體亦實有[3]。一切法處皆是所知，亦是所識及所通達。生老住無常相[4]，心不相應行蘊所攝。有爲事有三種，無爲事亦有三種。三有爲相别有實體。三諦是有爲，一諦是無爲。

四聖諦漸現觀。依空、無願二三摩地，俱容得入正性離生。思惟欲得入正性離生，若已得入正性離生，十五心頃説名行向，第十六心説名住果。世第一法一心三品[5]，世第一法定不可退。預流者無退義，阿羅漢有退義。非諸阿羅漢皆得無生智。異生能斷欲貪瞋恚。有諸外道能得五通。亦有天中住梵行者。七等至中覺支可得，非餘等至。一切静慮皆念住攝。不[6]依静慮得入正性離生，亦得阿羅漢果。若依色界無色界身[7]，雖能證得阿羅漢果，而不能入正性離生；依欲界身，非但能入正性離生，亦能證得阿羅漢果。北俱盧洲無離染者，聖不生彼及無想天。四沙門果非定漸得。若先已入正性離生，依世俗道[8]，有證一來及不還果。可説四念住能攝一切法[9]。一切隨眠皆是心所與心相應有所緣境。一切隨眠皆纏所攝，非一切纏皆隨眠攝。緣起支性定是有爲。亦有緣起支隨阿羅漢轉。有阿羅漢增長福業。唯欲色界定有中有。眼等五識身

① 勘藏本此句云“一切是有，如應而有”，别開一義，與陳本附注合，又南傳同。今譯“部”字衍。

② 藏本云“諸有爲法，皆二所攝”。陳本同。

③ 陳本此句下附注云：“一依正法；二依二法，三依有境界。”

④ 原刻作“想”，今依麗刻改。

⑤ 秦、陳二本均缺此句。

⑥ 藏本缺此“不”字。

⑦ 原刻此下重複“雖能”等三十字，今依麗刻删。

⑧ 藏本次有“離欲貪”一語。

⑨ 南傳此是案達羅四部同執。

有染無離[1]染。但取自相唯無分別。心心所法體各實有。心及心所定有所緣。自性不與自性相應,心不與心相應。有世間正見,有世間信根。有無記法。諸阿羅漢亦有非學非無學法。諸阿羅漢皆得静慮,非皆能起静慮現前。有阿羅漢猶受故業。有諸異生住善心死。在等引位必不命終。佛[2]與二乘解脱無異,三乘聖道各有差别。佛慈悲等不緣有情,執有有情不得解脱。應言菩薩猶是異生,諸結未斷,若未已入正性離生於異生地未名超越。有情但依現有執受相續假立。説一切行皆刹滅[3]。定無少法能從前世轉至後世,但有世俗補特伽羅説有移轉。活時行聚即無餘滅[4],無轉變諸蘊。有出世静慮。尋亦有無漏。有善是有因。等引位中無發語者。

八支聖道是正法輪[5],非如來語皆爲轉法輪。非佛一音能説一切法[6]。世尊亦有不知義言。佛所説經非皆了義,佛自説有不了義經。

此等皆爲本宗同義,末宗異義,其類無邊。

其雪山部本宗同義:謂諸菩薩猶是異生[7]。菩薩入胎不起貪愛[8]。無諸外道能得五通。亦無天中住梵行者。有阿羅漢爲餘所引,猶有無知,亦有猶豫,他令悟入,道因聲起。餘所執多同説一切有部。

---

① 原刻作"雜",今依麗刻改。

② 此下二義藏本皆缺,秦本同。

③ 南傳此是東山、西山二部同執。

④ 藏本云"死時行蘊"。"聚"字原刻作"攝",今依麗刻改。

⑤ 原刻作"轉",今依麗刻改。

⑥ 藏本云"非現説一切事",次句云"非如實説一切義"。與上文大衆部執相反。

⑦ 藏本次有句云"無貪心"。

⑧ 藏本云"正思惟時"。

其犢子部本宗同義：謂補特伽羅非卽蘊離蘊①。依蘊處界假施設名②。諸行有暫住，亦有刹那滅。諸法若離補特伽羅，無從前世轉至後世，依補特伽羅可説有移轉。亦有外道能得五通。五識無染亦非離染。若斷欲界修所斷結，名爲離欲，非見所斷。卽忍、名、相、世第一法，名能趣入正性離生。若已得入正性離生，十二心頃説名行向，第十三心説名住果③。有如是等多差別義。

因釋一頌執義不同，從此部中流出四部，謂法上部、賢胄部、正量部、密林山部。所釋頌言，已解脱更墮，墮由貪復還，獲安喜所樂④，隨樂行至樂。

其化地部本宗同義：謂過去未來是無，現在無爲是有。於四聖諦一時現觀，見苦諦時能見諸諦，要已見者能如是見。隨眠非心亦非心所，亦無所緣，與纏異。隨眠自性心不相應，纏自性心相應。異生不斷欲貪瞋恚。無諸外道能得五通。亦無天中住梵行者。定無中有。無阿羅漢增長福業。五識有染亦有離染。六識皆與尋伺相應。亦有齊首⑤補特伽羅。有世間正見⑥，無世間信根⑦。無出世静慮，亦無無漏尋。善非有因。預流有退，諸阿羅漢定無退者。道支皆是念住所攝。無爲法有九種⑧：一擇滅，二非擇滅，三虚空⑨，

① 南傳犢子部執勝義中有補特伽羅，同此。
② 陳本此下雜入註云："有三種假：一攝一切假，二攝一分假，三攝滅度假"。
③ 陳本此下有"一切衆生有二種失：意失、事失。生死二因，最上煩惱及業，解脱二因，最上毗鉢舍那、奢摩他"等，凡十二義。
④ 藏本此半頌云"得所喜之樂，諸具樂者樂"。
⑤ 勘藏本，意云：首相等者。秦本缺此句。
⑥ 秦、陳二本俱云"無世間正見"。
⑦ 藏本缺此句，但南傳此義與説因部同執。
⑧ 藏本列名不全。
⑨ 南傳此與北道部同執。

四不動，五善法真如，六不善法真如，七無記法真如，八道支真如，九緣起真如①。入胎爲初，命終爲②後，色根大種皆有轉變，心心所法亦有轉變。僧中有佛，故施僧者便獲大果，非别施佛。佛與二乘皆同一道，同一解脱。説一切行皆刹那滅。定無少法能從前世轉至後世。此等是彼本宗同義。

其末宗異義者：謂説實有過去未來。亦有中有。一切法處皆是所知，亦是所識。業實是思，無身語業。尋伺相應。大地劫住③。於窣堵波興供養業，所獲果少。隨眠自性恆居現在。諸蘊處界亦恆現在④。

此部末宗固釋一頌，執義有異。如彼頌言⑤：五法定能縛，諸苦從之生，謂無明貪愛，五見及諸業。

其法藏部本宗同義，謂佛雖在僧中所攝，然别施佛果大非僧。於窣堵波興供養業，獲廣大果⑥。佛與二乘解脱雖一，而聖道異。無諸外道能得五通。阿羅漢身皆是無漏。餘義多同大衆部執。

其飲光部本宗同義：謂若法已斷已遍知則無，未斷未遍知則有⑦。若業果已熟則無，果未熟則有⑧。有諸行以過去爲因，無諸行以未來爲因。一切行皆刹那滅⑨。諸有學法有異熟果。餘義多同法藏部。

---

① 南傳此與東山部同執。

② 原刻二字互倒，今依麗刻改。

③ 南傳此是王山部執。

④ 藏本缺此一句。

⑤ 藏本缺此句，次下引文亦不作頌。

⑥ 藏本缺此句。

⑦ 藏本云“已斷遍知者有，未斷而斷者無”。秦本云“有斷法斷知，無不斷法斷知”。又勘南傳飲光部執“過未一分是有”，亦同於此。

⑧ 藏本云“異熟已熟之業是有，未熟是無”。

⑨ 藏本缺此句。

其經量部本宗同義：謂説諸藴有從前世轉至後世，立説轉名[①]。非離聖道有藴永滅。有根邊藴，有一味藴。異生位中亦有聖法[②]。執有勝義補特伽羅。餘所執多同説一切有部。

三藏法師翻此論竟，述重譯意，乃説頌言：

備詳衆梵本，再譯宗輪論，文愜義無謬，智者應勤學。

（據金陵刻經處重印藏要本）

① 藏本缺此語，並下一句。

② 藏本缺此句。

大般涅槃經（選）

〔簡介〕 大般涅槃經（Mahāparinivapa-sutra）四十卷，北涼曇無讖譯。

現存漢譯大乘涅槃經共有四本，在曇譯之前，有東晉法顯與佛陀跋陀羅同譯的六卷本佛説大般泥洹經。此本爲該經的前分，而曇譯則爲後分。劉宋時慧嚴、慧觀與謝靈運將以上兩本比較對照，合訂爲一本，重新分卷爲三十六卷。此大般涅槃經史稱"南本"，而曇譯稱爲"北本"。唐初，在以上兩本外，會寧在印度又找到另一個後分，並與若那跋陀羅一起譯出，稱大般涅槃經後分二卷。此分内容略述佛涅槃以後諸事，如荼毗、分舍利等，與小乘涅槃經類似，因而有些學者，如唐義淨，對此分是否爲大乘涅槃經持懷疑態度。

此經梵文原本已佚，只剩下零星殘頁。然從現存漢譯本、藏譯本的情况看，此經並非一時之作。上述前後兩分，主題雖同，卽均爲闡發佛身常住，衆生悉有佛性等問題，但在具體論述中，則還是有不少出入的。如對於"佛性"的解釋，前分主要與"法身常住"相聯繫，落實在"清淨法身"，或"清淨性"上，立論於佛性本有、實有；而在後分中，對佛性的理解則甚爲寬泛，如其中説"佛性者，名第一義空，第一義空名爲智慧"（師子吼品）。這就是説，把能了解性空的智慧也包括在佛性之中，也就是説，把能（智）所（性）統一起來，通稱佛性。正因爲如此，前後分在對衆生成佛問題上也就有了不同的説法。前分是有限制的，卽認爲"一闡提"不具佛性，應排除在成佛之外；而後分則認爲"一闡提等亦有佛性"，而且"一闡提等定當得成阿耨多羅三藐三菩提"(同上),即也能成佛。

此經譯出後,在南北朝時期繼般若學之後,興起了一般涅槃學的高潮,出現了許多重要的注疏,對中國佛教的發展有很大的影響。其中較重要的經疏有:大般涅槃經集解(七十一卷、梁寶亮等集)、大般涅槃經義記(十卷、隋慧遠述)、大般涅槃經玄義(二卷、隋灌頂撰)、大般涅槃經疏(三十三卷、隋灌頂撰)、涅槃經遊意(一卷、隋吉藏撰)、涅槃經會疏(三十六卷、隋灌頂撰、唐湛然再治)、涅槃經私記(十二卷、唐行滿集)、涅槃經私記(九卷、唐道暹述)等。

本書選録此經中的卷二十七、二十八和三十二,即師子吼菩薩品之一、二、六,是經中談佛性問題的主要篇章之一。近代著名佛學家歐陽漸在藏要本師子吼品的緒言中說:"讀師子吼品能尋其義,於大涅槃經思過半矣。"可見此品在該經中所占之地位。

本書選入此經所據版本爲原支那内學院刊藏要本。該刊本以南宋後思溪藏本爲底本,無校勘。

大般涅槃經卷第二十七

師子吼菩薩品第十一之一

爾時,佛告一切大衆諸善男子,汝等若疑有佛無佛、有法無法、有僧無僧、有苦無苦、有集無集、有滅無滅、有道無道、有實無實、有我無我、有樂無樂、有淨無淨、有常無常、有乘無乘、有性無性、有衆生無衆生、有有無有、有真無真、有因無因、有果無果、有作無作、有業無業、有報無報者,今恣汝所問,吾當爲汝分別解說。善男子,我實不見若天若人、若磨若梵、若沙門若婆羅門有來問我不能答者。

爾時會中有一菩薩名師子吼即從座起,斂容整服,前禮佛足,長跪叉手而白佛言:世尊,我適欲問,如來大慈,復垂聽許。爾時,佛告諸大衆言:諸善男子,汝等今當於是菩薩深生恭敬尊重讚歎,應以種種香華伎樂瓔珞幡蓋衣服飲食卧具醫藥房舍殿堂而供養之,迎來送去。所以者何?是人已於過去諸佛深種善根福德成就,是故今於我前欲師子吼。善男子,如師子王自知身力牙齒鋒芒,四足據地,安住巖穴,振尾出聲,若有能具如是諸相,當知是則能師子吼。真師子王,晨朝出穴,頻申欠呿,四向顧望,發聲震吼十一事。何等爲十一?一爲欲壞實,非師子詐作師子故;二爲欲試自身力故;三爲欲令住處淨故;四爲諸子知處所故;五爲羣輩無怖心故;六爲眠者得覺悟故;七爲一切放逸諸獸不放逸故;八爲諸獸來依附故;九爲欲調大香象故;十爲教告諸子息故;十一爲欲莊嚴自眷屬故。一切禽獸聞師子吼,水性之屬潛没深淵,陸行之類藏伏窟穴,飛者墮落,諸大香象怖走失糞。諸善男子,如彼野干,雖逐師子,至於百年,終不能作師子吼也。若師子子,始滿三年,則能哮吼如師子王。善男子,如來正覺智慧牙爪四如意足,六波羅蜜滿足之身,十力雄猛大悲爲尾,安住四禪清淨窟宅,爲諸衆生而師子吼,摧破磨軍,示衆十力,開佛行處,爲諸邪見作歸依所,安撫生死怖畏之衆。覺悟無明睡眠衆生,行惡法者,爲作悔心;開示邪見一切衆生,令知六師非師子吼故。破富蘭那等憍慢心故,爲令二乘生悔心故,爲教五住諸菩薩等生大力心故,爲令正見四部之衆於彼邪見四部徒衆不生怖畏故。從聖行梵行天行窟宅頻申而出,爲欲令彼諸衆生等破憍慢故。欠呿爲令諸衆生等生善法故,四向顧望爲令衆生得四無礙故,四足據地爲令衆生具足安住尸波羅蜜故,故師子吼。師子吼者,名決定説。一切衆生悉有佛性,如來常住無有變易。善男子,聲聞緣覺雖復隨逐如來世尊無量百千阿僧祇劫,而亦不能作師子吼,十住菩薩若能修行是三行處,當知是則能師子吼。諸善男子,是師子吼菩薩摩訶薩今欲如是大師子吼，是故汝等應當深心供養恭敬尊重讚歎。

爾時，世尊告師子吼菩薩摩訶薩言：善男子，汝若欲問，今可隨意。師子吼菩薩摩訶薩白佛言：世尊，云何爲佛性？以何義故名爲佛性？何故復名常樂我淨？若一切衆生有佛性者，何故不見一切衆生所有佛性？十住菩薩住何等法不了了見，佛住何等法而了了見？十住菩薩以何等眼不了了見，佛以何眼而了了見？佛言：善男子，善哉，善哉！若有人能爲法諮啓，則爲具足二種莊嚴：一者智慧，二者福德。若有菩薩具足如是二莊嚴者，則知佛性，亦復解知名爲佛性，乃至能知十住菩薩以何眼見，諸佛世尊以何眼見。

師子吼菩薩言：世尊，云何名爲智慧莊嚴？云何名爲福德莊嚴？善男子，慧莊嚴者，謂從一地乃至十地，是名慧莊嚴；福德莊嚴者，謂檀波羅蜜乃至般若非般若波羅蜜。復次，善男子，慧莊嚴者，所謂諸佛菩薩，福德莊嚴者，謂聲聞緣覺九住菩薩。復次，善男子，福德莊嚴者，有爲有漏，有有果報，有礙非常，是凡夫法；慧莊嚴者，無爲無漏，無有果報，無礙常住。善男子，汝今具足是二莊嚴，是故能問甚深妙義。我亦具足是二莊嚴，能答是義。

師子吼菩薩摩訶薩言：世尊，若有菩薩具足如是二莊嚴者，則不應問一種二種，云何世尊説言能答一種二種？所以者何？一切諸法無一二種，一種二種者是凡夫相。佛言：善男子，若有菩薩無二種莊嚴，則不能知一種二種；若有菩薩具二莊嚴，則能解知一種二種。若有言諸法無一二者，是義不然。何以故？若無一二，云何得説一切諸法無一無二？善男子，若言一二是凡夫相，是乃名爲十住菩薩非凡夫也。何以故？一者名爲涅槃，二者名爲生死。何故一者名爲涅槃？以其常故。何故二者名爲生死？愛無明故。常涅槃者非凡夫相，生死二者亦非凡夫相，以是義故，具二莊嚴者能問能答。善男子，汝問云何爲佛性者，諦聽諦聽，吾當爲汝分別解説。善男子，佛性者名第一義空，第一義空名爲智慧。所言空者，不見空與不空。智者見空及與不空，常與無常，苦之與樂，我與無我。空者一切生死，不空者謂大涅槃。乃至無我者卽是生死，我者謂大涅槃。見一切空，不見不空，不名中道。乃至見一切無我，不見我者，不名中道。中道者，名爲佛性。以是義故，佛性常恆，無有變易。無明覆故，令諸衆生不能得見。聲聞緣覺見一切空，不見不空，乃至見一切無我，不見於我。以是義故，不得第一義空。不得第一義空故，不行中道；無中道故，不見佛性。善男子，不見中道者，凡有三種：一者定樂行，二者定苦行，三者苦樂行。定樂行者，所謂菩薩摩訶薩憐愍一切諸衆生故，雖復處在阿鼻地獄，如三禪樂。定苦行者，謂諸凡夫。苦樂行者，謂聲聞緣覺。聲聞緣覺行於苦樂，作中道想。以是義故，雖有佛性而不能見。如汝所問，以何義故名佛性者，善男子，佛性者卽是一切諸佛阿耨多羅三藐三菩提中道種子。復次，善男子，道有三種，謂下上中。下者梵天無常，謬見是常；上者生死無常，謬見是常；三寶是常，橫計無常。何故名上？能得最上阿耨多羅三藐三菩提故。中者名第一義空，無常見無常，常見於常。第一義空不名爲下，何以故？一切凡夫所不得故。不名爲上，何以故？卽是上故。諸佛菩薩所修之道，不上不下，以是義故，名爲中道。復次，善男子，生死本際凡有二種：一者無明，二者有愛。是二中閒，則有生老病死之苦，是名中道。如是中道，能破生死，故名爲中。以是義故，中道之法名爲佛性。是故佛性常樂我淨，以諸衆生不能見故，無常無樂無我無淨，佛性實非無常無樂無我無淨。善男子，譬如貧人家有寶藏，是人不見，以不見故，無常無樂無我無淨。有善知識而語之言，汝舍宅中有金寶藏，何故如是貧窮困苦，無常無樂無我無淨。卽以方便，令彼得見。以得見故，是人卽得常樂我淨。佛性亦爾，衆生不見，以不見故，無常無樂無我無淨。有善知識諸佛菩薩，以諸方便種種教告令彼得見，以得見故，衆生卽得常樂我淨。復次，善男子，衆生起見凡有二種：一者常見，二者斷見。如是二見，不名中道，無常無斷，乃名中道，無常無斷，卽是觀照十二因緣智。如是觀智，是名佛性。二乘之人，雖觀因緣，猶亦不得名爲佛性。佛性雖常以諸衆生無明覆故，不能得見，又未能渡十二因緣河，猶如兔馬。何以故？不見佛性故。善男子，是觀十二因緣智慧，卽是阿耨多羅三藐三菩提種子。以是義故，十二因緣名爲佛性。善男子，譬如胡瓜名爲熱病，何以故？能爲熱病作因緣故。十二因緣亦復如是。善男子，佛性者有因有因因，有果有果果。有因者，卽十二因緣；因因者，卽是智慧；有果者，卽是阿耨多羅三藐三菩提；果果者，卽是無上大般涅槃。善男子，譬如無明爲因，諸行爲果，行因識果。以是義故，彼無明體亦因亦因因，識亦果亦果果，佛性亦爾。善男子，以是義故，十二因緣不出不滅，不常不斷，非一非二，不來不去，非因非果。善男子，是因非果如佛性，是果非因如大涅槃，是因是果如十二因緣所生之法，非因非果名爲佛性。非因果故，常恆無變。以是義故，我經中說十二因緣。其義甚深，無知無見，不可思惟，乃是諸佛菩薩境界，非諸聲聞緣覺所及。以何義故，甚深甚深？衆生業行不常不斷而得果報，雖念念滅而無所失，雖無作者而有作業，雖無受者而有果報。受者雖滅，果不敗亡，無有慮知，和合而有。一切衆生雖與十二因緣共行而不見知，不見知故無有終始。十住菩薩唯見其終不見其始，諸佛世尊見始見終。以是義故，諸佛了了得見佛性。善男子，一切衆生不能見於十二因緣，是故輪轉。善男子，如蠶作繭，自生自死，一切衆生亦復如是。不見佛性，故自造結業，流轉生死，猶如拍毱。善男子，是故我於諸經中說，若有人見十二緣者，卽是見法，見法者卽是見佛。佛者，卽是佛性。何以故？一切諸佛以此爲性。善男子，觀十二緣智凡有四種：一者下，二者中，三者上，四者上上。下智觀者不見佛性，以不見故，得聲聞道。中智觀者不見佛性，以不見故，得緣覺道。上智觀者見不了了，不了了故，住十住地。上上智者見了了，故得阿耨多羅三藐三菩提道。以是義故，十二因緣名爲佛性。佛性者，卽第一義空，第一義空，名爲中道。中道者，卽名爲佛。佛者，名爲涅槃。

爾時，師子吼菩薩摩訶薩白佛言：世尊，若佛與佛性無差別者，一切衆生何用修道？佛言：善男子，如汝所問，是義不然。佛與佛性雖無差別，然諸衆生悉未具足。善男子，譬如有人，惡心害母害已生悔，三業雖善，是人故名地獄人也。何以故？是人定當墮地獄故。是人雖無地獄陰界諸入，猶故得名爲地獄人。善男子，是故我於諸經中說，若見有人修行善者，名見天人，修行惡者，名見地獄。何以故？定受報故。善男子，一切衆生定得阿耨多羅三藐三菩提故，是故我說一切衆生悉有佛性。一切衆生真實未有三十二相八十種好，以是義故，我於此經而說是偈：本有今無，本無今有，三世有法，無有是處。善男子，有者凡有三種：一未來有，二現在有，三過去有。一切衆生未來之世當有阿耨多羅三藐三菩提，是名佛性；一切衆生衆生現在悉有煩惱諸結，是故現在無有三十二相八十種好；一切衆生過去之世有斷煩惱，是故現在得見佛性。以是義故，我常宣說一切衆生悉有佛性，乃至一闡提等亦有佛性。一闡提等無有善法，佛性亦善以未來有故，一闡提等悉有佛性。何以故？一闡提等定當得成阿耨多羅三藐三菩提故。善男子，譬如有人，家有乳酪，有人問言，汝有酥耶？答言，我有。酪實非酥，以巧方便，定當得故，故言有酥。衆生亦爾，悉皆有心，凡有心者，定當得成阿耨多羅三藐三菩提。以是義故，我常宣說一切衆生悉有佛性。善男子,畢竟有二種:一者莊嚴畢竟,二者究竟畢竟;一者世間畢竟,二者出世畢竟。莊嚴畢竟者,六波羅蜜;究竟畢竟者,一切衆生所得一乘。一乘者,名爲佛性。以是義故,我説一切衆生悉有佛性。一切衆生悉有一乘,以無明覆故,不能得見。善男子,如鬱單越三十三天果報覆故,此間衆生不能得見。佛性亦爾,諸結覆故,衆生不見。復次,善男子,佛性者卽首楞嚴三昧。性如醍醐,卽是一切諸佛之母。以首楞嚴三昧力故,而令諸佛常樂我淨。一切衆生悉有首楞嚴三昧,以不修行,故不得見,是故不能得成阿耨多羅三藐三菩提。善男子,首楞嚴三昧者有五種名:一者首楞嚴三昧,二者般若波羅蜜,三者金剛三昧,四者師子吼三昧,五者佛性。隨其所作,處處得名。善男子,如一三昧得種種名,如禪名四禪,根名定根,力名定力,覺名定覺,正名正定,八大人覺名爲定覺。首楞嚴定亦復如是。善男子,一切衆生具足三定,謂上中下。上者謂佛性也,以是故言一切衆生悉有佛性;中者一切衆生具足初禪,有因緣時則能修集,若無因緣則不能修。因緣二種:一謂火災,二謂破欲界結。以是故言一切衆生悉具中定。下定者十大地中心數定也,以是故言一切衆生悉具下定。一切衆生悉有佛性,煩惱覆故,不能得見。十住菩薩雖見一乘,不知來是常住法,以是故言十地菩薩雖見佛性而不明了。善男子,首楞者,名一切事畢竟;嚴者,名堅。一切畢①竟而得堅固,名首楞嚴。以是故言首楞嚴定名爲佛性。善男子,我於一時住尼連禪河,告阿難言,我今欲洗,汝可取衣及以澡豆。我既入水,一切飛鳥水陸之屬悉來觀我。爾時復有五百梵志來在河邊,因到我所,各相謂言:云何而得金剛之身?若不使瞿曇不説斷見,我當從其啓受齋法。善男子,我於爾時以他心智,知是梵志心之所念,告梵志言:云何謂我説於斷見?彼梵志言:瞿曇先於處處經中

① 此字依麗刻加。

說，諸衆生悉無有我，既言無我，云何而言非斷見耶？若無我者，持戒者誰？破戒者誰？佛言：我亦不說一切衆生悉無有我，我常宣說一切衆生悉有佛性。佛性者，豈非我耶！以是義故，我不說斷。一切衆生，不見佛性，故無常無我無樂無淨，如是則名說斷見也。時諸梵志聞說佛性卽是我故，卽發阿耨多羅三藐三菩提心，尋時出家修菩提道。一切飛鳥水陸之屬亦發無上菩提之心，既發心已，尋得捨身。善男子，是佛性者，實非我也，爲衆生故，說名爲我。善男子，如來有因緣故，說無我爲我，真實無我。雖作是說，無有虛妄。善男子，有因緣故，說我爲無我，而實有我。爲世界故，雖說無我，而無虛妄。佛性無我，如來說我，以是常故；如來是我，而說無我得自在故。

爾時，師子吼菩薩摩訶薩言：世尊，若一切衆生悉有佛性，如金剛力士者，以何義故，一切衆生不能得見？佛言：善男子，譬如色法，雖有青黄赤白之異，長短質像，盲者不見。雖復不見，亦不得言無青黄赤白長短質像。何以故？盲雖不見，有目見故。佛性亦爾，一切衆生雖不能見，十住菩薩見少分故，如來全見。十住菩薩所見佛性，如夜見色，如來所見，如晝見色。善男子，譬如瞎者見色不了，有善良醫而爲治目，以藥力故，得了了見。十住菩薩亦復如是，雖見佛性，不能明了，以首楞嚴三昧力故，能得明了。善男子，若有人見一切諸法無常無我無樂無淨，見非一切法亦無常無我無樂無淨，如是之人不見佛性。一切者名爲生死，非一切者名爲三寶。聲聞緣覺見一切法無常無我無樂無淨，非一切法亦見無常無我無樂無淨，以是義故，不見佛性。十住菩薩見一切法無常無我無樂無淨，非一切法分見常樂我淨，以是義故，十分之中得見一分。諸佛世尊見一切法無常無我無樂無淨，非一切法見常樂我淨，以是義故，見於佛性如觀掌中阿摩勒果。以是義故，首楞嚴定名爲畢竟。善男子，譬如初月，雖不可見，不得言無。佛性亦爾，一切凡夫雖不得見，亦不得言無佛性也。善男子，佛性者所謂十力、四無所畏、大悲、三念處。一切衆生，悉有三種，破煩惱故，然後得見。一闡提等破一闡提，然後能得十力、四無所畏、大悲、三念處。以是義故，我常宣説一切衆生悉有佛性。善男子，十二因緣一切衆生等共有之，亦內亦外。何等十二？過去煩惱，名爲無明，過去業者，則名爲行；現在世中初始受胎，是名爲識；入胎五分，四根未具，名爲名色，具足四根，未名觸時，是名六入；未别苦樂，是名爲觸；染習一愛，是名爲受；習近五欲，是名爲愛；內外貪求，是名爲取；爲內外事起身口意業，是名爲有；現在世識，名未來生；現在名色、六入、觸、受，名未來世老、病死也。是名十二因緣。善男子，一切衆生雖有如是十二因緣，或有未具。如歌羅羅時死，則無十二。從生乃至老死，得具十二。色界衆生無三種受、三種觸、三種愛，無有老病，亦得名爲具足十二。無色衆生無法，乃至無有老病，亦得名爲具足十二。以定得故，故名衆生平等具有十二因緣。善男子，佛性亦爾。一切衆生定當得成阿耨多羅三藐三菩提故，是故我説一切衆生悉有佛性。善男子，雪山有草，名爲忍辱，牛若食者，則出醍醐。更有異草，牛若食者，則無醍醐。雖無醍醐，不可説言雪山之中無忍辱草。佛性亦爾。雪山者，名爲如來；忍辱草者，名大涅槃；異草者，十二部經。衆生若能聽受諮啓大般涅槃，則見佛性。十二部中雖不聞有，不可説言無佛性也。善男子，佛性者亦色非色，非色非非色；亦相非相，非相非非相，亦一非一，非一非非一，非常非斷，非非常非非斷；亦有亦無，非有非無；亦盡非盡，非盡非非盡；亦因亦果，非因非果；亦義非義，非義非非義；亦字非字，非字非非字。云何爲色？金剛身故；云何非色？十八不共非色法故。云何非色非非色？色非色無定相故。云何爲相？三十二相故；云何非相？一切衆生相不現故。云何非相非非相？相非相不決定故。云何爲一？一切衆生悉一乘故；云何非一？説三乘故。云何非一非非一？無數法故。云何非常？從緣見故；云何非斷，離斷見故。云何非非常非非斷？無終始故。云何爲有？一切衆生悉皆有故；云何爲無？從善方便而得見故。云何非有非無？虚空性故。云何名盡？得首楞嚴三昧故；云何非盡？以其常故。云何非盡非非盡？一切盡相斷故。云何爲因？以了因故；云何爲果？果決定故。云何非因非果？以其常故。云何名義？悉能攝取義無礙故；云何非義？不可説故。云何非義非非義？畢竟空故。云何爲字？有名稱故；云何非字？名無名故。云何非字非非字？斷一切字故。云何非苦非樂？斷一切受故。云何非我？未能具得八自在故。云何非非我？以其常故。云何非我非非我？不作不受故。云何爲空？第一義空故。云何非空？以其常故。云何非空非非空？能爲善法作種子故。善男子，若有人能思惟解了大涅槃經如是之義，當知是人則見佛性。佛性者，不可思議，乃是諸佛如來境界，非諸聲聞緣覺所知。善男子，佛性者，非陰界入，非本無今有，非已有還無，從善因緣衆生得見。譬如黑鐵入火則赤，出冷還黑，而是黑色非内非外因緣故有。佛性亦爾，一切衆生煩惱火滅則得聞見。善男子，如種滅已，芽①則得生，而是芽性非内非外，乃至華果亦復如是，從緣故有。善男子，是大涅槃微妙經典，成就具足無量功德。佛性亦爾，悉是無量無邊功德之所成就。

爾時師子吼菩薩摩訶薩言：世尊，菩薩具足成就幾法得見佛性而不明了？諸佛世尊成就幾法得了了見？善男子，菩薩具足成就十法，雖見佛性而不明了。云何爲十？一者少欲，二者知足，三者寂静，四者精進，五者正念，六者正定，七者正慧，八者解脱，九者讚歎

① 原刻作"牙"，今依麗刻改。下俱同。

解脱，十者以大涅槃教化衆生。師子吼菩薩言：世尊，少欲、知足有何差别？善男子，少欲者不求不取，知足者得少之時心不悔恨；少欲者少有所欲，知足者但爲法事心不愁惱。善男子，欲者有三：一者惡欲，二者大欲，三者欲欲。惡欲者，若有比丘心生貪欲，欲爲一切大衆上首，令一切僧隨逐我後，令諸四部悉皆供養恭敬讚歎尊重於我，令我先爲四衆説法，皆令一切信受我語，亦令國王大臣長者皆恭敬我，令我大得衣服飲食卧具醫藥上妙屋宅，爲生死欲，是名惡欲。云何大欲？若有比丘生於欲心，云何當令四部之衆悉皆知我得初住地乃至十住，得阿耨多羅三藐三菩提，得阿羅漢果乃至須陀洹果，我得四禪乃至四無礙智，爲於利養，是名大欲。欲欲者，若有比丘欲生梵天、磨天、自在天，轉輪聖王、若刹利、若婆羅門皆得自在，爲利養故，是名欲欲。若不爲是三種惡欲之所害者，是名少欲。欲者名爲二十五愛，無有如是二十五愛，是名少欲。不求未來所欲之事，是名少欲。得而不著，是名知足。不求恭敬，是名少欲。得不積聚，是名知足。善男子，有少欲不名知足，有知足不名少欲，有亦少欲亦知足，有不知足不少欲。少欲者謂須陀洹，知足者謂辟支佛，少欲知足者謂阿羅漢，不少欲不知足者所謂菩薩。善男子，少欲知足復有二種：一者善，二者不善。不善者所謂凡夫，善者聖人菩薩。一印聖人雖得道果，不自稱説，不自稱説，故心不惱恨，是名知足。善男子，菩薩摩訶薩修集大乘大涅槃經，欲見佛性，是故修集少欲知足。云何寂静？寂静有二：一者心静，二者身静。身寂静者，終不造作身三種惡；心寂静者，亦不造作意三種惡，是則名爲身心寂静。身寂静者，不親近四衆，不預四衆所有事業；心寂静者，終不修集貪欲恚癡，是則名爲身心寂静。或有比丘，身雖寂静，心不寂静，有心寂静身不寂静，有身心寂静，又有身心俱不寂静。身寂静心不寂静者，或有比丘坐禪静處，遠離四衆，心常積集貪欲瞋癡，是名身寂静心不寂静。心寂静身不寂静者，或有比丘親近四衆國王大臣，斷貪恚癡，是名心寂静身不寂静。身心寂静者，謂佛菩薩。身心不静者，謂諸凡夫。何以故？凡夫之人身心雖静，不能深觀無樂無我無淨，以是義故，凡夫之人不能寂静身口意業。一闡提輩犯四重禁，作五逆罪，如是之人亦不得名身心寂静。云何精進？若有比丘，欲令身口意業清淨遠離一切諸不善業，修集一切諸善業者，是名精進。是勤精進者，繫念六處，所謂佛法僧戒施天，是名正念。具正念者，所得三昧是名正定。具正定者，觀見諸法猶如虚空，是名正慧。具正慧者，遠離一切煩惱諸結，是名解脱。得解脱者，爲諸衆生稱美解脱，言是解脱常恆不變，是名讚歎解脱。解脱卽是無上大般涅槃，涅槃者卽是煩惱諸結火滅。又，涅槃者名爲屋宅。何以故？能遮煩惱惡風雨故。又，涅槃者名爲歸依。何以故？能過一切諸怖畏故。又，涅槃者名爲洲渚。何以故？四大暴河不能漂故。何等爲四？一者欲暴，二者有暴，三者見暴，四者無明暴，是故涅槃名爲洲渚。又，涅槃者名畢竟歸。何以故？能得一切畢竟樂故。若有菩薩摩訶薩成就具足如是十法，雖見佛性而不明了。復次，善男子，出家之人有四種病，是故不得四沙門果。何等四病？謂四惡欲。一爲衣欲，二爲食欲，三爲卧具欲，四爲有欲，是名四惡欲，是出家病。有四良藥能療是病，謂糞埽衣能治比丘爲衣惡欲，乞食能破爲食惡欲，樹下能破卧具惡欲，身心寂静能破比丘爲有惡欲。以是四藥除是四病，是名聖行。如是聖行，則得名爲少欲知足。寂静者有四種藥。何等爲四？一者出家樂，二寂静樂，三永滅樂，四畢竟樂。得是四樂，名爲寂静。具四精進，故名精進。具四念處，故名正念。具四禪故，故名正定。見四聖實，故名正慧。永斷一切煩惱結故，故名解脱。呵説一切煩惱過故，是名讚歎解脱。善男子，菩薩摩訶薩安住具足如是十法，雖見佛性而不明了。復次,善男子,菩薩摩訶薩聞是經已,親近修集,遠離一切世閒之事,是名少欲。既出家已,不生悔心,是名知足。既知足已,近空閒處,遠離憒鬧,是名寂静。不知足者,不樂空閒。夫知足者常樂空寂,所空寂處常作是念:一切世閒悉謂我得沙門道果,然我今者實未能得,我今云何誑惑於人?作是念已,精勤修集沙門道果,是名精進。親近修集大涅槃者,是名正念。隨順天行,是名正定。安住是定正見正知,是名正慧。正知見者能得遠離煩惱結縛,是名解脱。十住菩薩爲衆生故,稱美涅槃,是則名爲讚歎解脱。善男子,菩薩摩訶薩安住具足如是十法,雖見佛性而不明了。復次,善男子,夫少欲者,若有比丘住空寂處端坐不卧,或住樹下,或在塚閒,或在露處,隨有草地而坐其上,乞食而食,隨得爲足,或一坐食不過一食,唯畜三衣糞衣毳衣,是名少欲。既行是事,心不生悔,是名知足。修空三昧,是名寂静。得四果已,於阿耨多羅三藐三菩提心不休息,是名精進。繫心思惟如來常恆無有變易,是名正念。修八解脱,是名正定。得四無礙,是名正慧。遠離七漏,是名解脱。稱美涅槃,無有十相,名讚歎解脱。十相者,謂生、老、病、死、色、聲、香、味、觸、無常。遠離十相者,名大涅槃。善男子,是名菩薩摩訶薩安住具足如是十法,雖見佛性而不明了。復次,善男子,爲多欲故,親近國王、大臣、長者、剎利、婆羅門、毗舍、首陀。自稱我得須陀洹果,乃至阿羅漢果,爲利養故,行住坐卧,乃至大小便利,若見檀越,猶行恭敬接引語言,破惡欲者,名爲少欲。雖未能壞諸結煩惱,而能同於如來行處,是名知足。善男子,如是二法,乃是念定近因緣也。常爲師宗同學所讚,我亦常於處處經中稱美讚歎如是二法。若能具足是二法者,則得近於大涅槃門及五種樂,是名寂静。堅持戒者,名爲精進。有慚愧者,名爲正念。不見心相,名爲正定。不求諸性相因緣,是名正慧。無有相故。煩惱則斷,是名解脱。稱美如是大涅槃經，名讚歎解脱。善男子，是名菩薩摩訶薩安住十法，雖見佛性而不明了。善男子，如汝所言，十住菩薩以何眼故，雖見佛性而不了了，諸佛世尊以何眼故，見於佛性而得明了。善男子，慧眼見故，不得明了；佛眼見故，故得明了。爲菩提行故，則不了了；若無行故，則得了了。住十住故，雖見不了；不住不去，故得了了。菩薩摩訶薩智慧因故，見不了了；諸佛世尊斷因果故，見則了了。一切覺者名爲佛性，十住菩薩不得名爲一切覺故，是故雖見而不明了。善男子，見有二種：一者眼見，二者聞見。諸佛世尊眼見佛性，如於掌中觀阿摩勒；十住菩薩聞見佛性，故不了了。十住菩薩唯能自知定得阿耨多羅三藐三菩提，而不能知一切衆生悉有佛性①。善男子，復有眼見諸佛如來十住菩提眼見佛性，復有聞見一切衆生乃至九地聞見佛性。菩薩若聞一切衆生悉有佛性，心不生信，不明聞見。善男子，若有善男子善女人欲見如來，應當修習十二部經，受持讀誦書寫解説。

師子吼菩薩摩訶薩言：世尊，一切衆生不能得知如來心相，當云何觀而得知耶？善男子，一切衆生實不能知如來心相，若欲觀察而得知者，有二因緣：一者眼見，二者聞見。若見如來所有身業，當知是則爲如來也，是名眼見。若觀如來所有口業，當知是則爲如來也，是名聞見。若見色貌一切衆生無與等者，當知是則爲如來也，是名眼見。若聞音聲微妙最勝不同衆生所有音聲，當知是則爲如來也，是名聞見。若見如來所作神通爲爲衆生，爲爲利養，若爲衆生不爲利養，當知是則爲如來也，是名眼見。若觀如來以他心智觀衆生時爲利養説，爲衆生説，若爲衆生不爲利養，當知是則爲如來也，是名聞見。云何如來而受是身，何故受身，爲誰受身？是名眼見。若觀如來云何説法，何故説法，爲誰説法？是名聞見。以身惡業加之不瞋，當知是則爲如來也，是名眼見。以口惡業加之不恚，

① 原刻於此分卷，今依文義改。

當知是則爲如來也，是名聞見。若見菩薩初生之時，於十方面各行七步，摩尼跋陀、富那跋陀、鬼神大將，執持幡蓋震動無量無邊世界，金光晃曜彌滿虚空，難陀龍王及跋難陀以神通力浴菩薩身，諸天形像承迎禮拜，阿私陀僊合掌恭敬。盛年捨欲，如棄涕唾，不爲世樂之所迷惑，出家修道，樂於閑寂，爲破邪見。六年苦行，於諸衆生平等無二心，常在定初，無散亂相，好嚴麗莊飾其身，所遊之處，丘墟皆平，衣服離身，四寸不墮，行時直視，不顧左右，所食之物，物無完過，坐起之處，草不動亂，爲調衆生，故往說法，心無憍慢，是名眼見。若聞菩薩行七步已，唱如是言，我今此身最是後邊，阿私陀僊合掌而言：大王當知，悉達太子定當得成阿耨多羅三藐三菩提，終不在家作轉輪王。何以故？相明了故，轉輪聖王相不明了。悉達太子身相炳著，是故必得阿耨多羅三藐三菩提，見老病死。復作是言：一切衆生，甚可憐愍，常與如是生老病死共相隨逐，而不能觀常行於苦，我當斷之，從阿羅羅五通僊人受無想定，既成就已，復說其過，從鬱陀伽僊受非有想非無想定，既成就已，說非涅槃是生死法。六年苦行，無所剋獲，卽作是言：修是苦行，空無所得，若是實者，我應得之。以虚妄故，我無所得，是名邪術，非正道也。既成道已，梵天勸請，唯願如來當爲衆生廣開甘露，說無上法。佛言梵王，一切衆生常爲煩惱之所障覆，不能受我正法之言。梵王復言：世尊，一切衆生凡有三種，所謂利根、中根、鈍根。利根能受，唯願爲說。佛言：梵王，諦聽諦聽，我今當爲一切衆生開甘露門。卽於波羅柰國轉正法輪，宣說中道。一切衆生不破諸結，非不能破，非破非不破，故名中道。不度衆生，非不能度，是名中道。非一切成，亦非不成，是名中道。凡有所說，不自言師，不言弟子，是名中道。說不爲利，非不得果，是名中道。正語實語時語真語，言不虚發，微妙第一，如是等法，是名聞見。善男子，如來心相實不可見，若有善男子善女人欲見如來，應當依是二種因緣。

大般涅槃經卷第二十八

師子吼菩薩品第十一之二

爾時，師子吼菩薩摩訶薩白佛言：世尊，如先所說，菴羅果喻四種人等，有人行細心不正實，有人心細行不正實，有人心細行亦正實，有人心不細行不正實。是初二種，云何可知？如佛所說，雖依是二，不可得知。佛言：善哉善哉！善男子，菴羅果喻二種人等，實難可知。以難知故，我經中說當與共住。住若不知，當與久處；久處不知，當以智慧。若智不知，當深觀察。以觀察故，則知持戒及以破戒。善男子，具是四事，共住久處，智慧觀察，然後得知持戒破戒。善男子，戒有二種，持者亦二。一究竟戒，二不究竟。有人以因緣故受持禁戒，智者當觀是人持戒爲爲利養爲究竟持。善男子，如來戒者無有因緣，是故得名爲究竟戒。以是義故，菩薩雖爲諸惡衆生之所傷害，不生恚礙，是故如來得名成就畢竟持戒、究竟持戒。善男子，我昔一時與舍利弗及五百弟子，俱共止住摩伽陀國瞻婆大城，時有獵師追逐一鴿，是鴿惶怖至舍利弗影，猶故戰慄如芭蕉樹動。至我影中，身心安隱，恐怖得除。是故當知，如來世尊畢竟持戒，乃至身影猶有是力。善男子，不究竟戒尚不能得聲聞緣覺，何況能得阿耨多羅三藐三菩提？復有二種：一爲利養，二爲正法。爲利養故受持禁戒，當知是戒不見佛性及以如來，雖聞佛性及如來名，猶不得名爲聞見也。若爲正法受持禁戒，當知是戒能見佛性及以如來，是名眼見，亦名聞見。復有二種：一者根深難拔，二者根淺易動。若能修集空無相願，是名根深難拔，若不修集是三三味,雖復修集爲二十五有,是名根淺易動。復有二種:一爲自身,二爲衆生。爲衆生者,能見佛性及以如來。持戒之人復有二種:一者性自能持,二者須他教敕。若受戒已經無量世,初不漏失,或值惡國遇惡知識,惡時惡世聞邪惡法,邪見同止爾時,雖無受戒之法,修持如本無所毁犯,是名性自能持。若遇師僧白四羯磨,然後得戒,雖得戒已,要憑和上諸師同學善友誨喻乃知進止,聽法説法備諸威儀,是名須他教敕。善男子,性能持者,眼見佛性及以如來,亦名聞見。戒復有二:一聲聞戒,二菩薩戒。從初發心乃至得成阿耨多羅三藐三菩提,是名菩薩戒。若觀白骨乃至證得阿羅漢果,是名聲聞戒。若有受持聲聞戒者,當知是人不見佛性及以如來;若有受持菩薩戒者,當知是人得阿耨多羅三藐三菩提,能見佛性如來涅槃。

師子吼菩薩言:世尊,何因緣故受持禁戒?佛言:善男子,爲心不悔故。何故不悔?爲受樂故。何故受樂?爲遠離故。何故遠離?爲安隱故。何故安隱?爲禪定故。何故禪定?爲實知見故。何故爲實知見?爲見生死諸過患故。何故爲見於生死過患?爲心不貪著故。何故心不貪著?爲得解脱故。何故爲得解脱?爲得無上大涅槃故。何故爲得大般涅槃?爲得常樂我淨法故。何故爲得常樂我淨?爲得不生不滅故。何爲得不生不滅?爲見佛性故。是故菩薩性自能持究竟淨戒。善男子,持戒比丘雖不發願求不悔心,不悔之心自然而得。何以故?法性爾故。雖不求樂,遠離安隱,真實知見,見生死過,心不貪著,解脱涅槃,常樂我淨,不生不滅,見於佛性而自然得。何以故?法性爾故。

師子吼菩薩言:世尊,若因持戒得不悔果,因於解脱得涅槃果者,戒則無因,涅槃無果。戒若無因,則名爲常;涅槃有因,則是無常。若爾者,涅槃則爲本無今有。若本無今有,是爲無常,猶如然燈。涅槃若爾,云何得名我樂淨耶?佛言:善男子,善哉善哉!汝已曾於無量佛所種諸善根，能問如來如是深義。善男子，不失本念，乃如是問耶？我憶往昔，過無量劫，波羅奈城有佛出世，號曰善德。爾時，彼佛三億歲中演説如是大涅槃經，我時與汝俱在彼會。我以是事諮問彼佛，爾時如來爲衆生故三昧正受，未答此義。善哉，大士乃能憶念如是本事。諦聽諦聽，當爲汝説。戒亦有因，謂聽正法。聽正法者是亦有因，謂近善友。近善友者是亦有因，所謂信心。信心者是亦有因，因有二種：一者聽法，二思惟義。善男子，信心者因於聽法，聽法者因於信心。如是二法，亦因亦因因，亦果亦果果。善男子，譬如尼乾立拒舉瓶互爲因果，不得相離。善男子，如無明緣行，行緣無明，是無明行，亦因亦因因，亦果亦果果。乃至生緣老死，老死緣生，是生老死，亦因亦因因，亦果亦果果。善男子，生能生法，不能自生，不自生故，由生生生。生生不自生，復賴生故生。是故二生，亦因亦因因，亦果亦果果。善男子，信心聽法，亦復如是。善男子，是果非因，謂大涅槃。何故名果？是上果故，沙門果故，婆羅門果故，斷生死故，破煩惱故，是故名果。爲諸煩惱之所呵責，是故涅槃名果，煩惱者名爲過過。善男子，涅槃無因而體是果。何以故？無生滅故，無所作故，非有爲故，是無爲故，常不變故，無處所故，無始終故。善男子，若涅槃有因，則不得稱爲涅槃也。槃者言因，般涅言無，無有因故，故稱涅槃。

師子吼菩薩言：如佛所説，涅槃無因，是義不然。若言無者，則含六義：一者畢竟無故，故名爲無。如一切法無我無我所。二者有時無故，故名爲無。如世人言河池無水無有日月。三者少故，故名爲無。如世人言食中少鹹，名爲無鹹，甘漿少甜，名爲無甜。四者無受故，故名爲無。如栴陀羅不能受持婆羅門法，是故名爲無婆羅門。五者受惡法故，故名爲無。如世間言人受惡法不名沙門及婆羅門，是故名爲無有沙門及婆羅門。六者不對故，故名爲無。譬如無白名之爲黑,無有明故名之無明。世尊,涅槃亦爾,有時無因,故名涅槃。佛言:善男子,汝今所説如是六義,何故不引畢竟無者以喻涅槃,乃取有時無耶?善男子,涅槃之體畢竟無因,猶如無我及無我所。善男子,世法涅槃終不相對,是故六事不得爲喻。善男子,一切諸法悉無有我,而此涅槃真實有我,以是義故,涅槃無因而體是果。是因非果,名爲佛性,非因生故。是因非果,非沙門果,故名非果。何故名因?以了因故。善男子,因有二種:一者生因,二者了因。能生法者,是名生因;燈能了物,故名了因。煩惱諸結,是名生因;衆生父母,是名了因。如穀子等,是名生因;地水糞等,是名了因。復有生因,謂六波羅蜜阿耨多羅三藐三菩提;復有了因,謂佛性阿耨多羅三藐三菩提。復有了因,謂六波羅蜜佛性;復有生因,謂首楞嚴三昧阿耨多羅三藐三菩提。復有了因,謂八正道阿耨多羅三藐三菩提;復有生因,所謂信心六波羅蜜。

師子吼菩薩言:世尊,如佛所説,見於如來及以佛性,是義云何?世尊,如來之身無有相貌,非長非短,非白非黑,無有方所,不在三界,非有爲相,非眼識識,云何可見?佛性亦爾。佛言:善男子,佛身二種:一者常,二者無常。無常者,爲欲度脱一切衆生,方便示現,是名眼見。常者,如來世尊解脱之身,亦名眼見,亦名聞見。佛性亦二:一者可見,二者不可見。可見者,十住菩薩諸佛世尊;不可見者,一切衆生。眼見者,謂十住菩薩諸佛如來眼見衆生所有佛性。聞見者,一切衆生九住菩薩聞有佛性如來之身。復有二種:一者是色,二者非色。色者,如來解脱;非色者,如來永斷諸色相故。佛性二種:一者是色,二者非色。色者,阿耨多羅三藐三菩提;非色者,凡夫乃至十住菩薩,十住菩薩見不了了,故名非色。善男子,佛性者復有二種:一者是色,二者非色。色者,謂佛菩薩;非色者,一切衆生。色者,名爲眼見;非色者,名爲聞見。佛性者,非内非外,雖非内外，然非失壞，故名衆生悉有佛性。

師子吼菩薩言：世尊，如佛所説，一切衆生悉有佛性，如乳中有酪；金剛力士諸佛佛性，如淨醍醐。云何如來説言佛性非内非外？佛言：善男子，我亦不説乳中有酪，酪從乳生，故言有酪，世尊，一切生法，各有時節。善男子，乳時無酪，亦無生酥、熟酥、醍醐，一切衆生亦謂是乳，是故我言乳中無酪。如其有者，何故不得二種名字？如人二能言金鐵師，酪時無乳、生酥、熟酥及以醍醐，衆生亦謂是酪非乳，非生熟酥及以醍醐。乃至醍醐亦復如是。善男子，因有二種：一者正因，二者緣因。正因者，如乳生酪；緣因者，如煖酵等。從乳生故，故言乳中而有酪性。

師子吼菩薩言：世尊，若乳無酪性，角中亦無，何故不從角中生耶？善男子，角亦生酪。何以故？我亦説言緣因有二：一酵，二煖。角性煖故，亦能生酪。師子吼言：世尊，若角能生酪，求酪之人何故求乳而不取角？佛言：善男子，是故我説正因緣因。師子吼菩薩言：若使乳中本無酪性，今方有者，乳中本無菴摩羅樹，何故不生？二俱無故。善男子，乳亦能生菴摩羅樹。若以乳灌，一夜之中增長五尺。以是義故，我説二因。善男子，若一切法一因生者，可得難言，乳中何故不能出生菴摩羅樹？善男子，猶如四大爲一切色而作因緣，然色各異差别不同。以是義故，乳中不生菴摩羅樹。世尊，如佛所説，有二因者，正因緣因，衆生佛性爲是何因？善男子，衆生佛性亦二種因：一者正因，二者緣因。正因者，謂語衆生；緣因者，謂六波羅蜜。師子吼言：世尊，我今定知乳有酪性。何以故？我見世間求酪之人唯取於乳，終不取水，是故當知乳有酪性。善男子，如汝所問，是義不然。何以故？一切衆生欲見面像，即便取刀。師子吼言：世尊，以是義故，乳有酪性，若刀無面像，何故取刀？佛言：善男子，若此刀中，定有面像。何故顛倒，竪則見長，横則見闊。

若是自面,何故見長,若是他面,何得稱言是己面像?若因己面見他面者,何故不見驢馬面像?師子吼言:世尊,眼光到彼,故見面像。佛言:善男子,而此眼光,實不到彼。何以故?近遠一時俱得見故,不見中間所有物故。善男子,光若到彼而得見者,一切衆生悉見於火,何故不燒?如人遠見白物,不應生疑鵠耶幡耶,人耶樹耶。若光到者,云何得見水精中物,淵中魚石。若不到見,何故得見水精中物,而不得見壁外之色?是故,若言眼光到彼,而見長者,是義不然。善男子,如汝所言,乳有酪者,何故賣乳之人但取乳價,不責酪直?賣草馬者,但取馬價,不責駒直?善男子,世間之人,無子息故,故求娉者,婦若懷妊,不得言女,若言是女有兒性故,故應娉婦。是義不然。何以故?若有兒性,亦應有孫,若有孫者,則是兄弟。何以故?一腹生故。是故我言女無兒性。若其乳中有酪性者,何故一時不見五味?若樹子中有尼拘陀五丈質者,何故一時不見芽莖枝葉華果形色之異?善男子,乳色時異味異果異,乃至醍醐亦復如是,云何可説乳有酪性?善男子,譬如有人明當服酥,今已患臭,若言乳中定有酪性,亦復如是。善男子,譬如有人有筆紙墨和合成字,而是紙中本無有字,以本無故,假緣而成,若本有者,何須衆緣?譬如青黄合成緑色,當知是二本無緑性,若本有者,何須合成?善男子,譬如衆生,因食得命,而此食中實無有命,若本有命,未食之時食應是命。善男子,一切諸法本無有性,以是義故,我説是偈:本無今有,本有今無,三世有法,無有是處。善男子,一切諸法因緣故生,因緣故滅。善男子,若謂衆生内有佛性者,一切衆生應有佛身如我今也。衆生佛性,不破不壞,不牽不捉,不繫不縛,如衆生中所有虚空。一切衆生悉有虚空無罣礙故,各不自見有此虚空。若使衆生無虚空者,則無去來行住坐卧,不生不長。以是義故,我經中説一切衆生有虚空界。虚空界者,是名虚空。衆生佛性，亦復如是。十住菩薩少能見之，如金剛珠。善男子，衆生佛性，諸佛境界，非是聲聞緣覺所知。一切衆生不見佛性，是故常爲煩惱繫縛，流轉生死。見佛性故，諸結煩惱所不能繫，解脱生死，得大涅槃。

師子吼菩薩言：世尊，一切衆生有佛性性，如乳中酪性，若乳無酪性，云何佛説有二種因：一者正因，二者緣因。緣因者，一酵二煖，虚空無性，故無緣因。佛言：善男子，若使乳中定有酪性者，何須緣因？師子吼菩薩言：世尊，以有性故，故須緣因。何以故？欲明見故。緣因者，即是了因。世尊，譬如闇中先有諸物，爲欲見故，以燈照了，若本無者，燈何所照？如土中有瓶，故須人水輪繩杖等而爲了因，如尼拘陀子須地水糞而作了因。乳中酵煖亦復如是，須作了因。是故雖先有性，要假了因，然後得見。以是義故，定知乳中先有酪性。善男子，若使乳中定有酪性者，即是了因，若是了因，復何須了？善男子，若是了因，性是了者，常應自了，若自不了，何能了他？若言了因有二種性，一者自了，二者了他，是義不然。何以故？了因一法，云何有二？若有二者，乳亦應二，若使乳中無二相者，云何了因而獨有二？師子吼言：世尊，如世人言，我共八人，了因亦爾，自了了他。佛言：善男子，了因若爾，則非了因。何以故？數者能數，自色他色，故得言八。而此色性自無了相，無了相故，要須智性乃數自他。是故了因不能自了，亦不了他。善男子，一切衆生有佛性者，何故修習無量功德？若言修習是了因者，已同酪壞；若言因中定有果者，戒定智慧則無增長。我見世人本無禁戒，禪定智慧從師受已，漸漸增益。若言師教是了因者，當師教時受者，未有戒定智慧，若是了者，應了未有。云何乃了戒定智慧，令得增長？師子吼菩薩言：世尊，若了因無者，云何得名有乳有酪？善男子，世閒答難凡有三種：一者轉答，如先所説何故名戒，以不悔故，乃至爲得大涅槃故。二者默然答，如有梵志來問我言：我是常耶？我時默然。三者疑答，如此經中，若了因有二，乳中何故不得有二。善男子，我今轉答，如世人言有乳酪者，以定得故，是故得名有乳、有酪。佛性亦爾，有衆生有佛性，以當見故。師子吼言：世尊，如佛所說，是義不然。過去已滅，未來未到，云何名有？若言當有名爲有者，是義不然。如世間人見無兒息，便言無兒，一切衆生無佛性者，云何説言一切衆生悉有佛性？佛言：善男子，過去名有，譬如種橘，芽生子滅，芽亦甘甜，乃至生果，味亦如是，熟已乃醋。善男子，而是醋味，子芽乃至生果悉無，隨本熟時形色相貌則生醋味。而是醋味本無今有，雖本無今有，非不因本。如是，本子雖復過去，故得名有。以是義故，過去名有。云何復名未來爲有？譬如有人種植胡麻，有人問言：何故種此？答言：有油。實未有油，胡麻熟已，收子熬蒸擣壓，然後乃得出油。當知是人非虚妄也。以是義故，名未來有。云何復名過去有耶？善男子，譬如有人私屏駡王，經歷年歲，王乃聞之。聞已即問，何故見駡？答言：大王，我不駡也。何以故？駡者已滅。王言：駡者我身，二俱存在，云何言滅？以是因緣，喪失身命。善男子，是二實無，而果不滅，是名過去有。云何復名未來有耶？譬如有人往陶師所問有瓶不，答言有瓶。而是陶師實未有瓶，以有泥故，故言有瓶。當知是人非妄語也。乳中有酪，衆生佛性亦復如是。欲見佛性，應當觀察時節形色。是故我説一切衆生悉有佛性，實不虚妄。師子吼言：一切衆生無有佛性者，云何而得阿耨多羅三藐三菩提？以正因故，故令衆生得阿耨多羅三藐三菩提。何等正因？所謂佛性。世尊，若尼拘陀子無尼拘陀樹者，何故名爲尼拘陀子，而不名爲佉陀羅子？世尊，如瞿曇姓不得稱爲阿坻耶姓，阿坻耶姓亦復不得稱瞿曇姓。尼拘陀子亦復如是，不得稱爲佉陀羅子，佉陀羅子不得稱爲尼拘陀子。猶如世尊不得捨離瞿曇種姓,衆生佛性亦復如是,以是義故當知衆生悉有佛性。佛言:善男子,若言子中有尼拘陀樹者,是義不然。如其有者,何故不見?善男子,如世閒物,有因緣故,不可得見。云何因緣?謂遠不可見,如空中鳥迹;近不可見,如人眼睫;壞故不見,如根敗者;亂想故不見,如心不專一;細故不見,如小微塵;障故不見,如雲表星;多故不見,如稻聚中麻;相似故不見,如豆在豆聚。尼拘陀樹不同如是八種因緣,如其有者,何故不見?若言細障故不見者,是義不然。何以故?樹相麤故。若言性細,云何增長?若言障故不可見者,常應不見,本無麤相,今則見麤,當知是麤本無其性,本無見性,今則可見,當知是見亦本無性。子亦如是,本無有樹,今則有之,當有何咎?師子吼言:如佛所説,有二種因:一者正因,二者了因。尼拘陀子以地水糞作了因,故令細得麤。佛言:善男子,若本有者,何須了因;若本無性,了何所了?若尼拘陀中本無麤相,以了因故乃生麤者,何故不生佉陀羅樹?二俱無故。善男子,若細不見者,麤應可見,譬如一塵則不可見,多塵和合則應可見。如是,子中麤應可見。何以故?是中已有芽莖華果,一一果中有無量子,一一子中有無量樹,是故名麤,有是麤故,故應可見。善男子,若尼拘陀子有尼拘陀性而生樹者,眼見是子爲火所燒,如是燒性亦應本有,若本有者樹不應生。若一切法本有生滅,何故先生後滅,不一時耶?以是義故,當知無性。師子吼菩薩言:世尊,若尼拘陀子本無樹性而生樹者,是子何故不出於油?二俱無故。善男子,如是子中亦能出油,雖無本性,因緣故有。師子吼言:何故不名胡麻油耶?善男子,非胡麻故。善男子,如火緣生火,水緣生水,雖俱從緣,不能相有。尼拘陀子及胡麻油亦復如是,雖俱從緣,各不相生。尼拘陀子性能治冷,胡麻油者性能治風。善男子,譬如甘蔗,因緣故生石蜜黑蜜,雖俱一緣,色貌各異,石蜜治熱,黑蜜治冷。師子吼菩薩言:世尊,如其乳中無有酪性，麻無油性，尼拘陀子亦無樹性，泥無瓶性，一切衆生無佛性者，如佛先説一切衆生悉有佛性，是故應得阿耨多羅三藐三菩提者，是義不然。何以故？人天無性。以無性故，人可作天，天可作人，以業緣不以性故。菩薩摩訶薩以業緣故，得阿耨多羅三藐三菩提。若諸衆生有佛性者，何因緣故，一闡提等斷諸善根墮於地獄？若菩提心是佛性者，一闡提等不應能斷。若可斷者，云何得言佛性是常？若非常者，不名佛性。若諸衆生有佛性者，何故名爲初發心耶。云何而言是毗跋致阿毗跋致？毗跋致者，當知是人無有佛性。世尊，菩薩摩訶薩一心趣向阿耨多羅三藐三菩提大慈大悲，見生老死煩惱過患，觀大涅槃無生老死煩惱諸過，信於三寶及業果報受持禁戒，如是等法，名爲佛性。若離是法有佛性者，何須是法而作因緣。世尊，如乳不假緣必當成酪。生酥不爾，要待因緣，所謂人功水瓶鑽繩。衆生亦爾，有佛性者，應離因緣得阿耨多羅三藐三菩提。若定有者，行人何故見三惡苦生老病死而生退心？亦不須修六波羅蜜，即應得成阿耨多羅三藐三菩提。如乳非緣而得成酪，然非不因六波羅蜜而得成於阿耨多羅三藐三菩提。以是義故，當知衆生悉無佛性，如佛先説僧寶是常，如其常者，則非無常。非無常者，云何而得阿耨多羅三藐三菩提？僧若常者，云何復言一切衆生悉有佛性。世尊，若使衆生從本已來無菩提心，亦無阿耨多羅三藐三菩提心，後方有者，衆生佛性亦應如是，本無後有。以是義故，一切衆生應無佛性。故言：善哉善哉！善男子，汝已久知佛性之義，爲衆生故，作如是問。一切衆生實有佛性，汝言衆生若有佛性，不應而有初發心者。善男子，心非佛性。何以故？心是無常，佛性常故。汝言何故有退心者，實無退心，心若有退，終不能得阿耨多羅三藐三菩提。以遲得故，名之爲退。此菩提心實非佛性，何以故？一闡提等斷於善根，墮地獄故。若菩提心是佛性者，一闡提輩則不得名一闡提也。菩提之心，亦不得名爲無常也，是故定知菩提之心實非佛性。善男子，汝言衆生若有佛性不應假緣，如乳成酪者，是義不然。何以故？若言五緣成於生酥，當知佛性亦復如是。譬如衆石，有金有銀，有銅有鐵，俱禀四大一名一實，而其所出各各不同，要假衆緣，衆生福德，鑪冶人功，然後出生。是故，當知本無金性。衆生佛性，不名爲佛，以諸功德因緣和合，得見佛性，然後得佛。汝言衆生悉有佛性，何故不見者，是義不然。何以故？以諸因緣未和合故。善男子，以是義故，我説二因，正因緣因。正因者，名爲佛性；緣因者，發菩提心。以二因緣，得阿耨多羅三藐三菩提，如石出金。善男子，汝言僧常，一切衆生無佛性者。善男子，僧名和合。和合有二：一者世和合，二者第一義和合。世和合者，名聲聞僧；義和合者，名菩薩僧。世僧無常，佛性是常。如佛性常，義僧亦爾。復次，有僧謂法和合。法和合者，謂十二部經。十二部經常，是故我説法僧是常。善男子，僧名和合，和合者名十二因緣，十二緣中亦有佛性。十二緣常，佛性亦爾，是故我説僧有佛性。又復僧者謂諸佛和合，是故我説僧有佛性。善男子，汝言衆生若有佛性，云何有退有不退者。諦聽諦聽，我當爲汝分別解説。善男子，菩薩摩訶薩有十三法則便退轉。何等十三？一者心不信，二者不作心，三者疑心，四者吝惜身財，五者於涅槃中生大怖畏，云何乃令衆生永滅，六者心不堪忍，七者心不調柔，八者愁惱，九者不樂，十者放逸，十一者自輕己身，十二者自見煩惱無能壞者，十三者不樂進趣菩提之法。善男子，是名十三法。令諸菩薩退轉菩提，復有六法壞菩提心。何等爲六？一者吝法，二者於諸衆生起不善心，三者親近惡友，四者不勤精進，五者自大憍慢，六者營務世業。如有六法，則能破壞菩提之心。善男子，有人得聞諸佛世尊是人天師，於衆生中最上無比，勝於聲聞辟支佛等，法眼明了，見法無礙，能度衆生於大苦海。聞已卽復發大誓願，如其世閒有如是人，我亦當得。以是因緣，發阿耨多羅三藐三菩提心，或復爲他之所教誨，發菩提心。或聞菩薩阿僧祇劫修行苦行，然後乃得阿耨多羅三藐三菩提。聞已思惟，我今不堪如是苦行，云何能得，是故有退。善男子，復有五法退菩提心。何等爲五？一者樂在外道出家，二者不修大慈之心，三者好求法師過罪，四者常樂處在生死，五者不喜受持讀誦書寫解説十二部經，是名五法退菩提心。復有二法退菩提心。何等爲二？一者貪樂五欲，二者不能恭敬尊重三寶。以如是等衆因緣故，退菩提心。云何復名不退之心？有人聞佛能度衆生生老病死，不從師諮，自然修集得阿耨多羅三藐三菩提。若菩提道是可得者，我當修集必令得之。以是因緣，發菩提心，所作功德若多若少，悉以回向阿耨多羅三藐三菩提。作是誓願，願我常得親近諸佛及佛弟子，常聞深法，五情完具，若遇苦難，不失是心。復願諸佛及諸弟子，常於我所生歡喜心，具五善根。若諸衆生斫伐我身，斬截手足頭目肢節，當於是人生大慈心，深自欣慶，如是諸人，爲我增長菩提因緣。若無是者，我當何緣而得成就阿耨多羅三藐三菩提。復發是願，莫令我得無根二根女人之身，不繫屬人，不遭惡主，不屬惡王，不生惡國。若得好身種性，真正多饒財寶，不生憍慢，令我常聞十二部經，受持讀誦書寫解説。若爲衆生有所演説，願令受者敬信無疑，常於我所不生惡心。寧當少聞多解義味，不願多聞於義不了。願作心師，不師於心，身口意業，不與惡交，能施一切，衆生安樂，身戒心慧，不動如山。爲欲受持無上正法，於身命財不生慳吝。不淨之物，不爲福業，正命自活，心無邪諂，受恩常念，小恩大報。善知世中所有事藝，善解衆生方俗之言，讀誦書寫十二部經，不生懈怠懶惰之心。若諸衆生不樂聽聞，方便引接，令彼樂聞。言常柔輭，口不宣惡。不和合衆，能令和合。有憂怖者，令離憂怖。饑饉之世，令得豐足。疫疾之世，作大醫王。病藥所須，財寶自在，令疾病者，悉得除愈。刀兵之劫，有大力勢斷其殘害，令無遺餘。能斷衆生種種怖畏，所謂苦死、閉繫、打擲、水火、王賊、貧窮、破戒、惡名、惡道，如是等畏，悉當斷之。父母師長深生恭敬，怨憎之中生大慈心。常修六念空三昧門，十二因緣生滅等觀，出息入息，天行梵行，及以聖行，金剛三昧首楞嚴定。無三寶處，令我自得寂靜之心。若其身心受大苦時，莫失無上菩提之心，莫以聲聞辟支佛心而生知足。無三寶處常在外道法中出家，爲破邪見，不習其道。得法自在，得心自在，于有爲法了了見過。令我怖畏二乘道果，如惜命者怖畏捨身。爲衆生故，樂處三惡，如諸衆生樂忉利天。爲一一人於無量劫受地獄苦，心不生悔。見他得利，不生妬心，常生歡喜，如自得樂。若值三寶，當以衣服、飲、食、卧具、房舍、醫藥、燈明、華香、伎樂、幡蓋七寶供養。若受佛戒，堅固護持，終不生於毁犯之想。若聞菩薩，難行苦行，其心歡喜，不生悔恨。自識往世宿命之事，終不造作貪瞋癡業。不爲果報而集因緣，於現在樂不生貪著。善男子，若有能發如是願者，是名菩薩，終不退失菩提之心，亦名施主。能見如來，明了佛性，能調衆生，度脱生死。善能護持無上正法，能得具足六波羅蜜。善男子，以是義故，不退之心不名佛性①。善男子，汝不可以有退心故，言諸衆生無有佛性。譬如二人，俱聞他方有七寶山，山有清泉，其味甘美，有能到者，永斷貧窮，服其水者，增壽萬歲，唯路縣遠險阻多難。時彼二人，俱欲共往。一人莊嚴種種行具，一則空往無所齎持，相與前進。路值一人多齎寶貨，七寶具足。二人便前問言：仁者，彼土實有七寶山耶？其人答言：實有不虚，我已獲寶飲服其水。唯患路險多有盜賊，沙鹵棘刺乏於水草，往者千萬，達者甚少。聞是語已，一人卽悔。尋作是言，路既縣遠，

① 原刻於此分卷，今依文義改。

艱難非一，往者無量，達者無幾，而我云何當能到彼？我今産業麤自供足，若涉斯路，或失身命，身命不全，長壽安在？一人復言：有人能過，我亦能過，若得果達，則得如願，采取珍寶，飲服甘水，如其不達，以死爲期。是時二人，一則悔還，一則前進，到彼山所，多獲珍寶，如願服水，多齎所有，還其所止，奉養父母，供給宗親。時悔還者，見是事已，心復生熱，彼去已還，我何爲住？卽便莊嚴涉路而去。七寶山者，喻大涅槃；甘美之水，喻於佛性。其二人者，喻二菩薩。初發心者險惡道者，喻於生死。所逢人者，喻佛世尊。有盜賊者，喻於四磨。沙鹵棘刺，喻諸煩惱。無水草者，喻不修集菩提之道。一人還者，喻退轉菩薩。其直往者，喻不退菩薩。善男子，衆生佛性常住不變，猶彼險道不可説言，人悔還故令道無常。佛性亦爾。善男子，菩提道中終無退者。善男子，如向悔者，見其先伴獲寶而還，勢力自在，供養父母，給足宗親，多受安樂，見是事已，心中生熱，卽復莊嚴，復道還去，不惜身命，堪忍衆難，遂便到彼七寶山中，退轉菩薩亦復如是。善男子，一切衆生定當得成阿耨多羅三藐三菩提，以是義故，我經中説，一切衆生乃至五逆犯四重禁及一闡提悉有佛性。

師子吼言：世尊，云何菩薩有退不退？善男子，若有菩薩修集如來三十二相業因緣者，得名不退，得名菩薩摩訶薩也，名不動轉，名爲憐愍一切衆生，名勝一切聲聞緣覺，名阿毗跋致。善男子，若菩薩摩訶薩持戒不動，施心不移，安住實語如須彌山，以是業緣，得足下平如奩底相。若菩薩摩訶薩於父母所，和上師長，乃至畜生，以如法財供養供給，以是業緣，得成足下千輻輪相。若菩薩摩訶薩不殺不盜，於父母師長常生歡喜，以是業緣，得成三相。一者手指纖長，二者足跟長，三者其身方直。如是三相，同一業緣。若菩薩摩訶薩修四攝法攝取衆生，以是業緣，得網縵指如白鵝王。若菩薩摩訶薩父母師長若病苦時，自手洗拭，捉持按摩，以是業緣，得手足輭。若菩薩摩訶薩持戒聞法，慧施無厭，以是業緣，得節踝臑滿，身毛上靡。若菩薩摩訶薩專心聽法，演説正教，以是業緣，得鹿王腨。若菩薩摩訶薩於諸衆生不生害心，飲食知足，常樂慧施，瞻病給藥，以是業緣，其身圓滿如尼拘陀樹，立手過膝，頂有肉髻，無見頂相。若菩薩摩訶薩見怖畏者爲作救護，見裸跣者施與衣服，以是業緣，得陰藏相。若菩薩摩訶薩親近智者，遠離愚人，善憙問答，掃治行路，以是業緣，皮膚細輭，身毛右旋。若菩薩摩訶薩常以衣服、飲食、卧具、醫藥、香華、燈明施人，以是業緣，得身金色常光明曜。若菩薩摩訶薩行施之時，所珍之物能捨不吝，不觀福田及非福田，以是業緣，得七處滿相。若菩薩摩訶薩布施之時心不生疑，以是業緣，得柔輭聲。若菩薩摩訶薩如法求財以用布施，以是業緣，得缺骨充滿師子上身臂肘臑纖。若菩薩摩訶薩遠離兩舌、惡口、恚心、以是業緣，得四十齒白淨齊密。若菩薩摩訶薩於諸衆生修大慈悲，以是業緣，得四牙相。若菩薩摩訶薩常作是願，有來求者隨意給與，以是業緣，得師子頰。若菩薩摩訶薩隨諸衆生所須飲食悉皆與之，以是業緣，得味中上味。若菩薩摩訶薩自修十善，兼以化人，以是業緣，得廣長舌。若菩薩摩訶薩不訟彼短，不謗正法，以是業緣，得梵音聲。若菩薩訶薩見諸怨憎生於喜心，以是業緣，得目睫紺色。若菩薩摩訶薩不隱他德，稱揚其善，以是業緣，得白毫相。善男子，若菩薩摩訶薩修集如是三十二相業因緣時，則得不退菩提之心。善男子，一切衆生不可思議諸佛境界，業果佛性亦不可思議。何以故？如是四法，皆悉是常，以是常故，不可思議。一切衆生煩惱覆障，故名爲常；斷常煩惱，故名無常。若言一切衆生常者，何故修集八聖道分，爲斷衆苦？衆苦若斷，則名無常；所受之樂，則名爲常。是故我言，一切衆生煩惱覆障，不見佛性。以不見故，不得

涅槃。

大般涅槃經卷第三十二

師子吼菩薩品第十一之六

師子吼菩薩言:世尊,若一切業不定得果,一切衆生悉有佛性,應當修集八聖道者,何因緣故,一切衆生悉不得是大般涅槃?世尊,若一切衆生有佛性者,即當定得阿耨多羅三藐三菩提,何須修習八聖道耶?世尊,如此經中説,有病人若得醫藥及瞻病人,隨病飲食,若使不得,皆悉除差,一切衆生亦復如是。若遇聲聞及辟支佛,諸佛菩薩,諸善知識,若聞説法,修集聖道,若不遇不聞,不修集道,悉當得成阿耨多羅三藐三菩提。何以故?以佛性故。世尊,譬如日月,無有能遮令不得至頞多山邊,四大河水不至大海,一闡提等不至地獄。一切衆生亦復如是,無有能遮令不得至阿耨多羅三藐三菩提。何以故?以佛性故。世尊,以是義故,一切衆生不須修道,以佛性力故,應得阿耨多羅三藐三菩提,不以修集聖道力故。世尊,若一闡提犯四重禁五逆罪等,不得阿耨多羅三藐三菩提者,應須修習,以因佛性定當得故,非因修集然後得也。世尊,譬如磁石,去鐵雖遠,以其力故,鐵則隨著。衆生佛性亦復如是,是故不須勤修習道。佛言:善哉善哉!善男子,如恒河邊有七種人,若爲洗浴,恐畏寇賊,或爲採華,則入河中。第一人者,入水則沈。何以故?羸無勢力,不習浮故。第二人者,雖没還出,出已還没。何以故?身力大故,則能還出,不習浮故,出已還没。第三人者,没已即出,出更不没。何以故?身重故没,力大故出,先習浮故,出已即住。第四人者,入已便没,没已還出,出已即住,徧觀四方。何以故?重故則沈，力大故還出，習浮則住，不知出處，故觀四方。第五人者，入已即沈，沈已便出，出已即住，住已觀方，觀已即去。何以故？爲怖畏故。第六人者，入已即去，淺處則住。何以故？觀賊近遠故。第七者，既至彼岸，登上大山，無復恐怖，離諸怨賊，受大快樂。善男子，生死大河，亦復如是，有七種人。畏煩惱賊故，發意欲度生死大河。出家剃髮，身披法服，既出家已，親近惡友，隨順其教，聽受邪法。所謂衆生身者，即是五陰者，即名五大。衆生若死，永斷五大，斷五大故，何須修習善惡諸業？是故當知，無有善惡及善惡報。如是則名一闡提也。一闡提者，斷善根。斷善根故，没生死河，不能得出。何以故？惡業重故，無信力故，如恒河邊第一人也。善男子，一闡提輩有六因緣没三惡道，不能得出。何等爲六？一者惡心熾盛故，二者不見後世故，三者樂習煩惱故，四者遠離善根故，五者惡業障隔故，六者親近惡知識故。復有五事没三惡道。何等爲五？一者於比丘邊作非法故，二者比丘尼邊作非法故，三者自在用僧鬘物故，四者母邊作非法故，五者於五部僧互生是非故。復有五事没三惡道。何等爲五？一者常説無善惡果故，二者殺發菩提心衆生故，三者憙説法師過失故，四者法説非法，非法説法故，五者爲求法過而聽受故。復有三事没三惡道。何等爲三？一謂如來無常永滅，二謂正法無常遷變，三謂僧寶可滅壞故。是故常没三惡道中。第二人者，發意欲度生死大河，斷善根故，没不能出。所言出者，親近善友，則得信心。信心者，信施施果，信善善果，信惡惡果，信生死苦無常敗壞，是名爲信。以得信心修習淨戒，受持讀誦，書寫解説，常樂惠施，善修智慧。以鈍根故，復遇惡友，不能修習身戒心慧，聽受邪法。或值惡時，處惡國土，斷諸善根。斷善根故，常没生死，如恒河邊第二人也。第三人者，發意欲度生死大河，斷善根故，於中沈没，親近善友，得名爲出。信於如來，是一切智常恒無變，爲衆生故,説無上道。一切衆生,悉有佛性,如來非滅,法僧亦爾,無有滅壞。一闡提等,不斷其法,終不能得阿耨多羅三藐三菩提。要常遠離,然後乃得以信心故,修習淨戒。修淨戒已,受持讀誦,書寫解説十二部經,爲諸衆生廣宣流布,樂於惠施,修習智慧。以利根故,堅住信慧,心無退轉,如恒河邊第三人也。第四人者,發意欲度生死大河,斷善根故,於中沈没,親近善友,故得信心,是名爲出。得信心故,受持讀誦,書寫解説十二部經,爲衆生故,廣宣流布,樂於惠施,修習智慧。以利根故,堅住信慧,心無退轉,徧觀四方,觀四方者,四沙門果,如恒河邊第四人也。第五人者,發意欲度生死大河,斷善根故,於中沈没,親近善友,故得信心,是名爲出。以信心故,受持讀誦,書寫解説十二部經,爲衆生故,廣宣流布,樂於惠施,修習智慧。以利根故,堅住信慧,心無退轉,無退轉已,即便前進。前進者,謂辟支佛。雖能自度,不及衆生,是名爲去,如恒河邊第五人也。第六人者,發意欲度生死大河,斷善根故,於中沈没,親近善友,獲得信心,得信心故,名之爲出。以信心故,受持讀誦,書寫解説十二部經,爲衆生故,廣宣流布,樂於惠施,修習智慧。以利根故,堅住信慧,心無退轉,無退轉已,即復前進,遂到淺處。到淺處已,即住不去,住不去者,所謂菩薩。爲欲度脱諸衆生故,住觀煩惱,如恆河邊第六人也。第七人者,發意欲度生死大河,斷善根故,於中沈没,親近善友,獲得信心,得信心已,是名爲出。以信心故,受持讀誦,書寫解説十二部經,爲衆生故,廣宣流布,樂於惠施,修習智慧。以利根故,堅住信慧,心無退轉,無退轉已,即便前進。既前進已,得到彼岸,登涉高山,離諸恐怖,多受安樂。善男子,彼岸山者,喻於如來;受安樂者,喻佛常住;大高山者,喻大涅槃。善男子,是恆河邊,如是諸人,悉具手足而不能度。一切衆生亦復如是,實有佛寶法寶僧寶。如來常説諸法要義,有八聖道大般涅槃,而諸衆生悉不能得，此非我咎，亦非聖道衆生等過，當知悉是煩惱過惡。以是義故，一切衆生不得涅槃。善男子，譬如良醫，知病説藥，病者不服，非醫咎也。善男子，如有施主，以其所有施一切人，有不受者，非施主咎。善男子，譬如日出，幽冥皆明，盲瞽之人不見道路，非日過也。善男子，如恆河水能除渴乏，渴者不飲，非水咎也。善男子，譬如大地普生果實，平等無二，農夫不種，非地過也。善男子，如來普爲一切衆生廣開分别十二部經，衆生不受，非如來咎。善男子，若修道者，卽得阿耨多羅三藐三菩提。善男子，汝言衆生悉有佛性，得阿耨多羅三藐三菩提如磁石者。善哉善哉！以有佛性因緣力故，得阿耨多羅三藐三菩提。若言不須修聖道者，是義不然。善男子，譬如有人行於曠野，渴乏遇井，其井幽深，雖不見水，當知必有，是人方便求覓罐綆，汲取則見。佛性亦爾，一切衆生雖復有之，要須修習無漏聖道，然後得見。善男子，如有胡麻則得見油，離諸方便則不得見，甘蔗亦爾。善男子，如三十三天北鬱單越雖是有法，若無善業神通道力則不能見。地中草根及地下水，以地覆故衆生不見。佛性亦爾，不修聖道故不得見。善男子，如汝所説，世有病人，若遇瞻病，良醫好藥隨病飲食，及以不遇，悉得差者。善男子，我爲六住諸菩薩等説如是義。善男子，譬如虚空，於諸衆生非内非外，非内外故，亦無罣礙，衆生佛性亦復如是。善男子，譬如有人財在異方，雖不現前，隨意受用，有人問之，則言我許。何以故？以定有故。衆生佛性亦復如是，非此非彼，以定得故，言一切有。善男子，譬如衆生，造作諸業，若善若惡，非内非外。如是業性，非有非無，亦復非是本無今有，非無因出，非此作此受，此作彼受，彼作彼受，無作無受，時節和合而得果報。衆生佛性亦復如是，亦復非是本無今有，非内非外，非有非無，非此非彼，非餘處來，非無因緣，亦非一切衆生不見，有諸菩薩時節，因緣和合得見。時節者，所謂十住菩薩摩訶薩修八聖道，於諸衆生得平等心，爾時得見，不名爲作。善男子，汝言如磁石者，是義不然。何以故？石不吸鐵。所以者何？以無心業故。善男子，異法有故，異法出生，異法無故，異法滅壞。無有作者，無有壞者。善男子，猶如猛火，不能焚薪，火出薪壞，名爲焚薪。善男子，譬如葵藿，隨日而轉，而是葵藿，亦無敬心，無識無業，異法性故，而自回轉。善男子，如芭蕉樹，因雷增長，是樹無耳無心意識，異法有故，異法增長，異法無故，異法滅壞。善男子，如阿叔迦樹，女人摩觸，華爲之出，是樹無心亦無覺觸，異法有故，異法出生，異法無故，異法滅壞。善男子，如橘得屍，果則滋多，而是橘樹無心無觸，異法有故，異法滋多，異法無故，異法滅壞。善男子，如安石留，塼骨糞故，果實繁茂，安石留樹亦無心觸，異法有故，異法出生，異法無故，異法滅壞。善男子，磁石吸鐵亦復如是。異法有故，異法出生，異法無故，異法滅壞。衆生佛性亦復如是，不能吸得阿耨多羅三藐三菩提。善男子，無明不能吸取諸行，行亦不能吸取識也，亦得名爲無明緣行，行緣於識。有佛無佛，法界常往。善男子，若言佛性住衆生中者。善男子，常法無住，若有住處，卽是無常。善男子，如十二因緣無定住處，若有住處，十二因緣不得名常。如來法身亦無住處，法界法入法陰虚空悉無住處，佛性亦爾，都無住處。善男子，譬如四大，力雖均等，有堅有熱，有溼有動，有重有輕，有赤有白，有黄有黑，而是四大亦無有業，異法界故，各不相似。佛性亦爾，異法界故，時至則現。善男子，一切衆生不退佛性故，名之爲有。阿毗跋致故，以當有故，決定得故，定當見故，是故名爲一切衆生悉有佛性。善男子，譬如有王告一大臣，汝牽一象以示盲者。爾時大臣受王敕已，多集衆盲，以象示之。時彼衆盲各以手觸，大臣卽還而白王言，臣已示竟。爾時大王卽喚衆盲，各各問言，汝見象耶？衆盲各言，我已得見。王言：象爲何類？

其觸牙者,即言象形如蘆菔根;其觸耳者,言象如箕;其觸頭者,言象如石;其觸鼻者,言象如杵;其觸脚者,言象如木臼;其觸脊者,言象如牀;其觸腹者,言象如甕;其觸尾者,言象如繩。善男子,如彼衆盲,不說象體,亦非不說。若是衆相,悉非象者,離是之外,更無别象。善男子,王喻如來正徧知也,臣喻方等大涅槃經,象喻佛性,盲喻一切無明衆生。是諸衆生聞佛説已,或作是言,色是佛性。何以故?是色雖滅,次第相續,是故獲得無上如來三十二相。如來色常,如來色者常不斷故,是故説色名爲佛性。譬如真金,質雖遷變,色常不異。或時作釧作鎚作槃,然其黄色初無改易。衆生佛性亦復如是,質雖無常,而色是常,以是故説色爲佛性。或有説言,受是佛性。何以故?受因緣故,獲得如來真實之樂。如來受者,謂畢竟受,第一義受。衆生受性雖復無常,然其次第相續不斷,是故獲得如來常受。譬如有人姓憍尸迦,人雖無常,而姓是常,經千萬世有改易。衆生佛性亦復如是,以是故説受爲佛性。又有説言,想是佛性。何以故?想因緣故,獲得如來真實之想。如來想者,名無想想,無想想者,非衆生想,非男女想,亦非色受想,行識想,非想斷想。衆生之想雖復無常,以想次第相續不斷,故得如來常恆之想。善男子,譬如衆生十二因緣,衆生雖滅,而因緣常。衆生佛性亦復如是,以是故説想爲佛性。又有説言,行爲佛性。何以故?行名壽命,壽因緣故,獲得如來常住壽命。衆生壽命雖復無常,而壽次第相續不斷,故得如來真實常壽。善男子,譬如十二部經,聽者説者雖復無常,而是經典常存不變。衆生佛性亦復如是,以是故説行爲佛性。又有説言,識爲佛性。識因緣故,獲得如來平等之心。衆生意識雖復無常,而識次第相續不斷,故得如來真實常心。如火熱性,火雖無常,熱非無常。衆生佛性亦復如是,以是故説識爲佛性。又有説言,離陰有我,我是佛性。何以故?我因緣故,獲得如來八自在我。

有諸外道説言，去來見聞悲喜語説爲我，如是我相雖復無常，而如來我真實是常。善男子，如陰入界雖復無常，而名是常。衆生佛性亦復如是。善男子，如彼盲人，各各説象雖不得實，非不説象。説佛性者亦復如是，非卽六法，不離六法。善男子，是故我説衆生佛性非色不離色，乃至非我不離我。善男子，有諸外道雖説有我，而實無我。衆生我者卽是五陰，離陰之外更無別我。善男子，譬如莖葉鬚臺合爲蓮華，離是之外更無別華。衆生我者亦復如是。善男子，譬如牆壁草木和合名之爲舍，離是之外更無別舍。如佉陀羅樹、波羅奢樹、尼拘陀樹、鬱曇鉢樹和合爲林，離是之外更無別林。譬如車兵象馬步兵和合爲軍，離是之外更無別軍。譬如五色雜線和合名之爲綺，離是之外更無別綺。如四姓和合名爲大衆，離是之外更無別衆。衆生我者亦復如是，離五陰外更無別我。善男子，如來常住則名爲我，如來法身無邊無礙，不生不滅，得八自在，是名爲我。衆生真實無如是我及以我所，但以必定當得畢竟第一義空，故名佛性。善男子，大慈大悲名爲佛性。何以故？大慈大悲常隨菩薩，如影隨形。一切衆生必定當得大慈大悲，是故説言一切衆生悉有佛性。大慈大悲者名爲佛性，佛性者名爲如來，大喜大捨名爲佛性。何以故？菩薩摩訶薩若不能捨二十五有，則不能得阿耨多羅三藐三菩提。以諸衆生必當得故，是故説言一切衆生悉有佛性。大喜大捨者卽是佛性，佛性者卽是如來。佛性者名大信心。何以故？以信心故，菩薩摩訶薩則能具足檀波羅蜜，乃至般若波羅蜜。一切衆生必定當得大信心故，是故説言一切衆生悉有佛性。大信心者卽是佛性，佛性者卽是如來。佛性者名一子地。何以故？以一子地因緣故，菩薩則於一切衆生得平等心。一切衆生必定當得一子地故，是故説言一切衆生悉有佛性。一子地者卽是佛性，佛性者卽是如來。佛性者名第四力。何以故？以第四力因緣故，菩薩則能教化衆生。一切衆生必定當得第四力故，是故説言一切衆生悉有佛性。第四力者即是佛性，佛性者即是如來。佛性者名十二因緣。何以故？以因緣故，如來常住。一切衆生定有如是十二因緣，是故説言一切衆生悉有佛性。十二因緣即是佛性，佛性者即是如來。佛性者名四無礙智。以四無礙因緣故，説字義無礙。字義無礙故，能化衆生。四無礙者即是佛性，佛性者即是如來。佛性者名頂三昧。以修如是頂三昧故，則能總攝一切佛法，是故説言頂三昧者名爲佛性。十住菩薩修是三昧，未得具足，雖見佛性而不明了。一切衆生必定得故，是故説言一切衆生悉有佛性。善男子，如上所説種種諸法，一切衆生定當得故，是故説言一切衆生悉有佛性。善男子，我若説色是佛性者，衆生聞已則生邪倒。以邪倒故，命終則生阿鼻地獄。如來説法爲斷地獄，是故不説色是佛性，乃至説識亦復如是。善男子，若諸衆生了佛性者，則不須修道。十住菩薩修八聖道少見佛性，況不修者而得見也。善男子，如文殊師利諸菩薩等，已無量世修習聖道，了知佛性。云何聲聞辟支佛等能知佛性？若諸衆生欲得了了知佛性者，應當一心受持讀誦、書寫解説、供養恭敬、尊重讚歎是涅槃經。見有受持乃至讚歎如是經者，應當以好房舍、衣服、飲食、卧具、病瘦醫藥而供給之，兼復讚歎禮拜問訊。善男子，若有已於過去無量無邊世中，親近供養無量諸佛，深種善根，然後乃得聞是經名。善男子，佛性不可思議，佛法僧寶亦不可思議。一切衆生悉有佛性而不能知，是亦不可思議。如來常樂我淨之法亦不可思議。一切衆生能信如是大涅槃經亦不可思議。

師子吼菩薩言：世尊，如佛所説，一切衆生能信如是大涅槃經不可思議者，世尊，是大衆中有八萬五千億人，於是經中不生信心，是故有能信是經者名不可思議？善男子，如是諸人於未來世亦當定得信是經典，見於佛性得阿耨多羅三藐三菩提。

師子吼言:世尊,云何不退菩薩自知決定有不退心?佛言:善男子,菩薩摩訶薩當以苦行自試其心,日食一胡麻,經一七日。粳米、緑豆、麻子、粟糜、及以白豆,亦復如是,各一七日。食一麻時,作是思惟,如是苦行都無利益,無利益事尚能爲之,況有利益而當不作?於無利益,心能堪忍,不退不轉,是故定得阿耨多羅三藐三菩提。如是等日修苦行時,一切皮肉消瘦皺減,如斷生瓠置之日中,其目䀮陷如井底星,肉盡肋出如朽草屋,脊骨連現如重線塼,所坐之處如馬蹄迹,欲坐則伏,欲起則偃,雖受如是無利益苦,然不退於菩提之心。復次,善男子,菩薩摩訶薩爲破衆苦施安樂故,乃至能捨内外財物及其身命如棄蒭草,若能不惜是身命者,如是菩薩自知必定有不退心,我定當得阿耨多羅三藐三菩提。復次,菩薩爲法因緣,剜身爲燈,疊纏皮肉,酥油灌之,燒以爲炷。菩薩爾時受是大苦,自呵其心而作是言:如是苦者,於地獄苦百千萬分未是一分,汝於無量百千劫中受大苦惱都無利益,汝若不能受是輕苦,云何而能於地獄中救苦衆生?菩薩摩訶薩作是觀時,身不覺苦,其心不退,不動不轉。菩薩爾時應深自知,我定當得阿耨多羅三藐三菩提。善男子,菩薩爾時具足煩惱未有斷者,爲法因緣,能以頭目髓腦手足血肉施人,以釘釘身,投巖赴火。菩薩爾時雖受如是無量衆苦,若心不退,不動不轉,菩薩當知我今定有不退之心,當得阿耨多羅三藐三菩提。善男子,菩薩摩訶薩爲破一切衆生苦惱,願作羸大畜生之身,以身血肉施於衆生,衆生取時復生憐愍。菩薩爾時閉氣不喘,示作死相,令彼取者不生殺害疑網之想。菩薩雖受畜生之身,終不造作畜生之業。何以故?善男子,菩薩既得不退心已,終不造作三惡道業。菩薩摩訶薩若未來世有微塵等惡業果報不定受者,以大願力爲衆生故,而悉受之。譬如病人爲鬼所著,藏隱身中,以呪術力故,即時相現,或語或喜,或瞋或駡,或啼或哭。菩薩摩訶薩未來之世，三惡道業亦復如是。菩薩摩訶薩受羆身時，常爲衆生演説正法，或受迦賓闍羅鳥身，爲諸衆生説正法故，受瞿陀身、鹿身、兔身、象身、羖羊、獼猴、白鴿、金翅鳥、龍蛇之身。受如是等畜生身時，終不造作畜生惡業，常爲其餘畜生衆生演説正法，令彼聞法速得轉離畜生身故，菩薩爾時雖受畜身，不作惡業，當知必定有不退心。菩薩摩訶薩於饑饉世見餓衆生作龜魚身，無量由延，復作是願，願諸衆生取我肉時，隨取隨生，因食我肉離飢渴苦，一切悉發阿耨多羅三藐三菩提心。菩薩發願，若有因我離飢渴者，未來之世速得遠離二十五有飢渴之患。菩薩摩訶薩受如是苦心不退者，當知必定得阿耨多羅三藐三菩提。復次，菩薩於疾疫世見病苦者，作是思惟：如藥樹王，若有病者取根、取莖、取枝、取葉、取華、取果、取皮、取膚，悉得愈病，願我此身亦復如是。若有病者聞聲觸身，服食血肉，乃至骨髓，病悉除愈。願諸衆生食我肉時，不生惡心，如食子肉。我治病已，常爲説法，願彼信受思惟轉教。復次，善男子，菩薩具足煩惱，雖受身苦，其心不退，不動不轉，當知必定得不退心，成阿耨多羅三藐三菩提。復次，善男子，若有衆生爲鬼所病，菩薩見已，即作是言：願作鬼身、大身、健身、多眷屬身，使彼聞見，病得除愈。菩薩摩訶薩爲衆生故，勤修苦行，雖有煩惱，不汙其心。復次，善男子，菩薩摩訶薩雖復修行六波羅蜜，亦不求於六波羅蜜果。修行無上六波羅蜜時，作是願言：我今以此六波羅蜜施一切衆生，一一衆生受我施已，悉令得成阿耨多羅三藐三菩提。我亦自爲六波羅蜜勤修苦行，受諸苦惱。當受苦時，願我不退菩提之心。善男子，菩薩摩訶薩作是相時，是名不退菩提之相。復次，善男子，菩薩摩訶薩不可思議。何以故？菩薩摩訶薩深知生死多諸罪過，觀大涅槃有大功德，爲諸衆生處在生死，受種種苦，心無退轉，是名菩薩不可思議。復次，善男子，菩薩摩訶薩無有因緣而生憐愍，實不受恩而常施恩，雖施於恩而不求報，是故復名不可思議。復次，善男子，或有衆生爲自利益，修諸苦行，菩薩摩訶薩爲利他故，修行苦行，是名自利，是故復名不可思議。復次，菩薩具足煩惱，爲壞怨親所受諸苦，修平等心，是故復名不可思議。復次，菩薩若見諸惡不善衆生，若呵責，若輭語，若驅擯，若捨之。有惡性者現爲輭語，有憍慢者現爲大慢，而其内心實無憍慢，是名菩薩方便不可思議。復次，菩薩具足煩惱，少財物時而求者多，心不迮小、是名菩薩不可思議。復次，菩薩於佛出時，知佛功德爲衆生故，於無佛處受邊地身，如盲如聾，如跛如躄，是名菩薩不可思議。復次，菩薩深知衆生所有罪過，爲度脱故，常與共行。雖隨其意，罪垢不汙，是故復名不可思議。復次，菩薩了了知見，無衆生相，無煩惱汙，無修集道。離煩惱者，雖爲菩提，無菩提行，亦無成就菩提行者；無有受苦及破苦者，而亦能爲衆生壞苦行菩提行，是故復名不可思議。復次，菩薩受後邊身，處兜率天，是亦名爲不可思議。何以故？兜率陀天欲界中勝，在下天者其心放逸，在上天者諸根闇鈍，是故名勝。修施修戒，得上下身，修施戒定，得兜率身。一切菩薩毁呰諸有，破壞諸有，終不造作兜率天業，受彼天身。何以故？菩薩若處其餘諸有，亦能教化成就衆生，實無欲心而生欲界，是故復名不可思議。菩薩摩訶薩生兜率天有三事勝：一者命，二者色，三者名。菩薩摩訶薩實不求於命色名稱，雖無求心而所得勝。菩薩摩訶薩深樂涅槃，然有因緣亦勝，是故復名不可思議。菩薩摩訶薩如是三事雖勝諸天，而諸天等於菩薩所終不生於瞋心、妬心、憍慢之心，常生喜心。菩薩於天亦不憍慢，是故復名不可思議。菩薩摩訶薩不造命業，而於彼天畢竟壽命，是名命勝。亦無色業，而妙色身光明徧滿，是名色勝。菩薩摩訶薩處彼天宫，不樂五欲，唯爲法事，是故名稱充滿十方，是名名勝，是故復名不可思議。菩薩摩訶薩下兜率天，是時大地六種震動，是故復名不可思議。何以故？菩薩下時，欲色諸天悉來侍送，發大音聲，讚歎菩薩。以口風氣，故令地動。復有菩薩人中象王，人中象王名爲龍王。龍王初入胎時，有諸龍王在此地下，或怖或覺，是故大地六種震動，是故復名不可思議。菩薩摩訶薩知入胎時住時出時，知父知母，不淨不汙，如帝釋髻青色寶珠，是故復名不可思議。善男子，大涅槃經亦復如是，不可思議。善男子，譬如大海有八不思議。何等爲八？一者漸漸轉深，二者深難得底，三者同一鹹味，四者潮不過限，五者有種種寶藏，六者大身衆生在中居住，七者不宿死屍，八者一切萬流大雨投之不增不減。善男子，漸漸轉深有三事：何等爲三？一者衆生福力，二者順風而行，三者河水入故。乃至不增不減，亦各有三。是大涅槃微妙經典亦復如是，有八不思議。一者漸漸深。所謂優婆塞戒、沙彌戒、比丘戒、菩薩戒，須陀洹果、斯陀含果、阿那含果、阿羅漢果、辟支佛果、菩薩果、阿耨多羅三藐三菩提果，是大涅槃經說如是等法，是名漸漸深。是故此經名漸漸深。二者深難得底。如來世尊不生不滅，不得阿耨多羅三藐三菩提，不轉法輪，不食不受，不行惠施，是故名爲常樂我淨。一切衆生悉有佛性。佛性非色不離於色，非受想行識乃至不離於識。是常可見了因非作因，須陀洹乃至辟支佛當得阿耨多羅三藐三菩提。亦無煩惱，亦無住處，雖無煩惱不名爲常，是故名深。復有甚深於是經中，或時說我，或說無我，或時說常，或說無常，或時說淨，或說不淨，或時說樂，或時說苦，或時說空，或說不空，或說一切有，或說一切無，或說三乘，或說一乘，或說五陰即是佛性，金剛三昧及以中道、首楞嚴三昧、十二因緣、第一義空、慈悲平等。於諸衆生頂智信心，知諸根力一切法中無罣①礙智，雖有佛性，不說決定，是故名深。三者一味。一切衆生同有佛性，皆同一乘，同一解脱，一因一

① 原刻作"書"，今依麗刻改。次同。

果，同一甘露，一切當得常樂我淨，是名一味。四者潮不過限。如是經中，制諸比丘不得受畜八不淨物。若我弟子有能受持讀誦，書寫解説，分別是大涅槃微妙經典，寧失身命，終不犯之，是名潮不過限。五者有種種寶藏。是經卽是無量寶藏。所言寶者，謂四念處、四正勤、四如意分、五根、五力，七覺分、八聖道分，嬰兒行、聖行、梵行、天行，諸善方便，衆生佛性，菩薩功德，如來功德，聲聞功德，緣覺功德，六波羅蜜，無量三昧，無量智慧，是名寶藏。六者大身衆生所居住處。大衆生者，謂佛菩薩。大智慧故，名大衆生。大身故，大心故，大莊麗故，大調伏故，大方便故，大説法故，大勢力故，大徒衆故，大神通故，大慈悲故，常不變故，一切衆生無罣礙故，容受一切諸衆生故，是名大身衆生所居之處。七者不宿死屍。死屍者，謂一闡提。犯四重禁、五無閒罪，誹謗方等，非法説法，法説非法，受畜八種不淨之物，佛物僧物隨意而用，或於比丘比丘尼所作非法事，是名死屍。是涅槃經離如是等，是故名爲不宿死屍。八不增不減。無邊際故，無始終故，非色故，非作故，常住故，不生滅故，一切衆生悉平等故，一切性同一性故，是名無增減。是故此經如彼大海，有八不思議①。

師子吼言：世尊，若言如來不生不滅名爲深者，一切衆生有四種生：卵生、胎生、溼生、化生。是四種生，人中具有。如施婆羅比丘、優婆施婆羅比丘、彌迦羅長者母、尼拘陀長者母、半闍羅長者母，各五百子，同於卵生，當知人中則有卵生。溼生者，如佛所説，我於往昔作菩薩時，作頂生王及手生王，如今所説菴羅樹女、迦不多樹女，當知人中則有溼生。劫初之時，一切衆生皆悉化生。如來世尊得八自在，何因緣故不化生也。佛言：善男子，一切衆生，四生所生，得聖法已，不得如本卵生溼生。善男子，劫初衆生，皆悉化

① 原刻於此分卷，今依文義改。

生，當爾之時，佛不出世。善男子，若有衆生遇病苦時，須醫須藥，劫初之時，衆生化生，雖有煩惱，其病未發，是故如來不出其世。劫初衆生身心非器，是故如來不出其世。善男子，如來世尊所有事業勝諸衆生，所謂種姓①眷屬父母以殊勝故。凡所說法，人皆信受，是故如來不受化生。善男子，一切衆生，父作子業，子作父業，如來世尊若受化身，則無父母，若無父母，云何能令一切衆生作諸善業？是故如來不受化身。善男子，佛正法中有二種護：一者内，二者外。内護者，所謂禁戒；外護者，族親眷屬。若佛如來受化身者，則無外護，是故如來不受化身。善男子，有人恃姓而生憍慢，如來爲破如是慢故，生在貴姓，不受化身。善男子，如來世尊有真父母，父名淨飯，母名摩耶，而諸衆生猶言是幻，云何當受化生之身？若受化身，云何得有碎身舍利？如來爲益衆生福德故，碎其身而令供養，是故如來不受化身。一切諸佛悉無化生，云何獨令我受化身？爾時師子吼菩薩合掌長跪，右膝著地，以偈讚佛。

如來無量功德聚，我今不能廣宣說，今爲衆生演一分，唯願哀愍聽我說。

衆生無明闇中行，具受無邊百種苦，世尊能令遠離之，是故世稱爲大悲。

衆生往返生死繩，放逸迷荒無安樂，如來能施衆安樂，是故永斷生死繩。

佛能施衆安樂故，自於己樂不貪樂，爲諸衆生修苦行，是故世間興供養。

見他受苦身戰動，處在地獄不覺痛，爲諸衆生受大苦，是故無勝無有量。

如來爲衆修苦行，成就具足滿六度，心處邪風不傾動，是故能勝

① 原刻作“性”，今依麗刻改。

世大士。

衆生常欲得安樂，而不知修安樂因，如來能教令修習，猶如慈父愛一子。

佛見衆生煩惱患，心苦如母念病子，常思離病諸方便，是故此身繫屬他。

一切衆生行諸苦，其心顛倒以爲樂，如來演説真苦樂，是故稱號爲大悲。

世間皆處無明㲉，無有智觜能破之，如來智觜能啄壞，是故名爲最大子。

不爲三世所攝持，無有名字及假號，覺知涅槃甚深義，是故稱佛爲大覺。

有河迴復没衆生，無明所盲不知出，如來自度能度彼，是故稱佛大船師。

能知一切諸因果，亦復通達盡滅道，常施衆生病苦樂，是故世稱大醫王。

外道邪見説苦行，因是能得無上樂，如來演説真樂行，能令衆生受快樂。

如來世尊破邪道，開示衆生正真路，行是道者得安樂，是故稱佛爲導師。

非自非他之所作，亦非共作無因作，如來所説苦受事，勝於一切諸外道。

成就具足戒定慧，亦以此法教衆生，以法施時無妬悋，是故稱佛無緣悲。

無所造作無因緣，獲得無因無果報，是故一切諸智者，稱説如來不求報。

常共世間放逸行，而身不爲放逸汙，是故名爲不思議，世間八法不能汙。

如來世尊無怨親，是故其心常平等，我師子吼讚大悲，能吼無量師子吼。

（據支那内學院刊藏要本）

妙法蓮華經

〔簡介〕　妙法蓮華經(Saddharmapuṇḍarika-sūtra)七卷(或作八卷),姚秦鳩摩羅什譯。

此經現存漢譯共有三種，即:西晉竺法護譯正法華經十卷,羅什譯,以及隋闍那崛多與達摩笈多譯添品妙法蓮華經八卷,其中以羅什譯本最爲流行。如唐道宣在妙法蓮華經弘傳序中說:“時所宗尚,皆弘秦本。”

此經是大乘佛教中流行最爲廣泛,影響也極大的經典之一。上引道宣序中也説道:“自漢至唐,六百餘載,總歷羣籍,四千餘軸,受持盛者,無出此經。”由此亦可見此經在中土盛行之一斑。

此經主旨在於“開權顯實”,“究竟諸法實相”。它把小乘佛教看作是佛爲引導衆生而講的權宜之説，非究竟之談，而只有大乘佛法才是佛説的究竟法。因此，此經大肆宣傳“會三歸一”的一佛乘理論,也就是説，佛“初説三乘引導衆生，然後但以大乘而度脱之”。(譬喻品),它聲稱,“諸佛唯以一大事因緣故,出現於世”,這一大事因緣就是“唯以佛之知見示悟衆生”,“但以一佛乘故，爲衆生説法,無有餘乘,若二若三。”(方便品)此經觀世音菩薩普門品宣傳觀世音菩薩的種種神奇靈驗，普賢菩薩勸發品宣傳受持、讀誦、書寫妙法蓮華經能得種種功德利益等，對於形成我國民間廣泛流傳的法華經信仰和觀世音信仰有着直接的關係。

此經是天台宗的宗經,天台宗的創始者智顗,著有法華文句二十卷、法華玄義二十卷,外加摩訶止觀,史稱“天台三大部”或“法華三大部”，是法華經最重要的疏釋，影響極大。其他重要的注釋還有梁法雲的法華經義記八卷、隋吉藏的法華玄論十卷、法華義疏十二卷、法華遊意一卷、唐窺基的妙法蓮華經玄贊二十卷、唐湛然的法華經大意一卷、法華玄義釋籤二十卷等。此外，自唐至清各種疏釋法華經的書尚有數十部之多。

本書選入此經所據版本爲原支那内學院刊藏要本。該刊本以南宋刻本爲底本，對勘高麗藏本及窺基法華音訓，譯文方面則校以晉譯、隋譯、後魏菩提流支等譯妙法蓮華經憂波提舍牒文（略稱“論”），以及梵文本妙法芬陀利迦經和藏文本（日帝等譯妙法白蓮華經）等。本書録入時保留全部校勘記，以資參考。

妙法蓮①華經卷第一

序② 品 第 一

如是我聞，一時佛住王舍城耆闍崛山中，與大比丘衆萬③二千人俱，皆是阿羅漢，諸漏已盡，無復煩惱，逮④得己利，盡諸有結，心得自在。其名曰：阿若憍陳如⑤、摩訶迦葉、優樓頻螺迦葉、伽耶伽葉、那提迦葉、舍利佛、大目犍連、摩訶迦旃延、阿㝹樓馱、劫賓那、

① 勘梵本原名“芬陀利迦”，應譯“白蓮華”，今略。
② 梵藏本作因緣品第一，晉本光瑞品第一。
③ 晉本云二千五百人。
④ 勘梵藏本次下嘆德凡十三句云：“具足自在，心善解脱，慧善解脱，遍知，大龍，已作所作，已辦所辦，棄諸重擔，逮得己利，盡諸有結，正知解脱，至心自在，一切究竟。”論牒文同，今譯缺略。
⑤ 梵藏本次列阿濕婆恃、婆沙波、摩訶男、跋陀梨迦四人。

憍梵波提、離婆多、畢陵伽婆蹉、薄拘羅、摩訶拘絺羅①、難陀②、孫陀羅難陀、富樓那彌多羅尼子、須菩提、阿③難、羅睺羅，如是衆所知識大阿羅漢等。復有學無學二千人，摩訶波闍波提比丘尼與眷屬六千人俱，羅睺羅母耶輸陀羅比丘尼亦與眷屬俱。菩薩摩訶薩八萬人，皆於阿耨多羅三藐三菩提不退轉，皆得陀羅尼，樂説辯才，轉不退轉法輪，供養無量百千諸佛。於諸佛所植衆德本，常爲諸佛之所稱歎，以慈修身④，善入佛慧，通達大智，到於彼岸，名稱普聞無量世界，能度無數百千衆生，其名曰：文殊師利菩薩、觀世音菩薩、得大勢菩薩⑤、常精進菩薩、不休息菩薩、寶掌菩薩、藥王菩薩⑥、勇施菩薩、寶月菩薩、月⑦光菩薩、滿月菩薩、大力菩薩、無量力菩薩、越三界菩薩⑧，跋陀婆羅菩薩⑨、彌勒菩薩、寶積菩薩、導師菩薩，如是等菩薩摩訶薩八萬人俱。爾時，釋提桓因與其眷屬二萬天子俱；復有名⑩月天子、普香天子、寶光天子⑪、四大天王與其眷屬萬⑫天子俱；自在天子、大自在天子與其眷屬三萬天子俱；娑婆世界主梵天王、尸棄大梵、光明大梵等與其眷屬萬二千天子俱；有八龍王：難

① 梵藏本次列頗羅墮。
② 梵藏本次列優婆難陀。
③ 梵藏本列難陀於羅睺下，云有學長老。
④ 梵藏本云："身語心。"論牒文云："身心。"
⑤ 梵藏本次列"一切義菩薩"。
⑥ 梵藏本次列藥上、莊嚴王二菩薩。
⑦ 梵藏本云"寶光"。
⑧ 梵藏本次列大樂説、常精進、持地、無盡意、蓮華德五菩薩。
⑨ 梵藏本次列賢護等十六勝人。論釋亦云："如跋陀婆羅等十六人具足菩薩不可思議"云云。
⑩ 梵藏本初列"日光天子"。
⑪ 梵藏本次云："耀光天子等與眷屬二萬人俱。"晉本亦於此斷句，云"天子俱"。
⑫ 梵藏本云"三萬"。

陀龍王、跋難陀龍王、娑伽羅龍王、和修吉龍王、德叉迦龍王、阿那婆達多龍王、摩那斯龍王、優鉢羅龍王等,各與若干百千眷屬俱;有四緊那羅王:法① 緊那羅王、妙法緊那羅王、大法緊那羅王、持法緊那羅王,各與若干百千眷屬俱;有四乾闥婆王:樂乾闥婆王、樂音乾闥婆王、美乾闥婆王、美音乾闥婆王,各與若干百千眷屬俱:有四阿修羅王:婆稚阿修羅王、佉羅騫馱阿修羅王、毗摩質多羅阿修羅王、羅睺阿修羅王,各與若干百千眷屬俱;有四迦樓羅王:大威德迦樓羅王、大身迦樓羅王、大滿迦樓羅王、如意迦樓羅王,各與若干百千眷屬俱;韋提希子阿闍世王與若干百千眷屬俱,各禮佛足,退坐一面。爾時,世尊四衆圍繞,供養恭敬,尊重讚歎,爲諸菩薩説大乘經,名無② 量義,教菩薩法,佛所護念。佛説此經已,結加趺坐,入於無③量義處三昧,身心不動。是時,天雨曼陀羅華、摩訶曼陀羅華、曼殊沙華、摩訶曼殊沙華,而散佛上及諸大衆,普佛世界六種震動。爾時,會中比丘比丘尼、優婆塞優婆夷、天龍、夜叉、乾闥婆、阿修羅、迦樓羅、緊那羅、摩睺羅伽、人非人,及諸小王轉輪聖王,是諸大衆得未曾有歡喜,合掌一心觀佛。爾時,佛放眉間白毫相光,照東方萬八千世界靡不周徧,下至阿鼻地獄,上至阿迦尼吒天。於此世界盡見彼土六趣衆生,又見彼土現在諸佛,及聞諸佛所説經法,並見彼諸比丘比丘尼、優婆塞優婆夷、諸修行得道者,復見諸菩薩摩訶薩種種因緣、種種信解、種種相貌行菩薩道,復見諸佛般涅槃者,復見諸佛般涅槃後以佛舍利起七寶塔。爾時,彌勒菩薩作是念:今者世尊現神變相,以何因緣而有此瑞?今佛世尊入於三昧,

---

① 梵藏本作"樹"druma 字,與"法"dharma 相近也。

② 梵藏本云"大義説",mahānirdeśa 爲一類大乘經之通名。晉本云"方等大頌",次後均同。

③ 梵藏本云"無量義説三昧",晉本云"立無量頌三昧",次後均同。

是不可思議現希有事，當以問誰？誰能答者？復作此念：是文殊師利法王之子，已曾親近供養過去無量諸佛，必應見此希有之相，我今當問。爾時，比丘比丘尼、優婆塞優婆夷，及諸天龍鬼神等咸作此念：是佛光明神通之相，今當問誰？爾時，彌勒菩薩欲自決疑，又觀[①]四衆比丘比丘尼、優婆塞優婆夷，及諸天龍鬼神等衆會之心，而問文殊師利言：以何因緣而有此瑞神通之相，放大光明照於東方，萬八千土悉見彼佛國界莊嚴？於是，彌勒菩薩欲重宣此義，以偈問曰：

文殊師利，導師何故，眉間白毫，大光普照？
雨曼陀羅，曼殊沙華，栴檀香風，悦可衆心。
以是因緣，地皆嚴淨，而此世界，六種震動。
時四部衆，咸皆歡喜，身意快然，得未曾有。
眉間光明，照於東方，萬八千土，皆如金色。
從阿鼻獄，上至有頂，諸世界中，六道衆生，生死所趣。
善惡業緣，受報好醜，於此悉見。
又覩諸佛，聖主師子，演説經典，微妙第一。
其聲清淨，出柔軟音，教諸菩薩，無數億萬。
梵音深妙，令人樂聞，各於世界，講説正法。
種[②]種因緣，以無量喻，照明佛法，開悟衆生。
若人遭苦，厭老病死，爲説涅槃，盡諸苦際。
若人有福，曾供養佛，志求勝法，爲説緣覺。
若有佛子，修種種行，求無上慧，爲説淨[③]道。
文殊師利，我住於此，見聞若斯，及千億事，如是衆多，今當略

① 梵藏本云“於一念頃心，知四衆所懷疑念”。
② 勘梵藏本此二句意云：以無量喻及因。
③ 梵藏本云“菩提道”，指菩薩乘而言。

説。

我見彼土，恆沙菩薩，種①種因緣，而求佛道。

或有行施，金銀珊瑚，真珠摩尼，車②渠馬瑙。

金剛諸珍，奴婢車乘，寶飾輦輿，歡喜布施。

迴向佛道，願得是乘，三界第一，諸佛所歎。

或有菩薩，駟馬寶車，欄楯華蓋，軒飾布施。

復見菩薩，身肉手足，及妻子施，求無上道。

又見菩薩，頭目身體，欣樂施與，求佛智慧。

文殊師利，我見諸王，往詣佛所，問無上道。

便捨樂土，宫殿臣妾，剃除鬚髮，而被法服。

或見菩薩，而作比丘，獨處閑静，樂誦經典。

又見菩薩，勇猛精進，入③於深山，思惟佛道。

又見離欲，常處空閑，深修禪定，得五神通。

又見菩薩，安禪合掌，以千萬偈，讚諸法王。

復見菩薩，智深志固，能問諸佛，聞悉受持。

又見佛子，定慧具足，以無量喻，爲衆講法。

欣樂説法，化諸菩薩，破魔兵衆，而擊法鼓。

又見菩薩，寂然宴默，天龍恭敬，不以爲喜。

又見菩薩，處林放光，濟地獄苦，令入佛道。

又見佛子，未嘗睡眠，經行林中，勤求佛道。

又見具戒，威儀無缺，淨④如寶珠，以求佛道。

又見佛子，住忍辱力，增上慢人，惡駡捶打，皆悉能忍，以求佛道。

---

① 梵藏本云"百千精進而求菩提"，次言"佛道"或"道"。勘梵藏本皆作"菩提"。

② 原刻作"硨磲碼碯"，今依音訓及麗刻改。次後均同。

③ 梵藏本云"修習禪定"。

④ 梵藏本云"如護寶珠"。

又見菩薩，離諸戲笑，及癡眷屬，親近智者。
一心除亂，攝念山林，億千萬歲，以求佛道。
或見菩薩，肴膳①飲食，百種湯藥，施佛及僧。
名衣上服，價直千萬，或無價衣，施佛及僧。
千萬億種，栴檀寶舍，衆妙卧具，施佛及僧。
清淨園林，華果茂盛，流泉浴池，施佛及僧。
如是等施，種種微妙，歡喜無厭，求無上道。
或有菩薩，説寂滅法，種②種教詔，無數衆生。
或見菩薩，觀③諸法性，無有二相，猶如虚空。
又見佛子，心無所著，以此妙慧，求無上道。
文殊師利，又有菩薩，佛滅度後，供養舍利。
又見佛子，造諸塔廟，無數恆沙，嚴飾國界。
寶塔高妙，五千由旬，縱廣正等，二千由旬。
一一塔廟，各千幢旛，珠交露幔，寶鈴和鳴。
諸天龍神，人及非人，香華伎樂，常以供養。
文殊師利，諸佛子等，爲供舍利，嚴飾塔廟。
國界自然，殊特妙好，如天樹王，其華開敷。
佛放一光，我及衆會，見此國界，種種殊妙。
諸佛神力，智慧希有，放一淨光，照無量國。
我等見此，得未曾有，佛子文殊，願決衆疑。
四衆欣仰，瞻仁及我，世尊何故，放斯光明。
佛④子時答，決疑令喜，何所饒益，演斯光明。

---

① 原刻作“饍”，今依音訓改。
② 梵藏本此二句云“種種喻因，教詔衆生”。
③ 梵藏本此三句云“知無爲法，深入無二，等如虚空”。
④ 勘梵藏本此頌原爲二頌，今譯文略。

佛坐道場，所得妙法，爲欲説此，爲當授記。

示諸佛土，衆寶嚴淨，及見諸佛，此非小緣。

文殊當知，四衆龍神，瞻察仁者，爲説何等。

爾時，文殊師利語彌勒菩薩摩訶薩及諸大士，善男子等，如我惟忖，今佛世尊欲説大法，雨大法雨①，吹大法螺，擊②大法鼓，演大法義。諸善男子，我於過去諸佛曾見此瑞，放斯光已，即説大法。是故當知，今佛現光，亦復如是，欲令衆生咸得聞知一切世間難信之法，故現斯瑞。諸善男子，如過去無量無邊不可思議阿僧祇劫，爾時有佛，號日月燈明如來、應供、正徧知、明行足、善逝、世間解、無上士、調御丈夫、天人師、佛世尊，演説正法，初善、中善、後善，其義深遠，其語巧妙，純一無雜，具足清白梵行之相。爲③求聲聞者説應四諦法，度生老病死究竟涅槃；爲求辟支佛者説應十二因緣法；爲諸菩薩説應六波羅蜜，令得阿耨多羅三藐三菩提，成一切種智。次④復有佛亦名日月燈明，次復有佛亦名日月燈明，如是二萬佛皆同一字號日月燈明。又同一姓姓頗羅惰，彌勒當知，初佛後佛皆同一字名日月燈明，十號具足，所可説法初中後善⑤。其最後佛，未出家時有八王子，一名有意、二名善意、三名無量意、四名寶意、五名增意、六名除疑意、七名響意、八名法意，是八王子威德自在，各領四天下。是諸王子聞父出家得阿耨多羅三藐三菩提，悉捨王位，亦隨出家，發大乘意，常修梵行，皆爲法師，已於千萬佛所植諸善

---

① 梵藏本次云“擊大法鼓，建大法幢，燃大法燈”。論牒文同，今譯缺略。

② 梵藏本此語前出，但論別牒此云“不斷大法鼓”。

③ 梵藏本次二段合，説云“爲求聲聞等者説應四諦法及緣生法”。晉本大同。

④ 勘梵藏本意云：其佛前際。次同。

⑤ 梵藏本次出“其意深遠乃至究竟涅槃”一段，如前。

本。是時，日月燈明佛說大乘經，名無量義，教菩薩法，佛所護念。說是經已，卽於大衆中結加趺坐，入於無量義處三昧，身心不動。是時，天雨曼陀羅華、摩訶曼陀羅華、曼殊沙華、摩訶曼殊沙華，而散佛上及諸大衆，普佛世界，六種震動。爾時，會中比丘比丘尼、優婆塞優婆夷、天龍、夜叉、乾闥婆、阿修羅、迦樓羅、緊那羅、摩睺羅伽、人非人、及諸小王、轉輪聖王等，是諸大衆得未曾有歡喜，合掌一心觀佛。爾時，如來放眉間白毫相，光照東方，萬八千佛土靡不周徧，如今所見是諸佛土，彌勒當知，爾時會中有二十億菩薩樂欲聽法，是諸菩薩見此光明普照佛土，得未曾有，欲知此光所爲因緣。時有菩薩名曰妙光，有八百弟子。是時，日月燈明佛從三昧起，因妙光菩薩，說大乘經，名妙法蓮華，教菩薩法，佛所護念。六十小劫不起於座，時會聽者亦坐一處，六十小劫身心不動，聽佛所說，謂如食頃。是時，衆中無有一人若身若心而生懈倦。日月燈明佛於六十小劫說是經已，卽於梵魔、沙門、婆羅門，及天人、阿修羅衆中，而宣此言：如來於今日中夜當入無餘涅槃。時有菩薩名曰德藏，日月燈明佛卽授其記，告諸比丘：是德藏菩薩次當作佛，號曰淨①身多陀阿伽度、阿羅訶、三藐三佛陀。佛授記已，便於中夜入無餘涅槃。佛滅度後，妙光菩薩持妙法蓮華經，滿八十小劫爲人演說。日月燈明佛八子皆師妙光，妙光教化令其堅②固阿耨多羅三藐三菩提，是諸王子供養無量百千萬億佛已，皆成佛道。其最後成佛者名曰然燈。八百弟子中有一人號曰求名，貪著利養，雖復讀誦衆經，而不通利，多所忘失，故號求名。是人亦以種諸善根因緣故，得值無量百千萬億諸佛供養恭敬，尊重讚歎。彌勒當知，爾時妙光菩薩豈異人乎？我身是也。求名菩薩，汝身是也。今見此瑞，與本無異，是故惟忖今

① 梵藏本云“淨眼”。

② 勘梵藏本意云：成熟。次後均同。

日如來當説大乘經，名妙法蓮華，教菩薩法，佛所護念。爾時，文殊師利於大衆中，欲重宣此義，而説偈言：

我念過去世，無量無數劫，有佛人中尊，號日月燈明。

世尊演説法，度無量衆生，無數億菩薩，令入佛智慧。

佛未出家時，所生八王子，見大聖出家，亦隨修梵行。

時佛説大乘，經名無量義，於諸大衆中，而爲廣分別。

佛説此經已，即於法座上，加趺坐三昧，名無量義處。

天雨曼陀華，天鼓自然鳴，諸天龍鬼神，供養人中尊。

一切諸佛土，即時大震動，佛放眉間光，現諸希有事。

此光照東方，萬八千佛土，示一切衆生，生死業報處。

有見諸佛土，以衆寶莊嚴，瑠璃頗梨色，斯由佛光照。

友見諸天人，龍神夜叉衆，乾闥緊那羅，各供養其佛。

又見諸如來，自然成佛道，身色如金山，端嚴甚微妙。

如淨瑠璃中，内現真金像，世尊在大衆，敷演深法義。

一一諸佛土，聲聞衆無數，因佛光所照，悉見彼大衆。

或有諸比丘，在於山林中，精進持淨戒，猶如護明珠。

又見諸菩薩，行施忍辱等，其數如恆沙，斯由佛光照。

又見諸菩薩，深入諸禪定，身心寂不動，以求無上道。

又見諸菩薩，知法寂滅相，各於其國土，説法求佛道。

爾時四部衆，見日月燈佛，現大神通力，其心皆歡喜，各各自相問，是事何因緣。

天人所奉尊，適從三昧起，讚妙光菩薩。

汝爲世間眼，一切所歸信，能奉持法藏，如我所説法，唯汝能證知。

世尊既讚歎，令妙光歡喜，説是法華經，滿六十小劫。

不起於此座，所説上妙法，是妙光法師，悉皆能受持。

佛說是法華，令衆歡喜已，尋卽於是日，告於天人衆。

諸①法實相義，已爲汝等說，我今於中夜，當入於涅槃。

汝一心精進，當離於放逸，諸佛甚難值，億劫時一遇。

世尊諸子等，聞佛入涅槃，各各懷悲惱，佛滅一何速。

聖主法之王，安慰無量衆，我若滅度時，汝等勿憂怖。

是德藏菩薩，於②無漏實相，心已得通達，其次當作佛，號曰爲淨身，亦度無量衆。

佛此夜滅度，如薪盡火滅，分布諸舍利，而起無量塔。

比丘比丘尼，其數如恆沙，倍復加精進，以求無上道。

是妙光法師，奉持佛法藏，八十小劫中，廣宣法華經。

是諸八王子，妙光所開化，堅固無上道，當見無數佛。

供養諸佛已；隨順行大道，相繼得成佛，轉次而授記。

最後天中天，號曰然燈佛，諸仙之導師，度說無量衆。

是妙光法師，時有一弟子，心常懷懈怠，貪著於名利。

求名利無厭，多遊族姓家，棄捨所習誦，廢忘不通利。

以是因緣故，號之爲求名，亦行衆善業，得見無數佛。

供養於諸佛，隨順行大道，具③六波羅蜜，今見釋師子。

其後當作佛，號名曰彌勒，廣度諸衆生，其數無有量。

彼佛滅度後，懈怠者汝是，妙光法師者，今則我身是。

我④見燈明佛，本光瑞如此，以是知今佛，欲說法華經。

今相如本瑞，是諸佛方便，今佛放光明，助發實⑤相義。

---

① 梵藏本云“法自相云何”。晉本云“自然之誼”。意同。

② 梵藏本此二句云“通達無漏智，得我最勝法”。

③ 梵藏本缺此句。

④ 勘梵藏本原爲二頌，今譯文略。

⑤ 勘藏本云“法界印”。

諸人今當知，合掌一心待，佛當雨法雨，充足求道者。

諸①求三乘人，若有疑悔者，佛當爲除斷，令盡無有餘。

方②便品第二

爾時，世尊從三③昧安詳而起，告舍利弗：諸佛智慧，甚深無量，其智慧門，難解難入，一切聲聞辟支佛所不能知。所以者何？佛曾親近百千萬億無數諸佛，盡行諸佛無量道法，勇猛精進，名稱普聞，成就甚深，未曾有法，隨宜所説，意趣難解。舍利弗，吾從成佛已來，種④種因緣，種種譬喻，廣演言教，無數方便，引導衆生，令離諸著。所以者何？如來方便知見波羅蜜皆已具足。舍利弗，如來知見廣大深遠，無量無礙、力無所畏、禪定解脱三昧，深入無際，成就一切未曾有法。舍利弗，如來能種種分別，巧説諸法，言辭柔輭，悦可衆心。舍利弗，取要言之，無量無邊未曾有法，佛悉成就。止舍利弗，不須復説。所以者何？佛⑤所成就第一希有難解之法，唯佛與佛乃能究盡諸法實相。所謂諸法如是相、如是性、如是體、如是力、如是作、如是因、如是緣、如是果、如是報、如是本末究竟等。爾

① 勘梵藏本此頌云"若有疑悔者，佛當爲滅除，菩薩入菩提，由善巧而生"。晉本亦云："若有菩薩求斯道意。"均無"求三乘人"之説。今譯改文。

② 梵藏本作方便善巧品第二，晉本善權品第二。

③ 勘梵藏本云"正念實知三昧"，論牒文同。今譯缺略。

④ 梵藏本此句云"於自證法，方便善巧知見，因依所緣決定言辭，種種能證而正顯示"。

⑤ 勘梵藏本此段云"如來所知法，唯有如來能相互説。此一切法唯彼自知。所謂諸法是何，諸法如何，諸法何似，法相是何，法性如何？此等諸法是何、如何、何似、何相何性，一切能知"。此以五門分合而説，無十如是。晉本及論牒文均同。今譯用大智度論卷三十二説意改文。

時，世尊欲重宣此義，而說偈言:

世雄不可量，諸天及世人，一切衆生類，無能知佛者。

佛力無所畏，解脱諸三昧，及佛諸餘法，無能測量者。

本從無數佛，具足行諸道，甚深微妙法，難見難可了。

於無量億劫，行此諸道已，道場得成果，我已悉知見。

如是大果報，種①種性相義，我及十方佛，乃能知是事。

是法不可示，言辭相寂滅，諸餘衆生類，無有能得解，除諸菩薩衆，信力堅固者②。

諸佛弟子衆，曾供養諸佛，一切漏已盡，住是最後身，如是諸人等，其力所不堪。

假使滿世間，皆如舍利弗，盡思共度量，不能測佛智。

正使滿十方，皆如舍利弗，及餘諸弟子，亦滿十方剎，盡思共度量，亦復不能知③。

辟支佛利智，無漏最後身，亦滿十方界，其數如竹林。

斯等共一心，於億無量劫，欲思佛實智，莫能知少分。

新發意菩薩，供養無數佛，了達諸義趣，又能善説法，如稻麻竹葦，充滿十方剎，一心以妙智。

於恆河沙劫，咸皆共思量，不能知佛智。

不退諸菩薩，其數如恆沙，一心共思求，亦復不能知。

又告舍利弗，無漏不思議，甚④深微妙法，我今已具得，唯我知是相，十方佛亦然。

---

① 勘梵藏本此句意云: 如何、何似、其相何似。

② 梵藏本此下別有一頌云:“爲何説此法，並知所説語，似此之有情，世間曾未有。”

③ 梵藏本次有二句云:“我無量智慧，衆所不能知。”

④ 梵藏本此頌云:“解甚深細法，無分別無漏，十方界勝者，似我知此等。”

舍利弗當知，諸佛語無異，於佛所説法，當生大信力，世尊法久後，要當説真實。

告諸聲聞衆，及求緣覺乘，我令脱苦縛，逮得涅槃者。

佛①以方便力，示以三乘教，衆生處處著，引之令得出。

爾時，大衆中有諸聲聞漏盡阿羅漢、阿若憍陳如等千二百人，及發聲聞辟支佛心比丘比丘尼、優婆塞優婆夷，各作是念：今者世尊何故殷勤稱歎方便而作是言？佛所得法甚深難解，有所言説，意趣難知，一切聲聞辟支佛所不能及，佛説一解脱義，我等亦得此法到於涅槃，而今不知是義所趣。爾時，舍利弗知四衆心疑，自亦未了，而白佛言：世尊，何因何緣殷勤稱歎諸佛第一方便甚②深微妙難解之法？我自昔來未曾從佛聞如是説，今者四衆咸皆有疑，惟願世尊敷演斯事，世尊何故殷勤稱歎甚深微妙難解之法？爾時，舍利弗欲重宣此義，而説偈言：

慧日大聖尊，久乃説是法，自説得如是，力無畏三昧，禪定解脱等，不可思議法。

道場所得法，無能發問者，我意難可測，亦無能問者。

無問而自説，稱歎所行道，智慧甚微妙，諸佛之所得。

無漏諸羅漢，及求涅槃者，今皆墮疑網，佛何故説是。

其求緣覺者，比丘比丘尼，諸天龍鬼神，及乾闥婆等。

相視懷猶豫，瞻仰兩足尊，是事爲云何，願佛爲解説，於③諸聲聞衆，佛説我第一。

我今自於智，疑惑不能了，爲④是究竟法，爲是所行道。

① 梵藏本此頌云："是我勝方便，爲世説多法，令離彼彼著，教示以三乘。"

② 梵藏本别爲一句云："現圓滿覺甚深之法。"

③ 勘梵藏本原爲一頌，今譯文略。

④ 勘梵藏本此二句意云：爲我涅槃已究竟，或者爲我説所行。

佛口所生子,合掌瞻仰待,願出微妙音,時爲如實說。

諸天龍神等,其數如恆沙,求①佛諸菩薩,大數有八萬。

又諸萬億國,轉輪聖王至,合掌以敬心,欲②聞具足道。

爾時,佛告舍利弗:止止,不須復說。若說是事,一切世間諸天及人,皆當驚疑。舍利弗重白佛言:世尊,惟願說之,惟願說之。所以者何?是會無數百千萬億阿僧祇衆生,曾見諸佛諸根猛利,智慧明了,聞佛所說,則能敬信。爾時,舍利弗欲重宣此義,而說偈言:

法王無上尊,惟說願勿慮,是會無量衆,有能敬信者。佛復止舍利弗。若說是事,一切世間天人阿修羅,皆當驚疑,增上慢比丘將墜於大坑。爾時,世尊重說偈言:

止止不須說,我法妙難思,諸增上慢者,聞必不敬信。爾時,舍利弗重白佛言:世尊,惟願說之,惟願說之。今此會中,如我等比百千萬億,世世已曾從佛受化,如此人等,必能敬信,長夜安隱,多所饒益。爾時,舍利弗欲重宣此義,而說偈言:

無上兩足尊,願說第一法,我爲佛長子,惟垂分別說,是會無量衆,能敬信此法。

佛已曾世世,教化如是等,皆一心合掌,欲聽受佛語。

我等千二百,及餘求佛者,願爲此衆故,惟垂分別說,是等聞此法,則生大歡喜。

爾時,世尊告舍利弗:汝已殷勤三請,豈得不說。汝今諦聽,善思念之,吾當爲汝分別解說。說此語時,會中有比丘比丘尼、優婆塞優婆夷五千人等,即從座起,禮佛而退。所以者何?此輩罪根深重,及增上慢,未得謂得,未證謂證。有如此失,是以不住,世尊默然而不制止。爾時,佛告舍利弗:我今此衆無復枝葉,純有貞實,舍

① 梵藏本云"求最勝菩提"。晉本大同。

② 勘梵藏本意云:行云何圓滿。

利弗如是增上慢人退亦佳矣。汝今善聽，當爲汝説。舍利弗言：唯然。世尊，願樂欲聞。佛告舍利弗：如是妙法，諸①佛如來時乃説之，如優曇鉢華，時一現耳。舍利弗，汝等當信佛之所説，言不虚妄。舍利弗，諸佛隨宜説法，意趣難解。所以者何？我以無數方便，種②種因緣譬喻，言、辭、演説諸法。是法非思量分别之所能解，唯有諸佛乃能知之。所以者何？諸佛世尊唯以一③大事因緣故，出現於世。舍利弗，云何名諸佛世尊唯以一大事因緣故，出現於世？諸佛世尊欲令衆生開④佛知見，使得清淨故，出現於世；欲示衆生佛之知見故，出現於世；欲令衆生悟佛知見故，出現於世；欲令衆生入佛⑤知見道故，出現於世。舍利弗，是爲諸佛以一大事因緣故，出現於世。佛告舍利弗，諸佛如來，但教化菩薩諸有所作常爲一事，唯以佛之知見示⑥悟衆生。舍利弗，如⑦來但以一佛乘故，爲衆生説法，無有餘乘若二若三。舍利弗，一切十方諸佛法亦如是。舍利弗，過去諸佛以⑧無量無數方便，種種因緣譬喻言辭，而爲衆生演説諸法，是法皆爲一佛乘故，是諸衆生從諸佛聞法究竟，

---

① 勘梵藏本此二句意云：如來極少説之，如優曇鉢囉園中之華，開敷極稀。

② 梵藏本云："種種決定，言辭顯示，宜説譬喻。"論牒文大同，意顯三乘但是假名，無有實義。

③ 勘梵藏本此語云："一所作、一能作，大所作、大能作。"晉本略同。今譯總爲一句，事卽所作，因緣卽能作。

④ 勘梵藏本意云：使得持取如來智見。

⑤ 晉本云："八正由路。"

⑥ 梵藏本具云："開示悟入"。

⑦ 梵藏本此二句云："如來唯依一乘爲諸衆生説法，所謂佛乘一切智究竟，無名二乘或三乘者。"

⑧ 勘梵藏本此下四段文繁如一，皆云"佛知衆生種種欲等，多所饒益等，故依一乘説法開示悟入佛之智見，衆生聞法皆得正覺。"今譯互略。

皆得一切種智。舍利弗，未來諸佛當出於世，亦以無量無數方便，種種因緣譬喻言辭，而爲衆生演説諸法，是法皆爲一佛乘故，是諸衆生從佛聞法究竟，皆得一切種智。舍利弗，現在十方無量百千萬億佛土中諸佛世尊，多所饒益安樂衆生，是諸佛亦以無量無數方便，種種因緣譬喻言辭，而爲衆生演説諸法，是法皆爲一佛乘故，是諸衆生從佛聞法究竟，皆得一切種智。舍利弗，是諸佛但教化菩薩，欲以佛之知見示衆生故，欲以佛之知見悟衆生故，欲令衆生入佛之知見故。舍利弗，我今亦復如是，知諸衆生有種種欲，深心所著，隨其本性，以種種因緣譬喻言辭方便力，而爲説法。舍利弗，如此皆爲得一佛乘一切種智故。舍利弗，十方世界中尚①無二乘，何況有三？舍利弗，諸佛出於五濁惡世，所謂劫濁、煩惱濁、衆生濁、見濁、命濁。如是，舍利弗，劫濁亂時，衆生垢重，慳貪嫉妬成就諸不善根故，諸佛以方便力，於②一佛乘分別説三。舍利弗，若我弟子自謂阿羅漢辟支佛者，不聞不知諸佛如來，但③教化菩薩事，此非佛弟子、非阿羅漢、非辟支佛。又舍利弗，是諸比丘比丘尼自謂已得阿羅漢，是最後身究竟涅槃，便不復志求阿耨多羅三藐三菩提，當知此輩皆是增上慢人。所以者何？若有比丘實得阿羅漢，若不信此法無有是處，除佛滅度後，現前無佛。所以者何？佛滅度後，如是等經受持讀誦解義者，是人難得，若遇餘佛於此法中，便得決了。舍利弗，汝等當一心信解受持佛語，諸佛如來言無虛妄，無④有餘乘，唯一佛乘。爾時，世尊欲重宣此義，而説偈言:

比丘比丘尼，有懷增上慢，優婆塞我慢，優婆夷不信，如是四衆等，其數有五千。

① 梵藏本云:“尚無施設爲二乘者，何況爲三。”
② 梵藏本云:“從一佛乘説爲三乘。”
③ 梵藏本云:“所作悉爲佛乘。”
④ 梵藏本云:“唯此一乘，所謂佛乘。”

不自見其過，於戒有缺漏，護惜其瑕疵，是小智已出。

衆中之糟糠，佛威德故去，斯人尠福德，不堪受是法。

此①衆無枝葉，唯有諸貞實。

舍利弗善聽，諸佛所得法，無量方便力，而爲衆生説。

衆生心所念，種種所行道，若干諸欲性，先世善惡業。

佛悉知是已，以諸緣譬喻，言辭方便力，令一切歡喜。

或説修多羅，伽陀及本事，本生未曾有，亦説於因緣，譬喻並祇夜，優波提舍經。

鈍根樂小法，貪著於生死，於諸無量佛，不行深妙道，衆苦所惱亂，爲是説涅槃。

我設是方便，令得入佛慧，未曾説汝等，當得成佛道。

所以未曾説，説時未至故，今正是其時，決定説大乘。

我此九部法，隨順衆生説，入大乘爲本，以故説是經。

有佛子心淨，柔輭亦利根，無量諸佛所，而行深妙道，爲此諸佛子，説是大乘經。

我記如是人，來世成佛道，以深心念佛，修持淨戒故。

此等聞得佛，大喜充徧身，佛知彼心行，故爲説大乘。

聲聞若菩薩，聞我所説法，乃至於一偈，皆成佛無疑。

十②方佛土中，唯有一乘法，無二亦無三，除佛方便説。

但以假名字，引導於衆生，説佛智慧故，諸佛出於世。

唯③此一事實，餘二則非實，終不以小乘，濟度於衆生。

佛自住大乘，如其所得法，定慧力莊嚴，以此度衆生。

① 勘梵藏本原係一頌，今譯文略。

② 勘梵藏本此頌云："雖説種種乘，除佛巧方便，諸世無二乘，爲示諸佛智。"

③ 梵藏本此二句云："作事唯一無有二，乘亦唯一無有二。"晉本大同，無餘二之説。

自證無①上道，大乘平等法，若以小乘化，乃至於一人，我則墮慳貪，此事爲不可。

若人信歸佛，如來不欺誑，亦無貪嫉意，斷諸法中惡，故佛於十方，而獨無所畏。

我以相嚴身，光明照世間，無量衆所尊，爲説實相印。

舍利弗當知，我本立誓願，欲令一切衆，如我等無異。

如我昔所願，今者已滿足，化一切衆生，皆令入佛道。

若我遇衆生，盡教以佛道，無智者錯亂，迷惑不受教。

我知此衆生，未曾修善本，堅著於五欲，癡愛故生惱。

以諸欲因緣，墜墮三惡道，輪迴六趣中，備受諸苦毒。

受②胎之微形，世世常增長，薄德少福人，衆苦所逼迫。

入邪見稠林，若有若無等，依止此諸見，具足六十二，深著虚妄法，堅受不可捨。

我慢自矜高，諂曲心不實，於千萬億劫，不聞佛名字，亦不聞正法，如是人難度。

是故舍利弗，我爲設方便，説諸盡苦道，示之以涅槃。

我雖説涅槃，是亦非真滅，諸法從本來，常自寂滅相，佛子行道已，來世得作佛。

我有方便力，開示三乘法，一切諸世尊，皆説一乘道。

今此諸大衆，皆應除疑惑，諸佛語無異，唯一無二乘。

過去無數劫，無量滅度佛，百千萬億種，其數不可量。

如是諸世尊，種種緣譬喻，無數方便力，演説諸法相。

是諸世尊等，皆説一乘法，化無量衆生，令入於佛道。

又諸大聖主，知一切世間，天人羣生類，深心之所欲，更以異方

① 梵藏本此語連下句云:“無垢淨菩提。”
② 梵藏本缺此頌。

便,助顯第①一義。

若有衆生類,值諸過去佛,若聞法布施,或持戒忍辱。

精進禪智等,種種修福慧,如是諸人等,皆已②成佛道。

諸佛滅度後,若人善輭心,如是諸衆生,皆已成佛道。

諸佛滅度已,供養舍利者,起萬億種塔,金銀及頗梨。

車渠與馬瑙,玫瑰瑠璃珠,清淨廣嚴飾,莊校於諸塔。

或有起石廟,栴檀及沈水,本櫁並餘材,甎瓦泥土等,若③於曠野中,積土成佛廟。

乃至童子戲,聚沙爲佛塔,如是諸人等,皆已成佛道。

若人爲佛故,建立諸形像,刻雕成衆相,皆已成佛道。

或以七寶成,鍮鉐赤白銅,白鑞及鉛錫,鐵本及與泥。

或以膠漆布,嚴飾作佛像,如是諸人等,皆已成佛道。

彩畫作佛像,百福莊嚴相,自作若使人,皆已成佛道。

乃至童子戲,若草木及葦,或以指爪甲,而畫作佛像。

如是諸人等,漸漸積功德,具足大悲心,皆已成佛道,但化諸菩薩,度脱無量衆。

若人於塔廟,寶像及畫像,以華香旛蓋,敬心而供養。

若④使人作樂,擊鼓吹角貝,簫笛琴箜篌,琵琶鐃銅鈸,如是衆妙音,盡持以供養。

或⑤以歡喜心,歌唄頌佛德,乃至一小音,皆已成佛道。

若人散亂心,乃至以一華,供養於畫像,漸見無數佛。

或有人禮拜,或復但合掌,乃至舉一手,或復小低頭。

---

① 梵藏本云"此最勝法"。

② 梵藏本云"當成",次下均同。

③ 勘梵藏本原爲一頌,今譯文略。

④⑤ 勘梵藏本各爲二頌,今譯文略。

以此供養像，漸[①]見無量佛，自成無上道，廣度無數衆，入無餘涅槃，如薪盡火滅。

若人散亂心，入於塔廟中，一稱南無佛，皆已成佛道。

於諸過去佛，在世或滅後，若有聞是法，皆已成佛道。

未來諸世尊，其數無有量，是諸如來等，亦方便説法。

一切諸如來，以無量方便，度脱諸衆生，入佛無漏智。

若有聞法者，無一不成佛，諸佛本誓願，我所行佛道，普欲令衆生，亦同得此道。

未來世諸佛，雖説百千億，無數諸法門，其實爲一乘。

諸佛兩足尊，知[②]法常無性，佛種從緣起，是故説一乘。

是[③]法住法位，世間相常住，於道場知已，導師方便説。

天人所供養，現在十方佛，其數如恆沙，出現於世間，安隱衆生故，亦説如是法。

知第一寂滅，以方便力故，雖示種[④]種道，其實爲佛乘。

知衆生諸行，深心之所念，過去所習業，欲性精進力。

及諸根利鈍，以種種因緣，譬喻亦言辭，隨應方便説。

今我亦如是，安隱衆生故，以種種法門，宣示於佛道。

我以智慧力，知衆生性欲，方便説諸法，皆令得歡喜。

舍利弗當知，我以佛眼觀，見六道衆生，貧窮無福慧，入生死險道，相續苦不斷。

深著於五欲，如犛牛愛尾，以貪愛自蔽，盲瞑無所見，不求大勢佛，及與斷苦法。

---

① 梵藏本缺次文。
② 梵藏本此二句云:“如法相常住，法自性常明。”
③ 梵藏本此二句云:“法住及法定，此世常不動。”
④ 梵藏本云“種種乘”。

深入諸邪見，以苦欲捨苦，爲是衆生故，而起大悲心。

我始坐道場，觀樹亦經行，於三七日中，思惟如是事。

我所得智慧，微妙最第一，衆生諸根鈍，著樂癡所盲，如斯之等類，云何而可度。

爾時諸梵王，及諸天帝釋，護世四天王，及大自在天，並餘諸天衆，眷屬百千萬。

恭敬合掌禮，請我轉法輪，我卽自思惟，若但讚佛乘，衆生没在苦，不能信是法。

破法不信故，墜於三惡道，我寧不說法，疾入於湼槃。

尋念過去佛，所行方便力，我今所得道，亦應說三乘。

作是思惟時，十方佛皆現，梵音慰喻我，善哉釋迦文。

第一之導師，得是無上法，隨諸一切佛，而用方便力。

我等亦皆得，最妙第一法，爲諸衆生類，分別說三乘，少智樂小法，不自信作佛。

是故以方便，分別說諸果，雖復說三乘，但爲教菩薩。

舍利弗當知，我聞聖師子，深浄微妙音，喜[①]稱南無佛。

復作如是念，我出濁惡世，如諸佛所說，我亦隨順行。

思惟是事已，卽趣波羅奈，諸[②]法寂滅相，不可以言宣，以方便力故，爲五比丘說。

是名轉法輪，便有湼槃音，及以阿羅漢，法僧差別名。

從久遠劫來，讚示湼槃法，生死苦永盡，我常如是說。

舍利弗當知，我見佛子等，志求佛道者，無量千萬億。

咸以恭敬心，皆來至佛所，曾從諸佛聞，方便所說法。

我卽作是念，如來所以出，爲說佛慧故，今正是其時。

---

① 原刻此句作“稱南無諸佛”，今依音訓及麗刻改。

② 梵藏本此二句合云：“最勝寂滅地。”

舍利弗當知,鈍根小智人,著相[1]憍慢者,不能信是法。

令我喜無畏,於諸菩薩中,正直捨方便,但說無上道。

菩薩聞是法,疑網皆已除,千二百羅漢,悉亦當作佛。

如三世諸佛,說法之儀式,我今亦如是,說無分别法。

諸佛興出世,懸遠值遇難,正使出於世,說是法復難。

無量無數劫,聞[2]是法亦難,能聽是法者,斯人亦復難。

譬如優曇華,一切皆愛樂,天人所希有,時時乃一出。

聞法歡喜讚,乃至發一言,則爲已供養,一切三世佛,是[3]人甚希有,過於優曇華。

汝等勿有疑,我爲諸法王,普告諸大衆,但[4]以一乘道,教化諸菩薩,無聲聞弟子。

汝等舍利弗,聲聞及菩薩,當知是妙法,諸佛之祕要。

以五濁惡世,但樂著諸欲,如是等衆生,終不求佛道。

當來世惡人,聞佛說一乘,迷惑不信受,破法墮惡道。

有慚愧清淨,志求佛道者,當爲如是等,廣讚一乘道。

舍利弗當知,諸佛法如是,以萬億方便,隨宜而說法,其不習學者,不能曉了此。

汝等既已知,諸佛世之師,隨宜方便事,無復諸疑惑,心生大歡喜,自知當作佛。

---

① 勘梵藏本意云:名相。

② 梵藏本云:"得是法。"

③ 梵藏本缺此二句。

④ 梵藏本此三句合云:"使入正菩提,我無一聲聞。"

妙法蓮華經卷第二

譬①喻品第三

爾時,舍利弗踊躍歡喜,即起合掌瞻仰尊顔,而白佛言:今從世尊聞此法音,心懷踊躍,得未曾有。所以者何?我昔從佛聞如是法,見諸菩薩受記作佛,而我等不預斯事,甚自感傷失於如來無量知見。世尊,我常獨處山林樹下,若坐若行,每作是念:我等同入法②性,云何如來以小乘法而見濟度?是我等咎,非世尊也。所以者何?若我等待説所因,成就阿耨多羅三藐三菩提者,必以大乘而得度脱。然我等不解方便隨宜所説,初聞佛法,遇便信受,思惟取證。世尊,我從昔來,終日竟夜,每自剋責,而今從佛聞所未聞未曾有法,斷諸疑悔,身意泰然,快得安隱,今日乃知,真是佛子,從佛口生,從法化生,得佛法分③。爾時,舍利弗欲重宣此義,而説偈言:

我聞是法音,得所未曾有,心懷大歡喜,疑網皆已除,昔來蒙佛教,不④失於大乘。

佛音甚希有,能除衆生惱,我已得漏盡,聞亦除憂惱。

我處於山谷,或在林樹下,若坐若經行,常思惟是事。

嗚呼深自責,云何而自欺,我等亦佛子,同入無漏法,不能於未來,演説無上道。

金色三十二,十力諸解脱,同共一法中,而不得此事。

---

① 梵藏本品目同,晉本應時品第三。

② 梵藏本云:“法界。”

③ 梵藏本此下有“依法而成,悉離痛苦”二句。

④ 梵藏本云:“成熟最勝乘。”

八十種妙好，十八不共法，如是等功德，而我皆已失。

我獨經行時，見佛在大衆，名聞滿十方，廣饒益衆生，自惟失此利，我爲自欺誑。

我常於日夜，每思惟是事，欲以問世尊，爲失爲不失。

我常見世尊，稱讚諸菩薩，以是於日夜，籌量如是事。

今聞佛音聲，隨宜而説法，無漏難思議，令衆至道場。

我本著邪見，爲諸梵志師，世尊知我心，拔邪説涅槃。

我悉除邪見，於空法得證，爾時心自謂，得至於滅度，而今乃自覺，非是實滅度。

若得作佛時，具三十二相，天人夜叉衆，龍神等恭敬，是時乃可謂，永盡滅無餘。

佛於大衆中，説我當作佛，聞如是法音，疑悔悉已除。

初聞佛所説，心中大驚疑，將非魔作佛，惱亂我心耶。

佛以種種緣，譬喻巧言説，其① 心安如海，我聞疑網斷。

佛説過去世，無量滅度佛，安住方便中，亦皆説是法。

現在未來佛，其數無有量，亦以諸方便，演説如是法。

如今者世尊，從生及出家，得道轉法輪，亦以方便説。

世尊説實道，波旬無此事，以是我定知，非是魔作佛，我墮疑網故，謂是魔所爲。

聞佛柔輭音，深遠甚微妙，演暢清浄法，我心大歡喜，疑悔永已盡，安住實智中。

我定當作佛，爲天人所敬，轉② 無上法輪，教化諸菩薩。

爾時，佛告舍利弗，吾今於天人沙門婆羅門等大衆中説，我昔

---

① 梵藏本云:“住佛最勝覺。”

② 梵藏本云:“思佛道而説。”

曾於二萬億佛所，爲求佛道故，常教化汝，汝亦長夜隨我受學，我①以方便引導汝，故生我法中。舍利弗，我昔教汝志願佛道，汝今悉忘而便自謂已得滅度，我今還欲令汝憶念本願所行道故，爲諸聲聞說是大乘經，名妙法蓮華，教菩薩法，佛所護念。舍利弗，汝於未來世過無量無邊不可思議劫，供養若干千萬億佛，奉持正法具足菩薩所行之道，當得作佛，號曰華光如來、應供、正徧知、明行足、善逝、世間解、無上士、調御丈夫、天人師、佛世尊。國名離垢，其土平正，清浄嚴飾，安隱豐樂，天人熾盛，瑠璃爲地，有八交道，黄金爲繩，以界其側，其傍各有七寶行樹，常有華果。華光如來亦以三乘教化衆生。舍利弗，彼佛出時雖非惡世，以本願故，說三乘法。其劫名大寶莊嚴。何故名曰大寶莊嚴？其國中以菩薩爲大寶故，彼諸菩薩無量無邊不可思議，算數譬喻所不能及，非佛智力無能知者②，若欲行時，寶華承足。此諸菩薩，非初發意，皆久植德本，於無量百千萬億佛所浄修梵行，恆爲諸佛之所稱歎，常修佛慧具大神通，善知一切諸法之門，質直無僞，志念堅固③，如是菩薩充滿其國。舍利弗，華光佛壽十二小④劫，除爲王子未作佛時，其國人民壽八小劫。華光如來過十二小劫，授堅滿菩薩阿耨多羅三藐三菩提記，告諸比丘：是堅滿菩薩次當作佛，號曰華足安行、多陀阿伽度、阿羅訶、三藐三佛陀。其佛國土，亦復如是。舍利弗，是華光佛滅度之後，正法住世三十二小劫，像法住世亦三十二小劫。爾時，世尊欲重宣此義，而說偈言：

舍利弗來世，成佛普智尊，號名曰華光，當度無量衆。

---

① 梵藏本云："汝以菩薩教，誡菩薩大秘密，而生我法中。"

② 梵藏本此下結云："故其劫名大寶莊嚴。"次句别爲一段。

③ 原刻作"因"，今依麗刻刻。

④ 梵藏本云："中劫。"次後均同。晉本亦同。

供養無數佛，具足菩薩行，十力等功德，證於無上道。

過無量劫已，劫名大寶嚴，世界名離垢，清净無瑕穢。

以瑠璃爲地，金繩界其道，七寶雜色樹，常有華果實。

彼國諸菩薩，志念常堅固，神①通波羅蜜，皆已悉具足。

於無數佛所，善學菩薩道，如是等大士，華光佛所化。

佛爲王子時，棄國捨世榮，於最末後身，出家成佛道。

華光佛住世，壽十二小劫，其國人民衆，壽命八小劫。

佛滅度之後，正法住於世，三十二小劫，廣度諸衆生。

正法滅盡已，像法三十二，舍利廣流布，天人普供養。

華光佛所爲，其事皆如是，其兩足聖尊，最勝無倫匹，彼卽是汝身，宜應自欣慶。

爾時，四部衆比丘比丘尼、優婆塞優婆夷、天龍、夜叉、乾闥婆、阿修羅、迦樓羅、緊那羅、摩睺羅伽等大衆，見舍利弗於佛前受阿耨多羅三藐三菩提記，心大歡喜，踊躍無量，各各脱身所著上衣，以供養佛。釋提桓因、梵天王等與無數天子，亦以天妙衣、天曼陀羅華、摩訶曼陀羅華等供養於佛。所散天衣住虚空中而自迴轉，諸天伎樂百千萬種，於虚空中一時俱作，雨衆天華而作是言：佛昔於波羅柰初轉法輪，今乃復轉無上最大法輪。爾時，諸天子欲重宣此義，而説偈言：

昔於波羅柰，轉②四諦法輪，分别説諸法，五衆之生滅。

今復轉最妙，無上大法輪，是法甚深奥，少有能信者。

我等從昔來，數聞世尊説，未曾聞如是，深妙之上法。

世尊説是法，我等皆隨喜，大智舍利弗，今得受尊記，我等亦如是，必當得作佛。

---

① 梵藏本此二句合云："行道悉具足。"

② 梵藏本無此"四諦"一語。

於一切世間,最尊無有上,佛道叵思議,方便隨宜説。

我所有福業,今世若過世,及見佛功德,盡迴向佛道。

爾時,舍利弗白佛言:世尊,我今無復疑悔,親於佛前得受阿耨多羅三藐三菩提記,是諸千二百心自在者昔住學地。佛常教化,言我法能離生老病死,究竟湼槃,是學無學人,亦各自以離我見及有無見等,謂得湼槃,而今於世尊前聞所未聞,皆墮疑惑。善哉世尊!願爲四衆説其因緣,令離疑悔。爾時,佛告舍利弗,我先不言諸佛世尊以種種因緣譬喻言辭方便説法皆爲阿耨多羅三藐三菩提耶,是①諸所説皆爲化菩薩故,然舍利弗,今當復以譬喻更明此義。諸有智者以譬喻得解,舍利弗若國邑聚落有大長者,其年衰邁財富無量,多有田宅及諸僮僕,其家廣大,唯有一門,多諸人衆,一百、二百乃至五百人止住其中,堂閣朽故,牆壁隤落,柱根腐敗,梁棟傾危,周帀俱時,欻然火起,焚燒舍宅,長者諸子,若②十、二十或至三十在此宅中。長者見是大火從四面起,卽大驚怖而作是念:我雖能於此所燒之門安隱得出,而諸子等於火宅内樂著嬉戲,不覺不知,不驚不怖,火來逼身,苦痛切已,心不厭患,無求出意。舍利弗,是長者作是思惟,我身手有力,當③以衣裓若以几案從舍出之;復更思惟,是舍唯有一門而復陿小,諸子幼稚未有所識,戀著戲處,或當墮落爲火所燒,我當爲説怖畏之事,此舍已燒,宜時疾出,無令爲火之所燒害。作是念已,如所思惟具告諸子:汝等速出。父雖憐愍,善言誘諭,而諸子等樂著嬉戲,不肯信受,不驚不畏,了無出心,亦復不知何者是火,何者爲舍,云何爲失,但東西走戲,視父而已④。

① 梵藏本云:"由諸所説法,化導菩薩乘。"

② 梵藏本云:"若五、若十、若二十、若過此。"

③ 梵藏本云:"欲使諸子總集一處,提攜出之。"

④ 梵藏本次有句云:"何以故?彼等幼稚無知故。"

爾時，長者卽作是念，此舍已爲大火所燒，我及諸子若不時出，必爲所焚，我今當設方便，令諸子等得免斯害。父知諸子先心各有所好種種珍玩奇異之物，情必樂著，而告之言：汝等所可玩好希有難得，汝若不取，後必憂悔，如此種種羊①車、鹿車、牛車，今在門外，可以遊戲，汝等於此火宅宜速出來，隨汝所欲，皆當與汝。爾時，諸子聞父所說珍玩之物，適其願故，心各勇鋭，互相推排，競共馳走，争出火宅。是時，長者見諸子等安隱得出，皆於四衢道中露地而坐，無復障礙，其心泰然，歡喜踊躍。時諸子等各白父言：父先所許玩好之具羊車、鹿車、牛車，願時賜與。舍利弗，爾時長者各②賜諸子等一大車，其車高廣，衆寶莊校，周帀欄楯，四面懸鈴，又於其上張設幰蓋，亦以珍奇③雜寶而嚴飾之，寶繩交絡，垂諸華纓，重敷綩綖，安置丹枕，駕④以白牛，膚色充潔，形體姝好，有大筋力，行步平正，其疾如風，又多僕從，而侍衛之。所以者何？是大長者財富無量，種種諸藏悉皆充溢，而作是念：我財物無極，不應以下劣小車與諸子等，今此幼童皆是吾子，愛無偏黨，我有如是七寶大車，其數無量，應當等心各各與之，不宜差別。所以者何？以我此物周給一國猶尚不匱，何況諸子。是時，諸子各乘大車，得未曾有，非本所望。舍利弗，於汝意云何，是長者等⑤與諸子珍寶大車，寧有虛妄不？舍利弗言：不也。世尊，是長者但令諸子得免火難，全其軀命，非爲虛妄。何以故？若全身命，便爲已得玩好之具，況復方便，於彼火宅而拔濟之。世尊，若是長者，乃至不與最小一車，猶不虛妄。何以故？是長者先作是意：我以方便令子得出，以是因緣，無虛妄也。何

① 梵藏本以“牛車、山羊車、鹿車”爲次。晉本云：“象車、馬車、羊車。”

② 梵藏本云：“等與諸子牛車，其牛有力，疾速如風。”

③ 原刻作“琦”，今依麗刻改。

④ 梵藏本云：“各與同色牛車”，次下重頌始云“白色”。晉本大同。

⑤ 梵藏本云：“嘗示以三車，後總與大車。”

況長者自知財富無量，欲饒益諸子，等與大車。佛告舍利弗：善哉善哉！如汝所言。舍利弗，如來亦復如是，則爲一切世間之父，於諸怖畏衰惱憂患，無明闇蔽，永盡無餘，而悉成就無量知見，力無所畏，有大神力及智慧力，具足方便智慧波羅蜜大慈大悲，常無懈倦，恆求善事利益一切，而生三界朽故火宅。爲度衆生生老病死、憂悲苦惱、愚癡闇蔽，三毒之火，教化令得阿耨多羅三藐三菩提。見諸衆生爲生老病死、憂悲苦惱之所燒煑，亦以五欲財利故，受種種苦，又以貪著追求故，現受衆苦，後受地獄、畜生、餓鬼之苦，若生天上及在人間，貧窮困苦，愛別離苦，冤憎會苦。如是等種種諸苦，衆生没在其中，歡喜遊戲，不覺不知，不驚不怖，亦不生厭，不求解脱，於此三界火宅，東西馳走，雖遭大苦，不以爲患。舍利弗，佛見此已，便作是念：我爲衆生之父，應拔其苦難，與無量無邊佛智慧樂，令其遊戲。舍利弗，如來復作是念：若我但以神力及智慧力捨於方便，爲諸衆生讚如來知見力無所畏者，衆生不能以是得度。所以者何？是諸衆生①未免生老病死憂悲苦惱，而爲三界火宅所燒，何由能解佛之智慧。舍利弗，如彼長者，雖復身手有力，而不用之，但以殷勤方便，勉濟諸子火宅之難，然後各與珍寶大車。如來亦復如是，雖有力無所畏，而不用之，但以智慧方便，於三界火宅拔濟衆生，爲説三乘聲聞辟支佛佛②乘，而作是言：汝等莫得樂住三界火宅，勿貪麤弊色聲香味觸也，若貪著生愛，則爲所燒。汝速出三界，當得三乘聲聞辟支佛佛乘，我今爲汝保任此事，終不虛也，汝等但當勤修精進。如來以是方便誘進衆生，復作是言：汝等當知此三乘法，皆是聖所稱歎，自在無繫，無所依求。乘是三乘，以無漏根力、覺道、

---

① 梵藏本次有句云："貪者五欲三界嬉戲。"

② 勘梵藏本作"菩薩乘"，與上文合。晉本亦同，今譯改文。

禪定、解脱三昧等，而自娱樂，便得無量安隱快樂。舍利弗，若① 有衆生，内有智性，從佛世尊聞法信受，殷勤精進，欲② 速出三界，自求涅槃，是名聲聞乘。如彼諸子爲求羊車出於火宅。若有衆生，從③ 佛世尊聞法信受，殷勤精進，求自然慧樂，獨善寂深，知諸法因緣，是名辟支佛乘。如彼諸子爲求鹿④ 車出於火宅。若有衆生從佛世尊聞法信受，勤修精進，求一⑤ 切智、佛智、自然智、無師智、如來知見，力無所畏，愍念安樂無量衆生，利益天人，度脱一切，是名大乘。菩⑥ 薩求此乘故，名爲摩訶薩。如彼諸子爲求牛車出於火宅。舍利弗，如彼長者，見諸子等安隱得出火宅到無畏處，自惟財富無量，等以大車而賜諸子。如來亦復如是，爲一切衆生之父，若見無量億千衆生以佛教門出三界苦怖畏險道，得涅槃樂，如來爾時便作是念：我有無量無邊智慧力無畏等諸佛法藏，是諸衆生皆是我子，等⑦ 與大乘，不令有人獨得滅度，皆以如來滅度而滅度之。是諸衆生脱三界者，悉與諸佛禪定解脱等娱樂之具，皆是一相一種聖所稱歎能生淨妙第一之樂。舍利弗，如彼長者，初以三車誘引諸子，然後但與大⑧ 車，寶物莊嚴，安隱第一，然彼長者無虚妄之咎。如來亦復如是，無有虚妄，初説三乘引導衆生，然後但以大⑨ 乘而度脱之。何以故？如來有無量智慧力無所畏諸法之藏，能與一切

---

① 梵藏本以此句爲總説，次下二段皆不重出。

② 梵藏本此二句云：“此中一類有情，聞他音聲，願隨彼行者，我使覺悟涅槃四諦，精勤佛教，是名聲聞乘。猶如諸子爲求鹿車出於火宅。”

③ 梵藏本此句云：“我使悟入涅槃因及緣故，勤行佛教，是名緣覺乘。”

④ 梵藏本云：“山羊車。”

⑤ 梵藏本云：“一切智智。”

⑥ 梵藏本云：“是故名爲菩薩摩訶薩乘。”晉本大同。

⑦ 梵藏本此句云：“但以佛乘使入滅度。”

⑧ 梵藏本云：“一色大車。”

⑨ 梵藏本云：“一乘。”

衆生大乘之法，但不盡能受。舍利弗，以是因緣，當知諸佛方便力故，於[①]一佛乘分别説三。佛欲重宣此義，而説偈言：

譬如長者，有一大宅，其宅久故，而復頓弊，堂舍高危，柱根摧朽。

梁棟傾斜，基陛隤毁，牆壁圮坼，泥塗阤落，覆苫亂墜，椽梠差脱。

周障屈曲，雜穢充徧，有五百人，止住其中。

鵄[②]梟鵰鷲，烏鵲鳩鴿，蚖蛇蝮蠍，蜈蚣蚰蜒。

守宫百足，鼬貍鼷鼠，諸惡蟲輩，交横馳走。

屎尿臭處，不浄流溢，蜣蜋諸蟲，而集其上。

狐狼野干，咀嚼踐踏，嚌齧死屍，骨肉狼籍，由是羣狗，競來搏撮。

飢羸慞惶，處處求食，鬬諍摣掣，啀喍嘷吠，其舍恐怖，變狀如是。

處處皆有，魑魅魍魎，夜叉惡鬼，食噉人肉。

毒蟲之屬，諸惡禽獸，孚乳産生，各自藏護。

夜叉競來，爭取食之，食之既飽，惡心轉熾，鬬諍之聲，甚可怖畏。

鳩槃茶鬼，蹲踞土埵，或時離地，一尺二尺，往反遊行，縱逸嬉戲。

捉狗兩足，撲令失聲，以脚加頸，怖狗自樂。

復有諸鬼，其身長大，裸形黑瘦，常住其中，發大惡聲，叫呼求食。

復有諸鬼，其咽如針，復有諸鬼，首如牛頭。

或食人肉，或復噉狗，頭髮蓬亂，殘害兇險，飢渴所逼，叫唤馳走。

夜叉餓鬼，諸惡鳥獸，飢急四向，窺看窗牖。

如是諸難，恐畏無量，是朽故宅，屬於一人。

其人近出，未久之間，於後宅舍，忽然火起，四面一時，其燄俱熾。

棟梁椽柱，爆聲震裂，摧折墮落，牆壁崩倒，諸鬼神等，揚聲大叫。

鵰鷲諸鳥，鳩槃茶等，周慞惶怖，不能自出，惡獸毒蟲，藏竄孔穴。

毗舍闍鬼，亦住其中，薄福德故，爲火所逼，共相殘害，飲血噉肉。

---

① 梵藏本此句云："説一大乘。"

② 梵藏本以上"梁棟牆壁"二句屬此，合爲一頌。

野干之屬，並已前死，諸大惡獸，競來食噉，臭煙熢㶿，四面充塞。
蜈蚣蚰蜒，毒蛇之類，爲火所燒，争走出穴。
鳩槃荼鬼，隨取而食，又諸餓鬼，頭上火然，飢渴熱惱，周慞悶走。
其宅如是，甚可怖畏，毒害火災，衆難非一。
是時宅主，在門外立，聞有人言，汝諸子等，先因遊戲，來入此宅，稚小無知，歡娱樂著。
長者聞已，驚入火宅，方宜救濟，令無燒害。
告喻諸子，説衆患難，惡鬼毒蟲，災火蔓莚，衆苦次第，相續不絶。
毒蛇蚖蝮，乃諸夜叉，鳩槃荼鬼，野干狐狗，鵰鷲鵄梟，百足之屬。
飢渴惱急，甚可怖畏，此苦難處，況復大火。
諸子無知，雖聞父誨，猶故樂著，嬉戲不已。
是時長者，而作是念，諸子如此，益我愁惱。
今此舍宅，無一可樂，而諸子等，耽湎嬉戲，不受我教，將爲火害，即便思惟，設諸方便。
告諸子等，我有種種，珍玩之具，妙寶好車，羊車鹿車，大牛之車。
今在門外，汝等出來，吾爲汝等，造作此車，隨意所樂，可以遊戲。
諸子聞説，如此諸車，即時奔競，馳走而出，到於空地，離諸苦難。
長者見子，得出火宅，住於四衢，坐師子座，而自慶言，我今快樂。
此諸子等，生育甚難，愚小無知，而入險宅，多諸毒蟲，魑魅可畏。
大火猛燄，四面俱起，而此諸子，貪樂嬉戲。
我已救之，令得脱難，是故諸人，我今快樂。
爾時諸子，知父安坐，皆詣父所，而白父言，願賜我等，三種寶車。
如前所許，諸子出來，當以三車，隨汝所欲，今正是時，惟垂給與。
長者大富，庫藏衆多，金銀瑠璃，車渠馬瑙，以衆寶物，造諸大車。
莊校嚴飾，周帀欄楯，四面懸鈴，金繩交絡，真珠羅網，張施其上。
金華諸瓔，處處垂下，衆綵雜飾，周帀圍繞。

柔輭繒纊，以爲茵褥，上妙細氎，價直千億，鮮白淨潔，以覆其上。有大白牛，肥壯多力，形體姝好，以駕寶車，多[①]諸儐從，而侍衛之。

以是妙車，等賜諸子，諸子是時，歡喜踊躍。

乘是寶車，遊於四方，嬉戲快樂，自在無礙。

告舍利弗，我亦如是，衆聖中尊，世間之父。

一切衆生，皆是吾子，深著世樂，無有慧心。

三界無安，猶如火宅，衆苦充滿，甚可怖畏。

常有生老，病死憂患，如是等火，熾然不息。

如來已離，三界火宅，寂然閑居，安處林野。

今此三界，皆是我有，其中衆生，悉是吾子。

而今此處，多諸患難，唯我一人，能爲救護。

雖復教詔，而不信受，於諸欲染，貪著深故。

以是方便，爲説三乘，令諸衆生，知三界苦，開示演説，出世間道。

是諸子等，若心決[②]定，具足三明，及六神通，有[③]得緣覺，不退菩薩。

汝[④]舍利弗，我爲衆生，以此譬喻，説一佛乘。

汝等若能，信受是語，一切皆當，成得佛道。

是乘微妙，清淨第一，於諸世間，爲無有上。

佛所悦可，一切衆生，所應稱讚，供養禮拜。

無量億千，諸力解脱，禪定智慧，及佛餘法。

得如是乘，令諸子等，日夜劫數，常得遊戲。

---

① 梵藏本缺此二句。

② 勘梵藏本意云：決定信佛。

③ 梵藏本云："有我慢者。"

④ 梵藏本云："等視如子。"

與諸菩薩,及聲聞衆,乘此寶乘,直至道場。

以是因緣,十方諦求,更無餘乘,除佛方便。

告舍利弗,汝諸人等,皆是吾子,我則是父。

汝等累劫,衆苦所燒,我皆濟拔,令出三界。

我雖先說,汝等滅度,但盡生死,而實不滅,今所應作,唯① 佛智慧。

若有菩薩,於是衆中,能一心聽,諸佛實法。

諸佛世尊,雖以方便,所化衆生,皆是菩薩。

若人小② 智,深著愛欲,爲此等故,說於苦諦。

衆生心喜,得未曾有,佛說苦諦,真實無異。

若有衆生,不知苦本,深著苦因,不能暫捨。

爲是等故,方便說道,諸苦所因,貪③ 欲爲本。

若滅貪欲,無所依止,滅盡諸苦,名第三諦。

爲滅諦故,修行於道,離諸苦縛,名得解脫。

是人於何,而得解脫,但④ 離虛妄,名爲解脫。

其實未得,一切解脫,佛說是人,未實滅度。

斯人未得,無上道故,我意不欲,令至滅度。

我爲法王,於法自在,安隱衆生,故現於世。

汝舍利弗,我此法印,爲欲利益,世間故說,在所遊方,勿⑤ 妄宣傳。

若有聞者,隨喜頂受,當知是人,阿惟越致。

若有信受,此經法者,是人已曾,見過去佛,恭敬供養,亦聞是法。

---

① 梵藏本云:“當求菩提。”

② 梵藏本云:“小乘。”

③ 梵藏本云:“愛集而生。”晉本大同。

④ 梵藏本云:“但離無執。”晉本大同。

⑤ 梵藏本云:“廣爲宣傳。”

若人有能，信汝所説，則爲見我，亦見於汝，及比丘僧，并諸菩薩。
斯法華經，爲深智説，淺識聞之，迷惑不解。
一切聲聞，及辟支佛，於此經中，力所不及。
汝舍利弗，尚於此經，以信得入，況餘聲聞。
其餘聲聞，信佛語故，隨順此經，非己智分。
又舍利弗，憍慢懈怠，計我見者，莫説此經。
凡夫淺識，深著五欲，聞不能解，亦勿爲説。
若人不信，毁謗此經，則斷一切，世間佛種。
或復顰蹙，而懷疑惑，汝當聽説，此人罪報。
若佛在世，若滅度後，其有誹謗，如斯經典。
見有讀誦，書持經者，輕賤憎嫉，而懷結恨，此人罪報，汝今復聽。
其人命終，入阿鼻獄，具足一劫，劫盡更生，如是展轉，至無數劫。
從地獄出，當墮畜生，若狗野干，其形頞瘦。
黧黮疥癩，人所觸嬈，又復爲人，之所惡賤。
常困飢渴，骨肉枯竭，生受楚毒，死被瓦石，斷佛種故，受斯罪報。
若作駝駝，或生驢中，身常負重，加諸杖捶。
但念水草，餘無所知，謗斯經故，獲罪如是。
有作野干，來入聚落，身體疥癩，又無一目
爲諸童子，之所打擲，受諸苦痛，或時致死。
於此死已，更受蟒身，其形長大，五百由旬，聾騃無足，宛[①]轉腹行。
爲諸小蟲，之所咂食，晝夜受苦，無有休息，謗斯經故，獲罪如是。
若得爲人，諸根闇鈍，矬陋攣躄，盲聾背傴。
有所言説，人不信受，口氣常臭，鬼魅所著。
貧窮下賤，爲人所使，多病痟瘦，無所依怙。

① 原刻作"踠"，今依麗刻改。

雖親附人，人不在意，若有所得，尋復忘失。
若修醫道，順方治病，更增他疾，或復致死。
若自有病，無人救療，設服良藥，而復增劇。
若他反逆，抄劫竊盜，如是等罪，横罹[①]其殃。
如斯罪人，永不見佛，衆聖之王，説法教化。
如斯罪人，常生難處，狂聾心亂，永不聞法。
於無數劫，如恒河沙，生輒聾瘂，諸根不具。
常處地獄，如遊園觀，在餘惡道，如己舍宅，駝驢猪狗，是其行處。
謗斯經故，獲罪如是，若得爲人，聾盲瘖瘂，貧窮諸衰，以自莊嚴。
水腫乾痟，疥癩癰疽，如是等病，以爲衣服，身常臭處，垢穢不浄。
深著我見，增益瞋恚，淫欲熾盛，不擇禽獸，謗斯經故，獲罪如是。
告舍利弗，謗斯經者，若説其罪，窮劫不盡。
以是因緣，我故語汝，無智人中，莫説此經。
若有利根，智慧明了，多聞強識，求佛道者，如是之人，乃可爲説。
若人曾見，億百千佛，植諸善本，深心堅固，如是之人，乃可爲説。
若人精進，常修慈心，不惜身命，乃可爲説。
若人恭敬，無有異心，離諸凡愚，獨處山澤，如是之人，乃可爲説。
又舍利弗，若見有人，捨惡知識，親近善友，如是之人，乃可爲説。
若見佛子，持戒清潔，如浄明珠，求大乘經，如是之人，乃可爲説。
若人無瞋，質直柔輭，常愍一切，恭敬諸佛，如是之人，乃可爲説。
復有佛子，於大衆中，以清浄心，種種因緣。
譬喻言辭，説法無礙，如是之人，乃可爲説。
若有比丘，爲一切智，四方求法，合掌頂受。
但樂受持，大乘經典，乃至不受，餘經一偈，如是之人，乃可爲説。
如人至心，求佛舍利，如是求經，得已頂受。

① 原刻作“羅”，今依麗刻改。

其人不復，志求餘經，亦未曾念，外道典籍，如是之人，乃可爲説。
告舍利弗，我説是相，求佛道者，窮劫不盡。
如是等人，則能信解，汝當爲説，妙法華經。

信①解品第四

爾時，慧命須菩提、摩訶迦旃延、摩訶迦葉、摩訶目犍連從佛所聞未曾有法，世尊授舍利弗阿耨多羅三藐三藐提記，發希有心，歡喜踊躍，即從座起，整衣服偏袒右肩，右膝著地，一心合掌，曲躬恭敬，瞻仰尊顔，而白佛言：我等居僧之首，年並朽邁，自謂已得涅槃，無所堪任，不復進求阿耨多羅三藐三藐提。世尊往昔説法既久，我時在座，身體疲懈，但念空無相無作，於菩薩法遊戲神通凈佛國土，成就衆生，心不喜樂。所以者何？世尊令我等出於三界，得涅槃證。又今我等年已朽邁，於佛教化菩薩阿耨多羅三藐三菩提，不生一念好樂之心，我等今於佛前聞授聲聞阿耨多羅三藐三菩提記，心甚歡喜，得未曾有，不謂於今忽然得聞希有之法，深自慶幸獲大善利，無量珍寶不②求自得。世尊，我等今者樂説譬喻，以明斯義。譬若有人年既幼稚，捨父逃逝，久住他國，或十、二十至五十歲，年既長大，加復窮困，馳騁四方，以求衣食，漸漸遊行，還向本國。其父先來，求子不得，中止一城。其家大富，財寶無量，金銀瑠璃，珊瑚虎珀，頗梨珠等，其諸倉庫，悉皆盈溢，多有僮僕，臣佐吏民，象馬車乘，牛羊無數，出入息利，乃徧他國，商估賈客，亦甚衆多。時貧窮子遊諸衆聚落，經歷國邑，遂到其父所止之城。父每念子，與子離別五十餘年，而未曾向人説如此事，但自思惟，心懷悔恨。自念老

① 梵藏本品名同，晉本信樂品第四。

② 梵藏本此句云："未學未求未思自得，世尊善逝，我等今當勉爲説之。"

朽,多有財物,金銀珍寶,倉庫盈溢,無有子息,終没一旦,財物散失,無所委付,是以殷勤,每憶其子。復作是念:我若得子,委付財物,坦然快樂,無復憂慮。世尊,爾時窮子傭賃展轉,遇到父舍,住立門側,遥見其父,踞師子牀,寶几承足,諸婆羅門刹利居士,皆恭敬圍繞。以真珠瓔珞,價直千萬,莊嚴其身,吏民僮僕,手執白拂,侍立左右,覆以寶帳,垂諸華旛,香水灑地,散衆名華,羅列寶物,出内取與,有如是等種種嚴飾,威德特尊。窮子見父有大力勢,卽懷恐怖,悔來至此。竊作是念:此或是王,或是王等,非我傭力得物之處,不如往至貧里,肆力有地,衣食易得,若久住此,或見逼迫,強使我作。作是念已,疾走而去。時當長者於師子座見子便識,心大歡喜。卽作是念:我財物庫藏,今有所付,我常思念此子,無由見之,而忽自來,甚適我願。我雖年朽,猶故貪惜,卽遣傍人,急追將還。爾時,使者疾走往捉,窮子驚愕,稱怨大喚,我不相犯,何爲見捉?使者執之愈急,強牽將還。於時,窮子自念無罪而被囚執,此必定死,轉更惶怖,悶絶躃地。父遥見之而語使言:不須此人,勿強將來,以冷水灑面,令得醒悟,莫復與語。所以者何?父知其子志意下劣,自知豪貴爲子所難,審知是子,而以方便,不語他人云是我子。使者語之,我今放汝,隨意所趣。窮子歡喜,得未曾有,從地而起,往至貧里以求衣食。爾時,長者將欲誘引其子而設方便,密遣二人,形色憔悴無威德者。汝可詣彼徐語窮子,此有作處倍與汝直,窮子若許,將來使作。若言欲何所作,便可語之,雇汝除糞,我等二人,亦共汝作。時二使人卽求窮子,既已得之,具陳上事。爾時,窮子先取其價,尋與除糞,其父見子,愍而怪之。又以他日於窗牖中,遥見子身羸瘦憔悴,糞土塵坌,汙穢不淨,卽脱瓔珞細輭上服,嚴飾之具,更著麤弊垢膩之衣,塵土坌身。右手執持除糞之器,狀有所畏,語諸作人,汝等勤作,勿得懈息。以方便故,得近其子。後復告言:

咄！男子，汝常此作，勿復餘去，當加汝價。諸有所須，盆器米麪，鹽醋之屬，莫自疑難，亦有老弊使人須者相給，好自安意，我如汝父，勿復憂慮。所以者何？我年老大而汝少壯，汝常作時無有欺怠瞋恨怨言，都不見汝有此諸惡如餘作人，自今已後，如所生子。卽時，長者更與作字，名之爲兒。爾時，窮子雖欣此遇，猶故自謂客作賤人。由是之故，於二十年中，常令除糞。過是已後，心相體信，入出無難，然其所止，猶在本處。世尊，爾時長者有疾，自知將死不久，語窮子言：我今多有金銀珍寶，倉庫盈溢，其中多少所應取與，汝悉知之，我心如是，當體此意。所以者何？今我與汝，便爲不異，宜加用心，無令漏失。爾時，窮子卽受教敕，領知衆物金銀珍寶及諸庫藏，而無希取一餐之意。然其所止，故在本處，下劣之心，亦未能捨。復經少時，父知子意，漸以通泰，成就大志，自鄙先心。臨欲終時而命其子，并會親族國王大臣剎利居士，皆悉已集，卽自宣言：諸君當知，此是我子，我之所生，於某城中捨吾逃走，跉跰辛苦五十餘年，其本字某，我名某甲。昔在本城懷憂推覓，忽於此間遇會得之，此實我子，我實其父。今我所有一切財物皆是子有，先所出內，是子所知。世尊，是時窮子聞父此言卽大歡喜，得未曾有，而作是念：我本無心有所希求，今此寶藏，自然而至。世尊，大富長者則是如來，我等皆似佛子，如來常說我等爲子。世尊，我等以三苦故①，於生死中受諸熱惱，迷惑無知，樂著小法，今日世尊令我等思惟，蠲除諸法戲論之糞，我等於中勤加精進，得至涅槃一日之價。既得此已，心大歡喜，自以爲足，便自謂言，於佛法中勤精進故，所得弘多。然世尊先知我等心著弊欲，樂於小法，便見縱捨，不爲分別，汝等當有如來知見寶藏之分。世尊以方便力說如來智慧，我等從佛得涅槃一日之價，以爲大得於此大乘，無有志求，我等又因如來智慧爲

① 梵藏本次有句云："謂卽苦苦行苦壞苦。"

諸菩薩開示演説，而自於此無有志願。所以者何？佛知我等心樂小法，以方便力隨我等説，而我等不知真是佛子。今我等方知，世尊於佛智慧無所悋惜。所以者何？我等昔來真是佛子，而但樂小法，若我等有樂大之心，佛則爲我説大乘法。於[①]此經中唯説一乘，而昔於薩菩前毁呰聲聞樂小法者，然佛實以大乘教化，是故我等説本無心有所希，求今法王大寶自然而至，如佛子所應得者，皆已得之。爾時，摩訶迦葉欲重宣此義，而説偈言：

我等今日，聞佛音教，歡喜踊躍，得未曾有。
佛説聲聞，當得作佛，無上寶聚，不求自得。
譬如童子，幼稚無識，捨父逃逝，遠到他土。
周流諸國，五十餘年，其父憂念，四方推求。
求之既疲，頓止一城，造立舍宅，五欲自娱。
其家巨富，多諸金銀，車渠馬瑙，真珠瑠璃，象馬牛羊，輦輿車乘。
田業僮僕，人民衆多，出入息利，乃徧他國。
商估賈人，無處不有，千萬億衆，圍繞恭敬，常爲王者，之所愛念。
羣臣豪族，皆共宗重，以諸緣故，往來者衆。
豪富如是，有大力勢，而年朽邁，益憂念子。
夙夜惟念，死時將至，癡子捨我，五十餘年，庫藏諸物，當如之何。
爾時窮子，求索衣食，從邑至邑，從國至國。
或有所得，或無所得，飢餓羸瘦，體生瘡癬。
漸次經歷，到父住城，傭賃展轉，遂至父舍。
爾時長者，於其門内，施大寶帳，處師子座。
眷屬圍繞，諸人侍衛，或有計算，金銀寶物，出内財産，注記券疏。

① 勘梵藏本此二句意云：佛世尊以我等所作説有二類，所謂在菩薩前樂欲卑劣，然此仍爲化導廣大菩提，以佛深知我等樂欲故如此説。晉本大同。

窮子見父，豪貴尊嚴，謂是國王，若國王等，驚怖自怪，何故至此。
覆自念言，我若久住，或見逼迫，強驅使作。
思惟是已，馳走而走，借問貧里，欲往傭作。
長者是時，在師子座，遥見其子，默而識之，卽敕使者，追捉將來。
窮子驚唤，迷悶躃地，是人執我，必當見殺，何用衣食，使我至此。
長者知子，愚癡陿劣，不信我言，不信是父。
卽以方便，更遣餘人，眇目矬陋，無威德者。
汝可語之，云當相雇，除諸糞穢，倍與汝價。
窮子聞之，歡喜隨來，爲除糞穢，浄諸房舍。
長者於牖，常見其子，念子愚劣，樂爲鄙事。
於是長者，著弊垢衣，執除糞器，往到子所，方便附近，語令勤作。
既益汝價，并塗足油，飲食充足，薦席厚煖。
如是苦言，汝當勤作，又以軟語，若如我子。
長者有智，漸令入出，經二十年，執作家事。
示其金銀，真珠頗梨，諸物出入，皆使令知。
猶處門外，止宿草庵，自念貧事，我無此物。
父知子心，漸已曠大，欲與財物，卽聚親族。
國王大臣，刹利居士，於此大衆，説是我子。
捨我他行，經五十歲，自見子來，已二十年。
昔於某城，而失是子，周行求索，遂來至此。
凡我所有，舍宅人民，悉以付之，恣其所用。
子念昔貧，志意下劣，今於父所，大獲珍寶。
并及舍宅，一切財物，甚大歡喜，得未曾有。
佛亦如是，知我樂小，未曾説言，汝等作佛。
而説我等，得①諸無漏，成就小乘，聲聞弟子。

① 梵藏本缺此二句。

佛敕我等,説最上道,修習此者,當得成佛。

我承佛教,爲大菩薩,以諸因缘,種種譬喻,若干言辭,説無上道。

諸佛子等,從我聞法,日夜思惟,精勤修習。

是時諸佛,即授其記,汝於來世,當得作佛。

一切諸佛,祕藏之法,但爲菩薩,演其實事,而不爲我,説斯真要。

如彼窮子,得近其父,雖知諸物,心不希取。

我等雖説,佛法寶藏,自無志願,亦復如是。

我等内滅,自謂爲足,唯了此事,更無餘事。

我等若聞,浄佛國土,教化衆生,都無欣樂。

所以者何?一切諸法,皆悉空寂,無生無滅。

無[①]大無小,無漏無爲,如是思惟,不生喜樂。

我等長夜,於佛智慧,無貪無著,無復志願。

而自於法[②],謂是究竟,我等長夜,修習空法。

得脱三界,苦惱之患,住[③]最後身,有餘湼槃。

佛所教化,得道不虚,則爲已得,報佛之恩。

我等雖爲,諸佛子等,説菩薩法,以求佛道,而於是法,永無願樂。

導師見捨,觀我心故,初不勸進,説有實利。

如富長者,知子志劣,以方便力,柔伏其心,然後乃付,一切財物。

佛亦如是,現希有事,知樂小者,以方便力,調伏其心,乃教大智。

我等今日,得未曾有,非先所望,而今自得。

如彼窮子,得無量寶,世尊我今,得道得果,於無漏法,得清浄眼。

我等長夜,持佛浄戒,始於今日,得其果報。

---

① 梵藏本云:"諸法都無。"

② 梵藏本云:"湼槃。"

③ 梵藏本缺此二句及次一頌。

法王法中，久修梵行，今得無漏，無上大果。

我等今者，真[1]是聲聞，以佛道聲，令一切聞。

我等今者，真阿羅漢，於諸世間，天人魔梵，普於其中，應受供養。

世尊大恩，以希有事，憐愍教化，利益我等，無量億劫，誰能報者。

手足供給，頭頂禮敬，一切供養，皆不能報。

若以頂戴，兩肩荷負，於恆沙劫，盡心恭敬。

又以美膳，無量寶衣，及諸卧具，種種湯藥，牛頭栴檀，及諸珍寶，以起塔廟，寶衣布地。

如斯等事，以用供養，於恆沙劫，亦不能報。

諸佛希有，無量無邊，不可思議，大神通力。

無漏無爲，諸法之王，能爲下劣，忍於斯事。

取相凡夫，隨宜爲説，諸佛於法，得最自在。

知諸衆生，種種欲樂，及其志力，隨所堪任，以無量喻，而爲説法。

隨[2]諸衆生，宿世善根，又知成熟，未成熟者。

種種籌量，分别知已，於一乘道，隨宜説三。

妙法蓮華經卷第三

藥[3]草喻品第五

爾時，世尊告摩訶迦葉及諸大弟子，善哉善哉！迦葉善説如來真實功德，誠如所言。如來復有無量無邊阿僧祇功德，汝等若於無

① 梵藏本云："是聖菩提。"

② 梵藏本此二句云："顯正菩提種種説法。"晉本大同。

③ 梵藏本作藥草品第五，晉本同。

量億劫說不能盡。迦葉，當知如來是諸法之王，若①有所說皆不虛也，於一切法以智方便而演說之，其所說法皆悉到於一切智地。如來觀知一②切諸法之所歸趣，亦③知一切衆生深心所行，通達無礙，又於諸法究盡明了，示諸衆生一切智慧④。迦葉，譬如三千大千世界山川谿谷土地所生卉木、叢林及諸藥草，種類若干，名色各異，密雲彌布，徧覆三千大千世界，一時等澍，其澤普洽卉木、叢林及諸藥草。小根小莖，小枝小葉，中根中莖，中枝中葉，大根大莖，大枝大葉，諸樹大小，隨上中下，各有所受。一雲所雨，稱其種性而得生長華果敷實，雖一地所生，一雨所潤，而諸草木各有差別。迦葉，當知如來亦復如是，出現於世，如大雲起，以⑤大音聲普徧世界天人阿修羅，如彼大雲徧覆三千大千國土。於大衆中而唱是言：我是如來、應供、正徧知、明行足、善逝、世間解、無上士、調御丈夫、天人師、佛世尊，未度者令度，未解者令解，未安者令安，未涅槃者令得涅槃。今世後世，如實知之，我是一切知者，一切見者，知⑥道者，開道者，說道者。汝等天人阿修羅衆，皆應到此，爲聽法故。爾時，無數千萬億種衆生來至佛所而聽法，如來於時觀是衆生諸根利鈍精進懈怠，隨其所堪而爲說法種種無量，皆令歡喜快得善利，是諸衆生聞是法已，現世安隱，後生善處，以道受樂，亦得聞法。既聞法已，離諸障礙，於諸法中任力所能，漸得入道。如彼大雲雨，於一切

---

① 梵藏本此二句云："所安立法皆如所應，如來知一切法，而以如來智建立之。"

② 梵藏本云："一切法義次第。"

③ 梵藏本此句云："得一切法增上意樂，得一切法決擇方便勝智。"晉本大同。

④ 梵藏本次云："令入一切智慧，安立一切智慧。"

⑤ 梵藏本云："以一音聲，使其遍解。"

⑥ 梵藏本此三語在"聽法"下云："我當開道、知道、說道。"

卉木、叢林及諸藥草，如其種性，具足蒙潤，各得生長。如來說法①，一相一味，所謂解脱相、離②相、滅相，究竟至於一切種智。其有衆生聞如來法，若持讀誦如説修行，所得功德不自覺知。所以者何？唯有如來知此衆生種③相體性，念何事、思何事、修何事。云何念？云何思？云何修？以何法念？以何法思？以何法修？以何法得何法？衆生住於種種之地，唯有如來如實見之，明了無礙。如彼卉木、叢林、諸藥草等，而不自知上中下性。如來知④是一相一味之法，所謂解脱相、離相、滅相，究竟涅槃常寂滅相終歸於空。佛知是已，觀衆生心欲而將護之，是故不即爲説一切種智。汝等迦葉，甚爲希有，能⑤知如來隨宜説法，能信能受。所以者何？諸佛世尊隨宜説法，難解難知。爾時，世尊欲重宣此義，而説偈言：

破有法王，出現世間，隨衆生欲，種種説法。
如來尊重，智慧深遠，久默斯要，不務速説。
有⑥智若聞，則能信解，無智疑悔，則爲永失。
是故迦葉，隨力爲説，以種種緣⑦，令得正見。
迦葉當知，譬如大雲，起於世間，徧覆一切。
慧雲含潤，電光晃曜，雷聲遠震，令衆悦豫。
日光揜蔽，地上清涼，靉靆垂布，如可承攬。
其雨普等，四方俱下，流澍無量，率土充洽。

① 梵藏本云：“一切法一味。”
② 梵藏本云：“離欲相。”
③ 勘梵藏本此四句云：“此等是何如何何似？思何，云何思，以何思？修何，云何修，以何修？得何，云何得，以何得？”晉本大同，均無念義。
④ 梵藏本云：“於一地空所行，知諸法皆一味。”
⑤ 梵藏本云：“不能知。”
⑥ 梵藏本此二句云：“此智難知，凡夫聞之。”
⑦ 梵藏本云：“異義。”

山川險谷，幽邃所生，卉木藥草，大小諸樹。

百穀苗稼，甘蔗蒲萄，雨之所潤，無不豐足，乾地普洽，藥木並茂。

其雲所出，一味之水，草木叢林，隨分受潤。

一切諸樹，上中下等，稱其大小，各得生長。

根莖枝葉，華果光色，一雨所及，皆得鮮澤。

如其體相，性分大小，所潤是一，而各滋茂。

佛亦如是，出現於世，譬如大雲，普覆一切。

既出於世，爲諸衆生，分别演説，諸法之實。

大聖世尊，於諸天人，一切衆中，而宣是言。

我爲如來，兩足之尊，出於世間，猶如大雲。

充潤一切，枯槁衆生，皆令離苦，得安隱樂，世間之樂，及涅槃樂。

諸天人衆，一心善聽，皆應到此，覲無上尊。

我爲世尊，無能及者，安隱衆生，故現於世。

爲大衆説，甘露浄法，其法一味，解脱涅槃。

以一妙音，演暢斯義，常爲大乘①，而作因緣。

我觀一切，普皆平等，無有彼此，愛憎之心。

我無貪著，亦無限礙，恆爲一切，平等説法。

如爲一人，衆多亦然，常演説法，曾無他事，去來坐立，終不疲厭。

充足世間，如雨普潤，貴賤上下，持戒毁戒。

威儀具足，及不具足，正見邪見。

利根鈍根，等雨法雨，而無懈倦。

一切衆生，聞我法者，隨力所受，住於諸地。

或處人天，轉輪聖王，釋梵諸王②。

是小藥草，知無漏法，能得涅槃，起六神通，及得三明。

① 梵藏本云："菩提。"

② 勘梵藏本此下有一頌云："此等小草及世諸小中大藥草，今説當聽。"次乃分説三草譬喻。晉本大同。今譯改文。

獨處山林，常行禪定，得緣覺證，是中藥草。

求世尊處，我當作佛，行精進定，是上藥草。

又諸佛子，專心佛道，常行慈悲，自知作佛，決定無疑，是名小①樹。

安住神通，轉不退輪，度無量億，百千衆生，如是菩薩，名爲大②樹。

佛平等説，如一味雨，隨衆生性，所受不同，如彼草木，所稟各異。

佛以此喻，方便開示，種種言辭，演説一法，於佛智慧，如海一滴。

我雨法雨，充滿世間，一味之法，隨力修行。

如彼叢林，藥草諸樹，隨其大小，漸增茂好。

諸佛之法，常以一味，令諸世間，普得具足，漸次修行，皆得道果③。

聲聞緣覺，處於山林，住最後身，聞法得果，是名藥草，各得增長。

若諸菩薩，智慧堅固，了達三界，求最上乘，是名小樹，而得增長。

復有住禪，得神通力，聞諸法空，心大歡喜。

放無數光，度諸衆生，是名大樹，而得增長。

如是迦葉，佛所説法，譬如大雲，以一味雨，潤於人華，各得成實。

迦葉當知，以諸因緣，種種譬喻，開示佛道，是我方便，諸佛亦然。

今爲汝等，説最實事，諸聲聞衆，皆非滅度。

汝等所行，是菩薩道，漸漸修學，悉當成佛④。

① 梵藏本但云:“樹”，晉本同。

② 晉本云:“大林樹。”

③ 勘梵藏本次云:“喻如草等，善爲生長。”晉本大同。今譯文略。

④ 梵藏本此下均有長行及頌各一大段:“説如日月，平等遍照，佛説法等，亦無三乘，隨根施設，如器盛物。”又説“三乘等得涅槃，譬如生盲得眼”云云。晉本、隋本均同。但基師玄贊卷一評云:“論所不解，無顺成理。”按論牒，經凡有七喻，無此日月遍照等譬，此文當係後時增出。

授①記品第六

爾時，世尊說是偈已，告諸大衆唱如是言：我此弟子摩訶迦葉，於未來世當得奉覲三百萬億諸佛世尊，供養恭敬，尊重讚歎，廣宣諸佛無量大法，於最後身得成爲佛，名曰光明如來、應供、正徧知、明行足、善逝、世間解、無上士、調御丈夫、天人師、佛世尊，國名光德，劫名大莊嚴。佛壽十二小劫，正法住世二十小劫，像法亦住二十小劫，國界嚴飾，無諸穢惡，瓦礫荊棘，便利不淨，其土平正，無有高下，坑坎堆阜，瑠璃爲地，寶樹行列，黄金爲繩，以界道側，散諸寶華，周徧清淨。其國菩薩，無量千億，諸聲聞衆，亦復無數，無有魔事，雖有魔及魔民，皆護佛法。爾時，世尊欲重宣此義，而說偈言：

告諸比丘，我以佛眼，見是迦葉，於未來世，過無數劫，當得作佛。
而於來世，供養奉覲，三百萬億，諸佛世尊，爲佛智慧，淨修梵行。
供養最上，二足尊已，修習一切，無上之慧，於最後身，得成爲佛。
其土清淨，瑠璃爲地，多諸寶樹，行列道側。
金繩界道，見者歡喜，常出好香，散衆名華。
種種奇妙，以爲莊嚴，其地平正，無有丘坑。
諸菩薩衆，不可稱計，其心調柔，逮大神通，奉持諸佛，大乘經典。
諸聲聞衆，無漏後身，法王之子，亦不可計，乃以天眼，不能數知。
其佛當壽，十二小劫，正法住世，二十小劫。
像法亦住，二十小劫，光明世尊，其事如是。

爾時，大目犍連、須菩提摩訶迦旃延等，皆悉悚慄，一心合掌，瞻仰尊顏，目不暫捨。即共同聲而說偈言：

① 梵藏本作聲聞受記品第六，晉本授聲聞決品第六。

大雄猛世尊,諸釋之法王,哀愍我等故,而賜佛音聲。

若知我深心,見爲授記者,如以甘露灑,除熱得清涼。

如從饑國來,忽遇大王膳,心猶懷疑懼,未敢卽便食,若復得王教,然後乃敢食①。

我等亦如是,每惟小乘過,不知當云何,得佛無上慧。

雖聞佛音聲,言我等作佛,心尚懷憂懼,如未敢便食,若②蒙佛授記,爾乃快安樂。

大雄猛世尊,常欲安世間,願賜我等記,如飢須教食。

爾時,世尊知諸大弟子心之所念,告諸比丘:是須菩提,於當來世奉覲三百萬億那由他佛,供養恭敬,尊重讚歎,常修梵行,具菩薩道,於最後身得成爲佛,號曰名③相如來、應供、正徧知、明行足、善逝、世間解、無上士、調御丈夫、天人師、佛世尊,劫名有寶,國名寶生,其土平正,頗梨爲地,寶樹莊嚴,無諸丘坑,沙礫荆棘,便利之穢,寶華覆地,周徧清淨。其土人民,皆處寶臺,珍妙樓閣,聲聞弟子無量無邊算數,譬喻所不能知,諸菩薩衆無數千萬億那由他。佛壽十二小劫,正法住世二十小劫,像法亦住二十小劫。其佛常處虚空,爲衆説法,度脱無量菩薩及聲聞衆。爾時,世尊欲重宣此義,而説偈言:

諸比丘衆,今告汝等,皆當一心,聽我所説。

我大弟子,須菩提者,當得作佛,號④曰名相。

當供無數,萬億諸佛,隨佛所行,漸具大道。

---

① 梵藏本此頌云:“如諸饑國人,忽得美飲食,指示且説言,我今得佳膳。”

② 勘梵藏本原爲一頌,今譯文略。

③ 梵藏本云:“月頂。”

④ 梵藏本缺此句。

最後身德，三十二相，端正姝妙，猶如寶[1]山。

其佛國土，嚴淨第一，衆生見者，無不愛樂，佛於其中，度無量衆。

其佛法中，多諸菩薩，皆悉利根，轉不退輪，彼國常以，菩薩莊嚴。

諸聲聞衆，不可稱數，皆得三明，具六神通，住八解脱，有大威德。

其佛説法，現於無量，神通變化，不可思議。

諸天人民，數如恆沙，皆共合掌，聽受佛語。

其佛當壽，十二小劫，正法住世，二十小劫，像法亦住，二十小劫。

爾時，世尊復告諸比丘衆：我今語汝，是大迦旃延於當來世以諸供具供養奉事八千億佛，恭敬尊重。諸佛滅後，各起塔廟，高千由旬，縱廣正等，五百由旬。以金、銀、瑠璃、車渠、馬瑙、真珠、玫瑰，七寶合成，衆華瓔珞，塗香末香燒香，繒蓋幢旛，供養塔廟。過是已後，當復供養二萬億佛，亦復如是。供養是諸佛已，具菩薩道，當得作佛，號曰閻浮那提金光如來、應供、正徧知、明行足、善逝、世間解、無上士、調御丈夫、天人師、佛世尊。其土平正，頗梨爲地，寶樹莊嚴，黄金爲繩，以界道側，妙華覆地，周徧清淨，見者歡喜。無四惡道，地獄、餓鬼、畜生、阿修羅道。多有天人諸聲聞衆，及諸菩薩無量萬億莊嚴其國。佛壽十二小劫，正法住世二十小劫，像法亦住二十小劫。爾時，世尊欲重宣此義，而説偈言：

諸比丘衆，皆一心聽，如我所説，真實無異。

是迦旃延，當以種種，妙好供具，供養諸佛。

諸佛滅後，起七寶塔，亦以華香，供養舍利。

其最後身，得佛智慧，成等正覺，國土清淨，度脱無量，萬億衆生。

皆爲十方，之所供養，佛之光明，無能勝者，其佛號曰，閻浮金光。

菩薩聲聞，斷一切有，無量無數，莊嚴其國。

爾時，世尊復告大衆：我今語汝，是大目犍連當以種種供具供

---

① 梵藏本云："金塔。"

養八[①]十諸佛恭敬尊重，諸佛滅後，各起塔廟，高千由旬，縱廣正等五百由旬。以金、銀、瑠璃、車渠、馬瑙、真珠、玫瑰七寶合成，衆華瓔珞，塗香末香燒香，繒蓋幢旛，以用供養。過是已後，當復供養二百萬億諸佛，亦復如是。當得成佛，號曰多摩羅跋旃檀香如來、應供、正徧知、明行足、善逝、世間解、無上士、調御丈夫、天人師、佛世尊，劫名喜滿，國名意樂。其土平正，頗梨爲地，寶樹莊嚴，散真珠華，周徧清淨，見者歡喜，多諸天人，菩薩聲聞其數。無量。佛壽二十四小劫，正法住世四十小劫，像法亦住四十小劫，爾時，世尊欲重宣此義，而說偈言：

我此弟子，大目犍連，捨是身已，得見八千，二百萬億，諸佛世尊，爲佛道故，供養恭敬。

於諸佛所，常修梵行，於無量劫，奉持佛法，諸[②]佛滅後，起七寶塔。

長表金刹，華香伎樂，而以供養，諸佛塔廟。

漸漸具足，菩薩道已，於意樂國，而得作佛，號多摩羅，栴檀之香。

其佛壽命，二十四劫，常爲天人，演說佛道。

聲聞無量，如恒河沙，三明六通，有大威德。

菩薩無數，志固精進，於佛智慧，皆不退轉。

佛滅度後，正法當住，四十小劫，像法亦爾。

我諸弟子，威德具足，其數五百，皆當授記。

於未來世，咸得成佛，我及汝等，宿世因緣，吾今當說，汝等善聽。

化[③]城喻品第七

佛告諸比丘，乃往過去無量無邊不可思議阿僧祇劫，爾時有佛

① 梵藏本云："二萬八千佛。"

② 勘梵藏本原爲一頌，今譯文略。

③ 梵藏本作過去行品第七，晉本往古品第七。

名大通智勝如來、應供、正徧知、明行足、善逝、世間解、無上士、調御丈夫、天人師、佛世尊、其國名好① 城,劫名大相。諸比丘,彼佛滅度已來,甚大久遠,譬如三千大千世界所有地種,假使有人磨以爲墨②,過於東方千國土乃下一點大如微塵,又過千國土復下一點,如是展轉盡地種墨。於汝等意云何是諸國土,若算師若算師弟子,能得邊際知其數不?不也,世尊。諸比丘,是人所經國土,若點不點,盡③抹爲塵,一塵一劫。彼佛滅度已來,復過是數無量無邊百千萬億阿僧祇劫,我以如來知見力故,觀彼久遠,猶若今日。爾時,世尊欲重宣此義,而說偈言:

我念過去世,無量無邊劫,有佛兩足尊,名大通智勝。

如人以力磨,三千大千土,盡此諸地種,皆悉以爲墨,過於千國土,乃下一塵點。

如④是展轉點,盡此諸塵墨。

如是諸國土,點與不點等,復盡抹爲塵,一塵爲一劫。

此諸微塵數,其劫復過是,彼佛滅度來,如是無量劫。

如來無礙智,知彼佛滅度,及聲聞菩薩,如見今滅度。

諸比丘當知,佛智净微妙,無漏無所礙,通達無量劫。

佛告諸比丘,大通智勝佛壽五百四十萬億那由他劫。其佛本坐道場破魔軍已,垂得阿耨多羅三藐三菩提,而諸佛法不現在前。如是一小劫乃至十小劫結跏趺坐身心不動,而諸佛法猶不在前。爾時,忉利諸天先爲彼佛於菩提樹下敷師子座,高一由旬,佛於此坐當得阿耨多羅三藐三菩提。適坐此座時,諸梵天王雨衆天華面

① 梵藏本云:“出生。”

② 梵藏本云:“粉末”,晉本云:“塵”。

③ 梵藏本此二句云:“其數若干,雖數師友弟子所能了解,而大通佛滅後,所經千萬億劫,則不能知。”

④ 勘梵藏本原爲一頌,今譯文略。

百由旬,香風時來,吹去萎華,更雨新者。如是不絶,滿十小劫,供養於佛,乃至滅度,常雨此華。四王諸天爲供養佛,常擊天鼓,其餘諸天作天伎樂,滿十小劫,至於滅度,亦復如是。諸比丘,大通智勝佛過十小劫,諸佛之法乃現在前,成阿耨多羅三藐三菩提。其佛未出家時,有十六子,其第一者名曰智積,諸子各有種種珍異玩好之具,聞父得成阿耨多羅三藐三菩提,皆捨所珍往詣佛所,諸母涕①泣而隨送之。其祖轉輪聖王與一百大臣及餘百千萬億人民,皆共圍繞隨至道場,咸欲親近大通智勝如來供養恭敬,尊重讚歎。到已,頭面禮足;繞佛畢已,一心合掌,瞻仰世尊,以偈頌曰:

大威德世尊,爲度衆生故,於無量億歲,爾乃得成佛,諸願已具足,善②哉吉無上。

世尊甚希有,一坐十小劫,身體及手足,静然安不動。

其心常憺怕,未曾有散亂,究竟永寂滅,安住無漏法。

今者見世尊,安隱成佛道,我等得善利,稱慶大歡喜。

衆生常苦惱,盲瞑無導師,不識苦盡道,不知求解脱。

長夜增惡趣,減損諸天衆,從冥入於冥,永不聞佛名。

今佛得最上,安隱③無漏道,我等及天人,爲得最大利,是故咸稽首,歸命無上尊。

爾時,十六王子偈讚佛已,勸請世尊轉於法輪。咸作是言:世尊説法多所安隱,憐愍饒益諸天人民。重説偈言:

世雄無等倫,百福自莊嚴,得無上智慧,願爲世間説。

度脱於我等,及諸衆生類,爲分别顯示,令得是智慧,若我等得佛,衆生亦復然。

---

① 梵藏本無此語。

② 梵藏本云:"具六通無上。"

③ 梵藏本云:"無漏位",音訓云:應作"無漏法"。

世尊知衆生，深心之所念，亦知所行道，又知智慧力。

欲樂及修福，宿命所行業，世尊悉知已，當轉無上輪。

佛告諸比丘，大通智勝佛得阿耨多羅三藐三菩提時，十方各年百萬億諸佛世界六種震動，其國中間幽冥之處日月威光所不能照而皆大明，其中衆生各得相見。咸作是言：此中云何忽生衆生？又其國界諸天宮殿乃至梵宮六種震動，大光普照徧滿世界勝諸天光。爾時，東方五百萬億諸國土中梵天宮殿光明照曜倍於常明，諸梵天王各作是念：今者宮殿光明昔所未有，以何因緣而現此相？是時，諸梵天王卽各相詣共議此事。時彼衆中，有一大梵天王名救一切，爲諸梵衆而說偈言：

我①等諸宮殿，光明昔未有，此是何因緣，宜各共求之，爲大德天生。

爲佛出世間，而此大光明，徧照於十方。

爾時，五百萬億國土，諸梵天王與宮殿，俱各②以衣祴盛諸天華，共詣西方推尋是相。見大通智勝如來處於道場菩提樹下，坐師子座，諸天、龍王、乾闥婆、緊那羅、摩睺羅伽、人非人等恭敬圍繞，及見十六王子請佛轉法輪，卽時諸梵天王頭面禮佛，繞百千帀卽，以天華而散佛上。其所散華，如須彌山，并以供養佛菩提樹，其菩提樹高十由旬。華供養已，各以宮殿奉上彼佛，而作是言：惟見哀愍饒益我等，所獻宮殿願垂納處，時諸梵天王卽於佛前，一心同聲，以偈頌曰：

世尊甚希有，難可德值遇，具無量功德，能救護一切。

天人之大師，哀愍於世間，十方諸衆生，普皆蒙饒益。

---

① 勘梵藏本，此下原作三頌，今譯文略。

② 梵藏本云："各住天宮，盛飾天華。"次下各段均同。

我等所從來,五百萬億國,捨①深禪定樂,爲供養佛故。

我等先世福,宮殿甚嚴飾,今以奉世尊,惟願哀納受。

爾時,諸梵天王偈讚佛已,各作是言:惟願世尊轉於法輪,度脱衆生,開涅槃道②。時諸梵天王一心同聲,而説偈言:

世雄兩足尊,惟願演説法,以大慈悲力,度苦惱衆生③。

爾時,大通智勝如來默然許之。又諸比丘東南方五百萬億國土諸大梵王,各自見宮殿光明照曜,昔所未有,歡喜踊躍,生希有心,即各相詣,共議此事。時彼衆中有一大梵天王,名曰大悲,爲諸梵衆,而説偈言:

是事何因緣,而現如此相,我等諸宮殿,光明昔未有。

爲④大德天生,爲佛出世間,未曾見此相,當共一心來。

過千萬億土,尋光共推之,多是佛出世,度脱苦衆生。

爾時,五百萬億諸梵天王與宮殿,俱各以衣裓盛諸天華,共詣西北方推尋是相,見大通智勝如來處於道場菩提樹下,坐師子座,諸天、龍王、乾闥婆、緊那羅、摩睺羅伽、人非人等恭敬圍繞,及見十六王子請佛轉法輪。時諸梵天王頭面禮佛,繞百千帀,即以天華而散佛上,所散之華如須彌山,并以供養佛菩提樹。華供養已,各以宮殿奉上彼佛,而作是言:惟見哀愍,饒益我等,所獻宮殿,願垂納受。爾時,諸梵天王即於佛前一心同聲,以偈頌曰:

聖主天中王,迦陵頻伽聲,哀愍衆生者,我等今敬禮。

---

① 梵藏本此句云:"捨棄諸宮殿。"

② 梵藏本此下有文云:"爲解脱衆生,哀愍世間,饒益天人等故,爲天魔梵世等説正法。"

③ 梵藏本次有一頌云:"世間燈難得,猶如優曇華,大雄今出世,願如來説法。"

④ 勘梵藏本此下原爲四頌,今譯文略。

世①尊甚希有，久遠乃一現。

一②百八十劫，空過無有佛，三惡道充滿，諸天衆減少。

今佛出於世，爲衆生作眼，世間所歸趣，救護於一切。

爲衆生之父，哀愍饒益者，我等宿福慶，今得值世尊。

爾時，諸梵天王偈讚佛已，各作是言：惟願世尊哀愍一切，轉於法輪，度脱衆生③。時諸梵天王一心同聲，而説偈言：

大聖轉法輪，顯④示諸法相，度苦惱衆生，令得大歡喜。

衆生聞此法，得道若生天，諸⑤惡道減少，忍善者增益。

爾時，大通智勝如來默然許之。又諸比丘南方五百萬億國土諸大梵王，各自見宫殿光明照曜，昔所未有，歡喜踊躍，生希有心，即各相詣，共議此事：以何因緣，我等宫殿有此光曜？時彼衆中，有一大梵天王，名曰妙法，爲諸梵衆而説偈言：

我等諸宫殿，光明甚威曜，此非無因緣，是相宜求之。

過於百千劫，未曾見是相，爲大德天生，爲佛出世間。

爾時，五百萬億諸梵天王與宫殿，俱各以衣裓盛諸天華，共詣北方推尋是相，見大通智勝如來處於道場菩提樹下，坐師子座，諸天、龍王、乾闥婆、緊那羅、摩睺羅伽、人非人等恭敬圍繞，及見十六王子請佛轉法輪。時諸梵天王頭面禮佛，繞百千帀，即以天華而散佛上，所散之華如須彌山，并以供養佛菩提樹。華供養已，各以宫殿奉上彼佛，而作是言：惟見哀愍，饒益我等，所獻宫殿，願垂納受。爾時，諸梵天王即於佛前一心同聲，以偈頌曰：

---

① 勘梵藏本原爲一頌，今譯文略。

② 梵藏本云："八十億劫。"

③ 梵藏本此下文句全同前段。

④ 梵藏本云："爲十方説法。"

⑤ 梵藏本云："棄諸非天道。"

世尊甚難見，破諸煩惱者，過百①三十劫，今乃得一見。
諸飢渴衆生，以法雨充滿，昔所未曾覩，無量智慧者，
如優曇鉢華，今日乃值遇。
我等諸宮殿，蒙光故嚴飾，世尊大慈愍，惟願垂納受。

爾時，諸梵天王偈讚佛已，各作是言：惟②願世尊轉於法輪，令一切世間諸天魔梵沙門婆羅門，皆獲安隱而得度脱。時諸梵天王一心同聲，以偈頌曰：

惟願天人尊，轉無上法輪，擊於大法鼓，而吹大法螺。
普雨大法雨，度無量衆生，我等咸歸請，當演深遠音。

爾時，大通智勝如來默然許之。西南方乃至下方，亦復如是。爾時，上方五百萬億國土諸大梵王，皆悉自覩所止宮殿光明威曜，昔所未有，歡喜踊躍，生希有心。卽各相詣，共議此事：以何因緣，我等宮殿有斯光明？時彼衆中，有一大梵天王，名曰尸棄，爲諸梵衆而説偈言：

今以何因緣，我等諸宮殿，威德光明曜，嚴飾未曾有。
如③是之妙相，昔所未聞見，爲大德天生，爲佛出世間。

爾時，五百萬億諸梵天王與宮殿，俱各以衣裓盛諸天華，共詣下方推尋是相，見大通智勝如來處於道場菩提樹下，坐師子座，諸天、龍王、乾闥婆、緊那羅、摩睺羅伽、人非人等，恭敬圍繞，及見十六王子請佛轉法輪。時諸梵天王頭面禮佛，繞百千帀，卽以天華而散佛上，所散之華如須彌山，并以供養佛菩提樹。華供養已，各以宮殿奉上彼佛，而作是言；惟見哀愍，饒益我等，所獻宮殿，願垂納處。時諸梵天王，卽於佛前一心同聲，以偈頌曰：

---

① 梵藏本云："百千劫。"
② 梵藏本此下文句全同前段。
③ 勘梵藏本原爲二頌，今譯文略。

善哉見諸佛，救世之聖尊，能於三界獄，勉出諸衆生。

普智天人尊，哀①愍羣萌類，能開甘露門，廣度於一切。

於昔無量劫，空過無有佛，世尊未出時，十方常闇瞑，三②惡道增長，阿修羅亦盛。

諸天衆轉減，死多墮惡道，不從佛聞法，常行不善事。

色力及智慧，斯等皆減少，罪業因緣故，失樂及樂想。

住於邪見法，不識善儀則，不蒙佛所化，常墮於惡道。

佛爲世間眼，久遠時乃出，哀愍諸衆生，故現於世間。

超出成正覺，我等甚欣慶，及餘一切衆，喜歎未曾有。

我等諸宮殿，蒙光故嚴飾，今以奉世尊，惟垂哀納受。

願以此功德，普及於一切，我等與衆生，皆共成佛道。

爾時，五百萬億諸梵天王偈讚佛已，各白佛言：惟③願世尊轉於法輪，多所安隱，多所度脱。時諸梵天王而説偈言：

世尊轉法輪，擊甘露法鼓，度苦惱衆生，開示湼槃道。

惟願受我請，以大微妙音，哀愍而敷演，無量劫習法。

爾時，大通智勝如來受十方諸梵天王及十六王子請，即時三轉十二行法輪，若沙門婆羅門、若天魔梵、及餘世間所不能轉。謂是苦、是苦集、是苦滅、是苦滅道，及廣説十二因緣法：無明緣行，行緣識，識緣名色，名色緣六入，六入緣觸，觸緣受，受緣愛，愛緣取，取緣有，有緣生，生緣老死憂悲苦惱④。無明滅則行滅，行滅則識滅，識滅則名色滅，名色滅則六入滅，六入滅則觸滅，觸滅則受滅，受滅則愛滅，愛滅則取滅，取滅則有滅，有滅則生滅，生滅則老死憂悲苦

---

① 梵藏本云："眼觀於十方。"

② 勘梵藏本原爲一頌，今譯文略。

③ 梵藏本此下文句全同前段。

④ 梵藏本次有句云："如是則大苦蘊生。"晉本大同。

惱滅①。佛於天人大衆之中説是法時，六百萬億那由他人以不②受一切法故，而於諸漏心得解脱，皆得深妙禪定，三明六通，具八解脱。第二第三第四説法時，千萬億恆河沙那由他等衆生，亦以不受一切法故，而於諸漏心得解脱。從是已後，諸聲聞衆無量無邊不可稱數。爾時，十六王子皆以童子出家而爲沙彌，諸根通利，智慧明了。已曾供養百千萬億諸佛净修梵行，求阿耨多羅三藐三菩提，俱白佛言：世尊，是諸無量千萬億大德聲聞皆已成就，世尊③亦當爲我等説阿耨多羅三藐三菩提法，我等聞已皆共修學。世尊，我等志願如來知見，深心所念佛自證知。爾時，轉輪聖王所將衆中八萬億人見十六王子出家，亦求出家，王卽聽許。爾時，彼佛受沙彌請過二萬劫已。乃於四衆之中，説是大乘經名妙法蓮華，教菩薩法，佛所護念。説是經已，十④六沙彌爲阿耨多羅三藐三菩提故，皆共受持諷誦通利。説是經時，十六菩薩沙彌皆悉信受，聲聞衆中亦有信解，其餘衆生千萬億種皆生疑惑。佛説是經於八⑤千劫未曾休廢，説此經已，卽入静室住於禪定八萬四千劫。是時，十六菩薩沙彌知佛入室寂然禪定，各升法座，亦於八萬四千劫爲四部衆廣説分别妙法華經，一一皆度六百萬億那由他恆河沙等衆生，示教利喜，令發阿耨多羅三藐三菩提心。大通智勝佛過八萬四千劫已，從三昧起，往詣法座，安詳而坐，普告大衆，是十六菩薩沙彌甚爲希有，諸根通利，智慧明了，已曾供養無量千萬億數諸佛，於諸佛所常修梵行，受持佛智，開示衆生，令入其中，汝等皆當數數親近而供養之。所以

① 梵藏本次有句云："如是則大苦蘊滅。"晉本大同。

② 梵藏本云："不取。"

③ 梵藏本次有句云："爲哀愍我等故。"

④ 梵藏本云："十六沙彌皆共受持諷誦通利等，於是大通如來授彼阿耨多羅三藐三菩提記。"

⑤ 梵藏本云"百千劫。"

者何？若聲聞辟支佛及諸菩薩能信是十六菩薩所説經法，受持不毀者，是人皆當得阿耨多羅三藐三菩提如來之慧。佛告諸比丘，是十六菩薩常樂説是妙法蓮華經，一一菩薩所化六百萬億那由他恆河沙等衆生，世世所生與菩薩俱從其聞法，悉皆信解，以此因緣，得值四萬億諸佛世尊於今不盡。諸比丘，我今語汝①：彼佛弟子十六沙彌，今皆得阿耨多羅三藐三菩提，於十方國土現在説法，有無量百千萬億菩薩聲聞以爲眷屬。其二沙彌東方作佛，一名阿閦在歡喜國，二名須彌頂。東南方二佛，一名師子音，二名師子相②。南方二佛，一名虛空住，二名常滅。西南方二佛，一名帝相，二名梵相。西方二佛，一名阿彌陀，二名度一切世間苦惱。西北方二佛，一名多摩羅跋旃檀香神通，二名須彌相。北方二佛，一③名雲自在，二名雲自在王。東北方佛名壞一切世間怖畏。第十六我釋迦牟尼佛，於娑婆國土成阿耨多羅三藐三菩提。諸比丘，我等爲沙彌時，各各教化無量百千萬億恆河沙等衆生，從我聞法，爲阿耨多羅三藐三菩提。此諸衆生，於今有住聲聞地者，我常教化阿耨多羅三藐三菩提。是諸人等，應以是法漸入佛道。所以者何？如來智慧難信難解。爾時，所化無量恆河沙等衆生者，汝等諸比丘，及我滅度後未來世中聲聞弟子是也。我滅度後，復有弟子不④聞是經，不知不覺菩薩所行，自於所得功德生滅度想，當入涅槃。我於餘國作佛，更有異名。是人雖生滅度之，想入於涅槃，而於彼土求佛智慧得聞是經，唯⑤以佛乘而得滅度，更無餘乘，除諸如來方便説法。諸比丘，若如來自知涅槃時到，衆又清净信解堅固，了達空法，深入

① 梵藏本次有文云："汝當信解，汝當了知。"

② 勘梵藏本作"幢"。次下"相"字均同。

③ 梵藏本北方二佛名"雲聲燈明"及"雲聲王。"

④ 梵藏本云："聞菩薩行而不審知己是菩薩。"

⑤ 梵藏本云："唯有入諸如來涅槃，是外更無入涅槃事。"

禪定，便集諸菩薩及聲聞衆，爲説是經。世間無有二乘而得滅度，唯①一佛乘得滅度耳。比丘，當知如來方便深入衆生之性，知其志樂小法，深著五欲，爲是等故，説於涅槃，是人若聞，則便信受。譬如五百由旬險難惡道，曠絶無人怖畏之處，若有多衆欲過此道至珍寶處，有一導師聰慧明達，善知險道通塞之相，將導衆人欲過此難，所將人衆中路懈退，白導師言：我等疲極，而復怖畏，不能復進，前路猶遠，今欲退還。導師多諸方便，而作是念：此等可愍，云何捨大珍寶而欲退還。作是念已，以方便力於險道中過三②百由旬化作一城，告衆人言：汝等勿怖，莫得退還，今此大城可於中止，隨意所作，若入是城，快得安隱，若能前至寶所，亦可得去。是時疲極之衆，心大歡喜，歎未曾有，我等今者免斯惡道，快得安隱。於是衆人前入化城，生已度想，生安隱想。爾時，導師知此人衆既得止息，無復疲倦，即滅化城，語衆人言：汝等去來，寶處在近，向者大城我所化作，爲止息耳。諸比丘，如來亦復如是，今爲汝等作大導師，知諸生死煩惱惡道險難長遠，應去應度，若衆生但聞一佛乘者，則不欲見佛，不欲親近，便作是念：佛道長遠，久受勤苦，乃可得成。佛知是心怯弱下劣，以方便力而於中道爲止息故，説二③涅槃。若衆生住於二地，如來爾時即便爲説，汝等所作未辦，汝所住地近於佛慧，當觀察籌量所得涅槃非真實也，但是如來方便之力，於④一佛乘分别説三。如彼導師，爲止息故，化作大城，既知息已，而告之言：寶處在近，此城非實，我化作耳。爾時，世尊欲重宣此義，而説偈言：

大通智勝佛，十劫坐道場，佛法不現前，不得成佛道。

① 梵藏本云："何況三乘。"

② 梵藏本云："或百由旬，或復二百。"

③ 勘梵藏本云："二涅槃地，謂聲聞地及獨覺地。"晉本大同，今譯文略。

④ 梵藏本云："説彼三乘。"

諸天神龍王，阿修羅衆等，常雨於天華，以供養彼佛。
諸天擊天鼓，并作衆伎樂，香①風吹萎華，更雨新好者。
過十小劫已，乃得成佛道，諸天及世人，心皆懷踊躍。
彼佛十六子，皆與其眷屬，千萬億圍繞，俱行至佛所。
頭面禮佛足，而請轉法輪，聖師子法雨，充我及一切。
世尊甚難值，久遠時一現，爲覺悟羣生，震動於②一切。
東方諸世界，五百萬億國，梵宮殿光曜，昔所未曾有。
諸梵見此相，尋來至佛所，散華以供養，并奉上宮殿。
請佛轉法輪，以偈而讚歎，佛知時未至，受請默然坐。
三③方及四維，上下亦復爾，散華奉宮殿，請佛轉法輪。
世尊甚難值，願以本慈悲，廣開甘露門，轉無上法輪。
無量慧世尊，受彼衆人請，爲宣種種法，四諦十二緣。
無明至老死，皆從生緣有，如是衆過患，汝等應當知。
宣暢是法時，六④百萬億姟，得盡諸苦際，皆成阿羅漢。
第二説法時，千萬恆沙衆，於諸法不受，亦得阿羅漢。
從是後得道，其數無有量，萬億劫算數，不能得其邊。
時十六王子，出家作沙彌，皆共請彼佛，演説大乘法。
我等及營從，皆當成佛道，願得如世尊，慧眼第一淨。
佛知童子心，宿世之所行，以無量因緣，種種諸譬喻。
説⑤六波羅蜜，及諸神通事，分别真實法，菩薩所行道。
説⑥是法華經，如恆河沙偈。

① 梵藏本此二句云:“久觀無上住，佛受猛利苦。”
② 梵藏本云:“梵宫。”
③ 勘梵藏本原爲二頌，今譯文略。
④ 梵藏本云:“八百。”
⑤ 梵藏本云:“説於大菩提。”
⑥ 勘梵藏本原爲一頌，今譯文略。

彼佛説經已，静室入禪定，一心一處坐，八萬四千劫。
是諸沙彌等，知佛禪未出，爲無量億衆，説佛無上慧。
各各坐法座，説是大乘經，於佛宴寂後，宣揚助法化。
一一沙彌等，所度諸衆生，有六百萬億，恆河沙等衆。
彼佛滅度後，是諸聞法者，在在諸佛土，常與師俱生。
是十六沙彌，具足行佛道，今現在十方，各得成正覺。
爾時聞法者，各在諸佛所，其有住聲聞，漸教以佛道。
我在十六數，曾亦爲汝説，有故以方便，引汝趣佛慧。
以是本因緣，今説法華經，令汝入佛道，愼勿懷驚懼。
譬如險惡道，迥絶多毒獸，又復無水草，人所怖畏處。
無數千萬衆，欲過此險道，其路甚曠遠，經五百由旬。
時有一導師，强識有智慧，明了心决定，在險濟衆難。
衆人皆疲倦，而白導師言，我等今頓乏，於此欲退還。
導師作是念，此輩甚可愍，如何欲退還，而失大珍寶。
尋時思方便，當設神通力，化作大城郭，莊嚴諸舍宅。
周帀有園林，渠流及浴池，重門高樓閣，男女皆充滿。
即作是化已，慰衆言勿懼，汝等入此城，各可隨所樂。
諸人既入城，心皆大歡喜，皆生安隱想，自謂已得度。
導師知息已，集衆而告言，汝等當前進，此是化城耳。
我見汝疲極，中路欲退還，故以方便力，權化作此城，汝今勤精進，當共至寶所。
我亦復如是，爲一切導師，見諸求道者，中路而懈廢，不能度生死，煩惱諸險道。
故以方便力，爲息説涅槃，言汝等苦滅，所作皆已辦。
既①知到涅槃，皆得阿羅漢，爾乃集大衆，爲説真實法。

① 勘梵藏本此上原有三頌，今譯文略。

諸佛方便力，分別說三乘，唯有一佛乘，息處故說二。
今爲汝說實，汝所得非滅，爲佛一切智，當發大精進。
汝證一切智，十力等佛法，具三十二相，乃是真實滅。
諸佛之導師，爲息說涅槃，既知是息已，引入於佛慧。

妙法蓮華經卷第四

五①百弟子受記品第八

爾②時，富樓那彌多羅尼子從佛聞是智慧方便隨宜說法，又聞授諸大弟子阿耨多羅三藐三菩提記，復聞宿世因緣之事，復聞諸佛有大自在神通之力，得未曾有，心凈踊躍。卽從座起，到於佛前，頭面禮足，却住一面，瞻仰尊顔，目不暫捨，而作是念：世尊甚奇特所爲希有，隨順世間若干種性，以方便知見而爲說法，拔出衆生處處貪著，我等於佛功德言不能宣，唯佛世尊能知我等深心本願。爾時，佛③告諸比丘：汝等見是富樓那彌多羅尼子不？我常稱其於說法人中最爲第一，亦常歎其種種功德精勤護持助宣我法，能於四衆示教利喜具足，解釋佛之正法，而大饒益同梵行者，自捨如來無能盡其言論之辯。汝等勿謂富樓那但能護持助宣我法，亦於過去九④十億諸佛所護持助宣佛之正法，於彼說法人中亦最第一，又於諸佛所說空法明了通達，得四無礙智，常能審諦清凈說法，無有疑惑，具足菩薩神通之力，隨其壽命常修梵行，彼佛世人咸皆謂之實是聲

① 梵藏本作五百比丘受記品第八，晉本授五百比丘決品第八。

② 晉本文初有一大段說導師喻。隋本序謂勘梵猶闕此文，但基師玄贊卷一評云："既無誠文，理難依信。"

③ 梵藏本次有句云："見富樓那心之所欲。"

④ 梵藏本云："九十九億。"

鬪，而富樓那以斯方便饒益無量百千衆生，又化無量阿僧祇人令立阿耨多羅三藐三菩提，爲浄佛土故，常作佛事教化衆生。諸比丘，富樓那亦於七佛説法人中而得第一，今於我所説法人中亦爲第一，於賢劫中當來諸佛説法人中亦復第一，而皆護持助宣佛法，亦於未來護持助宣無量無邊諸佛之法，教化饒益無量衆生，令立阿耨多羅三藐三菩提，爲浄佛土故，常勤精進教化衆生。漸漸具足菩薩之道，過無量阿僧祇劫，當於此土得阿耨多羅三藐三菩提，號曰法明如來、應供、正徧知、明行足、善逝、世間解、無上士、調御丈夫、天人師、佛世尊。其佛以恆河沙等三千大千世界爲一佛土，七寶爲地，地平如掌，無有山陵谿澗溝壑，七寶臺觀，充滿其中。諸天宫殿，近處虚空，人天交接，兩得相見，無諸惡道，亦無女人，一切衆生，皆以化生，無有淫欲，得大神通，身出光明，飛行自在，志念堅固，精進智慧，普皆金色三十二相而自莊嚴。其國衆生常以二食：一者法喜食，二者禪悦食。有無量阿僧祇，千萬億那由他，諸菩薩衆得大神通，四無礙智，善能教化衆生之類。其聲聞衆算數校計所不能知，皆得具足六通三明及八解脱。其佛國土有如是等無量功德莊嚴成就，劫名寶明，國名善浄，其佛壽命無量阿僧祇劫，法住甚久，佛滅度後起七寶塔，徧滿其國。爾時，世尊欲重宣此義，而説偈言：

諸比丘諦聽，佛子所行道，善學方便故，不可得思議。
知衆樂小法，而畏於大智，是故諸菩薩，作聲聞緣覺①。
以無數方便，化諸衆生類，自説是聲聞，去佛道甚遠。
度脱無量衆，皆悉得成就，雖小欲懈怠，漸當令作佛。
内祕菩薩行，外現是聲聞，少欲厭生死，實自浄佛土。
示衆有三毒，又現邪見相，我弟子如是，方便度衆生。
若我具足説，種種現化事，衆生聞是者，心則懷疑惑。

① 梵藏本次有"菩薩"一語。

今此富樓那，於昔千億佛，勤修所行道，宣護諸佛法。
爲求無上慧，而於諸佛所，現居弟子上，多聞有智慧。
所說無所畏，能令衆歡喜，未曾有疲倦，而以助佛事。
已度大神通，具四無礙智，知諸根利鈍，常說清浄法。
演暢如是義，教諸千億衆，令住大乘法，而自浄佛土。
未來亦供養，無量無數佛，護助宣正法，亦自浄佛土。
常以諸方便，說法無所畏，度不可計衆，成就一切智。
供養諸如來，護持法寶藏，其後得成佛，號名曰法明。
其國名善浄，七寶所合成，劫名爲寶明，菩薩衆甚多。
其數無量億，皆度大神通，威德力具足，充滿其國土。
聲聞亦無數，三明八解脫，得四無礙智，以是等爲僧。
其國諸衆生，淫欲皆已斷，純一變化生，具相莊嚴身。
法喜禪悅食，更無餘食想，無有諸女人，亦無諸惡道。
富樓那比丘，功德悉成滿，當得斯浄土，賢聖衆甚多，如是無量事，我今但略說。

爾時，千二百阿羅漢心自在者作是念：我等歡喜得未曾有，若世尊各見授記如餘大弟子，不亦快乎！佛知此等心之所念，告摩訶迦葉：是千二百阿羅漢，我今當現前，次第與授阿耨多羅三藐三菩提記。於此衆中，我大弟子憍陳如比丘，當供養六萬二千億佛，然後得成爲佛，號曰普明如來、應供、正徧知、明行足、善逝、世間解、無上士、調御丈夫、天人師、佛世尊，其五百阿羅漢優樓頻螺迦葉、伽耶迦葉、那提迦葉、迦留陀夷、優陀夷、阿㝹樓馱、離婆多、劫賓那、薄拘羅、周陀、莎伽陀等，皆當得阿耨多羅三藐三菩提，盡同一號，名曰普明。爾時，世尊欲重宣此義，而說偈言：

憍[①]陳如比丘，當見無量佛，過阿僧祇劫，乃成等正覺。

① 勘梵藏本原爲二頌，今譯文略。

常[①]放大光明，具足諸神通，名聞徧十方，一切之所敬。

常説無上道，故號爲普明，其國土清浄，菩薩皆勇猛。

咸升妙樓閣，遊諸十方國，以無上供具，奉獻於諸佛。

作是供養已，心懷大歡喜，須臾還本國，有如是神力。

佛壽六萬劫，正法住倍壽。

像法復倍是，法滅天人憂。

其五百比丘，次第當作佛，同號曰普明，轉次而授記，我滅度之後，某甲當作佛。

其所化世間，亦如我今日，國土之嚴浄，及諸神通力。

菩薩聲聞衆，正法及像法，壽命劫多少，皆如上所説[②]。

迦葉汝已知，五百自在者，餘諸聲聞衆，亦當復如是，其不在此會，汝當爲宣説。

爾時，五百阿羅漢於佛前得授記已，歡喜踊躍，即從座起，到於佛前，頭面禮足，悔過自責。世尊，我等常作是念，自謂已得究竟滅度，今乃知之，如無智者。所以者何？我等應得如來智慧，而便自以小智爲足。世尊，譬如有人至親友家，醉酒而卧，是時親友官事當行，以無價寶珠繫其衣裏，與之而去，其人醉卧都不覺知，起已遊行到於他國，爲衣食故，勤力求索，甚大艱難，若少有所得，便以爲足。於後親友會遇見之，而作是言：咄哉丈夫，何爲衣食乃至如是！我昔欲令汝得安樂，五欲自恣，於某年日月以無價寶珠繫汝衣裏，今故現在，而汝不知，勤苦憂惱，以求自活，甚爲癡也！汝今可以此寶貿易所須，常可如意，無所乏短。佛亦如是，爲菩薩時教化我等，令發一切智心，而尋廢忘不知不覺。既得阿羅漢道，自謂滅度，資生艱難，得少爲足，一切智願猶在不失。今者世尊覺悟我等，作如

① 梵藏本此下五頌文句錯綜，與今大異，但意義無別。

② 勘梵藏本次有一頌，今譯文略。

是言：諸比丘，汝等所得非究竟滅，我久令汝等種佛善根，以方便故示涅槃相，而汝謂爲實得滅度。世尊，我今乃知實是菩薩得受阿耨多羅三藐三菩提記，以是因緣，甚大歡喜，得未曾有。爾時，阿若憍陳如等欲重宣此義，而說偈言：

我等聞無上，安隱授記聲，歡喜未曾有，禮無①量智佛。

今於世尊前，自悔諸過咎，於無量佛② 寶，得少涅槃分，如無智愚人，便自以爲足。

譬如貧窮人，往至親友家，其家甚大富，具設諸肴膳。

以無價寶珠，繫著内衣裏，默與而捨去，時卧不覺知。

是人既已起，遊行詣他國，求衣食自濟，資生甚艱難。

得少便爲足，更不願好者，不覺内衣裏，有無價寶珠。

與珠之親友，後見此貧人，苦切責之已，示以所繫珠。

貧人見此珠，其心大歡喜，富有諸財物，五欲而自恣。

我等亦如是，世尊於長夜，常愍見教化，令種無上願。

我等無智故，不覺亦不知，得少涅槃分，自足不求餘。

今佛覺悟我，言非實滅度，得佛無上慧，爾乃爲真滅。

我今從佛聞，授記莊嚴事，乃轉次受決，身心徧歡喜。

授③學無學人記品第九

爾時，阿難、羅睺羅而作是念：我等每自思惟，設得授記，不亦快乎？即從座起，到於佛前，頭面禮足，俱白佛言：世尊，我等於此亦應有分，唯有如來我等所歸。又我等爲一切世間天人阿修羅所

① 梵藏本云："無邊眼。"

② 梵藏本云："佛教。"

③ 梵藏本作阿難羅睺二千比丘受記品第九，晉本授阿難羅云决品第九。

見知識，阿難常爲侍者，護持法藏，羅睺羅是佛之子，若佛見授阿耨多羅三藐三菩提記者，我願既滿，衆望亦足。爾時，學無學聲聞弟子二千人皆從座起，偏袒右肩，到於佛前，一心合掌，瞻仰世尊，如阿難、羅睺羅所願，住立一面。爾時，佛告阿難：汝於來世當得作佛，號山①海慧自在通王如來、應供、正徧知、明行足、善逝、世間解、無上士、調御丈夫、天人師、佛世尊，當供養六十二億諸佛，護持法藏，然後得阿耨多羅三藐三菩提，教化二十千萬億恆河沙諸菩薩等，令成阿耨多羅三藐三菩提，國名常立勝旛，其土清淨瑠璃爲地，劫名妙音徧滿。其佛壽命無量千萬億阿僧祇劫，若人於千萬億無量阿僧祇劫中算數校計不能得知。正法住世倍於壽命，像法住世復倍正法。阿難，是山海慧自在通王佛爲十方無量千萬億恆河沙等諸佛如來所共讚歎，稱其功德。爾時，世尊欲重宣此義，而說偈言：

我今僧中說，阿難持法者，當供養諸佛，然後成正覺。
號曰山海慧自在通王佛，其國土清淨，名常立勝旛。
教化諸菩薩，其數如恆沙，佛有大威德，名聞滿十方。
壽命無有量，以愍衆生故，正法倍壽命，像法復倍是。
如恆河沙等，無數諸衆生，於此佛法中，種佛道因緣。

爾時，會中新發意菩薩八②千人咸作是念：我等尚不聞諸大菩薩得如是記，有何因緣而諸聲聞得如是決？爾時，世尊知諸菩薩心之所念，而告之曰：諸善男子，我與阿難等於空③王佛所同時發阿耨多羅三藐三菩提心，阿難常樂多聞，我常勤精進，是故我已得成阿耨多羅三藐三菩提，而阿難護持我法，亦護將來諸佛法藏，教化

① 梵藏本無此“山”字，晉本同。次下例知。
② 梵藏本云：“百千人。”
③ 梵藏本云：“法空明王。”

成就諸菩薩衆。其本願如是,故獲斯記。阿難面於佛前,自聞授記及國土莊嚴,所願具足,心大歡喜,得未曾有。即時憶念過去無量千萬億諸佛法藏,通達無礙,如今所聞,亦識本願。爾時,阿難而說偈言:

世尊甚希有,令我念過去,無量諸佛法,如今日所聞。

我今無復疑,安住於佛道,方便爲侍者,護持諸佛法。

爾時,佛告羅睺羅,汝於來世當得作佛,號蹈七寶華如來、應供、正徧知、明行足、善逝、世間解、無上士、調御丈夫、天人師、佛世尊,當供養十世界微塵等數諸佛如來,常爲諸佛而作長子,猶如今也。是蹈七寶華佛國土莊嚴,壽命劫數、所化弟子、正法像法,亦如山海慧自在通王如來無異。亦爲此佛而作長子,過是已後,當得阿耨多羅三藐三菩提。爾時,世尊欲重宣此義,而說偈言:

我爲太子時,羅睺爲長子,我今成佛道,受法爲法子。

於未來世中,見無量億佛,皆爲其長子,一心求佛道。

羅睺羅密行,唯我能知之,現爲我長子,以示諸衆生。

無量億千萬,功德不可數,安住於佛法,以求無上道。

爾時,世尊見學無學二千人其意柔輭,寂然清浄,一心觀佛。佛告阿難:汝見是學無學二千人不?唯然,已見。阿難,是諸人等①,當供養五十世界微塵數諸佛如來,恭敬尊重,護持法藏,末後同時於十方國各得成佛,皆同一號,名曰寶②相如來、應供、正徧知、明行足、善逝、世間解、無上士、調御丈夫、天人師、佛世尊,壽命一劫,國土莊嚴,聲聞菩薩、正法像法,皆悉同等。爾時,世尊欲重宣此義,而說偈言:

是二千聲聞,今於我前住,悉皆與授記,未來當成佛。

---

① 梵藏本次有句云:“已正成就諸菩薩行。”

② 梵藏本云“寶華王”,次下重頌又云“寶頂”。

所供養諸佛，如上説塵數，護持其法藏，後當成正覺。
各於十方國，悉同一名號，俱時坐道場，以證無上慧。
皆名爲寶相，國土及弟子，正法與像法，悉等無有異。
咸以諸神通，度十方衆生，名聞普周徧，漸入於涅槃。

爾時，學無學二千人聞佛授記，歡喜踊躍，而説偈言：
世尊慧燈明，我聞授記音，心歡喜充滿，如甘露見灌①。

法②師品第十

爾③時，世尊因藥王菩薩告八萬大士：藥王，汝見是大衆中無量諸天、龍王、夜叉、乾闥婆、阿修羅、迦樓羅、緊那羅、摩睺羅伽、人與非人，及比丘比丘尼、優婆塞優婆夷④、求聲聞者、求辟支佛者、求佛道者，如是等類，咸於佛前聞妙法華經，一偈一句，乃至一念隨喜者，我皆與授記，當得阿耨多羅三藐三菩提。佛告藥王，又如來滅度之後，若有人聞妙法華經，乃至一偈一句，一念隨喜者，我亦與授阿耨多羅三藐三菩提記。若復有人受持讀誦、解説書寫妙法華經，乃至一偈，於此經卷敬視如佛，種種供養，華香瓔珞，末香塗香燒香，繒蓋幢旛，衣服伎樂，乃至合掌恭敬，藥王當知，是諸人等已曾供養十萬億佛，於諸佛所成就大願，愍衆生故，生此人間。藥王，若有人問，何等衆生於未來世當得作佛？應示是諸人等於未來世

---

① 梵藏本次有一頌云："我等能成佛，更無有疑惑，聞此授記故，今我得福利。"

② 梵藏本作説法師品第十，晉本藥王如來品第十。

③ 晉本文初有一大段詳説過去藥王如來本事，隋本序云：勘梵猶闕。但基師玄贊卷一評云："既無誠文，理難依信。"

④ 梵藏本次云："求聲聞乘者、菩薩乘者，現前於如來所聞此法教否？答云：已見世尊，已見善逝。"次佛乃謂"如是等類"云云。

必得作佛。何以故？若[1]善男子善女人於法華經，乃至一句，受持讀誦，解說書寫，種種供養經卷，華香瓔珞，末香塗香燒香，繒蓋幢旛，衣服伎樂，合掌恭敬，是人一切世間所應瞻奉，應以如來供養而供養之。當知此人是大菩薩，成就阿耨多羅三藐三菩提，哀愍衆生，願生此間，廣演分別妙法華經，何況盡能受持種種供養者。藥王，當知是人自捨清淨業報，於我滅度後，愍衆生故，生於惡世，廣演此經。若是善男子善女人，我滅度後，能竊爲一人說法華經，乃至一句，當知是人則如來使，如來所遣，行如來事，何[2]況於大衆中廣爲人說！藥王，若有惡人以不善心於一劫中現於佛前，常毁罵佛，其罪尚輕，若人以一惡言毁呰在家出家讀誦法華經者，其罪甚重。藥[3]王其有讀誦法華經者，當知是人以佛莊嚴而自莊嚴，則爲如來肩所荷擔，其所至方，應隨向禮，一心合掌，恭敬供養，尊重讚歎，華香瓔珞，末香塗香燒香，繒蓋幢旛，衣服肴饌，作諸伎樂，人中上供而供養之，應持天寶而以散之，天上寶聚應以奉獻。所以者何？是人歡喜說法，須臾聞之，即得究竟阿耨多羅三藐三菩提故。爾時，世尊欲重宣此義，而說偈言：

若欲住佛道，成就自然智，常當勤供養，受持法華者。
其有欲疾得，一切種智慧，當受持是經，并供養持者。
若有能受持，妙法華經者，當知佛所使，愍念諸衆生。
諸有能受持，妙法華經者，捨於清淨土，愍衆故生此。
當知如是人，自在所欲生，能於此惡世，廣說無上法。

---

① 梵藏本此段云："是善男子善女人即如來故，持此法品，乃至一偈，天人世間尚應瞻奉，應以如來供養而爲供養，何況受持讀誦，乃至合掌恭敬。"晉本大同。

② 梵藏本缺此句。

③ 梵藏本此二句云："何以故？藥王，是善男子善女人以佛莊嚴自莊嚴故。藥王，若有書此經者，荷擔於肩，則爲肩荷如來。"

應以天華香，及天寶衣服，天上妙寶聚，供養説法者。
吾滅後惡世，能持是經者，當合掌禮敬，如供養世尊。
上饌衆甘美，及種種衣服，供養是佛子，冀得須臾聞。
若能於後世，受持是經者，我遣在人中，行於如來事。
若於一劫中，常懷不善心，作色而罵佛，獲無量重罪。
其有讀誦持，是法華經者，須臾加惡言，其罪復過彼。
有人求佛道，而於一劫中，合掌在我前，以無數偈讚。
由是讚佛故，得無量功德，歎美持經者，其福復過彼。
於八①十億劫，以最妙色聲，及與香味觸，供養持經者。
如是供養已，若得須臾聞，則應自欣慶，我今獲大利。
藥②王今告汝，我所説諸經，而於此經中，法華最第一。

爾時，佛復告藥王、菩薩摩訶薩，我所説經典，無量千萬億，已説今説當説，而於其中，此法華經最爲難信難解。藥王，此經是諸佛祕要之藏，不可分布妄授與人，諸佛世尊之所守護，從昔已來未曾顯説。而此經者，如來現在猶多怨嫉，況滅度後？藥王，當知如來滅後，其能書持讀誦供養爲他人説者，如來則爲以衣覆之，又爲他方現在諸佛之所護念，是人有大信力及志願力諸善根力，當知是人與如來共宿，則爲如來手摩其頭。藥王，在在處處，若説若讀，若誦若書，若經卷所住處，皆應起七寶塔，極令高廣嚴飾，不須復安舍利。所以者何？此中已有如來全身。此塔應以一切華香瓔珞、繒蓋幢旛、伎樂歌頌供養恭敬，尊重讚歎。若有人得見此塔禮拜供養，當知是等皆近阿耨多羅三藐三菩提。藥王，多有人在家出家行菩薩道，若不能得見聞讀誦書持供養是法華經者，當知是人未善行菩薩道，若有得聞是經典者，乃能善行菩薩之道。其有衆生求佛道

① 梵藏本云："十八億"，晉本同。
② 梵藏本缺此頌，晉本同。

者，若見若聞是法華經，聞已信解受持者，當知是人得近阿耨多羅三藐三菩提。藥王，譬如有人渴乏須水，於彼高原，穿鑿求之，猶見乾土，知水尚遠，施功不已，轉見濕土，遂漸至泥，其心決定，知水必近。菩薩亦復如是，若未聞未解，未能修習是法華經，當知是人去阿耨多羅三藐三菩提尚遠，若得聞解思惟修習，必知得近阿耨多羅三藐三菩提。所[①]以者何？一切菩薩阿耨多羅三藐三菩提皆屬此經。此經開方便門，示真實相。是法華經藏深固幽遠無人能到，今佛教化成就菩薩而爲開示。藥王，若有菩薩聞是法華經驚疑怖畏，當知是爲新發意菩薩，若聲聞人聞是經驚疑怖畏，當知是爲增上慢者。藥王，若[②]有善男子善女人如來滅後欲爲四衆說是法華經者，云何應說？是善男子善女人入如來室、著如來衣、坐如來座，爾乃應爲四衆廣說斯經。如來室者，一切衆生中大慈悲心是；如來衣者，柔和忍辱心是；如來座者，一切法空是。安住是中，然後以不懈怠心爲諸菩薩及四衆廣說是法華經。藥王，我於餘國遣化人爲其集聽法衆，亦遣化比丘比丘尼優婆塞優婆夷聽其說法，是諸化人聞法信受，隨順不逆。若說法者在空閑處，我時廣遣天龍、鬼神、乾闥婆、阿修羅等聽其說法。我雖在異國，時時令說法者得見我身。若於此經忘失句逗，我還爲說，令得具足。爾時，世尊欲重宣此義，而說偈言：

欲捨諸懈怠，應當聽此經，是經難得聞，信受者亦難。

如[③]人渴須水，穿鑿於高原，猶見乾燥土，知去水尚遠，漸見濕土泥，決定知近水。

藥王汝當知，如是諸人等，不聞法華經，去佛智甚遠。

① 梵藏本此二句云："由此經生一切無上菩提。所以者何？"

② 梵藏本云："若有大菩薩。"

③ 勘梵藏本原爲三頌，今譯文略。

若聞是深經，決了聲聞法，是諸經之王，聞已諦思惟，當知此人等，近於佛智慧[①]。

若人說此經，應入如來室，著於如來衣，而坐如來座，處衆無所畏，廣爲分別說。

大慈悲爲室，柔和忍辱衣，諸法空爲座，處此爲說法。

若說此經時，有人惡口駡，加刀杖瓦石，念佛故應忍。

我千萬億土，現淨堅固身，於無量億劫，爲衆生說法。

若我滅度後，能說此經者，我遣化四衆。

比丘比丘尼，及清淨士女，供養於法師，引導諸衆生，集之令聽法。

若人欲加惡，刀杖及瓦石，則遣變化人，爲之作衛護。

若說法之人，獨在空閑處，寂寞無人聲，讀誦此經典。

我爾時爲現，清淨光明身，若忘失章句，爲說令通利。

若人具是德，或爲四衆說，空處讀誦經，皆得見我身。

若人在空閑，我遣天龍王，夜叉鬼神等，爲作聽法衆。

是人樂說法，分別無罣礙，諸佛護念故，能令大衆喜。

若親近法師，速得菩薩道，隨順是師學，得見恆沙佛。

見[②]寶塔品第十一

爾時，佛前有七寶塔高五百由旬，縱廣二百五十由旬，從地涌出，住在空中，種種寶物而莊校之，五千欄楯，龕室千萬，無數幢旛以爲嚴飾，垂寶瓔珞寶鈴萬億，而懸其上，四面皆出多摩羅跋栴檀之香，充徧世界，其諸旛蓋以金銀瑠璃車渠馬瑙真珠玫瑰七寶合

① 梵藏本次有半頌云："猶如依濕土，而說近於水。"今譯文略。

② 梵藏本作寶塔示現品第十一，晉本七寶塔品第十一。

成，高至四王王宮，三十三天雨天曼陀羅華，供養寶塔，餘①諸天、龍、夜叉、乾闥婆、阿修羅、迦樓羅、緊那羅、摩羅睺伽、人非人等千萬億衆，以一切華香瓔珞旛蓋伎樂供養寶塔，恭敬尊重讚歎。爾時，寶塔中出大音聲，歎言②：善哉善哉！釋迦牟尼世尊能以平等大慧教菩薩法，佛所護念，妙法華經爲大衆說，如是如是釋迦牟尼世尊如所說者，皆是真實。爾時，四衆見大寶塔住在空中，又聞塔中所而出音聲，皆得法喜，怪未曾有，從座而起，恭敬合掌，却住一面。爾時，有菩薩摩訶薩名大樂說，知一切世間天人阿修羅等心之所疑，而白佛言：世尊，以何因緣有此寶塔從地涌出，又於其中發是音聲？爾時，佛告大樂說菩薩，此寶塔中有如來全身，乃往過去東③方無量千萬億阿僧祇世界國名寶浄，彼中有佛號曰多寶，其佛行菩薩道時作大誓願，若④我成佛滅度之後，於十方國土有說法華經處，我之塔廟爲聽是經故，涌現其前爲作證明，讚言善哉。彼佛成道已，臨滅度時於天人大衆中告諸比丘：我滅度後，欲供養我全身者，應起一大塔。其佛以神通願力，十方世界在在處處若有說法華經者，彼之寶塔皆涌出其前，全身在於塔中，讚言善哉善哉。大樂說，今多寶如來塔聞說法華經故，從地涌出，讚言善哉善哉。是⑤時，大樂說菩薩以如來神力故，白佛言：世尊，我等願欲見此佛身。佛告大樂說菩薩摩訶薩，是多寶佛有深重願，若我寶塔爲聽法華經故，出

①　梵藏本缺此句，晉本同

②　梵藏本次有一段文云："如來非蘊界處所分，非業煩惱等所生，與虛空等，非常無常，多寶如來已入滅度百千億劫，而依本願爲衆生聞法故，雖不說法而衆生隨欲得聞此法華教"云云。

③　梵藏本云"下方"。

④　勘梵藏本此二句云："若我不聞教菩薩法華經，便不能得無上正覺，若時我聞，爾時便得。"晉本大同。今譯改文。

⑤　梵藏本云：大樂說菩薩白佛言，世尊我等欲籍世尊神力見此佛身。

於諸佛前時，其有欲以我身示四衆者，彼佛分身諸佛在於十方世界説法，盡還集一處，然後我身乃出現耳。大樂説，我分身諸佛在於十方世界説法者，今應當集。大樂説白佛言：世尊，我等亦願欲見世尊分身諸佛，禮拜供養。爾時，佛放白毫一光，卽見東方五百萬億那由他恆河沙等國土諸佛，彼諸國土皆以頗梨爲地，寶樹寶衣以爲莊嚴，無數千萬億菩薩充滿其中，徧張寶幔寶網羅上，彼國諸佛以大妙音而説諸法，及見無量千萬億菩薩徧滿諸國爲衆説法。南西北方四維上下白毫相光所照之處，亦復如是。爾時，十方諸佛各告衆菩薩言：善男子，我今應往娑婆世界釋迦牟尼佛所，並供養多寶如來寶塔。時娑婆世界卽變清淨，瑠璃爲地，寶樹莊嚴，黄金爲繩，以界八道，無諸聚落村營城邑大海江河山①川林藪，燒大寶香曼陀羅華徧布其地，以寶網幔羅覆其上，懸諸寶鈴，唯留此會衆，移諸天人置於他土。是時，諸佛各將一②大菩薩以爲侍者，至娑婆世界，各到寶樹下，一一寶樹高五百由旬，枝葉華果次第莊嚴，諸寶樹下皆有師子之座，高五由旬，亦以大寶而校飾之。爾時，諸佛各於此座結加趺坐，如是展轉徧滿三千大千世界，而於釋迦牟尼佛一方所分之身，猶故未盡。時釋迦牟尼佛欲容受所分身諸佛故，八方各更變二百萬億那由他國，皆令清淨，無有地獄、餓鬼、畜生及阿修羅，又移諸天人置於他土，所化之國亦以瑠璃爲地，寶樹莊嚴，樹高五百由旬，枝葉華果次第嚴飾，樹下皆有寶師子座，高五由旬，種種諸寶以爲莊校，亦無大海江河及目真鄰陀山、摩訶目真鄰陀山、鐵圍山、大鐵圍山、須彌山等諸山王，通爲一佛國土寶地平正，寶交露幔徧覆其上，懸諸旛蓋，燒大寶香，諸天寶華徧布其地。釋迦牟尼佛爲諸佛當來坐故，復於八方各更變二百萬億那由他國，皆令清

① 梵藏本此處具出諸山各目，如下文列。

② 梵藏本云："二或三。"

淨，無有地獄、餓鬼、畜生及阿修羅，又移諸天人置於他土，所化之國亦以瑠璃爲地，寶樹莊嚴，樹高五百由旬，枝葉華果，次第莊嚴，樹下皆有寶師子座，高五由旬，亦以大寶而校飾之，亦無大海江河及目真鄰陀山、摩訶目真鄰陀山、鐵圍山、大鐵圍山、須彌山等諸山王，通爲一佛國土寶地平正，寶交露幔徧覆其上，懸諸旛蓋，燒大寶香，諸天寶華徧布其地。爾時，東方釋迦牟尼所分之身，百千萬億那由他恆河沙等國土中諸佛，各各説法，來集於此。如是次第，十方諸佛皆悉來集，坐於八方。爾時，一一方四①百萬億那由他國土諸佛如來，徧滿其中。是時，諸佛各在寶樹下坐師子座，皆遣侍者問訊釋迦牟尼佛，各齎寶華滿掬而告之言：善男子，汝往詣耆闍崛山釋迦牟尼佛所，如我辭曰：少病少惱，氣力安樂，及菩薩聲聞衆悉安隱不？以此寶華散佛供養，而作是言：彼某甲，佛與欲開此寶塔。諸佛遣使，亦復如是。爾時，釋迦牟尼佛見所分身佛悉已來集，各各坐於師子之座，皆聞諸佛與欲同開寶塔，即從座起，住虛空中，一切四衆起立合掌，一心觀佛。於是，釋迦牟尼佛以右指開七寶塔户，出大音聲，如却關鑰開大城門，即時一切衆會皆見多寶如來於寶塔中坐師子座，全身不散如入禪定，又聞其言：善哉善哉！釋迦牟尼佛，快説是法華經，我爲聽是經故，而來至此。爾時，四衆等見過去無量千萬億劫滅度佛説如是言，歎未曾有，以天②寶華聚散多寶及釋迦牟尼佛上。爾時，多寶佛於寶塔中分半座與釋迦牟尼佛，而作是言：釋迦牟尼佛可就此座，即時釋迦牟尼佛入其塔中，坐其半座，結加趺坐。爾時，大衆見二如來在七寶塔中師子座上結加趺坐，各作是念：佛坐高遠，惟願如來以神通力令我等輩俱處虛空。即時，釋迦牟尼佛以神通力接諸大衆皆在虛空，以大音聲普告四

① 梵藏本云："三百萬億。"

② 梵藏本云："天人寶聚。"

衆:誰能於此娑婆國土廣説妙法華經,今正是時。如來不久當入涅槃,佛欲以此妙法華經付囑有在。爾時,世尊欲重宣此義,而説偈言:

聖主世尊,雖久滅度,在寶塔中,尚爲法來,諸人云何,不勤爲法。
此佛滅度,無央數劫,處處聽法,以難遇故。
彼佛本願,我滅度後,在在所往,常爲聽法。
又我分身,無量諸佛,如恆沙等,來欲聽法。
及見滅度,多寶如來,各捨妙土,及弟子衆。
天人龍神,諸供養事,令法久住,故來至此。
爲坐諸佛,以神通力,移無量衆,令國清浄。
諸佛各各,詣寶樹下,如清浄池,蓮華莊嚴。
其寶樹下,諸師子座,佛坐其上,光明嚴飾,如夜闇中,然大炬火。
身出妙香,徧十方國,衆生蒙熏,喜不自勝,譬如大風,吹小樹枝。
以是方便,令法久住,告諸大衆,我滅度後,誰能護持,讀説斯經,今於佛前,自説誓言。
其多寶佛,雖久滅度,以大誓願,而師子吼。
多寶如來,及與我身,所集化佛,當知此意。
諸佛子等,誰能護法,當發大願,令得久住。
其有能護,此經法者,則爲供養,我及多寶。
此多寶佛,處於寶塔,常遊十方,爲是經故。
亦復供養,諸來化佛,莊嚴光飾,諸世界者。
若説此經,則爲見我,多寶如來,及諸化佛。
諸善男子,各諦思惟,此爲難事,宜發大願。
諸餘經典,數如恆沙,雖説此等,未足爲難。
若接須彌,擲置他方,無數佛土,亦未爲難。
若以足指,動大千界,遠擲他國,亦未爲難。

若立有頂，爲衆演説，無量餘經，亦未爲難。
若佛滅後，於惡世中，能説此經，是則爲難。
假使有人，手把虚空，而以遊行，亦未爲難。
於我滅後，若自書持，若使人書，是則爲難。
若以大地，置足甲上，升於梵天，亦未爲難。
佛[①]滅度後，於惡世中，暫讀此經，是則爲難。
假使劫燒，擔負乾草，入中不燒，亦未爲難。
我滅度後，若持此經，爲一人説，是則爲難。
若持八萬，四千法藏，十二部經，爲人演説。
令諸聽者，得六神通，雖能如是，亦未爲難。
於我滅後，聽受此經，問其義趣，是則爲難。
若人説法，令千萬億，無量無數，恆沙衆生。
得阿羅漢，具六神通，雖有是益，亦未爲難。
於我滅後，若能奉持，如斯經典，是則爲難。
我爲佛道，於無量土，從始至今，廣説諸經。
而於其中，此經第一，若有能持，則持佛身。
諸善男子，於我滅後，誰能受持，讀誦此經，今於佛前，自説誓言。
此經難持，若暫持者，我則歡喜，諸佛亦然。
如是之人，諸佛所歎，是則勇猛，是則精進。
是名持戒，行頭陀者，則爲疾得，無上佛道。
能於來世，讀持此經，是真佛子，住淳善地。
佛滅度後，能解其義，是諸天人，世間之眼。
於恐畏世，能須臾説，一切天人，皆應供養。

---

① 勘梵藏本原爲二頌，今譯文略。

提[①]婆達多品

爾時,佛告諸菩薩及天人四衆:吾於過去無量劫中,求法華經無有懈倦,於多劫中常作國王,發願求於無上菩提心不退轉,爲欲滿足六波羅蜜,勤行布施心無吝惜,象馬七珍,國城妻子,奴婢僕從,頭目髓腦,身肉手足,不惜軀命。時世人民壽命無量,爲於法故,捐捨國位,委政太子,擊鼓宣令四方求法。誰能爲我説大乘者,吾當終身供給走使。時有仙人來白王言:我有大乘名妙法華經,若不違我,當爲宣説。王聞仙言,歡喜踊躍,即隨仙人供給所須,采果汲水,拾薪設食,乃至以身而爲牀座,身心無倦。於時,奉事經於千歲,爲於法故,精勤給侍,令無所乏。爾時,世尊欲重宣此義,而説偈言:

我念過去劫,爲求大法故,雖作世國王,不貪五欲樂。
椎鐘告四方,誰有大法者,若爲我解説,身當爲奴僕。
時有阿私仙,來白於大王,我有微妙法,世間所希有。
若[②]能修行者,吾當爲汝説,時王聞仙言,心生大喜悦。
即便隨仙人,供給於所須,采薪及果蓏,隨時恭敬與。
情存妙法故,身心無懈倦,普爲諸衆生,勤求於大法,亦不爲己身,及以五欲樂。
故爲大國王,勤求獲此法,遂[③]致得成佛,今故爲汝説。

佛告諸比丘,爾時王者,則我身是,時仙人者,今提婆達多是。

---

① 梵藏本不分品。晉本作梵志品第十二,但其本麗刻亦不分品。隋本序謂,什譯本闕此品,今爲通入見塔品云云。按,此品譯文係齊永明八年達磨摩提所出,真諦重翻,乃安入什譯本内,非其舊也。今附列其文,而刊正品次。

② 梵藏本云:"若能爲我僕。"

③ 梵藏本此二句云:"千劫不厭患,非爲他事故。"

由提婆達多善知識故，令我具足六波羅密，慈悲喜捨，三十二相，八十種好，紫磨金色，十力，四無所畏，四攝法，十八不共，神通道力，成等正覺，廣度衆生，皆因提婆達多善知識故。告諸四衆：提婆達多却後過無量劫當得成佛，號曰天王如來、應供、正偏知、明行足、善逝、世間解、無上士、調御丈夫、天人師、佛世尊，世界名天道。時天王佛住世二十中劫，廣爲衆生說於妙法，恆河沙衆生得阿羅漢果，無量衆生發緣覺心，恆河沙衆生發無上道心，得無生忍，至不退轉。時天王佛般涅槃後，正法住世二十中劫，全身舍利起七寶塔，高六十由旬，縱廣四十由旬，諸天人民悉以雜華，末香燒香塗香，衣服瓔珞，幢旛寶蓋，伎樂歌頌，禮拜供養七寶妙塔。無量衆生得阿羅漢果，無量衆生悟辟支佛不可思議，衆[①]生發菩提心至不退轉。佛告諸比丘，未來世中若有善男子善女人聞妙法華經提婆達多品，淨心信敬，不生疑惑者，不墮地獄、餓鬼、畜生，生十方佛前，所生之處，常聞此經。若生人天中，受勝妙樂，若在佛前，蓮華化生。於時，下方多寶世尊所從菩薩名曰智積，白多寶佛當還本土。釋迦牟尼佛告智積曰：善男子，且待須臾。此有菩薩名文殊師利，可與相見，論說妙法，可還本土。爾時，文殊師利坐千葉蓮華，大如車輪，俱來菩薩亦坐寶蓮華，從於大海娑竭羅龍宮自然涌出，住虛空中，詣靈鷲山，從蓮華下至於佛所，頭面敬禮二世尊足。修敬已畢，往智積所，共相慰問，却坐一面。智積菩薩問文殊師利：仁往龍宮所化衆生，其數幾何？文殊師利言：其數無量，不可稱計，非口所宣，非心所測，且待須臾，自當證知。所言未竟，無數菩薩坐寶蓮華從海涌出，詣靈鷲山，住在虛空。此諸菩薩皆是文殊師利之所化度，具菩薩行，皆共論說六波羅蜜。本聲聞人，在[②]虛空中說聲聞行，

① 梵藏本云："天人。"
② 梵藏本缺此四字。

今皆修行大乘空義。文殊師利謂智積曰:於海教化,其事如是。爾時,智積菩薩以偈讚曰:

大[①]智德勇健,化度無量衆,今此諸大會,及我皆已見。

演暢實相義,開闡一乘法,廣導諸衆生,令速成菩提。

文殊師利言:我於海中,唯常宣説妙法華經。智積問文殊師利言:此經甚深微妙,諸經中寶,世所希有,頗有衆生勤加精進修行此經,速得佛不?文殊師利言:有娑竭羅龍王女,年始八歲,智慧利根,善知衆生,諸根行業,得陀羅尼諸佛所説甚深祕藏,悉能受持,深入禪定,了達諸法,於剎那頃發菩提心,得不退轉,辯[②]才無礙,慈念衆生,猶如赤子,功德具足,心念口演,微妙廣大,慈悲仁讓,志意和雅,能至菩提。智積菩薩言:我見釋迦如來於無量劫難行苦行,積功累德求菩提道,未曾止息,觀三千大千世界,乃至無有如芥子許非是菩薩捨身命處,爲衆生故,然後乃得成菩提道,不信此女於須臾頃便成正覺。言論未訖,時龍王女忽現於前,頭面禮敬,却住一面,以偈讚曰:

深達罪福相,徧照於十方,微妙淨法身,具相三十二,

以八十種好,用莊嚴法身。

天[③]人所戴仰,龍神咸恭敬,一切衆生類,無不宗奉者。

又聞成菩提,唯佛當證知,我闡大乘教,度脱苦衆生。

時舍利弗語龍女言:汝謂不久得無上道,是事難信。所[④]以者

① 梵藏本此二頌云:"大賢説慧者,化度無量衆,汝今答吾問,是仗誰神力。汝爲説何法,以何開覺道,使發菩提心,並得一切智。"其第一句于闐本云:"大德智勇力",與今譯同。

② 梵藏本云:"願力廣大。"

③ 梵藏本缺此二句義。

④ 梵藏本此三句云:"女人經無量劫,精進不息,積集福德,圓滿六度,猶不得佛。所以者何?"晉本大同。

何？女身垢穢，非是法器，云何能得無上菩提？佛道懸曠，經無量劫勤苦積行，具修諸度，然後乃成。又，女人身猶有五障：一者不得作梵天王，二者帝釋，三者魔①王，四者轉輪聖王，五者佛②身，云何女身速得成佛？爾時，龍女有一寶珠，價直三千大千世界，持以上佛，佛卽受之。龍女謂智積菩薩、尊者舍利弗言：我獻寶珠，世尊納受，是事疾不？答言：甚疾。女言：以汝神力，觀我成佛，復速於此。當時衆會，皆見龍女忽然之間變成男子，具菩薩行，卽往南方無垢世界，坐寶③蓮華，成等正覺，三十二相，八十種好，普爲十方一切衆生演說妙法。爾時，娑婆世界菩薩、聲聞、天龍八部、人與非人，皆遥見彼龍女成佛，普爲時會人天說法，心大歡喜，悉遥敬禮。無量衆生，聞法解悟，得不退轉，無量衆生，得受道記，無垢世界，六反震動，娑婆世界三千衆生，住不退地，三千衆生發菩提心，而得受記。智積菩薩及舍利弗，一切衆會，默然信受。

持④品第十二

爾時，藥王菩薩摩訶薩及大樂說菩薩摩訶薩與二萬菩薩眷屬，俱皆於佛前作是誓言：惟願世尊不以爲慮，我等於佛滅後當奉持讀誦說此經典，後惡世衆生，善根轉少，多增上慢，貪利供養，增不善根，遠離解⑤脫，雖難可教化，我等當起大忍力，讀誦此經，持說書寫，種種供養，不惜身命。爾時，衆中五百阿羅漢得受記者白佛言：世尊，我等亦自誓願，於異國土廣說此經。復有學無學八千人得受記者，從座而起，合掌向佛，作是誓言：世尊，我等亦當於他國

① 梵藏本云："四大王天。"
② 梵藏本云："不退菩薩。"
③ 梵藏本云："七寶樹下。"
④ 梵藏本作發願品第十二。晉本勸說品第十三。音訓作勸持品。
⑤ 梵藏本云："信解。"

土廣説此經。所以者何?是娑婆國中,人多弊惡,懷增上慢,功德淺薄,瞋濁諂曲,心不實故。爾時,佛姨母摩訶波闍波提比丘尼,與學無學比丘尼六千人,俱從座而起,一心合掌,瞻仰尊顔,目不暫捨。於時,世尊告憍曇彌:何故憂色而視如來?汝心將無謂我不説汝名,授阿耨多羅三藐三菩提記耶?憍曇彌,我先總説一切聲聞皆已授記,今汝欲知記者,將來之世,當於六①萬八千億諸佛法中爲大法師,及六千學無學比丘尼俱爲法師。汝如是漸漸具菩薩道,當得作佛,號一切衆生喜見如來、應供、正徧知、明行足、善逝、世間解、無上士、調御丈夫、天人師、佛世尊,憍曇彌是一切衆生喜見佛及六千菩薩轉次授記,得阿耨多羅三藐三菩提。爾時,羅睺羅母耶輸陀羅比丘尼作是念:世尊於授記中獨不説我名。佛告耶輸陀羅,汝於來世百千萬億諸佛法中,修菩薩行,爲大法師,漸具佛道,於善國中當得作佛,號具足千萬光相如來、應供、正徧知、明行足、善逝、世間解、無上士、調御丈夫、天人師、佛世尊,佛壽無量阿僧祇劫。爾時,摩訶波闍波提比丘尼及耶輸陀羅比丘尼幷其眷屬皆大歡喜,得未曾有,卽於佛前而説偈言:

世尊導師,安隱天人,我等聞記,心安具足。

諸比丘尼説是偈已,白佛言:世尊,我等亦能於他方國廣宣此經。爾時,世尊視八十萬億那由他諸菩薩摩訶薩,是諸菩薩皆是阿惟越致轉不退法輪,得諸陀羅尼,卽從座起,至於佛前,一心合掌,而作是念:若世尊告敕我等持説此經者,當如佛教廣宣斯法。復作是念:佛今默然不見告敕,我當云何?時諸菩薩敬順佛意,並欲自滿本願,便於佛前作師子吼,而發誓言:世尊,我等於如來滅後,周旋往反十方世界,能令衆生書寫此經,受持讀誦解説其義,如法修行正憶念,皆是佛之威力,惟願世尊在於他方遥見守護。卽時,諸

① 梵藏本云:"三萬八千億。"

菩薩俱同發聲，而説偈言：

惟願不爲慮，於佛滅度後，恐怖惡世中，我等當廣説。

有諸無智人，惡口罵詈等，及加刀杖者，我等皆當忍。

惡世中比丘，邪智心諂曲，未得謂爲得，我慢心充滿。

或有阿練若，納衣在空閒，自謂行真道，輕賤人間者。

貪著利養故，與白衣説法，爲世所恭敬，如六通羅漢。

是人懷惡心，常念世俗事，假名阿練若，好出我等過。

而作如是言，此諸比丘等，爲貪利養故，説外道論義。

自作此經典，誑惑世間人，爲求名聞故，分別於是經。

常在大衆中，欲毁我等故，向國王大臣，婆羅門居士。

及餘比丘衆，誹謗説我惡，謂是邪見人，説外道論義，我等敬佛故，悉忍是諸惡。

爲斯所輕言，汝等皆是佛，如此輕慢言，皆當忍受之。

濁劫惡世中，多有諸恐怖，惡鬼入其身，罵詈毁辱我。

我等敬信佛，當著忍辱鎧，爲説是經故，忍此諸難事。

我不愛身命，但惜無上道，我等於來世，護持佛所囑。

世尊自當知，濁世惡比丘，不知佛方便，隨宜所説法。

惡口而顰蹙，數數見擯出，遠離於塔寺，如是等衆惡。

念①佛告敕故，皆當忍是事。

諸聚落城邑，其有求法者，我皆到其所，説佛所囑法。

我是世尊使，處衆無所畏，我當善説法，願佛安隱住。

我於世尊前，諸來十方佛，發如是誓言，佛自知我心。

① 勘梵藏本原爲一頌，今譯文略。

妙法蓮華經卷第五

安樂行品第十三①

爾時，文殊師利法王子菩薩摩訶薩白佛言：世尊，是諸菩薩甚爲難有，敬順佛故，發大誓願，於後惡世，護持讀説是法華經。世尊，菩薩摩訶薩於後惡世云何能説是經？佛告文殊師利：若菩薩摩訶薩於後惡世欲説是經，當安住四法：一者安住菩薩行②處，親近處，能爲衆生演説是經。文殊師利，云何名菩薩摩訶薩行處？若菩薩摩訶薩住忍辱地，柔和善順而不卒暴，心亦不驚，又復於③法無所行而觀諸法如實相，亦不行不分別，是名菩薩摩訶薩行處。云何名菩薩摩訶薩親近處？菩薩摩訶薩不親近國王王子大臣官長，不親近諸外道梵志尼犍子等，及造世俗文筆讚④詠外書及路伽耶陀逆路伽耶陀者，亦不親近諸有兇戲相扠相撲及那羅等種種變現之戲，又不親近旃陀羅及畜豬羊雞狗畋獵漁捕諸惡律儀，如是人等或時來者，則爲説法無所希望，又不親近求聲聞比丘比丘尼優婆塞優婆夷，亦不問訊。若於房中，若經行處，若在講堂中，不共住止，或時來者，隨宜説法，無所希求。文殊師利，又菩薩摩訶薩不應於女人身取能生欲想相而爲説法，亦不樂見。若入他家，不與小女處女寡女等共語，亦復不近五種不男之人以爲親厚，不獨入他家，若有因緣須獨入時，但一心念佛。若爲女人説法，不露齒笑，不現胸臆。乃

① 梵藏本作安樂住品第十三。晉本安行品第十四。
② 梵藏本云："儀軌及所行境。"
③ 梵藏本此二句云："於法都無所行，而如實見諸法異門自相，不於諸法審察分別。"晉本大同。
④ 梵藏本此句云："及持順世外道祕密言詞之順世者。"

至爲法，猶不親厚，況復餘事。不樂畜年少弟子，沙彌小兒，亦不樂與同師。常好坐禪，在於閒處，修攝其心。文殊師利，是名初親近處。復次，菩薩摩訶薩觀一切法空如① 實相，不顛倒不動不退不轉，如② 虛空無所有性，一切語言道斷，不生不出不起，無③ 名無相實無所有，無量無邊無礙無障，但以因緣有從顛倒生故說。常樂觀如是法相，是名菩薩摩訶薩第二親近處。爾時，世尊欲重宣此義，而說偈言：

若有菩薩，於後惡世，無怖畏心，欲說是經。
應入行處，及親近處，常離國王，及國王子。
大臣官長，兇險戲者，及旃陀羅，外道梵志。
亦不親近，增上慢人，貪著小乘，三藏學者，破戒比丘，名字羅漢。
及比丘尼，好戲笑者，深著五欲。
求現滅度，諸優婆夷，皆勿親近④ 。
若是人等，以好心來，到菩薩所，爲聞佛道。
菩薩則以，無所畏心，不懷希望，而爲說法。
寡女處女，及諸不男，皆勿親近，以爲親厚。
亦莫親近，屠兒魁膾，畋獵漁捕，爲利殺害。
販肉自活，衒賣女色，如是之人，皆勿親近。
兇⑤ 險相撲，種種嬉戲，諸淫女等，盡勿親近。
莫獨屏處，爲女說法，若說法時，無得戲笑。
入里乞食，將一比丘，若無比丘，一心念佛。

---

① 梵藏本此語云："如實而住。" 晉本同。
② 梵藏本此語云："常如實住，如虛空性。"
③ 梵藏本此句云："無寫無續非依言說着處，而由顛倒想生。"
④ 勘梵藏本次有結句云："是名儀軌。" 晉本同。今譯缺略。
⑤ 勘梵藏本原爲二頌，今譯文略。

是則名爲，行處近處，以此二處，能安樂説。
又復不行，上中下法，有爲無爲，實不實法。
亦不分别，是男是女，不得諸法，不知不見。
是則名爲，菩薩行處，一切諸法，空無所有。
無有常住，亦無起滅，是名智者，所親近處。
顛倒分别，諸法有無，是實非實，是生非生。
在於閑處，修攝其心，安住不動，如須彌山，觀一切法，皆無所有。
猶如虚空，無[①]有堅固，不生不出，不動不退，常住一相，是名近處。
若有比丘，於我滅後，入是行處，及親近處，説斯經時，無有怯弱。
菩薩有時，入於静室，以正憶念，隨義觀法。
從禪定起，爲諸國王，王子臣民，婆羅門等。
開化演暢，説斯經典，其心安隱，無有怯弱。
文[②]殊師利，是名菩薩，安住初法，能於後世，説法華經。

又，文殊師利，如來滅後，於末法中欲説是經，應住安樂行。若口宣説，若讀經時，不樂説人及經典過，亦不輕慢諸餘法師，不説他人好惡長短，於聲聞人亦不稱名説其過惡，亦不稱名讚歎其美，又亦不生怨嫌之心。善修如是安樂心故，諸有聽者不逆其意，有所難問，不以小乘法答，但以大乘而爲解説，令得一切種智。爾時，世尊欲重宣此義，而説偈言：

菩薩常樂，安隱説法，於清浄地，而施牀座。

① 梵藏本此三句合云："無有貞實離不動心。"
② 梵藏本缺此頌，晉本同。

以① 油塗身，澡浴塵穢，著新浄衣，内外倶浄。

安處法座，隨問爲説，若有比丘，及比丘尼。

諸優婆塞，及優婆夷，國王王子，羣臣士民，以微妙義，和顔爲説。

若有難問，隨義而答，因緣譬喻，敷演分别。

以是方便，皆使發心，漸漸增益，入於佛道。

除懶惰意，及懈怠想，離諸憂惱，慈心説法。

晝夜常説，無上道教，以諸因緣，無量譬喻，開示衆生，咸令歡喜。

衣服卧具，飲食醫藥，而於其中，無所希望，但一心念，説法因緣。

願成佛道，令衆亦爾，是則大利，安樂供養。

我滅度後，若有比丘，能演説斯，妙法華經。

心無嫉恚，諸惱障礙，亦無憂愁，及駡詈者。

又無怖畏，加刀杖等，亦無擯出，安住忍故。

智者如是，善修其心，能住安樂，如我上説。

其人功德，千萬億劫，算數譬喻，説不能盡。

又，文殊師利，菩薩摩訶薩於後末世法欲滅時，受持讀誦斯經典者，無懷嫉妬諂誑之心，亦勿輕駡學佛道者，求其長短，若比丘比丘尼、優婆塞優婆夷求聲聞者、求辟支佛者、求② 菩薩道者，無得惱之令其疑悔。語其人言，汝等去道甚遠，終不能得一切種智。所以者何？汝是放逸之人，於道懈怠故③。又亦不應戲論諸法，有所諍競。當於一切衆生起大悲想，於諸如來起慈父想，於諸菩薩起大師想，

① 勘梵藏本原爲二頌，今譯文略。

② 梵藏本云:“屬於菩薩乘者。”

③ 梵藏本次有句云:“於菩薩乘者，不使生疑無成佛力。”

於十方諸大菩薩常應深心恭敬禮拜，於一切衆生平等説法，以順法故，不多不少，乃至深愛法者，亦不爲多説。文殊師利，是菩薩摩訶薩於後末世法欲滅時，有成就是第三安樂行者，説是法時無能惱亂，得好同學共讀誦是經，亦得大衆而來聽受。聽已能持，持已能誦，誦已能説，説已能書，若使人書供養經卷，恭敬尊重讚歎。爾時，世尊欲重宣此義，而説偈言：

若欲説是經，當捨嫉恚慢，諂誑邪僞心，常修質直行。
不輕懱於人，亦不戲論法，不令他疑悔，云汝不得佛。
是佛子説法，常柔和能忍，慈悲於一切，不生懈怠心。
十方大菩薩，愍衆故行道，應生恭敬心，是則我大師。
於諸佛世尊，生無上父想，破於憍慢心，説法無障礙。
第三法如是，智者應守護，一心安樂行，無量衆所敬。

又，文殊師利，菩薩摩訶薩於後末世法欲滅時，有持是法華經者，於在家出家人中生大慈心，於非菩薩人中生大悲心，應作是念：如是之人，則爲大失。如來方便，隨宜説法，不聞不知，不覺不問，不信不解。其人雖不問不信不解是經，我得阿耨多羅三藐三菩提時，隨在何地以神通力智慧力引之，令得住是法中。文殊師利，是菩薩摩訶薩於如來滅後有成就此第四法者，説是法時無有過失。常爲比丘比丘尼、優婆塞優婆夷、國王王子、大臣人民、婆羅門居士等供養恭敬，尊重讚歎，虚空諸天爲聽法故，亦常隨侍。若在聚落城邑空閑林中有人來欲難問者，諸天晝夜常爲法故而衛護之，能令聽者皆得歡喜。所以者何？此經是一切過去未來現在諸佛神力所護故。文殊師利，是法華經於無量國中，乃至名字不可得聞，何况得見受持讀誦。文殊師利，譬如强力轉輪聖王，欲以威勢降伏諸國，而諸小王不順其命，時轉輪王起種種兵而往討伐。王見兵衆戰有功者，卽大歡喜，隨功賞賜，或與田宅聚落城邑，或與衣服嚴身之具，或與種種珍寶金銀瑠璃車渠馬瑙珊瑚琥珀象馬車乘奴婢人民，唯髻中明珠不以與之。所以者何？獨王頂上有此一珠，若以與之，王諸眷屬必大驚怪。文殊師利，如來亦復如是，以禪定智慧力得法國土，王於三界，而諸魔王不肯順伏，如來賢聖諸將與之共戰，其有功者心亦歡喜，於四衆中爲説諸經，令其心悦，賜以禪定解脱無漏根力諸法之財，又復賜與涅槃之城，言得滅度，引導其心，令皆歡喜，而不爲説是法華經。文殊師利，如轉輪王見諸兵衆有大功者，心甚歡喜，以此難信之珠久在髻中，不妄與人，而今與之。如來亦復如是，於三界中爲大法王，以法教化一切衆生。見賢聖軍與五陰魔、煩惱魔、死魔共戰有大功勳，滅三毒出三界破魔網，爾時如來亦大歡喜，此法華經能令衆生至一切智，一切世間多怨難信，先所未説，而今説之。文殊師利，此法華經是諸如來第一之説，於諸説中最爲甚深，末後賜與，如彼強力之王，久護明珠，今乃與之。文殊師利，此法華經諸佛如來祕密之藏，於諸經中最在其上，長夜守護，不妄宣説，始於今日乃與汝等而敷演之。爾時，世尊欲重宣此義，而説偈言：

常行忍辱，哀愍一切，乃能演説，佛所讚經。
後末世時，持此經者，於家出家，及非菩薩。
應生慈悲，斯等不聞，不①信是經，則爲大失。
我得佛道，以諸方便，爲説此法，令住其中。
譬如強力，轉輪之王，兵戰有功，賞賜諸物。
象馬車乘，嚴身之具，及諸田宅，聚落城邑。
或與衣服，種種珍寶，奴婢財物，歡喜賜與。
如有勇健，能爲難事，王解髻中，明珠賜之。
如來亦爾，爲諸法王，忍辱大力，智慧寶藏，以大慈悲，如法化

① 梵藏本此二句合云：“而來誹謗。”

世。

見一切人，受諸苦惱，欲求解脱，與諸魔戰，爲是衆生，説種種法。

以大方便，説此諸經，既知衆生，得其力已。

末後乃爲，説是法華，如王解髻，明珠與之。

此經爲尊，衆經中上，我常守護，不妄開示。

今正是時，爲汝等説。

我滅度後，求佛道者，欲得安隱，演説斯經，應當親近，如是四法。

讀是經者，常無憂惱，又無病痛，顔色鮮白，不生貧窮，卑賤醜陋。

衆生樂見，如慕賢聖，天諸童子，以爲給使。

刀杖不加，毒不能害，若人惡駡，口則閉塞。

遊① 行無畏，如師子王，智慧光明，如日之照。

若於夢中，但見妙事，見諸如來，坐師子座，諸比丘衆，圍繞説法。

又見龍神，阿修羅等，數如恒沙，恭敬合掌，自見其身，而爲説法。

又見諸佛，身相金色，放無量光，照於一切，以梵音聲，演説諸法。

佛爲四衆，説無上法，見身處中，合掌讚佛。

聞法歡喜，而爲供養，得陀羅尼，證不退智。

佛知其心，深入佛道，即爲授記，成最正覺。

汝善男子，當於來世，得無量智，佛之大道。

---

① 梵藏本此頌云："滅後持此經，爲有情親屬，得照明行地，滅無數障礙。"

國土嚴浄，廣大無比，亦有四衆，合掌聽法。

又見自身，在山林中，修習善法，證諸實相，深入禪定，見十方佛。

諸佛身金色，百福相莊嚴，聞法爲人説，常有是好夢。

又夢作國王，捨宫殿眷屬，及上妙五欲，行詣於道場。

在菩提樹下，而處師子座，求道過七日，得諸佛之智。

成無上道已，起而轉法輪，爲四衆説法，經千萬億劫。

説無漏妙法，度無量衆生，後當入涅槃，如煙盡燈滅。

若後惡世中，説是第一法，是人得大利，如上諸功德。

從①地涌出品第十四

爾時，他方國土諸來菩薩摩訶薩過八恒河沙數，於大衆中起，合掌作禮，而白佛言：世尊，若聽我等於佛滅後在此娑婆世界勤加精進，護持讀誦書寫供養是經典者，當於此土而廣説之。爾時，佛告諸菩薩摩訶薩衆：止！善男子，不須汝等護持此經。所以者何？我娑婆世界自有六萬恒河沙等菩薩摩訶薩，一一菩薩各有六萬恒河沙眷屬，是諸人等，能於我滅後護持讀誦廣説此經。佛説是時，娑婆世界三千大千國土地皆振裂，而於其中有無量千萬億菩薩摩訶薩同時涌出，是諸菩薩身皆金色，三十二相，無量光明。先盡在此娑婆世界之下，此界虚空中住，是諸菩薩聞釋迦牟尼佛所説音聲，從下發來。一一菩薩皆是大衆唱導之首，各將六萬恒河沙眷屬，況將五萬、四萬、三萬、二萬、一萬恒河沙等眷屬者，況復乃至一恒河沙、半恒河沙、四分之一乃至千萬億那由他分之一，況復千萬億那由他眷屬，況復億萬眷屬，況復千萬百萬乃至一萬，況復一千一百乃至一十，況復將五四三二一弟子者，況復單己樂遠離行，如

① 梵藏本品名同，晉本菩薩從地涌出品第十五。

是等比無量無邊算數譬喻所不能知。是諸菩薩從地出已，各詣虚空七寶妙塔多寶如來、釋迦牟尼佛所。到已，向二世尊頭面禮足，及至諸寶樹下師子座上佛所，亦皆作禮，右繞三帀，合掌恭敬，以諸菩薩種種讚法而以讚歎，住在一面，欣樂瞻仰於二世尊。是諸菩薩摩訶薩從初涌出，以諸菩薩種種讚法而讚於佛，如是時間，經五十小劫。是時，釋迦牟尼佛默然而坐，及諸四衆，亦皆默然。五十小劫，佛神力故，令諸大衆謂如半日。爾時，四衆亦以佛神力故，見諸菩薩徧滿無量百千萬億國土虚空。是菩薩衆中有四導師：一名上行，二名無邊行，三名浄行，四名安立行。是四菩薩，於其衆中最爲上首唱導之師，在大衆前各共合掌觀釋迦牟尼佛，而問訊言：世尊，少病少惱，安樂行不？所應度事，受教易不？不令世尊生疲勞耶？爾時，四大菩薩而説偈言：

世尊安樂，少病少惱，教化衆生，得無疲倦。

又諸衆生，受化易不，不令世尊，生疲勞耶？

爾時，世尊於菩薩大衆中而作是言：如是如是諸善男子，如來安樂少病少惱，諸衆生等易可化度，無有疲勞。所以者何？是諸衆生世世已來常受我化，亦① 於過去諸佛恭敬尊重，種諸善根，此諸衆生始見我身，聞我所説，即皆信受入如來慧，除先修習學小② 乘者，如是之人，我今亦令得聞是經，入於佛慧。爾時，諸大菩薩而説偈言：

善哉善哉，大雄世尊，諸衆生等，易可化度。

能問諸佛，甚深智慧，聞已信行，我等隨喜。

於時，世尊讚歎上首諸大菩薩，善哉善哉！善男子，汝等能於如來發隨喜心。爾時，彌勒菩薩及八千恒河沙諸菩薩衆皆作是念：

① 梵藏本缺此句。
② 梵藏本云："聲聞乘。"

我[1]等從昔已來不見不聞如是大菩薩摩菩薩衆從地涌出，住世尊前，合掌供養，問訊如來。時彌勒菩薩摩菩薩知八千恒河沙諸菩薩等心之所念，并自決所疑，合掌向佛以偈問曰：

無量千萬億，大衆諸菩薩，昔所未曾見，願兩足尊説。

是從何所來，以何因緣集，巨身大神通，智慧叵思議。

其志念堅固，有大忍辱力，衆生所樂見，爲從何所來。

一一諸菩薩，所將諸眷屬，其數無有量，如恒河沙等。

或有大菩薩，將六萬恒沙，如是諸大衆，一心求佛道。

是諸大師等，六萬恒河沙，俱來供養佛，及護持是經。

將五萬恒沙，其數過於是，四萬及三萬，二萬至一萬。

一[2]千一百等，乃至一恒沙，半及三四分，億萬分之一。

千萬那由他，萬億諸弟子，乃至於半億，其數復過上。

百萬至一萬，一千及一百，五十與一十，乃至三二一。

單己無眷屬，樂於獨處者，俱來至佛所，其數轉過上。

如是諸大衆，若人行籌數，過於恒沙劫，猶不能盡知。

是諸大威德，精進菩薩衆，誰爲其説法，教化而成就。

從誰初發心，稱揚何佛法，受持行誰經，修習何佛道。

如[3]是諸菩薩，神通大智力，四方地振裂，皆從中涌出。

世尊我昔來，未曾見是事，願説其所從，國土之名號，我[4]常遊諸國，未曾見是衆。

我於此衆中，及不識一人，忽然從地出，願説其因緣。

今此之大會，無量百千億，是諸菩薩等，皆欲知此事。

---

① 晉本此句作二頌。

② 勘梵藏本此下原有十頌，今略爲三。

③ 勘梵藏本原作二頌，今譯文略。

④ 勘梵藏本原作一頌，今譯文略。

是諸菩薩衆,本末之因緣,無量德世尊,惟願決衆疑。

爾時,釋迦牟尼分身諸佛從無量千萬億他方國土來者,在於八方諸寶樹下師子座上結加趺坐,其佛侍者,各各見是菩薩大衆於三千大千世界四方從地涌出,住於虚空,各白其佛言:世尊,此諸無量無邊阿僧祇菩薩大衆從何所來?爾時,諸佛各告侍者:諸善男子,且待須臾。有菩薩摩訶薩名曰彌勒,釋迦牟尼佛之所授記,次後作佛,已問斯事,佛今答之,汝等自當因是得聞。爾時,釋迦牟尼佛告彌勒菩薩:善哉善哉,阿逸多乃能問佛如是大事①。汝等當共一心,被精進鎧,發堅固意。如來今欲顯發宣示諸佛智慧,諸佛自在神通之力,諸佛師子奮迅之力,諸佛威猛大勢之力。爾時,世尊欲重宣此義,而說偈言:

當精進一心,我欲說此事,勿得有疑悔,佛智叵思議。

汝今出信力,住於忍善中,昔所未聞法,今皆當得聞。

我今安慰汝,勿得懷疑懼,佛無不實語,智慧不可量。

所得第一法,甚深叵分別,如是今當說,汝等一心聽。

爾時,世尊說此偈已,告彌勒菩薩:我今於此大衆宣告汝等,阿逸多,是諸大菩薩摩訶薩無量無數阿僧祇從地涌出,汝等昔所未見者,我於是娑婆世界得阿耨多羅三藐三菩提已,教化示導是諸菩薩,調伏其心,令發道意,此諸菩薩皆於是娑婆世界之下,此界虚空中住,於諸經典讀誦通利,思惟分別正憶念。阿逸多,是諸善男子等不樂在衆多有所說,常樂静處勤行精進,未曾休息,亦不依止人天而住②,常樂深智無有障礙,亦常樂於諸佛之法一心精進,求無上慧。爾時,世尊欲重宣此義,而說偈言:

阿逸汝當知,是諸大菩薩,從生數劫來,修習佛智慧。

---

① 梵藏本次有句云:"復語相俱一切菩薩衆會。"晉本大同。

② 梵藏本次有句云:"喜於真諦,了解真諦。"

悉是我所化，令發大道心，此等是我子，依止是世界。

常行頭陀事，志樂於静處，捨大衆憒鬧，不樂多所説。

如①是諸子等，學習我道法，晝夜常精進，爲求佛道故。

在娑婆世界，下方空中住，志念力堅固，常勤求智慧，説種種妙法，其心無所畏。

我於伽耶城，菩提樹下坐，得成最正覺，轉無上法輪。

爾乃教化之，令初發道心，今皆住不退，悉當得成佛。

我今説實語，汝等一心信，我從久遠來，教化是等衆。

爾時，彌勒菩薩摩訶薩及無數諸菩薩等心生疑惑，怪未曾有，而作是念：云何世尊於少時教化如是無量無邊阿僧祇諸大菩薩令住阿耨多羅三藐三菩提？即白佛言：世尊，如來爲太子時，出於釋宫，去伽耶城不遠坐於道場，得成阿耨多羅三藐三菩提。從是已來，始過四十餘年，世尊云何於此少時大作佛事，以佛勢力以佛功德教化如是無量大菩薩衆當成阿耨多羅三藐三菩提？世尊，此大菩薩衆，假使有人於千萬億劫，數不能盡，不得其邊，斯等久遠已來，於無量無邊諸佛所，植諸善根，成就菩薩道，常修梵行，世尊如此之事，世所難信。譬如有人，色美髮黑，年二十五，指百歲人，言是我子，其百歲人亦指年少，言是我父，生育我等，是事難信。佛亦如是，得道已來，其實未久，而此大衆諸菩薩等，已於無量千萬億劫，爲佛道故，勤行精進，善入出住無量百千萬億三昧，得大神通，久修梵行，善能次第，習諸善法，巧於問答，人中之寶，一切世間甚爲希有。今日世尊方云得佛道時，初令發心教化示導，令向阿耨多羅三藐三菩提。世尊得佛未久，乃能作此大功德事，我等雖復信佛，隨宜所説，佛所出言未曾虚妄，佛所知者皆悉通達，然諸新發意菩薩，於佛滅後若聞是語，或不信受，而起破法罪業因緣。唯然世尊，願爲解説，除我

① 梵藏本此下二頌互倒。

等疑，及未來世諸善男子聞此事已，亦不生疑。爾時，彌勒菩薩欲重宣此義，而説偈言：

佛昔從釋種，出家近伽耶，坐於菩提樹，爾來尚未久。
此諸佛子等，其數不可量，久已行佛道，住於神通力。
善學菩薩道，不染世間法，如蓮華在水，從地而涌出，皆起恭敬心，住於世尊前。
是事難思議，云何而可信，佛得道甚近，所成就甚多，願爲除衆疑，如實分别説。
譬如少壯人，年始二十五，示人百歲子，髮白而面皺。
是等我所生，子亦説是父，父少而子老，舉世所不信。
世尊亦如是，得道來甚近，是諸菩薩等，志固無怯弱。
後無量劫來，而行菩薩道，巧於難問答，其心無所畏。
忍辱心決定，端正有威德，十方佛所讚，善能分别説。
不樂在人衆，常好在禪定，爲求佛道故，於下空中住。
我等從佛聞，於此事無疑，願佛爲未來，演説令開解。
若有於此經，生疑不信者，即當墮惡道，願今爲解説。
是無量菩薩，云何於少時，教化令發心，而住不退也。

如[①]來壽量品第十五

爾時，佛告諸菩薩及一切大衆，諸善男子，汝等當信解如來誠諦之語。復告大衆，汝等當信解如來誠諦之語。又復告諸大衆，汝等當信解如來誠諦之語。是時，菩薩大衆，彌勒爲首，合掌白佛言：世尊，惟願説之，我等當信受佛語。如是三白已，復言：惟願説之，我等當信受佛語。爾時，世尊知諸菩薩三請不止，而告之言：汝等

① 梵藏本品名同，晉本如來現壽品第十六。

諦聽，如來祕[①]密神通之力，一切世間天人及阿修羅，皆謂今釋迦牟尼佛出釋氏宮，去伽耶城不遠，坐於道場，得阿耨多羅三藐三菩提。然善男子，我實成佛已來，無量無邊百千萬億那由他劫。譬如五百千萬億那由他阿僧祇，三千大千世界，假使有人抹爲微塵，過於東方五百千萬億那由他阿僧祇國乃下一塵，如是東行盡是微塵。諸善男子，於意云何，是諸世界可得思惟校計，知其數不？彌勒菩薩等俱白佛言：世尊，是諸世界無量無邊非算數所知，亦非心力所及，一切聲聞辟支佛以無漏智不能思惟知其限數，我等住阿惟越致地，於是事中亦所不達。世尊，如是諸世界無量無邊。爾時，佛告大菩薩衆，諸善男子，今當分明宣語汝等：是諸世界，若著微塵及不著者，盡以爲塵一塵一劫，我成佛已來，復過於此百千萬億那由他阿僧祇劫，自從是來，我常在此娑婆世界說法教化，亦於餘處百千萬億那由他阿僧祇國導利衆生。諸善男子，於是中間，我說然燈佛等，又復言其入於涅槃，如是皆以方便分別。諸善男子，若有衆生來至我所，我以佛眼觀其信[②]等諸根利鈍，隨所應度，處處自說名字不同，年紀大小，亦復現言當入涅槃，又以種種方便說微妙法，能令衆生發歡喜心。諸善男子，如來見諸衆生樂於小法德薄垢重者，爲是人說我少出家得阿耨多羅三藐三菩提，然我實成佛已來，久遠若斯，但以方便教化衆生，令入佛道，作如是說。諸善男子，如來所演經典皆爲度脱衆生，或說己身，或說他身，或示己身，或[③]示他身，或示己事，或示他事，諸所言說，皆實不虛。所以者何？如來如實知見，三界之相，無有生死，若退若出，亦無在[④]世及

① 梵藏本云："如是由三昧力而生者。"
② 梵藏本云："根及精進次第。"晉本大同。
③ 梵藏本此句文略云：或"緣自或緣他。"
④ 梵藏本云："流轉。"

滅度者，非[①]實非虛，非如非異，不如三界見於三界。如斯之事，如來明見無有錯謬，以諸衆生有種種性、種種欲、種種行、種種憶想分別故，欲令生諸善根，以若干因緣譬喻言辭種種説法，所作佛事，未曾暫廢。如是，我成佛已來，甚大久遠，壽命無量阿僧祇劫，常住不滅。諸善男子，我本行菩薩道，所成壽命，今猶未盡，復倍上數。然今非實滅度，而便唱言，當取滅度，如來以是方便，教化衆生。所以者何？若佛久住於世，薄德之人不種善根，貧窮下賤貪著五欲，入於憶想妄見網中，若見如來常在不滅，便起憍恣而懷厭怠，不能生難遭之想，恭敬之心。是故，如來以方便説，比丘當知，諸佛出世難可值遇。所以者何？諸薄德人過無量百千萬億劫，或有見佛，或不見者，以此事故，我作是言：諸比丘，如來難可得見。斯衆生等聞如是語，必當生於難遭之想，心懷戀慕，渴仰於佛，便種善根。是故，如來雖不實滅，而言滅度。又，善男子，諸佛如來法皆如是，爲度衆生，皆實不虛。譬如良醫，智慧聰達，明練方藥，善治衆病，其人多諸子息，若十、二十乃[②]至百數，以有事緣，遠至餘國，諸子於後飲他毒藥，藥發悶亂，宛轉於地。是時，其父還來歸家，諸子飲毒，或失本心，或不失者，遥見其父，皆大歡喜，拜跪問訊，善安隱歸，我等愚癡，誤服毒藥，願見救療，更賜壽命。父見子等苦惱如是，依諸經方，求好藥草，色香美味，皆悉具足。擣簁[③]和合，與子令服，而作是言：此大良藥，色香美味，皆悉具足，汝等可服，速除苦惱，無復衆患。其諸子中不失心者，見此良藥色香俱好，卽便服之，病盡除愈。餘失心者，見其父來，雖亦歡喜問訊，求索治病，然與其藥而不

① 梵藏本此三句云："非起不起，非有非無，非如是非變異，非不謬如性非非不謬如性，如來不如愚癡凡夫所見以見三界故，如來於此成現證法受持不忘，諸有所説，諦實不虛。"晉本大同。

② 梵藏本云："或百或千。"

③ 原刻作"篩"，今依音訓及麗刻改。

肯服。所以者何?毒氣深入,失本心故,於此好色香藥而謂不美。父作是念:此子可愍,爲毒所中,心皆顛倒,雖見我喜,求索救療,如是好藥,而不肯服,我今當設方便,令服此藥。即作是言:汝等當知,我今衰老,死時已至,是好良藥,今留在此,汝可取服,勿憂不差①。作是教已,復至他國,遣使還告,汝父已死。是時,諸子聞父背喪,心大憂惱,而作是念:若父在者,慈愍我等,能見救護,今者捨我,遠喪他國,自惟孤露,無復恃怙,常懷悲感,心遂醒悟,乃知此藥色味香美,即取服之,毒病皆愈。其父聞子悉已得差,尋便來歸,咸使見之。諸善男子,於意云何,頗有人能說此良醫虛妄罪不?不也,世尊。佛言:我亦如是,成佛已來,無量無邊百千萬億那由他阿僧祇劫,爲衆生故,以方便力言當滅度,亦無有能如法說我虛妄過者。爾時,世尊欲重宣此義,而說偈言:

自我得佛來,所經諸劫數,無量百千萬,億載阿僧祇。

常說法教化,無數億衆生,令入於佛道,爾來無量劫。

爲度衆生故,方便現涅槃,而實不滅度,常住此說法。

我常住於此,以諸神通力,令顛倒衆生,雖近而不見。

衆見我滅度,廣供養舍利,咸皆懷戀慕,而生渴仰心。

衆生既信伏,質直意柔輭,一心欲見佛,不自惜身命,時我及衆僧,俱出靈鷲山。

我時語衆生,常在此不滅,以方便力故,現有滅不滅。

餘國有衆生,恭敬信樂者,我復於彼中,爲說無上法,汝等不聞此,但謂我滅度。

我見諸衆生,没在於苦惱,故不爲現身,令其生渴仰,因其心戀慕,乃出爲說法。

---

① 原刻作"美",今依麗刻改。

神通力如是，於阿僧祇劫，常在靈鷲山，及[①]餘諸住處。
衆生見劫盡，大火所燒時，我此土安隱，天人常充滿。
園林諸堂閣，種種寶莊嚴，寶樹多華果，衆生所遊樂。
諸天擊天鼓，常作衆伎樂，雨曼陀羅華，散佛及大衆。
我淨土不毁，而衆見燒盡，憂怖諸苦惱，如是悉充滿。
是諸罪衆生，以惡業因緣，過阿僧祇劫，不聞三寶名。
諸有修功德，柔和質直者，則皆見我身，在此而説法。
或時爲此衆，説佛壽無量，久乃見佛者，爲説佛難值。
我智力如是，慧光照無量，壽命無數劫，久修業所得。
汝等有智者，勿於此生疑，當斷令永盡，佛語實不虚。
如醫善方便，爲治狂子故，實在而言死，無能説虚妄。
我亦爲世父，救諸苦患者，爲凡夫顛倒，實在而言滅。
以常見我故，而生憍恣心，放逸著五欲，墮於惡道中。
我[②]常知衆生，行道不行道，隨所應可度，爲説種種法。
每自作是意，以何令衆生，得入無上慧，速成就佛身。

分[③]别功德品第十六

爾[④]時，大會聞佛説壽命劫數長遠如是無量無邊阿僧祇，衆生得大饒益。於時，世尊告彌勒菩薩摩薩訶：阿逸多，我説是如來壽命長遠時，六百八十萬億那由他恒河沙衆生得無生法忍，復有千倍菩

① 梵藏本云："各别多卧具。"晉本云："自然床座。"
② 梵藏本此頌云："我常知諸行，如是爲衆説，云何成菩提，云何得佛法。"于闐本首句作"常知行不行"，與今譯合。
③ 梵藏本品名同，晉本御福事品第十七。
④ 晉本以此句屬前品末。

薩摩訶薩得聞持陀羅尼門，復有一①世界微塵數菩薩摩訶薩得樂説無礙辯才，復有一世界微塵數菩薩摩訶薩得百千萬億無量旋陀羅尼，復有三千大千世界微塵數菩薩摩訶薩能轉不退法輪，復有二千中國土微塵數菩薩摩訶薩能轉清浄法輪，復有小千國土微塵數菩薩摩訶薩八生當得阿耨多羅三藐三菩提，復有四四天下微塵數菩薩摩訶薩四生當得阿耨多羅三藐三菩提，復有三四天下微塵數菩薩摩訶薩三生當得阿耨多羅三藐三菩提，復有二四天下微塵數菩薩摩訶薩二生當得阿耨多羅三藐三菩提，復有一四天下微塵數菩薩摩訶薩一生當得阿耨多羅三藐三菩提，復有八②世界微塵數衆生皆發阿耨多羅三藐三菩提心。佛説是諸菩薩摩訶薩得大法利時，於虚空中雨曼陀羅華摩訶曼陀羅華，以散無量百千萬億寶樹下師子座上諸佛，并散七寶塔中師子座上釋迦牟尼佛及久滅度多寶如來，亦散一切諸大菩薩及四部衆。又雨細末栴檀沈水香等，於虚空中天鼓自鳴，妙聲深遠，又雨千種天衣，垂諸瓔珞，真珠瓔珞、摩尼珠瓔珞、如意珠瓔珞徧於九方，衆寶香爐燒無價香，自然周至，供養大會。一一佛上，有諸菩薩執持旛蓋，次第而上，至於梵天。是諸菩薩，以妙音聲，歌無量頌，讚歎諸佛。爾時，彌勒菩薩從座而起，偏袒右肩，合掌向佛，而説偈言：

佛説希有法，昔所未曾聞，世尊有大力，壽命不可量。
無數諸佛子，聞世尊分別，説得法利者，歡喜充徧身。
或住不退地，或得陀羅尼，或無礙樂説，萬億旋總持。
或有大千界，微塵數菩薩，各各皆能轉，不退之法輪。

---

① 梵藏本云："一千世界。"晉本同。梵本次句云："二千世界"，藏本仍云："千世界"，晉本同。于闐本二句皆但稱"世界"，無"千"字，與今譯合。

② 梵藏本云："八三千大千世界"。

復有中千界，微塵數菩薩，各各皆能轉，清净之法輪。
復有小千界，微塵數菩薩，餘各八生在，當得成佛道。
復有四三二，如此四天下，微塵諸菩薩，隨數生成佛。
或一四天下，微塵數菩薩，餘有一生在，當成一切智。
如是等衆生，聞佛壽長遠，得無量無漏，清净之果報。
復有八世界，微塵數衆生，聞佛説壽命，皆發無上心。
世尊説無量，不可思議法，多有所饒益，如虚空無邊。
雨天曼陀羅，摩訶曼陀羅，釋梵如恒沙，無數佛土來。
雨栴檀沈水，繽紛而亂墜，如鳥飛空下，供散於諸佛。
天鼓虚空中，自然出妙聲，天衣千萬種，旋轉而來下。
衆寳妙香鑪，燒無價之香，自然悉周徧，供養諸世尊。
其大菩薩衆，執七寳旛蓋，高妙萬億種，次第至梵天。
一一諸佛前，寳幢懸勝旛，亦以千① 萬偈，歌詠諸如來。
如是種種事，昔所未曾有，聞佛壽無量，一切皆歡喜。
佛名聞十方，廣饒益衆生，一切具善根，以助無上心。

爾時，佛告彌勒菩薩摩訶薩：阿逸多，其有衆生聞佛壽命長遠如是，乃至能生一念信解，所得功德，無有限量。若有善男子、善女人，爲阿耨多羅三藐三菩提故，於八十萬億那由他劫行五波羅蜜：檀波羅蜜、尸羅波羅蜜、羼提波羅蜜、毗梨耶波羅蜜、禪波羅蜜、除般若波羅蜜，以是功德，比前功德，百分、千分、百千萬億分，不及其一，乃至算數譬喻所不能知。若善男子、善女人有如是功德，於阿耨多羅三藐三菩提退者，無有是處。爾時，世尊欲重宣此義，而説偈言：

若人求佛慧，於八十萬億那由他劫數，行五波羅蜜。
於② 是諸劫中，布施供養佛，及緣覺弟子，并諸菩薩衆。

---

① 梵藏本云："千偈。"

② 勘梵藏本此下二頌原作三頌，今譯文略。

珍異之飲食，上服與臥具，栴檀立精舍，以園林莊嚴。
如是等布施，種種皆微妙，盡此諸劫數，以迴向佛道。
若復持禁戒，清淨無缺漏，求於無上道，諸佛之所歎。
若復行忍辱，住於調柔地，設衆惡來加，其心不傾動。
諸有得法者，懷於增上慢，爲此所輕惱，如是亦能忍。
若復勤精進，志念常堅固，於無量億劫，一心不懈息。
又於無數劫，住於空閑處，若坐若經行，除睡常攝心。
以是因緣故，能生諸禪定，八十億萬劫，安住心不亂。
持此一心福，願求無上道，我得一切智，盡諸禪定際。
是人於百千，萬億劫數中，行此諸功德，如上之所說。
有善男女等，聞我說壽命，乃至一念信，其福過於彼。
若人悉無有，一切諸疑悔，深心須臾信，其福爲如此。
其有諸菩薩，無量劫行道，聞我說壽命，是則能信受。
如是諸人等，頂受此經典，願我於未來，長壽度衆生。
如今日世尊，諸釋中之王，道場師子吼，說法無所畏。
我等未來世，一切所尊敬，坐於道場時，說壽亦如是。
若有深心者，清淨而質直，多聞能總持，隨義解佛語，如是之人等，於此無有疑。

又，阿逸多，若有聞佛壽命長遠，解其言趣，是人所得功德無有限量，能起如來無上之慧。何況廣聞是經，若教人聞，若自持，若教人持，若自書，若教人書，若以華香瓔珞幢旛繒蓋香油蘇燈供養經卷，是人功德無量無邊，能生一切種智。阿逸多，若善男子善女人，聞我說壽命長遠，深心信解，則爲見佛常在耆闍崛山，共大菩薩諸聲聞衆，圍繞說法，又見此娑婆世界，其地瑠璃，坦然平正，閻浮檀金以界八道，寶樹行列，諸臺樓觀皆悉寶成，其菩薩衆咸處其中。若有能如是觀者，當知是爲深信解相。又復如來滅後，若聞是經而不毁訾，起隨喜心，當知已爲深信解相，何況讀誦受持之者，斯人則爲頂戴如來。阿逸多，是善男子善女人，不須爲我復起塔寺及作僧坊，以四事供養衆僧。所以者何？是善男子善女人受持讀誦是經典者，爲已起塔造立僧坊供養衆僧，則爲以佛舍利起七寶塔，高廣漸小，至於梵天，懸諸旛蓋及衆寶鈴，華香瓔珞，末香塗香燒香，衆鼓伎樂，簫笛箜篌，種種舞戲，以妙音聲，歌唄讚頌，則爲於無量千萬億劫，作是供養已。阿逸多，若我滅後，聞是經典有能受持，若自書，若教人書，則爲起立僧坊，以赤栴檀作諸殿堂三十有二，高八多羅樹，高廣嚴好，百千比丘於其中止，園林浴池，經行禪窟，衣服飲食，牀褥湯藥，一切樂具充滿其中。如是僧坊堂閣若干百千萬億，其數無量，以此現前，供養於我及比丘僧。是故我說，如來滅後，若有受持讀誦爲他人說，若自書，若教人書，供養經卷，不須復起塔寺及造僧坊，供養衆僧。況復有人能持是經，兼行布施、持戒、忍辱、精進、一心智慧，其德最勝，無量無邊。譬如虚空，東西南北，四維上下，無量無邊。是人功德亦復如是，無量無邊，疾至一切種智。若人讀誦受持是經，爲他人說，若自書，若教人書，復能起塔及造僧坊，供養讚歎聲聞衆僧，亦以百千萬億讚歎之法，讚歎菩薩功德，又爲他人種種因緣，隨義解說此法華經，復能清淨持戒，與柔和者而共同止，忍辱無瞋，志念堅固，常貴坐禪，得諸深定，精進勇猛，攝諸善法，利根智慧，善答問難，阿逸多，若我滅後，諸善男子善女人受持讀誦是經典者，復有如是諸善功德，當知是人已趣道場，近阿耨多羅三藐三菩提，坐道樹下。阿逸多，是善男子善女人若坐、若立、若行處，此中便應起塔，一切天人皆應供養如佛之塔。爾時，世尊欲重宣此義，而說偈言：

若我滅度後，能奉持此經，斯人福無量，如上之所說。

是則爲具足，一切諸供養，以舍利起塔，七寶而莊嚴。

表[①]剎甚高廣，漸小至梵天，寶鈴千萬億，風動出妙音。
又於無量劫，而供養此塔，華香諸瓔珞，天衣衆伎樂。
然香油蘇燈，周币常照明。
惡世法末時，能持是經者，則爲已如上，具足諸供養。
若能持此經，則如佛現在，以牛頭栴檀，起僧坊供養，堂有三十二。
高入多羅樹，上饌妙衣服，牀卧皆具足。
百千衆住處，園林諸浴池，經行及禪窟，種種皆嚴好。
若有信解心，受持讀誦書，若復教人書，及供養經卷。
散[②]華香末香，以須曼瞻蔔，阿提目多伽，熏油常然之。
如是供養者，得無量功德，如虚空無邊，其福亦如是。
況復持此經，兼布施持戒，忍辱樂禪定，不瞋不惡口。
恭敬於塔廟，謙下諸比丘，遠離自高心，常思惟智慧。
有[③]問難不瞋，隨順爲解説，若能行是行，功德不可量。
若見此法師，成就如是德。
應以天華散，天衣覆其身，頭面接足禮，生心如佛想。
又應作是念，不久詣道樹，得[④]無漏無爲，廣利諸人天。
其所住止處，經行若坐卧，乃至説一偈。
是中應起塔，莊嚴令妙好，種種以供養。
佛子住此地，則是佛受用，常在於其中，經行及坐卧。

---

① 勘梵藏本原作二頌，今譯文略。次頌同。
② 勘梵藏本原作二頌，今譯文略。次頌同。
③ 勘梵藏本原作二頌，今譯文略。
④ 梵藏本云：“無上覺成佛。”

妙法蓮華經卷第六

隨[1]喜功德品第十七

爾時，彌勒菩薩摩訶薩白佛言：世尊，若有善男子善女人聞是法華經隨喜者，得幾所福？而説偈言：

世尊滅度後，其有聞是經，若能隨喜者，爲得幾所福。

爾時，佛告彌勒菩薩摩訶薩：阿逸多，如來滅後，若比丘比丘尼、優婆塞優婆夷、及餘智者若長若幼聞是經隨喜已，從法會出至於餘處，若在僧坊、若空閒地、若城邑巷陌聚落田里，如其所聞，爲父母宗親善友知識隨力演説，是諸人等聞已，隨喜復行轉教，餘人聞已，亦隨喜轉教，如是展轉，至第五十。阿逸多，其第五十善男子善女人隨喜功德我今説之，汝當善聽。若四百萬億阿僧祇世界六趣四生衆生：卵生胎生濕生化生，若有形無形、有想無想、非有想非無想、無足二足、四足多足，如是等在衆生數者，有人求福，隨其所欲，娛樂之具皆給與之。一一衆生與滿閻浮提金銀瑠璃車渠馬瑙珊瑚琥珀諸妙珍寶，及象馬車乘七寶所成宫殿樓閣等。是大施主如是布施滿八十年，已而作是念：我已施衆生娛樂之具，隨意所欲，然此衆生皆已衰老，年過八十，髮白面皺，將死不久，我當以佛法而訓導之。卽集此衆生，宣布法化，示教利喜，一時皆得須陀洹道、斯陀含道、阿那含道、阿羅漢道，盡諸有漏於深禪定，皆得自在具八解脱。於汝意云何，是大施主所得功德寧爲多不？彌勒白佛言：世尊，是人功德甚多，無量無邊，若是施主，但施衆生一切樂具，功德無量，何況令得阿羅漢果！佛告彌勒，我今分明語汝，是人以一切樂具施

[1] 梵藏本作説隨喜功德品第十七。晉本勸助品第十八。

於四百萬億阿僧祇世界六趣衆生，又令得阿羅漢果所得功德，不如是第五十人聞法華經一偈隨喜功德百分千分百千萬億分，不及其一乃至算數譬喻所不能知。阿逸多，如是第五十人展轉聞法華經隨喜功德尚無量無邊阿僧祇，何況最初於會中聞而隨喜者？其福復勝無量無邊阿僧祇不可得比。又，阿逸多，若人爲是經故，往詣僧坊，若坐若立，須臾聽受，緣是功德，轉身所生，得好上妙象馬車，乘珍寶輦輿，及乘天宫。若復有人於講法處坐，更有人來勸令坐聽，若分座令坐，是人功德，轉身得帝釋坐處，若梵王坐處，若轉輪聖王所坐之處。阿逸多，若復有人語餘人言：有經名法華，可共往聽，即受其教，乃至須臾間聞，是人功德轉身得與陀羅尼菩薩共生一處，利根智慧，百千萬世終不瘖瘂，口氣不臭，舌常無病，口亦無病，齒不垢黑、不黄、不疎亦不缺落、不差不曲，脣不下垂、亦不褰縮、不麤澀、不瘡胗、亦不缺壞、亦不咼斜、不厚不大、亦不黧黑，無諸可惡，鼻不匾虒亦不曲戾，面色不黑亦不陿長、亦不窊曲，無有一切不可喜相，脣舌牙齒悉皆嚴好，鼻修高直，面貌圓滿，眉高而長，額廣平正，人相具足，世世所生見佛聞法，信受教誨。阿逸多，汝且觀是勸於一人令往聽法功德如此，何況一心聽説讀誦，而於大衆爲人分别如説修行？爾時，世尊欲重宣此義，而説偈言：

若人於法會，得聞是經典，乃至於一偈，隨喜爲他説，如是展轉教，至於第五十，最後人獲福，今當分别之。

如有大施主，供給無量衆，具滿八十歲，隨意之所欲。

見彼衰老相，髮白而面皺，齒疎形枯竭，念其死不久，我今應當教，令得於道果。

即爲方便説，涅槃真實法，世皆不牢固，如水沫泡燄，汝等咸應當，疾生厭離心。

諸人聞是法，皆得阿羅漢，具足六神通，三明八解脱。

最後第五十,聞一偈隨喜,是人福勝彼,不可爲譬喩。
如是展轉聞,其福尚無量,何况於法會,初聞隨喜者。
若有勸一人,將引聽法華,言此經深妙,千萬劫難遇。
卽受教往聽,乃至須臾聞,斯人之福報,今當分别説。
世①世無口患,齒不疎黄黑,脣不厚褰缺,無有可惡相。
舌不乾黑短,鼻高修且直,額廣而平正,面目悉端嚴。
爲人所喜見,口氣無臭穢,優鉢華之香,常從其口出。
若故詣僧坊,欲聽法華經,須臾聞歡喜,今當説其福。
後生天人中,得妙象馬車,珍寶之輦輿,及乘天宫殿。
若於講法處,勸人坐聽經,是福因緣得,釋梵轉輪座。
何况一心聽,解説其義趣,如説而修行,其福不可限。

法②師功德品第十八

爾時,佛告常進精菩薩摩訶薩:若善男子善女人受持是法華經,若讀若誦,若解説若盡寫,是人當得八③百眼功德,千二百耳功德,八百鼻功德,千二百舌功德,八百身功德,千二百意功德,以是功德莊嚴六根,皆令清浄。是善男子善女人父母所生清浄肉眼,見於三千大千世界内外所有山林河海,下至阿鼻地獄上至有頂,亦見其中一切衆生及業因緣果報生處,悉見悉知。爾時,世尊欲重宣此義,而説偈言:

若於大衆中,以無所畏心,説是法華經,汝聽其功德。
是人得八百,功德殊勝眼,以是莊嚴故,其目甚清浄。
父④母所生眼,悉見三千界。

① 梵藏本以此句屬上頌。
② 梵藏本作六根清淨利益品第十八。晉本歎法師品第十九。
③ 晉本云:"當得十眼功德之本,八百名稱。"
④ 勘梵藏本原爲一頌,今譯文略。第六頌同。

内外彌樓山，須彌及鐵圍，并諸餘山林，大海江河水。

下至阿鼻獄，上至有頂處，其中諸衆生，一切皆悉見。

雖未得天眼，肉眼力如是。

復次，常精進，若善男子善女人受持此經，若讀若誦，若解説若書寫，得千二百耳功德。以是清浄耳聞三千大千世界，下至阿鼻地獄上至有頂，其中内外種種語言音聲：象聲、馬聲、牛聲、車聲、啼哭聲、愁歎聲、螺聲、鼓聲、鐘聲、鈴聲、笑聲、語聲、男聲、女聲、童子聲、童女聲、法聲、非法聲、苦聲、樂聲、凡夫聲、聖人聲、喜聲、不喜聲、天聲、龍聲、夜叉聲、乾闥婆聲、阿修羅聲、迦樓羅聲、緊那羅聲、摩睺羅伽聲、火聲、水聲、風聲、地[①]獄聲、畜生聲、餓鬼聲、比丘聲、比丘尼聲、聲聞聲、辟支佛聲、菩薩聲、佛聲，以要言之，三千大千世界中一切内外所有諸聲，雖未得天耳，以父母所生清浄常耳，皆悉聞知。如是分别種種音聲，而不壞耳根。爾時，世尊欲重宣此義，而説偈言：

父母所生耳，清浄無濁穢，以此常耳聞，三千世界聲。

象馬車牛聲，鐘鈴螺鼓聲，琴瑟箜篌聲，簫笛之音聲。

清浄好歌聲，聽之而不著，無數種人聲，聞悉能解了。

又聞諸天聲，微妙之歌音，及聞男女聲，童子童女聲。

山川險谷中，迦陵頻伽聲，命命等諸鳥，悉聞其音聲。

地獄衆苦痛，種種楚毒聲，餓鬼飢渴逼，求索飲食聲。

諸阿修羅等，居在大海邊，自共言語時，出於大音聲。

如是説法者，安住於此間，遥聞是衆聲，而不壞耳根。

十方世界中，禽獸鳴相呼，其説法之人，於此悉聞之。

其諸梵天上，光音及徧浄，乃至有頂天，言語之音聲，法師住於此，悉皆得聞之。

① 梵藏本云："村聲、城聲。"

一切比丘衆,及諸比丘尼,若讀誦經典,若爲他人説,法師住於此,悉皆得聞之。

復有諸菩薩,讀誦於經法,若爲他人説,撰集解其義,如是諸音聲,悉皆得聞之。

諸佛大聖尊,教化衆生者,於諸大會中,演説微妙法,持此法華者,悉皆得聞之。

三千大千界,内外諸音聲,下至阿鼻獄,上至有頂天。

皆聞其音聲,而不壞耳根,其耳聰利故,悉能分别知。

持是法華者,雖未得天耳,但用所生耳,功德已如是。

復次,常精進,若善男子善女人受持是經,若讀若誦,若解説若書寫,成就八百鼻功德。以是清浄鼻根,聞於三千大千世界上下内外種種諸香①:須曼那華香、闍提華香、末利華香、瞻蔔華香、波羅羅華香、赤蓮華香、青蓮華香、白蓮華香、華樹香、果樹香、栴檀香、沈水香、多摩羅跋香、多伽羅香,及千萬種和香:若末、若丸、若塗香。持是經者,於此間住,悉能分别。又復别知衆生之香:象香、馬香、牛羊等香,男香、女香、童子香、童女香,及草木叢林香,若近若遠所有諸香,悉皆得聞,分别不錯。持是經者,雖住於此,亦聞天上諸天之香:波利質多羅拘鞞陀羅樹香、及曼陀羅華香、摩訶曼陀羅華香、曼殊沙華香、摩訶曼殊沙華香、栴檀、沈水種種末香,諸雜華香,如是等天香和合所出之香,無不聞知。又聞諸天身香,釋提桓因在勝殿上五欲娱樂嬉戲時香,若在妙法堂上爲忉利諸天説法時香,若於諸園遊戲時香,及餘天等男女身香,皆悉遥聞。如是展轉,乃至梵世上至有頂諸天身香,亦皆聞之,并聞諸天所燒之香,及聲聞香、辟支佛香、菩薩香、諸佛身香,亦皆遥聞,知其所在。雖聞此香,然於鼻根不壞不錯,若欲分别爲他人説,憶念不謬。爾時,世尊欲重宣

① 梵藏本次有句云:"壞香、好香、俱非香。"

此義，而説偈言：

是人鼻清淨，於此世界中，若香若臭物，種種悉聞知。
須曼那闍提，多摩羅栴檀，沈水及桂香，種種華果香。
及知衆生香，男子女人香，説法者遠住，聞香知所在。
大勢轉輪王，小轉輪及子，羣臣諸宮人，聞香知所在。
身所著珍寶，及地中寶藏，轉輪王寶女，聞香知所在。
諸人嚴身具，衣服及瓔珞，種種所塗香，聞香知其身。
諸天若行坐，遊戲及神變，持是法華者，聞香悉能知。
諸樹華果實，及酥油香氣，持經者住此，悉知其所在。
諸山深險處，栴檀樹華敷，衆生在中者，聞香悉能知。
鐵圍山大海，地中諸衆生，持經者聞香，悉知其所在。
阿修羅男女，及其諸眷屬，鬬諍遊戲時，聞香皆能知。
曠野險隘處，師子象虎狼，野牛水牛等，聞香知所在。
若有懷妊者，未辨其男女，無根及非人，聞香悉能知。
以聞香力故，知其初懷妊，成就不成就，安樂産福子。
以聞香力故，知男女所念，染欲癡恚心，亦知修善者。
地中衆伏藏，金銀諸珍寶，銅器之所盛，聞香悉能知。
種種諸瓔珞，無能識其價，聞香知貴賤，出處及所在。
天上諸華等，曼陀曼殊沙，波利質多樹，聞香悉能知。
天上諸宮殿，上中下差别，衆寶華莊嚴，聞香悉能知。
天園林勝殿，諸觀妙法堂，在中而娱樂，聞香悉能知。
諸天若聽法，或受五欲時，來往行坐卧，聞香悉能知。
天女所著衣，好華香莊嚴，周旋遊戲時，聞香悉能知。
如是展轉上，乃至於梵世，入禪出禪者，聞香悉能知。
光音徧淨天，乃至於有頂，初生及退没，聞香悉能知。
諸比丘衆等，於法常精進，若坐若經行，及讀誦經典。

或在林樹下，專精而坐禪，持經者聞香，悉知其所在。
菩薩志堅固，坐禪若讀誦，或爲人説法，聞香悉能知。
在在方世尊，一切所恭敬，愍衆而説法，聞香悉能知。
衆生在佛前，聞經皆歡喜，如法而修行，聞香悉能知。
雖未得菩薩，無漏法生鼻，而是持經者，先得此鼻相。

復次，常精進，若善男子善女人受持是經，若讀若誦，若解説若書寫，得千二百舌功德。若好若醜，若美不美，及諸苦澀物，在其舌根皆變成上味，如天甘露，無不美者。若以舌根於天衆中有所演説，出深妙聲，能入其心，皆令歡喜快樂。又諸天子天女，釋梵諸天，聞是深妙音聲，有所演説，言論次第，皆悉來聽。及諸龍龍女，夜叉夜叉女，乾闥婆乾闥婆女，阿修羅阿修羅女，迦樓羅迦樓羅女，緊那羅緊那羅女，摩睺羅伽摩睺羅伽女，爲聽法故，皆來親近，恭敬供養。及比丘比丘尼、優婆塞優婆夷、國王王子、羣臣眷屬、小轉輪王大轉輪王、七寶千子、内外眷屬，乘其宫殿，俱來聽法。以是菩薩善説法故，婆羅門居士、國内人民，盡其形壽，隨侍供養，又諸聲聞辟支佛菩薩諸佛常樂見之。是人所在方面，諸佛皆向其處説法，悉能受持一切佛法，又能出於深妙法音。爾時，世尊欲重宣此義，而説偈言:

是人舌根淨，終不受惡味，其有所食噉，悉皆成甘露。
以①深淨妙聲，於大衆説法。
以諸因緣喻，引導衆生心，聞者皆歡喜，設諸上供養。
諸天龍夜叉，及阿修羅等，皆以恭敬心，而共來聽法。
是説法之人，若欲以妙音，徧滿三千界，隨意卽能至。
大小轉輪王，及千子眷屬，合掌恭敬心，常來聽受法。
諸天龍夜叉，羅刹毗舍闍，亦以歡喜心，常樂來供養。
梵天王魔王，自在大自在，如是諸天衆，常來至其所。

① 勘梵藏本原作一頌，今譯文略。

諸佛及弟子，聞其説法音，常念而守護，或時爲現身。

復次，常精進，若善男子善女人受持是經，若讀若誦，若解説若書寫，得八百身功德，得清淨身如淨瑠璃，衆生喜見。其身淨故，三千大千世界衆生生時死時，上下好醜，生善處惡處，悉於中現。及鐵圍山、大鐵圍山、彌樓山、摩訶彌樓山等諸山，及其中衆生悉於中現。下至阿鼻地獄上至有頂所有及衆生，悉於中現。若聲聞辟支佛菩薩諸佛説法，皆於身中現其色像。爾時，世尊欲重宣此義，而説偈言:

若持法華者，其身甚清淨，如彼淨瑠璃，衆生皆喜見。

又如淨明鏡，悉見諸色像，菩薩於淨身，皆見世所有，唯獨自明了，餘人所不見。

三千世界中，一切諸羣明，天人阿修羅，地獄鬼畜生，如是諸色像，皆於身中現。

諸天等宫殿，乃至於有頂，鐵圍及彌樓，摩訶彌樓山，諸大海水等，皆於身中現。

諸佛及聲聞，佛子菩薩等，若獨若在衆，説法悉皆現。

雖未得無漏，法性之妙身，以清淨常體，一切於中現。

復次，常精進，若善男子善女人如來滅後受持是經，若讀若誦，若解説若書寫，得千二百意功德，以是清淨意根，乃至聞一偈一句，通達無量無邊之義。解是義已，能演説一句一偈，至於一月四月，乃至一歲，諸所説法，隨其義趣，皆與實相不相違背。若説俗間經書，治世語言，資生業等，皆順正法。三千大千世界六趣衆生，心之所行，心所動作，心所戲論，皆悉知之。雖未得無漏智慧，而其意根清淨如此。是人有所思惟籌量言説皆是佛法，無不真實，亦是先佛經中所説。爾時，世尊欲重宣此義，而説偈言:

是人意清淨，明利無濁穢，以此妙意根，知上中下法。

乃至聞一偈，通達無量義，次第如法説，月四月至歲。
是世界内外，一切諸衆生，若天龍及人，夜叉鬼神等。
其在六趣中，所念若干種，持法華之報，一時皆悉知。
十方無數佛，百福莊嚴相，爲衆生説法，悉聞能受持。
思惟無量義，説法亦無量，終始不忘錯，以持法華故。
悉知諸法相，隨義識次第，達名字語言，如所知演説。
此人有所説，皆是先佛法，以演此法故，於衆無所畏。
持法華經者，意根淨若斯，雖未得無漏，先有如是相。
是人持此經，安住希有地，爲一切衆生，歡喜而愛敬。
能以千萬種，善巧之語言，分别而説法，持法華經故。

常①不輕菩薩品第十九

爾時，佛告得大勢菩薩摩訶薩：汝今當知，若比丘比丘尼優婆塞優婆夷持法華經者，若有惡口駡詈誹謗，獲大罪報如前所説，其所得功德如向所説，眼耳鼻舌身意清淨。得大勢乃往古昔過無量無邊不可思議阿僧祇劫，有佛名威②音王如來、應供、正徧知，明行足、善逝、世間解、無上士、調御丈夫、天人師、佛世尊，劫名離衰、國名大成，其威音王佛於彼世中爲天人阿修羅説法，爲③求聲聞者説應四諦法，度生老病死究竟涅槃，爲求辟支佛者説應十二因緣法，爲諸菩薩因阿耨多羅三藐三菩提説應六波羅蜜法究竟佛慧。得大勢，是威音王佛壽四十萬億那由他恆河沙劫，正法住世劫數如一閻浮提微塵，像法住世劫數如四天下微塵。其佛饒益衆生已，然後滅度。正法像法滅盡之後，於此國土復有佛出，亦號威音王如來、應

① 梵藏本作常輕菩薩品第十九。晉本常被輕慢品第二十。
② 梵藏本云"怖畏音王"。
③ 梵藏本此二句合云："爲聲聞等説。"晉本同。

供、正徧知、明行足、善逝、世間解、無上士、調御丈夫、天人師、佛世尊，如是次第，有二萬億佛皆同一號。最初威音王如來既已滅度，正法滅後，於像法中增上慢比丘有大勢力，爾時有一菩薩比丘名常①不輕。得大勢，以何因緣名常不輕？是比丘凡有所見，若比丘比丘尼優婆塞優婆夷皆悉禮拜讚歎而作是言：我深敬汝等，不敢輕慢。所以者何？汝等皆行菩薩道，當得作佛。而是比丘不專讀誦經典，但行禮拜，乃至遠見四衆，亦復故往禮拜讚歎，而作是言：我不敢輕於汝等，汝等皆當作佛。四衆之中有生瞋恚心不淨者，惡口罵詈言，是無智比丘從何所來，自言我不輕汝，而與我等授記，當得作佛，我等不用如是虚妄授記，如此經歷多年，常被罵詈，不生瞋恚，常作是言：汝當作佛。説是語時，衆人或以杖木瓦石而打擲之，避走遠住猶高聲唱言：我不敢輕於汝等，汝等皆當作佛。以其常作是語，故增上慢比丘比丘尼優婆塞優婆夷號之爲常不輕。是比丘臨欲終時，於虚空中具聞威音王佛先所説法華經二十千萬億偈，悉能受持，即得如上眼根清淨，耳鼻舌身意根清淨。得是六根清淨已，更增壽命二百萬億那由他歲，廣爲人説是法華經。於時，增上慢四衆比丘比丘尼優婆塞優婆夷輕賤是人，爲作不輕名者，見其得大神通力、樂説辯力、大善寂力，聞其所説皆信伏隨從。是菩薩復化千萬億衆，令住阿耨多羅三藐三菩提，命終之後得值二千億佛，皆號日月燈明，於其法中説是法華經，以是因緣，復值二千億佛同號雲自在燈王，於此諸佛法中，受持讀誦，爲諸四衆説此經典故，得是常眼清淨，耳鼻舌身意諸根清淨，於四衆中説法心無所畏。得大勢，是常不輕菩薩摩訶薩供養如是若干諸佛，恭敬尊重讚歎，種諸善根，於後復值千萬億佛，亦於諸佛法中説是經典，功德成就，當得作佛。得大勢於意云何，爾時常不輕菩薩豈異人乎？則我身是。

① 梵藏本云："常輕。"晉本同。次下例知。

若我於宿世不受持讀誦此經爲他人説者，不能疾得阿耨多羅三藐三菩提，我於先佛所受持讀誦此經爲人説故，疾得阿耨多羅三藐三菩提。得大勢，彼時四衆比丘比丘尼優婆塞優婆夷以瞋恚意輕賤我故，二百億劫常不值佛、不聞法、不見僧，千劫於阿鼻地獄受大苦惱。畢是罪已，復遇常不輕菩薩教化阿耨多羅三藐三菩提。得大勢，於汝意云何，爾時四衆常輕是菩薩者豈異人乎？今此會中，跋陀婆羅等五百菩薩，師子月等五百比丘尼，思佛等五百優[①]婆塞，皆於阿耨多羅三藐三菩提不退轉者是。得大勢，當知是法華經大饒益諸菩薩摩訶薩，能令至於阿耨多羅三藐三菩提。是故，諸菩薩摩訶薩於如來滅後，常應受持讀誦，解説書寫是經。爾時，世尊欲重宣此義，而説偈言：

過去有佛，號威音王，神智無量，將導一切，天人龍神，所共供養。

是佛滅後，法欲盡時，有一菩薩，名常不輕。

時諸四衆，計著於法，不輕菩薩，往到其所，而語之言，我不輕汝，汝等行道，皆當作佛。

諸人聞已，輕毁駡詈，不輕菩薩，能忍受之。

其罪畢已，臨命終時，得聞此經，六根清淨。

神通力故，增益壽命，復爲諸人，廣説是經。

諸[②]著法衆，皆蒙菩薩，教化成就，令住佛道。

不輕命終，值無數佛，説是經故，得無量福，漸具功德，疾成佛道。

彼[③]時不輕，則我身是，時四部衆，著法之者。

聞不輕言，汝當作佛，以是因緣，值無數佛。

此會菩薩，五百之衆，并及四部，清信士女，今於我前，聽法者是。

---

① 梵藏本云："優婆夷。"晉本云"清信士女"。

② 勘梵藏本原作三頌，今譯文略。

③ 勘梵藏本此下原作二頌，今演爲七頌半。

我於前世，勸是諸人，聽受斯經，第一之法。
開示教人，令住涅槃，世世受持，如是經典。
億億萬劫，至不可議，時乃得聞，是法華經。
億億萬劫，至不可議，諸佛世尊，時說是經。
是故行者，於佛滅後，聞如是經，勿生疑惑。
應當一心，廣說此經，世世值佛，疾成佛道。

如①來神力品第二十

爾時，千世界微塵等菩薩摩訶薩從地涌出者，皆於佛前一心合掌，瞻仰尊顏，而白佛言：世尊，我等於佛滅後，世尊分身所在國土滅度之處，當廣說此經。所以者何？我等亦自欲得是真淨大法，受持讀誦，解說書寫，而供養之②。爾時，世③尊於文殊師利等無量百千萬億舊住娑婆世界菩薩摩訶薩，及諸比丘比丘尼、優婆塞優婆夷、天龍、夜叉、乾闥婆、阿修羅、迦樓羅、緊那羅、摩睺羅伽、人非人等一切衆前，現大神力，出廣長舌，上至梵世。一切毛孔放於無量無數色光，皆悉徧照十方世界，衆寶樹下師子座上諸佛亦復如是，出廣長舌，放無量光。釋迦牟尼佛及寶樹下諸佛現神力時，滿百千歲然後還攝舌相，一時謦欬俱共彈指，是二音聲徧至十方諸佛世界，地皆六種震動。其中衆生、天龍、夜叉、乾闥婆、阿修羅、迦樓羅、緊那羅、摩睺羅伽、人非人等以佛神力故，皆見此娑婆世界無量無邊百千萬億衆寶樹下師子座上諸佛，及見釋迦牟尼佛共多寶如

---

① 梵藏本品名同，晉本如來神足行品第二十一。
② 梵藏本次有一大段文，略謂：文殊等菩薩及四衆八部等白佛言：當廣說此經，住身虛空，以聲宣說，使未種善根者得種善根。次佛語大衆所尊上行意菩薩，善哉如是，云云。晉本大同。
③ 梵藏本并云："多寶如來。"

來在寶塔中坐師子座，又見無量無邊百千萬億菩薩摩訶薩及諸四衆恭敬圍繞釋迦牟尼佛。既見是已，皆大歡喜，得未曾有。卽時，諸天於虛空中高聲唱言：過此無量無邊百千萬億阿僧祇世界，有國名娑婆，是中有佛名釋迦牟尼，今爲諸菩薩摩訶薩說大乘經，名妙法蓮華，教菩薩法，佛所護念，汝等當深心隨喜，亦當禮拜供養釋迦牟尼佛。彼諸衆生聞虛空中聲已，合掌向娑婆世界作如是言：南無釋迦牟尼佛，南無釋迦牟尼佛，以種種華香瓔珞旛蓋，及諸嚴身之具，珍寶妙物，皆共遥散娑婆世界。所散諸物從十方來，譬如雲集，變成寶帳，徧覆此間諸佛之上。於時十方世界通達無礙，如一佛土。爾時，佛告上行等菩薩大衆：諸佛神力如是無量無邊不可思議，若我以是神力於無量無邊百千萬億阿僧祇劫，爲囑累故，說此經功德猶不能盡。以要言之，如來一切所有之法，如來一切自①在神力，如來一切祕要之藏，如來一切甚深之事，皆於此經宣示顯說。是故，汝等於如來滅後，應一心受持讀誦解說書寫，如說修行。所在國土，若有受持讀誦解說書寫，如說修行，若經卷所住之處，若於園中，若於林中，若於樹下，若於僧坊，若白衣舍，若在殿堂，若山谷曠野，是中皆應起塔供養。所以者何？當知是處卽是道場，諸佛於此得阿耨多羅三藐三菩提，諸佛於此轉於法輪，諸佛於此而般涅槃。爾時，世尊欲重宣此義，而說偈言：

諸佛救世者，住於大神通，爲悅衆生故，現無量神力。
舌相至梵天，身放無數光，爲求佛道者，現此希有事。
諸佛謦欬聲，及彈指之聲，周聞十方國，地皆六種動。
以佛滅度後，能持是經故，諸佛皆歡喜，現無量神力。
囑累是經故，讚美受持者，於無量劫中，猶故不能盡。
是人之功德，無邊無有窮，如十方虛空，不可得邊際。

① 梵藏本云："最勝者。"

能持是經者，則爲已見我，亦見多寶佛，及諸分身者。
又見我今日，教化諸菩薩，能持是經者，令我及分身，滅度多寶佛，一切皆歡喜。
十方現在佛，并過去未來，亦見亦供養，亦令得歡喜。
諸佛坐道場，所得祕要法，能持是經者，不久亦當得。
能持是經者，於諸法之義，名字及言辭，樂說無窮盡，如風於空中，一切無障礙。
於如來滅後，知佛所說經，因緣及次第，隨義如實說。
如日月光明，能除諸幽冥，斯人行世間，能滅衆生闇，教無量菩薩，畢竟住一乘。
是故有智者，聞此功德利，於我滅度後，應受持斯經，是人於佛道，決定無有疑。

囑①累品第二十一

爾時，釋迦牟尼佛從法座起，現大神力，以右手摩②無量菩薩摩訶薩頂，而作是言：我於無量百千萬億阿僧祇劫修習是難得阿耨多羅三藐三菩提法，今以付囑汝等，汝等應當一心流布此法，廣令增益。如是三摩諸菩薩摩訶薩頂，而作是言：我於無量百千萬億阿僧祇劫修習是難得阿耨多羅三藐三菩提法，今以付囑汝等，汝等當受持讀誦，廣宣此法，令一切衆生普得聞知。所以者何？如來有大慈悲，無諸慳吝，亦無所畏，能與衆生佛之智慧、如來智慧、自然智慧。如來是一切衆生之大施主，汝等亦應隨學如來之法，勿生慳吝。於未來世，若有善男子善女人信如來智慧者，當爲演說此法華經，使得聞知，爲令其人得佛慧故。若有衆生不信受者，當於如來

① 梵藏本此品在最後出，爲品第二十七。晉本隋本論牒本并同。
② 梵藏本云："執一切菩薩右手。"次文同。

餘深法中示教利喜。汝等若能如是，則爲已報諸佛之恩。時諸菩薩摩訶薩聞佛作是説已，皆大歡喜，徧滿其身，益加恭敬，曲躬低頭，合掌向佛，俱發聲言：如世尊敕，當具奉行，唯然世尊，願不有慮。諸菩薩摩訶薩衆如是三反，俱發聲言：如世尊敕，當具奉行，唯然世尊，願不有慮。爾時，釋迦牟尼佛令十方來諸分身佛各還本土，而作是言：諸佛各隨所安，多寶佛塔還可如故。説是語時，十方無量分身諸佛坐寶樹下師子座上者，及多寶佛并上行等無邊阿僧祇菩薩大衆，舍利弗等聲聞四衆，及一切世間天人阿修羅等，聞佛所説，皆大歡喜。

藥[①]王菩薩本事品第二十二

爾時，宿王華菩薩白佛言：世尊，藥王菩薩云何遊於娑婆世界？世尊，是藥王菩薩有若干百千萬億那由他難行苦行？善哉世尊，願少解説。諸天、龍神、夜叉、乾闥婆、阿修羅、迦樓羅、緊那羅、摩睺羅伽、人非人等，又他國土諸來菩薩及此聲聞衆，聞皆歡喜。爾時，佛告宿王華菩薩：乃往過去無量恆河沙劫，有佛號日月淨明德如來、應供、正徧知、明行足、善逝、世間解、無上士、調御丈夫、天人師、佛世尊，其佛有八十億大菩薩摩訶薩，七十二恆河沙大聲聞衆，佛壽四萬二千劫，菩薩壽命亦等，彼國無有女人、地獄、餓鬼、畜生、阿修羅等，及以諸難，地平如掌，瑠璃所成，寶樹莊嚴，寶帳覆上，垂寶華旛，寶瓶香爐，周徧國界，七寶爲臺，一樹一臺，其樹去臺盡一箭道，此諸寶樹皆有菩薩聲聞而坐其下，諸寶臺上各有百億諸天作天伎樂，歌歎於佛以爲供養。爾時，彼佛爲一切衆生喜見菩薩、及衆菩薩、諸聲聞衆説法華經，是一切衆生喜見菩薩樂習苦行，於日

① 梵藏本以此品次陀羅尼品後，爲藥王過去行品第二十二。晉本藥王菩薩品第二十二。

月淨明德佛法中精進經行，一心求佛，滿萬二千歲已，得現一切色身三昧。得此三昧已，心大歡喜，卽作念言：我得現一切色身三昧，皆是得聞法華經力，我今當供養日月淨明德佛及法華經。卽時入是三昧，於虛空中雨曼陀羅華、摩訶曼陀羅華，細末堅[①]黑栴檀滿虛空中，如雲而下，又雨海[②]此岸栴檀之香，此香六銖價直娑婆世界以供養佛。作是供養已，從三昧起，而自念言：我雖以神力供養於佛，不如以身供養，卽服諸香栴檀薰陸兜樓婆畢力迦沈水膠香，又飲瞻蔔諸華香油，滿千[③]二百歲已，香油塗身，於日月淨明德佛前以天寶衣而自纏身，灌諸香油，以神通力願而自然身，光明徧照八十億恆河沙世界，其中諸佛同時讚言：善哉善哉！善男子，是真精進，是名真法供養如來。若以華香瓔珞、燒香末香塗香、天繒旛蓋及海此岸栴檀之香，如是等種種諸物供養，所不能及，假使國城妻子布施，亦所不及。善男子，是名第一之施，於諸施中最尊最上。以法供養諸如來故，作是語已，而各默然，其身火然千[④]二百歲，過是已後，其身乃盡。一切衆生喜見菩薩作如是法供養已，命終之後復生日月淨明德佛國中，於淨德王家結加趺坐，忽然化生。卽爲其父而說偈言：

大王今當知，我經行彼處，卽時得一切，現諸身三昧。

勤行大精進，捨所愛之身，供養於世尊，爲求無上慧。

說是偈已，而白父言：日月淨明德佛今故現在，我先供養佛已，得解一切衆生語言陀羅尼，復聞是法華經八百千萬億那由他甄迦羅頻婆羅阿閦婆等偈，大王我今當還供養此佛。白已，卽坐七寶之臺，

① 梵藏本云：“白栴檀。”
② 梵藏本云：“蛇心白檀。”
③ 梵藏本云“十二年。”晉本同。
④ 梵藏本云：“十二年。”

上升虚空,高七多羅樹,往到佛所,頭面禮足,合十指爪,以偈讚佛:

容顔甚奇妙,光明照十方,我適曾供養,今復還親覲。

爾時,一切衆生喜見菩薩説是偈已,而白佛言:世尊世尊,猶故在世。爾時,日月淨明德佛告一切衆生喜見菩薩:善男子,我涅槃時到,滅盡時至,汝可安施牀座,我於今夜當般涅槃。又敕一切衆生喜見菩薩,善男子,我以佛法囑累於汝,及諸菩薩大弟子并阿耨多羅三藐三菩提法,亦以三千大千七寶世界諸寶樹寶臺及給侍諸天悉付於汝,我滅度後,所有舍利亦付囑汝,當令流布,廣設供養,應起若干千塔。如是日月淨明德佛敕一切衆生喜見菩薩已,於夜後分入於涅槃。爾時,一切衆生喜見菩薩見佛滅度,悲感懊惱,戀慕於佛,即以海此岸栴檀爲積供養佛身,而以燒之,火滅已後,收取舍利,作八萬四千寶瓶,以起八萬四千塔,高三世界,表刹莊嚴,垂諸旛蓋,懸衆寶鈴。爾時,一切衆生喜見菩薩復自念言:我雖作是供養,心猶未足,我今當更供養舍利。便語諸菩薩大弟子及天龍、夜叉等一切大衆:汝等當一心念我今供養日月淨明德佛舍利。作是語已,即於八萬四千塔前,然百福莊嚴臂七萬二千歲,而以供養,令無數求聲聞衆、無量阿僧祇人,發阿耨多羅三藐三菩提心,皆使得住現一切色身三昧。爾時,諸菩薩天人阿修羅等見其無臂,憂惱悲哀,而作是言:此一切衆生喜見菩薩是我等師,教化我者,而今燒臂,身不具足。於時,一切衆生喜見菩薩於大衆中立此誓言:我捨兩臂,必當得佛金色之身,若實不虚,令我兩臂還復如故。作是誓已,自然還復。由斯菩薩福德智慧淳厚所致,當爾之時,三千大千世界六種震動,天雨寶華,一切人天得未曾有。佛告宿王華菩薩:於汝意云何,一切衆生喜見菩薩豈異人乎?今藥王菩薩是也。其所捨身布施,如是無量百千萬億那由他數。宿王華,若有發心欲得阿耨多羅三藐三菩提者,能然手指乃至足一指供養佛塔,勝以國城妻子及三千大千國土山林河池諸珍寶物而供養者。若復有人以七寶滿三千大千世界供養於佛及大菩薩辟支佛阿羅漢，是人所得功德，不如受持此法華經，乃至一四句偈，其福最多。宿王華，譬如一切川流江河，諸水之中，海爲第一，此法華經亦復如是，於諸如來所說經中最爲深大。又如土山黑山、小鐵圍山、大鐵圍山及十寶山，衆山之中，須彌山爲第一，此法華經亦復如是，於諸經中最爲其上。又如衆星之中，月天子最爲第一，此法華經亦復如是，於千萬億種諸經法中最爲照明。又如日天子能除諸闇，此經亦復如是，能破一切不善之闇。又如諸小王中，轉輪聖王最爲第一，此經亦復如是，於衆經中最爲其尊。又如帝釋於三十三天中王，此經亦復如是，諸經中王。又如大梵天王，一切衆生之父，此經亦復如是，一切賢聖學無學及發菩薩心者之父。又如一切凡夫人中，須陀洹、斯陀含、阿那含、阿羅漢、辟支佛爲第一，此經亦復如是，一切如來所說、若菩薩所說、若聲聞所說、諸經法中最爲第一。有能受持是經典者，亦復如是，於一切衆生中亦爲第一。一切聲聞辟支佛中，菩薩爲第一，此經亦復如是，於一切諸經法中最爲第一。如佛爲諸法王，此經亦復如是，諸經中王。宿王華，此經能救一切衆生者，此經能令一切衆生離諸苦惱，此經能大饒益一切衆生，充滿其願，如清涼池能滿一切諸渴乏者，如寒者得火，如裸者得衣，如商人得主①，如子得母，如渡得船，如病得醫，如闇得燈，如貧得寶，如②民得王，如③賈客得海，如炬除闇，此法華經亦復如是，能令衆生離一切苦、一切病痛，能解一切生死之縛。若人得聞此法華經，若自書，若使人書，所得功德，以佛智慧籌量，多少不得其邊。若書是經卷，華香瓔珞，燒

① 梵藏本云:“導師。”

② 梵藏本云:“如小王得輪王。”晉本同。

③ 梵藏本云:“如流水等得海。”

香末香塗香，旛蓋衣服，種種之燈，蘇燈、油燈、諸香油燈、瞻蔔油燈、須曼那油燈、波羅羅油燈、婆利師迦油燈、那婆摩利油燈，供養所得功德亦復無量。宿王華，若有人聞是藥王菩薩本事品者，亦復無量無邊功德。若有女人聞是藥王菩薩本事品能受持者，盡是女身後不復受。若如來滅後後五百歲中，若有女人聞是經典，如說修行，於此命終卽往安樂世界，阿彌陀佛大菩薩衆圍繞住處，生蓮華中寶座之上，不復爲貪欲所惱，亦復不爲瞋恚愚癡所惱，亦復不爲憍慢嫉妬諸垢所惱，得菩薩神通無生法忍。得是忍已，眼根清淨，以是清淨眼根，見七百萬二千億那由他恆河沙等諸佛如來。是時，諸佛遥共讚言：善哉善哉！善男子，汝能於釋迦牟尼佛法中受持讀誦思惟是經，爲他人說，所得福德無量無邊，火不能焚，水不能漂，汝之功德，千佛共說，不能令盡。汝今已能破諸魔賊壞生死軍，諸餘怨敵皆悉摧滅。善男子，百千諸佛以神通力共守護汝，於一切世間天人之中無如汝者，唯除如來。其諸聲聞辟支佛乃至菩薩智慧禪定，無有與汝等者。宿王華，此菩薩成就如是功德智慧之力，若有人聞是藥王菩薩本事品，能隨喜讚善者，是人現世口中常出青蓮華香，身毛孔中常出牛頭栴檀之香，所得功德如上所說。是故，宿王華，以此藥王菩薩本事品囑累於汝，我滅度後後五百歲中，廣宣流布於閻浮提，無令斷絶，惡魔魔民諸天龍夜叉鳩槃茶等得其便也。宿王華，汝當以神通之力守護是經。所以者何？此經則爲閻浮提人病之良藥，若人有病得聞是經，病卽消滅，不老不死。宿王華，汝若見有受持是經者，應以青蓮華盛滿末香供散其上，散已作是念言：此人不久必當取草坐於道場，破諸魔軍，當吹法螺，擊大法鼓，度脱一切衆生老病死海。是故，求佛道者，見有受持是經典人，應當如是生恭敬心。說是藥王菩薩本事品時，八萬四千菩薩得解一切衆生語言陀羅尼。多寶如來於寶塔中讚宿王華菩薩言：善哉善哉！宿王華，汝成就不可思議功德，乃能問釋迦牟尼佛如此之事，利益無量一切衆生。

妙法蓮華經卷第七

妙①音菩薩品第二十三

爾時，釋迦牟尼佛放②大人相肉髻光明，及放眉間白毫相光，徧照東方百八萬億那由他恆河沙等諸佛世界。過是數已，有世界名淨光莊嚴，其國有佛號淨華宿王智如來、應供、正徧知、明行足、善逝、世間解、無上士、調御丈夫、天人師、佛世尊，爲無量無邊菩薩大衆恭敬圍繞而爲說法，釋迦牟尼佛白毫光明徧照其國。爾時，一切淨光莊嚴國中，有一菩薩名曰妙音，久已植衆德本，供養親近無量百千萬億諸佛，而悉成就甚深智慧，得妙③幢相三昧、法華三昧、淨德三昧、宿王戲三昧、無④緣三昧、智印三昧⑤、解一切衆生語言三昧、集一切功德三昧、清⑥淨三昧、神通遊戲三昧、慧炬三昧、莊嚴王三昧、淨光明三昧、淨藏三昧、不共三昧、日旋三昧，得如是等百千萬億恆河沙等諸大三昧，釋迦牟尼佛光照其身，即白淨華宿王智佛言：世尊，我當往詣娑婆世界，禮拜親近供養釋迦牟尼佛，及見文殊師利法王子菩薩、藥王菩薩、勇施菩薩、宿王華菩薩、上行意菩薩、莊嚴王菩薩、藥上菩薩。爾時，淨華宿王智佛告妙音菩薩：汝莫

① 梵藏本品名同。晉本妙吼菩薩品第二十三。
② 梵藏本缺此"放肉髻光明"一語，晉本同。
③ 梵藏本云："勝幢頂中莊嚴。"
④ 梵藏本云："如風。"
⑤ 梵藏本次有"月光三昧。"
⑥ 梵藏本云："有信三昧。"

輕彼國，生下劣想。善男子，彼娑婆世界高下不平，土石諸山，穢惡充滿，佛身卑小，諸菩薩衆其形亦小，而汝身四①萬二千由旬，我身六百八十萬由旬，汝身第一端正百千萬福光明殊妙，是故汝往莫輕彼國，若佛菩薩及國土生下劣想。妙音菩薩白其佛言：世尊，我今詣娑婆世界皆是如來之力，如來神通遊戲，如來功德智慧莊嚴。於是，妙音菩薩不起於座，身不動摇，而入三昧。以三昧力於耆闍崛山去法座不遠，化作八萬四千衆寶蓮華，閻浮檀金爲莖，白銀爲葉，金剛爲鬚，甄叔迦寶以爲其臺。爾時，文殊師利法王子見是蓮華而白佛言：世尊，是何因緣，先現此瑞，有若干千萬蓮華閻浮檀金爲莖，白銀爲葉，金剛爲鬚，甄叔迦寶以爲其臺。爾時，釋迦牟尼佛告文殊師利：是妙音菩薩摩訶薩欲從淨華宿王智佛國與八萬四千菩薩圍繞而來至此娑婆世界，供養親近禮拜於我，亦欲供養聽法華經。文殊師利白佛言：世尊，是菩薩種何善本，修何功德，而能有是大神通力？行何三昧，願爲我等説是三昧名字，我等亦欲勤修行之，行此三昧乃能見是菩薩色相，大小威儀進止，惟願世尊以神通力彼菩薩來令我得見。爾時，釋迦牟尼佛告文殊師利：此久滅度多寶如來當爲汝等而現其相。時多寶佛告彼菩薩：善男子，來！文殊師利法王子欲見汝身。於時，妙音菩薩於彼國没，與八②萬四千菩薩俱共發來，所經諸國六種震動，皆悉雨於七寶蓮華，百千天樂不鼓自鳴。是菩薩目如廣大青蓮華葉，正使和合百千萬月，其面貌端正復過於此，身真金色，無量百千功德莊嚴威德熾盛，光明照曜，諸相具足，如那羅延堅固之身，入七寶臺上升虚空，去地七多羅樹，諸菩薩衆恭敬圍繞而來詣此娑婆世界耆闍崛山。到已，下七寶臺，以價直百

① 梵藏本云："八萬二千。"
② 梵藏本云："八萬億。"

千瓔珞持至釋迦牟尼佛所，頭面禮足①，奉上瓔珞，而白佛言：世尊，淨華宿王智佛問訊世尊，少病少惱，起居輕利，安樂行不？四大調和不？世事可忍不？衆生易度不？無多貪欲瞋恚愚癡嫉妬慳慢不？無不孝父母、不敬沙門、邪見不善心，不攝五情不？世尊，衆生能降伏諸魔怨不？久滅度多寶如來在七寶塔中來聽法不？又問訊多寶如來安隱少惱堪忍久住不？世尊，我今欲見多寶佛身，惟願世尊示我令見。爾時，釋迦牟尼佛語多寶佛：是妙音菩薩欲得相見。時多寶佛告妙音言：善哉善哉！汝能爲供養釋迦牟尼佛及聽法華經，并見文殊師利等故來至此。爾時，華德菩薩白佛言：世尊，是妙音菩薩種何善根，修何功德，有是神力。佛告華德菩薩：過去有佛名雲雷音王、多陀阿伽度、阿羅訶、三藐三佛陀，國名現一切世間，劫名喜見，妙音菩薩於萬二千歲，以十萬種伎樂供養雲雷音王佛，并奉上八萬四千七寶鉢，以是因緣果報，今生淨華宿王智佛國，有是神力。華德，於汝意云何，爾時雲雷音王佛所，妙音菩薩伎樂供養，奉上寶器者，豈異人乎？今此妙音菩薩摩訶薩是。華德，是妙音菩薩已曾供養親近無量諸佛，久植德本，又值恆河沙等百千萬億那由他佛。華德，汝但見妙音菩薩其身在此，而是菩薩現種種身，處處爲諸衆生説是經典，或現梵王身，或現帝釋身，或現自在天身，或現大自在天身，或現天大將軍身，或現毗沙門天王身，或現轉輪聖王身，或現諸小王身，或現長者身，或現居士身，或現宰官身，或現婆羅門身，或現比丘比丘尼優婆塞優婆夷身，或現長者居士婦女身，或現宰官婦女身，或現婆羅門婦女身，或現童男童女身，或現天龍、夜叉、乾闥婆、阿修羅、迦樓羅、緊那羅、摩睺羅伽、人非人等身，而説是經，諸有地獄、餓鬼、畜生，及衆難處，皆能救濟，乃至於王後宮變爲女身而説是經。華德，是妙音菩薩能救護娑婆世界諸衆生

① 梵藏本次有句云："繞佛七帀。"

者，是妙音菩薩如是種種變化現身，在此娑婆國土諸衆生説是經典，於神通變化智慧無所損減。是菩薩以若干智慧明照娑婆世界，令一切衆生各得所知，於十方恆河沙世界中亦復如是。若應以聲聞形得度者，現聲聞形而爲説法，應以辟支佛形得度者，現辟支佛形而爲説法，應以菩薩形得度者，現菩薩形而爲説法，應以佛形得度者，即現佛形而爲説法。如是種種，隨所應度而爲現形，乃至應以滅度而得度者，示現滅度。華德，妙音菩薩摩訶薩成就大神通智慧之力，其事如是。爾時，華德菩薩白佛言：世尊，是妙音菩薩深種善根，世尊，是菩薩住何三昧，而能如是在所變現度脱衆生。佛告華德菩薩：善男子，其三昧名現一切色身，妙音菩薩住是三昧中，能如是饒益無量衆生。説是妙音菩薩品時，與妙音菩薩俱來者八萬四千人皆得現一切色身三昧，此娑婆世界無量菩薩亦得是三昧及陀羅尼。爾時，妙音菩薩摩訶薩供養釋迦牟尼佛及多寶佛塔已，還歸本土，所經諸國六種震動，雨寶蓮華，作百千萬億種種伎樂。既到本國，與八萬四千菩薩圍繞，至淨華宿王智佛所白佛言：世尊，我到娑婆世界饒益衆生，見釋迦牟尼佛及見多寶佛塔，禮拜供養，又見文殊師利法王子菩薩，及見藥王菩薩、得勤精進力菩薩、勇施菩薩等，亦令是八萬四千菩薩得現一切色身三昧。説是妙音菩薩來往品時，四萬二千天子得無生法忍，華德菩薩得法華三昧。

觀[①]世音菩薩普門品第二十四

爾時，無盡意菩薩即從座起，偏袒右肩，合掌向佛，而作是言：世尊，觀[②]世音菩薩以何因緣名觀世音？佛告無盡意菩薩：善

① 梵藏本作觀自在化身普門品第二十四。晉本光世音普門品第二十四。

② 梵藏本云“觀自在”，次同。

男子，若有無量百千萬億衆生受諸苦惱，聞是觀世音菩薩，一心稱名，觀① 世音菩薩卽時觀其音聲，皆得解脱。若有持是觀世音菩薩名者，設入大火，火不能燒，由是菩薩威神力故。若爲大火所漂，稱其名號，卽得淺處。若有百千萬億衆生爲求金銀瑠璃車渠瑪瑙珊瑚琥珀真珠等寶入於大海，假使黑風吹其船舫，漂墮羅刹鬼國，其中若有乃至一人稱觀世音菩薩名者，是諸人等皆得解脱羅刹之難，以是因緣名觀世音。若復有人臨當被害稱觀世音菩薩名者，彼所執刀杖尋段段壞而得解脱。若三千大千國土滿中夜叉羅刹欲來惱人，聞其稱觀世音菩薩名者，是諸惡鬼尚不能以惡眼視之，況復加害。設復有人，若有罪若無罪，杻械枷鎖檢繫其身，稱觀世音菩薩名者，皆悉斷壞，卽得解脱。若三千大千國土滿中寃賊，有一商主將諸商人齎持重寶經過險路，其中一人作是唱言：諸善男子，勿得恐怖，汝等應當一心稱觀世音菩薩名號，是菩薩能以無畏施於衆生，汝等若稱名者，於此寃賊當得解脱。衆商人聞，俱發聲言：南無觀世音菩薩，稱其名故，卽得解脱。無盡意，觀世音菩薩摩訶薩威神之力，巍巍如是。若有衆生多於淫欲，常念恭敬觀世音菩薩，便得離欲；若多瞋恚，常念恭敬觀世音菩薩，便得離瞋；若多愚癡，常念恭敬觀世音菩薩，便得離癡。無盡意，觀世音菩薩有如是等大威神力，多所饒益，是故衆生常應心念。若有女人設欲求男，禮拜供養觀世音菩薩，便生福德智慧之男；設欲求女，便生端正有相之女，宿植德本，衆人愛敬。無盡意，觀世音菩薩有如是力，若有衆生恭敬禮拜觀世音菩薩，福不唐捐，是故衆生皆應受持觀世音菩薩名號。無盡意，若有人受持六十二億恆河沙菩薩名字，復盡形供養飲食衣服卧具醫藥。於汝意云何，是善男子善女人功德多不？無盡意言：甚

① 勘梵藏本云：“彼等一切苦患得脱。”晉本同。皆無“觀其音聲”之説，今譯改文。

多世尊，佛言：若復有人受持觀世音菩薩名號，乃至一時禮拜供養，是二人福正等無異，於百千萬億劫不可窮盡。無盡意，受持觀世音菩薩名號，得如是無量無邊福德之利。無盡意菩薩白佛言：世尊，觀世音菩薩云何遊此娑婆世界？云何而爲衆生説法？方便之力其事云何？佛告無盡意菩薩：善男子，若有國土衆生，應以佛身得度者，觀世音菩薩即現佛身而爲説法；應以辟支佛身得度者，即現辟支佛身而爲説法；應以聲聞身得度者，即現聲聞身而爲説法；應以梵王身得度者，即現梵王身而爲説法；應以帝釋身得度者，即現帝釋身而爲説法；應以自在天身得度者，即現自在天身而爲説法；應以大自在天身得度者，即現大自在天身而爲説法①；應以天大將軍身得度者，即現天大將軍身而爲説法；應以毗沙門身得度者，即現毗沙門身而爲説法；應以小王身得度者，即現小王身而爲説法；應以長者身得度者，即現長者身而爲説法；應以居士身得度者，即現居士身而爲説法；應以宰官身得度者，即現宰官身而爲説法；應以婆羅門身得度者，即現婆羅門身而爲説法；應以比丘比丘尼優婆塞優婆夷身得度者，即現比丘比丘尼優婆塞優婆夷身而爲説法；應以長者居士宰官婆羅門婦女身得度者，即現婦女身而爲説法；應以童男童女身得度者，即現童男童女身而爲説法；應以天龍、夜叉、乾闥婆、阿修羅、迦樓羅、緊那羅、摩睺羅伽、人非人等身得度者，即皆現之而爲説法；應以執金剛神得度者，即現執金剛神而爲説法。無盡意，是觀世音菩薩成就如是功德，以種種形遊諸國土，度脱衆生，是故汝等應當一心供養觀世音菩薩。是觀世音菩薩摩訶薩於怖畏急難之中能施無畏，是故此娑婆世界皆號之爲施無畏者。無盡意菩薩白佛言：世尊，我今當供養觀世音菩薩，即解頸衆寶珠瓔珞，價

① 梵藏本次云："現輪王身、毗舍遮身、大王身、將軍身、婆羅門身、金剛手身"。晉本大同。

直百千兩金,而以與之,作是言:仁者受此法施珍寶瓔珞,時觀世音菩薩不肯受之。無盡意復白觀世音菩薩言:仁者愍我等故,受此瓔珞。爾時,佛告觀世音菩薩,當愍此無盡意菩薩及四衆天龍、夜叉、乾闥婆、阿修羅、迦樓羅、緊那羅、摩睺羅伽、人非人等故,受是瓔珞。卽時,觀世音菩薩愍諸四衆及於天龍人非人等,受其瓔珞,分作二分:一分奉釋迦牟尼佛,一分奉多寶佛塔。無盡意,觀世音菩薩有如是自在神力遊於娑婆世界。爾①時,無盡意菩薩以偈問曰:

世尊妙相具,我今重問彼,佛子何因緣,名爲觀世音?
具足妙相尊,偈答無盡意,汝聽觀音行,善應諸方所。
弘誓深如海,歷劫不思議,侍多千億佛,發大清凈願。
我爲汝略説,聞名及見身,心念不空過,能滅諸有苦。
假使興害意,推落大火坑,念彼觀音力,火坑變成池。
或漂流巨海,龍魚諸鬼難,念彼觀音力,波浪不能没。
或在須彌峯,爲人所推墮,念彼觀音力,如日虚空住。
或被惡人逐,墮②落金剛山,念彼觀音力,不能損一毛。
或值怨賊繞,各執刀加害,念彼觀音力,咸卽起慈心。
或遭王難苦,臨刑欲壽終,念彼觀音力,刀尋段段壞。
或囚禁枷鎖,手足被杻械,念彼觀音力,釋然得解脱。
咒詛諸毒藥,所欲害身者,念彼觀音力,還著於本人。
或遇惡羅刹,毒龍諸鬼等,念彼觀音力,時悉不敢害。
若惡獸圍繞,利牙爪可怖,念彼觀音力,疾走無邊方。
蚖蛇及蝮蠍,氣毒煙火然,念彼觀音力,尋聲自迴去。
雲雷鼓掣電,降雹澍大雨,念彼觀音力,應時得消散。
衆生被困厄,無量苦逼身,觀音妙智力,能救世間苦。

① 藏本缺此一句。晉本缺此下文頌。

② 勘梵藏本意云:“山墮壓身”也。

具足神通力，廣修智方便，十方諸國土，無刹不現身。
種種諸惡趣，地獄鬼畜生，生老病死苦，以漸悉令滅。
真①觀清淨觀，廣大智慧觀，悲觀及慈觀，常願常瞻仰。
無垢清淨光，慧日破諸闇，能伏災風火，普明照世間。
悲體戒雷震，慈意妙大雲，澍甘露法雨，滅除煩惱燄。
諍訟經官處，怖畏軍陣中，念彼觀音力，衆冤悉退散。
妙②音觀世音，梵音海潮音，勝彼世間音，是故須常念。
念念勿生疑，觀世音淨聖，於苦惱死厄，能爲作依怙。
具一切功德，慈眼視衆生，福聚海無量，是故應頂禮③。

爾時，持地菩薩即從座起，前白佛言：世尊，若有衆生聞是觀世音菩薩品自在之業，普門示現神通力者，當知是人功德不少。佛説是普門品時，衆中八萬四千衆生皆發無等等阿耨多羅三藐三菩提心。

陀④羅尼品第二十五

爾時，藥王菩薩即從座起，偏袒右肩，合掌向佛，而白佛言：世尊，若善男子善女人有能受持法華經者，若讀誦通利，若書寫經卷，得幾所福？佛告藥王：若有善男子善女人供養八百萬億那由他恆河沙等諸佛，於汝意云何，其所得福寧爲多不？甚多，世尊。佛言：若善男子善女人能於是經乃至受持一四句偈，讀誦解義，如説修行，功德甚⑤多。爾時，藥王菩薩白佛言：世尊，我今當與説法者

① 梵藏本此頌云："淨眼及愛眼，方便勝慧眼，悲眼及慈眼，願瞻顔眼好。"
② 梵藏本此二句云："雲音大鼓音，雷音妙梵音。"
③ 梵藏本此下有七頌。
④ 梵藏本以此品次在神力品後，爲品第二十一。隋本同。論牒本亦同。晉本總持品第二十五。
⑤ 勘梵藏本、晉本意云："較多。"

陀羅尼咒以守護之。即説咒曰：

安[①]爾，曼爾，摩禰，摩摩禰，旨隸，遮梨第，賒咩，賒履多瑋，羶帝，目帝，目多履，娑履，阿瑋娑履，桑履[②]，娑履，叉裔，阿叉裔，阿耆膩，羶帝，賒履，陀羅尼，阿盧伽婆娑，簸蔗毗叉膩，禰毗剃，阿便哆邏禰履剃，阿亶哆波隸輸地，歐究隸，牟究隸，阿羅隸，波羅隸，首迦差，阿三磨三履，佛陀毗吉利袠帝，達磨波利差帝，僧伽涅瞿沙禰，婆舍婆舍，輸地曼哆邏，曼哆邏，叉夜多，郵樓哆，郵樓哆憍舍略，惡叉邏惡叉冶多冶[③]，阿婆盧，阿摩若那多夜[④]。

世尊，是陀羅尼神咒六十二億恆河沙等諸佛所説，若有侵毁此法師者，則爲侵毁是諸佛已。時釋迦牟尼佛讚藥王菩薩言：善哉善哉！藥王，汝愍念擁護此法師故，説是陀羅尼於諸衆生，多所饒益。爾時，勇施菩薩白佛言：世尊，我亦爲擁護讀誦受持法華經者説陀羅尼，若此法師得是陀羅尼，若夜叉、若羅剎、若富單那、若吉蔗、若鳩槃茶、若餓鬼等，何求其短，無能得便。即於佛前而説咒曰：

痤隸，摩訶痤隸，郁枳[⑤]，目枳，阿隸阿羅婆第，涅隸第涅隸多婆第，伊緻柅，韋緻柅，旨緻柅，涅隸墀柅，涅犁墀婆底。

世尊，是陀羅尼神咒恆河沙等諸佛所説亦皆隨喜，若有侵毁此法師者，則爲侵毁是諸佛已。爾時，毗沙門天王護世者白佛言：世尊，我亦爲愍念衆生擁護此法師故，説是陀羅尼。即説咒曰：

阿梨，那梨[⑥]，㝹那梨，阿那盧那履，拘那履。

世尊，以是神咒擁護法師，我亦自當擁護持是經者，令百由旬内無

---

① 此咒以梵藏本斷句。次後均同。又，晉本各咒皆譯意。
② 勘梵藏本此下有“楂履”一語。
③ 勘梵藏本此下有“婆拘樓”一語。
④ 梵藏本末有“娑婆訶”一語。以下各咒均同。
⑤ 勘梵藏本此下有“覩枳”一語。
⑥ 勘梵本此下有“陀梨”一語。

諸衰患。爾時,持國天王在此會中,與千萬億那由他乾闥婆衆恭敬圍繞前詣佛所,合掌白佛言:世尊我亦以陀羅尼神咒擁護持法華經者。卽説咒曰:

阿伽禰伽禰,瞿利,乾陀利,旃陀利,摩蹬耆,常求利①,浮樓莎柅,頞底。

世尊,是陀羅尼神咒四十二億諸佛所説,若有侵毁此法師者,則爲侵毁是諸佛已。爾時,有羅刹女等,一名藍婆,二名毗藍婆,三名曲齒,四名華齒,五名黑齒,六名多髮,七名無厭足,八名持瓔珞,九名皐帝,十名奪一切衆生精氣,是十羅刹女與鬼子母,并其子及眷屬,俱詣佛所,同聲白佛言:世尊,我等亦欲擁護讀誦受持法華經者,除其衰患,若有伺求法師短者,令不得便。卽於佛前而説咒曰:

伊提履,伊提泯,伊提履,阿提履,伊提履,泥履,泥履,泥履,泥履,泥履,樓醯,樓醯,樓醯,樓醯②,多醯,多醯,多醯,兜③醯,㝹醯。

寧上我頭上,莫惱於法師,若夜叉、若羅刹、若餓鬼、若富單那、若吉蔗、若毗陀羅、若犍馱、若烏摩勒伽、若阿跋摩羅、若夜叉吉蔗、若人吉蔗,若熱病、若一日、若二日、若三日、若四日、若至七日,若常熱病,若男形、若女形、若童男形、若童女形,乃至夢中亦復莫惱。卽於佛前而説偈言:

若不順我咒,惱亂説法者,頭破作七分,如阿梨樹枝。

如④殺父母罪,亦如壓油殃。

斗秤欺誑人,調達破僧罪,犯此法師者,當獲如是殃。

---

① 勘梵藏本此下有"普迦施"一語。

② 勘梵藏本此下仍應有"樓醯"一語。

③ 勘梵藏本下二語仍應爲"多醯"。

④ 勘梵藏本原作二頌,今譯文略。

諸羅刹女説此偈已,白佛言:世尊,我等亦當身自擁護受持讀誦修行是經者,令得安隱,離諸衰患,消衆毒藥。佛告諸羅刹女:善哉善哉!汝等但能擁護受持法華名者,福不可量,何況擁護具足受持供養經卷,華香瓔珞,末香塗香燒香,旛蓋伎樂,然種種燈:蘇燈、油燈、諸香油燈、蘇摩那華油燈、瞻蔔華油燈、婆師迦華油燈、優鉢羅華油燈,如是等百千種供養者,皐帝汝等及眷屬,應當擁護如是法師,説是陀羅尼品時,六萬八千人得無生法忍。

妙[1]莊嚴王本事品第二十六

爾時,佛告諸大衆:乃往古世過無量無邊不可思議阿僧祇劫,有佛名雲雷音宿王華智、多陀阿伽度、阿羅訶、三藐三佛陀,國名光明莊嚴,劫名喜見。彼佛法中有王名妙莊嚴,其王夫人名曰淨德[2],有二子:一名淨藏,二名淨眼。是二子有大神力福德智慧,久修菩薩所行之道,所謂檀波羅蜜、尸羅波羅蜜、羼提波羅蜜、毗離耶波羅蜜、禪波羅蜜、般若波羅蜜、方便波羅蜜,慈悲喜捨,乃至三十七品助道法,皆悉明了通達。又得菩薩淨三昧、日星宿三昧、淨光三昧、淨色三昧、淨照明三昧、長莊嚴三昧、大威德藏三昧,於此三昧亦悉通達。爾時,彼佛欲引導妙莊嚴王及愍念衆生故,説是法華經。時淨藏、淨眼二子到其母所,合十指爪掌白言:願母往詣雲雷音宿王華智佛所,我等亦當侍從親近供養禮拜。所以者何?此佛於一切天人衆中説法華經,宜應聽受。母告子言:汝父信受外道,深著婆羅門法,汝等應往白父,與共俱去。淨藏、淨眼合十指爪掌白母:我等是法王子而生此邪見家。母告子言:汝等當憂念汝父,爲現神變,若得見者,心必清淨,或聽我等,往至佛所。於是二子念其父

① 梵藏本品名同,晉本淨復淨品第二十六。

② 梵藏本云:"無垢施。"晉本云:"淨復淨。"

故，涌在虛空，高七多羅樹，現種種神變，於虛空中行住坐卧，身上出水，身下出火，身下出水，身上出火，或現大身滿虛空中，而復現小，小復現大，於空中滅，忽然在地，入地如水，履水如地。現如是等種種神變，令其父王心淨信解。時父見子神力如是，心大歡喜，得未曾有，合掌向子言：汝等師爲是誰？誰之弟子？二子白言：大王，彼雲雷音宿王華智佛今在七寶菩提樹下法座上坐，於一切世間天人衆中廣説法華經，是我等師，我是弟子。父語子言：我今亦欲見汝等師，可共俱往。於是二子從空中下到其母所，合掌白母：父王今已信解，堪任發阿耨多羅三藐三菩提心，我等爲父已作佛事，願母見聽於彼佛所出家修道。爾時，二子欲重宣其意，以偈白母：

願母放我等，出家作沙門，諸佛甚難值，我等隨佛學。

如優曇鉢華，值佛復難是，脱諸難亦難，願聽我出家。

母即告言：聽① 汝出家。所以者何？佛難值故。於是二子白父母言：善哉！父母願時往詣雲雷音宿王華智佛所，親近供養。所以者何？佛難得值，如優曇鉢羅華。又如一眼之龜，值浮木孔，而我等宿福深厚，生值佛法，是故父母當聽我等，令得出家。所以者何？諸佛難值，時亦難遇。彼時妙莊嚴王後宫八萬四千人，皆悉堪任受持是法華經。淨眼菩薩於② 法華三昧久已通達，淨藏菩薩已於無量百千萬億劫通達離諸惡趣三昧，欲令一切衆生離諸惡趣故，其王夫人得諸佛集三昧能知諸佛祕密之藏。二子如是以方便力善化其父，令心信解，好樂佛法。於是妙莊嚴王與羣臣眷屬俱，淨德夫人與後宫采女眷屬俱，其王二子與四萬二千人俱，一時共詣佛所。到已，頭面禮足，繞佛三帀，却住一面。爾時，彼佛爲王説法，示教利

① 勘梵藏本次文原作一頌。晉本同。今譯改文。

② 梵藏本缺此語。

喜,王大歡悦。爾①時,妙莊嚴王及其夫人解頸真珠瓔珞,價直百千,以散佛上,於虚空中化成四柱寶臺,臺中有大寶牀,敷百千萬天衣,其上有佛,結加趺坐,放大光明。爾時,妙莊嚴王作是念:佛身希有,端嚴殊特,成就第一微妙之色。時雲雷音宿王華智佛告四衆言:汝等見是妙莊嚴王於我前合掌立不?此王於我法中作比丘,精勤修習,助佛道法,當得作佛,號娑羅樹王,國名大光,劫名大高王。其娑羅樹王佛有無量菩薩衆及無量聲聞,其國平正,功德如是。其王卽時以國付弟,與夫人二子并諸眷屬,於佛法中出家修道。王出家已,於八萬四千歲常勤精進修行妙法華經,過是已後,得一切淨功德莊嚴三昧,卽升虚空,高七多羅樹,而白佛言:世尊,此我二子已作佛事,以神通變化轉我邪心,令得安住於佛法中,得見世尊。此二子者,是我善知識,爲欲發起宿世善根,饒益我故,來生我家。爾時,雲雷音宿王華智佛告妙莊嚴王言:如是如是,如汝所言。若善男子善女人種善根故,世世得善知識。其善知識能作佛事,示教利喜,令入阿耨多羅三藐三菩提。大王當知,善知識者是大因緣,所謂化導令得見佛,發阿耨多羅三藐三菩提心。大王,汝見此二子不,此二子已曾供養六②十五百千萬億那由他恆河沙諸佛,親近恭敬於諸佛所,受持法華經,愍念邪見衆生,令住正見。妙莊嚴王卽從虚空中下,而白佛言:世尊,如來甚希有,以功德智慧故,頂上肉髻光明顯照,其眼長廣而紺青色,眉間毫相白如珂月,齒白齊密常有光明,脣色赤好如頻婆果。爾時,妙莊嚴王讚歎佛如是等無量百千萬億功德已,於如來前一心合掌,復白佛言:世尊,未曾有也,如來之法具足成就,不可思議微妙功德,教戒所行安隱快善,我從今日,不復自隨心行,不生邪見憍慢瞋恚諸惡之心。説是語已,禮佛

① 梵藏本此二句均在後出。晉本同。
② 梵藏本云:"六十劫。"

而出①。佛告大衆，於意云何，妙莊嚴王豈異人乎？今華德菩薩是。其淨德夫人，今佛前光照莊嚴相菩薩是。哀愍妙莊嚴王及諸眷屬故，於彼中生。其二子者，今藥王菩薩、藥上菩薩是。是藥王、藥上菩薩成就如此諸大功德，已於無量百千萬億諸佛所植衆德本，成就不可思議諸善功德，若有人識是二菩薩名字者，一切世間諸天人民亦應禮拜。佛説是妙莊嚴王本事品時八萬四千人遠塵離垢，於諸法中得法眼淨。

普②賢菩薩勸發品第二十七

爾時，普賢菩薩以自在神通力威德名聞，與大菩薩無量無邊不可稱數從東方來，所經諸國，普皆震動，雨寶蓮華，作無量百千萬億種種伎樂，又與無數諸天龍、夜叉、乾闥婆、阿修羅、迦樓羅、緊那羅、摩睺羅伽、人非人等大衆圍繞，各現威德神通之力，到娑婆世界耆闍崛山中，頭面禮釋迦牟尼佛，右繞七帀，白佛言：世尊，我於寶威德上王佛國遥聞此娑婆世界説法華經，與無量無邊百千萬億諸菩薩衆共來聽受，惟願世尊當爲説之。若善男子善女人於如來滅後，云何能得是法華經③？佛告普賢菩薩：若善男子善女人成就四法，於如來滅後當得是法華經。一者爲諸佛護念，二者植衆德本，三者入正定聚，四者發救一切衆生之心。善男子善女人，如是成就四法，於如來滅後，必得是經。爾時，普賢菩薩白佛言：世尊，於後五百歲濁惡世中，其有受持是經典者，我當守護，除其衰患，令得安隱，使無伺求，得其便者。若魔、若魔子、若魔女、若魔民、若爲魔所

---

① 梵藏本此下出前文二段，晉本同。

② 梵藏本作普賢勸發品第二十六。晉本樂普賢品第二十七。

③ 梵藏本次有一段，略謂："善男子，此大菩薩等但説引端即得遍解，此法華法門者，所謂真如實際法界及無差別。彼諸菩薩即白佛言：如是世尊，如是善逝。"

著者，若夜叉、若羅刹、若鳩槃茶、若毗舍闍、若吉蔗、若富單那、若韋陀羅等，諸惱人者，皆不得便。是人若行若立，讀誦此經，我爾時乘六牙白象王，與大菩薩衆俱詣其所，而自現身供養守護，安慰其心，亦爲供養法華經故。是人若坐思惟此經，爾時我復乘白象王現其人前，其人若於法華經有所忘失一句一偈，我當教之，與共讀誦，還令通利。爾時，受持讀誦法華經者得見我身，甚大歡喜，轉復精進。以見我故，卽得三昧及陀羅尼，名爲旋陀羅尼，百千萬億旋陀羅尼法音，方便陀羅尼，得如是等陀羅尼。世尊，若後世後五百歲濁惡世中，比丘比丘尼優婆塞優婆夷求索者，受持者，讀誦者，書寫者，欲修習是法華經，於三七日中應一心精進，滿三七日已，我當乘六牙白象與無量菩薩而自圍繞，以一切衆生所喜見身現其人前，而爲説法示教利喜，亦復與其陀羅尼咒。得是陀羅尼故，無有非人能破壞者，亦不爲女人之所惑亂，我身亦自常護是人，惟願世尊聽我説此陀羅尼咒。卽於佛前而説咒曰：

阿①檀地，檀陀婆地檀陀婆帝，檀陀鳩舍隸，檀陀修陀隸，修②陀隸，修陀羅婆底，佛馱波羶禰，薩婆陀羅尼阿婆多尼，薩婆婆沙阿婆多尼，修阿婆多尼，僧伽婆履叉尼，僧伽涅伽陀尼③，阿僧祇僧伽婆伽地，帝隸阿惰僧伽兜略，阿羅帝波羅帝，薩婆僧伽地三摩地伽蘭地，薩婆達磨修波利刹帝，薩婆薩埵樓馱憍舍略阿㝹伽地，辛阿毗吉利地帝④。

世尊，若有菩薩得聞是陀羅尼者，當知普賢神通之力，若法華經行閻浮提，有受持者應作此念：皆是普賢威神之力。若有受持讀誦，

① 晉本此頌譯意。
② 藏本缺此句。
③ 藏本缺此下四句。
④ 梵藏本此下有“阿奴婆地，婆陀尼，婆檀尼，娑婆訶”四句。

正憶念，解其義趣，如説修行，當知是人行普賢行，於無量無邊諸佛所，深種善根，爲諸如來手摩其頭。若但書寫，是人命終當生忉利天上，是時八萬四千天女作衆伎樂而來迎之，其人卽著七寶冠，於采女中娱樂快樂，何況受持讀誦，正憶念，解其義趣，如説修行。若有人受持讀誦，解其義趣，是人命終爲千佛授手，令不恐怖，不墮趣惡，卽往兜率天上彌勒菩薩所。彌勒菩薩有三十二相大菩薩衆所共圍繞，有百千萬億天女眷屬而於中生，有如是等功德利益，是故智者應當一心自書，若使人書，受持讀誦，正憶念，如説修行。世尊，我今以神通力故，守護是經，於如來滅後，閻浮提内廣令流布，使不斷絶。爾時，釋迦牟尼佛讚言：善哉善哉！普賢，汝能護助是經，令多所衆生安樂利益，汝已成就不可思議功德，深大慈悲，從久遠來發阿耨多羅三藐三菩提意，而能作是神通之願，守護是經，我當以神通力守護能受持普賢菩薩名者。普賢，若有受持讀誦，正憶念，修習書寫是法華經者，當知是人則見釋迦牟尼佛，如從佛口聞此經典。當知是人供養釋迦牟尼佛，當知是人佛讚善哉，當知是人爲釋迦牟尼佛手摩其頭，當知是人爲釋迦牟尼佛衣之所覆，如是之人，不復貪著世樂，不好外道經書手筆，亦復不喜親近其人及諸惡者：若屠兒、若畜豬羊鷄狗、若獵師、若衒賣女色，是人心意質直，有正憶念，有福德力，是人不爲三毒所惱，亦不爲嫉妬我慢邪慢增上慢所惱，是人少欲知足，能修普賢之行。普賢，若如來滅後後五百歲，若有人見受持讀誦法華經者，應作是念：此人不久當詣道場，破諸魔衆，得阿耨多羅三藐三菩提，轉法輪，擊法鼓，吹法螺，雨法雨，當坐天人大衆中師子法座上。普賢，若於後世受持讀誦是經典者，是人不復貪著衣服卧具飲食資生之物，所願不虚，亦於現世得其福報，若有人輕毁之，言汝狂人耳空，作是行終無所獲，如是罪報當世世無眼；若有供養讚歎之者，當於今世得現果報。若復見受持是經者出其過惡，若實若不實，此人現世得白癩病，若輕笑之者，當世世牙齒疎缺，醜脣平鼻，手脚繚戾，眼目角睞，身體臭穢，惡瘡膿血，水腹短氣，諸惡重病。是故，普賢，若見受持是經典者，當起遠迎，當如敬佛。說是普賢勸發品時，恆河沙等無量無邊菩薩得百千萬億旋陀羅尼，三千大千世界微塵等諸菩薩具普賢道。佛①說是經時，普賢等諸菩薩、舍利弗等諸聲聞，及諸天龍人非人等，一切大會，皆大歡喜，受持佛語，作禮而去。

① 梵藏本缺此句。晉本同。

勝鬘經

〔簡介〕 勝鬘經一卷，全稱勝鬘師子吼一乘大方便方廣經(S'rīmādevi-Simhanada-Sūtra)，劉宋求那跋陀羅譯。另外，收在唐菩提流志譯編的大寶積經中第四十八會的勝鬘夫人會，是此經的異譯本。

此經是大乘經典中闡發如來藏思想的代表作品之一。在涅槃經中已有將佛性稱爲如來藏者，但並沒有充分闡發，而在勝鬘經中則以如來藏爲其主題而加以闡發。經中給如來藏的定義是:"如來藏者，是法界藏、法身藏、出世間上上藏、自性清淨藏。"又，如來藏也是一種空智，所以經中又有"如來藏智"之名，而且認爲"有二種如來藏空智"，卽所謂"空如來藏"和"不空如來藏"。前者指能脱離一切煩惱，後者則指不脱離無量無數不可思議之佛法，而終將成就如來法身。所以經又説:"如來法身不離煩惱藏，名如來藏"。這就是説如來藏是染淨不二的，進一步肯定了佛性説和衆生都能成佛。同時，此經也繼承了法華經"會三歸一"的思想，宣傳"三乘者入於一乘"、"三乘卽是一乘"，"大乘者卽是佛乘"等。

此經的注疏有勝鬘寶窟(六卷、隋吉藏撰)、勝鬘經義記(存上卷、隋慧遠撰)、勝鬘經述記(二卷、唐窺基撰)、勝鬘經疏(一卷、昭法師撰)、挾注勝鬘經(一卷、佚名)等。

本書選入此經所據版本爲原支那内學院刊藏要本。該刊本以南宋刻本爲底本，對勘高麗藏本，譯文方面以唐譯本和藏譯本校勘。本書保留全部校勘記，以資參考。

勝鬘師子吼一乘大方便方廣經

如是我聞①，一時佛住舍衛國祇樹給孤獨園，時波斯匿王②及末利夫人信法未久③，共相謂言：勝鬘夫人是我之女④，聰慧利根，通敏易悟，若見佛者，必速解法，心得無疑。宜時遣信，發其道意。夫人白言⑤：今正是時。王及夫人與勝鬘書，略讚如來無量功德，卽遣内人名旃提羅，使人奉書至阿踰闍國，入其宮内敬授勝鬘。勝鬘得書歡喜頂受，讀誦受持，生希有心。向旃提羅而説偈言：

我聞佛音聲⑥，世所未曾有，所言真實者，應當修供養⑦。仰惟佛世尊，普爲世間出，亦應垂哀愍，必令我得見⑧。卽生此念時，佛於空中現，普放淨光明，顯示無比身。

勝鬘及眷屬，頭面接足禮⑨，咸以清淨心，歎佛實功德。如來妙色身，世間無與等，無比不思議，是故今敬禮。如來色無盡，智慧亦復然，一切法常住，是故我歸依。

降伏心過惡，及與身四種⑩，已到難伏地，是故禮法王。知一切爾炎，智慧身自在，攝持一切法，是故今敬禮。敬禮過稱量，敬禮無譬類，敬禮無邊法，敬禮難思議。

---

① 以下藏本卷一。
② 二本次云"憍薩羅波斯匿王"。
③ 藏本此語在"共相謂言"下云："時勝鬘夫人信佛未久。"
④ 藏本以此爲末利夫人語，次"宜時遣信"句爲波斯匿王語。
⑤ 藏本云"夫人聞言，卽遣女侍如月奉書"。
⑥ 藏本此句云"此當知佛語"。
⑦ 藏本此句云："我當求世尊。"
⑧ 藏本此句云："爲法而來此。"
⑨ 勘二本意云：於頂上合掌讚佛。
⑩ 勘藏本意云：身語。

哀愍覆護我,令法種[①]增長,此世及後生,願佛常攝受。我久安立汝[②],前世已開覺,今復攝受汝,未來生亦然。我已作功德[③],現在及餘世,如是衆善本,惟願見攝受[④]。

爾時,勝鬘及諸眷屬頭面禮佛,佛於衆中卽爲授記。汝歎如來真實功德,以此善根,當於無量阿僧祇劫天人之中,爲自在王。一切生處,常得見我現前讚歎,如今無異。當復供養無量阿僧祇佛,過二萬[⑤]阿僧祇劫,當得作佛,號普光[⑥]如來,應正徧知。彼佛國土,無諸惡趣老病衰惱不適意苦,亦無不善惡業道名。彼國衆生,色力壽命,五欲衆具,皆悉快樂,勝於他化自在諸天。彼諸衆生,純一大乘,諸有修習善根衆生,皆集於彼。勝鬘夫人得受記時,無量衆生諸天及人,願生彼國,世尊悉記皆當往生。

爾時,勝鬘聞受記已,恭敬而立,受十大受[⑦]。世尊,我從今日乃至菩提[⑧],於所受戒不起犯心。世尊,我從今日乃至菩提,於諸尊長不起慢心。世尊,我從今日乃至菩提,於諸衆生不起恚心[⑨]。世尊,我從今日乃至菩提,於他身色及外衆具不起嫉心。世尊,我從今日乃至菩提,於内外法不起慳心。世尊,我從今日乃至菩提,不自爲己受畜財物,凡有所受悉爲成熟貧苦衆生。世尊,我從今日

① 藏本云:"菩提種。"

② 藏本此偈上有標句云:"佛卽謂言。"唐本此偈在長行"頭面禮佛"句下出。

③ 藏本此偈上有標句云:"勝鬘夫人白佛。"

④ 勘二本意云:常得見於佛。

⑤ 藏本云:"二百萬。"

⑥ 藏本云"普賢"。

⑦ 勘二本意云:發十大願。

⑧ 藏本此語在句末出云:"此第一誓乃至菩提道場,究竟我全受持。"次下例同。

⑨ 藏本次云:"並嫉妬心。"

乃至菩提，不自爲己行四攝法，爲一切衆生故，以不愛染心、無厭足心、無罣礙心① 攝受衆生。世尊，我從今日乃至菩提，若見孤獨幽繫疾病種種厄難困苦衆生，終不暫捨，必欲安隱以義饒益②，令脱衆苦，然後乃捨。世尊，我從今日乃至菩提，若見捕養衆惡律儀及諸犯戒，終不棄捨。我得力時，於彼彼處③ 見此衆生，應折伏者而折伏之，應攝受者而攝受之。何以故？以折伏攝受故，令法久住。法久住者，天人充滿，惡道減少，能於如來所轉法輪而得隨轉，見是利故，救攝不捨。世尊，我從今日乃至菩提，攝受正法，終不忘失。何以故？忘失法者則忘大乘，忘大乘者則忘波羅蜜，忘波羅蜜者則不欲大乘。若菩薩不決定大乘者，則不能得攝受正法，欲隨所樂入永不堪任越凡夫地。我見如是無量大過，又見未來攝受正法菩薩摩訶薩無量福利故，受此大受④。法主世尊現爲我證，惟佛世尊現前證知。而諸衆生善根微薄，或起疑網⑤，以十大受極難度故。彼或長夜非義饒益，不得安樂，爲安彼故，今於佛前説誠實誓⑥。我受此十大受，如説行者以此誓，故於大衆中當雨天華，出天妙音。説是語時，於虚空中雨衆天華，出妙聲言⑦。如是如是，如汝所説，真實無異。彼見妙華及聞音聲，一切衆會疑惑悉除，喜躍無量。而發願言恆與勝鬘常共俱會，同其所行。世尊悉記，一切大衆如其所願。

① 勘藏本意云：不退。
② 勘藏本意云：爲使彼脱苦故，所聚資産當爲彼用。
③ 勘二本意云：城邑聚落所攝衆生。
④ 藏本次有句云："此十大誓，我於世尊現前建立。"
⑤ 勘藏本意云：或以此十大誓難成就故，疑我猶豫，以此事故，永爲自害。
⑥ 藏本云："願於此爲真實加持。"
⑦ 藏本次有句云："彼與真實加持相應。"

爾時，勝鬘復於佛前發三大願，而作是言①。以此實願安慰無量無邊衆生②，以此善根於一切生得正法智，是名第一大願。我得正法智已，以無厭心爲衆生説，是名第二大願。我於攝受正法③，捨身命財護持正法，是名第三大願。爾時，世尊卽記勝鬘三大誓願，如一切色悉入空界。如是菩薩恆沙諸願，皆悉入此三大願中。此三願者真實廣大。

爾時，勝鬘白佛言：我今當復承佛威神説，調伏大願④，真實無異。佛告勝鬘，恣聽汝説。勝鬘白佛，菩薩所有恆沙諸願，一切皆入一大願中，所謂攝受正法⑤。攝受正法，真爲大願。佛讚勝鬘，善哉善哉！智慧方便，甚深微妙。汝已長夜殖諸善本⑥，來世衆生久種善根者乃能解汝所説。汝之所説攝受正法，皆是過去未來現在諸佛已説今説當説。我今得無上菩提，亦常説此攝受正法。如是我説攝受正法，所有功德不得邊際，如來智慧辯才亦無邊際。何以故？是攝受正法有大功德、有大利益。勝鬘白佛，我當承佛神力，更復演説攝受正法廣大之義。佛言，便説。勝鬘白佛，攝受正法廣大義者，則是無量得一切佛法⑦，攝八萬四千法門。譬如劫初成時，普興大雲雨衆色雨及種種寶，如是攝受正法雨無量福報，及無量善根之雨⑧。世尊，又如劫初成時，有大水聚出生三千大千界

① 藏本此句徵云何者爲三。
② 藏本云："以此加持利益衆生。"
③ 藏本云："説示正法"，與上文相應。
④ 勘藏本意云：以此大願境界，説示於他。
⑤ 勘藏本意云：受持。
⑥ 藏本缺此句。
⑦ 勘藏本意云：成就佛無量法之一切。
⑧ 藏本云："無量智實。"

藏及四百億種種類洲①，如是攝受正法出生大乘無量界藏。一切菩薩神通之力，一切世間安隱快樂②，一切世間如意自在及出世間安樂劫成，乃至天人本所未得皆於中出。又如大地持四重擔。何等爲四？一者大海，二者諸山，三者草木，四者衆生③。如是攝受正法善男子善女人建立大地堪能荷負四種重任，喻彼大地④。何等爲四？謂離善知識無聞非法⑤，衆生以人天善根而成熟之。求聲聞者授聲聞乘，求緣覺者授緣覺乘，求大乘者授以大乘，是名攝受正法善男子善女人建立大地堪能荷負四種重任⑥。世尊，如是攝受正法善男子善女人建立大地堪能荷負四種重任，普爲衆生作不請之友⑦，大悲安慰哀愍衆生爲世法母。又如大地有四種寶藏。何等爲四？一者無價，二者上價，三者中價，四者下價。是名大地四種寶藏。如是攝受正法善男子善女人建立大地，得衆生四種最上大寶⑧。何等爲四？攝受正法善男子善女人無聞非法，衆生以人天功德善根而授與之⑨，求聲聞者授聲聞乘，求緣覺者授緣覺乘，求大乘者授以大乘。如是得大寶衆生，皆由攝受正法善男子善女人得此奇特希有功德。世尊，大寶藏者，卽是攝受正法。世尊，攝受正法攝受正法者，無異正法無異攝受正法，正法卽是攝受正

---

① 藏本云:“當成劫時,三千大世界所生大水聚，能生四洲百千萬種色形及八百四十萬小洲。”

② 二本此句云:“示法種種之門。”

③ 藏本三四二者云:“住處及草木藥穀林等,乃至有情之所依處。”

④ 二本云:“逾彼大地。”

⑤ 勘藏本意云:不適法器。

⑥ 二本次有句云:“逾彼大地”,與上文合。

⑦ 藏本此語云“依處”。

⑧ 勘二本意云:衆生一切當得純正四寶利益。

⑨ 藏本此句云:“得享天人福利”,次下各句例同。

法①。世尊，無異波羅蜜，無異攝受正法，攝受正法即是波羅蜜。何以故？攝受正法善男子善女人應② 以施成熟者，以施成熟乃至捨身支節，將護彼意而成熟之。彼所成熟衆生建立正法，是名檀波羅蜜③。應以戒成熟者，以守護六根淨身口意業乃至正四威儀，將護彼意而成熟之。彼所成熟衆生建立正法，是名尸波羅蜜。應以忍成熟者，若彼衆生駡詈毁辱誹謗恐怖④ 以無恚心、饒益心、第一忍力乃至顔色無變，將護彼意而成熟之。彼所成熟衆生建立正法，是名羼提波羅蜜。應以精進成熟者，於彼衆生不起懈心生大欲心第一精進乃至若四威儀，將護彼意而成熟之。彼所成熟衆生建立正法，是名毗梨耶波羅蜜。應以禪成熟者，於彼衆生以不亂心、不外向心、第一正念乃至久時所作、久時所説終不忘失，將護彼意而成熟之。彼所成熟衆生建立正法，是名禪波羅蜜。應以智慧成熟者，彼諸衆生問一切義以無畏心⑤ 而爲演説一切論、一切工巧究竟明處⑥ 乃至種種工巧諸事，將護彼意而成熟之。彼所成熟衆生建立正法，是名般若波羅蜜。是故世尊，無異波羅蜜，無異攝受正法，攝受正法即是波羅蜜。世尊，我今承佛威神，更説大義。佛言：便説。勝鬘白佛，攝受正法攝受正法者，無異攝受正法無異攝受正法者，攝受正法善男子善女人即是攝受正法。何以故？若攝受正法善男子善女人爲攝受正法捨三種分。何等爲三？謂身、命、財。善男子善

① 勘藏本此段意云：攝受正法名爲攝受正法者，正法與攝受正法無有異事，攝受正法自體即是正法。
② 藏本次有語云："於衆生等。"
③ 勘藏本此句意云：如是以所成熟住於正法，故爲施波羅蜜。
④ 藏本此語云："八行毁害。"
⑤ 藏本此語云："無怠心。"
⑥ 二本此語云："一切明處及工巧處。"

女人捨身者，生死後際等[①]，離老病死，得不壞常住、無有變易、不可思議功德如來法身。捨命者，生死後際等，畢竟離死，得無邊常住、不可思議功德，通達一切甚深佛法。捨財者，生死後際等，得不共一切衆生，無盡無減畢竟常住不可思議具足功德，得一切衆生殊勝供養。世尊，如是捨三分善男子善女人攝受正法，常爲一切諸佛所記，一切衆生之所瞻仰[②]。世尊，又善男子善女人攝受正法者，法欲滅時，比丘、比丘尼、優婆塞、優婆夷，朋黨諍訟，破壞離散，以不諂曲、不欺誑、不幻僞，愛樂正法，攝受正法，入法朋中。入法朋者，必爲諸佛之所授記。世尊，我見攝受正法如是大力，佛爲實眼實智[③]，爲法根本，爲通達法，爲正法依，亦悉知見。爾時，世尊於勝鬘所說攝受正法大精進力，起隨喜心[④]。如是勝鬘，如汝所說攝受正法大精進力，如大力士少觸身分生大苦痛；如是勝鬘，少攝受正法，令魔苦惱，我不見餘一善法令魔憂苦，如少攝受正法。又如牛王，形色無比，勝一切牛，如是大乘，少攝受正法，勝於一切二乘善根，以廣大故。又如須彌山王，端嚴殊特，勝於衆山，如是大乘，捨身命財，以攝取心攝受正法，勝不捨身命財初住大乘一切善根，何況二乘，以廣大故。是故勝鬘當以攝受正法開示衆生、教化衆生、建立衆生。如是勝鬘，攝受正法如是大利、如是大福、如是大果。勝鬘，我於阿僧祇劫說攝受正法，功德義利不得邊際，是故攝受正法有無量無邊功德。

佛告勝鬘，汝今更說一切諸佛所說攝受正法[⑤]。勝鬘白佛：善

① 勘藏本意云：與佛身輪外邊際等，卽離生死，云云。次段云：與佛法輪外邊際等。又次段云：與一切衆生所供養輪外邊際等。

② 二本缺此句。

③ 二本此二語云："以此爲眼爲根本智。"

④ 二本此語云："佛歎言。"

⑤ 藏本次有語云："我所未說者。"

哉！世尊，唯然受教。即白佛言：世尊，攝受[1]正法者是摩訶衍。何以故？摩訶衍者出生一切聲聞緣覺世閒出世閒善法[2]。世尊，如阿耨大池出八大河，如是摩訶衍出生一切聲聞緣覺世閒出世閒善法。世尊，又如一切種子[3]，皆依於地而得生長，如是一切聲聞緣覺世閒出世閒善法，依於大乘而得增長。是故世尊，住於大乘攝受大乘，即是住於二乘攝受二乘一切世閒出世閒善法。如世尊說六處。何等爲六？謂正法住、正法滅、波羅提木叉、毗尼、出家、受具足。爲大乘故，説此六處[4]。何以故？正法住者，爲大乘故說，大乘住者，即正法住。正法滅者，爲大乘故說，大乘滅者，即正法滅。波羅提木叉、毗尼此二法者，義一名異。毗尼者，即大乘學。何以故？以依佛出家而受具足，是故說大乘威儀戒，是毗尼、是出家、是受具足。是故阿羅漢[5]無別出家受具足。何以故？阿羅漢依如來出家受具足故，阿羅漢歸依於佛[6]。阿羅漢有恐怖。何以故？阿羅漢於一切無行怖畏想住[7]，如人執劒欲來害己。是故，阿羅漢無究竟樂。何以故？世尊，依不求依[8]，如衆生無依彼彼恐怖，以恐怖故，則求歸依。如是，阿羅漢有恐畏，以怖畏故，依於如來。世尊，阿羅漢辟支佛有怖畏，是故阿羅漢辟支佛有餘，生法不盡故，有生有餘[9]。梵行不[10]成故不純，事不究竟故當有所作，不度彼故當

---

① 藏本缺此二字。
② 勘藏本意云：聲聞等法皆依大乘而善解故。
③ 二本次有語云："草木叢林。"
④ 勘藏本意云：六處從大乘出。
⑤ 藏本此語云："聲聞獨覺。"次同。
⑥ 藏本此語云："阿羅漢及獨覺。"次下均同。
⑦ 藏本此語云："於一切行不盡。"
⑧ 勘藏本意云："爲歸依者不別求依處。"
⑨ 勘藏本意云：有餘爲依法。
⑩ 此字依麗刻加。

有所斷，以不斷故去涅槃界遠。何以故？惟[①]有如來應等正覺得般涅槃，成就一切功德故；阿羅漢辟支佛不成就一切功德，言得涅槃者是佛方便。惟有如來得般涅槃，成就無量功德故；阿羅漢辟支佛成就有量功德，言得涅槃者是佛方便。惟[②]有如來得般涅槃，成就不可思議功德故；阿羅漢辟支佛成就思議功德，言得涅槃者是佛方便。惟有如來得般涅槃，一切所應斷過皆悉斷滅，成就第一清淨故；阿羅漢辟支佛有餘過，非第一清淨，言得涅槃者是佛方便。惟有如來得般涅槃，爲一切衆生之所瞻仰[③]，出過阿羅漢辟支佛菩薩境界，是故阿羅漢辟支佛去涅槃界遠。言阿羅漢辟支佛觀察解脱四智究竟得蘇息處者，亦是如來方便有餘不了義説。何以故？有二種死。何等爲二？謂分段死，不思議變易死。分段死者，謂虚僞衆生[④]；不思議變易死者，謂阿羅漢辟支佛大力菩薩意生身，乃至究竟無上菩提。二種死中，以分段死，故説阿羅漢辟支佛智，我生已盡[⑤]；得有餘果證，故説梵行已立。凡夫人天所不能辦[⑥]，七種學人先所未作虚僞煩惱斷，故説所作已辦[⑦]。阿羅漢辟支佛所斷煩惱更不能受後有，故説不受後有；非盡一切煩惱亦非盡一切受生，故説不受後有。何以故？有煩惱是阿羅漢辟支佛所不能斷。煩惱有二種。何等爲二？謂住地煩惱及起煩惱[⑧]。住地有四種。何

---

① 唐本此下三節總略爲一段。

② 藏本缺此段。

③ 藏本缺此句。

④ 勘藏本意云：輪迴處所衆生。

⑤ 勘藏本此語意云：生於我生已盡之智。次三句例同。

⑥ 原刻作“辨”，今依麗刻改。次同。

⑦ 勘藏本此句意云：七種學人輪迴者，所具煩惱等接。卽先所未捨者捨。

⑧ 勘二本意云：遍行煩惱。

等爲四？謂見一處住地[①]、欲愛住地、色愛住地、有愛住地，此四種住地生一切起煩惱。起者刹那，心刹那相應。世尊心不相應，無始無明住地[②]。世尊，此四住地力，一切上煩惱[③]依，種比無明住地，算數譬喻所不能及。世尊，如是無明住地力，於有愛數四住地、無明住地[④]其力最大。譬如惡魔波旬於他化自在天，色力壽命眷屬衆具自在殊勝，如是無明住地力，於有愛數四住地其力最勝。恆沙等數上煩惱依，亦令四種煩惱久住。阿羅漢辟支佛智所不能斷，惟如來菩提智之所能斷。如是世尊，無明住地最爲大力。世尊[⑤]，又如取緣有漏業，因而生三有，如是無明住地緣無漏業，因生阿羅漢辟支佛大力菩薩三種意生身。此三地彼三種意生身，生及無漏業生依無明住地，有緣非無緣，是故三種意生身及無漏業緣無明住地。世尊，如是有愛住地數四住地不與無明住地業同[⑥]，無明住地異離四住地，佛地所斷，佛菩提智所斷。何以故？阿羅漢辟支佛斷四種住地，無漏不盡不得自在力亦不作證[⑦]。無漏不盡者[⑧]，即是無明住地。世尊，阿羅漢辟支佛最後身菩薩爲無明住地之所覆障故，於彼彼法不知不覺。以不知見故，所應斷者不斷不究竟。以不斷故，名有餘過解脱，非離一切過解脱；名有餘清淨，非一切清淨；名成就有餘功德，非一切功德。以成就有餘解脱、有餘清淨、有餘功德故，知有餘苦[⑨]、斷有餘集、證有餘滅、修有餘道，是名得少分

① 藏本云："住一見處之住地。"次三例知。。
② 勘藏本意云：無始時有無明住地與心不相應。
③ 勘藏本意云：隨煩惱。次下俱同。
④ 二本但云："有愛住地。"次下同。
⑤ 以下藏本卷二。
⑥ 藏本此句云："不與有愛住地同"，文義更順。
⑦ 勘二本此句意云：於盡漏不得自在力。
⑧ 勘二本意云：謂盡漏者。
⑨ 勘藏本此語意云：所知苦有餘。次三語例同。

湼槃。得少分湼槃者,名向湼槃界。若知一切苦、斷一切集、證一切滅、修一切道,於無常壞世間,於無常病世間,得常住湼槃界。於無覆護世間,無依世間,爲護爲依。何以故?法無優劣故得湼槃[①],智慧等故得湼槃,解脱等故得湼槃,清淨等故得湼槃[②],是故湼槃一味等味,謂解脱味[③]。世尊,若無明住地不斷不究竟者,不得一味等味謂明解脱味。何以故?無明住地不斷不究竟者,過恆沙等所應斷法不斷不究竟,過恆沙等所應斷法不斷故[④],過恆沙等法應得不得應證不證。是故,無明住地積聚生一切修道斷煩惱上煩惱[⑤],彼生心上煩惱[⑥]、止上煩惱、觀上煩惱、禪上煩惱、正受上煩惱、方便上煩惱[⑦]、智上煩惱、果上煩惱、得上煩惱、力上煩惱、無畏上煩惱。如是過恆沙等上煩惱,如來菩提智所斷一切,皆依無明住地之所建立,一切上煩惱起皆因無明住地,緣無明住地。世尊於此起煩惱刹那,心刹那相應。世尊心不相應,無始無明住地。世尊,若復過於恆沙如來菩提智所應斷法,一切皆是無明住地所持所建立,譬如一切種子皆依地生建立增長[⑧],若地壞者,彼亦隨壞。如是過恆沙等如來菩提智所應斷法,一切皆依無明住地生建立增長。若無明住地斷者,過恆沙等如來菩提智所應斷法皆亦隨斷。如是一切煩惱上煩惱斷,過恆沙等如來所得一切諸法通達無礙[⑨],一切

① 勘二本意云:不以善惡分別諸法而得涅槃。
② 藏本云:“以清淨智平等見等而得涅槃。”
③ 藏本此語云:“謂與明及解脱同味。”
④ 二本次有不究竟一語,與上文合。
⑤ 勘藏本意云:爲一切修所斷煩惱及隨煩惱生處。
⑥ 勘唐本此語意云:障心之隨煩惱。餘語例同。
⑦ 二本此語皆分爲二,云:“等至隨煩惱,瑜伽隨煩惱。”
⑧ 藏本次有語云:“草木叢林”,唐本大同。
⑨ 二本此語云:“不可思議諸佛法。”

智見，離一切過惡，得一切功德，法王法主而得自在，證一切法自在之地。如來應正等覺，正師子吼，我生已盡，梵行已立，所作已辦，不受後有。是故世尊以師子吼依於了義一切記説。世尊，不受後有智有二種，謂如來以無上調御降伏四魔，出一切世間爲一切衆生之所瞻仰，得不思議法身。於一切爾炎地得無礙法自在，於上更無所作無所得地，十力勇猛昇於第一無上無畏之地，一切爾炎無礙智觀，不由於他不受後有智師子吼。世尊①，阿羅漢辟支佛度生死畏，次第得解脱樂，作是念我離生死恐怖，不受生死苦。世尊，阿羅漢辟支佛觀察時得不受後有，觀第一蘇息處涅槃地。世尊，彼先所得地不愚於法，不由於他亦自知得有餘地，必當得阿耨多羅三藐三菩提。何以故？聲聞緣覺乘皆入大乘②。大乘者卽是佛乘，是故三乘卽是一乘，得一乘者得阿耨多羅三藐三菩提。阿耨多羅三藐三菩提者卽是涅槃界，涅槃界者卽是如來法身，得究竟法身者則究竟一乘。無異如來無異法身如來卽法身，得究竟法身者則究竟一乘，究竟者卽是無邊不斷③。世尊④，如來無有限齊時住，如來應等正覺後際等住⑤，如來無限齊大悲亦無限齊安慰世間。無限大悲、無限安慰世間作是説者，是名善説如來。世尊，若復説言無盡法常住法一切世間之所歸依者，亦名善説如來。是故於未度世間無依世間與後際等作無盡歸依常住歸依者⑥，謂如來應等正覺也。法者卽是説一乘道，僧者是三乘衆，此二歸依非究竟歸依，名少分歸依。何以故？説一乘道法得究竟法身，於上更無説一乘法身；三乘

① 勘唐本此下爲第二種智。
② 勘二本意云：大乘所攝。
③ 勘藏本意云：與一乘究竟合一之謂。
④ 二本此上有徵句云："何以故"，以下釋成。
⑤ 勘藏本意云：至於無窮而住故。
⑥ 二本次有語云："究竟歸依。"

衆者有恐怖歸依,如來求出修學，向阿耨多羅三藐三菩提,是故二依非究竟依,是有限依。若有衆生,如來調伏，歸依如來，得法津澤,生信樂心,歸依法僧是二歸依,非此二歸依，是歸依如來,歸依第一義者,是歸依如來。此二歸依第一義,是究竟歸依如來。何以故？無異如來、無異二歸依如來，卽三歸依①。何以故？説一乘道如來四無畏成就師子吼説。若如來隨彼所欲而方便説卽是大乘②，無有三乘。三乘者入於一乘,一乘者卽第一義乘。

世尊,聲聞緣覺初觀聖諦以一智斷諸住地③，以一智四斷知功德作證,亦善知此四法義。世尊,無有出世閒上上智四智漸至及四緣漸至④，無漸至法是出世閒上上智。世尊金剛喻者是第一義智，世尊非聲聞緣覺不斷無明住地初聖諦智是第一義智⑤，世尊以無二聖諦智斷諸住地。世尊如來應等正覺非一切聲聞緣覺境界，不思議空智斷一切煩惱藏⑥，世尊若壞一切煩惱藏究竟智是名第一義智。初聖諦智非究竟智⑦，向阿耨多羅三藐三菩提智。世尊聖義者非一切聲聞緣覺,聲聞緣覺成就有量功德,聲聞緣覺成就少分功德,故名之爲聖。聖諦者,非聲聞緣覺諦,亦非聲聞緣覺功德。世尊此諦,如來應等正覺初始覺知，然後爲無明觳藏世閒開現演説，是故名聖諦。聖諦者,説甚深義,微細難知⑧，非思量境界,是智者

① 勘藏本意云：三歸依處。

② 勘二本意云："由方便説有二乘,實仍爲大乘故"。次下"三乘"皆應作"二乘"。

③ 勘藏本意云：以一初觀聖諦智斷彼一住地。

④ 勘唐本意云：於出世閒智無四智漸至漸緣。

⑤ 唐本次二句云："聲聞緣覺以於種種聖諦之智斷諸住地，無有出世第一義智。"

⑥ 勘藏本此語云"覆障"。

⑦ 藏本次有句云："第一義智者。"

⑧ 勘藏本意云：説聖諦義深細難知。

所知，一切世間所不能信。何以故？此説甚深如來之藏，如來藏者是如來境界，非一切聲聞緣覺所知。如來藏處説聖諦義，如來藏處甚深，故説聖諦亦甚深，微細難知，非思量境界，是智者所知，一切世間所不能信。若於無量煩惱藏所纏如來藏不疑惑者，於出無量煩惱藏法身亦無疑惑。於説如來藏如來法身不思議佛境界，及[①]方便説心得決定者，此則信解説二聖諦。如是難知難解者，謂説二聖諦義。何等爲説二聖諦義？謂説作聖諦義，説無作聖諦義。説作聖諦義者，是説有量四聖諦義[②]。何以故？非因他能知一切苦、斷一切集、證一切滅、修一切道，是故世尊有爲生死無爲生死，涅槃亦如是有餘及無餘[③]。説無作聖諦義者，説無量四聖諦義。何以故？能以自力知一切受苦、斷一切受集、證一切受滅、修一切受滅道。如是八聖諦，如來説四聖諦，如是無作四聖諦義，惟如來應等正覺事究竟，非阿羅漢辟支佛事究竟。何以故？非下中上法得涅槃[④]。何以故？如來應等正覺於無作四聖諦義事究竟，以一切如來應等正覺知一切未來苦，斷一切煩惱上煩惱所攝受一切集，滅一切意生身，除一切苦滅作證[⑤]。世尊，非壞法故，名爲苦滅。所言苦滅者，名無始無作無起無盡，離盡常住，自性清淨，離一切煩惱藏[⑥]。世尊過於恆沙不離不脱不異不思議佛法成就，説如來法身。世尊，如是如來法身不離煩惱藏，名如來藏。世尊，如來藏智是如來空智。世尊，如來藏者，一切阿羅漢辟支佛大力菩薩本所不見，

---

① 二本缺此四字。

② 勘唐本此語意云：不圓滿。次下“無量”反此。

③ 勘藏本意云：故於輪迴亦有有爲無爲，涅槃亦有有爲無爲。

④ 勘藏本意云：非解下中上法得知涅槃。

⑤ 勘二本此二句意云：證一切意生身蘊所有苦滅，及修一切苦滅之道。

⑥ 勘藏本意云：如來法身無始時來無爲不生云云。

本所不得①。世尊有二種如來藏空智：世尊②空如來藏，若離若脱若異一切煩惱藏，世尊不空如來藏，過於恆沙不離不脱不異不思議佛法。世尊此二空智，諸大聲聞能信如來③，一切阿羅漢辟支佛空智於四不④顛倒境界轉，是故一切阿羅漢辟支佛本所不見本所不得一切苦滅，惟佛得證壞一切煩惱藏，修一切滅苦道。世尊此四聖諦，三是無常，一是常。何以故？三諦入有爲相，入有爲相者是無常。無常者是虚妄法，虚妄法者非諦非常非依。是故苦諦、集諦、道諦非第一義諦⑤，非常非依。一苦滅諦離有爲相，離有爲相者是常，常者非虚妄法，非虚妄法者，是諦是常是依。是故滅諦是第一義⑥，不思議是滅諦，過一切衆生心識所緣，亦非一切阿羅漢辟支佛智慧境界。譬如生盲不見衆色，七日嬰兒不見日輪，苦滅諦者亦復如是，非一切凡夫心識所緣，亦非二乘智慧境界。凡夫識者二見顛倒，一切阿羅漢辟支佛智者則是清淨邊見者。凡夫於五受陰我見妄想計著生二見，是名邊見，所謂常見斷見。見諸行無常是斷見非正見⑦，見涅槃常是常見非正見。妄⑧想見故作如是見，於身諸根分别思惟⑨，現法見壞，於有相續不見，起於斷見，妄想見故，於

① 二本次有句云："唯佛了知及能作證。"

② 勘藏本次二句意云："如來藏與一切煩惱障各别住而不解脱故，依諸智而空。如來藏不與佛法各别住而解脱故，依不思議過恆河沙數智等而不空。

③ 勘二本意云：由信能入。

④ 勘二本無此"不"字，意義更洽。今譯衍文。

⑤ 勘二本此語意云：以第一義故非諦。

⑥ 二本此句屬上，云：以第一義是諦，是常是依。

⑦ 勘二本此句云："非斷見是正見"，次句例知，文義更洽。今譯有誤。

⑧ 二本此上有徵句云："何以故"，以下釋成。"妄想見"一語，二本俱作"諸計度者"，次下俱同。

⑨ 勘二本此語意云：受者。

心相續愚闇不解，不知剎那間意識境界起於常見，妄想見故。此妄想見於彼義，若過若不及，作異想分別，若斷若常。顛倒衆生於五受陰無常常想，苦有樂想，無我我想，不淨淨想。一切阿羅漢辟支佛淨智者於一切智境界及如來法身本所不見。或有衆生信佛語故[①]，起常想、樂想、我想、淨想，非顛倒見，是名正見。何以故？如來法身是常波羅蜜、樂波羅蜜、我波羅蜜、淨波羅蜜，於佛法身作是見者，是名正見。正見者是佛真子，從佛口生、從正法生、從法化生，得法餘財。世尊，淨智者一切阿羅漢辟支佛智波羅蜜，此淨智者雖曰淨智，於彼滅諦尚非境界，況四依智[②]。何以故？三乘初業不愚於法，於彼義當覺當得，爲彼故世尊説四依。世尊此四依者是世間法，世尊一依者，一切依上出世間，上上第一義依，所謂滅諦。世尊生死者依如來藏，以如來藏故，説本際不可知。世尊有如來藏故説生死，是名善説。世尊生死生死[③]者諸受根没，次第不受根起，是名生死。世尊生死者，此二法是如來藏[④]。世間言説故有死有生，死者諸根壞，生者新諸根起，非如來藏有生有死。如來藏離有爲相，如來藏常住不變，是故如來藏是依是持是建立。世尊不離不斷不脱不異不思議佛法[⑤]。世尊斷脱異外有爲法依持建立者，是如來藏[⑥]。世尊若無如來藏者，不得厭苦樂求涅槃。何以故？於此六識及心法智，此七法剎那不住，不種衆苦[⑦]，不得厭苦，樂求涅

① 二本次有“於如來所”一語。

② 勘二本意謂，况苦滅諦爲四依智境界。

③ 勘二本無此二字，意義更洽。今譯衍文。

④ 勘藏本意云：以如來藏名而説。

⑤ 勘二本此句屬上，意云是與彼不離於緣解脱覆障之智等所依處。

⑥ 勘藏本意云：是故如來藏者非緣，於住别異，非解脱知，而爲外有爲法依處住處。

⑦ 勘二本此語意云：不受衆苦。

槃。世尊如來藏者無前際不起不滅法，種諸苦得厭苦樂求涅槃。世尊如來藏者非我、非衆生、非命、非人，如來藏者墮身見衆生，顛倒衆生，空亂意衆生，非其境界。世尊如來藏者是法界藏、法身藏、出世間上上[①]藏、自性清淨藏。此自性清淨如來藏，而客塵煩惱上煩惱[②]所染，不思議如來境界。何以故？刹那善心非煩惱所染，刹那不善心亦非煩惱所染。煩惱不觸心，心不觸煩惱，云何不觸法而能得染心？世尊，然有煩惱、有煩惱染心，自性清淨心而有染者，難可了知。惟佛世尊實眼實智爲法根本，爲通達法，爲正法依，如實知見。勝鬘夫人說是難解之法問於佛時，佛卽隨喜，如是如是自性清淨心而有染汙，難可了知。有二法難可了知，謂自性清淨心難可了知，彼心爲煩惱所染亦難可了知。如此二法，汝及成就大法菩薩訶薩乃能聽受，諸餘聲聞惟信佛語。若我弟子隨信信增上者，依明信已，隨順法智而得究竟。隨順法智者，觀察施設根意解境界，觀察業報，觀察阿羅漢眠，觀察心自在樂禪樂，觀察阿羅漢辟支佛大力菩薩聖自在通。此五種巧便觀成就，於我滅後未來[③]世中，我弟子隨信信增上依於明信，隨順法智自性清淨心，彼爲煩惱染汙而得究竟[④]。是究竟者，入大乘道因，信如來者有如是大利益不謗深義。

爾時，勝鬘白佛言：更有餘大利益，我當承佛威神復說斯義。佛言：便說。勝鬘白佛言：三種善男子善女人於甚深義離自毁傷，生大功德，入大乘道。何等爲三？謂若善男子善女人自成就甚深法智，若善男子善女人成就隨順法智，若善男子善女人於諸深法不自了知，仰推世尊非我境界惟佛所知，是名善男子善女人仰推如

① 二本皆缺此二字。
② 二本缺此“上煩惱”一語。
③ 二本並云：“現在。”
④ 勘二本意謂，於自性心爲客塵染能了解究竟。

來①。除此諸善男子善女人已,諸餘衆生於諸深法堅著妄説,違背正法,習諸外道腐敗種子者,當以王力及天龍鬼神力而調伏之。爾時,勝鬘與諸眷屬頂禮佛足。佛言:善哉善哉,勝鬘!於甚深法方便守護,降伏非法,善得其宜,汝已親近百千億佛能説此義。爾時,世尊放勝光明,普照大衆,身昇虚空,高七多羅樹,足步虚空,還舍衛國。時勝鬘夫人與諸眷屬合掌向佛,觀無厭足,目不暫捨。過眼境已,踊躍歡喜,各各稱歎如來功德,具足念佛。還入城中,向友稱王稱歎大乘,城中女人七歲已上化以大乘,友稱大王亦以大乘化諸男子,七歲已上舉國人民皆向大乘。爾時,世尊入祇洹林告長老阿難,及念天帝釋,應時帝釋與諸眷屬忽然而至,住於佛前。爾時,世尊向天帝釋及長老阿難廣説此經②。説已,告帝釋言:汝當受持讀誦此經。憍尸迦善③男人善女人於恆沙劫修菩提行,行六波羅蜜。若復善男子善女人聽受讀誦,乃至執持經卷,福多於彼,何况廣爲人説。是故憍尸迦當讀誦此經,爲三十三天分别廣説。復告阿難,汝亦受持讀誦,爲四衆廣説。時天帝釋白佛言:世尊當何名斯經?云何奉持?佛告帝釋,此經成就無量無邊功德,一切聲聞緣覺不能究竟觀察知見。憍尸迦當知此經甚深微妙大功德聚,今當爲汝略説其名,諦聽諦聽,善思念之。時天帝釋及長老阿難白佛言:善哉,世尊!唯然受教。佛言:此經歎如來真實第一義功德如是受持④,不思議大受⑤如是受持,一切願攝大願如是受持,説不思議攝受正法如是受持,説入一乘如是受持,説無邊聖諦如是受持,説如來藏

① 藏本此下有結句云:"如是三者,能於深義離自毁傷"云云。

② 唐本缺此句。

③ 二本缺次四句。

④ 勘藏本此句意云:此經名爲讚歎如來無邊功德,應如是持。次下各句例同。

⑤ 二本云:"大願。"

如是受持，説如來法身如是受持，説空義隱覆真實如是受持，説一諦如是受持，説常住安隱一依如是受持，説顛倒真實如是受持，説自性清淨心隱覆如是受持，説如來真子如是受持，説勝鬘夫人師子吼如是受持。復次，憍尸迦，此經所説斷一切疑，決定了義入一乘道。憍尸迦，今以此説勝鬘夫人師子吼經，付囑於汝，乃至法住受持讀誦廣分別説。帝釋白佛言：善哉，世尊！頂受尊教。時天帝釋、長老阿難，及諸大會天人阿修羅乾闥婆等，聞佛所説，歡喜奉行。

（據支那内學院刊藏要本）

維摩詰所説經

〔簡介〕 維摩詰所説經（Vimalakirti–nirdeśa–sūtra）三卷，或稱維摩詰所説不思議經、不可思議解脱經等，姚秦鳩摩羅什譯。此經前後凡三譯，除羅什譯外，還有吴支謙譯維摩詰經三卷（或作二卷），唐玄奘譯説無垢稱經六卷。

此經在大乘佛教中是很有特色的一部經典，經中主人翁是在家大居士維摩詰（意譯無垢），然而他"深殖善本，得無生忍（方便品），"深達實相，善説法要，辯才無滯，智慧無礙，一切菩薩法式悉知"（文殊師利問疾品）。他對於大乘佛法的高深理解和修養，甚至超過了佛的諸大弟子。此經反映了大乘佛教的世俗化程度，打破了出家和在家的界限，以至於經中説："汝等便發阿耨多羅三藐三菩提心，是卽出家，是卽具足。"（弟子品）

此經之主旨也在於弘揚大乘，貶斥小乘，對於小乘的許多教理和法門都進行了駁正。經中大肆宣傳種種"不二法門"，所謂"不二"就是取消對立，從性空上泯滅一切差别。如經中借那羅延之口説："世間出世間爲二，世間性空卽是出世間，於其中不入不出，不溢不散，是爲入不二法門。"（入不二法門品）而"不二法門"的最高境界，乃是默然無言。在入不二法門品中，當諸菩薩各自講述了他所理解的不二法門後，文殊師利請維摩詰也説説，可是維摩詰却"默然無言"。於是文殊師利感歎説："善哉善哉，乃至無有文字語言，是真入不二法門。"與此不二法門精神相一致，此經還充分闡發了"不異"，卽不分别的理論。這主要是從批評小乘把解脱與煩惱對立起來的觀點出發的。如小乘認爲宴坐（坐禪）就必須屏棄一切俗事，維摩詰則認爲，“不捨道法而現凡夫事，是爲宴坐”，“不斷煩惱而入涅槃，是爲宴坐”。（弟子品）因此經中竭力稱頌“非有煩惱非離煩惱，非入定意非起定意，非住世間非住涅槃”（同上）的中道學説。此經再一個重要學説是强調“隨其心淨，則一切功德淨”，因此“欲得淨土，當淨其心，隨其心淨，則佛土淨”，“若人心淨，便見此土功德莊嚴。”（佛國品）這些觀點對中國佛教的發展有着相當深刻的影響。

在衆多的維摩詰經注疏中，最重要和最有影響的一種是僧肇所集的維摩詰所説經注（或稱注維摩詰經），此注集録了鳩摩羅什、道生和僧肇等人的注釋。今流傳本有兩種，一爲十卷本、一爲八卷本。十卷本中又有詳略兩種不同傳本，差别甚大。收在日本大正藏和卍續藏中的是詳本，嘉興藏和金陵刻經處本等是略本。此外較著名的注本還有維摩義記（八卷、隋慧遠撰）、維摩經玄疏（六卷、隋智顗撰）、維摩經文疏（二十八卷、隋智顗撰）、維摩經略疏（十卷、唐湛然撰）、淨名玄論（八卷、隋吉藏撰）、維摩經義疏（六卷、隋吉藏撰）、説無垢稱經疏（十二卷、唐窺基撰）等。又自宋至清也還有多種，不一一枚舉。

本書選入此經所據版本爲原支那内學院刊藏要本。該刊本以南宋後思溪藏本爲底本，校勘以高麗藏本，譯文方面則以吴譯本、唐譯本、藏譯本等對校。本書照録全部原校勘記，以資參考。

維摩詰所說經卷上

佛①國品第一

如是我聞，一時佛在毗耶離菴羅樹園，與大比丘衆八千人俱，菩薩三萬二千，衆所知識大智本行皆悉成就。諸佛威神之所建②立，爲護法城，受持正法，能師子吼，名聞十方，衆人不請，友而安之，紹隆三寶，能使不絶，降伏魔怨，制諸外道，悉已清淨，永離蓋纏。心常安住，無礙解脱③，念定總持，辯才不斷，布施、持戒、忍辱、精進、禪定、智慧、及方便力，無不具足。逮無所得，不起法忍，已能隨順，轉不退輪，善解法相，知衆生根。蓋諸大衆，得無所畏，功德智慧，以修其心，相好嚴身，色像第一，捨諸世間，所有飾好，名稱高遠，踰於須彌，深信堅固，猶若金剛，法寶普照，而雨甘露。於衆言音，微妙第一，深入緣起，斷諸邪見，有無二邊，無復餘習。演法無畏，猶師子吼，其所講説，乃如雷震。無有量④，已過量。集衆法寶，如海導師，了達諸法深妙之義。善知衆生往來所趣及心所行，近⑤無等等佛自在慧、十力無畏、十八不共。關閉一切諸惡趣門，而生五道以現其身。爲大醫王，善療衆病，應病與藥，令得服行。無量功德皆成就，無量佛土皆嚴淨，其見聞者無不蒙益，諸有

---

① 支譯卷上，品目同。奘譯卷一，序品第一。藏譯佛土清净緣起品第一。

② “建立”，奘作“加持”。

③ “無礙解脱”段，奘譯多“無斷殊勝，念慧等持，陀羅尼辨”一句。

④ “無有量”下奘譯多“正直審諦，柔和微密”句，

⑤ “近無等等佛”奘譯“開獲無等等佛智灌頂”，句近“力無畏不共佛法”句。

所作亦不唐捐。如是一切功德，皆悉具足。其名曰：等觀菩薩、不等觀菩薩，等不等觀菩薩、定自在王菩薩、法自在王菩薩、法相菩薩、光相菩薩、光嚴菩薩、大嚴菩薩、寶積菩薩、辯積菩薩、寶手菩薩、寶印手菩薩、常舉手菩薩、常下手菩薩、常慘菩薩、喜根菩薩、喜王菩薩、辯音菩薩、虚空藏菩薩、執寶炬菩薩、寶勇菩薩、寶見菩薩、帝網菩薩、明網菩薩、無緣觀菩薩、慧積菩薩、寶勝菩薩、天王菩薩、壞魔菩薩、電德菩薩、自在菩薩、功德相嚴菩薩、師子吼菩薩、雷音菩薩、山相擊音菩薩、香象菩薩、白香象菩薩、常進精菩薩、不休息菩薩、妙生菩薩、華嚴菩薩，觀世音菩薩、得大勢菩薩、梵網菩薩、寶杖菩薩、無勝菩薩、嚴土菩薩、金髻菩薩、珠髻菩薩、彌勒菩薩、文殊師利法王子菩薩，如是等三萬二千人。復有萬梵天王尸棄等從餘四天下來詣佛所而聽法，復有萬二千天帝亦從餘四天下來在會坐，并餘大威力諸天、龍、神、夜叉、乾闥婆、阿修羅、迦樓羅、緊那羅、摩睺羅伽等悉來會坐，諸比丘、比丘尼、優婆塞、優婆夷俱來會坐。彼時，佛與無量百千之衆恭敬圍遶而爲説法，譬如須彌山王顯於大海，安處衆寶師子之座，蔽於一切諸來大衆。

爾時，毗耶離城有長者子，名曰寶積，與五百長者子俱，持七寶蓋來詣佛所，頭面禮足，各以其蓋共供養佛。佛之威神，令諸寶蓋合成一蓋，徧覆三千大千世界，而此世界廣長之相，悉於中現。又此三千大千世界，諸須彌山、雪山、目真鄰陀山、摩訶目真鄰陀山、香山、寶山、金山、黑山、鐵圍山、大鐵圍山，大海江河，川流泉源，及日月星辰，天宫龍宫，諸尊神宫，悉現於寶蓋中。又十方諸佛，諸佛説法，亦現於寶蓋中。爾時，一切大衆覩佛神力，歎未曾有，合掌禮佛，瞻仰尊顔，目不暫捨。長者子寶積，即於佛前以偈頌曰：

目淨修廣如青蓮，心定已廣諸禪定，久積淨業稱無量，導衆以寂故稽首。

既見大聖以神變,普現十方無量土,其中諸佛演説法,於是一切悉見聞。

法王法力超羣生,常以法財施一切,能善分別諸法相,於第一義而不動。

已於諸法得自在,是故稽首此法王,説法不有亦不無,以因緣故諸法生。

無我無造無受者,善惡之業亦不亡,始在佛樹力降魔,得甘露滅覺道成。

已無心意無受行,而悉摧伏諸外道,三轉法輪於大千,其輪本來常清淨。

天人得道爲此證,三寶於是現世間,以斯妙法濟羣生,一受不退常寂然。

度老病死大醫王,當禮法海德無邊,毁譽不動如須彌,於善不善等以慈。

心行平等如虛空,孰聞人寶不敬承,今奉世尊此微蓋,於中現我三千界。

諸天龍神所居宫,乾闥婆等及夜叉,悉見世間諸所有,十力哀現是化變。

衆覩希有皆歎佛,今我稽首三界尊,大聖法王衆所歸,淨心觀佛靡不欣。

各見世尊在其前,斯則神力不共法,佛以一音演説法,衆生隨類各得解。

皆謂世尊同其語,斯則神力不共法,佛以一音演説法,衆生各各隨所解。

普得受行獲其利,斯則神力不共法,佛以一音演説法,或有恐畏或歡喜。

或生厭離或斷疑，斯則神力不共法，稽首十力大精進，稽首已得無所畏。

稽首住於不共法，稽首一切大導師，稽首能斷衆結縛，稽首已到於彼岸。

稽首能度諸世間，稽首永離生死道，悉知衆生來去相，善於諸法得解脱。

不著世間如蓮華，常善入於空寂行，達諸法相無罣礙，稽首如空無所依。

爾時，長子寶積説此偈已，白佛言：世尊，是五百長者子皆已發阿耨多羅三藐三菩提心，願聞得佛國土清淨，唯願世尊説諸菩薩淨土之行。佛言：善哉，寶積！乃能爲諸菩薩問於如來淨土之行。諦聽諦聽！善思念之，當爲汝説。於是，寶積及五百長者子受教而聽。佛言：寶積，衆生之類是菩薩佛土。所以者何？菩薩隨所化衆生而取佛土，隨所調伏衆生而取佛土，隨諸衆生應以何國入佛智慧而取佛土，隨諸衆生應以何國起菩薩根而取佛土。所以者何？菩薩取於淨國，皆爲饒益諸衆生故。譬如有人欲於空地造立宮室，隨意無礙，若於虚空，終不能成。菩薩如是爲成就衆生故，願取佛國，願取佛國者，非於空也。寶積當知，直[①]心是菩薩淨土，菩薩成佛時，不諂衆生來生其國，深心是菩薩淨土，菩薩成佛時，具足功德衆生來生其國；菩提心是菩薩淨土，菩薩成佛時，大乘衆生來生其國；布施是菩薩淨土，菩薩成佛時，一切能捨衆生來生其國；持戒是菩薩淨土，菩薩成佛時，行十善道滿願衆生來生其國；忍辱是菩薩淨土，菩薩成佛時，三十二相莊嚴衆生來生其國；精進是菩薩淨土，菩薩成佛時，勤修一切功德衆生來生其國；禪定是菩薩淨土，菩薩成佛時，攝心不亂衆生來生其國；智慧是菩薩淨土，菩薩成佛時，正定

① 奘譯“直心”段多“妙善加行”一句。

衆生來生其國；四無量心是菩薩淨土，菩薩成佛時，成就慈悲喜捨衆生來生其國；四攝法是菩薩淨土，菩薩成佛時，解脱所攝衆生來生其國；方便是菩薩淨土，菩薩成佛時，於一切法方便無礙衆生來生其國；三十七道品是菩薩淨土，菩薩成佛時，念處正勤神足根力覺道衆生來生其國；迴向心是菩薩淨土，菩薩成佛時，得一切具足功德國土；説除八難是菩薩淨土，菩薩成佛時，國土無有三惡八難；自守戒行不譏彼闕是菩薩淨土，菩薩成佛時，國土有無犯禁之名；十善是菩薩淨土，菩薩成佛時，命不中夭，大富梵行，所言誠諦，常以輭語，眷屬不離，善和諍訟，言必饒益，不嫉不恚，正見衆生來生其國。如是，寶積，菩薩隨其直①心，則能發行；隨其發行，則得深心；隨其深心，則意調伏；隨其調伏，則如説行；隨如説行，則能迴向；隨其迴向，則有方便；隨其方便，則成就衆生；隨成就衆生，則佛土淨；隨佛土淨，則説②法淨；隨説法淨，則智慧淨；隨智慧淨，則其心淨；隨其心淨，則一切功德淨。是故，寶積，若菩薩欲得淨土，當淨其心，隨其心淨，則佛土淨。

爾時，舍利弗承佛威神作是念：若菩薩心淨則佛土淨者，我世尊本爲菩薩時意豈不淨，而是佛土不淨若此？佛知其念，卽告之言：於意云何，日月豈不淨耶？而盲者不見。對曰：不也，世尊。是盲者過，非日月咎。舍利弗，衆生罪故，不見如來國土嚴淨，非如來咎。舍利弗，我此淨土而汝不見。爾時，螺髻梵王語舍利弗，勿作是念，謂此佛土以爲不淨。所以者何？我見釋迦牟尼佛土清淨，譬如自在天宫。舍利弗言：我見此土邱陵坑坎荆棘沙礫土石諸山穢惡充滿。螺髻梵言：仁者心有高下，不依佛慧，故見此土爲不淨耳。

---

① "直心"上，奘譯多"妙善加行"一句。

② "説法"下，奘譯多"妙福"句，"妙行"句，又開"智慧"爲二句。

舍利弗,菩薩於一切衆生悉皆平等,深心清淨,依佛智慧,則能見此佛土清淨。於是,佛以足指按地,即時三千大千世界,若干百千珍寶嚴飾,譬如寶莊嚴佛無量功德寶莊嚴土,一切大衆歎未曾有,而皆自見坐寶蓮華。佛告舍利弗,汝且觀是佛土嚴淨。舍利弗言:唯然,世尊。本所不見,本所不聞,今佛國土嚴淨悉現。佛語舍利弗,我佛國土常淨若此,爲欲度斯下劣人故,示是衆惡不淨土耳。譬如諸天共寶器食,隨其福德,飯色有異。如是,舍利弗,若人心淨,便見此土功德莊嚴。當佛現此國土嚴淨之時,寶積所將五百長者子皆得無生法忍,八萬四千人皆發阿耨多羅三藐三菩提心。佛攝神足,於是世界還復如故。求聲聞乘者三萬二千天及人,知有爲法皆悉無常,遠塵離垢,得法眼淨。八千比丘不受諸法,漏盡意解。

方①便品第二

爾時,毗耶離大城中有長者名維摩詰,已曾供養無量諸佛,深殖善本,得無生忍,辯才無礙,遊戲神通,逮諸總持,獲無所畏,降魔勞怨,入深法門,善於智度,通達方便,大願成就。明了衆生心之所趣,又能分别諸根利鈍,久於佛道,心已純淑,決定大乘,諸有所作,能善思量,住佛威儀,心如大海。諸佛咨嗟,弟子釋梵世主所敬。欲度人故,以善方便居毗耶離。資財無量,攝諸貧民;奉戒清淨,攝諸毁禁;以忍調行,攝諸恚怒;以大精進,攝諸懈怠;一心禪寂,攝諸亂意;以決定慧,攝諸無智。雖爲白衣,奉持沙門清淨律行;雖處居家,不著三界。示有妻子,常修梵行,現有眷屬,常樂遠離。雖服寶飾,而以相好嚴身;雖復飲食,而以禪悦爲味。若至博奕戲處,輒以度人。受諸異道,不毁正信。雖明世典,常樂佛法。一切見敬,爲

① 支譯善權品第二,奘譯顯不思議方便善巧品第二,藏譯同。

供養中最。執持正法,攝諸長幼。一切治生諧偶雖獲俗利,不以喜悦。遊諸四衢,饒益衆生。入治政法,救護一切;入講論處,導以大乘;入諸學堂,誘開童蒙;入諸淫舍,示欲之過;入諸酒肆,能立其志。若在長者,長者中尊,爲説勝法;若在居士,居士中尊,斷其貪著;若在刹利,刹利中尊,教以忍辱;若在婆羅門,婆羅門中尊,除其我慢;若在大臣,大臣中尊,教以正法;若在王子,王子中尊,示以忠孝;若在内官,内官中尊,化政宫女;若在庶民,庶民中尊,令興福力;若在梵天,梵天中尊,誨以勝慧;若在帝釋,帝釋中尊,示現無常;若在護世,護世中尊,護諸衆生。

長者維摩詰以如是等無量方便,饒益衆生,其以方便,現身有疾。以其疾故,國王、大臣、長者、居士、婆羅門等,及諸王子,并餘官屬,無數千人皆往問疾。其往者,維摩詰因以身疾廣爲説法。諸仁者,是身無常,無強無力無堅,速朽之法不可信也。爲苦爲惱,衆病所集。諸仁者,如此身,明智者所不怙。是身如聚沫,不可撮摩;是身如泡,不得久立;是身如燄,從渴愛生;是身如芭蕉,中無有堅;是身如幻,從顛倒起;是身如夢,爲虚妄見;是身如影,從業緣現;是身如響,屬諸因緣;是身如浮雲,須臾變滅;是身如電,念念不住。是身無主,爲如地;是身無我,爲如火;是身無壽,爲如風;是身無人,爲如水。是身不實,四大爲家;是身爲空,離我我所;是身無知,如草木瓦礫;是身無作,風力所轉;是身不淨,穢惡充滿。是身爲虚僞,雖假以澡浴衣食,必歸磨滅;是身爲災,百一病惱;是身如邱井,爲老所逼;是身無定,爲要當死。是身如毒蛇、如怨賊、如空聚,陰界諸入所共合成。諸仁者,此可患厭,當樂佛身。所以者何?佛身者,即法身也。從無量功德智慧生,從戒定慧解脱解脱知見生,從慈悲喜捨生,從布施、持戒、忍辱、柔和、勤行、精進、禪定、解脱三昧、多聞智慧諸波羅蜜生,從方便生,從六通生,從三明生,從三十七道品生,從止觀生,從十力、四無所畏、十八不共法生,從斷一切不善法集一切善法生,從真實生,從不放逸生,從如是無量清淨法生如來身。諸仁者,欲得佛身,斷一切衆生病者,當發阿耨多羅三藐三菩提心。如是,長者維摩詰爲諸問病者如應説法,令無數千人皆發阿耨多羅三藐三菩提心。

弟[①]子品第三

爾時,長者維摩詰自念寢疾於牀,世尊大慈,寧不垂愍?佛知其意,即告舍利弗,汝行詣維摩詰問疾。舍利弗白佛言:世尊,我不堪任詣彼問疾。所以者何?憶念我昔曾於林中宴坐樹下時,維摩詰來謂我言:唯,舍利弗,不必是坐爲宴坐也。夫宴坐者,不於三界現身意,是爲宴坐;不起滅定而現諸威儀,是爲宴坐;不捨道法而現凡夫事,是爲宴坐;心不住内亦不在外,是爲宴坐;於諸見不動而修行三十七品,是爲宴坐;不斷煩惱而入涅槃,是爲宴坐。若能如是坐者,佛所印可。時我,世尊,聞説是語,默然而止,不能加報,故我不任詣彼問疾。

佛告大目揵連,汝行詣維摩詰問疾。目連白佛言:世尊,我不堪任詣彼問疾。所以者何?憶念我昔入毗耶離大城,於里巷中爲諸居士説法時,維摩詰來謂我言:唯,大目連,爲白衣居士説法,不當如仁者所説。夫説法者,當如法説。法無衆生,離衆生垢故;法無有我,離我垢故;法無壽命,離生死故;法無有人,前後際斷故。法常寂然,滅諸相故;法離於相,無所緣故;法無名字,言語斷故;法無有説,離覺觀故;法無形相,如虚空故;法無戲論,畢竟空故;法無我所,離我所故;法無分别,離諸識故;法無有比,無相待故;法不屬

① 支譯品目同,奘譯卷二聲聞品第三,藏譯合下品爲聲聞菩薩問疾品第三。

因,不在緣故。法同法性,入諸法故;法隨於如,無所隨故,法住實際,諸邊不動故;法無動揺,不依六塵故;法無去來,常不住故①;法順空、隨無相、應無作,法離好醜,法無增損,法無生滅,法無所歸,法過眼耳鼻舌身心,法無高下,法常住不動,法離一切觀行。唯,大目連,法相如是,豈可説乎?夫説法者,無説無示,其聽法者,無聞無得。譬如幻士爲幻人説法,當建是意而爲説法,當了衆生根有利鈍,善於知見,無所罣礙,以大悲心讚於大乘,念②報佛恩,不斷三寶,然後説法。維摩詰説是法時,八百居士發阿耨多羅三藐三菩提心。我無此辯,是故不任詣彼問疾。

佛告大迦葉,汝行詣維摩詰問疾。迦葉白佛言:世尊,我不堪任詣彼問疾。所以者何?憶念我昔於貧里而行乞,時維摩詰來謂我言:唯,大迦葉,有慈悲③心而不能普,捨豪富從貧乞。迦葉,住平等法,應次行乞食。爲不食故,應行乞食;爲壞和合相故,應取摶食。爲不受故,應受彼食。以空聚想,入於聚落。所見色與盲等,所聞聲與響等,所齅香與風等,所食味不分別。受諸觸如智證,知諸法如幻相,無自性,無他性,本自不然,今則無滅。迦葉,若能不捨八邪入八解脱,以邪相入正法。以一食施一切,供養諸佛及衆賢聖,然後可食。如是食者,非有煩惱,非離煩惱,非入定意,非起定意,非住世間,非住涅槃。其有施者,無大福無小福,不爲益不爲損,是爲正入佛道,不依聲聞。迦葉,若如是食,爲不空食人之施

---

① 奘譯六句後作"法順空、隨無相、應無願,遠離一切增減思故,法無取捨離生滅故,法無執藏超過一切眼耳鼻舌身意道故,法無高下常住不動故,法離一切分別所行一切戲論畢竟斷故"。

② 奘譯"念佛報恩,不斷三寶"二句中間,尚有"意樂清淨,法詞善巧"二句。爲應修八事。

③ 奘譯破六相,四相外又二相,爲欲成熟男女大小,入諸城邑,趣佛家想,詣乞食家。

也。時我,世尊,聞説是語,得未曾有,即於一切菩薩深起敬心。復作是念:斯有家名,辯才智慧乃能如是,其誰不發阿耨多羅三藐三菩提心!我從是來,不復勸人以聲聞辟支佛行,是故不任詣彼問疾。

佛告須菩提,汝行詣維摩詰問疾。須菩提白佛言:世尊,我不堪任詣彼問疾。所以者何?憶念我昔入其舍從乞食,時維摩詰取我鉢盛滿飯,謂我言:唯,須菩提,若[①]能於食等者,諸法亦等;諸法等者,於食亦等。如是行乞,乃可取食。若須菩提,不斷淫怒癡,亦不與俱,不壞於身而隨一相,不滅癡愛起於明脱,以五逆相而得解脱,亦不解不縛,不見四諦非不見諦,非得果非不得果,非凡夫非離凡夫法,非聖人非不聖人,雖成就一切法而離諸法相,乃可取食。若須菩提,不見佛,不聞法,彼外道六師:富蘭那迦葉、末伽梨拘賒梨子、删闍夜毗羅胝子、阿耆多翅舍欽婆羅、迦羅鳩馱迦旃延、尼揵陀若提子等,是汝之師,因其出家,彼師所墮汝亦隨墮,乃可取食。若須菩提,入諸邪見不到彼岸,住於八難不得無難,同於煩惱離清淨法,汝得無諍三昧,一切衆生亦得是定,其施汝者不名福田,供養汝者墮三惡道,爲[②]與衆魔共一手,作諸勞侶,汝與衆魔及諸塵勞等無有異,於一切衆生而有怨心,謗諸佛,毁於法,不入衆數,終不得滅度,汝若如是,乃可取食。時我,世尊,聞此茫然不識是何言,不知以何答,便置鉢欲出其舍。維摩詰言:唯,須菩提,取鉢勿懼。於意云何,如來所作化人,若以是事詰,寧有懼不?我言:不也。維摩詰言:一切諸法如幻化相,汝今不應有所懼也。所以者何?一切言説不離是相,至於智者,不著文字,故無所懼。何

① "奘譯"法佛等若能於食以平等性而入一切法平等性,以一切法平等之性入於一切佛平等性。

② 奘譯作"而以尊者爲與衆魔共連一手"。

以故？文字性離，無有文字，是則解脱，解脱相者，則諸法也。維摩詰説是法時，二百天子得法眼淨，故我不任詣彼問疾。

佛告富樓那彌多羅尼子，汝行詣維摩詰問疾。富樓那白佛言：世尊，我不堪任詣彼問疾。所以者何？憶念我昔於大林中在一樹下爲諸新學比丘説法，時維摩詰來謂我言：唯，富樓那，先當入定觀此人心，然後説法，無以穢食置於寶器。當知是比丘心之所念，無以瑠璃同彼水精。汝不能知衆生根源，無得發起以小乘法。彼自無瘡，勿傷之也。欲行大道，莫示小徑，無以大海内於牛跡，無以日光等彼螢火①。富樓那，此比丘久發大乘心，中忘此意，如何以小乘法而教導之？我觀小乘智慧微淺，猶如盲人不能分别一切衆生根之利鈍。時維摩詰卽入三昧，令此比丘自識宿命，曾於五百佛所殖衆德本，迴向阿耨多羅三藐三菩提，卽時豁然，還得本心。於是，諸比丘稽首禮維摩詰足。時維摩詰因爲説法，於阿耨多羅三藐三菩提不復退轉。我念聲聞不觀人根，不應説法，是故不任詣彼問疾。

佛告摩訶迦旃延，汝行詣維摩詰問疾。迦旃延白佛言：世尊，我不堪任詣彼問疾。所以者何？憶念昔者，佛爲諸比丘略説法要，我卽於後敷演其義，謂無常義、苦義、空義、無我義、寂滅義。時維摩詰來謂我言：唯，迦旃延，無以生滅心行説實相法。迦旃延，諸法畢竟不生不滅，是無常義；五受陰洞達空無所起，是苦義；諸法究竟無所有，是空義；於我無我而不二，是無我義；法本不然，今則無滅，是寂滅義。説是法時，彼諸比丘心得解脱，故我不任詣彼問疾。

佛告阿那律，汝行詣維摩詰問疾。阿那律白佛言：世尊，我不堪任詣彼問疾。所以者何？憶念我昔於一處經行，時有梵王名曰嚴淨，與萬梵俱，放淨光明，來詣我所，稽首作禮問我言：幾何阿那

① 奘譯更有“妙高山内於芥子，師子同野干鳴”二句。

律天眼所見？我卽答言：仁者，吾見此釋迦牟尼佛土三千大千世界，如觀掌中菴摩勒果。時維摩詰來謂我言：唯，阿那律，天眼所見，爲作相耶，無作相耶？假使作相，則與外道五通等，若無作相，卽是無爲，不應有見。世尊，我時默然。彼諸梵聞其言，得未曾有，卽爲作禮而問曰：世孰有真天眼者？維摩詰言：有佛世尊得真天眼，常在三昧，悉見諸佛國，不以二相。於是嚴淨梵王及其眷屬五百梵天，皆發阿耨多羅三藐三菩提心，禮維摩詰足已，忽然不現，故我不任詣彼問疾。

佛告優波離，汝行詣維摩詰問疾。優波離白佛言：世尊，我不堪任詣彼問疾。所以者何？憶念昔者有二比丘犯律行以爲恥，不敢問佛，來問我言：唯，優波離，我等犯律誠以爲恥，不敢問佛，願解疑悔，得免斯咎。我卽爲其如法解説。時維摩詰來謂我言：唯，優波離，無重增此二比丘罪，當直除滅，勿擾其心。所以者何？彼罪性不在内不在外不在中間，如佛所説，心垢故衆生垢，心淨故衆生淨。心亦不在内不在外不在中間，如其心然，罪垢亦然，諸法亦然，不出於如如。優波離，以心相得解脱時，寧有垢不？我言：不也。維摩詰言：一切衆生心相無垢，亦復如是。唯，優波離，妄想是垢，無妄想是淨；顛倒是垢，無顛倒是淨；取我是垢，不取我是淨。優波離，一切法生滅不住，如幻如電，諸法不相待，乃至一念不住，諸法皆妄見，如夢如燄①，如水中月，如鏡中像，以妄想生。其知此者，是名奉律；其知此者，是名善解。於是二比丘言：上智哉！是優波離所不能及，持律之上而不能説。我答言：自捨如來，未有聲聞及菩薩能制其樂説之辯，其智慧明達爲若此也。時二比丘疑悔卽除，發阿耨多羅三藐三菩提心，作是願言：令一切衆生皆得是辯。故我不任詣彼問疾。

---

① 奘譯“夢燄”下，有“健達婆城喻”。

佛告羅睺羅,汝行詣維摩詰問疾。羅睺羅白佛言:世尊我不,堪任詣彼問疾。所以者何?憶念昔時毗耶離諸長者子來詣我所,稽首作禮,問我言:唯,羅睺羅,汝佛之子,捨轉輪王位,出家爲道,其出家者有何等利?我卽如法爲説出家功德之利。時維摩詰來,謂我言:唯,羅睺羅,不應説出家功德之利。所以者何?無利無功德,是爲出家。有爲法者,可説有利有功德。夫出家者爲無爲法,無爲法中無利無功德。羅睺羅,夫出家者無彼無此,亦無中間,離六十①二見,處於涅槃,智者所受,聖所行處,降伏衆魔,度五道、淨五眼、得五力、立五根,不惱於彼,離衆雜惡,摧諸外道,超越假名,出於泥,無繫著,無我所,無②所受,無擾亂,内懷喜護彼意,隨禪定,離衆過。若能如是,是真出家。於是,維摩詰語諸長者子:汝等於正法中宜共出家。所以者何?佛世難值。諸長者子言:居士,我聞佛言,父母不聽,不得出家。維摩詰言:然。汝等便發阿耨多羅三藐三菩提心,是卽出家,是卽具足。爾時,三十二長者子皆發阿耨多羅三藐三菩提心。故我不任詣彼問疾。

佛告阿難,汝行詣維摩詰問疾。阿難白佛言:世尊,我不堪任詣彼問疾。所以者何?憶念昔時世尊身有小疾,當用牛乳,我卽持鉢詣大婆羅門家門下立,時維摩詰來謂我言:唯,阿難,何爲晨朝持鉢住此。我言:居士,世尊身有小疾,當用牛乳,故來至此。維摩詰言:止止,阿難莫作是語。如來身者,金剛之體,諸惡已斷,衆善普會,當有何疾,當有何惱?默往阿難,勿謗如來,莫使異人聞此麤言,無令大威德諸天及他方淨土諸來菩薩得聞斯語。阿難,轉聖王以少福故,尚得無病,豈況如來無量福會普勝者哉!行矣阿難,勿使我等受斯恥也。外道梵志若聞此語,當作是念:何名爲師?自疾

① 奘譯作"遠離諸見,無色非色"二句,共三句。

② 奘譯"無所受"下,有"無有諸取,已斷諸取"一句,共三句。

不能救,而能救諸疾人？可密速去,勿使人聞。當知阿難,諸如來身即是法身,非思欲身。佛爲世尊,過於三界。佛身無漏,諸漏已盡,佛身無爲,不墮諸數,如此之身,當有何疾！時我,世尊,實懷慚愧,得無近佛而謬聽耶？即聞空中聲曰:阿難,如居士言,但爲佛出五濁惡世,現行斯法度脱衆生。行矣阿難,取乳勿慚。世尊,維摩詰智慧辯才爲若此也,是故不任詣彼問疾。如是五百大弟子,各各向佛説其本緣,稱述維摩詰所言,皆曰不任詣彼問疾。

菩①薩品第四

於是,佛告彌勒菩薩,汝行詣維摩詰問疾。彌勒白佛言:世尊,我不堪任詣彼問疾。所以者何？憶念我昔爲兜率天王及其眷屬説不退轉地之行,時維摩詰來謂我言:彌勒,世尊授仁者記,一生當得阿耨多羅三藐三菩提,爲用何生得受記乎？過去耶？未來耶？現在耶？若過去生,過去生已滅;若未來生,未來生未至;若現在生,現在生無住。如佛所説,比丘,汝今即時亦生亦老亦滅,若以無生得受記者,無生即是正位,於正位中亦無受記,亦無得阿耨多羅三藐三菩提。云何彌勒受一生記乎？爲從如生得受記耶？爲從如滅得受記耶？若以如生得受記者,如無有生;若以如滅得受記者,如無有滅。一切衆生皆如也,一切法亦如也,衆聖賢亦如也,至於彌勒亦如也。若彌勒得受記者,一切衆生亦應受記。所以者何？夫如者不二不異。若彌勒得阿耨多羅三藐三菩提者,一切衆生皆亦應得。所以者何？一切衆生即菩提相。若彌勒得滅度者,一切衆生亦當滅度。所以者何？諸佛知一切衆生畢竟寂滅即涅槃相,不復更滅。是故,彌勒,無以此法誘諸天子,實無發阿耨多羅三藐三

① 支譯、奘譯品目同。

菩提心者,亦無退者。彌勒,當令此諸天①子捨於分别菩提之見。所以者何?菩提者,不可以身得,不可以心得。寂滅是菩提,滅諸相故;不觀是菩提,離諸緣故;不行是菩提,無憶念故;斷是菩提,捨諸見故;離是菩提,離諸妄想故;障②是菩提,障諸願故;不入是菩提,無貪著故;順是菩提,順於如故;住是菩提,住法性故;至是菩提,至實際故;不二是菩提,離意法故;等是菩提,等虚空故;無爲是菩提,無生住滅故;知是菩提,了衆生心行故;不會是菩提,諸入不會故;不合是菩提,離煩惱習故;無處是菩提,無形色故③;假名是菩提,名字空故;如化是菩提,無取捨故;無亂是菩提,常自静故;善寂是菩提,性清淨故;無取是菩提,離攀緣故;無異是菩提,諸法等故;無比是菩提,無可喻故;微妙是菩提,諸法難知故④。世尊,維摩詰説是法時,二百天子得無生法忍,故我不任詣彼問疾。

佛告光嚴童子,汝行詣維摩詰問疾。光嚴白佛言:世尊,我不堪任詣彼問疾。所以者何?憶念我昔出毗耶離大城,時維摩詰方入城,我卽爲作禮而問言:居士從何所來?答我言:吾從道⑤場來。我問:道場者何所是?答曰:直心是道場,無虚假故;發行是道場,能辨事故;深⑥心是道場,增益功德故;菩提心是道場,無錯謬故;布施是道場,不望報故;持戒是道場,得願具故;忍辱是道場,於諸衆生心無礙故;精進是道場,不懈怠故;禪定是道場,心調柔故;智

① 奘譯三十二句,徧計十三,依他九,菩提五,共多七句。

② "障是菩提"奘譯作"離繫是菩提","不入是菩提"奘譯作"寂静是菩提"。又多"廣大是菩提,一切弘願不測量故"一句。又智中多"建立是菩提,實際所立故"一句。

③ 奘譯"無處"下多"無住",一句,"善寂"下多"明顯"一句。

④ "微妙"下奘譯多"徧行"、"至頂"、"無染"三句。

⑤ "道場",奘譯作"妙菩提"。

⑥ "深心",奘作"增上意樂"。

慧是道場,現見諸法故;慈是道場,等衆生故;悲是道場,忍疲苦故;喜是道場,悦樂法故;捨是道場,憎愛斷故;神通是道場,成就六通故;解脱是道場,能背捨故;方便是道場,教化衆生故;四攝是道場,攝衆生故;多聞是道場,如聞行故;伏心是道場,正觀諸法故;三十七品是道場,捨有爲法故;四諦是道場,不誑世間故;緣起是道場,無明乃至老死皆無盡故;諸煩惱是道場,知如實故;衆生是道場,知無我故;一切法是道場,知諸法空故;降魔是道場,不傾動故;三界是道場,無所趣故;師子吼是道場,無所畏故;力無畏不共法是道場,無諸過故;三明是道場,無餘礙故;一念知一切法是道場,成就一切智故。如是,善男子,菩薩若應諸波羅蜜教化衆生,諸有所作,舉足下足,當知皆從道場來,住於佛法矣。説是法時,五百天子皆發阿耨多羅三藐三菩提心。故我不任詣彼問疾。

佛告持世菩薩,汝行詣維摩詰問疾。持世白佛言:世尊,我不堪任詣彼問疾。所以者何?憶念我昔住於静室,時魔波旬從萬二千天女狀如帝釋,鼓樂絃歌來詣我所,與其眷屬稽首我足,合掌恭敬,於一面立。我意謂是帝釋而語之言:善來,憍尸迦,雖福應有,不當自恣。當觀五欲無常,以求善本,於身命財,而修堅法。卽語我言:正士,受是萬二千天女,可備掃灑。我言:憍尸迦,無以此非法之物,要我沙門釋子,此非我宜。所言未訖,時維摩詰來謂我言:非帝釋也,是爲魔來,嬈固汝耳。卽語魔言:是諸女等可以與我,如我應受。魔卽驚懼,念維摩詰將無惱我,欲隱形去而不能隱,盡其神力亦不得去。卽聞空中聲曰:波旬,以女與之乃可得去。魔以畏故,俛仰而與。爾時,維摩詰語諸女言:魔以汝等與我,今汝皆當發阿耨多羅三藐三菩提心,卽隨所應而爲説法,令發道意。復言:汝等已發道意,有法樂可以自娱,不應復樂五欲樂也。天女卽問:何爲法樂?答言:樂常信佛,樂欲聽法,樂供養衆,樂離五[①]欲,樂觀

① "樂離五欲"句奘譯作"三界出離,所緣無住"二句。

五陰如怨賊,樂觀四大如毒蛇,樂觀内入如空聚,樂隨護道意,樂饒益衆生,樂敬仰師,樂廣行施,樂堅持戒,樂忍辱柔和,樂勤集善根,樂禪定不亂,樂離垢明慧,樂廣菩提心,樂降伏衆魔,樂斷諸煩惱,樂淨佛國土,樂成就相好故修諸功德,樂莊嚴道場,樂聞深法不畏,樂三脱門①,不樂非時,樂近同學,樂於非同學中心無恚礙,樂將護惡知識,樂親近善知識,樂②心喜清淨,樂修無量道品之法,是爲菩薩法樂。於是,波旬告諸女言:我欲與汝俱還天宫。諸女言:以我等與此居士有法樂,我等甚樂,不復樂五欲樂也。魔言:居士,可捨此女,一切所有施於彼者,是爲菩薩。維摩詰言:我已捨矣,汝便將去,令一切衆生得法願具足。於是諸女問維摩詰:我等云何止於魔宫?維摩詰言:諸姊,有法門名無盡燈,汝等當學。無盡燈者,譬如一燈然百千燈,冥者皆明,明終不盡。如是,諸姊,夫一菩薩開導百千衆生,令發阿耨多羅三藐三菩提心,於其道意亦不滅盡,隨所説法而自增益一切善法,是名無盡燈也。汝等雖住魔宫,以是無盡燈,令無數天子天女發阿耨多羅三藐三菩提心者,爲報佛恩,亦大饒益一切衆生。爾時,天女頭面禮維摩詰足,隨魔還宫,忽然不現。世尊,維摩詰有如是自在神力智慧辯才,故我不任詣彼問疾。

佛告長者子善德,汝行詣維摩詰問疾。善德白佛言:世尊,我不堪任詣彼問疾。所以者何?憶念我昔自於父舍設大施會,供養一切沙門婆羅門及諸外道貧窮下賤孤獨乞人,期滿七日,時維摩詰來入會中謂我言:長者子,夫大施會不當如汝所設。當爲法施之會,何用是財施會爲?我言:居士,何謂法施之會?法施會者,無前無後,一時供養一切衆生,是名法施之會。曰:何謂也?謂以菩提起於慈心,以救衆生起大悲心,以持正法起於喜心,以攝智慧行於

① "樂三脱門"下奘譯多"般涅槃正緣"一句。
② "樂心喜清淨"上奘譯多"攝受方便"一句。

捨心,以攝慳貪起檀波羅蜜,以化犯戒起尸羅波羅蜜,以無我法起羼提波羅蜜,以離身心相起毗梨耶波羅蜜,以菩提相起禪波羅蜜,以一切智起般若波羅蜜。教化衆生而起身於空,不捨有爲法而起無相,示現受生而起無作。護持正法起方便力,以度衆生起四攝法,以敬事一切起除慢法,於身命財起三堅法,於六念中起思念法,於六和敬起質直心,正行善法起於淨命,心淨歡喜起近賢聖,不憎[①]惡人起調伏心。以出家法起於深[②]心,以如説行起於多聞,以無諍法起空閑處,趣向佛慧起於宴坐,解衆生縛起修[③]行地,以具相好及淨佛土起福德業。知一切衆生心念如應説法起於智業,知一切法不取不捨入一相門起於慧業,斷一切煩惱一切障礙一切不善法起一切善業,以得一切智慧一切善法起於一切助佛道法。如是,善男子,是爲法施之會。若菩薩住是法施會者,爲大施主,亦爲一切世間福田。世尊,維摩詰説是法時,婆羅門衆中二百人皆發阿耨多羅三藐三菩提心,我時心得清淨,歎未曾有,稽首禮維摩詰足,卽解瓔珞價直百千以上之。不肯取,我言:居士,願必納受,隨意所與。維摩詰乃受瓔珞,分作二分,持一分施此會中一最下乞人,持一分奉彼難勝如來。一切衆會皆見光明國土難勝如來,又見珠瓔在彼佛上變成四柱寶臺,四面嚴飾,不相障蔽。時維摩詰現神變已,又作是言:若施主等心施一最下乞人,猶如如來福田之相,無所分別,等於大悲,不求果報,是則名曰具足法施。城中一最下乞人見是神力,聞其所説,皆發阿耨多羅三藐三菩提心,故我不任詣彼問疾。如是,諸菩薩各各向佛説其本緣,稱述維摩詰所言,皆曰不任詣彼問疾。

---

① 原刻作"增"今依麗刻改。

② "深心"奘譯作"增上意樂"。

③ "修行地"奘譯作"修瑜伽師地"。

維摩詰所説經卷中

文[①]殊師利問疾品第五

爾時,佛告文殊師利,汝行詣維摩詰問疾。文殊師利白佛言:世尊,彼上人者難爲詶對,深達實[②]相,善説法要,辯才無滯,智慧無礙,一切菩薩法式悉知,諸佛祕藏無不得入,降伏衆魔[③],遊戲神通,其慧方便,皆已得度。雖然,當承佛聖旨,詣彼問疾。於是,衆中諸菩薩、大弟子、釋梵、四天王,咸作是念:今二大士文殊師利、維摩詰共談,必説妙法,卽時八千菩薩、五百聲聞、百千天人,皆欲隨從。於是;文殊師利與諸菩薩、大弟子衆、及諸天人,恭敬圍遶,入毗耶離大城。

爾時,長者維摩詰心念:今文殊師利與大衆俱來,卽以神力空其室内,除去所有及諸侍者,唯置一牀,以疾而卧。文殊師利既入其舍,見其室空無諸所有,獨寢一牀。時維摩詰言:善來,文殊師利,不來相而來,不見相而見。文殊師利言:如是,居士,若來已更不來,若去已更不去。所以者何?來者無所從來,去者無所至,所可見者更不可見。且置是事,居士是疾寧可忍不,療治有損不至增乎?世尊慇懃致問無量。居士,是疾何所因起?其生久如,當云何滅?維摩詰言:從癡有愛,則我病生,以一切衆生病,是故我病,若一切衆生[④]病滅,則我病滅。所以者何?菩薩爲衆生,故入生死,有生死則有病,若衆生得離病者,則菩薩無復病。譬如長者,唯有

① 支譯諸法言品第五,奘譯卷三問疾品第五,藏譯正問疾品第四。

② 奘譯十三德,多三句。

③ "降伏衆魔"下,奘譯多"已到最勝,無二無雜"句,"一相説無邊相"句,"了達一切有情根行"句。

④ 原刻下衍"德不"二字,今依麗刻删。

一子，其子得病，父母亦病，若子病愈，父母亦愈。菩薩如是，於諸衆生愛之若子，衆生病則菩薩病，衆生病愈菩薩亦愈。又言是疾何所因起，菩薩疾者以大悲起。文殊師利言：居士此室何以空無侍者？維摩詰言：諸佛國土亦復皆空。又問：以何爲空？答曰：以空空。又問：空何用空？答曰：以無分別空故空。又問：空可分別耶？答曰：分別亦空。又問：空當於何求？答曰：當於六十二見中求。又問：六十二見當於何求？答曰：當於諸佛解脱中求。又問：諸佛解脱當於何求？答曰：當於一切衆生心行中求。又仁所問何無侍者，一切衆魔及諸外道皆吾侍也。所以者何？衆魔者樂生死，菩薩於生死而不捨；外道者樂諸見，菩薩於諸見而不動。文殊師利言：居士所疾爲何等相？維摩詰言：我病無形不可見。又問：此病身合耶心合耶？答曰：非身合，身相離故，亦非心合，心如幻故。又問：地大、水大、火大、風大，於此四大，何大之病？答曰：是病非地大，亦不離地大，水火風大，亦復如是。而衆生病從四大起，以其有病，是故我病。

爾時，文殊師利問維摩詰言：菩薩應云何慰喻有疾菩薩？維摩詰言：説身無常，不説厭離於身；説身有苦，不説樂於涅槃；説身無我，而説教導衆生；説身空寂，不説畢竟寂滅。説悔先罪而不説入於過去，以己之疾愍於彼疾，當識宿世無數劫苦，當念饒益一切衆生，憶所修福念於淨命，勿生憂惱，常起精進，當作醫王療治衆病，菩薩應如是慰喻有疾菩薩，令其歡喜。文殊師利言：居士，有疾菩薩云何調伏其心？維摩詰言：有疾菩薩應作是念：今我此病，皆從前世妄想顛倒諸煩惱生，無有實法，誰受病者？所以者何？四大合故，假名爲身，四大無主，身亦無我。又此病起，皆由著我，是故於我不應生著。既知病本，即除我想及衆生想，當起法想。應作是念：但以衆法合成此身，起唯法起，滅唯法滅。又此法者，各不相知,起時不言我起,滅時不言我滅。彼有疾菩薩爲滅法想，當作是念:此法想者,亦是顛倒,顛倒者,是卽大患,我應離之。云何爲離?離我我所。云何離我我所?謂離二法。云何離二法?謂不念内外諸法，行於平等。云何平等?謂我等涅槃等。所以者何?我及涅槃,此二皆空。以何爲空?但以名字故空。如此二法，無决定性,得是平等,無有餘病,唯有空病，空病亦空。是有疾菩薩以無所受而受諸受,未具佛法,亦不滅受而取證也。設身有苦,念惡趣衆生,起大悲心:我既調伏,亦當調伏一切衆生,但除其病而不除法,爲斷病本而教導之。何謂病本?謂有攀緣。從有攀緣，則爲病本。何所攀緣?謂之三界。云何斷攀緣?以無所得。若無所得，則無攀緣。何謂無所得?謂離[1]二見。何謂二見?謂内見外見，是無所得。文殊師利,是爲有疾菩薩調伏其心,爲斷老病死苦，是菩薩菩提。若不如是,已所修治爲無慧利,譬如勝怨乃可爲勇，如是兼除老病死者,菩薩之謂也。彼有疾菩薩,應復作是念:如我此病非真非有,衆生病亦非真非有。作是觀時，於諸衆生若起愛見大悲,卽應捨離。所以者何?菩薩斷除客塵煩惱而起大悲，愛見悲者則於生死有疲厭心,若能離此無有疲厭，在在所生不爲愛見之所覆也。所生無縛,能爲衆生説法解縛。如佛所説，若自有縛，能解彼縛，無有是處;若自無縛，能解彼縛，斯有是處。是故，菩薩不應起縛。何謂縛，何謂解?　貪著禪味是菩薩縛，以方便生是菩薩解;又無方便慧縛,有方便慧解;無方便縛，有慧方便解。何謂無方便慧縛?謂菩薩以愛見心莊嚴佛土成就衆生，於空無相無作法中而自調伏，是名無方便慧縛。何謂有方便慧解?謂不以愛見心莊嚴佛土成就衆生,於空無相無作法中以自調伏而不疲厭,是名有方便慧解。何謂無慧方便縛?謂菩薩住貪欲瞋恚邪見等諸煩惱，而殖

① 此字依麗刻加。

衆德本,是名無慧方便縛;何謂有慧方便解?謂離諸貪欲瞋恚邪見等諸煩惱,而殖衆德本迴向阿耨多羅三藐三菩提,是名有慧方便解。文殊師利,彼有疾菩薩應如是觀諸法,又復觀身無常、苦空、非我,是名爲慧。雖身有疾,常在生死,饒益一切而不厭倦,是名方便。又復觀身,身不離病,病不離身,是病是身,非新非故,是名爲慧;設身有疾,而不永滅,是名方便。文殊師利,有疾菩薩應如是調伏其心,不住其中,亦復不住不調伏心。所以者何?若住不調伏心,是愚人法;若住調伏心,是聲聞法。是故菩薩不當住於調伏不調伏心,離此二法,是菩薩行。在於生死,不爲汙行,住於涅槃[①],不永滅度,是菩薩行,非凡夫行,非賢聖行,是菩薩行。非垢行,非淨行,是菩薩行。雖過魔行,而現降伏衆魔,是菩薩行。求一切智,無非時求,是菩薩行。雖觀諸法不生,而不入正位,是菩薩行。雖觀十二緣起,而入諸邪見,是菩薩行。雖攝一切衆生,而不愛著,是菩薩行。雖樂遠離,而不依身心盡,是菩薩行。雖行三界,而不壞法性,是菩薩行。雖行於空,而殖衆德本,是菩薩行。雖行無相,而度衆生,是菩薩行。雖行無作,而現受身,是菩薩行。雖行無起,而起一切善行,是菩薩行。雖行六波羅蜜,而徧知衆生心心數法,是菩薩行,雖行六通,而不盡漏,是菩薩行。雖行四無量心,而不貪著生於梵世,是菩薩行。雖行禪定解脱三昧,而不隨禪生,是菩薩行。雖行四念處,而不永離身受心法,是菩薩行。雖行四正勤,而不捨身心精進,是菩薩行。雖行四如意足,而得自在神通,是菩薩行。雖行五根,而分别衆生諸根利鈍,是菩薩行。雖行五力,而樂求佛十力,是菩薩行。雖行七覺分,而分别佛之智慧,是菩薩行。雖行八聖道,而樂行無量佛道,是菩薩行。雖行止觀助道之法,而不畢竟墮於寂滅,是菩薩行。雖行諸法不生不滅,而以相好莊嚴其身,

① 奘譯三十七句不同凡小,多六句。

是菩薩行。雖現聲聞辟支佛威儀,而不捨佛法,是菩薩行。雖隨諸法究竟淨相,而隨所應爲現其身,是菩薩行。雖觀諸佛國土永寂如空,而現種種清淨佛土,是菩薩行。雖得佛道轉於法輪入於涅槃,而不捨於菩薩之道,是菩薩行。説是語時,文殊師利所將大衆,其中八千天子皆發阿耨多羅三藐三菩提心。

不[①]思議品第六

爾時,舍利弗見此室中無有牀座,作是念:斯諸菩薩大弟子衆,當於何坐?長者維摩詰知其意,語舍利弗言:云何仁者,爲法來耶,求牀座耶?舍利弗言:我爲法來,非爲牀座。維摩詰言:唯,舍利弗,夫求法者不貪軀命,何況牀座?夫求法者,非有色受想行識之求,非有界入之求,非有欲色無色之求。唯,舍利弗,夫求法者,不著佛求,不著法求,不著衆求。夫求法者,無見苦求,無斷集求,無造盡證修道之求。所以者何?法無戲論。若言我當見苦斷集證滅修道,是則戲論,非求法也。唯,舍利弗,法名寂滅,若行生滅,是求生滅,非求法也。法名無染,若染於法,乃至涅槃,是則染著,非求法也。法無行處,若行於法,是則行處,非求法也。法無取捨,若取捨法,是則取捨,非求法也。法無處所,若著處所,是則著處,非求法也。法名無相,若隨相識,是則求相,非求法也。法不可住,若住於法,是則住法,非求法也。法不可見聞覺知,若行見聞覺知,是則見聞覺知,非求法也。法名無爲,若行有爲,是求有爲,非求法也。是故,舍利弗,若求法者,於一切法應無所求。説是語時,五百天子於諸法中得法眼淨。

爾時,長者維摩詰問文殊師利:仁者遊於無量千萬億阿僧祇

① 支譯、奘譯品目同,藏譯解脱不思議品第五。

國,何等佛土有好上妙功德,成就師子之座?文殊師利言:居士,東方度三十六恆河沙國,有世界名須彌相,其佛號須彌燈王,今現在。彼佛身長八萬四千由旬,其師子座高八萬四千由旬,嚴飾第一。於是,長者維摩詰現神通力,即時彼佛遣三萬二千師子座,高廣嚴淨,來入維摩詰室。諸菩薩、大弟子、釋梵四天王等,昔所未見,其室廣博,悉皆包容三萬二千師子座,無所妨礙,於毗耶離城及閻浮提四天下,亦不迫迮,悉見如故。爾時,維摩詰語文殊師利:就師子座,與諸菩薩上人俱坐,當自立身,如彼座像。其得神通菩薩,即自變形爲四萬二千由旬,坐師子座,諸新發意菩薩及大弟子,皆不能昇。爾時,維摩詰語舍利弗:就師子座。舍利弗言:居士,此座高廣,吾不能昇。維摩詰言:唯,舍利佛,爲須彌燈王如來作禮,乃可得坐。於是,新發意菩薩及大弟子即爲須彌燈王如來作禮,便得坐師子座。舍利弗言:居士,未曾有也,如是小室,乃容受此高廣之座,於毗耶離城無所妨礙,又於閻浮提聚落城邑及四天下諸天龍王鬼神宫殿亦不迫迮。維摩詰言:唯,舍利弗,諸佛菩薩有解脱,名不可思議。若菩薩住是解脱者,以須彌之高廣内芥子中無所增減,須彌山王本相如故,而四天王忉利諸天不覺不知己之所入,唯應度者乃見須彌入芥子中,是名不可思議解脱法門。又,以四大海水入一毛孔,不嬈魚鼈黿鼉水性之屬,而彼大海本相如故,諸龍鬼神阿修羅等不覺不知己之所入,於此衆生亦無所嬈。又,舍利弗,住不可思議解脱菩薩,斷取三千大千世界如陶家輪,著右掌中擲過恆沙世界之外,其中衆生不覺不知己之所往,又復還置本處,都不使人有往來想,而此世界本相如故。又,舍利弗,或有衆生樂久住世而可度者,菩薩即演七日以爲一劫,令彼衆生謂之一劫,或有衆生不樂久住而可度者,菩薩即促一劫以爲七日,令彼衆生謂之七日。又,舍利弗,住不可思議解脱菩薩,以一切佛土嚴飾之事集在一國示於衆生。又菩薩以一佛土衆生置之右掌,飛到十方,徧示一切,而不動本處。又,舍利弗,十方衆生供養諸佛之具,菩薩於一毛孔皆令得見。又十方國土、所有日月星宿於一毛孔普使見之。又,舍利弗,十方世界所有諸風菩薩,悉能吸著口中而身無損,外諸樹木亦不摧折。又十方世界劫盡燒時,以一切火内於腹中,火事如故而不爲害。又於下方過恆河沙等諸佛世界,取一佛土舉著上方,過恆河沙無數世界,如持針鋒舉一棗葉而無所嬈。又,舍利弗,住不可思議解脱菩薩,能以神通現作佛身,或現辟支佛身,或現聲聞身,或現帝釋身,或現梵王身,或現世主身,或現轉輪聖王身。又十方世界所有衆聲上中下音,皆能變之令作佛聲,演出無常苦空無我之音,及十方諸佛所説種種之法,皆於其中普令得聞。舍利弗,我今略説菩薩不可思議解脱之力,若廣説者窮劫不盡。

是時,大迦葉聞説菩薩不可思議解脱法門,歎未曾有。謂舍利弗:譬如有人於盲者前現衆色像,非彼所見,一切聲聞聞是不可思議解脱法門,不能解了,爲若此也。智者聞是,其誰不發阿耨多羅三藐三菩提心,我等何爲永絶其根,於此大乘已如敗種。一切聲聞聞是不可思議解脱法門,皆應號泣聲震三千大千世界,一切菩薩應大欣慶,頂受此法。若有菩薩信解不可思議解脱法門者,一切魔衆無如之何。大迦葉説此語時,三萬二千天子皆發阿耨多羅三藐三菩提心。爾時,維摩詰語大迦葉:仁者,十方無量阿增祇世界中作魔王者,多是住不可思議解脱菩薩,以方便力教化衆生,現作魔王。又,迦葉,十方無量菩薩,或有人從乞手足、耳鼻、頭目、髓腦、血肉、皮骨、聚落、城邑、妻子、奴婢、象馬、車乘、金銀瑠璃、硨磲碼碯、珊瑚琥珀、真珠珂貝、衣服飲食,如此乞者,多是住不可思議解脱菩薩,以方便力而往試之,令其堅固。所以者何?住不可思議解脱菩薩,有威德力,現行逼迫,示諸衆生如是難事。凡夫下劣,無有力勢，不能如是逼迫菩薩。譬如龍象蹴踏，非驢所堪，是名住不可思議解脱菩薩智慧方便之門。

觀[①]衆生品第七

爾時，文殊師利問維摩詰言：菩薩云何觀於衆生？維摩詰言：譬如幻師見所幻人，菩薩觀衆生爲若此。如智者見水中月，如鏡中見其面像，如熱時燄，如呼聲響，如空中雲，如水聚沫，如水上泡，如芭蕉堅，如電久住，如第五大，如第六陰，如第七情，如十三入，如十九界，菩薩觀衆生爲若此。如無色界色，如燋穀芽，如須陀洹身見，如阿那含入胎，如阿羅漢三毒，如得忍菩薩貪恚毁禁，如佛煩惱習，如盲者見色，如入滅盡定出入息，如空中鳥跡，如石女兒，如化人煩惱，如夢所見已寤，如滅度者受身，如無烟之火，菩薩觀衆生爲若此。文殊師利言：若菩薩作是觀者，云何行慈？維摩詰言：菩薩作是觀已，自念：我當爲衆生説如斯法，是卽眞實慈也。行寂滅慈，無所生故；行不熱慈，無煩惱故；行等之慈，等三世故；行無諍慈，無所起故；行不二慈，内外不合故；行不壞慈，畢竟盡故；行堅固慈，心無毁故；行清淨慈，諸法性淨故；行無邊慈，如虚空故；行阿羅漢[②]慈，破結賊故；行菩薩慈，安衆生故；行如來慈，得如相故；行佛之慈，覺衆生故；行自然慈，無因得故；行菩提慈，等一味故；行無等慈，斷諸愛故，行大悲慈，導以大乘故；行無厭慈，觀空無我故；行法施慈，無[③]遺惜故；行持戒慈，化毁禁故；行忍辱慈，護彼我故；行精進慈，荷負衆生故；行禪定慈，不受味故；行智慧慈，無不知時故；行方便慈，一切示現故；行無隱慈，直心清淨故；行深心慈，無雜行故；行無

---

① 支譯卷下觀人物品第七，奘譯卷四觀有情品第七，藏譯天女品第六。

② 奘作十一，多"獨覺"句，"無諍"句。

③ 奘譯十波羅蜜，多"願"、"力"、"智"三句。

誑慈，不虚假故；行安樂慈，令得佛樂故。菩薩之慈爲若此①也。文殊師利又問：何謂爲悲？答曰：菩薩所作功德，皆與一切衆生共之。何謂爲喜？答曰：有所饒益，歡喜無悔。何謂爲捨？答曰：所作福祐，無所希望。文殊師利又問：生死有畏，菩薩當何所依？維摩詰言：菩薩於生死畏中，當依如來功德之力。文殊師利又問：菩薩欲依如來功德之力，當於何住？答曰：菩薩欲依如來功德力者，當住度脱一切衆生。又問：欲度衆生當何所除？答曰：欲度衆生除其煩惱。又問：欲除煩惱，當何所行？答曰：當行正念。又問：云何行於正念？答曰：當行不生不滅。又問：何法不生，何法不滅？答曰：不善不生，善法不滅。又問：善不善孰爲本？答曰：身爲本。又問：身孰爲本？答曰：欲貪爲本。又問：欲貪孰爲本？答曰：虚妄分别爲本。又問：虚妄分别孰爲本？答曰：顛倒想爲本。又問：顛倒想孰爲本？答曰：無住爲本。又問：無住孰爲本？答曰：無住則無本。文殊師利，從無住本立一切法。

時維摩詰室有一天女，見諸大人聞所説法，便現其身，卽以天華散諸菩薩大弟子上，華至諸菩薩卽皆墮落，至大弟子便著不墮，一切弟子神力去華，不能令去。爾時，天問舍利弗，何故去華？答曰：此華不如法，是以去之。天曰：勿謂此華爲不如法。所以者何？是華無所分别，仁者自生分别想耳。若於佛法出家，有所分别，爲不如法，若無所分别，是則如法。觀諸菩薩華不著者，已斷一切分别想故。譬如人畏時非，人得其便，如是弟子畏生死，故色聲香味觸得其便也。已離畏者，一切五欲無能爲也。結習未盡，華著身耳；結習盡者，華不著也。舍利弗言：天止此室，其已久如。答曰：我止此室，如耆年解脱。舍利弗言：止此久耶？天曰：耆年解脱，亦何如久。

① 奘譯多"有情緣中，神通攝事"二句，多"法緣中無著"一句，開直心爲"無詐無諂"，又多一句。

舍利弗默然不答。天曰：如何耆舊大智而默？答曰：解脱者無所言説，故吾於是不知所云。天曰：言説文字皆解脱相。所以者何？解脱者不内不外，不在兩間；文字亦不内不外，不在兩間。是故，舍利弗，無離文字説解脱也。所以者何？一切諸法是解脱相。舍利弗言：不復以離淫怒癡爲解脱乎？天曰：佛爲增上慢人説離淫怒癡爲解脱耳，若無增上慢者，佛説淫怒癡性即是解脱。舍利弗言：善哉善哉！天女，汝何所得，以何爲證，辯乃如是？天曰：我無得無證，故辯如是。所以者何？若有得有證者，則於佛法爲增上慢。舍利弗問：天，汝於三乘爲何志求？天曰：以聲聞法化衆生，故我爲聲聞；以因緣法化衆生，故我爲辟支佛；以大悲法化衆生，故我爲大乘。舍利弗，如人入瞻蔔林，唯齅瞻蔔，不齅餘香，如是若入此室，但聞佛功德之香，不樂聞聲聞辟支佛功德香也。舍利弗，其有釋梵四天王諸天龍鬼神等入此室者，聞斯上人講説正法，皆樂佛功德之香，發心而出。舍利弗，吾止此室十有二年，初不聞説聲聞辟支佛法，但聞菩薩大慈大悲不可思議諸佛之法。舍利弗，此室常現八未曾有難得之法。何等爲八？此室常以金色光照，晝夜無異，不以日月所照爲明，是爲一未曾有難得之法；此室入者不爲諸垢之所惱也，是爲二未曾有難得之法；此室常有釋梵四天王他方菩薩來會不絶，是爲三未曾有難得之法；此室常説六波羅蜜不退轉法，是爲四未曾有難得之法；此室常作天人第一之樂絃，出無量法化之聲，是爲五未曾有難得之法；此室有四大藏，衆寶積滿，周窮濟乏，求得無盡，是爲六未曾有難得之法；此室釋迦牟尼佛、阿彌陀佛、阿閦佛、寶德、寶炎、寶月、寶嚴、難勝、師子響，一切利成，如是等十方無量諸佛，是上人念時，即皆爲來廣説諸佛祕要法藏，説已還去，是爲七未曾有難得之法；此室一切諸天嚴飾宫殿，諸佛淨土皆於中現，是爲八未曾有難得之法。舍利弗，此室常現八未曾有難得之法，誰有見斯不思議事而復樂於聲聞法乎？舍利弗言：汝何以不轉女身？天曰：我從十二年來，求女人相了不可得，當何所轉？譬如幻師化作幻女，若有人問何以不轉女身，是人爲正問不？舍利弗言：不也。幻無定相，當何所轉？天曰：一切諸法，亦復如是，無有定相，云何乃問不轉女身？卽時，天女以神通力變舍利弗，令如天女，天自化身如舍利弗，而問言何以不轉女身？舍利弗以天女像而答言：我今不知何轉而變爲女身？天曰：舍利弗，若能轉此女身，則一切女人亦當能轉。如舍利弗非女而現女身，一切女人亦復如是，雖現女身而非女也。是故，佛説一切諸法非男非女。卽時，天女還攝神力，舍利弗身還復如故。天問舍利弗：女身色相，今何所在？舍利弗言：女身色相，無在無不在。天曰：一切諸法，亦復如是無在無不在。夫無在無不在者，佛所説也。舍利弗問：天，汝於此没，當生何所？天曰：佛化所生，吾如彼生。曰：佛化所生，非没生也。天曰：衆生猶然，無没生也。舍利弗問：天，汝久如當得阿耨多羅三藐三菩提？天曰：如舍利弗還爲凡夫，我乃當成阿耨多羅三藐三菩提。舍利弗言：我作凡夫，無有是處。天曰：我得阿耨多羅三藐三菩提，亦無是處。所以者何？菩提無住處，是故無有得者。舍利弗言：今諸佛得阿耨多羅三藐三菩提已，得當得如恆河沙皆謂何乎？天曰：皆以世俗文字數，故説有三世，非謂菩提有去來今。天曰：舍利弗，汝得阿羅漢道耶？曰：無所得故而得。天曰：諸佛菩薩亦復如是，無所得故而得。爾時，維摩詰語舍利弗：是天女已曾供養九十二億諸佛，已能遊戲菩薩神通，所願具足，得無生忍，住不退轉，以本願故，隨意能現，教化衆生。

佛[①]道品第八

爾時，文殊師利問維摩詰言：菩薩云何通達佛道？維摩詰言：若

① 支譯如來種品第八，奘譯菩提分品第八，藏譯如來種姓品第七。

菩薩行於非道,是爲通達佛道。又問:云何菩薩行於非道?答曰:若菩薩行五無間而無惱恚,至於地獄無諸罪垢,至於畜生無有無明憍慢等過,至於餓鬼而具足功德,行色無色界道不以爲勝,示行貪欲離諸染著,示行瞋恚於諸衆生無有恚礙,示行愚癡而以智慧調伏其心,示行慳貪而捨内外所有不惜身命,示行毁禁而安住淨戒,乃至小罪猶懷大懼,示行瞋恚而常慈忍,示行懈怠而勤修功德,示行亂意而常念定,示行愚癡而通達世間出世間慧,示行諂僞而善方便隨諸經義,示行憍慢而於衆生猶如橋梁,示行諸煩惱而心常清淨示入於魔而順佛智慧不隨他教。示入聲聞而爲衆生説未聞法,示入辟支佛而成就大悲教化衆生,示入貧窮而有寶手功德無盡,示入形殘而具諸相好以自莊嚴,示入下賤而生佛種姓中具諸功德,示入羸劣醜陋而得那羅延身一切衆生之所樂見,示入老病而永斷病根超越死畏。示有資生而恆觀無常實無所貪,示有妻妾婇女而常遠離五欲淤泥,現於訥鈍而成就辯才總持無失,示入邪濟而以正濟度諸衆生。現徧入諸道①而斷其因緣,現於涅槃而不斷生死。文殊師利菩薩,能如是行於非道,是爲通達佛道。

於是,維摩詰問文殊師利:何等爲如來種。文殊師利言:有身爲種,無明有愛爲種,貪恚癡爲種,四顛倒爲種,五蓋爲種,六入爲種,七識處爲種,八邪法爲種,九惱處爲種,十不善道爲種。以要言之,六十二見及一切煩惱,皆有佛種。曰:何謂也?答曰:若見無爲入正位者,不能復發阿耨多羅三藐三菩提心。譬如高原陸地不生蓮②華,卑濕淤泥乃生此華。如是,見無爲法入正位者,終不復能生於佛法,煩惱泥中乃有衆生起佛法耳。又如,植種於空終不得生,糞壤之地乃能滋茂。如是,入無爲正位者不生佛法,起於我見

① 奘譯“修不住行三,示現菩提轉法輪入涅槃,諸菩薩行相續無斷。”

② “蓮華”奘譯作“殟鉢羅華、鉢特摩華、拘母陀華、奔荼利華”。

如須彌山，猶能發於阿耨多羅三藐三菩提心，生佛法矣。是故，當知一切煩惱爲如來種。譬如不下巨海不能得無價寶珠，如是不入煩惱大海則不能得一切智寶。爾時，大迦葉歎言：善哉善哉！文殊師利快説此語，誠如所言，塵勞之疇爲如來種，我等今者不復堪任發阿耨多羅三藐三菩提心，乃至五無間罪猶能發意生於佛法，而今我等永不能發。譬如根敗之士，其於五欲不能復利，如是聲聞諸結斷者，於佛法中無所復益，永不志願。是故，文殊師利，凡夫於佛法有反復，而聲聞無也。所以者何？凡夫聞佛法能起無上道心不斷三寶，正使聲聞終身聞佛法力無畏等，永不能發無上道意。

爾時，會中有菩薩名普現色身，問維摩詰言：居士父母妻子、親戚眷屬、吏民知識，悉爲是誰？奴婢僮僕象馬車乘皆何所在？於是，維摩詰以偈答曰：

智度菩薩母，方便以爲父，一切衆導師，無不由是生。
法喜以爲妻，慈悲心爲女，善心誠實男，畢竟空寂舍。
弟子衆塵勞，隨意之所轉，道品善知識，由是成正覺。
諸度法等侶，四攝爲妓女，歌詠誦法言，以此爲音樂。
總持之園苑，無漏法林樹，覺意淨妙華，解脱智慧果。
八解之浴池，定水湛然滿，布以七淨華，浴此無垢人。
象馬五通馳，大乘以爲車，調御以一心，遊於八正路。
相具以嚴容，衆好飾其姿，慚愧之上服，深心爲華鬘。
富有七財寶，教授以滋息，如所説修行，迴向爲大利。
四禪爲牀座，從於淨命生，多聞增智慧，以爲自覺音。
甘露法之食，解脱味爲漿，淨心以澡浴，戒品爲塗香。
摧滅煩惱賊，勇健無能踰，降伏四種魔，勝旛建道場。
雖知無起滅，示彼故有生，悉現諸國土，如日無不見。
供養於十方，無量億如來，諸佛及己身，無有分別想。

雖知諸佛國，及與衆生空，而常修淨土，教化於羣生。
諸有衆生類，形聲及威儀，無畏力菩薩，一時能盡現。
覺知衆魔事，而示隨其行，以善方便智，隨意皆能現。
或示老病死，成就諸羣生，了知如幻化，通達無有礙。
或現劫盡燒，天地皆洞然，衆人有常想，照令知無常。
無數億衆生，俱來請菩薩，一時到其舍，化令向佛道。
經書禁咒術，工巧諸技藝，盡現行此事，饒益諸羣生。
世間衆道法，悉於中出家，因以解人惑，而不墮邪見。
或作日月天，梵王世界主，或時作地水，或復作風火。
劫中有疾疫，現作諸藥草，若有服之者，除病消衆毒。
劫中有饑饉，現身作飲食，先救彼飢渴，却以法語人。
劫中有刀兵，爲之起慈悲，化彼諸衆生，令住無諍地。
若有大戰陣，立之以等力，菩薩現威勢，降伏使和安。
一切國土中，諸有地獄處，輒往到於彼，勉濟其苦惱。
一切國土中，畜生相食噉，皆現生於彼，爲之作利益。
示受於五欲，亦復現行禪，令魔心憒亂，不能得其便。
火中生蓮華，是可謂希有，在欲而行禪，希有亦如是。
或現作淫女，引諸好色者，先以欲鉤牽，後令入佛智。
或爲邑中主，或作商人導，國師及大臣，以祐利衆生。
諸有貧窮者，現作無盡藏，因以勸導之，令發菩提心。
我心憍慢者，爲現大力王，消伏諸貢高，令住無上道。
其有恐懼衆，居前而慰安，先施以無畏，後令發道心。
或現離淫欲，爲五通仙人，開導諸羣生，令住戒忍慈。
見須供事者，現爲作僮僕，既悦可其意，乃發以道心。
隨彼之所須，得入於佛道，以善方便力，皆能給足之。
如是道無量，所行無有涯，智慧無邊際，度脱無數衆。

假令一切佛，於無數億劫，讚歎其功德，猶尚不能盡。
誰聞如是法，不發菩提心，除彼不肖人，癡冥無智者。

入①不二法門品第九

爾時，維摩詰謂衆菩薩言：諸仁者，云何菩薩入不二法門？各隨所樂説之。會②中有菩薩名法自在，説言：諸仁者，生滅爲二，法本不生，今則無滅，得此無生法忍，是爲入不二法門。德守菩薩曰：我我所爲二，因有我故，便有我所，若無有我，則無我所，是爲入不二法門。不眴菩薩曰：受不受爲二，若法不受，則不可得，以不可得故，無取無捨，無作無行，是爲入不二法門。德頂菩薩曰：垢淨爲二，見垢實性，則無淨相，順於滅相，是爲入不二法門。善宿菩薩曰：是動是念爲二，不動則無念，無念則無分别，通達此者，是爲入不二法門。善眼菩薩曰：一相無相爲二，若知一相卽是無相，亦不取無相，入於平等，是爲入不二法門。妙臂菩薩曰：菩薩心聲聞心爲二，觀心相空如幻化者，無菩薩心無聲聞心，是爲入不二法門。弗沙菩薩曰：善不善爲二，若不起善不善，入無相際而通達者，是爲入不二法門。師子菩薩曰：罪福爲二，若達罪性，則與福無異，以金剛慧決了此相，無縛無解者，是爲入不二法門。師子意菩薩曰：有漏無漏爲二，若得諸法等，則不起漏不漏想，不箸於相，亦不住無相，是爲入不二法門。淨解菩薩曰：有爲無爲爲二，若離一切數，則心如虚空，以清淨慧無所礙者，是爲入不二法門。那羅延菩薩曰：世間出世間爲二，世間性空，卽是出世間，於其中不入不出，不溢不

① 支譯不二入品第九，奘譯不二法門品第九，藏譯品目同此，品次第八。

② 原刻作“舍”，今依麗刻改。

散，是爲入不二法門。善意[1]菩薩曰：生死涅槃爲二，若見生死性，則無生死，無縛無解，不燃不滅，如是解者，是爲入不二法門。現見菩薩曰：盡不盡爲二，法若究竟，盡若不盡，皆是無盡相，無盡相卽是空，空則無有盡不盡相，如是入者，是爲入不二法門。普守菩薩曰：我無我爲二，我尚不可得，非我何可得，見我實性者，不復起二，是爲入不二法門。電天菩薩曰：明無明爲二，無明實性卽是明，明亦不可取，離一切數，於其中平等無二者，是爲入不二法門。喜見菩薩曰：色色空爲二，色卽是空，非色滅空，色性自空，如是受想行識識空爲二，識卽是空，非識滅空，識性自空，於其中而通達者，是爲入不二法門。明相菩薩曰：四種異空種異爲二，四種性卽是空種性，如前際後際空，故中際亦空，若能如是知諸種性者，是爲入不二法門。妙意菩薩曰：眼色爲二，若知眼性於色，不貪不恚不癡，是名寂滅，如是耳聲鼻香舌味身觸意法爲二，若知意性於法，不貪不恚不癡，是名寂滅，安住其中，是爲入不二法門。無盡意菩薩曰：布施迴向一切智爲二，布施性卽是迴向一切智性，如是持戒、忍辱、精進、禪定、智慧、迴向一切智爲二，智慧性卽是迴向一切智性，於其中入一相者，是爲入不二法門。深慧菩薩曰：是空、是無相、是無作爲二，空卽無相，無相卽無作，若空無相無作，則無心意識，於一解脱門卽是三解脱門者，是爲入不二法門。寂根菩薩曰：佛法衆爲二，佛卽是法，法卽是衆，是三寶皆無爲相，與虚空等，一切法亦爾，能隨此行者，是爲入不二法門。心無礙菩薩曰：身身滅爲二，身卽是身滅，所以者何？見身實相者，不起見身及見滅身，身與滅身無二無分別，於其中不驚不懼者，是爲入不二法門。上善菩薩曰：身口意善爲二，是三業皆無作相，身無作相卽口無作相，口無作相卽意無作相，是三業無作相，卽一切法無作相，能如是隨無作慧者，是爲入

①　原刻作"慧"，今依麗刻改。

不二法門。福田菩薩曰：福行罪行不動行爲二，三行實性即是空，空則無福行、無罪行、無不動行，於此三行而不起者，是爲入不二法門。華嚴菩薩曰：從我起二爲二，見我實相者不起二法，若不住二法，則無有識、無所識者，是爲入不二法門。德藏菩薩曰：有所得相爲二，若無所得，則無取捨，無取捨者，是爲入不二法門。月上菩薩曰：闇與明爲二，無闇無明，則無有二，所以者何？如入滅受想定無闇無明，一切法相亦復如是，於其中平等入者，是爲入不二法門。寶印手菩薩曰：樂涅槃不樂世間爲二，若不樂涅槃不厭世間，則無有二，所以者何？若有縛則有解，若本無縛，其誰求解？無縛無解，則無樂厭，是爲入不二法門。珠頂王菩薩曰：正道邪道爲二，住正道者則不分別是邪是正，離此二者，是爲入不二法門。樂實菩薩曰：實不實爲二，實見者尚不見實，何況非實，所以者何？非肉眼所見，慧眼乃能見，而此慧眼無見無不見，是爲入不二法門。如是諸菩薩各各説已，問文殊師利何等是菩薩入不二法門。文殊師利曰：如我意者，於一切法無言無説，無示無識，離諸問答，是爲入不二法門。於是，文殊師利問維摩詰，我等各自説已，仁者當説何等是菩薩入不二法門。時維摩詰默然無言。文殊師利歎曰：善哉善哉！乃至無有文字語言，是真入不二法門。説是入不二法門品①時，於此衆中五千菩薩皆入不二法門，得無生法忍。

維摩詰所説經卷下

香②積佛品第十

於是，舍利弗心念：日時欲至，此諸菩薩當於何食？時維摩詰知其意而語言：佛説八解脱，仁者受行，豈雜欲食而聞法乎？若欲

① 此字依麗刻加。

② 支譯品目同，奘譯卷五香臺佛品第十，藏譯受化食品第九。

食者,且待須臾,當令汝得未曾有食。時維摩詰即入三昧,以神通力,示諸大衆上方界分,過四十二恆河沙佛土,有國名衆香,佛號香積,今現在。其國香氣比於十方諸佛世界人天之香,最爲第一。彼土無有聲聞辟支佛名,唯有清淨大菩薩衆,佛爲説法。其界一切皆以香作樓閣,經行香地,苑園皆香,其食香氣周流十方無量世界。時彼佛與諸菩薩方共坐食,有諸天子皆號香嚴,悉發阿耨多羅三藐三菩提心,供養彼佛及諸菩薩,此諸大衆莫不目見。時維摩詰問衆菩薩:諸仁者,誰能致彼佛飯?以文殊師利威神力故,咸皆默然。維摩詰言:仁此大衆,無乃可恥。文殊師利曰:如佛所言,勿輕未學。於是,維摩詰不起於座,居衆會前,化作菩薩,相好光明,威德殊勝,蔽於衆會,而告之曰:汝往上方界分度如四十二恆河沙佛土,有國名衆香,佛號香積,與諸菩薩方共坐食,汝往到彼,如我詞曰:維摩詰稽首世尊足下,致敬無量,問訊起居,少病少惱,氣力安不。願得世尊所食之餘,當於娑婆世界施作佛事,令此樂小法者,得弘大道,亦使如來名聲普聞。時化菩薩,即此會前昇於上方,舉衆皆見其去,到衆香界禮彼佛足,又聞其言:維摩詰稽首世尊足下,致敬無量,問訊起居,少病少惱,氣力安不。願得世尊所食之餘,欲於娑婆世界施作佛事,使此樂小法者,得弘大道,亦使如來名聲普聞。彼諸大士,見化菩薩,歎未曾有。今此上人,從何所來?娑婆世界爲在何許?云何名爲樂小法者?即以問佛。佛告之曰:下方度如四十二恆河沙佛土,有世界名娑婆,佛號釋迦牟尼,今現在。於五濁惡世爲樂小法衆生敷演道教,彼有菩薩名維摩詰,住不可思議解脱,爲諸菩薩説法,故遣化來稱揚我名,并讚此土,令彼菩薩增益功德。彼菩薩言:其人何如,乃作是化,德力無畏,神足若斯?佛言:甚大。一切十方,皆遣化往,施作佛事,饒益衆生。於是,香積如來以衆香鉢盛滿香飯與化菩薩。時彼九百萬菩薩俱發聲言:我欲詣娑婆世界供養釋迦牟尼佛，並欲見維摩詰等諸菩薩衆。佛言：可往。攝汝身香，無令彼諸衆生起惑著心。又當捨汝本形，勿使彼國求菩薩者而自鄙恥。又汝於彼莫懷輕賤，而作礙想。所以者何？十方國土皆如虚空。又諸佛爲欲化諸樂小法者，不盡現其清淨土耳。時化菩薩既受鉢飯，與彼九百萬菩薩俱，承佛威神及維摩詰力，於彼世界忽然不現，須臾之間至維摩詰舍。時維摩詰即化作九百萬師子之座，嚴好如前，諸菩薩皆坐其上。時化菩薩以滿鉢香飯與維摩詰，飯香普薰毗耶離城及三千大千世界。時毗耶離婆羅門居士等聞是香氣，身意快然，歎未曾有。於是，長者主月蓋，從八萬四千人來入維摩詰舍，見其室中菩薩甚多，諸師子座高廣嚴好，皆大歡喜，禮衆菩薩及大弟子，却住一面。諸地神虚空神及欲色界諸天，聞此香氣亦皆來入維摩詰舍。時維摩詰語舍利弗等諸大聲聞：仁者，可食。如來甘露味飯，大悲所熏，無以限意食之，使不消也。有異聲聞，念是飯少，而此大衆人人當食。化菩薩曰：勿以聲聞小德小智稱量如來無量福慧，四海有竭，此飯無盡，使一切人食摶若須彌，乃至一劫，猶不能盡。所以者何？無盡戒定智慧解脱，解脱知見功德具足者，所食之餘終不可盡。於是，鉢飯悉飽衆會猶故不賜。其諸菩薩聲聞天人食此飯者，身安快樂，譬如一切樂莊嚴國諸菩薩也。又諸毛孔皆出妙香，亦如衆香國土諸樹之香。爾時，維摩詰問衆香菩薩：香積如來以何説法？彼菩薩曰：我土如來無文字説，但以衆香令諸天人得入律行。菩薩各各坐香樹下，聞斯妙香即獲一切德藏三昧，得是三昧者，菩薩所有功德皆悉具足。彼諸菩薩問維摩詰：今世尊釋迦牟尼以何説法？維摩詰言：此土衆生剛強難化，故佛爲説剛強之語以調伏之。言是地獄、是畜生、是餓鬼、是諸難處、是愚人生處，是身邪行、是身邪行報、是口邪行、是口邪行報，是意邪行、是意邪行報，是殺生、是殺生報，是不與取、是不與取報是邪淫、是邪淫報，是妄語、是妄語報，是兩舌、是兩舌報，是惡口、是惡口報，是無義語、是無義語報，是貪嫉、是貪嫉報，是瞋惱、是瞋惱報，是邪見、是邪見報，是慳恪、是慳恪報，是毁戒、是毁戒報，是瞋恚、是瞋恚報，是懈怠、是懈怠報，是亂意、是亂意報，是愚癡、是愚癡報，是結戒、是持戒、是犯戒，是應作、是不應作，是①障礙、是不障礙，是得罪、是離罪，是淨是垢，是有漏、是無漏，是邪道、是正道，是有爲、是無爲②，是世間、是涅槃③。以難化之人，心如猨猴，故以若干種法制御其心，乃可調伏。譬如象馬憍悷不調，加諸楚毒，乃至徹骨，然後調伏。如是剛强難化衆生，故以一切苦切之言乃可入律。彼諸菩薩聞説是已，皆曰未曾有也。如世尊釋迦牟尼佛，隱其無量自在之力，乃以貧所樂法度脱衆生，斯諸菩薩亦能勞謙以無量大悲生是佛土。維摩詰言：此土菩薩於諸衆生大悲堅固，誠如所言，然其一世饒益衆生，多於彼國百千劫行。所以者何？此娑婆世界有十事善法，諸餘淨土之所無有。何等爲十？以布施攝貧窮，以淨戒攝毁禁，以忍辱攝瞋恚，以精進攝懈怠，以禪定攝亂意，以智慧攝愚癡；説除難法度八難者，以大乘法度樂小乘者，以諸善根濟無德者，常以四攝成就衆生，是爲十。彼菩薩曰：菩薩成就幾法，於此世界行無瘡疣，生於淨土？維摩詰言：菩薩成就八法，於此世界，行無瘡疣，生於淨土。何等爲八？饒益衆生而不望報，代一切衆生受諸苦惱，所作功德盡以施之，等心衆生，謙下無礙，於諸菩薩視之如佛，所未聞經聞之不疑，不與聲聞而相違背，不嫉彼供，不高已利，而於其中調伏其心，常省已過不訟彼短，恆以一心求諸

① “障礙”前，奘譯多“瑜伽永斷”二句。

② 又奘譯多“善惡”句。“世間“涅槃”，作“生死”“涅槃”而别作“世間”“出世間”句。

③ 又多“有罪”“無罪”句，“功德”“過失”句，“苦”“樂”二句，“厭欣”句，“棄習”句。

功德，是爲八法。維摩詰、文殊師利於大衆中説是法時，百千天人皆發阿耨多羅三藐三菩提心，十千菩薩得無生法忍。

菩[①]薩行品第十一

是時，佛説法於菴羅樹園，其地忽然廣博嚴事，一切衆會皆作金色。阿難白佛言：世尊，以何因緣有此瑞應，是處忽然廣博嚴事，一切衆會皆作金色？佛告阿難：是維摩詰文殊師利與諸大衆恭敬圍遶，發意欲來，故先爲此瑞應。於是，維摩詰語文殊師利：可共見佛，與諸菩薩禮事供養。文殊師利言：善哉！行矣。今正是時。維摩詰即以神力持諸大衆並師子座置於右掌，往詣佛所。到已著地，稽首佛足，右遶七帀，一心合掌，在一面立。其諸菩薩，即皆避座，稽首佛足，亦遶七帀，於一面立。諸大弟子，釋梵四天王等，亦皆避座，稽首佛足，在一面立。於是，世尊如法慰問諸菩薩已，各令復坐，即皆受教。衆坐已定，佛語舍利弗：汝見菩薩大士自在神力之所爲乎？唯然，已見。汝意云何？世尊，我覩其爲不可思議，非意所圖，非度所測。爾時，阿難白佛言：世尊，今所聞香，自昔未有，是爲何香？佛告阿難：是彼菩薩毛孔之香。於是，舍利弗語阿難言：我等毛孔亦出是香。阿難言：此所從來？曰：是長者維摩詰從衆香國取佛餘飯，於舍食者，一切毛孔皆香若此。阿難問維摩詰：是香氣住當久如？維摩詰言：至此飯消。曰：此飯久如當消？曰：此飯勢力至於七日，然後乃消。又阿難，若[②]聲聞人未入正位，食此飯者得入正位，然後乃消；已入正位，食此飯者，得心解脱，然後乃消。若未發大乘意，食此飯者，至發意乃消；已發意，食此飯者，得無生忍，然後乃消。已得無生忍，食此飯者，至一生補處，然後乃消。譬

① 支譯、奘譯品目同，藏譯説漏無漏法品第十。

② 奘譯"聲聞乘"作"正性離生離欲解脱"，"大乘"作"發無上心證無生忍不退轉"。一生繫，共七位，此止五位。

如有藥,名曰上味,其有服者,身諸毒滅,然後乃消。此飯如是,滅除一切諸煩惱毒,然後乃消。阿難白佛言:未曾有也。世尊,如此香飯,能作佛事?佛言:如是如是。阿難,或有佛土以佛光明而作佛事,有以諸菩薩而作佛事,有以佛所化人而作佛事,有以菩提樹而作佛事,有以佛衣服卧具而作佛事,有以飯食而作佛事,有以園林臺觀而作佛事,有①以三十二相八十隨形好而作佛事,有以佛身而作佛事,有以虚空而作佛事,衆生應以此緣得入律行,有以夢幻影響鏡中像水中月熱時燄② 如是等喻而作佛事,有以音聲語言文字而作佛事,或有清③ 淨佛土寂寞無言無説無示無識無作無爲而作佛事。如是,阿難,諸佛威儀進止,諸所施爲,無非佛事。阿難,有此四魔八萬四千諸煩惱門,而諸衆生爲之疲勞,諸佛卽以此法而作佛事,是名入一切諸佛法門。菩薩入此門者,若見一切淨好佛土,不以爲喜,不貪不高;若見一切不淨佛土,不以爲憂,不礙不没。但於諸佛生清淨心,歡喜恭敬,未曾有也。諸佛如來,功德平等,爲教化衆生故,而現佛土不同。阿難,汝見諸佛國土地有若干,而虚空無若干也。如是見諸佛色身有若干耳,其無礙慧無若干也。阿難諸④佛色身、威相、種姓、戒定智慧解脱解脱知見、力、無所畏、不共之法,大⑤慈、大悲、威儀所行,及⑥其壽命,説法、教化、成就衆

① 奘譯"色身""相好"并爲一句。

② 奘譯多"浮雲""健達縛城""帝網"三喻。

③ 奘譯作"清淨寂寞,無言無説,無呵無讚,無所推求,無有戲論,無表無示,所化有情,因斯寂寞,自然證入諸法性相,而作佛事"。

④ 奘譯第一句有九:"形色"、"威光"、"相好"、"族姓"、"尊貴"、"五蘊"、"力"、"無畏"、"不共佛法"。

⑤ 奘譯第二句多"大喜""大捨""利益""安樂"四。

⑥ 奘譯第三句有六:"正行""壽量""説法""度脱""成熟有情""清淨佛土。"

生，淨佛國土，具諸佛法，悉皆同等，是故名爲三藐三佛陀，名爲多陀阿伽度，名爲佛陀。阿難，若我廣説此三句義，汝以爲劫壽不能盡受，正使三千大千世界滿中衆生，皆如阿難多聞第一，得念總持。此諸人等以劫之壽，亦不能受。如是，阿難，諸佛阿耨多羅三藐三菩提無有限量，智慧辯才不可思議。阿難白佛言：我從今已往，不敢自謂以爲多聞。佛告阿難：勿起退意。所以者何？我説汝於聲聞中爲最多聞，非謂菩薩。且止，阿難，其中有智者不應限度諸菩薩也，一切海淵尚可測量，菩薩禪定智慧，總持辯才，一切功德，不可量也。阿難，汝等捨置菩薩所行，是維摩詰一時所現神通之力，一切聲聞辟支佛於百千劫盡力變化所不能作。爾時，衆香世界菩薩來者，合掌白佛言：世尊，我等初見此土生下劣想，今自悔責，捨離是心。所以者何？諸佛方便不可思議，爲度衆生故，隨其所應，現佛國異。唯然，世尊，願賜少法還於彼土，當念如來。佛告諸菩薩：有盡無盡解脱法門，汝等當學。何謂爲盡？謂有爲法；何謂無盡？謂無爲法。如菩薩者，不盡有爲，不住無爲。何謂不盡有爲？謂不離大慈，大捨大悲，深發一切智①心而不忽忘，教化衆生終不厭倦，於四攝法常念順行，護持正法不惜軀命，種諸善根，無有疲厭，志常安住，方便迴向，求法不懈，説法無恪，勤供諸佛，故入生死而無所畏。於諸榮辱，心無憂喜，不輕未學，敬學如佛。墮煩惱者令②發正念，於遠離樂不以爲貴，不著己樂，慶於彼樂。在諸禪定如地獄想，於生死中如園觀想，見來求者爲善師想。捨諸所有，具一切智想，見毁戒人起救護想，諸波羅蜜爲父母想，道品之法爲眷屬想。發行善根，無有齊限，以諸淨國嚴飾之事成己佛土。行③無

① 不盡相五十，奘譯五十五。

② 原刻作"今"，今依麗刻改。

③ "嚴"奘譯"嚴土"，"己佛土"，"他佛土"，開三句。

限施具足相好，除一切惡淨身口意，生死無數劫；意而有勇，聞佛無量德志而不倦，以智慧劍破煩惱賊，出陰界入荷負衆生，永使解脱，以大精進摧伏魔軍，常求無念實相智慧。行少欲知足，而不捨世法，不壞威儀而能隨俗，起神通慧引導衆生，得念總持，所聞不忘。善别諸根，斷衆生疑，以樂説辯演法無礙，淨十善道受天人福，修四無量開梵天道，勸請説法，隨喜讚善，得佛音聲，身口意善，得佛威儀，深修善法，所行轉勝。以大乘教成菩薩僧，心無放逸①，不失衆善。行如此法，是名菩薩不盡有爲。何謂菩薩不住無爲？謂修學空，不以空爲證；修②學無相無作，不以無相無作爲證；修學無起，不以無起爲證。觀於無常，而不厭善本；觀世間苦，而不惡生死；觀③於無我，而誨人不倦；觀於寂滅，而不永寂滅。觀於遠離，而身心修善；觀無所歸，而歸趣善法；觀於無生，而以生法荷負一切；觀於無漏，而不斷諸漏；觀無所行，而以行法教化衆生；觀於空無，而不捨大悲。觀正法位，而不隨小乘；觀諸法虚妄，無牢無人，無主無相，本願未滿，而不虚福德禪定智慧④。修如此法，是名菩薩不住無爲。又具福德故，不住無爲具智慧故，不盡有爲；大慈悲故，不住無滿本願故，不盡有爲；集法藥故，不住無爲隨授藥故，不盡有爲；知衆生病故，不住無爲滅衆生病故，不盡有爲。諸正士菩薩已修此法，不盡有爲，不住無爲，是名盡無盡解脱法門，汝等當學。爾時，彼諸菩薩聞説是法，皆大歡喜，以衆妙華若干種色，若干種香，散徧三千大千世界，供養於佛及此經法並諸菩薩已，稽首佛足，歎未曾

① 奘譯“放逸”下多“大願”一句，“修善根嚴土”一句，“修善巧迴智”一句。

② “無相無作”應開二。

③ “無我”句應開二。

④ 奘於“智慧”後多“圓滿思維”一句，“求自然智”一句，“安立佛種”一

言釋迦牟尼佛乃能於此善行方便。言已忽然不現,還到彼國。

見[①]阿閦佛品第十二

爾時,世尊問維摩詰:汝欲見如來,爲以何等觀如來乎?維摩詰言:如自觀身實相,觀佛亦然。我觀如來前際不來,後際不去,今則不住。不觀色[②],不觀色如,不觀色性,不觀受想行識,不觀識如,不觀識性。非四大起,同於虚空,六入無積,眼耳鼻舌身心已過,不在三界,三垢已離,順三脱門,具足三明[③]與無明等,不一相不異[④]相,不自相不他相,非無相非取相,不[⑤]此岸不彼岸不中流,而化衆生觀於寂滅亦不永滅,不此不彼,不以此不以彼,不可以智知,不可以識識,無晦無明,無[⑥]名無相,無强無弱,非淨非穢,不在方不離方,非有爲非無爲,無示無説,不施不慳,不戒不犯,不忍不恚,不進不怠,不定不亂,不智不愚,不誠不欺,不來不去,不出不入,一切言語道斷,非福田非不福田,非應供養非不應供養,非[⑦]取非捨,非有相非無相,同真際,等法性,不可稱不可量,過諸稱量,非大非小,非見非聞,非覺非知,離衆結縛。等諸智同衆生,於諸法無

句,而缺"禪定"句。

① 支譯品目同,奘譯卷六觀如來品第十二,藏譯顯示阿閦品第十一。

② 奘譯作"我觀如來色真如性,其性非色"。

③ "三明"下,奘譯多"至一切法無障礙"句。

④ "不一相"段,奘譯多"實際""真如""真如境智""因緣"共四句。又開"所相卽離同異","能相卽離同異"爲兩句。"非無相,遣相也;非取相,取相也",與卽離同意。奘譯又以最後非有無相句置此。

⑤ "不此岸"段,奘譯多"内外俱"句,多"三時來去"句,多"隱顯"句,多"住去"句,而以"寂滅"句移後。

⑥ "無名無相"段,奘譯將"寂滅"句移置"無示無説"上。

⑦ "非取非捨"段,奘譯多"能所執"句。最後,奘譯多"相狀"句,"作爲"句,"算數"句,"障礙"句,"前後相似"句,凡六句。

分别，一切無失，無濁無惱，無作無起，無生無滅，無畏無憂，無喜無厭無著，無已有無當有無今有，不可以一切言説分别顯示。世尊，如來身爲若此，作如是觀。以斯觀者，名爲正觀，若他觀者，名爲邪觀。爾時，舍利弗問維摩詰：汝於何没而來生此？維摩詰言：汝所得法有没生乎？舍利弗言無没生也。若諸法無没生相，云何問言汝於何没而來生此。於意云何？譬如幻師幻作男女，寧没生耶？舍行弗言：無没生也。汝豈不聞佛説，諸法如幻相乎？答曰：如是，若一切法如幻相者，云何問言汝於何没而來生此？舍利弗，没者爲虚誑法，壞敗之相，生者爲虚誑法，相續之相。菩薩雖没，不盡善本，雖生，不長諸惡。是時，佛告舍利弗：有國名妙喜，佛號無動，是維摩詰於彼國没而來生此。舍利弗言：未曾有也。世尊，是人乃能捨清淨土，而來樂此多怒害處？維摩詰語舍利弗，於意云何，日光出時與冥合乎？答曰：不也。日光出時則無衆冥。維摩詰言：夫日何故行閻浮提？答曰：欲以明照爲之除冥。維摩詰言：菩薩如是，雖生不淨佛土，爲化衆生，不與愚闇而共合也，但滅衆生煩惱闇耳。是時，大衆渴仰欲見妙喜世界，無動如來，及其菩薩聲聞之衆。佛知一切衆會所念，告維摩詰言：善男子，爲此①衆會現妙喜國無動如來及諸菩薩聲聞之衆，衆皆欲見。於是，維摩詰心念：吾當不起於座，接妙喜國鐵圍山川、溪谷江河、大海泉源、須彌諸山、及日月星宿、天龍鬼神、梵天等宫、并諸菩薩聲聞之衆，城邑聚落、男女大小、乃至無動如來及菩提樹諸妙蓮華，能於十力作佛事者，三道寶階，從閻浮提至忉利天，以此寶階諸天來下，悉爲禮敬無動如來，聽受經法，閻浮提人亦登其階，上昇忉利，見彼諸天妙喜世界成就如是無量功德。上至阿迦尼吒天，下至水際，以右手斷取如陶家輪，入此世界，猶持華鬘示一切衆。作是念已，入於三昧，現神通力，以

① 原刻作"大"，今依麗刻改。

其右手斷取妙喜世界置於此土。彼得神通菩薩及聲聞衆并餘天人俱發聲言：唯然，世尊，誰取我去，願見救護。無動佛言：非我所爲，是維摩詰神力所作。其餘未得神通者不覺不知已之所往。妙喜世界雖入此土而不增減，於是世界亦不迫隘，如本無異。爾時，釋迦牟尼佛告諸大衆：汝等且觀妙喜世界，無動如來，其國嚴飾，菩薩行淨，弟子清白。皆曰：唯然，已見。佛言：若菩薩欲得如是清淨佛土，當學無動如來所行之道。現此妙喜國時，娑婆世界十四那由他人發阿耨多羅三藐三菩提心，皆願生於妙喜佛土。釋迦牟尼佛卽記之曰：當生彼國。時妙喜世界於此國土所應饒益其事訖已，還復本處，擧衆皆見。佛告舍利弗：汝見此妙喜世界及無動佛不？唯然，已見。世尊，願使一切衆生得清淨土如無動佛，獲神通力如維摩詰。世尊，我等快得善利，得見是人，親近供養，其諸衆生，若今現在，若佛滅後，聞此經者，亦得善利。況復聞已，信解受持，讀誦解説，如法修行。若有手得是經典者，便爲已得法寶之藏，若有讀誦解釋其義，如説修行，則爲諸佛之所護念。其有供養如是人者，當知則爲供養於佛。其有書持此經卷者，當知其室卽有如來。若聞是經能隨喜者，斯人則爲趣一切智。若能信解此經，乃至一四句偈爲他説者，當知此人卽是受阿耨多羅三藐三菩提記。

法①供養品第十三

爾時，釋提桓因於大衆中白佛言：世尊，我雖從佛及文殊師利聞百千經，未曾聞此不可思議自在神通決定實相經典。如我解佛所説義趣，若有衆生聞此經法，信解受持讀誦之者，必得是法不疑，何況如説修行？斯人則爲閉衆惡趣，開諸善門，常爲諸佛之所護念。降伏外學，摧滅魔怨，修治菩提，安處道場，履踐如來所行之

① 支譯、奘譯品目同，藏譯合下品爲付囑勝法品第十二。

跡。世尊,若有受持讀誦,如説修行者,我當與諸眷屬供養給事,所在聚落城邑山林曠野有是經處,我亦與諸眷屬聽受法故共到其所。其未信者當令生信,其已信者當爲作護。佛言:善哉善哉!天帝,如汝所説,吾助爾喜。此經廣説過去未來現在諸佛不可思議阿耨多羅三藐三菩提,是故天帝,若善男子善女人受持讀誦供養是經者,則爲供養去來今佛。天帝,正使三千大千世界如來滿中,譬如甘蔗竹葦稻麻叢林。若有善男子善女人或以一劫或減一劫恭敬尊重讚歎供養奉諸所安,至諸佛滅後,以一一全身舍利起七寶塔,縱廣一四天下,高至梵天,表刹莊嚴,以一切華香瓔珞幢旛妓樂微妙第一,若一劫若減一劫而供養之,於天帝意云何?其人植福寧爲多不?釋提桓因言:多矣。世尊,彼之福德若以百千億劫説不能盡。佛告天帝:當知是善男子善女人聞是不可思議解脱經典,信解受持,讀誦修行,福多於彼。所以者何?諸佛菩提皆從此生,菩提之相不可限量,以是因緣福不可量。佛告天帝:過去無量阿僧祇劫時,世有佛號曰藥王如來、應供、正徧知、明行足、善逝、世間解、無上士、調御丈夫、天人師、佛世尊,世界名①大莊嚴,劫名莊嚴,佛壽二十小劫,其聲聞僧三十六億那由他,菩薩僧有十二億。天帝,是時有轉輪聖王名曰寶蓋,七寶具足,主四天下,王有千子,端正勇健,能伏怨敵。爾時,寶蓋與其眷屬供養藥王如來,施諸所安,至滿五劫,過五劫已,告其千子,汝等亦當如我,以深心供養於佛。於是,千子受父王命,供養藥王如來復滿五劫;一切施安。其王一子名曰月蓋,獨坐思惟:寧有供養殊過此者?以佛神力,空中有天曰:善男子,法之供養,勝諸供養。即問:何謂法之供養?天曰:汝可往問藥王如來,當廣爲汝説法之供養。即時,月蓋王子行詣藥王如來,稽首佛足,

① 原刻作"曰",今依麗刻改。

却住一面，白佛言：世尊，諸供養中法供養勝，云何名爲法之供養？佛言：善男子，法供養者，諸佛所説深經，一切世[①]間難信、難受、微妙、難見、清淨無染，非但分別思惟之所能得。菩薩法藏所攝，陀羅尼印印之，至不退轉，成就六度，善分別義，順菩提法，衆經之上，入大慈悲[②]，離衆魔事及諸邪見，順因緣法，無我無人無衆生無壽命，空無相無作無起。能令衆生坐於道場，而轉法輪。諸天、龍、神、乾闥婆等，所共歎譽。能令衆生入[③]佛法藏，攝諸賢聖一切智慧，説衆菩薩所行之道，依於諸法實相之義，明宣無[④]常、苦、空、無我、寂滅之法，能[⑤]救一切，毁禁衆生。諸魔外道及貪著者，能使怖畏。諸佛賢聖所共稱歎。背生死苦，示涅槃樂。十方三世諸佛所説，若聞如是等經，信解受持讀誦，以方便力爲諸衆生分別解説，顯示分明，守護法故，是名法之供養。又於諸法如説[⑥]修行，隨順十二因緣，離諸邪見，得無生忍，決定無我無有衆生，而於因緣果報無違無諍，離諸我所。依於義不依語，依於智不依識，依了義經不依不了義經，依於法不依人，隨順法相，無所入無所歸。無明畢竟滅，故諸行亦畢竟滅，乃至生畢竟滅，故老死亦畢竟滅。作[⑦]如是觀，十二因緣無有盡相，不復起相，是名最上法之供養。佛告天帝，王子月蓋，從藥王佛聞如是法，得柔順忍，即解寶衣嚴身之具以供養佛，白佛言：世尊，如來滅後，我當行法供養，守護正法，願以威神加哀建立，

① 奘譯經體有“十多難學”句，“幽深”句，“了義”句，“周備”句，而以“信受”并爲一句。

② “入大慈悲”下，奘譯多“拔濟引安與有情”句。

③ “入佛法藏”，奘譯開爲“引衆法供，滿衆祠祀”二句。

④ “無常”上，奘譯多“最勝無礙”句。

⑤ “救毁禁衆生”，奘譯作“遣除一切慳貪、毁禁、瞋恨、懈怠、忘念、惡慧”，又多“衆善生長”句，“摧伏惡魔”句。

⑥ “如説修行”，奘譯開“如法調伏”句，“如法修行”句。

⑦ “作如是觀”上，奘譯多“息除惑難，憂苦熱惱”句。

令我得降伏魔怨,修菩薩行。佛知其深心所念,而記之曰:汝於末後,守護法城。天帝,時王子月蓋見法清淨,聞佛授記,以信出家,修習善法。精進不久,得五神通,逮菩薩道,得陀羅尼無斷辯才。於佛滅後,以其所得神通,總持辯才之力,滿十小劫,藥王如來所轉法輪,隨而分布。月蓋比丘以守護法勤行精進,即於此身化百萬億人於阿耨多羅三藐三菩提,立不退轉,十四那由他人深發聲聞辟支佛心,無量衆生得生天上。天帝,時王寶蓋豈異人乎?今現得佛號寶燄如來,其王千子即賢劫中千佛是也。從迦羅鳩孫馱爲始得佛,最後如來號曰樓至。月蓋比丘則我身是。如是,天帝,當知此要,以法供養於諸供養爲上,爲最第一無比。是故,天帝,當以法之供養供養於佛。

囑[①]累品第十四

於是,佛告彌勒菩薩言:彌勒,我今以是無量億阿僧祇劫所集阿耨多羅三藐三菩提法付囑於汝,如是輩經於佛滅後末世之中,汝等當以神力廣宣流布於閻浮提,無令斷絶。所以者何?未來世中,當有善男子善女人及天龍鬼神乾闥婆羅刹等發阿耨多羅三藐三菩提心,樂於大法,若使不聞如是等經,則失善利。如此輩人聞是等經,必多信樂,發希有心,當以頂受隨諸衆生所應得利,而爲廣説。彌勒,當知菩薩有二相。何謂爲二?一者好於雜句文飾之事,二者不畏深義如實能入。若好雜句文飾事者,當知是爲新學菩薩,若於如是無染無著,甚深經典無有恐畏,能入其中,聞已心淨,受持讀誦,如説修行,當知是爲久修道行。彌勒,復有二法名新學者,不能決定於甚深法。何等爲二?一者所未聞深經聞之驚怖生疑,不能隨順,毁謗不信,而作是言:我初不聞從何所來。二者若有護持解

① 支譯囑累彌勒品第十四,奘譯品目同。

説如是深經者,不肯親近供養恭敬,或時於中説其過惡。有此二法,當知是新學菩薩,爲自毁傷,不能於深法中調伏其心。彌勒,復有二法,菩薩雖信解深法,猶自毁傷而不能得無生法忍。何等爲二?一者輕慢新學菩薩而不教誨,二者雖解深法而取相分别,是爲二法。彌勒菩薩聞説是已,白佛言:世尊,未曾有也。如佛所説,我當遠離如斯之惡,奉持如來無數阿僧祇劫所集阿耨多羅三藐三菩提法。若未來世善男子善女人求大乘者,當令手得如是等經,與其念力,使受持讀誦,爲他人廣説。世尊,若後末世有能受持讀誦爲他説者,當知是彌勒神力之所建立。佛言:善哉善哉!彌勒,如汝所説,佛助爾喜。於是,一切菩薩合掌白佛:我等亦於如來滅後,十方國土廣宣流布阿耨多羅三藐三菩提,復當開導諸説法者,令得是經。爾時,四天王白佛言:世尊,在在處處,城邑聚落、山林曠野、有是經卷讀誦解説者,我當率諸官屬爲聽法故,往詣其所,擁護其人,面百由旬,令無伺求得其便者。是時,佛告阿難:受持是經,廣宣流布。阿難言:唯。我已受持要者。世尊,當何名斯經?佛言:阿難,是經名爲維摩詰所説,亦名不可思議解脱法門,如是受持。佛説是經已,長者維摩詰、文殊師利、舍利弗阿難等,及諸天阿修羅,一切大衆,聞佛所説,皆大歡喜,作禮而去。

(據支那内學院刊藏要本)

華　嚴　經(選)

〔简介〕　華嚴經,全稱大方廣佛華嚴經。(Buddhāvatamsaka-Sūtra)。此經共有三譯:東晉佛馱跋陀羅譯六十卷本(史稱"舊譯"或"六十華嚴"),唐實叉難陀譯八十卷本(史稱"新譯"或"八十華嚴"),唐般若譯四十卷本(史稱"貞元譯"或"四十華嚴")。四十華嚴其實是前兩譯中入法界品的别譯。此外,在此之前尚有一些單品經的譯本,如後漢支婁迦讖譯的兜沙經,即是大部中的如來名號品,西晉竺法護譯的漸備一切智德經,即是大部中的十地品等。

此經是大乘佛教中的一部重要經典,它有一個突出的特點,即打破了成佛的限制。按照部派佛學的説法,佛的出世是有先後的,不能同時有兩個佛,如釋迦牟尼是現世佛,過去有六佛,將來有彌勒佛等。然華嚴經則講十方世界十方佛,同時可以有無量國土無量佛。這就意味着一切有情衆生皆可成佛,擴大了成佛的範圍。此經的一個重要思想是回答了宇宙和人生的本質問題,明確主張唯心論的宇宙論和人生觀,即所謂"三界所有,唯是一心","十二有支,皆依一心"(卷三十七十地品六地)。其次,此經中圓融的思想也很突出,如説:"一微塵中,十方國土海,無量無邊佛,咸於念念中";"十方所有佛,盡入一毛孔"(卷六如來現相品);"一一身包一切刹,一念普現於三世"(卷七普賢三昧品)。這是説,無論是數量上,時間上、空間上的差别,均可圓融無礙。又,此經對修行成佛的階次也有詳細的闡發,如十地品所描述的修行的十個階段就十分具體。

此經對中國佛教的發展有極大的影響，是華嚴宗(賢首宗)的宗經。華嚴宗的實際創始人，唐法藏所著的華嚴經探玄記二十卷和智儼的華嚴經搜玄記十卷，澄觀的大方廣佛華嚴經疏六十卷、大方廣佛華嚴經隨疏演義鈔九十卷等，是有關華嚴經的最重要的注疏。同時，法藏發揮華嚴經思想的專題著作有十多種，都是極其重要的。又，唐李通玄著有華嚴經合論一百二十卷、華嚴經決疑論四卷等，其中對華嚴思想的理解與法藏等有差別，也是了解華嚴學説發展的重要著作。此外，自唐至清有關注疏尚有數十餘種，不一一列舉了。

華嚴經篇幅甚大，本書選録了八十華嚴中卷十九與卷二十的十行品，卷三十四至三十九的十地品，卷四十九的普賢行品，卷五十至五十二的如來出現品(六十華嚴譯名爲寶王如來性起品)等。

本書選入此經所據版本，除如來出現品據日本弘教書院刊縮册藏本外，其餘各品均據原支那内學院刊藏要本。縮册藏本據宋元明麗藏校勘，藏要本十地品以南宋刻本爲底本，對勘高麗藏本，譯文則對校以梵文本、法護譯本、姚秦鳩摩羅什譯十住經、晉譯六十華嚴、唐尸羅達摩譯佛説十地經、元魏菩提流支等譯十地經論牒文等。十行品和普賢行品則原缺校勘。本書照録全部校勘記，以資參考。

大方廣佛華嚴經卷十九

十行品第二十一之上

爾時，功德林菩薩承佛神力，入菩薩善思惟三昧。入是三昧已，十方各過萬佛刹微塵數世界外有萬佛刹微塵數諸佛皆號功德林而現其前，告功德林菩薩言：善哉，佛子！乃能入此善思惟三昧。善男子，此是十方各萬佛刹微塵數同名諸佛共加於汝，亦是毗盧遮那如來往昔願力、威神之力、及諸菩薩衆善根力，令汝入是三昧而演説法。爲增長佛智故，深入法界故，了知衆生界故，所入無礙故，所行無障故，得無量方便故，攝取一切智性故，覺悟一切諸法故，知一切諸根故，能持説一切法故，所謂發起諸菩薩十種行。善男子，汝當承佛威神之力而演此法。是時，諸佛卽與功德林菩薩無礙智、無著智、無斷智、無師智、無癡智、無異智、無失智、無量智、無勝智、無懈智、無奪智。何以故？此三昧力法如是故。爾時，諸佛各申右手摩功德林菩薩頂。時功德林菩薩卽從定起。告諸菩薩言：佛子，菩薩行不可思議與法界虛空界等。何以故？菩薩摩訶薩學三世諸佛而修行故。佛子，何等是菩薩摩訶薩行？佛子，菩薩摩訶薩有十種行，三世諸佛之所宣説。何等爲十？一者歡喜行，二者饒益行，三者無違逆，四者無屈撓行，五者無癡亂行，六者善現行，七者無著行，八者難得行，九者善法行，十者真實行，是爲十。

佛子，何等爲菩薩摩訶薩歡喜行？佛子，此菩薩爲大施主，凡所有物悉能惠施，其心平等，無有悔吝，不望果報，不求名稱，不貪利養，但爲救護一切衆生；攝受一切衆生，饒益一切衆生。爲學習諸佛本所修行，憶念諸佛本所修行，愛樂諸佛本所修行，清淨諸佛本所修行，增長諸佛本所修行，住持諸佛本所修行，顯現諸佛本所修行，演説諸佛本所修行，令諸衆生離苦得樂。佛子，菩薩摩訶薩修此行時，令一切衆生歡喜愛樂，隨諸方土，有貧乏處，以願力故，往生於彼。豪貴大富，財寶無盡。假使於念念中有無量無數衆生，詣菩薩所白言：仁者，我等貧乏，靡所資贍，飢羸困苦，命將不全，惟願慈哀，施我身肉，令我得食，以活其命。爾時，菩薩卽便施之，令其歡喜，心得滿足。如是，無量百千衆生而來乞求，菩薩於彼曾無退怯，但更增長慈悲之心，以是衆生咸來乞求，菩薩見之倍復歡喜。作如是念：我得善利，此等衆生是我福田，是我善友，不求不請而來教我入佛法中，我今應當如是修學，不違一切衆生之心。又作是念：願我已作現作當作所有善根，令我未來於一切世界一切衆生中受廣大身，以是身肉充足一切飢苦衆生，乃至若有一小衆生未得飽足，願不捨命，所割身肉，亦無有盡。以此善根，願得阿耨多羅三藐三菩提，證大涅槃。願諸衆生食我肉者，亦得阿耨多羅三藐三菩提，獲平等智，具諸佛法，廣作佛事，乃至入於無餘涅槃。若一衆生心不滿足，我終不證阿耨多羅三藐三菩提。菩薩如是利益衆生，而無我想、衆生想、有想、命想、種種想、補伽羅想、人想、摩納婆想、作者想、受者想，但觀法界、衆生界、無邊際法、空法、無所有法、無相法、無體法、無處法、無依法、無作法，作是觀時，不見自身、不見施物、不見受者、不見福田、不見業、不見報、不見果、不見大果、不見小果。爾時，菩薩觀去來今一切衆生所受之身尋卽壞滅，便作是念：奇哉！衆生愚癡無智，於生死内受無數身，危脆不停，速歸壞滅，若已壞滅，若令壞滅，若當壞滅，而不能以不堅固身求堅固身。我當盡學諸佛所學，證一切智，知一切法，爲諸衆生説三世平等，隨順寂静，不壞法性，令其永得安隱快樂。佛子，是名菩薩摩訶薩第一歡喜行。

佛子，何等爲菩薩摩訶薩饒益行？此菩薩護持淨戒，於色聲香味觸心無所著，亦爲衆生如是宣説，不求勢威，不求種族，不求富饒，不求色相，不求王位。如是一切皆無所著，但堅持淨戒。作如是念：我持淨戒，必當捨離一切纏縛、貪求、熱惱諸難逼迫、毁謗、亂濁，得佛所讚，平等正法。佛子，菩薩如是持淨戒時，於一日中，假使無數百千億那由他諸大惡魔詣菩薩所，一一各將無量無數百千億那由他天女，皆於五欲善行方便，端正姝麗，傾惑人心，執持種種珍玩之具,欲求惑亂菩薩道意。爾時,菩薩作如是念:此五欲者,是障道法,乃至障礙無上菩提,是故不生一念欲想,心淨如佛。唯除方便教化衆生,而不捨於一切智心。佛子,菩薩不以欲因緣故,惱一衆生,寧捨身命而終不作惱衆生事。菩薩自得見佛已來,未曾心生一念欲想,何況從事?若或從事,無有是處。爾時,菩薩但作是念:一切衆生於長夜中想念五欲、趣向五欲、貪著五欲,其心決定耽染沉溺,隨其流轉,不得自在,我今應當令其諸魔及諸天女一切衆生住無上戒。住淨戒已,於一切智心無退轉,得阿耨多羅三藐三菩提,乃至入於無餘涅槃。何以故?此是我等所應作業,應隨諸佛如是修學。作是學已,離諸惡行,計我無知,以智入於一切佛法,爲衆生説,令除顛倒。然知不離衆生有顛倒,不離顛倒有衆生,不於顛倒内有衆生,不於衆生内有顛倒,亦非顛倒是衆生,亦非衆生是顛倒,顛倒非内法,顛倒非外法,衆生非内法,衆生非外法。一切諸法虚妄不實,速起速滅,無有堅固,如夢如影,如幻如化,誑惑愚夫。如是解者,卽能覺了一切諸行,通達生死,及與涅槃證佛菩提。自得度令他得度,自解脱令他解脱,自調伏令他調伏,自寂静令他寂静,自安隱令他安隱,自離垢令他離垢,自清淨令他清淨,自涅槃令他涅槃,自快樂令他快樂。佛子,此菩薩復作是念:我當隨順一切如來,離一切世間行,具一切諸佛法,住無上平等處,等觀衆生明達境界,離諸過失,斷諸分別,捨諸執著,善巧出離。心恒安住無上無説,無依無動,無量無邊,無盡無色,甚深智慧。佛子,是名菩薩摩訶薩第二饒益行。

佛子,何等爲菩薩摩訶薩無違逆行?此菩薩常修忍法,謙下恭敬,不自害、不他害、不兩害,不自取、不他取、不兩取,不自著、不他著、不兩著,亦不貪求名聞利養。但作是念:我當常爲衆生説法,令離一切惡,斷貪瞋癡,憍慢覆藏,慳嫉諂誑,令恒安住忍辱柔和。佛子，菩薩成就如是忍法，假使有百千億那由他阿僧祇衆生來至其所，一一衆生化作百千億那由他阿僧祇口，一一口出百千億那由他阿僧祇語，所謂不可喜語、非善法語、不悦意語、不可愛語、非仁賢語、非聖智語、非聖相應語、非聖親近語、深可厭惡語、不堪聽聞語，以是言詞，毁辱菩薩。又此衆生一一各有百千億那由他阿僧祇手，一一手各執百千億那由他阿僧祇器仗，逼害菩薩，如是經於阿僧祇劫曾無休息。菩薩遭此極大楚毒，身毛皆豎，命將欲斷。作是念言：我因是苦，心若動亂，則自不調伏，自不守護，自不明了，自不修習，自不正定，自不寂静，自不愛惜，自生執著，何能令他心得清淨？菩薩爾時復作是念：我從無始劫住於生死，受諸苦惱。如是思惟，重自勸勵，令心清淨，而得歡喜。善自調攝，自能安住於佛法中，亦令衆生同得此法。復更思惟：此身空寂，無我我所，無有真實，性空無二，若苦若樂，皆無所有，諸法空故。我當解了，廣爲人説，令諸衆生，滅除此見。是故，我今雖遭苦毒，應當忍受。爲慈念衆生故，饒益衆生故，安樂衆生故，憐愍衆生故，攝受衆生故，不捨衆生故，自得覺悟故，令他覺悟故，心不退轉故，趣向佛道故。是名菩薩摩訶薩第三無違逆行。

佛子，何等爲菩薩摩訶薩無屈撓行？此菩薩修諸精進，所謂第一精進，大精進，勝精進，殊勝精進，最勝精進，最妙精進，上精進，無上精進，無等精進，普遍精進。性無三毒，性無憍慢，性不覆滅，性不慳嫉，性無諂誑，性無慚愧，終不爲惱一衆生故，而行精進。但爲斷一切煩惱故，而行精進；但爲拔一切惑本故，而行精進；但爲除一切習氣故，而行精進；但爲知一切衆生界故，而行精進；但爲知一切衆生死此生彼故，而行精進；但爲知一切衆生煩惱故，而行精進；但爲知一切衆生心樂故，而行精進；但爲知一切衆生境界故，而行精進；但爲知一切衆生諸根勝劣故，而行精進；但爲知一切衆生心行故，而行精進；但爲知一切法界故，而行精進；但爲知一切佛法根本性故，而行精進；但爲知一切佛法平等性故，而行精進；但爲知三世平等性故，而行精進；但爲得一切佛法智光明故，而行精進；但爲證一切佛法智故，而行精進；但爲知一切佛法一實相故，而行精進；但爲知一切佛法無邊際故，而行精進；但爲得一切佛法廣大決定善巧智故，而行精進；但爲得分別演說一切佛法句義智故，而行精進。佛子，菩薩摩訶薩成就如是精進行已，設有人言：汝頗能爲無數世界所有衆生，以一一衆生故，於阿鼻地獄經無數劫，備受衆苦，令彼衆生一一得值無數諸佛出興於世，以見佛故，具受衆樂，乃至入於無餘涅槃，汝乃當成阿耨多羅三藐三菩提，能爾不耶？答言：我能。設復有人作如是言：有無量阿僧祇大海，汝當以一毛端滴之令盡，有無量阿僧祇世界盡末爲塵，彼滴及塵一一數之悉知其數，爲衆生故，經爾許劫，於念念中，受苦不斷。菩薩不以聞此語故，而生一念悔恨之心，但更增上歡喜踊躍，深自慶幸，得大善利，以我力故，令彼衆生永脱諸苦。菩薩以此所行方便，於一切世界中，令一切衆生乃至究竟無餘涅槃。是名菩薩摩訶薩第四無屈撓行。

佛子，何等爲菩薩摩訶薩離癡亂行？此菩薩成就正念，心無散亂，堅固、不動，最上清淨，廣、大、無量，無有迷惑。以是正念故，善解世間一切語言，能持出世諸法言說。所謂能持色法非色法言説，能持建立色自性言説，乃至能持建立受想行識自性言説，心無癡亂。於世間中，死此生彼，心無癡亂；入胎出胎，心無癡亂；發菩提意，心無癡亂；事善知識，心無癡亂；勤修佛法，心無癡亂；覺知魔事，心無癡亂；離諸魔業，心無癡亂；於不可説劫修菩薩行，心無癡亂。此菩薩成就如是無量正念，於無量阿僧祇劫中，從諸佛菩薩善知識所，聽聞正法。所謂深法、廣大法、莊嚴法，種種莊嚴法，演説種種名句文身法，菩薩莊嚴法，佛神力光明無上法，正希望決定解清淨法,不著一切世間法,分别一切世間法,甚廣大法,離癡翳照了一切衆生法,一切世間共法不共法,菩薩智無上法,一切智自在法。菩薩聽聞如是法已,經阿僧祇劫不忘不失,心常憶念,無所間斷。何以故?菩薩摩訶薩於無量劫修諸行時,終不惱亂一衆生令失正念,不壞正法,不斷善根,心常增長廣大智故。復次,此菩薩摩訶薩種種音聲不能惑亂。所謂高大聲,麤濁聲,極令人恐怖聲,悦意聲,不悦意聲,諠亂耳識聲,沮壞六根聲。此菩薩聞如是等無量無數好惡音聲,假使充滿阿僧祇世界,未曾一念心有散亂。所謂正念不亂,境界不亂,三昧不亂,入甚深法不亂,行菩提行不亂,發菩提心不亂,憶念諸佛不亂,觀真實法不亂,化衆生智不亂;決了甚深義不亂。不作惡業故,無惡業障;不起煩惱故,無煩惱障;不輕慢法故,無有法障;不誹謗正法故,無有報障。佛子,如上所説,如是等聲,一一充滿阿僧祇世界,於無量無數劫未曾斷絶,悉能壞亂衆生身心一切諸根,而不能壞此菩薩心。菩薩入三昧中,住於聖法,思惟觀察一切音聲,善知音聲生住滅相,善知音聲住滅性。如是聞已,不生於貪,不起於瞋,不失於念,善取其相而不染著。知一切聲皆無所有,實不可得,無有作者,亦無本際,與法界等無有差别。菩薩如是成就寂静身語意行,至一切智永不退轉。善入一切諸禪定門,知諸三昧同一體性,了一切法無有邊際,得一切法真實智慧,得離音聲甚深三昧,得阿僧祇諸三昧門,增長無量廣大悲心。是時,菩薩於一念中得無數百千三昧,聞如是聲心不惑亂,令其三昧漸更增廣。作如是念:我當令一切衆生安住無上清淨念中,於一切智得不退轉,究竟成就無餘涅槃。是名菩薩摩訶薩第五離癡亂行。

佛子,何等爲菩薩摩訶薩善現行?此菩薩身業清淨,語業清淨,意業清淨,住無所得示無所得身語意業。能知三業皆無所有,無虚妄故,無有繫縛,凡所示現無性無依。住如實心知無量心自性,知一切法自性,無得無相甚深難入。住於正位真如法性,方便出生而無業報,不生不滅。住涅槃界,住寂静性,住於真實無性之性。言語道斷,超諸世間,無有所依。入離分别,無縛著法;入最勝智真實之法,入非諸世間所能了知出世間法,此是菩薩善巧方便示現生相。佛子,此菩薩作如是念:一切衆生無性爲性,一切諸法無爲爲性,一切國土無相爲相,一切三世唯有言説,一切言説於諸法中無有依處,一切諸法於言説中亦無依處。菩薩如是解一切法,皆悉甚深,一切世間,皆悉寂静,一切佛法,無所增益。佛法不異世間法,世間法不異佛法,佛法世間法無有雜亂,亦無差别,了知法界體性平等,普入三世。永不捨離大菩提心,恒不退轉化衆生心,轉更增長大慈悲心,與一切衆生作所依處。菩薩爾時復作是念:我不成熟衆生,誰當成熟?我不調伏衆生,誰當調伏?我不教化衆生,誰當教化?我不覺悟衆生,誰當覺悟?我不清淨衆生,誰當清淨?此我所宜,我所應作。復作是念:若我自解此甚深法,唯我一人於阿耨多羅三藐三菩提獨得解脱。而諸衆生盲冥無目,入大險道,爲諸煩惱之所纏縛。如重病人恒受苦痛,處貪愛獄不能自出,不離地獄、餓鬼、畜生、閻羅王界,不能滅苦,不捨惡業,常處癡暗,不見真實,輪迴生死,無得出離,住於八難衆垢所著,種種煩惱覆障其心,邪見所迷,不行正道。菩薩如是觀諸衆生,作是念言:若此衆生,未成熟未調伏,捨而取證阿耨多羅三藐三菩提,是所不應。我當先化衆生於不可説不可説劫,行菩薩行,未成熟者先令成熟,未調伏者先令調伏。是菩薩住此行時,諸天魔梵沙門婆羅門一切世間乾闥婆阿修羅等,若有得見,暫同住止,恭敬尊重,承事供養,及暫耳聞一經心者。如是所作悉不唐捐,必定當成阿耨多羅三藐三菩提。是名菩薩摩訶薩第六善現行。

大方廣佛華嚴經卷二十

十行品第二十一之下

佛子,何等爲菩薩摩訶薩無著行。佛子,此菩薩以無著心,於念念中能入阿僧祇世界,嚴淨阿僧祇世界,於諸世界心無所著。住詣阿僧祇諸如來所恭敬禮拜,承事供養,以阿僧祇華、阿僧祇香、阿僧祇鬘、阿僧祇塗香末香,衣服珍寶幢旛妙蓋諸莊嚴具,各阿僧祇以用供養。如是供養,爲究竟無作法故,爲住不思議法故,於念念中見無數佛,於諸佛所心無所著,於諸佛剎亦無所著,於佛相好亦無所著,見佛光明聽佛説法亦無所著,於十方世界及佛菩薩所有衆會亦無所著,聽佛法已心生歡喜,志力廣大,能攝能行諸菩薩行,然於佛法亦無所著,此菩薩於不可説劫,見不可説佛,出興於世。一一佛所承事供養,皆悉盡於不可説劫,心無厭足,見佛聞法,及見菩薩衆會莊嚴,皆無所善,見不淨世界亦無憎惡。何以故?此菩薩如諸佛法而觀察故,諸佛法中無垢無淨,無暗無明,無異無一,無實無妄,無安隱無險難,無正道無邪道。菩薩如是深入法界,教化衆生,而於衆生不生執著;受持諸法,而於諸法不生執著;發菩提心住於佛住,而於佛住不生執著;雖有言説,而於言説心無所著;入衆生趣,於衆生趣心無所著;了知三昧能入能住,而於三昧心無所著;往詣無量諸佛國土,若入若見,若於中住,而於佛土心無所著;捨去之時,亦無顧戀,菩薩摩訶薩以能如是無所著故。於佛法中心無障礙,了佛菩提,證法毗尼,住佛正教;修菩薩行,住菩薩心。思惟菩薩解脱之法,於菩薩住處心無所染,於菩薩所行亦無所著,淨菩薩道受菩薩記。得受記已,作如是念:凡夫愚癡,無知無見,無信無解，無聰敏行，頑嚚貪著，流轉生死。不求見佛，不隨明導，不信調御，迷誤失錯，入於險道。不敬十力王，不知菩薩恩，戀著住處。聞諸法空，心大驚怖，遠離正法，住於邪法，捨夷坦道，入險難道，棄背佛意，隨逐魔意，於諸有中，堅執不捨。菩薩如是觀諸衆生，增長大悲，生諸善根，而無所著。菩薩爾時復作是念：我當爲一衆生於十方世界一一國土，經不可說不可說劫，教化成熟，如爲一衆生爲一切衆生，皆亦如是，終不以此而生疲厭捨而餘去。又以毛端徧量法界，於一毛端處盡不可說不可說劫，教化調伏一切衆生，如一毛端處一一毛端處皆亦如是。乃至不於一彈指頃執著於我，起我我所想。於一一毛端處盡未來劫修菩薩行，不著身，不著法，不著念，不著願，不著三昧，不著觀念，不著寂定，不著境界，不著教化調伏衆生，亦復不著入於法界。何以故？菩薩作是念：我應觀一切法界如幻，諸佛如影，菩薩行如夢，佛說法如響，一切世間如化業報所持故，差别身如幻，行力所起故，一切衆生如心種種雜染故，一切法如實際不可變異故。又作是念：我當盡虛空徧法界，於十方國土中行菩薩行，念念明達一切佛法，正念現前無所取著。菩薩如是觀身無我，見佛無礙。爲化衆生演說諸法，令於佛法發生無量歡喜淨信，救護一切，心無疲厭。無疲厭故，於一切世界若有衆生未成就未調伏處，悉詣於彼方便化度。其中衆生種種音聲，種種諸業，種種取著，種種施設，種種和合，種種流轉，種種所作，種種境界，種種生，種種歿，以大誓願安住其中而教化之，不令其心有動有退，亦不一念生染著想。何以故？得無所著無所依故，自利利他清淨滿足。是名菩薩摩訶薩第七無著行。

佛子，何等爲菩薩摩訶薩難得行？此菩薩成就難得善根；難伏善根；最勝善根，不可壞善根，無能過善根，不思議善根，無盡善根，自在力善根，大威德善根，與一切佛同一性善根。此菩薩修諸行時,於佛法中得最勝解,於佛菩提得廣大解,於菩薩願未曾休息,盡一切劫心無疲倦,於一切苦不生厭離,一切衆魔所不能動,一切諸佛之所護念,具行一切菩薩苦行,修菩薩行精勤匪懈,於大乘願恒不退轉。是菩薩安住此難得行已,於念念中能轉阿僧祇劫生死,而不捨菩薩大願。若有衆生承事供養,乃至見聞,皆於阿耨多羅三藐三菩提得不退轉。此菩薩雖了衆生非有,而不捨一切衆生界。譬如船師不住此岸不住彼岸不住中流,而能運度此岸衆生至於彼岸,以往返無休息故。菩薩摩訶薩亦復如是,不住生死不住涅槃亦復不住生死中流,而能運度此岸衆生置於彼岸安隱無畏無憂惱處。亦不於衆生數而有所著,不捨一衆生著多衆生,不捨多衆生著一衆生,不增衆生界,不減衆生界,不生衆生界,不滅衆生界,不盡衆生界,不長衆生界,不分别衆生界,不二衆生界。何以故?菩薩深入衆生界如法界,衆生界法界無有二,無二法中無增無減,無生無滅,無有無無,無取無依,無著無二。何以故?菩薩了一切法法界無二故。菩薩如是以善方便入深法界,住於無相,以清淨相莊嚴其身。了法無性,而能分别一切法相,不取衆生,而能了知衆生之數,不著世界而現身佛剎,不分别法而善入佛法,深達義理而廣演言教。了一切法離欲真際,而不斷菩薩道,不退菩薩行,常勤修習無盡之行,自在入於清淨法界。譬如鑽木以出於火,火事無量而火不滅。菩薩如是化衆生事無有窮盡,而在世間常住不滅。非究竟非不究竟,非取非不取,非依非無依,非世法非佛法,非凡夫非得果。菩薩成就如是難得心修菩薩行時,不説二乘法,不説佛法,不説世間不説世間法,不説衆生不説無衆生,不説垢不説淨。何以故?菩薩知一切法無染無取,不轉不退故。菩薩於如是寂滅微妙甚深最勝法中修行時,亦不生念我現修此行、已修此行、當修此行,不著蘊界處内世間、外世間、内外世間,所起大願諸波羅蜜及一切法皆無所著。何以故？法界中無有法名向聲聞乘、向獨覺乘，無有法名向菩薩乘、向阿耨多羅三藐三菩提，無有法名向凡夫界，無有法名向染向淨，向生死向涅槃。何以故？諸法無二無不二故。譬如虛空，於十方中若去若來，今求不可得，然非無虛空。菩薩如是觀一切法皆不可得，然非無一切法，如實無異，不失所作。普示修行菩薩諸行，不捨大願調伏衆生，轉正法輪不壞因果，亦不違於平等妙法，普與三世諸如來等。不斷佛種，不壞實相，深入於法，辯才無盡，聞法不著，至法淵底，善能開演，心無所畏，不捨佛住，不違世法，普現世間而不著世間。菩薩如是成就難得普慧心，修習諸行。於三惡趣拔出衆生，教化調伏，安置三世諸佛道中，令不動搖。復作是念：世間衆生不知恩報，更相讎對，邪見執著，迷惑顛倒，愚癡無智，無有信心，隨逐惡友，起諸惡慧，貪愛無明種種煩惱，皆悉充滿，是我所修菩薩行處。設有知恩聰明慧解及善知識充滿世間，我不於中修菩薩行。何以故？我於衆生無所適莫，無所冀望，乃至不求一縷一毫，及以一字贊美之言，盡未來劫修菩薩行，未曾一念自爲於己，但欲度脱一切衆生，令其清淨永得出離。何以故？於衆生中爲明導者，法應如是，不取不求，但爲衆生修菩薩道，令其得至安隱彼岸，成阿耨多羅三藐三菩提。是名菩薩摩訶薩第八難得行。

佛子，何等爲菩薩摩訶薩善法行？此菩薩爲一切世間天人魔梵沙門婆羅門乾闥婆等，作清涼法池，攝持正法，不斷佛種。得清淨光明陀羅尼故，説法授記辯才無盡；得具足義陀羅尼故，義辯無盡；得覺悟實法陀羅尼故，法辯無盡；得訓釋言詞陀羅尼故，詞辯無盡；得無邊文句無盡義無礙門陀羅尼故；無礙辯無盡；得佛灌頂陀羅尼灌其頂故，歡喜辯無盡；得不由他悟陀羅尼門故，光明辯無盡；得同辯陀羅尼門故，同辯無盡；得種種義身句身文身中訓釋陀羅尼門故，訓釋辯無盡；得無邊旋陀羅尼故，無邊辯無盡。此菩薩大悲堅固，普攝衆生，於三千大千世界變身金色，施作佛事，隨諸衆生根性欲樂，以廣長舌，於一音中現無量音，應時説法，皆令歡喜。假使有不可説種種業報，無數衆生共會一處，其會廣大充滿，不可説世界，菩薩於彼衆會中坐。是中衆生一一皆有不可説阿僧祇口，一一口能出百千億那由他音，同時發聲，各別言詞，各別所問，菩薩於一念中悉能領受，皆爲酬對，令除疑惑。如一衆會中，於不可説衆會中，悉亦如是。復次，假使一毛端處念念出不可説不可説道場衆會，一切毛端處，皆亦如是。盡未來劫，彼劫可盡，衆會無盡。是諸衆會，於念念中以各別言詞，各別所問，菩薩於一念中悉能領受，無怖無怯，無疑無謬。而作是念：設一切衆生以如是語業俱來問我，我爲説法，無斷無盡，皆令歡喜住於善道，復令善解一切言詞，能爲衆生説種種法，而於言語無所分別。假使不可説不可説種種言詞而來問難，一念悉領，一音咸答，普使開悟，無有遺餘。以得一切智灌頂故，以得無礙藏故，以得一切法圓滿光明故，具足一切智智故。佛子，此菩薩摩訶薩安住善法行已，能自清淨，亦能以無所作方便而普饒益一切衆生，不見有衆生得出離者。如於此三千大千世界；如是乃至於不可説三千大千世界，變身金色，妙音具足，於一切法無所障礙，而作佛事。佛子，此菩薩摩訶薩成就十種身：所謂入無邊法界非趣身，滅一切世間故；入無邊法界諸趣身，生一切世間故；不生身，住無生平等法故；不滅身，一切滅言説不可得故；不實身，得如實故；不妄身，隨應現故；不遷身，離死此生彼故；不壞身，法界性無壞故；一相身，三世言語道斷故；無相身，善能觀察法相故。菩薩成就如是十種身，爲一切衆生舍長養一切善根故；爲一切衆生救令其得大安隱故；爲一切衆生歸與其作大依處故，爲一切衆生尊令得無上出離故；爲一切衆生師令入真實法中故，爲一切衆生燈令其明見業報故，爲一切衆生光令照甚深妙法故，爲一切三世炬令其曉悟實法故，爲一切世間照令入光明地中故，爲一切諸趣明示現如來自在故。佛子，是名菩薩摩訶薩第九善法行。菩薩安住此行，爲一切衆生作清涼法池，能盡一切佛法源故。

佛子，何等爲菩薩摩訶薩真實行？此菩薩成就第一誠諦之語。如説能行，如行能説。此菩薩學三世諸佛真實語，入三世諸佛種性，與三世諸佛善根同等，得三世諸佛無二語，隨如來學智慧成就。此菩薩成就知衆生是處非處智，去來現在業報智，諸根利鈍智，種種界智，種種解智，一切至處道智，諸禪解脱三昧垢淨起時非時智，一切世界宿住隨念智，天眼智，漏盡智。而不捨一切菩薩行。何以故？欲教化一切衆生悉令清淨故。此菩薩復生如是增上心：若我不令一切衆生住無上解脱道，而我先成阿耨多羅三藐三菩提者，則違我本願，是所不應。是故，要先令一切衆生得無上菩提，無餘涅槃，然後成佛。何以故？非衆生請我發心，我自爲衆生作不請之友，欲先令一切衆生滿足善根，成一切智。是故，我爲最勝，不作一切世間故；我爲最上；住無上調御地故；我爲離翳；解衆生無際故；我爲已辨，本願成就故；我爲善變化，菩薩功德莊嚴故；我爲善依怙，三世諸佛攝受故。此菩薩摩訶薩不捨本願故，得入無上智慧莊嚴，利益衆生，悉令滿足，隨本誓願，皆得究竟。於一切法中智慧自在，令一切衆生普得清淨。念念徧遊十方世界，念念普詣不可説不可説諸佛國土，念念悉見不可説不可説諸佛及佛莊嚴清淨國土，示現如來自在神力，普徧法界虚空界。此菩薩現無量身，普入世間而無所依，於其身中現一切刹、一切衆生、一切諸法、一切諸佛。此菩薩知衆生種種想，種種欲，種種解，種種業報，種種善根，隨其所應，爲現其身而調伏之。觀諸菩薩如幻，一切法如化，佛出世如影，一切世間如夢。得義身、文身，無盡藏正念自在，決定了知一切諸法，智慧最勝，入一切三昧真實相，住一性無二地。菩薩摩訶薩以諸衆生皆著於二安住大悲，修行如是寂滅之法。得佛十力八因陀羅網法界，成就如來無礙解脱，人中雄猛大師子吼，得無所畏，能轉無礙清淨法輪，得智慧解脱，了知一切世間境界，絶生死迴流，入智慧大海，爲一切衆生護持三世諸佛正法，到一切佛法海實相源底。菩薩住此真實行已，一切世間天人魔梵沙門婆羅門乾闥婆阿修羅等，有親近者皆令開悟歡喜清淨。是名菩薩摩訶薩第十真實行。

爾時，佛神力故，十方各有佛刹微塵數世界六種震動，所謂動徧動等徧動，起徧起等徧起，踊徧踊等徧踊，震徧震等徧震，吼徧吼等徧吼，擊徧擊等徧擊。雨天妙華，天香、天末香、天鬘、天衣、天寶、天莊嚴具，奏天樂音，放天光明，演暢諸天微妙音聲。如此世界夜摩天宫説十行法所現神變，十方世界悉亦如是。復以佛神力故，十方各過十萬佛刹微塵數世界外，有十萬佛刹微塵數菩薩俱來詣此土，充滿十方，語功德林菩薩言：佛子，善哉善哉！善能演説諸菩薩行。我等一切同名功德林，所住世界皆名功德幢，彼土如來同名普功德，我等佛所亦説此法，衆會眷屬言詞義理，悉亦如是，無有增減。佛子，我等皆承佛神力來入此會，爲汝作證，十方世界悉亦如是。（七重頌分不録） （據支那内學院刊藏要本）

大方廣佛華嚴經卷第三十四

十[①]地品第二十六之一

爾[②]時，世尊在他化自在天王宫摩尼寶藏殿與大菩薩衆俱，其

① 梵本不分品，法護本初發意悦豫住品第一，秦本歡喜地第一，魏本尸羅本大同，晉本經卷二十三，十地品第二十二，不分別。

② 梵本品首敘緣起云："如是我聞，一時世尊成道未久第二七日，住於他化自在天"云云。法護本、魏本、尸羅本均同。秦本緣起無"成道"二語。

諸菩薩皆於阿耨多羅三藐三菩提不退轉①，悉從他方世界來集，住②一切菩薩智所住境，入一切如來智所入處勤行不息，善能示現種種神通諸所作事，教化調伏一切衆生而不失時。爲成菩薩一切大願，於一切世、一切劫、一切剎，勤修諸行，無暫懈息，具足菩薩福智助③道，普益衆生而恆不匱，到一切菩薩智慧方便究竟彼岸，示入生死及以涅槃而不廢捨修菩薩行。善入一切菩薩禪定解脫三昧三摩鉢底神通明智，諸所施爲皆得自在，獲一切菩薩自在神力，於一念頃無④所動作，悉能往詣一切如來道場衆會，爲衆上首請佛說法。護持諸佛正法之輪，以廣大心供養承事一切諸佛，常勤修習一切菩薩所行事業，其身普現一切世間，其音普及十方法界，心智無礙，普見三世，一切菩薩所有功德悉已修行而得圓滿，於不可說劫說不能盡。其名曰金剛藏菩薩、寶⑤藏菩薩、蓮華藏菩薩、德藏菩薩、蓮華德藏菩薩、日藏菩薩、蘇⑥利耶藏菩薩、無垢月藏菩薩，於⑦一切國土普現莊嚴藏菩薩、毗盧遮那智藏菩薩、妙德藏菩薩、栴檀德藏菩薩、華德藏菩薩、俱蘇摩德藏菩薩、優鉢羅德藏菩薩、天德藏菩薩、福德藏菩薩、無礙清淨智德藏菩薩、功德藏菩薩、那羅延德藏菩薩、無垢藏菩薩、離垢藏菩薩，種種辯才莊嚴藏菩薩、大光明網藏菩薩、淨威德光明王藏菩薩、金莊嚴大功德光明王藏菩薩、一切相莊嚴淨德藏菩薩、金剛燄德相莊嚴藏菩薩、光明燄藏菩薩、星

① 梵本、尸羅本次有句云"一生所繫，當成正覺"。
② 法護本缺下敍德各句。
③ 勘梵本此語應譯"資糧"，次後均同。
④ 勘梵本此語意云："以無功用。"
⑤ 法護本缺下列名各句。
⑥ 秦晉魏三本云"月藏菩薩"。又梵本、尸羅本次有"地藏菩薩"。
⑦ 梵本、尸羅本此二語云"示一切莊嚴光明藏菩薩智慧，普照明藏菩薩"。秦晉魏三本大同。

宿王光明藏菩薩、虛[①]空無礙智藏菩薩、妙音無礙藏菩薩、陀羅尼功德持一切衆生願藏菩薩、海莊嚴藏菩薩、須彌德藏菩薩、淨一切功德藏菩薩、如來藏菩薩、佛德藏菩薩、解脱月菩薩，如是等無數無量、無邊無等、不可數、不可稱、不可思、不可量、不可説諸菩薩摩訶薩衆，金剛藏菩薩而爲上首。爾時，金剛藏菩薩承佛神力，入菩薩大[②]智慧光明三昧。

入是三昧已，卽時十方各過十億佛刹微塵數世界外各有十億佛刹微塵數諸佛，同名金剛藏而現其前，作如是言：善哉善哉！金剛藏乃能入是菩薩大智慧光明三昧，善男子，此是十方各十億佛刹微塵數諸佛[③]共加於汝，以毗盧遮那如來應正等覺本願力故、威神力故，亦[④]是汝勝智力故。欲[⑤]令汝爲一切菩薩説不思議諸佛法光明故，所謂令入智地故，攝一切善根故，善簡擇一切佛法故，廣知諸法故，善能説法故，無分別智清淨故，一切世法不染故，出世善根清淨故，得不思議智境界故，得一切智人智境界故。又令得菩薩十地始終故，如實説菩薩十地差别相故，緣念一切佛法故，修習分别無漏法故，善選擇觀察大智光明巧莊嚴故，善入決定智門故，隨[⑥]所住處次第顯説無所畏故，得無礙辯才光明故，住大辯才地善決定故，憶念菩薩心不忘失故，成熟一切衆生界故，能徧至一切處決定開悟故。善男子，汝當辯説此法門差别善巧法，所謂承佛神力如來

① 梵、魏、尸羅三本均云"虛空庫無礙智藏"。
② 三本均云："大乘光明"，次同。
③ 梵魏二本次云："同名金剛藏。"秦晉二本大同。
④ 魏本、尸羅本均缺此句。
⑤ 勘梵魏二本，此句云："爲趣入説示一切菩薩不可思議光明智地。"法護本同，與釋亦合，今譯改文。
⑥ 勘梵魏尸羅三本，此句云："爲如所應顯説無畏辯才光明。"法護本同，與釋亦合，今譯改文。

智明所加故，淨自善根故，普淨法界故，普攝衆生故，深入法身智身故，受一切佛灌頂故，得一切世間最高大身故，超一切世間道故，清淨出世善根故，滿足一切智智故。爾時，十方諸佛與金剛藏菩薩無能暎奪身，與無礙樂説辯，與善分別清淨智，與善憶念不忘力，與善決定明了慧，與至一切處開悟智，與成道自在力，與如來無所畏，與一①切智人觀察分別諸法門辯才智，與一切如來上妙身語意具足莊嚴。何以故？得此三昧法如是故，本願所起故，善淨深②心故，善淨智輪故，善積集助道故。善修治所作故，念其無量法器故，知其清淨信解故，得無錯謬總持故，法界智印善印故。爾時，十方諸佛③各申右手摩金剛藏菩薩頂。

摩頂已，金剛藏菩薩從三昧起。普告一切菩薩衆言：諸佛子，諸菩薩願善決定，無雜，不可見，廣大如法界，究竟如虛空盡未來際，徧一切佛刹救護一切衆生，爲④一切諸佛所護入過去未來現在諸佛智地。佛子，何等爲菩薩摩訶薩智地？佛子，菩薩摩訶薩智地有十種過去未來現在諸佛已説當説今説，我亦如是説。何等爲十？一者歡喜地，二者離垢地，三者發光地，四者燄慧地，五者難勝地，六者現前地，七者遠行地，八者不動地，九者善慧地，十者法雲地。佛子，此菩薩十地，三世諸佛已説當説今説。佛子，我不見有諸佛國土其中如來不説此十地者。何以故？此⑤是菩薩摩訶向菩提最上

① 勘梵本、尸羅本此句意云："一切智智所攝無礙解辯法，理趣決定安立。"

② 勘梵本此語應譯"增上意樂"，次後均同。

③ 梵魏尸羅三本次有句云："不起於座，以神通力。"

④ 三本此句云："菩薩如此乃能入於過未現世諸佛智地。"無"爲佛護"之語。

⑤ 梵本、尸羅本此句云："此是菩薩增上勝菩提道，能淨法門光明。"晉本大同。

道，亦是清淨法光明門，所謂分别演説菩薩諸地。佛子，此處不可思議，所謂諸①菩薩隨證智。

爾時，金剛藏菩薩説此菩薩十地名已，默然而住，不復分别。是時，一切菩薩衆聞菩薩十地名，不聞解釋，咸生渴仰，作如是念：何因何緣，金剛藏菩薩唯説菩薩十地名，而不解釋？解脱月菩薩知諸大衆心之所念，以頌問金剛藏菩薩曰：

何故淨覺人，念智功德具，説諸上妙地，有力不解釋。

一②切咸決定，勇猛無怯弱，何故説地名，而不爲開演？

諸地妙義趣，此衆皆欲聞，其心無怯弱，願爲分别説。

衆會悉清淨，離懈怠嚴潔，能堅固不動，具功德智慧。

相視咸恭敬，一切悉專仰，如蜂念好蜜，如渴思甘露。

爾③時，大智無所畏金剛藏菩薩聞説是已，欲令衆會心歡喜故，爲諸佛子而説頌言：

菩④薩行地事，最上諸佛本，顯示分别説，第一希有難。

微細難可見，離念⑤超心地，出⑥生佛境界，聞者悉迷惑。

持心如金剛，深信佛勝智，知⑦心地無我，能聞此勝⑧法。

如空中采畫，如空中風相，牟尼智如是，分别甚難見。

---

① 勘梵本意謂，彼安立中諸地智慧。魏本大同。

② 勘梵本，此二句云："菩薩大名稱，心皆懷猶豫。"餘本大同，今譯疑誤。

③ 勘梵本此段作一頌，餘本皆同。今譯改文。

④ 梵魏二本此頌文云："難第一希有，菩薩所行示，地事分别上，諸佛依成就。"

⑤ 勘梵本此語應譯"分别"，次後均同。

⑥ 勘梵魏尸羅三本，此句云："境界智無漏"，今譯疑誤。上文"佛本"已有出生義也。

⑦ 勘梵本此語意云："無我之心地。"

⑧ 勘諸本皆云："微細智"，今譯改文。

我念佛智慧，最勝難思議，世間無能受，默然而不説。

爾時，解脱月菩薩聞是説已，白金剛藏菩薩言：佛子，今此衆會皆悉已集，善淨深心，善潔思念，善修諸行，善①集助道，善能親近百千億佛，成就無量功德善根，捨離癡惑，無有垢染，深心信解，於佛法中不隨他教。善哉！佛子當承佛神力，而爲演説。此諸菩薩，於如是等甚深之處，皆能證知。爾②時，解脱月菩薩欲重宣其義，而説頌曰：

願説最安隱，菩薩無上行，分別於諸地，智淨成正覺。

此衆無諸垢，志解悉明潔，承事無量佛，能知此地義。

爾時，金剛藏菩薩言：佛子，雖此衆集善淨思念③，捨離愚癡，及以疑惑於甚深法，不隨他教，然有其餘劣解衆生，聞此甚深難思議事，多生疑惑，於長夜中受諸衰惱，我愍此等，是故默然。爾④時，金剛藏菩薩欲重宣其義，而説頌曰：

雖此衆淨廣智慧，甚深明利能決擇，其心不動如山王，不可傾覆猶大海。

有行未久解未得，隨識而行不隨智，聞此生疑墮惡道，我愍是等故不説。

爾時，解脱月菩薩重白金剛藏菩薩言：佛子，願承佛神力分別説此不思議法，此⑤人當得如來護念而生信受。何以故？説十地時，一切菩薩法應如是得佛護念，得⑥護念故，於此智地能生勇猛。何以故？此是菩薩最初所行成就一切諸佛法故。譬如書字數説，

① 梵魏尸羅三本次二句互倒，與釋文合。

② 梵魏二本均缺此段重頌。

③ 勘梵魏尸羅三本，此下具出"善修諸行"等語如前，今譯文略。

④ 梵魏二本均缺此段重頌。

⑤ 勘諸餘本，此句皆屬上云"佛所護念"事，今譯疑誤。

⑥ 勘諸本，此句皆云"護此智地，故生勇悍"，今譯疑誤。

一切皆以字母爲本，字母究竟無有少分離字母者。佛子，一切佛法皆以十地爲本，十地究竟修行成就得一切智。是故，佛子，願爲演説此人必爲如來所護令其信受。爾[①]時，解脱月菩薩欲重宣其義，而説頌曰：

善哉佛子願演説，趣入菩提諸地行，十方一切自在尊，莫不護念智根本。

此安住智亦究竟，一切佛法所從生，譬如書數字母攝，如是佛法依於地。

爾時，諸大菩薩衆一時同聲向金剛藏菩薩而説頌言：

上妙無垢智，無邊分别辯，宣暢深美言，第一義相應。

念持清[②]淨行，十[③]方集功德，辯才分别義，説此最勝地。

定戒集正心，離我慢邪見，此衆無疑念，惟願聞善説。

如渴思冷水，如饑念美食，如病憶良藥，如蜂貪好蜜，我等亦如是，願聞甘露法。

善哉廣大智，願[④]説入諸地，成十力無礙，善逝一切行。

爾時，世尊從眉間出清淨光明，名菩薩力燄明，百千阿僧祇光明以爲眷屬，普照十方一切世界，靡不周偏[⑤]，三惡道苦，皆得休息[⑥]。又照一切如來衆會，顯現諸佛不思議力，又照十方一切世界、一切諸佛所加説法菩薩之身。作是事已，於上虚空中成大光明雲網臺而住。時十方諸佛悉亦如是，從眉間出清淨光明，其光名

① 梵魏二本均缺此段重頌。

② 梵本、尸羅本云："清淨慧。"秦晋魏三本大同。

③ 梵本、尸羅本此句云："爲十力意樂。"

④ 梵魏二本此句云："説勝地無垢。"

⑤ 魏本次有句云："照已還住本處。"法護本同。與釋文"卷舒"之説相合。

⑥ 梵魏尸羅三本次有句云："映蔽一切諸宫殿"，與釋文合。

號、眷屬、作業悉同於此，又亦照此娑婆世界佛及大衆，拜金剛藏菩薩身師子座已，於上虚空中成大光明雲網臺①。時光臺中，以諸佛威神力故，而説頌言：

佛無等等如虚空，十力無量勝功德，人間最勝世中上，釋師子法加於彼。

佛子當承諸佛力，開此法王最勝藏，諸地廣智勝妙行，以佛威神分別説。

若②爲善逝力所加，當③得法寶入其心，諸地無垢次第滿，亦具如來十種力。

雖住海水劫火中，堪受此法必得聞，其有生疑不信者，永不得聞如是義。

應説諸地勝智道，入住展④轉次修習，從行境界法智生，利益一切衆生故。

爾時，金剛藏菩薩觀察十方，欲令大衆增浄信故，而説頌曰：

如⑤來大僊道，微妙難可知，非念離諸念，求見不可得。

無生亦無滅，性⑥淨恆寂然，離垢聰慧人，彼智所行處。

自性本空寂，無⑦二亦無盡，解脱於諸趣，涅槃平等住。

---

① 三本次有句云："彼界衆會於此悉見，此界於彼亦復現見。"與釋文合。

② 勘諸本，此頌皆廣爲二頌，與釋亦合，今譯文略。

③ 梵本尸羅本此句云："此人能聞持如是微妙法。"

④ 梵本尸羅本此語云："勝進。"

⑤ 秦本尸羅本初四頌合爲二頌，與釋論判文相合。

⑥ 梵魏二本此句云："自性恆寂然。"

⑦ 秦晉二本此句云："滅除諸苦惱"，與藏釋同。又按，釋論云：此句有二種頌，一云"有不二不盡"，二云"定不二不盡"。今勘梵本，但云"不二不盡"，無有定義。

非初非中後，非言辭所説，出過於三世，其相如虚空。

寂滅佛所行，言説莫能及，地行亦如是，難説難可受。

智起佛境界，非念離心道，非蘊界處門，智知意不及。

如空中鳥跡，難説難可示，如是十地義，心①意不能了。

慈悲及願力，出生入地行，次第圓滿心，智行非慮境。

是境界難見，可知不可説，佛力故開演，汝等應敬受。

如是智入行，億劫説不盡，我今但略説，真實義無餘。

一心恭敬待，我承佛力説，勝法微妙音，譬喻字相應。

無量佛神力，咸來入我身，此處難宣示，我②今説少分。

佛子，若有衆生深種善根，善修諸行，善集助③道，善供養諸佛，善集白淨法，爲善知識善攝，善清淨深心，立廣大志，生廣大解，慈悲現前④。爲求佛智故，爲得十力故，爲得大無畏故，爲得佛平等法故，爲救一切世間故，爲淨大慈悲故，爲得十力無餘智故，爲淨一切佛刹無障礙故，爲一念知一切三世故，爲轉大法輪無所畏故⑤。佛子，菩薩起如是心以大悲爲首，智慧增上，善巧方便所攝，最上深心所持，如來力無量，善⑥觀察分別勇猛力智力無礙智現前，隨順自然智，能受一切佛法以智慧教化，廣大如法界，究竟如虚空，盡未來際。佛子，菩薩始發如是心，卽得超凡夫地，入菩薩位，生如來家，無能説其種族過失，離世間趣，入出世道，得菩薩法，住

① 梵魏尸羅三本此句云"不可得説聞"。次頌首句云："我但説一分"，又缺下"出生"句，與釋文合。

② 三本此句云："我依神力説，無少分語。"蓋已具出於前也。

③ 魏本云"三昧行"，與釋文合。

④ 勘諸本次皆有句云："如是衆生，乃能發無上正等覺心"，與釋亦合，今譯文略。

⑤ 勘諸本次ｒ結云："菩薩發如是心"，與釋亦合，今譯文略。

⑥ 勘梵本此句云："善決定有情力智力無礙智現前。"魏本大同，但缺"無礙"句。今譯"有情"satva爲"勇猛"也。

菩薩處，入①三世平等，於如來種中，決定當得無上菩提。菩薩住如是法，名住菩薩歡喜地，以不動相應故。佛子，菩薩住歡喜地成就多歡喜：多淨信、多愛樂、多適悦、多②欣慶、多踊躍、多勇猛、多無鬪諍、多無惱害、多無瞋恨。佛子，菩薩住此歡喜地，念諸佛故生歡喜，念諸佛法故生歡喜，念諸菩薩故生歡喜，念諸菩薩行故生歡喜，念清淨諸波羅蜜故生歡喜，念諸菩薩地殊勝故生歡喜，念諸菩薩不可壞故生歡喜，念如來教化衆生故生歡喜，念能令衆生得利益故生歡喜，念入一切如來智方便故生歡喜。復作是念：我轉離一切世間境界故生歡喜，親近一切佛故生歡喜，遠離凡夫地故生歡喜，近智慧地故生歡喜，永斷一切惡趣故生歡喜，與一切衆生作依止處故生歡喜，見一切如來故生歡喜，生佛境界中故生歡喜，入一切菩薩平等性中故生歡喜，遠離一切怖畏毛竪等事故生歡喜。何以故？此菩薩得歡喜地已，所有怖畏悉得遠離：所謂不活畏、惡名畏、死畏、惡道畏、大衆威德畏，如是怖畏，皆得永離。何以故？此菩薩離我想故尚不愛自身，何況資財？是故無有不活畏。不於他所希求供養，唯專給施一切衆生，是故無有惡名畏。遠離我見，無③有我想，是故無有死畏。自知死已，決定不離諸佛菩薩，是故無有惡道畏。我所志樂一切世間無與等者，何況有勝？是故無有大衆威德畏。菩薩如是遠離驚怖毛竪等事。佛子，此菩薩以大悲爲首，廣大志樂，無能沮壞，轉更勤修一切善根，而得成就。所謂信增上故，多淨信故，解清淨故，信④決定故，發生悲愍故，成就大慈故，心無疲懈故，慚愧莊嚴故，成就柔和故，敬順尊重諸佛教法故，日夜修習善根無

①　梵本此句貫下云：“入三世如來種決定”云云。法護秦晉三本大同。
②　梵晉魏本尸羅本皆云“多調柔”。
③　尸羅本此句意譯云：“於我無有失壞之想。”
④　勘梵秦晉魏尸羅五本，此句皆云：“多以信分別故”，與釋亦合，今譯改文。

厭足故，親近善知識故，常愛樂法故，求多聞無厭足故，如所聞法正觀察故，心無依著故，不耽著利養名聞恭敬故，不求一切資生之物故，生如寶心無厭足故，求一切智地故，求如來力無畏不共佛法故，求諸波羅蜜助①道法故，離諸諂誑故，如説能行故，常護實語故，不汙如來家故，不捨菩薩戒故，生一切智心如山王不動故，不捨一切世間事成就出世間道故，集助菩提分法無厭足故，常求上上殊勝道故。佛子，菩薩成就如是淨治地，法名爲安住菩薩歡喜地。

佛子，菩薩住此歡喜地，能成就如是大誓願，如是大勇猛，如是大作用。所② 謂生廣大清淨決定解，以一切供養之具恭敬供養一切諸佛，令無有餘，廣大如法界，究竟如虚空，盡未來際，一切劫數無有休息。又③發大願，願受一切佛法輪，願攝一切佛菩提，願護一切諸佛教，願持一切諸佛法廣大如法界究竟、如虚空盡未來際一切劫數無有休息④。又發大願，願一切世界佛興于世，從兜率天宫没入胎住胎、初生、出家、成道、説法、示現涅槃，皆悉往詣親近供養，爲衆上首受行正法，於一切處一時而轉，廣大如法界究竟、如虚空盡未來際一切劫數無有休息。又發大願，願一切菩薩行廣大無量不⑤壞不雜，攝諸波羅蜜，淨治諸地，總⑥相、别相、同相、異相、成⑦

---

① 梵魏尸羅三本均云:“無著法。”

② 勘三本，此下二句互倒。法護本秦本大同，與釋亦合，今譯改文。

③ 梵本、尸羅本此段結構略異。首云:“爲受持一切佛法眼故願攝”云云。末云:“爲大供事發初大願。”次下各段例同。

④ 法護秦晉魏四本，此下結出願各云:“大供養恭敬”，次下各段略同。

⑤ 梵魏尸羅三本皆缺此“不壞”語。

⑥ 梵本此總别相作總體支分，無“相”字。法護本云:“衆會品類”，意同。

⑦ 梵本此成壞相但作成壞，亦無“相”字。法護本云“合會别離”。晉本云“有成有壞”，意同。

相、壞相，所①有菩薩行皆如實説教化一切，令其受行心得增長，廣大如法界究竟、如虛空盡未來際一切劫數無有休息。又發大願，願一切衆生界有色無色、有想無想、非有想非無想，卵生、胎生、濕生、化生，三界所繫入於六趣，一切生處名色所攝，如是等類，我皆教化令人佛法，令永斷一切世間趣，令安住一切智智道，廣大如法界究竟、如是虛空盡未來際一切劫數無有休息。又發大願，願一切世界廣大無量麤細亂住倒②住正住、若③入若行若去，如帝網差別十方無量種種不同智，皆明了現前如見，廣大如法界究竟、如虛空盡未來際一切劫數無有休息。又發大願，願一切國土入一國土、一國土入一切國土，無量佛土普皆清淨，光明衆具以爲莊嚴，離一切煩惱，成就清淨道，無量智慧衆生充滿其中，普入廣大諸佛境界，隨衆生心而爲示現，皆令歡喜，廣大如法界究竟、如虛空盡未來際一切劫數無有休息。又發大願，願與一切菩薩同一志行，無有怨嫉，集諸善根，一切菩薩平等一緣，常共集會，不相捨離，隨意能現種種佛身，任其自心，能知一切如來境界威力智慧，得不退如意神通，遊行一切世界，現形一切衆會，普入一切生處，成就不思議大④乘修菩薩行，廣大如法界究竟、如虛空盡未來際一切劫數無有休息。又發大願，願乘不退輪行菩薩行，身語意業悉不唐捐，若暫見者則必定佛法，暫聞音聲則得實智慧，纔生淨信則永斷煩惱，得如大藥王樹身，得如如意寶身修行一切菩薩行，廣大如法界究竟、如

---

① 梵魏尸羅三本此句云“諸菩薩行如實顯示菩薩地道及諸度方便業教化一切云云”。秦晉本大同。

② 尸羅本此二語意譯云:“覆住仰住。”

③ 秦晉二本此三語云“平坦圓方”。魏本尸羅本連下文云“入於十方種種異相”。

④ 梵本尸羅本此語云:“大乘理趣。”法護秦晉三本意譯云:“大智慧道。”

虚空盡未來際一切劫數無有休息。又發大願，願於一切世界成阿耨多羅三藐三菩提，不離一毛端處，於一切毛端處皆悉示現初生、出家、詣道場、成正覺、轉法輪、入涅槃，得佛境界大智慧力，於念念中隨一切衆生心示現成佛，令得寂滅，以一三菩提，知一①切法界即涅槃相，以一音説法，令一切衆生心皆歡喜，示入大涅槃而不斷菩薩行，示大智慧地安立一切法，以法智通神足通幻通自在變化，充滿一切法界，廣大如法界究竟、如虚空盡未來際一切劫數無有休息。

佛子，菩薩住歡喜地發如是大誓願、如是大勇猛、如是大作用。以此十願門爲首滿足百萬阿僧祇大願。佛子，此大願以十② 盡句而得成就。何等爲十？所謂衆生界盡，世界盡，虚空界盡，法界盡，涅槃界盡，佛出現界盡，如來智界盡，心所緣界盡，佛智所入境界界盡，世間轉法轉智轉界盡。若衆生界盡，我願乃盡；若世界乃至世間轉法轉智轉界盡，我願乃盡。而衆生界不可盡，乃至世間轉法轉智轉界不可盡，故我此大願善根無有窮盡。佛子，菩薩發如是大願已，則得利③益心，柔輭心、隨④順心、寂静心、調伏心、寂滅心、謙下心、潤澤心、不動心、不濁心。成淨信者，有信功用，能信如來本行所入，信成就諸波羅蜜，信入諸勝地，信成就力，信具足無所畏，信生長不可壞不共佛法，信不思議佛法，信出生無中邊佛境界，信隨入如來無量境界，信成就果。舉要言之，信一切菩薩行，乃至如來智地説力⑤故。佛子，此菩薩復作是念：諸佛正法如是甚深，如是

① 勘諸本此語皆云"一切法涅槃"，今譯增文。
② 法護秦晉三本皆云："十不可盡"句。
③ 梵本尸羅本此語云："堪能心。"
④ 梵魏二本均缺次下八心。法護尸羅二本大同。釋亦無文。
⑤ 梵魏二本云："加持故。"

寂静，如是寂滅，如是空，如是無相，如是無願，如是無染，如①是無量，如是廣大②，而諸凡夫心③墮邪見，無明覆翳④，立憍慢高幢，入渴愛網中，行諂誑稠林，不能自出，心與慳嫉相應，不捨恆造諸趣受生因緣，貪恚愚癡積集諸業日夜增長，以忿恨風吹心識火，熾然不息，凡所作業皆顛倒相應，欲流、有流、無明流、見流、相續起心意識種子。於⑤三界田中，復生苦芽，所謂名色共生不離，此名色增長，生六處聚落，於中相對生觸，觸故生受，因受生愛，愛增長故生取，取長增故生有，有生故有生老死憂悲苦惱如是衆生生長苦聚。是中皆空，離我我所，無知無覺，無作無受，如草木石壁，亦如影像，然諸衆生不覺不知。菩薩見諸衆生於如是苦聚不得出離，是故卽生大悲智⑥慧。復作是念：此諸衆生我應救拔，置於究竟安樂之處，是故卽生大慈光⑦明智。

佛子，菩薩摩訶薩隨順如是大悲大慈，以深重心住初地時，於一切物無所恪惜，求佛大智，修行大捨。凡是所有一切能施，所謂財穀倉庫、金銀、摩尼真珠、瑠璃、珂貝、璧玉、珊瑚等物，珍寶瓔珞嚴身之具，象馬車乘、奴⑧婢人民、城邑聚落、園林臺觀、妻妾男女內外眷屬，及餘所有珍玩之具，頭目手足、血肉骨髓，一切身分，皆無所惜，爲求諸佛廣大智慧，是名菩薩住於初地大捨成就。佛子，菩薩以此慈悲大施心，爲欲救護一切衆生，轉更推求世出世間諸利

---

① 梵本次下云："如是廣大、如是無量、如是無上"，凡有三句。魏本缺"廣大"句，尸羅本缺"無上"句。

② 諸本次有句云："此諸佛法如是難得。"

③ 梵本尸羅本此句云："由墮邪見心相續。" 次下各句例同。

④ 梵魏尸羅三本次有"意識"一語。

⑤ 梵本尸羅本此句云："於三界中復生有芽。" 魏本大同。

⑥ 梵本尸羅本均缺此"智慧"一語，法護本同。

⑦ 梵本尸羅本均缺此"光明智"一語。

⑧ 梵魏尸羅三本次下三語以"園林""奴婢""城邑"爲次。

益事，無疲厭故，即得成就無疲厭心；得無疲厭心已，於一切經論心無怯弱，故即得成就一切經論智；獲是智已，善能籌量應作不應作，於上中下一切衆生隨應隨力，隨其所習如是而行，是故菩薩得成世智；成世智已，知時知量，以慚愧莊嚴勤修自利利他之道，是故成就慚愧莊嚴；於此行中，勤修出離不退不轉成堅固力；得堅固力已，勤供諸佛，於佛教法能如說行。佛子，菩薩如是成就十種淨諸地法：所謂信、悲、慈、捨、無有疲厭、知諸經論、善解世法、慚愧、堅固力、供養諸佛依教修行。

佛子，菩薩住此歡喜地已，以①大願力得見多佛，所謂見多②百佛、多千佛、多百千佛、多億佛、多百億佛、多千億佛、多百千億佛、多億那由他佛、多百億那由他佛、多千億那由他佛、多百千億那由他佛，悉以大心、深心，恭敬尊重，承事供養，衣服飲食，卧具醫藥，一切資生，悉以奉施，亦以供養一切衆僧，以此善根，皆悉迴向無上菩提。佛子，此菩薩因供養諸佛故，得成就衆生法，以前二攝攝取衆生，謂布施愛語，後二攝法但以信解力故，行未善通達。是菩薩十波羅蜜中檀波羅蜜增上，餘波羅蜜非不修行，但隨力隨分。是③菩薩隨所勤修供養諸佛教化衆生，皆以修行清淨地法，所有善根悉以迴向一切智地，轉轉明淨，調柔成就，隨意堪用。佛子，譬如金師，善巧鍊金，數數入火，轉轉明淨，調柔成就，隨意堪用，菩薩亦復如是，供養諸佛教化衆生，皆爲修行清淨地法，所有善根悉以迴向

① 梵本尸羅本云"以大示現及大願力"。魏本云"以大神通大願力"，亦分二語，與釋文合。次後各地例同。

② 勘梵魏尸羅三本，此處叙數云：百、千、百千、百千那庾多、俱胝、百俱胝、千俱胝、百千俱胝、百千俱胝那庾多，合上總句，具有十數，與經文例適合。今譯錯亂，次後例同。

③ 勘梵魏尸羅三本此二句云："菩薩如如隨所勤修等，如是如是所有善根悉以迴向"，云云。次下喻合文同，今譯缺略。

一切智地，轉轉明淨，調柔成就，隨意堪用。

佛子，菩薩摩訶薩住於初地，應從諸佛菩薩善知識所推求請問於此地中相及得果無有厭足，爲欲成就此地法故；亦應從諸佛菩薩善知識所推求請問第二地中相及得果無有厭足，爲欲成就彼地法故；亦應如是推求請問第三第四第五第六第七第八第九第十地中相及得果無有厭足，爲欲成就彼地法故。是菩薩善知諸地障對治，善知地成壞，善知地相果，善知地得修，善知地法清淨，善知地地轉行，善知地地處非處，善知地地殊勝智，善知地地不退轉，善知淨治一切菩薩地，乃至轉入如來地。佛子，菩薩如是善知地相，始於初地，起行不斷，如是乃至入第十地，無有斷絶，由此諸地智光明故，成於如來智慧光明。佛子，譬如商主，善知方便，欲將諸商人往詣大城，未發之時，先問道中功德過失，及住止之處安危可不，然後具道資糧，作所應作。佛子，彼大商主雖未發足，能知道中所有一切安危之事，善以智慧籌量觀察，備其所須，令無乏少，將諸商衆乃至安隱到彼大城，身及衆人悉免憂患。佛子，菩薩商主亦復如是，住於初地，善知諸地障對治，乃至善知一切菩薩地清淨轉入如來地，然後乃具福智資糧，將一切衆生經生死曠野險難之處，安隱得至薩婆若城，身及衆生不經患難。是故菩薩常應匪懈勤修諸地殊勝淨業，乃至趣入如來智地。佛子，是名略説菩薩摩訶薩入菩薩初地門，廣説則有無量無邊百億阿僧祇差别事。

佛子，菩薩摩訶薩住此初地，多作閻浮提王豪貴自在，常護正法，能以大施攝取衆生善，除衆生慳貪之垢，常行大施，無有窮盡，布施愛語，利行同事。如是一切諸所作業，皆不離念佛、不離念法、不離念僧、不離念同行菩薩、不離念菩薩行、不離念諸波羅蜜、不離念諸地、不離念力、不離念無畏、不離念不共佛法，乃至不離念具足一切種一切智智。復作是念：我當於一切衆生中爲首、爲勝、爲殊勝、爲妙、爲微妙、爲上、爲無上、爲導、爲將、爲帥①,乃至爲一切智智依止者。是菩薩若欲捨家,於佛法中勤行精進,便能捨家妻子五欲,依如來教出家學道。既出家已,勤行精進,於一念頃得百三昧,得見百佛,知百佛神力,能動百佛世界,能過百佛世界,能照百佛世界,能教化百世界衆生,能住壽百劫,能知前後際各百劫事,能入百法門,能示現百身於一一身,能示百菩薩以爲眷屬。若以菩薩殊勝願力自在示現,過於是數② 百劫、千劫、百千劫,乃至百千億那由他劫,不能數知。爾③ 時,金剛藏菩薩欲重宣其義,而説頌曰:

若人集衆善,具足白淨法,供養天人尊,隨順慈悲道。
信解極廣大,志樂亦清淨,爲求佛智慧,發此無上心。
淨④一切智力,及以無所畏,成就諸佛法,救攝羣生衆。
爲得大慈悲,及轉勝法輪,嚴淨佛國土,發此最勝心。
一念知三世,而無有分别,種種時不同,以示於世間。
略説求諸佛,一切勝功德,發生廣大心,量等虛空界。
悲先慧爲主,方便共相應,信解清淨心,如來無量力。
無礙智現前,自悟不由他,具⑤足同如來,發此最勝心。
佛子始發生,如是妙寶心,則超凡夫位,入佛所行處。
生在如來家,種族無瑕玷,與⑥佛共平等,决定無上覺。
纔生如是心,卽得入初地,志樂不可動,譬⑦如大山王。

---

① 勘梵、魏、尸羅三本,此字應作"師"。
② 三本次有文云:"示現種種神通,身光明眼境界音聲行莊嚴勝解,加持所作此等百劫千劫"云云。
③ 魏本缺此文末重頌,次後各地均同。
④ 尸羅本此句云:"爲獲佛十力",與前長行文合。
⑤ 尸羅本此句云:"是受佛法誨",與前長行文合。
⑥ 尸羅本此句云:"紹諸佛聖種",與前長行文合。
⑦ 尸羅本此句云:"勤修正加行。"

多喜多愛樂，亦復多淨信，極大勇猛心，及以慶躍心。

遠離於鬪諍，惱害及瞋恚，慚敬而質直，善守護諸根。

救世無等者，所有衆智慧，此處我當得，憶念生歡喜。

始得入初地，即超五怖畏，不活死惡名，惡趣衆威德。

以不貪著我，及以於我所，是①諸佛子等，遠離諸怖畏。

常行大慈愍，恆有信恭敬，慚愧功德備，日夜增善法。

樂②法真實利，不愛受諸欲，思惟所聞法，遠離取著行，不貪於利養，唯③樂佛菩提。

一心求佛智，專④精無異念，修行波羅蜜，遠離諂虛誑，如説而修行，安住實語中。

不汙諸佛家，不捨菩薩戒，不樂於世事，常利益世間。

修善無厭足，轉求增勝道，如⑤是好樂法，功德義相應。

恆⑥起大願心，願見於諸佛，護持諸佛法，攝取大仙道。

常生如是願，修行最勝行，成熟諸羣生，嚴淨佛國土。

一切諸佛刹，佛子悉充滿，平等共一心，所作皆不空。

一切毛端處，一時成正覺，如是等大願，無量無邊際。

虛空與衆生，法界及涅槃，世間佛出興，佛智心境界。

如來智所入，及以三轉盡，彼諸若有盡，我願方始盡，如彼無盡期，我願亦復然。

如是發大願，心柔輭調順，能信佛功德，觀察於衆生。

知從因緣起，則興慈念心，如是苦衆生，我今應救脱。

---

① 尸羅本此句云："是故佛子等"，總結上文。

② 尸羅本此二句云："樂遊正法苑，無厭求多聞"，與前長行文合。

③ 尸羅本此句云："唯引平等心。"

④ 尸羅本此句云："緣慮十力等"，與前長行文合。

⑤ 尸羅本此二句云："如是法相應，各善住初地"，總結上文。

⑥ 尸羅本此半頌廣爲一頌。

爲是衆生故,而行種種施,王位及珍寶,乃至象馬車。
頭目與手足,乃至身血肉,一切皆能捨,心得無憂悔。
求種種經書,其心無厭倦,善解其義趣,能隨世所行。
慚愧自莊嚴,修行轉堅固,供養無量佛,恭敬而尊重。
如是常修習,日夜無懈倦,善根轉明淨,如火錬真金。
菩薩住於此,淨修於十地,所作無障礙,具足不斷絶。
譬如大商主,爲利諸商衆,問知道險易,安隱至大城。
菩薩住初地,應知亦如是,勇猛無障礙,到於第十地。
住此初地中,作大功德王,以法化衆生,慈心無損害。
統領閻浮地,化行靡不及,皆令住大捨,成就佛智慧。
欲求最勝道,捨己國王位,能於佛教中,勇猛勤修習。
則得百三昧,及見百諸佛,震動百世界,光照行亦爾。
化百土衆生,入於百法門,能知百劫事,示現於百身。
及現百菩薩,以爲其眷屬,若自在願力,過是數無量。
我於地義中,略述其少分,若欲廣分別,億劫不能盡。
菩薩最勝道,利益諸羣生,如是初地法,我今已說竟。

大方廣佛華嚴經卷第三十五

十[①]地品第二十六之二

諸[②]菩薩聞此,最勝微妙地,其心盡清淨,一切皆歡喜。
皆從於座起,踊住虚空中,普散上妙華,同時共稱讚。
善哉金剛藏,大智無畏者,善說於此地,菩薩所行法。

① 秦本此下離垢地第二,晉魏尸羅三本大同。
② 魏本缺此文首序頌,次後各地均同。

解脱月菩薩，知衆心清淨，樂聞第二地，所有諸行相。

即請金剛藏，大慧願演説，佛子皆樂聞，所住第二地。

爾[①]時，金剛藏菩薩告解脱月菩薩言：佛子，菩薩摩訶薩已修初地，欲入第二地，當起十種深[②]心：何等爲十？所謂正直心、柔輭心、堪能心、調伏心、寂静心、純善心、不雜心、無顧戀心、廣[③]心、大心，菩薩以此十心，得入第二離垢地。佛子，菩薩住離垢地[④]性自遠離一切殺生，不畜刀杖，不懷怨恨，有慚有愧，仁恕具足，於一切衆生有命之者，常生利益慈念之心。是菩薩尚不惡心惱諸衆生，何況於他[⑤]起衆生想故以重意而行殺害？性不偷盜，菩薩於自資財常知止足，於他慈恕不欲侵損，若物屬他[⑥]起他物想，終不於此而生盜心，乃至草葉不與不取，何況其餘資生之具？性不邪婬，菩薩於自妻知足，不求他妻，於他妻妾他所護女親族媒定，及爲法所護，尚不生於貪染之心，何況從事況於非道？性不妄語，菩薩常作實語真語時語，乃至夢中亦不忍作覆藏之語，無心欲作，何況故犯？性不兩舌，菩薩於諸衆生無離間心，無惱害心，不將此語爲破彼故而向彼説，不將彼語爲破此故而向此説，未破者不令破，已破者不增長，不喜離間，不樂離間，不作離間語，不説離間語，若實若不實。性不惡口，所謂毒害語、麤獷語、苦他語、令他瞋恨語、現前語、不現前語、鄙惡語、庸[⑦]賤語、不可樂聞語、聞者不悦語、瞋忿語、如火燒心語、怨結語、熱惱語、不可愛語、不可樂語、能壞自身他身語，如是

① 法護本此下離垢住品第二。

② 梵本、尸羅本云："心之意樂"，次後餘地例同。

③ 梵晉魏尸羅四本次二語云："勝心大心"，次後均同。

④ 梵魏尸羅三本次有總句云："自性成就十善業道。"

⑤ 三本次有"衆生"一語，與釋文合。

⑥ 梵魏二本次有句云"他所用事"，與釋文合。

⑦ 魏本云："不斷語。"釋云"常行"。

等語皆悉捨離，常作潤澤語、柔輭語、悦意語、可樂聞語、聞者喜悦語、善入人心語、風雅典則語、多人愛樂語、多人悦樂語、身心踊悦語①。性不綺語，菩薩常樂思審語時語，實語、義語、法語、順道理語、巧調伏語、隨時籌量決定語，是菩薩乃至戲笑尚恆思審，何況故出散亂之言？性不貪欲，菩薩於他財物，他所資用，不生貪心，不願不求②。性離瞋恚，菩薩於一切衆生恆起慈心、利益心、哀愍心、歡喜心、和潤心、攝③受心．永捨瞋恨怨害熱惱，常思順行仁慈祐益。又離邪見，菩薩住於正道，不行占卜，不取惡戒，心見正直，無誑、無諂，於佛法僧起決定信。

佛子，菩薩摩訶薩如是護持十善業道，常無間斷。復作是念：一切衆生墮惡趣者，莫不皆以十④不善業，是故我當自修正行，亦勸於他令修正行。何以故？若自不能修行正行，令他修者無有是處。佛子，此菩薩摩訶薩復作是念：十不善業道是地獄畜生餓鬼受生因，十善業道是人天乃至有頂處受生因，又此上品十善業道以智慧修習心狹劣故，怖三界故，闕大悲故，從⑤他聞聲而解了故，成聲聞乘；又此上品十善業道修治清淨不從他教自覺悟故，大悲方便不具足故，悟解甚深因緣法故，成獨覺乘；又此上品十善業道修治清淨心廣無量故，具足悲愍故，方便所攝故，發生大願故，不捨衆生故，希求諸佛大智故，淨⑥治菩薩諸地故，淨修一切諸度故，成菩薩廣大行；又此上上十善業道一切種清淨故，乃至證十力四無畏故，一

① 梵魏尸羅三本次有句云："能淨自他心相續語，常説如是美妙語故。"
② 三本次下更有"不生貪心"一語，與釋文合。
③ 梵魏尸羅三本此語云："攝益一切世間心。"
④ 梵本、尸羅本此語云："十不善業道集因緣。"秦魏二本大同。
⑤ 梵魏尸羅三本分作二句云："隨他聞故，隨他聲故"，與釋文合。
⑥ 魏本、尸羅本次下二句合爲一句。

切佛法皆得成就。是故我今等行十善，應[1]令一切具足清淨，如是方便菩薩當學。

佛子，此菩薩摩訶薩又作是念：十不善業道，上者地獄因，中者畜生因，下者餓鬼因。於中，殺生之罪能令衆生墮於地獄畜生餓鬼，若生人中，得二種果報：一者短命，二者多病。偷盜之罪亦令衆生墮三惡道，若生人中，得二種果報：一者貧窮，二者共財不得自在。邪婬之罪亦令衆生墮三惡道，若生人中，得二種果報：一者妻不貞良，二者不得隨意眷屬。妄語之罪亦令衆生墮三惡道，若生人中，得二種果報：一者多被誹謗，二者爲他所誑。兩舌之罪亦令衆生墮三惡道，若生人中，得二種果報：一者眷屬乖離，二者親族弊[2]惡。惡口之罪亦令衆生墮三惡道，若生人中，得二種果報，一者常聞惡聲，二者言多諍訟。綺語之罪亦令衆生墮三惡道，若生人中，得二種果報：一者言無人受，二者語不明了。貪欲之罪亦令衆生墮三惡道，若生人中，得二種果報：一者心不知足，二者多欲無厭。瞋恚之罪亦令衆生墮三惡道，若生人中，得二種果報：一者常被他人求其長短，二者恆被於他之所惱害。邪見之罪亦令衆生墮三惡道，若生人中，得二種果報：一者生邪見家，二者其心諂曲。佛子，十不善業道能生此等無量無邊衆大苦聚，是故菩薩作如是念：我當遠離十不善道，以十善道爲法園苑愛樂安住。自住其中，亦勸他人令住其中。佛子，此菩薩摩訶薩復於一切衆生生利益心、安樂心、慈心、悲心、憐愍心、攝受心、守護心、自己心、師心、大師心。作是念言：衆生可愍，墮於邪見，惡慧惡欲，惡道稠林，我應令彼住於正見，行真實道。又作是念：一切衆生，分別彼我，互相破壞，鬭諍瞋恨，熾然不息，我當令彼住於無上大慈之中。又作是念：一切衆生，貪取無

① 梵本、尸羅本此句連下讀云："於一切種清淨行中應作加行。"
② 原刻作"斃"，今依麗刻改。

厭，唯求財①利，邪命自活，我當令彼住於清淨身語意業，正命法中。又作是念：一切衆生，常隨三毒，種種煩惱因之熾然，不解志求出要方便，我當令彼除滅一切煩惱大火，安置清涼涅槃之處。又作是念：一切衆生，爲愚癡重闇妄見厚膜之所覆故，入陰翳稠林，失智慧光明，行曠野險道，起諸惡見，我當令彼得無障礙清淨智眼，知一切法如實相不隨他教。又作是念：一切衆生在於生死險道之中，將墮地獄畜生餓鬼，入惡見網中，爲愚癡稠林所迷，隨逐邪道，行顛倒行，譬如盲人，無有導師，非出要道謂爲出要，入魔境界，惡賊所攝②，隨順魔心，遠離佛意，我當拔出如是險難，令住無畏一切智城。又作是念：一切衆生爲大瀑水波浪所没，入欲流、有流、無明流、見流，生死洄澓，愛河漂轉，湍馳奔激，不暇觀察，爲欲覺、恚覺、害覺隨逐不捨，身③見羅刹於中執取，將其永入愛欲稠林，於所貪愛深生染著，住我慢原阜，安④六處聚落，無善救者，無能度者，我當於彼起大悲心，以諸善根而爲救濟，令無災患離染寂静⑤，住於一切智慧寶洲。又作是念：一切衆生處世牢獄，多諸苦惱，常懷愛憎，自生憂怖，貪欲重械之所繫縛，無明稠林以爲覆障，於三界内莫能自出，我當令彼永離三有，住無障礙大涅槃中。又作是念：一切衆生執著於我，於諸蘊窟宅不求出離，依⑥六處空聚，起四顛倒行，爲四大毒蛇之所侵惱，五蘊寃賊之所殺害，受無量苦，我當令彼住於最勝無所著處，所謂滅一切障礙無上涅槃。又作是念：一切衆生其心狹劣，不行最上一切智道，雖欲出離，但樂聲聞辟支佛乘，我當

① 梵、秦、魏尸羅四本皆云“他財”。

② 梵、魏、尸羅三本次云：“遠離善巧導師，趣入諸魔意樂稠林。”

③ 梵、秦、魏三本云：“身見水中羅刹所執。”

④ 勘諸本此下二句互倒，與釋相符，今譯改文。

⑤ 勘諸本次有句云：“離諸恐怖”，今譯文略。

⑥ 勘諸本此下二句互倒，與釋相符，今譯改文。

令住廣大佛法，廣大智慧。佛子，菩薩如是護[①]持於戒，善能增長慈悲之心。

佛子，菩薩住此離垢地，以願力故，得見多佛。所謂見多百佛多千佛、多百千佛、多億佛、多百億佛、多千億佛、多百千億佛，如是乃至見多百千億那由他佛，於諸佛所以廣大心深心恭敬尊重，承事供養，衣服飲食卧具醫藥一切資生悉以奉施，亦以供養一切衆僧，以此善根迴向阿耨多羅三藐三菩提。於諸佛所以尊重心，復更受行十善道法，隨其所受，乃至菩提，終不忘失。是菩薩於無量百千億那由他劫遠離慳嫉破戒垢故，布施持戒清淨滿足，譬如真金置礬石中如法鍊已，離一切垢，轉復明淨。菩薩住此離垢地亦復如是，於無量百千億那由他劫遠離慳嫉破戒垢故，布施持戒清淨滿足。佛子，此菩薩四攝法中，愛語偏多，十波羅蜜中，持戒偏多，餘非不行但隨力隨分。佛子，是名略説菩薩摩訶薩第二離垢地。

菩薩住此地多作轉輪聖王爲大法王，具足七寶有自在力，能除一切衆生慳貪破戒垢，以善方便令其安住十善道中，爲大施主周給無盡布施，愛語利行[②]同事。如是一切諸所作業，皆不離念佛，不離念法，不離念僧，乃至不離念具足一切種一切智智。又作是念：我當於一切衆生中爲首、爲勝爲殊勝、爲妙爲微妙、爲上爲無上、乃至爲一切智智依止者。是菩薩若欲捨家，於佛法中勤行精進便能捨家妻子五欲，既出家已，勤行精進，於一念頃得千三昧，得見千佛，知千佛神力，能動千世界，乃至能示現千身於一一身能，示現千菩薩以爲眷屬。若以菩薩殊勝願力自在示現過於是數，百劫千劫乃至百千億那由他劫不能數知。爾時，金剛藏菩薩欲重宣其義，而説頌曰：

① 梵、秦、晉三本此句云："如是隨順戒力，善能引發慈悲。"法護本大同。

② 原刻作"益"，今依麗刻改。

質直柔輭及堪能，調伏寂静與純善，速①出生死廣大意，以此十心入二地。

住此成就戒功德，遠離殺生不惱害，亦離偷盗及邪婬，妄惡乖離無義語。

不貪財物常慈愍，正道直心無諂僞，離險捨慢極調柔，依教而行不放逸。

地獄畜生受衆苦，餓鬼燒然出猛燄，一切皆由罪所致，我當離彼住實②法。

人中隨意得受生，乃至頂天禪定樂，獨覺聲聞佛乘道，皆因十善而成就。

如是思惟不放逸，自持淨戒教他護，復見羣生受衆苦，轉更增益大悲心。

凡愚邪智不正解，常懷忿恨多諍訟，貪求境界無足期，我應令彼除三毒。

愚癡大闇所纏覆，八大險道邪見網，生死籠③檻怨所拘，我應令彼摧魔賊。

四流漂蕩心没溺，三界焚④如苦無量，計蘊爲宅我在中，爲欲度彼勤行道。

設求出離心下劣，捨於最上佛智慧，我欲令彼住大乘，發勤精進無厭足。

菩薩住此集功德，見無量佛咸供養，億劫修治善更明，如以好⑤藥鍊真金。

---

① 尸羅本此句云："無雜無戀勝廣大"，與前長行文合。法護本大同。

② 尸羅本此語云："法苑。"

③ 尸羅本此語云："曠野。"

④ 尸羅本此語云："禁繫。"

⑤ 秦本尸羅本此語云"礬石"，與前長行文合。

佛子住此作輪王，普化衆生行十善，所有善法皆修習，爲成十力救於世。

欲捨王位及財寶，卽棄居家依佛教，勇猛精勤一念中，獲千三昧見千佛。

所有種種神通力，此地菩薩皆能現，願力所作復過此，無量自在度羣生。

一切世間利益者，所修菩薩最勝行，如是第二地功德，爲諸佛子已開演。

佛[①]子得聞此地行，菩薩境界難思議，靡不恭敬心歡喜，散華空中爲供養。

讚言善哉大山王，慈心愍念諸衆生，善説智者律儀法，第二地中之行相。

是諸菩薩微妙行，眞實無異無差别，爲欲利益諸羣生，如是演説最清淨。

一切人天供養者，願爲演説第三地，與法相應諸智業，如其境界希具闡。

大僊所有施戒法，忍辱精進禪智慧，及以方便慈悲道，佛清淨行願皆説。

時解脱月復請言，無畏大士金剛藏，願説趣入第三地，柔和心者諸功德。

爾[②]時，金剛藏菩薩告解脱月菩薩言：佛子，菩薩摩訶薩已淨第二地，欲入第三地，當起十種深心。何等爲十？所謂清[③]淨心、安

① 秦魏二本此下"明地第三"，晉本於此分卷，不别題，但文内亦譯爲"明地"。尸羅本作"發光地第三"。

② 法護本此下"興光住品第三"。

③ 梵本尸羅本此句第三轉聲，文云："由清淨心意樂"，次下例同。

住心、厭捨心、離貪心、不退心、堅固心、明盛心、勇猛心、廣心、大心，菩薩以是十心，得入第三地。佛子，菩薩摩訶薩住第三地已，觀一切有爲法如實相，所謂無常、苦、不淨、不安隱、敗壞、不久住、刹那生滅、非從前際生、非向後際去、非於現在住。又觀此法無救、無依、與憂、與悲、苦惱同住，愛憎所繫，愁慼轉多，無有停積，貪恚癡火熾然不息，衆患所纏，日夜增長如①幻不實。見如是已，於一切有爲倍增厭離，趣佛智慧，見佛智慧不可思議，無等、無量、難得、無雜、無惱、無憂，至無畏城，不復退還，能救無量苦難衆生。菩薩如是見如來智慧無量利益，見一切有爲無量過患，則於一切衆生生十種哀②愍心。何等爲十？所謂見諸衆生孤獨無依生哀愍心，見衆生貧窮困乏生哀愍心，見諸衆生三毒火然生哀愍心，見諸衆生諸有牢獄之所禁閉生哀愍心，見諸衆生煩惱稠林恆所覆障生哀愍心，見諸衆生不善觀察生哀愍心，見諸衆生無善法欲生哀愍心，見諸衆生失諸佛法生哀愍心，見諸衆生隨生死流生哀愍心，見諸衆生失解脱方便生哀愍心，是爲十。菩薩如是見衆生界無量苦惱，發大精進，作是念言：此等衆生我應救、我應脱、我應淨、我應度，應著善處，應令安住，應令歡喜，應③令知見，應令稠伏，應令涅槃。菩薩如是厭離一切有爲，如是愍念一切衆生，知一切智智有勝利益，欲依如來智慧救度衆生。作是思惟：此諸衆生墮在煩惱大苦之中，以何方便而能拔濟，令住究竟涅槃之④樂？便作是念：欲度衆生令住涅槃，不離無障礙解脱智，無障礙解脱智不離一切法如實覺，一切法如實覺不離無行無生行慧光，無行無生行慧光不離禪善巧決定觀察智，

① 梵魏尸羅三本均缺此語。

② 梵本尸羅本仍作"心之意樂"，次下均同。

③ 梵秦晉魏四本云："令知所宜。"

④ 梵秦尸羅三本云："當樂。"

禪善巧決定觀察智不離善巧多聞。菩薩如是觀察了知已，倍於正法勤求修習，日夜唯願聞法、喜法、樂法、依法、隨法、解[①]法、順法、到法、住法、行法。菩薩如是勤求佛法，所有珍財皆無悋惜，不見有物難得可重，但於能説佛法之人生難遭想。是故，菩薩於内外財，爲求佛法悉能捨施，無[②]有恭敬而不能行，無有憍慢而不能捨，無有承事而不能生，無有勤苦而不能受。若聞一句未曾聞法，生大歡喜，勝得三千大千世界滿中珍寶。若聞一偈未聞正法，生大歡喜，勝得轉輪聖王位。若得一偈未曾聞法，能淨菩薩行，勝得帝釋梵王位，住無量百千劫。若有人言我有一句佛所説法，能淨菩薩行，汝今若能入大火坑受極大苦，當以相與。菩薩爾時作如是念：我以一句佛所説法，淨菩薩行故，假使三千大千世界大火滿中，尚欲從於梵天之上投身而下親自受取，況小火坑而不能入？然我今者爲求佛法，應受一切地獄衆苦，何況人中諸小苦惱？菩薩如是發勤精進求於佛法，如其所聞，觀[③]察修行。

此菩薩得聞法已，攝心安住於空閑處，作是思惟：如[④]説修行乃得佛法，非但口言而可清淨。佛子，是菩薩住此發光地時[⑤]，即離欲惡不善法，有覺有觀，離生喜樂，住初禪，滅覺觀，内淨一心，無覺無觀，定生喜樂，住第二禪；離喜住捨有念，正知身受樂諸聖所説，能捨有念受樂，住第三禪；斷樂先除苦喜憂，滅不苦不樂，捨念清淨，住第四禪。超一切色想，滅有對想，不念種種想，入無邊虚空

---

① 梵魏二本次五語云："益法、思法、究竟法、歸依法、法隨法行"秦晉二本大同。

② 梵本尸羅本次三句合云："無有師長不晢承事，無有慢過慢不捨下意受行。"

③ 梵本、尸羅本云："如理審觀"，秦晉二本大同。

④ 梵本、尸羅本此語云："修法隨法行，乃爲隨順佛法。"

⑤ 梵、魏、尸羅三本次有句云："爲欲修法隨法行。"

住虚空無邊處，超一切虚空無邊處，入無邊識住識無邊處，超一切識無邊處，入無少所有住無所有處，超一切無所有處，住非有想非無想處但隨順法，故行而無所樂著。

佛子，此菩薩心隨於慈，廣大無量不二，無怨無對，無障無惱，偏至一切處，盡法界、虚空界、偏一切世間，住悲喜捨亦復如是。佛子，此菩薩得無量神通力，能動大地，以一身爲多身，多身爲一身，或隱或顯，石壁山障所往無礙，猶如虚空，於虚空中加趺而去，同於飛鳥，入地如水，履水如地，身出煙燄如大火聚，復雨於水猶如大雲，日月在空有大威力，而能以手捫摸摩觸，其身自在，乃至梵世。此菩薩天耳清淨過於人耳，悉聞人天若近若遠所有音聲，乃至蚊蚋虻蠅等聲亦悉能聞。此菩薩以他心智如實而知他衆生心，所謂有貪心如實知有貪心，離貪心如實知離貪心，有瞋心離瞋心，有癡心離癡心，有煩惱心無煩惱心，小心廣心大心無量心，略心非略心，散①心非散心，定心非定心，解脱心非解脱心，有②上心無上心，雜染心非雜染心，廣心非廣心，皆如實知。菩薩如是以他心智知衆生心。此菩薩念知無量宿命差别，所謂念知一生，念知二生、三生、四生，乃至十生、二十、三十，乃至百生、無量百生、無量千生、無量百千生成劫壞劫、成壞劫、無量成壞劫。我曾在某處如是名、如是姓、如是種族③、如是飲食、如是壽命、如是久住、如是苦樂，我於彼死生於某處，從某處死生於此處，如是形狀，如是相貌，如是言音，如是過去無量差别，皆能憶念。此菩薩天眼清淨過於人眼，見諸衆生生時死時、好色惡色、善趣惡趣、隨業而去，若彼衆生成就身惡行，成就語

① 梵、魏、尸羅三本缺此二心。

② 三本次二句互倒，又缺末句“廣非廣心”。法護秦晉三本次下但有“有無上心”，餘缺。

③ 梵、魏、尸羅三本次有“如是色”一語。

惡行,成就意惡行,誹謗賢聖,具足邪見及邪見業因緣,身壞命終必墮惡趣,生地獄中。若彼衆生成就身善行,成就語善行,成就意善行,不謗賢聖,具足正見正見業因緣,身壞命終必生善趣諸天之中。菩薩天眼皆如實知。此菩薩於諸禪三昧三摩鉢底,能入能出,然不隨其力受生,但隨能滿菩提分處,以意願力而生其中。

佛子,是菩薩住此發光地,以願力故,得見多佛,所謂見多百佛、見多千佛、見多百千佛、乃至見多百千億那由他佛,悉以廣大心深心恭敬尊重,承事供養,衣服飲食、卧具湯藥、一切資生,悉以奉施,亦以供養一切衆僧,以此善根迴向阿耨多羅三藐三菩提,於其佛所恭敬聽法,聞已受持,隨力修行。此菩薩觀一切法,不[①]生不滅,因緣而有,見縛先滅,一切欲縛、色縛、有縛、無明縛,皆轉微薄,於無量百千億那由他劫不積集故,邪貪邪瞋及以邪癡悉得除斷,所有善根轉更明淨。佛子,譬如真金,善巧鍊治,秤兩不減,轉更明淨。菩薩亦復如是,住此發光地不積集故,邪貪邪瞋及以邪癡皆得除斷,所有善根轉更明淨。此菩薩忍辱心、柔和心、諧順心、悦美心、不瞋心、不動心、不濁心、無高下心、不[②]望報心、報恩心、不諂心、不誑心、無險詖心,皆轉清淨。此菩薩於四攝中利行偏多,十波羅蜜中忍波羅蜜偏多,餘非不修,但隨力隨分。佛子,是名菩薩第三發光地。

菩薩住此地,多作三十三天王,能以方便令諸衆生捨離貪欲布施,愛語利行同事,如是一切諸所作業,皆不離念佛,不離念法,不離念僧,乃至不離念具足一切種一切智智。復作是念:我當於一切衆生中爲首,爲勝爲殊勝、爲妙爲微妙、爲上爲無上,乃至爲一切智

---

① 梵本云:"不增不失。"

② 梵、魏、尸羅三本次下四語合云:"衆生所作不希望心,有所施作不望報心,不諂誑心。"秦、晉二本大同。

智依止者。若勤行精進，於一念頃得百千三昧，得見百千佛，知百千佛神力，能動百千佛世界，乃至示現百千身一一身，百千菩薩以爲眷屬。若以菩薩殊勝願力自在示現，過於此數，百劫、千劫、乃至百千億那由他劫，不能數知。爾時，金剛藏菩薩欲重宣其義，而説頌曰：

清淨安住明[①]盛心，厭離無貪無害心，堅固勇猛廣大心，
智者以此入三地。
菩薩住此發光地，觀諸行法苦無常，不淨敗壞速歸滅，
無堅無住無來往。
觀[②]諸有爲如重病，憂悲苦惱惑所纏，三毒猛火恆熾然，
無[③]始時來不休息。
厭離三有不貪著，專求佛智無異念，難測難思無等倫，
無量無邊無逼惱[④]。
見佛智已愍衆生，孤獨無依無救護，三毒熾然常困乏，
住諸有獄恆受苦。
煩惱纏覆盲無目，志樂下劣喪法寶，隨順生死怖涅槃，
我應救彼勤精進。
將求智慧益衆生，思何方便令脱解，不離如來無礙智[⑤]，
彼復無生慧所起，心念此慧從聞得，如是思惟自勤勵。
日夜聽習無間然，唯以正法爲尊重，國城財貝諸珍寶，
妻子眷屬及王位，菩薩爲法起敬心，如是一切皆能捨。

---

① 尸羅本此下云："厭離心，離欲無退及堅固"，與前長行文合。秦、晉二本大同。
② 尸羅本此句云："觀身無救無依怙"，與前長行文合。
③ 尸羅本此句云："與病俱有不休息。"
④ 尸羅本次有二句，具出上文"無雜無憂"等語。
⑤ 尸羅本次有二句云："斯由覺法如實理等"，與前長行文合。

頭目耳鼻舌牙齒，手足骨髓心血肉，此等皆捨未爲難，但以聞⑤法爲最難。

設有人來語菩薩，孰能投身大火聚，我當與汝佛法寶，聞已投之無怯懼。

假使火滿三千界，身從梵世而投入，爲求法故不爲難，況復人間諸小苦。

從初發意至得佛，其間所有阿鼻苦，爲聞法故皆能受，何況人中諸苦事。

聞已如理正思惟，獲得四禪無色定，四等五通次第起，不隨其力而受生。

菩薩住此見多佛，供養聽聞心決定，斷諸邪惑轉清淨，如鍊真金體無減。

住此多作忉利王，化導無量諸天衆，令捨貪心住善道，一向專求佛功德。

佛子住此勤精進，百千三昧皆具足，見百千佛相嚴身，若以願力復過是。

一切衆生普利益，彼諸菩薩最上行，如是所有第三地，我依其義已解釋。

大方廣佛華嚴經卷第三十六

十②地品第二十六之三

佛子聞此廣大行，可樂深妙殊勝法，心皆勇悦大歡喜，普散衆華

① 尸羅本此語作“法師”，與前長行文合。

② 秦本此下“餤地第四”。魏本同。晉本“第四餤慧地”。尸羅本大同。

供養佛。

演説如是妙法時,大地海水皆震動,一切天女咸歡喜,悉吐妙音同讚歎。

自在天王大欣慶,雨摩尼寶供養佛,讚言佛爲我出興,演説第一功德行。

如是智者諸地義,於百千劫甚難得,我今忽然而得聞,菩薩勝行妙法音。

願更演説聰慧者,後地決定無餘道,利益一切諸天人,此諸佛子皆樂聞。

勇猛大心解脱月,請金剛藏言佛子,從此轉入第四地,所有行相願宣説。

爾[①]時,金剛藏菩薩告解脱月菩薩言:佛子,菩薩摩訶薩第三地善清淨已,欲入第四燄慧地,當修行十法明門。何等爲十?所謂觀[②]察衆生界,觀[③]察法界,觀察世界,觀察虚空界,觀察識界,觀察欲界,觀察色界,觀察無色界,觀察廣心信解界,觀察大心信解界。菩薩以此十法明門,得入第四燄慧地。

佛子,菩薩住此燄慧地,則能以十種智成熟法故,得彼内法生如來家。何等爲十?所謂深心不退故,於三寶中生淨信畢竟不壞故,觀諸行生滅故,觀諸法自性無生故,觀世間成壞故,觀因業有生故,觀生死涅槃故,觀衆生國土業故,觀前際後際故,觀無所有盡故,是爲十。佛子,菩薩住此第四地,觀内身循身觀勤[④]勇念知除世間貪憂,觀外身循身觀勤勇念知除世間貪憂,觀内外身循身觀勤勇念知

① 法護本此下"暉曜住品第四"。

② 梵本、尸羅本此語第三轉聲,云:"由有情界思察明入",次下各語均同。

③ 梵、魏、尸羅三本次下二句互倒,與釋文合。

④ 梵本、尸羅本此語云:"熾然精進正知具念。"

除世間貪憂。如是觀内受外受内外受,循受觀觀内心外心内外心,循心觀觀内法外法内外法,循法觀勤勇念知除世間貪憂。復次,此菩薩未生諸惡不善法,爲不生故,欲生勤精進發心正斷;已生諸惡不善法,爲斷故,欲生勤精進發心正斷;未生諸善法,爲生故,欲生勤精進發心正行;已生諸善法,爲住不失故,修令增廣故,欲生勤精進發心正行。復次,此菩薩修行欲定斷行,成就神足,依止厭、依止離、依止滅,迴向於捨;修行精進,定心定觀定斷行,成就神足,依止厭、依止離、依止滅,迴向於捨。復次,此菩薩修行信根,依止厭、依止離、依止滅,迴向於捨;修行精進根、念根、定根、慧根、依止厭、依止離、依止滅,迴向於捨。復次,此菩薩修行信力,依止厭、依止離、依止滅、迴向於捨;修行精進力、念力、定力、慧力、依止厭、依止離、依止滅,迴向於捨。復次,此菩薩修行念覺分,依止厭、依止離、依止滅,迴向於捨;修行擇法覺分、精進覺分、喜覺分、猗覺分、定覺分、捨覺分、依止厭、依止離、依止滅,迴向於捨。復次,此菩薩修行正見、依止厭、依止離、依止滅,迴向於捨;修行正思惟、正語、正業、正命、正精進、正念、正定、依止厭、依止離、依止滅,迴向於捨。菩薩修行如是功德,爲不捨一切衆生故,本願所持故,大悲爲首故,大慈成就故,思念一切智智故,成就莊嚴佛土故,成就如來力無所畏、不共佛法相好音聲悉具足故,求於上上殊勝道故,隨順所聞甚深佛解脱故,思惟大智①善巧方便故。

佛子,菩薩住此燄慧地,所有身見爲首我②人、衆生、壽命、蘊界處、所起執著、出沒思惟,觀察、治故、我所故、物財故、著處故、於如是等一切皆離。此菩薩若見業是如來所訶,煩惱所染,皆悉捨離;若見業是順菩薩道,如來所讚,皆悉修行。佛子,此菩薩隨所起

① 梵、魏、尸羅三本缺此“智”字,法護本同。

② 梵本、尸羅本云:“我有情命者育者,數取趣蘊界處。”

方便慧，修集於道及助道分。如是而得潤澤心、柔輭心、調順心、利益安樂心、無雜染心、求上上勝法心、求殊勝智慧心、救一切世間心、恭敬尊德無違教命心、隨所聞法皆善修行心。此菩薩知恩、知報恩，心極和善，同住安樂，質直柔輭，無稠林行①，無有我慢，善受教誨，得說者意。此菩薩如是忍成就、如是調柔成就、如是寂滅成就。如是忍調柔寂滅成就淨治，後地業作意修行時，得不休息精進、不雜染精進、不退轉精進、廣大精進、無邊精進、熾然精進、無等等精進、無能壞精進、成熟一切衆生精進、善分別道非道精進，是菩薩心界清淨，深心不失，悟解明利，善根增長，離世垢濁，斷諸疑惑，明②斷具足，喜樂充滿，佛親護念，無量志樂皆悉成就。

佛子，菩薩住此燄慧地，以願力故，得見多佛，所謂見多百佛、見多千佛、見多百千佛、乃至見多百千億那由他佛，皆恭敬尊重，承事供養，衣服卧具，飲食湯藥，一切資生，悉以奉施，亦以供養一切衆僧，以此善根皆悉迴向阿耨多羅三藐三菩提，於彼佛所恭敬聽法，聞已受持，具足修行。復於彼諸佛法中出家修道，又更修治深心信解，經無量百千億那由他劫，令諸善根轉復明淨。佛子，譬如金師鍊治真金作莊嚴具，餘所有金皆不能及。菩薩摩訶薩亦復如是，住於此地所有善根，下地善根所不能及。如摩尼寶，清淨光輪，能放光明，非諸餘寶之所能及，風兩等緣悉不能壞。菩薩摩訶薩亦復如是，住於此地，下地菩薩所不能及，衆魔煩惱悉不能壞。此菩薩於四攝中同事偏多，十波羅蜜中精進偏多，餘非不修，但隨力隨分。佛子，是名略説菩薩摩訶薩第四燄慧地。

菩薩住此地，多作須夜摩天王，以善方便能除衆生身見等惑，令住正見布施愛語利行同事。如是一切諸所作業，皆不離念佛，不

① 梵、魏、尸羅三本次有句云："無有諂曲。"秦、晉二本大同。

② 梵、魏、尸羅三本此句云："無疑現前具足。"秦晉二本大同。

離念法，不離念僧，乃至不離念具足一切種一切智智。復作是念：我當於一切衆生中爲首，爲勝爲殊勝、爲妙爲微妙、爲上爲無上、乃至爲一切智智依止者。是菩薩若發勤精進，於一念頃得入億數三昧，得見億數佛，得知億數佛神力，能動億數世界，乃至能示現億數身，一一身億數菩薩，以爲眷屬。若以菩薩殊勝願力自在示現，過於此數百劫、千劫、乃至百千億那由他劫，不能數知。爾時，金剛藏菩薩欲重宣其義，而説頌言：

菩薩已淨第三地，次觀衆生世法界，空界識界及三界，心[①]解悉了能趣入。

始登燄地增勢力，生如來家永不退，於佛法僧信不壞，觀法無常無有起。

觀世成壞業有生，生死涅槃剎等業，觀前後際亦觀盡，如是修行生佛家。

得是法已增慈愍，轉更勤修四念處，身受心法内外觀，世間貪愛皆除遣。

菩薩修治四勤行，惡法除滅善增長，神足根力悉善修，七覺八道亦如是。

爲度衆生修彼行，本願所護慈悲首，求一切智及佛土，亦念如來十種力。

四無所畏不共法，殊特相好深美音，亦求妙道解脱處，及大方便修行彼。

身見爲首六十二，我及我所無量種，蘊界處等諸取著，此四地中一切離。

如來所訶煩惱行，以無義利皆除斷，智者修行清淨業，爲度衆生無不作。

① 尸羅本此句云："勝大意樂能趣入"，與前長行文合。

菩薩勤修不懈怠，即得十心皆具足，專求佛道無厭倦，志期受職度衆生。

恭敬尊德修行法，知恩易誨無慍暴，捨慢離諂心調柔，轉更精勤不退轉。

菩薩住此餤慧地，其心清淨永不失，悟解決定善增長，疑網垢濁悉皆離①。

此地菩薩人中勝，供那由他無量佛，聽聞正法亦出家，不可沮壞如真金。

菩薩住此具功德，以智方便修行道，不爲衆魔心退轉，譬如妙寶無能壞。

住此多作餤天王，於法自在衆所尊，普化羣生除惡見，專求佛智修善業。

菩薩勤加精進力，獲三昧等皆億數，若以願智力所爲，過於此數無能知。

如是菩薩第四地，所行清淨微妙道，功德義智共相應，我爲佛子已宣説。

菩②薩聞此勝地行，於法解悟心歡喜，空中雨華讚歎言，善哉大士金剛藏。

自在天王與天衆，聞法踊躍住虚空，普放種種妙光雲，供養如來喜充徧。

天諸婇女奏天樂，亦以言辭歌讚佛，悉以菩薩威神故，於彼聲中發是言。

佛願久遠今乃滿，佛道久遠今乃得，釋迦文佛至天宫，利天人者久乃見。

---

① 尸羅本次有二句云："無礙現前得喜安"等，與前長行文合。

② 秦本此下"難勝地第五"，晉、魏、尸羅三本大同。

大海久遠今始動，佛光久遠今乃故，衆生久遠始安樂，大悲音聲久乃聞。

功德彼岸皆已到，憍慢黑闇皆已滅，最極清淨如虛空，不染世法猶蓮華，大牟尼尊現於世，譬如須彌出巨海。

供養能盡一切苦，供養必得諸佛智，此應供處供無等，是故歡心供養佛。

如是無量諸天安，發此言辭稱讚已，一切恭敬喜充滿，瞻仰如來默然住。

是時大士解脫月，復請無畏金剛藏，第五地中諸行相，唯願佛子爲宣說。

爾①時，金剛藏菩薩告解脫月菩薩言：佛子，菩薩摩訶薩第四地所行道善圓滿已，欲入第五難勝地，當以十種平等清淨心趣入。何等爲十？所謂於過去佛法平等清淨心，未來佛法平等清淨心，現在佛法平等清淨心，戒平等清淨心，心平等清淨心，除見疑悔平等清淨心，道非道智平等清淨心，修行智②見平等清淨心，於一切菩提分法上上觀察淨平等清淨心，教化一切衆生平等清淨心。菩薩摩訶薩以此十種平等清淨心，得入菩薩第五地。佛子，菩薩摩訶薩住此第五地已，以善修菩提分法故，善淨深心故，復轉求上勝道故，隨順真如故，願力所持故，於一切衆生慈愍不捨故，積集福智助道故，精勤修習不息故，出生善巧方便故，觀察照明上上地故，受如來護念故，念③智力所持故，得不退轉心。佛子，此菩薩摩訶薩如實知此是苦聖諦，此是苦集聖諦，此是苦滅聖諦，此是苦滅道聖諦，善知俗諦，善知第一義諦，善知相諦，善知差別諦，善知成立諦，善知事諦，

① 法護本此下"難勝住品第五"。

② 梵、魏、尸羅三本此語云"斷智平等清淨心"。

③ 梵、魏、尸羅三本此語云："念慧趣覺力所持故"，秦本大同。

善知生諦,善知盡無生諦,善知入道智諦,善知一切菩薩地次第成就諦,乃至善知如來智成就諦。此菩薩隨衆生心樂,令歡喜故,知俗諦;通達一[①]實相故,知第一義諦;覺法自相共相故,知相諦;了諸法分位差别故,知差别諦;善分别蘊界處故,知成立諦;覺身心苦惱故,知[②]事諦;覺諸趣生相續故,知生諦;一切熱惱畢竟滅故,知盡無生智諦;出生無二故,知入道智諦;正覺一切行相故,善知一切菩薩地次第相續成就,乃至如來智成就諦。以信解智力知,非以究竟智力知。佛子,此菩薩摩訶薩得如是諸諦智已,如實知一切有爲法虚妄詐僞誑惑愚夫。菩薩爾時於諸衆生轉增大悲,生大慈光明。佛子,此菩薩摩訶薩得如是智力,不捨一切衆生,常求佛智,如實觀一切有爲行前際後際,知從前際無明有愛,故生生死流轉於諸蘊宅,不能動出,增長苦聚,無我無壽者,無養育者,無更數取後趣身者,離我我所,如前際後際亦如是,皆無所有虚妄貪著,斷盡出離,若有若無,皆如實知。佛子,此菩薩摩訶薩復作是念:此諸凡夫愚癡無智,甚爲可愍,有無數身已滅今滅當滅,如是盡滅,不能於身而生厭想,更增長機關苦事,隨生死流不能還返,於諸蘊宅[③]不求出離,不知憂畏四大毒蛇,不能拔出諸慢見箭,不能息滅貪恚癡火,不能破壞無明黑暗,不能乾竭愛欲大海,不求十力大聖導師,入魔意稠林,於生死海中爲覺觀波濤之所漂溺。佛子,此菩薩摩訶薩復作是念:此諸衆生受如是苦,孤窮困迫,無救無依,無[④]洲無舍,無導無目,無明覆翳,黑暗纏裹,我今爲彼一切衆生修行福智助道之法,獨一發心,不求伴侣,以是功德,令諸衆生畢竟清淨,乃至獲得如來

---

① 梵本、尸羅本云:"一理趣。"
② 法護、秦、晉三本此下四句作知苦集滅道四諦。
③ 勘梵本此語云:"阿賴耶。"尸羅本意譯爲"執藏"也。
④ 梵、魏、尸羅三本此下二語互倒,與釋文合。

十力無礙智慧。佛子,此菩薩摩訶薩以如是智慧觀察所修善根,皆爲救護一切衆生,利益一切衆生,安樂一切衆生,哀愍一切衆生,成①就一切衆生,解脱一切衆生,攝受一切衆生,令一切衆生離諸苦惱,令一切衆生普得清淨,令一切衆生悉皆調伏,令一切衆生入般涅槃。

佛子,菩薩摩訶薩住此第五難勝地,名爲念者,不忘諸法故;名爲智者,能善決了故;名爲有趣者,知經意趣次第連合故;名爲慚愧者,自護護他故;名爲堅固者,不捨戒行故;名爲覺者,能觀是處非處故;名爲隨智者,不隨於他故;名爲隨慧者,善知義非義句差別故;名爲神通者,善修禪定故;名爲方便善巧者,能隨世行故;名爲無厭足者,善集福德故;名爲不休息者,常求智慧故;名爲不疲倦者,集大慈悲故;名②爲爲他勤修者,欲令一切衆生入涅槃故;名爲勤求不懈者,求如來力無畏不共法故;名爲發意能行者,成就莊嚴佛土故;名爲勤修種種善業者,能具足相好故;名爲常勤修習者,求莊嚴佛身語意故;名爲大尊重恭敬法者,於一切菩薩法師處如教而行故;名爲心無障礙者,以大方便常行世間故;名爲日夜遠離餘心者,常樂教化一切衆生故。佛子,菩薩摩訶薩如是勤修行時,以布施教化衆生,以愛語利行同事教化衆生,示現色身教化衆生,演説諸法教化衆生,開示菩薩行教化衆生,顯示如來大威力教化衆生,示生死過患教化衆生,稱讚如來智慧利益教化衆生,現大神通力教化衆生,以種種方便行教化衆生。佛子,此菩薩摩訶薩能如是勤方便教化衆生,心恆相續趣佛智慧,所作善根無有退轉,常勤修學殊勝行法。佛子,此菩薩摩訶薩爲利益衆生故,世間技藝靡不該習,

---

① 三本缺此句,而以"離諸苦惱"句先出於此,與釋文合。

② 梵、魏二本均缺此句,與釋文合。法護、秦、晉三本大同。尸羅本此句云:"名爲一切有情加行者。"

所謂文字、算數、圖書、印璽、地①水火風，種種諸論，咸所通達；又善方藥療治諸病，顛狂乾消，鬼魅蠱毒②，悉能除斷；文筆讚詠，歌舞技樂，戲笑談説，悉善其事；國城村邑，宫宅園苑，泉流陂池，草樹花藥，凡所布列，咸得其宜；金銀摩尼，真珠瑠璃，螺貝璧玉珊瑚等藏，悉知其處，出以示人；日月星宿，鳥鳴地震，夜夢吉凶，身相休咎，咸善觀察，一無錯謬。持戒入禪，神通無量，四無色等，及餘一切世間之事，但於衆生不爲損惱爲利益故，咸悉開示，漸令安住無上佛法。

佛子，菩薩住是難勝地，以願力故，得見多佛，所謂見多百佛、見多千佛、見多百千佛、乃至見多百千億那由他佛，悉恭敬尊重，承事供養，衣服飲食，卧具湯藥，一切資生，悉以奉施，亦以供養一切衆僧，以此善根迴向阿耨多羅三藐三菩提，於諸佛所恭敬聽法，聞已受持，隨力修行。復於彼諸佛法中而得出家，既出家已，又更聞法，得陀羅尼，爲聞持法師。住此地中，經於百劫，經於千劫，乃至無量百千億那由他劫，所有善根轉更明淨。佛子，譬如真金，以硨磲磨瑩，轉更明淨，此地菩薩所有善根，亦復如是，以方便慧思惟觀察，轉更明淨。佛子，菩薩住此難勝地，以方便智成就功德，下地善根所不能及。佛子，如日月星宿宫殿光明，風力所持，不可沮壞，亦非餘風所能傾動。此地菩薩所有善根，亦復如是，以方便智隨逐觀察，不可沮壞，亦非一切聲聞獨覺世間善根所能傾動。此菩薩十波羅蜜中禪波羅蜜偏多，餘非不修，但隨力隨分。佛子，是名略説菩薩摩訶薩第五難勝地。菩薩住此地多作兜率陀天王，於諸衆生所作自在摧伏一切外道邪見，能令衆生住實諦中，布施愛語利行同

① 勘梵本此句意謂："種種界之方術。"又梵、魏、尸羅三本此句屬下句讀，與釋文合。

② 三本次云："及咒藥等。"

事。如是一切諸所作業，皆不離念佛，不離念法，不離念僧，乃至不離念具足一切種一切智智。復作是念：我當於衆生中爲首，爲勝爲殊勝、爲妙爲微妙、爲上爲無上、乃至爲一切智智依止者。此菩薩若發勤精進，於一念頃得千億三昧，見千億佛，知千億佛神力，能動千億佛世界，乃至示現千億身，一一身示千億菩薩，以爲眷屬。若以菩薩殊勝願力自在示現，過於此數百劫千劫，乃至百千億那由他劫，不能數知。爾時，金剛藏菩薩欲重宣其義，而説頌曰：

菩薩四地已清淨，思惟三世佛平等，戒心除疑道非道[①]，如是觀察入五地。

念處爲弓根利箭，正勤爲馬神足車，五力堅鎧破怨敵，勇健不退入五地。

慚愧爲衣覺分鬘，淨戒爲香禪塗香，智慧方便妙莊嚴，入總持林三昧苑。

如意爲足正念頸，慈悲爲眼智慧牙，人中師子無我吼，破煩[②]惱怨入五地。

菩薩住此第五地，轉修勝上清淨道，志求佛法不退轉，思念慈悲無厭倦。

積集福智勝功德，精勤方便觀上地，佛力所加具念慧，了知四諦皆如實。

善知世諦勝善諦，相諦差别成立諦，事諦生盡及道諦，乃至如來無礙諦。

如是觀諦雖微妙，未得無礙勝解脱，以此能生大功德，是故超過世智慧。

既觀諦已知有爲，體性虚僞無堅實，得佛慈愍光明分，爲利衆生

① 尸羅本次有一頌具説十心，與前長行文合。
② 尸羅本云："煩惱獸。"

求佛智。

觀諸有爲先後際,無明黑闇愛纏縛,流轉遷迴苦聚中,無我無人無壽命。

愛取爲因受來苦,欲求邊際不可得,迷妄漂流無返期,此等可愍我應度。

蘊宅界蛇諸見箭,心火猛熾癡闇重,愛河漂轉不暇觀,苦海淪涽闕明導,如是知已勤精進,所作皆爲度衆生。

名爲有念有慧者,乃至覺解方便者,習行福智無厭足,恭敬多聞不疲倦,國土相好皆莊嚴,如是一切爲衆生。

爲欲教化諸世間,善知書數印等法,亦復善解諸方藥,療治衆病悉令愈。

文辭歌舞皆巧妙,宫宅園池悉安隱,寶藏非一咸示人,利益無量衆生故。

日月星宿地震動,乃至身相亦觀察,四禪無色及神通,爲益世間皆顯示。

智者住此難勝地,供那由佛亦聽法,如以妙① 寶磨真金,所有善根轉明淨。

譬如星宿在虛空,風力所持無損動,亦如蓮華不著火,如是大士行於世。

住此多作兜率王,能摧異道諸邪見,所修諸善爲佛智,願得十力救衆生。

彼復修行大精進,卽時供養千億佛,得定動刹亦復然,願力所作過於是。

如是第五難勝地,人中最上真實道,我以種種方便力,爲諸佛子宣説竟。

---

① 法護、秦、晉、尸羅四本皆云"車渠",與前長行文合。

大方廣佛華嚴經卷第三十七

十[①]地品第二十六之四

菩薩既聞諸勝行，其心歡喜雨妙華，放淨光明散寶珠，供養如來稱善說。

百千天衆皆欣慶，共在空中散衆寶，華鬘瓔[②]珞及幢旛，寶蓋塗香咸供佛。

自在天王並眷屬，心生歡喜住空中，散寶成雲持供養，讚言佛子快宣說。

無量天女空中住，共以樂音歌讚佛，音中悉作如是言，佛語能除煩惱病。

法性本寂無諸相，猶如虛空不分別，超諸取著絶言道，真實平等常清淨。

若能通達諸法性，於有於無心不動，爲欲救世勤修行，此佛口生真佛子。

不取衆相而行施，本絶諸惡堅持戒，解法無害常堪忍，知法性離具精進。

已盡煩惱入諸禪，善達性空分別法，具足智力能博濟，滅除衆惡稱大士。

如是妙音千萬種，讚已默然瞻仰佛，解脱月語金剛藏，以何行相入後地。

---

① 秦本"現前地第六"，晉、魏、尸羅三本大同。

② 原刻作"纓絡"，今依麗刻改。

爾①時，金剛藏菩薩告解脱月菩薩言：佛子，菩薩摩訶薩已具足第五地，欲入第六現前地，當觀察十平等法。何等爲十？所謂一②切法無相故平等，無③體故平等，無生故平等，無成故平等④，本來清淨故平等，無戲論故平等，無取捨故平等，寂静故平等，如幻如夢、如影如響、如水中月、如鏡中像、如餤如化故平等，有無不二故平等。菩薩如是觀一切法自性清淨，隨順無違，得入第六現前地，得明利隨順忍，未得無生法忍。

佛子，此菩薩摩訶薩如是觀已，復以大悲爲首、大悲增上、大悲滿足，觀世間生滅，作是念：世間受生皆由著我，若離此著，則無生處。復作是念：凡夫無智，執著於我⑤，常求有無，不正思惟，起於妄行，行於邪道，罪行福行不動行，積集增長，於⑥諸行中植心種子，有漏⑦有取，復起後有生及老死。所謂業⑧爲田，識爲種，無明闇覆，愛水爲潤，我慢溉灌，見網增長生名色芽，名色增長生五根，諸根相對生觸，觸對生受，受後希求生愛，愛增長生取，取增長生有，有生已於諸趣中起五蘊身名生，生已衰變爲老，終歿爲死，於老死時生諸熱惱，因熱惱故，憂愁悲歎衆苦皆集，此因緣故集無有集者，任運而滅亦無滅者，菩薩如是隨順觀察緣起之相。佛子，此菩薩摩訶薩復作是念：於第⑨一義諦不了故名無明，所作業果是行，

① 法護本此下"目前住品第六"。
② 梵、魏、尸羅三本此句第三轉聲，文云："由一切法無相平等"，中無"故"字，次下俱同。
③ 梵本、尸羅本云："無行相。"
④ 梵、魏、尸羅三本此下出"寂静平等"句，與釋文合。
⑤ 三本次有句云："無明闇障。"
⑥ 三本此語云："諸行所植心之種子。"秦、晉二本大同。
⑦ 原刻作"滿"，今依麗刻改。
⑧ 梵、魏、尸羅三本此下二句合云："業田所攝藏。"
⑨ 梵本、尸羅本云："於諦不了第一義者。"秦、魏二本大同。

行依止初心是識，與識共生四取蘊爲名色，名色增長爲六處，根境識三事和合是觸[①]，觸共生有受，於受染著是愛，愛增長是取，取所起有漏業爲有，從業起蘊爲生，蘊熟爲老，蘊壞爲死，死時離別，愚迷貪戀心胸煩悶爲愁，涕泗咨嗟爲歎，在五根爲苦，在意地爲憂，憂苦轉多爲惱。如是，但有苦樹增長，無[②]我無我所，無作無受者。復作是念：若有作者則有作事，若無作者，亦無作事，第一義中俱不可得。佛子，此菩薩摩訶薩復作是念：三[③]界所有唯是一心，如來於此分別演説十二有支，皆依一心如是而立。何以故？隨事貪欲與心共生，心是識，事是行，於行迷惑是無明，與無明及心共生是名色，名色增長是六處，六處三分合爲觸，觸共生是受，受無厭足是愛，愛攝不捨是取，彼諸有支生是有，有所起名生，生熟爲老，老壞爲死。佛子，此中無明有二種業：一令衆生迷於所緣，二與行作生起因。行亦有二種業：一能生未來報，二與識作生起因。識亦有二種業：一令諸有相續，二與名色作生起因。名色亦有二種業：一互相助成，二與六處作生起因。六處亦有二種業：一各取[④]自境界，二與觸作生起因。觸亦有二種業：一能觸所緣，二與受作生起因。受亦有二種業：一能領受愛憎等事，二與愛作生起因。愛亦有二種業：一染著可愛事，二與取作生起因。取亦有二種業：一令諸煩[⑤]惱相續，二與有作生起因。有亦有二種業：一能令於餘趣中生，二與生作生起因。生亦有二種業：一能起諸蘊，二與老作生起因。老亦有二種業：一令諸根變異，二與死作生起因。死亦有二種業：一能壞諸行，

---

① 梵、魏、尸羅三本云："有漏觸。"

② 三本俱缺此語。

③ 梵本、尸羅本云"所言三界，此唯是心"。秦、晉、魏三本皆意譯云："三界虛妄，但一心作。"

④ 梵本、尸羅本此句云："各顯自境。"

⑤ 梵本、尸羅本此語云："雜染。"

二不覺知故相續不絶。佛子，此①中無明緣行，乃至生緣老死者，由無明乃至生爲緣，令行乃至老死不斷助成故，無明滅則行滅，乃至生滅則老死滅者，由無明乃至生不爲緣，令諸行乃至老死斷滅，不助成故。佛子，此中無明愛取不斷是煩惱道，行有不斷是業道，餘分不斷是苦道，前後際分别滅三道斷，如是三道離我我所，但有生滅，猶如束蘆。復次，無明緣行者是觀②過去，識乃至受是觀現在，愛乃至有是觀未來，於是以後展轉相續，無明滅行滅者是觀待斷。復次，十二有支名爲三苦，此中無明行乃至六處是行苦，觸受是苦苦，餘是壞苦，無明滅行滅者是三苦斷。復次，無明緣行者，無③明因緣能生諸行，無明滅行滅者，以無無明諸行亦無，餘亦如是。又無明緣行者是生繫縛，無明滅行滅者是滅繫縛，餘亦如是。又無明緣行者是隨順無④所有觀，無明滅行滅者是隨順盡滅觀，餘亦如是。佛子，菩薩摩訶薩如是十種逆順觀諸緣起，所謂有支相續故，一心所攝故，自業差别故，不相捨離故，三道不斷故，觀過去現在未來故，三苦聚集故，因緣生滅故，生滅繫縛故，無所有盡觀故。

佛子，菩薩摩訶薩以如是十種相觀諸緣起，知無我、無人、無壽命、自⑤性空、無作者、無受者，即得空解脱門現在前。觀諸有支皆自性滅，畢竟解脱，無有少法相生，即時得無相解脱門現在前。如是入空無相已，無有願求，唯除大悲爲首教化衆生，即時得無願解脱門現在前。菩薩如是修三解脱門，離彼我想，離作者受者想，離有無想。佛子，此菩薩摩訶薩大悲轉增，精勤修習，爲未滿菩提分

① 梵、魏、尸羅三本此下各段文皆具出，今譯總略。

② 梵本、尸羅本此語云:“過去觀待”，次下例知。

③ 梵本、尸羅本此句云:“是行因及緣所生”，次句云:“是行無自性。”魏本大同。

④ 梵、魏、尸羅三本云:“隨順有觀”，與釋文合。次段結文例知。

⑤ 梵本此語云:“無數取趣。”

法令圓滿故，作是念：一切有爲有和合則轉，無和合則不轉，緣集則轉，緣不集則不轉。我如是知有爲法多諸過患，當斷此和合因緣，然爲成就衆生故，亦不畢竟滅於諸行。佛子，菩薩如是觀察有爲多諸過惡，無有自性，不生不滅，而恆起大悲不捨衆生，即得般若波羅蜜現前，名無障礙智光明，成就如是智光明已，雖修習菩提分因緣，而不住有爲中，雖觀有爲法自性寂滅，亦不住寂滅中，以菩提分法未圓滿故。

佛子，菩薩住此現前地，得入空三昧，自性空三昧，第一義空三昧，第一空三昧，大空三昧，合空三昧，起空三昧，如實不分別空三昧，不捨離空三昧，離不離空三昧。此菩薩得如是十空三昧門爲首，百千空三昧皆悉現前。如是十無相十無願三昧門爲首，百千無相無願三昧門皆悉現前。佛子，菩薩住此現前地，復更修習滿足不可壞心，決定心，純善心，甚深心，不退轉心，不休息心，廣①大心，無邊心，求智心，方便慧相應心，皆悉圓滿。佛子，菩薩以此十心順佛菩提，不②懼異論，入諸智地，離二乘道，趣於佛智，諸煩惱魔無能沮壞，住於菩薩智慧光明，於空無相無願法中皆善修習，方便智慧恆共相應，菩提分法常行不捨。佛子，菩薩住此現前地中，得般若波羅蜜行增上得第三明利順忍，以於諸法如實相隨順無違故。

佛子，菩薩住此現前地已，以願力故得見多佛，所謂見多百佛，乃至見多百千億那由他佛，悉以廣大心深心供養恭敬尊重讚歎，衣服飲食、卧具湯藥、一切資生，悉以奉施，亦以供養一切衆僧，以此善根迴向阿耨多羅三藐三菩提。於諸佛所恭敬聽法，聞已受持，得如實三昧智慧光明，隨順修行憶持不捨。又得諸佛甚深法藏，經於百劫、經於千劫、乃至無量百千億那由他劫，所有善根轉更明淨。譬

① 梵本、尸羅本此語云："無垢意樂。"餘句"心"字皆作"意樂"。

② 魏本此句云："不退轉精進成，一切外道異論所不能動。"餘句例同。

如真金，以毗瑠璃寶數數磨瑩，轉更明淨，此地菩薩所有善根亦復如是，以方便慧隨逐觀察，轉更明淨，轉復寂滅，無能暎蔽。譬如月光照衆生身，令得清涼，四種風輪所不能壞，此地菩薩所有善根亦復如是，能滅無量百千億那由他衆生煩惱熾火，四種魔道所不能壞。此菩薩十波羅蜜中般若波羅蜜偏多，餘非不修，但隨力隨分。佛子，是名略説菩薩摩訶薩第六現前地。菩薩住此地多作善化天王，所作自在，一切聲聞所有問難，無能退屈，能令衆生除滅我慢，深入緣起，布施愛語利行同事，如是一切諸所作業，皆不離念佛，乃至不離念具足一切種一切智智。復作是念：我當於一切衆生中爲首，爲勝，乃至爲一切智智依止者。此菩薩若勤行精進，於一念頃得百千億三昧，乃至示現百千億菩薩以爲眷屬。若以願力自在示現，過於此數，乃至百千億那由他劫不能數知。爾時，金剛藏菩薩欲重宣其義，而説頌曰：

菩薩圓滿五地已，觀法無相亦無性，無生無滅本清淨，無有戲論無取捨。

體相寂滅如幻等，有無不二離分別，隨順法性如是觀，此智得成入六地。

明利順忍智具足，觀察世間生滅相，以①癡闇力世間生，若滅癡闇世無有。

觀諸因緣實義空，不壞假名和合用，無作無受無思念，諸行如雲偏興起。

不知真諦名無明，所作思業愚癡果，識②起共生是名色，如是乃至衆苦聚。

了達三界依心有，十二因緣亦復然，生死皆由心所作，心若滅者

① 尸羅本云："以我執力"，與前長行文合。

② 尸羅本次有一頌，具出十二支。

生死盡。

無明所作有二種，緣中不了爲行因，如是乃至老終殁，從此苦生無有盡。

無明爲緣不可斷，彼緣若盡悉皆滅，愚癡愛取煩惱支，行有是業餘皆苦。

癡[①]至六處是行苦，觸受增長是苦苦，所餘有支是壞苦，若見無我三苦滅。

無明與行爲過去，識至於受現在轉，愛取有生未來苦，觀待若[②]斷邊際盡。

無明爲緣是生縛，於緣得離縛乃盡，從因生果離則斷，觀察於此知性空。

隨順無明起諸有，若不隨順諸有斷，此有彼有無亦然，十種思惟心離著。

有支相續一心攝，自業不離及三道，三際三苦因緣生，繫縛起滅順無盡。

如是普觀緣起行，無作無受無真實，如幻如夢如光影，亦如愚夫逐陽燄。

如是觀察入於空，知緣性離得無相，了其虛妄無所願，唯除慈愍爲衆生。

大士修行解脱門，轉益大悲求佛法，知諸有爲和合作，志樂決定勤行道。

空三昧門具百千，無相無願亦復然，般若順忍皆增上，解脱智慧得成滿。

復以深心多供佛，於佛教中修習道，得佛法藏增善根，如金瑠璃

① 尸羅本次二頌互倒。

② 原刻作"苦"，今依麗刻改。

所磨瑩。

如月清涼被衆物，四風來觸無能壞，此地菩薩超魔道，亦息羣生煩惱熱。

此地多作善化王，化導衆生除我慢，所作皆求一切智，悉已超勝聲聞道。

此地菩薩勤精進，獲諸三昧百千億，亦見若干無量佛，譬如盛夏空中日。

甚深微妙難見知，聲聞獨覺無能了，如是菩薩第六地，我爲佛子已宣説。

是①時天衆心歡喜，散寶成雲在空住，普發種種妙音聲，告於最勝清浄者。

了達勝義智自在，成就功德百千億，人中蓮華無所著，爲利羣生演深行。

自在天王在空中，放大光明照佛身，亦散最上妙香雲，普供除憂煩惱者。

爾時天衆皆歡喜，悉發美音同讚述，我等聞斯地功德，則爲已獲大善利。

天女是時心慶悦，競奏樂音千萬種，悉以如來神力故，音中共作如是言。

威儀寂静最無比，能調難調世應供，已超一切諸世間，而行於世闡妙道。

雖現種種無量身，知身一一無所有，巧以言辭説諸法，不取文字音聲相。

住詣百千諸國土，以諸上供供養佛，智慧自在無所著，不生於我佛國想。

① 秦本此下"遠行地第七"，晉、魏、尸羅三本大同。

雖勤教化諸衆生，而無彼己一切心，雖已修成廣大善，而於善法不生著。

以見一切諸世間，貪恚癡火常熾然，於諸想念悉皆離，發起大悲精進力。

一切諸天及天女，種種供養稱讚已，悉共同時默然住，瞻仰人尊願聞法。

時解脱月復請言，此諸大衆心清浄，第七地中諸行相，唯願佛子爲宣説。

爾①時，金剛藏菩薩告解脱月菩薩言：佛子，菩薩摩訶薩具足第六地行已，欲入第六遠行地，當修十種方便慧，起殊勝道。何等爲十？所謂雖善修空無相無願三昧，而②慈悲不捨衆生；雖③得諸佛平等法，而樂常供養佛；雖入觀空智門，而勤集福德；雖遠離三界，而莊嚴三界；雖畢竟寂滅諸煩惱燄，而能爲一切衆生起滅貪瞋癡煩惱燄；雖知諸法如幻如夢、如影如響、如燄如化、如水中月、如鏡中像、自性無二，而隨心作業無量差別；雖知一切國土猶如虚空，而能以清浄妙行莊嚴佛土；雖知諸佛法身本性無身，而以相好莊嚴其身；雖知諸佛音聲性空寂滅不可言説，而能隨一切衆生出種種差別清浄音聲；雖④隨諸佛了知三世唯是一念，而隨衆生意解分別，以種種相、種⑤種時、種種劫數而修諸行。菩薩以如是十種方便慧起殊勝行，從第六地入第七地。入已，此行常現在前，名爲住第七

① 法護本此下"玄妙住品第七"。"玄妙"意云"殊勝"也。

② 梵、魏、尸羅三本此句云："而集廣大福慧資糧。"

③ 三本此下二句云："雖證一切法無我無命者無有情，而不捨四無量行；雖發起福德及法增上波羅蜜行，而於法無所執。"

④ 勘梵本此句意云："雖證諸佛一刹那頃隨覺三世法。"護法秦、晉三本大同。

⑤ 梵、魏、尸羅三本均缺此語。

遠行地。

佛子，菩薩摩訶薩住此第七地已，入無量衆生界，入無量諸佛教化衆生業，入無量世界網①，入無量諸佛清浄國土，入無量種種差别法，入無量諸佛現覺智，入無量劫數，入無量諸佛覺了三世智，入無量衆生差别信解，入無量諸佛示現種種名色身，入無量衆生欲樂諸根差别，入無量諸佛語言音聲令衆生歡喜，入無量衆生種種心行，入無量諸佛了知廣大智，入無量聲聞乘信解，入無量諸佛説智道令信解，入無量辟支佛所成就，入無量諸佛説甚深智慧門令趣入，入無量諸菩薩方便行，入無量諸佛所説大乘集成事令菩薩得入。此菩薩作是念：如是無量如來境界，乃至於百千億那由他劫不能得知，我悉應以無功用無分别心成就圓滿。佛子，此菩薩以深智慧如是觀察，常勤修習，方②便慧起殊勝道，安住不動。無③有一念休息廢捨，行住坐卧，乃至睡夢，未曾暫與蓋障相應，常不捨於如是想④念。此菩薩於念念中常能具足十波羅蜜。何以故？念念皆以大悲爲首，修行佛法，向佛智故，所有善根爲求佛智施與衆生，是名檀那波羅蜜；能滅一切諸煩惱熱，是名尸羅波羅蜜；慈悲爲首不損衆生，是名羼提波羅蜜；求勝善法無有厭足，是名毗梨耶波羅蜜；一切智道常現在前未嘗散亂，是名禪那波羅蜜；能⑤忍諸法無生無滅，是名般若波羅蜜；能出生無量智，是名方便波羅蜜；能求上上勝智，是名願波羅蜜；一切異論及諸魔衆無能沮壞，是名力波羅蜜；如實了知一切法，是名智波羅蜜。佛子，此十波羅蜜，菩薩於念念中

① 諸本皆無此“網”字。

② 勘梵、魏、尸羅三本此句意云：“以不動而安住於方便慧。”今略轉聲。

③ 三本此下别爲一段，文云“此菩薩無有一念”云云。

④ 勘梵、魏二本此語應作“相念”。

⑤ 勘梵、魏、尸羅三本此句意云：“於諸法自性不生現前能忍。”

皆得具足，如是四攝四持三十七品三解脱門略説，乃至一切菩提分法，於念念中皆悉圓滿。

爾時，解脱月菩薩問金剛藏菩薩言：佛子，菩薩但於此第七地中滿[①]足一切菩提分法，爲諸地中亦能滿足？金剛藏菩薩言：佛子，菩薩於十地中皆能滿足菩提分法，然第七地最爲殊勝。何以故？此第七地功用行滿，得入智慧自在行故。佛子，菩薩於初地中，緣一切佛法願求故，滿足菩提分法，第二地離心垢故，第三地願轉增長得法光明故，第四地入道故，第五地順世所作故，第六地入甚深法門故，第七地起一切佛法故，皆亦滿足菩提分法。何以故？菩薩從初地乃至第七地，成就智功用分，以此力故，從第八地乃至第十，無功用行，皆悉成就。佛子，譬如有二世界：一處雜染，一處純浄，是二中間難可得過，唯除菩薩有大方便神通願力。佛子，菩薩諸地亦復如是，有雜染行，有清浄行，是二中間難可得過，唯除菩薩有大願力方便智慧乃能得過。解脱月菩薩言：佛子，此[②]七地菩薩爲是染行，爲是浄行？金剛藏菩薩言：佛子，從初地至七地所行諸行，皆捨離煩惱業，以迴向無上菩提故，分[③]得平等道故，然未名爲超煩惱行。佛子，譬如轉輪聖王乘天象寶遊四天下，知有貧窮困苦之人，而不爲彼衆患所染，然未名爲超過人位，若捨王身生於梵世，乘天宫殿，見千世界，遊千世界，示現梵天光明威德，爾乃名爲超過人位。佛子，菩薩亦復如是，始從初地至於七地，乘波羅蜜乘，遊行世間，知諸世間煩惱過患，以乘正道故，不爲煩惱過失所染，然未名爲超煩惱行。若捨一切有功用行，從第七地入第八地，乘菩薩清浄乘，遊行世間，知煩惱過失不爲所染，爾乃名爲超煩惱行，以得

① 梵本具云："剎那剎那滿足"，次下俱同。

② 梵、魏、尸羅三本此句云："七菩薩地"，總前七地而言也。

③ 三本此句云："然以隨分道相等故。"

一切盡超過故。佛子,此第七地菩薩盡超過多貪等諸煩惱衆,住此地不名有煩惱者,不名無煩惱者。何以故?一切煩惱不現行故,不名有者;求如來智心未滿故,不名無者。

佛子,菩薩住此第七地,以深淨心成就身業,成就語業,成就意業。所有一切不善業道,如來所訶,皆已捨離;一切善業,如來所讚,常善修行。世間所有經[①]書技術,如五地中説,皆自然而行,不假功用。此菩薩於三千大千世界中爲大明師,唯除如來及八地已上,其餘菩薩深心妙行無與等者。諸禪三昧三摩鉢底神通解脱皆得現前,然是修成,非如八地報得成就。此地菩薩於念念中具足修集方便智力,及一切菩提分法,轉勝圓滿。佛子,菩薩住此地,入菩薩善觀擇三昧,善[②]擇義三昧,最勝慧三昧,分別義藏三昧,如實分別義三昧,善住堅固根三昧,智慧神通門三昧,法界業三昧,如來勝利三昧,種種義藏生死涅槃門三昧,入如是等具足大智神通門百千三昧,淨治此地。是菩薩得此三昧,善治淨方便慧故,大悲力故,超過二乘地,得觀察智慧地。佛子,菩薩住此地,善[③]淨無量身業無相行,善淨無量語業無相行,善淨無量意業無相行,故得無生法忍光明。解脱月菩薩言:佛子,菩薩從初地來所有無量身語意業豈不超過二乘耶?金剛藏菩薩言:佛子,彼悉超過,然但以[④]願求諸佛法故,非是自智觀察之力,今第七地自智力故,一切二乘所不能及。譬如王子生在王家,王后所生,具足王相,生已即勝一切臣衆,但以王力,非是自力。若身長大,藝業悉成,乃以自力超過一切。菩薩摩訶薩亦復如是,初發心時以[⑤]志求大法故,超過一切聲聞獨覺,

① 梵本、尸羅本此語云:“工巧處及業處。”
② 梵、魏、尸羅三本云:“思擇一切義三昧。”
③ 三本此句云:“無量身業行等清淨,故無生法忍顯現。”
④ 梵本此句云:“以正緣諸佛法增上故。”
⑤ 梵、魏、尸羅三本此句云:“由增上意樂爲增上故。”

今住此地以自所行智慧力故，出過一切二乘之上。佛子，菩薩住此第七地，得甚深遠離無[①]行常行身語意業，勤求上道而不捨離，是[②]故菩薩雖行實際，而不作證。解脱月菩薩言：佛子，菩薩從何地來能入滅定？金剛藏菩薩言：佛子，菩薩從第六地來能入滅定，今住此地，能念念入亦[③]念念起而不作證，故此菩薩名爲成就不可思議身語意業行[④]於實際而不作證。譬如有人乘船入海，以善巧力不遭水難。此地菩薩亦復如是，乘波羅蜜船行實際海，以願力故而不證滅。佛子，此菩薩得[⑤]如是三昧智力以大方便，雖示現生死，而恆住涅槃；雖眷屬圍繞，而常樂遠離；雖以願力三界受生，而不爲世法所染；雖常寂滅以方便力，而還熾然雖然不燒；雖隨順佛智，而示入聲聞辟支佛地；雖得佛境界藏，而示住魔境界；雖超魔[⑥]道，而現行魔法；雖示同外道行，而不捨佛法；雖示隨順一切世[⑦]間，而常行一切出世間法。所有一切莊嚴之事，出過一切天、龍、夜叉、乾闥婆、阿修羅、迦樓羅、緊那羅、摩睺羅伽、人及非人、帝釋、梵王、四天王等之所有者，而不捨離樂法之心。

佛子，菩薩成就如是智慧，住遠行地，以願力故，得見多佛，所謂見多百佛，乃至見多百千億那由他佛。於彼佛所以廣大心增勝心供養恭敬，尊重讚歎，衣服飲食、卧具醫藥、一切資生，悉以奉施，亦以供養一切衆僧，以此善根迴向阿耨多羅三藐三菩提。復於佛

① 諸本皆云："寂靜身語意業。"

② 法護、魏、尸羅三本均缺此句，梵本有本云："雖行實際而不證滅"，與下文合。

③ 諸本均缺此語。

④ 梵本、尸羅本此句云："安住實際而不證滅。"

⑤ 梵本、尸羅本此句云："得是智力已，由三昧智修所引覺，以大方便智力故。"

⑥ 諸本皆云："四魔道。"

⑦ 梵本、尸羅本此語云："世間業行。"

所恭敬聽法，聞已受持，獲如實三昧智慧光明隨順修行，於諸佛所護持正法，常①爲如來之所讚喜。一切二乘所有問難，無能退屈，利益衆生，法忍清淨。如是，經無量百千億那由他劫，所有善根轉更增勝。譬如真金，以衆妙寶間錯莊嚴，轉更增勝，倍益光明，餘莊嚴具所不能及。菩薩住此第七地所有善根亦復如是，以方便慧力，轉更明淨，非是二乘之所能及。佛子，譬如日光星月等光無能及者，閻浮提地所有泥潦悉能乾竭。此遠行地菩薩亦復如是，一切二乘無有能及，悉能乾竭一切衆生諸惑泥潦。此菩薩十波羅蜜中方便波羅蜜偏多，餘非不修，但隨力隨分。佛子，是名略說菩薩摩訶薩第七遠行地。菩薩住此地多作自在天王，善②爲衆生說證智法，令其證入布施愛語利行同事。如是一切諸所作業，皆不離念佛，乃至不離念具足一切種一切智智。復作是念：我當於一切衆生中爲首爲勝，乃至爲一切智智依止者。此菩薩若發勤精進，於一念頃得百千億那由他三昧，乃至示現百千億那由他菩薩以爲眷屬。若以菩薩殊勝願力自在示現，過於此數，乃至百千億那由他劫不能數知。爾時，金剛藏菩薩欲重宣其義，而說頌曰：

第一義智三昧道，六地修行心滿足，即時成就方便慧，菩薩以此入七地。

雖③明三脱起慈悲，雖等如來勤供佛，雖觀於空集福德，菩薩以此升七地。

遠離三界而莊嚴，滅除惑火而起燄，知法無④二勤作業，了剎皆

① 梵、魏、尸羅三本均缺此句。

② 梵本、尸羅本此句云："善説有情現觀智慧，使於一切聲聞辟支問難，善入决定。"

③ 尸羅本此頌云："處三脱門積福德，通達無我修慈悲，福德及法常充滿，行到彼岸無執着"，與前長行文合。但梵本頌同今譯。

④ 梵本、尸羅本此語云："如幻。"

空樂嚴土。

解身不[①]動具諸相，達聲性離善開演，入[②]於一念事各别，智者以此升七地。

觀察此法得明了，廣爲羣迷興利益，入衆生界無有邊，佛教化業亦無量。

國土諸法與劫數，解欲心行悉能入，説三乘法亦無限，如是教化諸羣生。

菩[③]薩勤求最勝道，動息不捨方便慧，一一迴向佛菩提，念念成就波羅蜜。

發心迴向是布施，滅惑爲戒不害忍，求善無厭斯進策，於道不動卽修禪。

忍受無生名般若，迴向方便希求願，無能摧力善了智，如是一切皆成滿。

初地攀緣功德滿，二地離垢三浄息，四地入道五順行，第六無生智光照。

七住菩提功德滿，種種大願皆具足，以是能令八地中，一切所作咸清浄。

此地難過智乃超，譬如世界二中間，亦如聖王無染著，然未名爲總超度。

若住第八智地中，爾乃踰於心境界，如梵觀世超人位，如蓮處水無染著。

此地雖超諸惑衆，不名有惑非無惑，以無煩惱於中行，而求佛智心未足。

---

① 梵本、尸羅本此語云："無相。"

② 梵本、尸羅本此句云："剎那頓悟顯衆相。"

③ 尸羅本此句云："剎那引發雙運道。"

世間所有衆技藝，經書辭論普明了，禪定三昧及神通，如是修行悉成就。

菩薩修成七住道，超過一切二乘行，初地願成此由智，譬如王子力具足。

成就甚深仍進道，心心寂滅不取證，譬如乘船入海中，在水不爲水所溺。

方便慧行功德具，一切世間無能了，供養多佛心益明，如以妙寶莊嚴金。

此地菩薩智最明，如日舒光竭愛水，又作自在天中主，化導羣生修正智。

若以勇猛精勤力，獲多三昧見多佛，百千億數那由他，願力自在復過是。

此是菩薩遠行地，方便智慧清浄道，一切世間天及人，聲聞獨覺無能知。

大方廣佛華嚴經卷第三十八

十[①]地品第二十六之五

是時天王及天衆，聞此勝行皆歡喜，爲欲供養於如來，及以無央大菩薩。

雨妙華旛及幢蓋，香鬘瓔珞與寶衣，無量無邊千萬種，悉以摩尼作嚴飾。

天女同時奏天樂，普發種種妙音聲，供養於佛并佛子，共作是言而讚歎。

① 秦本此下“不動地第八”。晋、魏、尸羅三本大同。

一切見者兩足尊，哀愍衆生現神力，令此種種諸天樂，普發妙音咸得聞。

於一毛端百千億，那由他國微塵數，如是無量諸如來，於中安住説妙法。

一毛孔内無量刹，各有四洲及大海，須彌鐵圍亦復然，悉見在中無迫隘。

一毛端處有六趣，三種惡道及人天，諸龍神衆阿修羅，各隨自業受果報。

於彼一切刹土中，悉有如來演妙音，隨順一切衆生心，爲轉最上浄法輪。

刹中種種衆生心，身中復有種種刹，人天諸趣各各異，佛悉知已爲説法。

大刹隨念變爲小，小刹隨念亦變大，如是神通無有量，世間共説不能盡，普發此等妙音聲，稱讚如來功德已。

衆會歡喜默然住，一心瞻仰欲聽法，時解脱月復請言，今此衆會皆寂静，願説隨次之所入，第八地中諸行相。

爾[①]時，金剛藏菩薩告解脱月菩薩言：佛子，菩薩摩訶薩於七地中善[②]修習方便慧，善清浄諸道，善集助道法，大[③]願力所攝，如來力所加，自善力所持，常念如來力無所畏不共佛法，善清浄深心思覺，能成就福德智慧，大慈大悲不捨衆生，入無量智道。入一切法本來無生、無起、無相、無成、無壞、無盡、無轉[④]，無性爲性，初中後際皆悉平等，無分别如如智之所入處，離一切心意識分别想，無所

① 法護本此下"不動住品第八"。

② 梵本、尸羅本此句云："善修決擇依慧方便，善淨諸道。"

③ 梵本、尸羅本此句云："善結大願。"魏本大同。

④ 梵本、尸羅本次下有"無止息"一語。

取著，猶如虛空，入①一切法如虛空性，是名得無生法忍。佛子，菩薩成就此忍，即時得入第八不動地，爲深行菩薩難可知。無差別，離一切相一②切想一切執著，無量無邊，一切聲聞辟支佛所不能及，離諸諠諍，寂滅現前。譬如比丘，具足神通，得心自在，次第乃至入滅盡定，一切動心憶想分别悉皆止息。此菩薩摩訶薩亦復如是，住不動地，即捨一切功用行，得無功用法，身口意業念務皆息，住於報行。譬如有人夢中見身墮在大河，爲欲度故，發大勇猛，施大方便，以大勇猛施方便故，即便覺寤。既覺寤已，所作皆息。菩薩亦爾，見衆生身在四流中，爲救度故，發大勇猛，起大精進，以勇猛精進故，至此不動地。既至此已，一切功用靡不皆息，二③行相行悉不現前。佛子，如生梵世，欲界煩惱皆不現前，住不動地，亦復如是，一切心意識行皆不現前。此菩薩摩訶薩④菩薩心、佛心、菩提心、涅槃心尚不現起，況復起於世間之心？佛子，此地菩薩本願力故，諸⑤佛世尊親現其前，與如來智，令其得入法流門中。作如是言：善哉善哉！善男子，此忍第一順諸佛法，然善男子，我等所有十力無畏、十八不共，諸佛之法，汝今未得，汝應爲欲成就此法，勤加精進，勿復放捨於此忍門。又，善男子，汝雖得是寂滅解脱，然諸凡夫未能證得，種種煩惱皆悉現前，種種覺觀常相侵害，汝當愍念如是衆生。又，善男子，汝當憶念本所誓願，普大饒益一切衆生，皆令得入不可思議智慧之門。又，善男子，此諸法法性，若佛出世若不

---

① 梵本、尸羅本此句云："覺空自性。"

② 梵本、尸羅本此二語合云："一切想之執着。"

③ 梵本此語云："二類現行及相現行。"尸羅本意譯云："二取現行及相現行。"

④ 梵本次云："佛現行、菩提現行、菩薩現行、辟支佛現行、聲聞現行、涅槃現行"云云。

⑤ 梵本、尸羅本此句云："依佛世尊於法門流，授與引發如來智慧。"

出世常①住不異，諸②佛不以得此法故，名爲如來，一切二乘亦能得此無分別法。又，善男子，汝觀我等身相無量智慧無量國土、無量方③便、無量光明、無量清淨音聲亦無有量，汝今宜應成就此事。又，善男子，汝今適得此一法門，所謂一切法無生無分別。善男子，如來法明無④量、入無量、作無量轉，乃至百千億那由他劫不可得知，汝應修行成就此法。又，善男子，汝觀十方無量國土、無量衆生、無量法種種差別，悉應如實通達其事。佛子，諸佛世尊與此菩薩如是等無量起智門，令其能起無量無邊差別智業。佛子，若諸佛不與此菩薩起智門者，彼時卽入究竟涅槃，棄捨一切利衆生業，以諸佛與如是等無量無邊起智門故，於一念頃所生智業，從初發心乃至七地所修諸行，百分不及一，乃至百千億那由他分亦不及一，如是阿僧祇分歌羅分算數分譬喻分優波尼沙陀分亦不及一。何以故？佛子，是菩薩先以一身起行，今住此地得⑤無量身，無量音聲，無量智慧，無量受生，無量淨國，教化無量衆生，供養無量諸佛，入無量法門，具無量神通，有無量衆會道場差別，住無量身語意業，集一切菩薩行以不動法故。佛子，譬如乘船欲入大海，未至於海，多用功力，若至海已，但隨風去，不假人力，以至大海一日所行，比於未至，其未至時設經百歲，亦不能及。佛子，菩薩摩訶薩亦復如是，積集廣大善根資糧，乘大乘船到菩薩行海，於一念頃以無功用智，入一切智智境界，本有功用行，經於無量百千億那由他劫所不能及。

佛子，菩薩住此第八地，以大方便善巧智所起無功用覺慧，觀

① 梵、魏、尸羅三本此語云："法界常住。"
② 梵本、尸羅本云："非但以此得現如來"，文義更順。
③ 魏本、尸羅本此下二句互倒，與釋文合。
④ 梵本、尸羅本此三語云："無量所趣、所作、所繫。"
⑤ 梵、魏、尸羅三本此句云："得無量身差別，成菩薩行。"

一切智智所行境，所謂觀世間成觀世間壞①，由此業集故成，由此業盡故壞，幾時成，幾時壞，幾時成住，幾時壞住，皆如實知。又知地界小相、大相、無量相、差别相，知水火風界小相、大相、無量相、差别相，知微塵細相、差别相、無量差别相。隨何世界中所有微塵聚及微塵差别相，皆如實知，隨何世界中所有地水火風界各若干微塵、所有寶物若干微塵、衆生身若干微塵、國土身若干微塵，皆如實知。知衆生大身、小身各若干微塵成，知地獄身、畜生身、餓鬼身、阿修羅身、天身、人身各若干微塵成，得如是知微塵差别智。又知欲界、色界、無色界成，知欲界、色界、無色界壞，知欲界、色界、無色界小相、大相、無量相、差别相，得如是觀三界差别智。佛子，此菩薩復起智明教化衆生，所謂善知衆生身差别，善分别衆生身，善觀察所生處，隨其所應而爲現身教化成熟。此菩薩於一三千大千世界隨衆生身信解差别，以智光明普現受生。如是若二若三，乃至百千，乃至不可説三千大千世界，隨衆生身信解解差别，普於其中示現受生。此菩薩成就如是智慧，故於一佛剎其身不動，乃至不可説佛剎衆會中悉現其身。佛子，此菩薩隨諸衆生身心信解種種差别，於彼佛國衆會之中而現其身，所謂於沙門衆中示沙門形，婆羅門衆中示婆羅門形，剎利衆中示剎利形，如是毗舍衆、首陀衆、居士衆、四天王衆、三十三天衆、夜摩天衆、兜率陀天衆、化樂天衆、他化自在天衆、魔衆、梵衆、乃至阿迦尼吒天衆中，各隨其類而爲現形。又應以聲聞身得度者，現聲聞形；應以辟支佛身得度者，現辟支佛形；應以菩薩身得度者，現菩薩形；應以如來身得度者，現如來形。佛子，菩薩如是於一切不可説佛國土中，隨諸衆生信樂差别如

① 梵、魏、尸羅三本次有二句云："隨世間成彼如實知，隨世間壞彼如實知。"法護本連上句云："佛土成壞，世間成壞。"秦本云："世間生滅壞成。"皆分四義，與此意同。

是如是，而爲現身。佛子，此菩薩遠離一切身想分別，住於平等：此菩薩知衆生身、國土身、業報身、聲聞身、獨覺身、菩薩身、如來身、智身、法身、虚空身。此菩薩知諸衆生心之所樂，能以[①]衆生身作自身，亦[②]作國土身、業報身、乃至虚空身；又知衆生心之所樂，能以國土身作自身，亦作衆生身、業報身、乃至虚空身；又知諸衆生心之所樂，能以業報身作自身，亦作衆生身、國土身、乃至虚空身；又知衆生心之所樂，能以自身作衆生身、國土身、乃至虚空身；隨諸衆生所樂不同，則於此身現如是形。此菩薩知衆生集業身、報身、煩惱身、色身、無色身，又知國土身、小相、大相、無量相、染相、淨相、廣相、倒[③]住相、正住相、普入相、方網差別相。知業報身假名差別，知聲聞身、獨覺身、菩薩身假名差別，知如來身有菩提身、願身、化身、力持身、相好莊嚴身、威勢身、意生身、福德身、法身、智身，知智身善思量相、如實決擇相、果行所攝相、世間出世間差別相、三乘差別相、共相不共相、出離相非出離相、學相無學相，知法身平等相、不壞相、隨時隨俗假名差別相、衆生非衆生法差別相、佛法聖僧法差別相，知虚空身無量相、周徧相、無形相、無異相、無邊相、顯現色身相。佛子，菩薩成就如是身智已，得命自在[④]、心自在、財自在、業自在、生自在、願自在、解自在、如意自在、智[⑤]自在、法自在。得此十自在故，則爲不思議智者，無量智者，廣大智者，無能壞智者。此菩薩如是入已，如是成就已，得畢竟無過

① 勘梵本此句意云："以衆生身加持自身"，次下例知。

② 梵、魏、尸羅三本次下文略，但云："如是國土身等加持自身"，無次三段。

③ 梵本、尸羅本此三語云："亂住、仰住、覆住。"

④ 梵、魏、尸羅三本次有句云："於不可説不可説劫加持壽量故。"次九自在，亦各有釋句。

⑤ 三本此下二自在互倒。

失身業、無過失語業、無過失意業，身語意業，隨智慧行，般若波羅蜜增上大悲爲首，方便善巧，善能分別，善起大願，佛力所護，常勤修習，利衆生智，普住無邊差别世界。佛子，舉要言之，菩薩住此不動地，身語意業諸有所作，皆能積集一切佛法。佛子，菩薩住此地，得善①住深心力，一切煩惱不行故；得善住勝心力，不離於道故；得善住大悲力，不捨利益衆生故；得善住大慈力，救護一切世間故；得善住陀羅尼力，不忘於法故；得善住辯才力，善觀察分别一切法故；得善住神通力，普往無邊世界故；得善住大願力，不捨一切菩薩所作故；得善住波羅蜜力，成就一切佛法故；得如來護念力，一切種一切智智現前故。此菩薩得如是智力，能現一切諸所作事，於諸事中無有過咎。

佛子，此菩薩智地名爲不動地，無能沮壞故；名爲不退轉地，智慧無退故；名爲難得地，一切世間無能測故；名爲童真地，離一切過失故；名爲生地，隨樂自在故；名爲成地，更無所作故；名爲究竟地，智慧決定故；名爲變②化地，隨願成就故；名爲力持地，他不能動故；名爲無功用地，先已成就故。佛子，菩薩成就如是智慧，入佛③境界，佛功德照？順佛威儀，佛境現前，常爲如來之所護念，梵釋四王④，金剛力士，常隨侍衛，恆不捨離諸大三昧，能現無量諸身差别，於一一身有大勢力，報得神通，三昧自在⑤，隨有可化衆生之處，示成正覺。佛子，菩薩如是入大乘會，獲大神通，放大光明，入

① 勘梵本此句意云："於意樂力得善安住"，次下各句例如。

② 魏本、尸羅本此語云："涅槃地"，梵文"變化" nirmāna 字與"涅槃" nirvāna 相近，故有兩種頌本。

③ 梵、魏、尸羅三本此語云："佛種姓。"

④ 三本次有"之所奉迎"一語。

⑤ 梵、魏、尸羅三本次有句云："能受無量菩提記別"，與釋文合。法護、秦、晉三本大同。

無礙法界,知世界差別,示現一切諸大功德,隨意自在,善能通達前際後際,普伏一切魔邪之道,深入如來所行境界,於無量國土修菩薩行,以能獲得不退轉法,是故説名住不動地。

佛子,菩薩住此不動地已,以三昧力常得現見無量諸佛,恆不捨離,承事供養。此菩薩於一一劫一一世界見無量百佛、無量千佛、乃至無量百千億那由他佛,恭敬尊重,承事供養,一切資生悉以奉施①。於諸佛所得於如來甚深法藏,受世界差別等無量法明,若有問難世界差別如是等事,無能屈者。如是,經於無量百劫、無量千劫、乃至無量百千億那由他劫,所有善根轉增明淨。譬如真金,治作寶②冠,置閻浮提主聖王頂上,一切臣民諸莊嚴具無與等者。此地菩薩所有善根亦復如是,一切二乘,乃至第七地菩薩所有善根,無能及者,以住此地大智光明普滅衆生煩惱黑闇,善能開闡智慧門故。佛子,譬如千世界主大梵天王能普運慈心,普放光明,滿千世界,此地菩薩亦復如是,能放光明,照百萬佛刹微塵數世界,令諸衆生滅煩惱火,而得清涼。此菩薩十波羅蜜中願波羅蜜增上,餘波羅蜜非不修行,但隨力隨分,是名略説諸菩薩摩訶薩第八不動地。若廣説者,經無量劫不可窮盡。佛子,菩薩摩訶薩住此地多作大梵天王,主千世界最勝自在,善説諸義,能與聲聞辟支佛諸菩薩波羅蜜道,若有問難世界差別,無能退屈,布施愛語利行同事。如是,一切諸所作業,皆不離念佛,乃至不離念一切種一切智智。復作是念:我當於一切衆生中爲首爲勝,乃至爲一切智智依止者。此菩薩若以發起大精進力,於一念頃得百萬三千大千世界微塵數三昧,乃至示現百萬三千大千世界微塵數菩薩以爲眷屬。若以菩薩殊勝願

① 魏本次有文云:"亦以供養衆僧,以此善根迴向無上菩提",如前各地。

② 梵、魏、尸羅三本云:"莊嚴具",次云:"置閻浮王若頂若頸。"

力自在示現，過於是數，乃至百千億那由他劫不能數知。爾時，金剛藏菩薩欲重宣其義，而説頌曰：

七地修治方便慧，善集助道大願力，復得人尊所攝持，爲求勝智登八地。

功德成就恆慈愍，智慧廣大等虚空，聞法能生決定力，是則寂滅無生忍。

知法無生無起相，無成無壞無盡轉①，離有平等絶分別，超諸心行如空住。

成就是忍超戲論，甚深不動恆寂滅，一切世間無能知，心相取著悉皆離。

住於此地不分别，譬如比丘入滅定，如夢度河覺則無，如生梵天絶下欲。

以本願力蒙歡導，歎其忍勝與灌頂，語言我等衆佛法，於今未獲當勤進。

汝雖已滅煩惱火，世間惑燄猶熾然，當念本願度衆生，悉使修因趣解脱。

法性真常離心念，二乘於此亦能得，不以此故爲世尊，但②以甚深無礙智。

如是人天所應供，與此智慧令觀察，無邊佛法悉得成，一念超過曩衆行。

菩薩住兹妙智地，則獲廣大神通力，一念分身徧十方，如船入海因風濟。

心無功用任智力，悉知國土成壞住，諸界種種各殊異，小大無量皆能了。

① 尸羅本次有"無止息"一語，與長行合。

② 尸羅本此句云："故當引發一切行。"

三千世界四大種，六趣衆生身各別，及以衆寶微塵數，以智觀察悉無餘。

菩薩能知一切身，爲化衆生同彼形，國土無量種種別，悉爲現形無不徧。

譬如日月住虛空，一切水中皆現影，住於法界無所動，隨法現影亦復然。

隨其心樂各不同，一切衆中皆現身，聲聞獨覺與菩薩，及以佛身靡不現。

衆生國土業報身，種種聖人智法身，虛空身相皆平等，普爲衆生而示作。

十種聖智普觀察，復順慈悲作衆業，所有佛法皆成就，持戒不動如須彌。

十力成就不動摇，一切魔衆無能轉，諸佛護念天王禮，密跡金剛恆侍衛。

此地功德無邊際，千萬億劫説不盡，復以供佛善益明，如王頂上莊嚴具。

菩薩住此第八地，多作梵王千界主，演説三乘無有窮，慈光普照除衆惑。

一念所獲諸三昧，百萬世界微塵等，諸所作事悉亦然，願力示現復過是。

菩薩第八不動地，我爲汝等已略説，若欲次第廣分別，經於億劫不能盡。

説①此菩薩八地時，如來現大神通力，震動十方諸國土，無量億數難思議。

一切知見無上尊，其身普放大光明，照耀彼諸無量土，悉使衆生

① 秦本此下“妙善地第九”。晉本“善慧地第九”。魏本、尸羅本大同。

獲安樂。

菩薩無量百千億，俱時踊在虛空住，以過諸天上妙供，供[①]養說中最勝者。

大自在王自在天，悉共同心喜無量，各以種種衆供具，供養甚深功德海。

復有天女千萬億，身心歡喜悉充徧，各奏樂音無量種，供養人中大導師。

是時衆樂同時奏，百千萬億無量別，悉以善逝威神力，演出妙音而讚歎。

寂静調柔無垢害，隨所入地善修習，心如虛空詣十方，廣說佛道悟羣生。

天上人間一切處，悉現無等妙莊嚴，以從如來功德生，令其見者樂佛智。

不離一刹詣衆土，如月普現照世間，音聲心念悉皆滅，譬猶谷響無不應。

若有衆生心下劣，爲彼演說聲聞行，若心明利樂辟支，則爲彼說中乘道。

若有慈悲樂饒益，爲說菩薩所行事，若有最勝智慧心，則是如來無上法。

譬如幻師作衆事，種種形相皆非實，菩薩智幻亦如是，雖現一切離有無。

如是美音千萬種，歌讚佛已默然住，解脱月言今衆浄，願說九地所行道。

爾[②]時，金剛藏菩薩告解脱月菩薩言：佛子，菩薩摩訶薩以

① 原刻作“共”，今依麗刻改。

② 法護本此下“善哉意住品第九”。

如是無量智思量觀察，欲更求轉勝寂滅解脱，復修習如來智[1]慧，入如來秘密法，觀察不思議大智性，淨諸陀羅尼三昧門，具廣大神通，入差別世界，修力無畏不共法，隨諸佛轉法輪，不捨大悲本願力，得入菩薩第九善慧地。佛子，菩薩摩訶薩住此善慧地，如實知善不善無記法行，有漏無漏法行，世間出世間法行，思議不思議法行，定不定法行，聲聞獨覺法行，菩薩行法行，如來地法行，有爲法行，無爲法行。此菩薩以如是智慧，如實知衆生心稠[2]林，煩惱稠林，業稠林，根稠林，解稠林，性稠林，樂欲稠林，隨眠稠林，受生稠林，習氣相續稠林，三聚差別稠林。此菩薩如實知衆生心種種相，所謂雜起相，速[3]轉相，壞不壞相，無形質相，無邊際相，清淨相，垢無垢相，縛不縛相，幻所作相，隨諸趣生相，如是百千萬億乃至無量，皆如實知。又知諸煩惱種種相，所謂久遠隨行相，無邊引起相，俱生不捨相，眠[4]起一義相，與心相應不相應相，隨趣受生而住相，三界差別相，愛見癡慢如箭深入過患相，三業因緣不絶相，略説乃至八萬四千，皆如實知。又知諸業種種相，所謂善不善無記相，有表示無表示相，與心同生不離相，因[5]自性刹那壞而次第集果不失相，有報無報相，受黑黑等衆報相，如田無量相，凡聖差別相，現受生受後受相，乘非乘定不定相，略説乃至八萬四千，皆如實知。又知諸根輭中勝相，先際後際差別無差別相，上中下相，煩惱俱生不相離相，乘非乘定不定相，淳熟調柔相，隨[6]根網輕轉壞相，增上無能壞相，退不退差別相，遠隨共生不同相，略説乃至八萬四千，皆如

① 梵、魏、尸羅三本此語云:“究竟智慧。”

② 三本云:“稠林行”,次下均同。

③ 三本此二相合爲一句。

④ 梵本、尸羅本云:“隨眠與纏一義相。”

⑤ 勘梵本、尸羅本此句意謂:“自相刹那因壞而積集不失果性相續。”

⑥ 梵本、尸羅本此句云:“根網隨轉速壞取相。”

實知。又知諸解輭中上,諸性輭中上,樂欲輭中上,皆略説乃至八萬四千。又知諸隨眠種種相,所謂與深心共生相,與心共生相,心相應不相應差别相,久遠隨行相,無始不拔相,與一切禪定解脱三昧三摩鉢底神通相違相,三界相續受生繫縛相,令①無邊心相續現起相,開諸處門相,堅實難治相,地處成就不成就相,唯以聖道拔出相。又知受生種種相,所謂隨業受生相,六趣差别相,有色無色差别相,有想無想差别相,業爲田、愛水潤、無明暗覆、識爲種子、生後有芽相,名色俱生不相離相,癡愛希求續有相,欲愛欲生無始樂著②相,妄謂出三界貪求相。又知習氣種種相,所謂行不行差别相,隨③趣熏習相,隨衆生行熏習相,隨業煩惱熏習相,善不善無記熏習相,隨入後有熏習相,次第熏習相,不斷煩惱遠行不捨熏習相,實非實熏習相,見聞親近聲聞獨覺菩薩如來熏習相。又知衆生正定邪定不定相,所謂正見正定相,邪見邪定相,二俱不定相,五逆邪定相,五根正定相,二俱不定相,八邪邪定相,正性正定相,更不作二俱離不定相,深著邪法邪定相,習行聖道正定相,二俱捨不定相。佛子,菩薩隨順如是智慧,名住善慧地。

住此地已,了知衆生諸行差别,教化調伏,令得解脱。佛子,此菩薩善能演説聲聞乘法、獨覺乘法、菩薩乘法、如來地法,一④切行處智隨行,故能隨衆生根性欲解,所行有異,諸聚差别,亦隨受生煩惱眠縛諸業習氣而爲説法,令生信解,增益智慧,各於其乘而得解

① 梵、魏、尸羅三本此下三句云:“無始時來心縛現行相,諸處門集了别相,得對治實相。”此末句與今譯意反。

② 梵、魏、尸羅三本次有“有情”一語。

③ 梵本、尸羅本此語云:“隨趣相續處熏習相。”

④ 梵、魏、尸羅三本此段文異,略云:“此菩薩如是知已,如實爲諸衆生説法,隨其意樂隨眠根解境界差别諸行,一切行處智隨行,種姓稠林受生煩惱等習氣聚差别乘勝解,令得解脱而爲説法。”

脱。佛子,菩薩住此善慧地,作大法師,具法師行,善能守護如來法藏,以無量善巧智起四無礙辯,用菩薩言辭而演説法。此菩薩常隨四無礙智轉,無暫捨離。何等爲四?所謂法無礙智,義無礙智,辭無礙智,樂説無礙智。此菩薩以法無礙智知諸法自相,義無礙智知諸法别相,辭無礙智無錯謬説,樂説無礙智無斷盡説。復次,以法無礙智知諸法自①性,義無礙智知諸法生滅,辭無礙智安②立一切法不斷説,樂説無礙智隨所安立不可壞無邊説。復次,以法無礙智知現在法差别,義無礙智知過去未來法差别,辭無礙智於去來今法無錯謬説,樂説無礙智於一一世無邊法明了説。復次,以法無礙智知法差别,義無礙智知義差别,辭無礙智隨其言音説,樂説無礙智隨其心樂説。復次,法無礙智以法智知③差别不異,義無礙智以比智知差别如實,辭無礙智以世智差别説,樂説無礙智以第一義智善巧説。復次,法無礙智知諸法一④相不壞,義無礙智知蘊界處諦緣起善巧,辭無礙智以一切世間易解了美妙音聲文字説,樂説無礙智以轉勝無邊法明説。復次,法無礙智知一乘平⑤等性,義無礙智知諸乘差别性,辭無礙智説一切乘無差别,樂説無礙智説一一乘無邊法⑥。復次,法無礙智知一切菩薩行智行法行智隨證,義無礙智知十地分位義差别,辭無礙智説地道無差别相,樂説無礙智説一一地無邊行相。復次,法無礙智知一切如來一念成正覺,義無礙智知種種時種⑦種處等各差别,辭無礙智説成正覺差别,樂説無礙智

① 梵、魏、尸羅三本此語云:“無性體。”秦晉二本大同。
② 梵本、尸羅本此語云:“隨所施設。”
③ 梵、魏、尸羅三本此語云:“知無差别善巧。”
④ 梵本、尸羅本云:“一理趣。”
⑤ 梵、秦、晉、魏四本云:“所攝性。”
⑥ 梵、魏、尸羅三本云:“法明。”
⑦ 梵、魏、尸羅三本云:“種種事相。”

於一一句①法無量劫說不盡。復次，法無礙智知一切如來語力無所畏不共佛法大慈大悲辯才方便轉法輪一切智智隨證，義無礙智知如來隨八萬四千衆生心行根解差別音聲，辭無礙智隨一切衆生行以如來音聲差別說，樂說無礙智隨衆生信解以如來智清浄行圓滿說。佛子，菩薩住第九地，得如是善巧無礙智，得如來妙法藏，作大法師。得義陀羅尼，法陀羅尼，智陀羅尼，光照陀羅尼，善慧陀羅尼，衆財陀羅尼，威德陀羅尼，無礙門陀羅尼，無邊際陀羅尼，種種義陀羅尼，如是等百萬阿僧祇陀羅尼門，皆得圓滿，以百萬阿僧祇善巧音聲辯才門而演說法。此菩薩得如是百萬阿僧祇陀羅尼門已，於無量佛所一一佛前，悉以如是百萬阿僧祇陀羅尼門聽聞正法，聞已不忘，以無量差別門爲他演說。此菩薩初見於佛，頭頂禮敬，即於佛所得無量法②門，此所得法門，非彼聞持諸大聲聞於百千劫所能領受。此菩薩得如是陀羅尼，如是無礙智，坐於法座而說於法，大千世界滿中衆生隨其心樂差別爲說，唯除諸佛及受職菩薩，其餘衆會威德光明無能與比。此菩薩處於法座，欲以一音令諸大衆皆得解了，即得解了。或時欲以種種音聲令諸大衆皆得開悟；或時心欲放大光明演說法門；或時心欲於其身上一一毛孔皆演法音；或時心欲乃至三千大千世界所有一切形無形物，皆悉演出妙法言音；或時心欲發一言音周徧法界，悉令解了；或時心欲一切言音皆作法音，恆住不滅；或時心欲一切世界簫笛鐘鼓及以歌詠一切樂聲皆演法音；或時心欲於一字中一切法句言音差別，皆悉具足；或時心欲令不可說無量世界地水火風四大聚中所有微塵、一一塵中，皆悉演出不可說法門，如是所念，一切隨心，無不得者。佛子，此菩薩假使三千大千世界所有衆生咸至其前，一一皆以無量言

① 梵本、尸羅本云“法句”。

② 梵、魏、尸羅三本云：“法明門。”

音而興問難，一一問難各各不同，菩薩於一念頃悉能領受，仍以一音普爲解釋，令隨心樂各得歡喜。如是乃至不可説世界所有衆生，一剎那間一一皆以無量言音而興問難，一一問難各各不同，菩薩於一念頃悉能領受，亦以一音普爲解釋，各隨心樂令得歡喜。乃至不可説不可説世界滿中衆生，菩薩皆能隨其心樂，隨根隨解，而爲説法。承佛神力，廣作佛事，普爲一切作所依怙。佛子，此菩薩復更精進成就智明，假使一毛端處有不可説世界微塵數諸佛衆會，一一衆會有不可説世界微塵數衆生，一一衆生有不可説世界微塵數性欲，彼諸佛隨其性欲，各與法門，如一毛端處一切法界處，悉亦如是。如是所説無量法門，菩薩於一念中悉能領受，無有忘失。

佛子，菩薩住此第九地，晝夜專勤，更無餘念，唯入佛境界，親近如來。入諸菩薩甚深解脱，常在三昧，恆見諸佛，未曾捨離。一一劫中見無量佛，無量百佛、無量千佛、乃至無量百千億那由他佛，恭敬尊重，承事供養，於諸佛所種種問難，得説法陀羅尼，所有善根轉更明淨。譬如真金，善巧金師用作寶①冠，轉輪聖王以嚴其首，四天下内一切小王及諸臣民諸莊嚴具無與等者。此第九地菩薩善根亦復如是，一切聲聞辟支佛及下地菩薩所有善根無能與等。佛子，譬如二千世界主大梵天王身出光明，二千界中幽遠之處悉能照耀，除其黑闇。此地菩薩所有善根亦復如是，能出光明照衆生心煩惱黑闇，皆令息滅。此菩薩十波羅蜜中，力波羅蜜最勝，餘波羅蜜非不修行，但隨力隨分。佛子，是名略説菩薩摩訶薩第九善慧地，若廣説者於無量劫亦不能盡。佛子，菩薩摩訶薩住此地多作二千世界主大梵天王，善能統理，自在饒益，能爲一切聲聞緣覺及諸菩薩分別演説波羅蜜行，隨衆生心所有問難，無能屈者，布施愛語利行同事。如是一切諸所作業，皆不離念佛，乃至不離念一切種一切

① 梵魏、尸羅三本云:“莊嚴具”，次云:“繫王頂或項。”

智智。復作是念:我當於一切衆生中爲首爲勝,乃至爲一切智智依止者。此菩薩若發勤精進,於一念頃得百萬阿僧祇國土微塵數三昧,乃至示現百萬阿僧祇國土微塵數菩薩以爲眷屬。若以菩薩殊勝願力自在示現,過於此數,乃至百千億那由他劫不能數知[①]。爾時,金剛藏菩薩欲重宣其義,而說頌曰:

無[②]量智力善觀察,最上微妙世難知,普入如來祕密處,利益衆生入九地。

總持三昧皆自在,獲大神通入衆剎,力智無畏不共法,願力悲心入九地。

住於此地持法藏,了善不善及無記,有漏無漏世出世,思不思議悉善知。

若法決定不決定,三乘所作悉觀察,有爲無爲行差别,如是而知入世間。

若欲知諸衆生心,則[③]能以智如實知,種種速轉壞非壞,無質無邊等衆相。

煩惱無邊恆共伴,眠起一義續諸趣,業性種種各差别,因壞果集皆能了。

諸根種種下中上,先後際等無量别,解性樂欲亦復然,八萬四千靡不知。

衆生惑見恆隨縛,無始稠林未除翦,與志共俱心並生,常相羈繫不斷絶。

但唯妄想非實物,不離於心無處所,禪定境排仍退轉,金剛道滅

---

① 原刻作"加",今依麗刻改。

② 尸羅本此頌作二句云:"於前無量甚深智,不樂趣求深解脱。"無第四句。

③ 尸羅本廣爲三句,具出煩惱等十稠林。

方畢竟。

六趣受生各差別，業田愛潤無明覆，識爲種子名色芽，三界無始恆相續。

惑業心習生諸趣，若離於此不復生，衆生悉在三聚中，或溺於見或行道。

住於此地善觀察，隨其心樂及根解，悉以無礙妙辯才，如其所應差別說。

處於法座如師子，亦如牛王寶山王，又如龍王布密雲，霔甘露雨充大海。

善知法性及奥義，隨順言辭能辯説，總持百萬阿僧祇，譬如大海受衆雨。

總持三昧皆清浄，能於一念見多佛，一一佛所皆聞法，復以妙音而演暢。

若欲三千大千界，教化一切諸羣生，如雲廣布無不及，隨其根欲悉令喜。

毛端佛衆無有數，衆生心樂亦無極，悉應其心與法門，一切法界皆如是。

菩薩勤加精進力，復獲功德轉增勝，聞持爾所諸法門，如地能持一切種。

十方無量諸衆生，咸來親近會中坐，一念隨心各問難，一音普對悉充足。

住於此地爲法王，隨機誨誘無厭倦，日夜見佛未曾捨，入深寂滅智解脱。

供養諸佛善益明，如王頂上妙寶冠，復使衆生煩惱滅，譬如梵王光普照。

住此多作大梵王，以三乘法化衆生，所行善業普饒益，乃至當成一切智。

一念所入諸三昧，阿僧祇剎微塵數，見佛説法亦復然，願力所作復過此。

此是第九善慧地，大智菩薩所行處，甚深微妙難可見，我爲佛子已宣説。

大方廣佛華嚴經卷第三十九

十[①]地品第二十六之六

淨居天衆那由他，聞此地中諸勝行，空中踊躍心歡喜，悉共虔誠供養佛。

不可思議菩薩衆，亦在空中大歡喜，俱然最上悦意香，普熏衆會令清淨。

自在天王與天衆，無量億數在虛空，普散天衣供養佛，百千萬種繽紛下。

天諸婇女無有量，靡不歡欣供養佛，各奏種種妙樂音，悉以此言而讚歎。

佛身安坐一國土，一切世界悉現身，身相端嚴無量億，法界廣大悉充滿。

於一毛孔放光明，普滅世間煩惱闇，國土微塵可知數，此光明數不可測。

或見如來具衆相，轉於無上正法輪，或見遊行諸佛剎，或見寂然安不動。

或現住於兜率宫，或現下生入母胎，或示住胎或出胎，悉令無量

① 秦本此下“法雲地第十”。晉、魏、尸羅三本大同。

國中見。

或現出家修世道，或現道場成正覺，或現説法或涅槃，普使十方無不覩。

譬如幻師知幻術，在於大衆多所作，如來智慧亦復然，於世間中普現身。

佛住甚深真法性，寂滅無相同虚空，而於第一實義中，示現種種所行事。

所作利益衆生事，皆依法性而得有，相與無相無差别，入於究竟皆無相。

若有欲得如來智，應離一切妄分别，有無通達皆平等，疾作人天大導師。

無量無邊天女衆，種種言音稱讚已，身心寂静共安樂，瞻仰如來默然住。

卽時菩薩解脱月，知諸衆會咸寂静，向金剛藏而請言，大無畏者真佛子。

從第九地入十地，所有功德諸行相，及以神通變化事，願聽慧者爲宣説。

爾[①]時，金剛藏菩薩摩訶薩告解脱月菩薩言：佛子，菩薩摩訶薩從[②]初地乃至第九地，以如是無量智慧觀察覺了已，善思惟修習，善滿足白法，集無邊助道法，增長大福德智慧，廣行大悲，知世界差别，入衆生界稠林，入[③]如來所行處，隨順如來寂滅行，常觀察如來力無所畏不共佛法，名爲得一切種一切智智受[④]職位。佛子，菩薩

① 法護本此下“法雨住品第十”。

② 梵本、尸羅本此句云：“無量所知能觀察覺，乃至九地善思決擇。”

③ 梵、魏、尸羅三本此下二句合云：“以想作意隨順入於如來所行”，與釋文合。

④ 梵本、尸羅本云“受灌頂位”。次同。

摩訶薩以如是智慧入受職地已，卽得菩薩離垢三昧，入法界差別三昧，莊嚴道場三昧，一切種華光三昧，海藏三昧，海印三昧，虛空界廣大三昧，觀一切法自性三昧，知① 一切衆生心行三昧，一切佛皆現前三昧，如是等百萬阿僧祇三昧，皆現在前。菩薩於此一切三昧若入若起，皆得善巧，亦善了知一切三昧所作差别，其最後三昧，名受一切智勝職位。此三昧現在前時，有大② 寶蓮華忽然出生，其華廣大，量等百萬三千大千世界，以衆妙寶間錯莊嚴，超過一切世間境界，出世善根之所生起，知③ 諸法如幻性衆行所成，恆放光明普照法界，非諸天處之所能有，毗瑠璃摩尼寶爲莖，栴檀王爲臺，瑪瑙爲鬚，閻浮檀金爲葉，其華常有無量光明，衆寶爲藏寶網彌覆十三千大千世界微塵數蓮華以爲眷屬。爾時，菩薩坐此華座，身相大小正相稱可，無量菩薩以爲眷屬，各坐其餘蓮華之上，周帀圍繞，一一各得百萬三昧，向大菩薩一心瞻仰。佛子，此大菩薩并其眷屬坐華座時，所有光明及以言音，普皆充滿十方法界，一切世界咸悉震動，惡趣休息，國土嚴淨，同行菩薩靡不來集，人天音樂同時發聲，所有衆生悉得安樂，以不思議供養之具，供一切佛，諸佛衆會悉皆顯現④。佛子，此菩薩坐彼大蓮華座時，於兩足下放百萬阿僧祇光明，普照十方諸大地獄，滅衆生苦；於兩膝輪放百萬阿僧祇光明，普照十方諸畜生趣，滅衆生苦；於齊輪中放百萬阿僧祇光明，普照十方閻羅王界，滅衆生苦；從左右脅放百萬阿僧祇光明，普照十方一切人趣，滅衆生苦；從兩手中放百萬阿僧祇光明，普照十方一切諸天及阿修羅所有宫殿；從兩肩上放百萬阿僧祇光明，普照十方一切

① 諸本云："隨一切法自性。"

② 諸本云："大寶蓮華王。"

③ 梵、魏、尸羅三本缺此"知"字。

④ 勘諸本次皆有句云："所以者何"意以次段釋成上文，今譯缺略。

聲聞;從其項背放百萬阿僧祇光明，普照十方辟支佛身;從其面門放百萬阿僧祇光明,普照十方初始發心，乃至九地諸菩薩身;從兩眉間放百萬阿僧祇光明,普照十方受職菩薩，令魔宫殿悉皆不現;從其頂上放百萬阿僧祇三千大千世界微塵數光明，普照十方一切世界諸佛如來道場衆會,右繞十帀住虚空中,成光明網，名熾然光明。發起種種諸供養事,供養於佛，餘諸菩薩從初發心乃至九地，所有供養而比於此,百分不及一,乃至算數譬喻所不能及。其光明網普於十方一一如來衆會之前,雨衆妙香,華鬘衣服,幢旛寶蓋,諸摩尼等莊嚴之具,以爲供養,皆從出世善根所生，超過一切世間境界①。若有衆生見知此者,皆於阿耨多羅三藐三菩提得不退轉。佛子,此大光明作於如是供養事畢,復繞十方一切世界，一一諸佛道場衆會,經十帀已,從諸如來足下而入。爾時,諸佛及諸菩薩知某世界中某菩薩摩訶薩能行如是廣大之行,到受職位。佛子,是時十方無量無邊,乃至九地諸菩薩衆,皆來圍繞恭敬供養,一心觀察。正觀察時，其諸菩薩卽各獲得十千三昧。當爾之時，十方所有受職菩薩,皆於金剛莊嚴臆② 德相中出大光明,名能壞魔怨。百萬阿僧祇光明以爲眷屬,普照十方，現於無量神通變化。作是事已,而來入此菩薩摩訶薩金剛莊嚴臆德相中,其光入已,令此菩薩所有智慧勢力增長過百千倍。爾時,十方一切諸佛從眉間出清淨光明,名增益一切智神通,無數光明以爲眷屬,普照十方一切世界,右繞十帀,示現如來廣大自在,開悟無量百千億那由他諸菩薩衆,周徧震動一切佛刹,滅除一切諸惡道苦,隱蔽一切諸魔宫殿，示一切佛得菩提處道場衆會莊嚴威德。如是普照盡虚空徧法界一切世界已，而來至

① 法護、秦、晉、魏四本次有句云:“一一佛大會上皆雨衆寶，猶如大雨。”

② 勘梵本、尸羅本此謂“胸萬字相”。

此菩薩會上,周帀右繞,示現種種莊嚴之事,現是事已,從大菩薩頂上而入,其眷屬光明亦各入彼諸菩薩頂,當爾之時,此菩薩得先所未得百萬三昧,名爲已得受職之位,入佛境界,具足十力,墮在佛數。佛子,如轉輪聖王所生太子,母是正后,身相具足,其轉輪王令此太子坐白象寶妙金之座,張大網幔,建大幢旛,然香散華,奏諸音樂,取四大海水置金瓶内,王執此瓶灌太子頂,是時卽名受王職位,墮在灌頂刹利王數,卽能具足行十善道,亦得名爲轉輪聖王。菩薩受職亦復如是,諸佛智水灌其頂,故名爲受職,具足如來十種力,故墮在佛數。佛子,是名菩薩受大智職,菩薩以此大智職,故能行無量百千萬億那由他難行之行,增長無量智慧功德,名爲安住法雲地。

佛子,菩薩摩訶薩住此法雲地,如實知欲界集、色界集、無色界集、世①界集、法界集、有爲界集、無爲界集、衆生界集、識界集、虚空界集、涅槃界集。此菩薩如實知諸見煩惱行集、知世界成壞集、如聲聞行集、辟支佛行集、菩薩行集、如來力無所畏色身法身集、一切種一切智智集、示得菩提轉法輪集、入一切法分别決定智集,舉要言之,以一切智知一切集。佛子,此菩薩摩訶薩以如是上上覺慧,如實知衆生業化、煩惱化、諸見化、世界化、法界化、聲聞化、辟支佛化、菩薩化、如來化、一切分别無分别化,如是等皆如實知。又如實知佛持②、法持、僧持、業持、煩惱持、時持、願持、供養持、行持、劫持、智持,如是等皆如實知。又如實知諸佛如來入微細智,所謂修行微細智、命終微細智、受生微細智③、出家微細智、現神通微

① 諸本皆以"世界、衆生、識界、有無爲界、虚空法界、涅槃界"爲次。

② 梵本、尸羅本云:"加持",次均同。

③ 梵、魏、尸羅三本次有"生微細智、遊戲微細智",缺下"現神通微細智"。

細智、成正覺微細智、轉法輪微細智、住壽命微細智、般涅槃微細智、教法住微細智，如是等皆如實知。又入如來祕密處，所謂身祕密、語祕密、心祕密、時非時思量祕密、授菩薩記祕密、攝衆生祕密、種種乘祕密、一切衆生根行差別祕密、業所作祕密、得菩提行祕密，如是等皆如實知。又知諸佛所有入劫智，所謂一劫入阿僧祇劫，阿僧祇劫入一劫，有數劫入無數劫，無數劫入有數劫，一念入劫，劫入一念，劫入非劫，非劫入劫，有佛劫入無佛劫，無佛劫入有佛劫，過去未來劫入現在劫，現在劫入過去未來劫，過去劫入未來劫，未來劫入過去劫，長劫入短劫，短劫入長劫①，如是等皆如實知。又知如來諸所入智，所謂入毛道智、入微塵智、入國土身正覺智、入衆生身正覺智、入衆生心正覺智、入衆生行正覺智、入隨順一切處正覺智、入示現徧行智、入示現順行智、入示現逆行智、入示現思議不思議世間了知不了知行智、入示現聲聞智、辟支佛智、菩薩行如來行智。佛子，一切諸佛所有智慧廣大無量，此地菩薩皆能得入。佛子，菩薩摩訶薩住此地卽得菩薩不思議解脱，無障礙解脱，淨觀察解脱，普照明解脱，如來藏解脱，隨順無礙輪解脱，通達三世解脱，法界藏解脱，光明輪解脱，無餘境界解脱，此十爲首，有無量百千阿僧祇解脱門皆於此第十地中得。如是乃至無量百千阿僧祇三昧門，無量百千阿僧祇陀羅尼門，無量百千阿僧祇神通門，皆悉成就。

佛子，此菩薩摩訶薩通達如是智慧，隨順無量菩提，成就善巧念力，十方無量諸佛所有無量大法明、大法照、大法雨，於一念頃皆能安能受、能攝能持。譬如娑伽羅龍王所霔大雨，唯除大海，餘一切處皆不能安不能受，不能攝不能持。如來祕②密藏大法明、大法照、大法雨、亦復如是，唯除第十地菩薩，餘一切衆生聲聞獨覺乃至

① 三本次有“短劫入短劫，非短劫入非短劫”二語。

② 梵本、尸羅本云：“秘密藏門。”

第九地菩薩皆不能安不能受,不能攝不能持。佛子,譬如大海能安能受能攝能持一大龍王所霔大雨,若二若三乃至無量諸龍王雨,於一念間一時霔下,皆能安能受能攝能持。何以故?以是無量廣大器故。住法雲地菩薩亦復如是,能安能受能攝能持一佛法明、法照、法雨,若二若三乃至無量,於一念頃一時演説悉亦如是,是故此地名爲法雲。解脱月菩薩言:佛子,此地菩薩於一念間能於幾如來所安受攝持大法明、大法照、大法雨?金剛藏菩薩言:佛子,不可以算數能知,我當爲汝説其譬喻。佛子,譬如十方各有十不可説百千億那由他佛刹微塵數世界,其世界中一一衆生皆得聞持陀羅尼,爲佛侍者,聲聞衆中多聞第一,如金剛蓮華上佛所大勝比丘,然一衆生所受之法,餘不重受。佛子,於意云何,此諸衆生所受之法爲有量耶,爲無量耶?解脱月菩薩言:其數甚多,無量無邊。金剛藏菩薩言:佛子,我爲汝説,令汝得解。佛子,此法雲地菩薩於一佛所,一念之頃所安所受,所攝所持大法明、大法照、大法雨三①世法藏,前爾所世界一切衆生所聞持法,於此百分不及一,乃至譬喻亦不能及。如一佛所如是,十方如前所説爾所世界微塵數佛,復過此數無量無邊,於彼一一諸如來所所有法明、法照、法雨三世法藏,皆能安能受,能攝能持,是故此地名爲法雲。佛子,此地菩薩以自願力起大悲雲,震大法雷,通明無畏以爲電光,福德智慧而爲密雲,現種種身,周旋往返,於一念頃普徧十方百千億那由他世界微塵數國土,演説大法,摧伏魔怨,復過此數,於無量百千億那由他世界微塵數國土,隨衆生心之所樂,霔甘露雨,滅除②一切衆惑塵燄,是故此地名爲法雲。佛子,此地菩薩於一世界,從兜率天下,乃至涅槃,隨所應度衆生心而現佛事,若二若三,乃至如上微塵數國土,復過於此,

① 梵、魏、尸羅三本云:"三世法界藏。"

② 諸本次有"無明所起"一語。

乃至無量百千億那由他世界微塵數國土，皆亦如是，是故此地名爲法雲。

佛子，此地菩薩智慧明達，神通自在，隨其心念，能以狹世界作廣世界，廣世界作狹世界，垢世界作淨世界，淨世界作垢世界，亂住、次住、倒住、正住，如是無量一切世界，皆能互作。或隨心念，於一塵中置一世界須彌盧等一切山川塵相如故，世界不減；或復於一微塵之中，置二置三，乃至不可說世界須彌盧等一切山川，而彼微塵體相如本，於中世界悉得明現；或隨心念，於一世界中示現二世界莊嚴，乃至不可說世界莊嚴，或於一世界莊嚴中示現二世界乃至不可說世界；或隨心念，以不可說世界中衆生置一世界；或隨心念，以一世界中衆生置不可說世界，而於衆生無所嬈害；或隨心念，於一毛孔示現一切佛境界莊嚴之事。或隨心念，於一念中示現不可說世界微塵數身，一一身示現如是微塵數手，一一手各執恆河沙數華奩香篋，鬘蓋幢旛周徧十方，供養於佛。一一身復示現爾許微塵數頭，一一頭復現爾許微塵數舌，於念念中周徧十方，歎佛功德。或隨心念，於一念間普徧十方，示成正覺，乃至涅槃及以國土莊嚴之事，或現其身徧三世，而於身中有無量諸佛及佛國土莊嚴之事，世界成壞靡不皆現，或於自身一毛孔中出一切風，而於衆生無所惱害。或隨心念，以無邊世界爲一大海，此海水中現大蓮華，光明嚴好，徧覆無量無邊世界，於中示現大菩提樹莊嚴之事，乃至示成一切種智；或於其身現十方世界一切光明，摩尼寶珠，日月星宿雲電等光，靡不皆現；或以口噓氣，能動十方無量世界，而不令衆生有驚怖想；或現十方風災火災及以水災；或隨衆生心之所樂，示現色身莊嚴具足；或於自身示現佛身，或於佛身而現自身；或於佛身現己國土，或於己國土而現佛身。佛子，此法雲地菩薩能現如是及餘無量百千億那由他自在神力。爾時，會中諸菩薩及天、龍、夜叉、乾闥婆、阿修羅、護世四王、釋提桓因梵天、淨居摩醯首羅諸天子等，咸作是念：若菩薩神通智力能如是者，佛復云何？爾時，解脱月菩薩知諸衆會心之所念，白金剛藏菩薩言：佛子，今此大衆聞其菩薩神通智力，墮在疑網，善哉仁者，爲斷彼疑，當少示現菩薩神力莊嚴之事。時金剛藏菩薩卽入一切佛國土體性三昧，入此三昧時，諸菩薩及一切大衆皆自見身在金剛藏菩薩身内，於中悉見三千大千世界，所有種種莊嚴之事，經於億劫，説不能盡。又於其中見菩提樹，其身周圍十萬三千大千世界，高百萬三千大千世界，枝葉所蔭亦復如是。稱樹形量有師子座，座上有佛，號一切智通王，一切大衆悉見其佛坐菩提樹下師子座上，種種諸相以爲莊嚴，假使億劫説不能盡。金剛藏菩薩示現如是大神力已，還令衆會各在本處。時諸大衆得未曾有，生奇特想，默然而住，向金剛藏一心瞻仰。爾時，解脱月菩薩白金剛藏菩薩言：佛子，今此三昧甚爲希有，有大勢力，其名何等？金剛藏言：此三昧名一切佛國土體性。又問：此三昧境[①]界云何？答言：佛子，若菩薩修此三昧，隨心所念，能於身中現恆河沙世界微塵數佛刹，復過此數無量無邊。佛子，菩薩住法雲地，得如是等無量百千諸大三昧故，此菩薩身身業不可測知，語語業、意意業神通自在，觀察三世三昧境界、智慧境界，遊戲一切諸解脱門，變化所作、神力所作、光明所作，略説乃至舉足下足，如是一切諸有所作，乃至法王子住善慧地菩薩，皆不能知。佛子，此法雲地菩薩所有境界略説如是，若廣説者，假使無量百千阿僧祇劫亦不能盡。解脱月菩薩言：佛子，若菩薩神通境界如是，佛神通力其復云何？金剛藏言：佛子，譬如有人於四天下取一塊土，而作是言：爲無邊世界大地土多，爲此土多？我觀汝問亦復如是，如來智慧無邊無等，云何而與菩薩比量？復次，佛子，如四天下取少許土，餘者無量，此法

① 梵、魏、尸羅三本云："所行境界莊嚴妙事云何。"法護本大同。

雲地神通智慧於無量劫但説少分，況如來地？佛子，我今爲汝引事爲證，令汝得知如來境界。佛子，假使十方，一一方各有無邊世界微塵數諸佛國土，一一國土得如是地菩薩充滿，如甘蔗竹葦稻麻叢林，彼諸菩薩於百千億那由他劫修菩薩行所生智慧，比一如來智慧境界百分不及一，乃至優波尼沙陀分亦不能及。佛子，此菩薩住如是智慧，不異如來身語意業，不捨菩薩諸三昧力，於無數劫承事供養一切諸佛，一一刧中以一切種供養之具而爲供養，一切諸佛神力所加智慧光明，轉更增勝，於法界中所有問難善爲解釋，百千億劫無能屈者。佛子，譬如金師，以上妙真金作嚴身具，大摩尼寶鈿廁其間，自在天王身自服戴，其餘天人莊嚴之具所不能及。此地菩薩亦復如是，始從初地乃至九地，一切菩薩所有智行皆不能及。此地菩薩智慧光明，能令衆生乃至入於一切智智，餘智光明無能如是。佛子，譬如摩醯首羅天王光明，能令衆生身心清涼，一切光明所不能及。此地菩薩智慧光明亦復如是，能令衆生皆得清涼，乃至住於一切智智，一切聲聞辟支佛乃至第九地菩薩智慧光明悉不能及。佛子，此菩薩摩訶薩已能安住如是智慧，諸佛世尊復更爲説三世智，法界差別智，徧一切世界智，照一切世界智，慈① 念一切衆生智，舉要言之，乃至爲説得一切智智。此菩薩十波羅蜜中，智波羅蜜最爲增上，餘波羅蜜非不修行。佛子，是名略説菩薩摩訶薩第十法雲地，若廣説者，假使無量阿僧祇劫亦不能盡。佛子，菩薩住此地多作摩醯首爲天王，於法自在，能授衆生聲聞獨覺一切菩薩波羅蜜行，於法界中所有問難無能屈者，布施愛語利行同事。如是一切諸所作業，皆不離念佛，乃至不離念具足一切種一切智智。復作是念：我當於一切衆生爲首爲勝，乃至爲一切智智依止者。若勤加精

① 梵本、尸羅本云："一切有情剎土法智。"法護本大同。又梵本次有二句云："隨入一切有情心行智，一切法決擇分別善巧。"

進，於一念頃得十不可説百千億那由他佛刹微塵數三昧，乃至示現爾所微塵數菩薩以爲眷屬。若以菩薩殊勝願力自在示現，過於此數，所謂若修行、若莊嚴、若信解、若所作、若身、若語、若光明、若諸根、若神變、若音聲、若行處，乃至百千億那由他劫，不能數知。

佛子，此菩薩摩訶薩十地行相次第現前，則能趣入一切智智。譬如阿耨達池出四大河，其河流注徧閻浮提，既無盡竭，復更增長，乃至入海，令其充滿，佛子，菩薩亦爾，從菩提心流出善根大願之水，以四攝法充滿衆生無有窮盡，復更增長，乃至入於一切智海，令其充滿。佛子。菩薩十地，因佛智故而有差别，如因大地有十山王。何等爲十？所謂雪山王、香山王、鞞①陀梨山王、神仙山王、田②乾陀山王、馬耳山王、尼③民陀羅山王、斫羯羅山王、計都末底山王、須彌盧山王。佛子，如雪山王，一切藥草咸在其中，取不可盡。菩薩所住歡喜地亦復如是，一切世間經書技藝文頌呪術咸在其中，説不可盡。佛子，如香山王，一切諸香咸集其中，取不可盡。菩薩所住離垢地亦復如是，一切菩薩戒行威儀咸在其中，説不可盡。佛子如鞞陀梨山王，純寶所成，一切衆寶咸在其中，取不可盡。菩薩所住發光地亦復如是，一切世間禪定神通解脱三昧三摩鉢底咸在其中，説不可盡。佛子，如神仙山王，純寶所成，五通神仙咸住其中，無有窮盡。菩薩所住燄慧地亦復如是，一切道中殊勝智慧咸在其中，説不可盡。佛子，如由乾陀羅山王，純寶所成，夜叉大神咸住其中，無有窮盡。菩薩所住難勝地亦復如是，一切自在如意神通咸在其中，説不可盡。佛子，如馬耳山王，純寶所成，一切諸果咸在其中，取不可盡。菩薩所住現前地亦復如是，入緣起理、聲聞果證咸

① 秦晉二本云:“軻梨羅山。”尸羅本云“裂窮山”。

② 尸羅本云:“持雙山。”

③ 尸羅本次四山云:“持魚山、輪圍山、幢相山、妙高山。”

在其中,說不可盡。如尼民陀羅山王，純寶所成,大力龍神咸住其中,無有窮盡。菩薩所住遠行地亦復如是,方便智慧獨覺果證咸住其中,說不可盡。如斫羯羅山王,純寶所成,諸自在衆咸住其中,無有窮盡。菩薩所住不動地亦復如是，一切菩薩自在行差別世界咸在其中,說不可盡。如計都山王,純寶所成，大威德阿修羅王咸住其中,無有窮盡。菩薩所住善慧地亦復如是,一切世間生滅智行咸在其中,說不可盡。如須彌盧山王,純寶所成，大威德諸天咸住其中,無有窮盡。菩薩所住法雲地亦復如是,如來力無畏不共法一切佛事咸在其中,問答宣說,不可窮盡。佛子,此十寶山王同在大海,差別得名;菩薩十地亦復如是,同在一切智中,差別得名。佛子,譬如大海以十種相得大海名,不可移奪。何等爲十?一次第漸深,二不受死屍,三餘水入中皆失本名,四普同一味,五無量珍寶,六無能至底,七廣大無量,八大身所居,九潮不過限，十普受大雨,無有盈溢。菩薩行亦復如是,以十相故名菩薩行，不可移奪。何等爲十?所謂歡喜地出生大願漸次深故,離垢地不受一切破戒屍故,發光地捨離世間假名字故,燄慧地與佛功德同一味故,難勝地出生無量方便神通世間所作衆珍寶故,現前地觀察緣生甚深理故,遠行地廣大覺慧善觀察故,不動地示現廣大莊嚴事故,善慧地得深解脫行於世間如實而知不過限故，法雲地能受一切諸佛如來大法明雨無厭足故。佛子,譬如大摩尼珠,有十種性出過衆寶。何等爲十?一者從大海出,二者巧匠治理,三者圓滿無缺,四者清淨離垢,五者内外明徹,六者善巧鑽穿,七者貫以寶縷,八者置在瑠璃高幢之上,九者普放一切種種光明，十者能隨王意雨衆寶物如衆生心充滿其願。佛子當知，菩薩① 亦復如是，有十種事出過衆聖。何等爲十?一者

① 梵、魏、尸羅三本次云:“發一切智心過十聖性。”

發① 一切智心,二者持戒頭陀正行明浄,三者諸禪三昧圓滿無缺,四者道行清白離諸垢穢,五者方便神通内外明徹,六者緣起智慧善能鑽穿,七者貫以種種方便智縷,八者置於自在高幢之上,九者觀衆生行放聞持光,十者受佛智職墮在佛數,能爲衆生廣作佛事。佛子,此集一切種一切智功德菩薩行法門品,若諸衆生不種善根不可得聞。解脱月菩薩言:聞此法門得幾所福?金剛藏菩薩言:如一切智所集福德,聞此法門福德如是。何以故?非不聞此功德法門而能信解受持讀誦,何況精進如説修行?是故當知要得聞此集一切智功德法門,乃能信解受持修習,然後至於一切智地。爾時,佛神力故,法如是故,十方各有十億佛刹微塵數世界六種十八相動,所謂動徧動等徧動,起徧起等徧起,踊徧踊等徧踊,震徧震等徧震,吼徧吼等徧吼,擊徧擊等徧擊,雨衆天華、天鬘、天衣、及諸天寶莊嚴之具,幢旛繒蓋,奏天技樂,其音和雅,同時發聲讚一切智地所有功德。如此世界,他化自在天王宫演説此法,十方所有一切世界,悉亦如是。爾時,復以佛神力故,十方各十億佛刹微塵數世界外有十億佛刹微塵數菩薩而來此會,作如是言:善哉善哉!金剛藏,快説此法,我等悉亦同名金剛藏,所住世界各各差别,悉名金剛德,佛號金剛幢。我等住在本世界中,皆承如來威神之力而説此法,衆會悉等,文字句義與此所説無有增減,悉以佛神力而來此會爲汝作證。如我等今者入此世界,如是十方一切世界悉亦如是而往作證②。爾時,金剛藏菩薩觀察十方一切衆會,普周法界,欲讚歎發一切智智心,欲示現菩薩境界,欲浄治菩薩行力,欲説攝取一切種智道,欲除

① 梵本、尸羅本此句云:"得起杜多功德遠離。"法護本大同。秦、晉、魏三本云:"初發心布施離慳。"

② 魏本次有結文一段,略云:"時金剛藏承佛神力,説此經已,如來印可,大衆歡喜,信受奉行。"

滅一切世間垢,欲施與一切智,欲示現不思議智莊嚴,欲顯示一切菩薩諸功德,欲令如是地義轉更開顯,承佛神力而説頌言:

其心寂滅恆調順,平等無礙如虛空,離諸垢濁住於道,此殊勝行汝應聽。

百千億劫修諸善,供養無量無邊佛,聲聞獨覺亦復然,爲利衆生發大心。

精勤持戒常柔忍,慚愧福智皆具足,志求佛智修廣慧,願得十力發大心。

三世諸佛咸供養,一切國中悉嚴浄,了知諸法皆平等,爲利衆生發大心。

住於初地生是心,永離衆惡常歡喜,願力廣修諸善法,以悲愍故入後位。

戒聞具足念衆生,滌除垢穢心明潔,觀察世間三毒火,廣大解者趣三地。

三有一切皆無常,如箭入身苦熾然,厭離有爲求佛法,廣大智人趣燄地。

念慧具足得道智,供養百千無量佛,常觀最勝諸功德,斯人趣入難勝地。

智慧方便善觀察,種種示現救衆生,復供十力無上尊,趣入無生現前地。

世所難知而能知,不受於我離有無,法性本寂隨緣轉,得此微妙向七地。

智慧方便心廣大,難行難伏難了知,雖證寂滅勤修習,能趣如空不動地。

佛勸令從寂滅起,廣修種種諸智業,具十自在觀世間,以此而升善慧地。

以微妙智觀衆生，心行業惑等稠林，爲欲化其令趣道，演説諸佛勝義藏。

次第修行具衆善，乃至九地集福慧，常求諸佛最上法，得佛智水灌其頂。

獲得無數諸三昧，亦善了知其作業，最後三昧名受職，住廣大境恆不動。

菩薩得此三昧時，大寶蓮華忽然現，身量稱彼於中坐，佛子圍繞同觀察。

放大光明百千億，滅除一切衆生苦，復於頂上放光明，普入十方諸佛會。

悉住空中作光網，供養佛已從足入，卽時諸佛悉了知，今此佛子登職位。

十方菩薩來觀察，受職大士舒光照，諸佛眉間亦放光，普照而來從頂入。

十方世界咸震動，一切地獄苦消滅，是時諸佛與其職，如轉輪王第一子。

若蒙諸佛與灌頂，是則名登法雲地，智慧增長無有邊，開悟一切諸世間。

欲界色界無色界，法界世界衆生界，有[①]數無數及虚空，如是一切咸通達。

一切化用大威力，諸佛加持微細智，祕密劫數毛道等，皆能如實而觀察。

受生捨俗成正道，轉妙法輪入涅槃，乃至寂滅解脱法，及所未説皆能了。

菩薩住此法雲地，具足念力持佛法，譬如大海受龍雨，此地受法

① 尸羅本此句云："有爲無爲及涅槃"，與前長行文合。

亦復然。

十[①]方無量諸衆生，悉得聞持持佛法，於一佛所所聞法，過於彼數無有量。

以昔智願威神力，一念普徧十方土，霔甘露雨滅煩惱，是故佛說名法雲。

神通示現徧十方，超出人天世間境，復過是數無量億，世智思惟必迷悶。

一舉足量智功德，乃至九地不能知，何況一切諸衆生，及以聲聞辟支佛。

此地菩薩供養佛，十方國土悉周徧，亦供現前諸聖衆，具足莊嚴佛功德。

住於此地復爲說，三世法界無礙智，衆[②]生國土悉亦然，乃至一切佛功德。

此地菩薩智光明，能示衆生正法路，自在天光除世闇，此光滅闇亦如是。

住此多作三界王，善能演說三乘法，無[③]量三昧一念得，所見諸佛亦如是，此地我今已略說，若欲廣說不可盡。

如是諸地佛智中，如十山王嶷然住，初地藝業不可盡，譬如雪山集衆藥，二地戒聞如香山，三如毗陀發妙[④]華。

燄慧道寶無有邊，譬如仙山仁善住，五地神通如由乾，六如馬耳具衆果。

七地大慧如尼民，八地自在如輪圍，九如計都集無礙，十如須彌

① 尸羅本此文廣爲二頌，與前長行文合。

② 尸羅本此二句云："遍照世界有情等，乃至爲說一切智"，與前長行文合。

③ 尸羅本此句廣爲三句，與前長行文合。

④ 尸羅本此語云"妙珍"，與前長行文合。

具衆德。

初地願首二持戒，三地功德四專一，五地微妙六甚深，七廣大慧八莊嚴。

九地思量微妙義，出過一切世間道，十地受持諸佛法，如是行海無盡竭。

十行超世發心初，持戒第二禪第三，行浄第四成就五，緣生第六貫穿七。

第八置在金剛幢，第九觀察衆稠林，第十灌頂隨王意，如是德寶漸清浄。

十方國土碎爲塵，可於一念知其數，毫末度空可知量，億劫説此不可盡①。

（據支那内學院刊藏要本）

大方廣佛華嚴經卷四十九

普賢行品第三十六

爾時，普賢菩薩摩訶薩復告諸菩薩大衆言：佛子，如向所演，此但隨衆生根器所宜，略説如來少分境界。何以故？諸佛世尊爲諸衆生無智作惡，計我我所，執著於身，顛倒疑惑，邪見分别，與諸結縛，恒共相應，隨生死流，遠如來道，故出興於世。佛子，我不見一法爲大過失如諸菩薩，於他菩薩起瞋心者。何以故？佛子，若諸菩薩於餘菩薩起瞋恚心；即成就百萬障門故。何等爲百萬障？所謂不見菩提障，不聞正法障；生不浄世界障，生諸惡趣障，生諸難處障，多諸疾病障，多被謗毁障，生頑鈍諸趣障，壞失正念障，闕少智

① 法護本次有結文大詳，梵、秦二本亦出結文，略同魏本。

慧障，眼障，耳障，鼻障，舌障，身障，意障，惡知識障，惡伴黨障，樂習小乘障，樂近凡庸障，不信樂大威德人障，樂與離正見人同住障，生外道家障，住魔境界障，離佛正教障，不見善友障，善根留難障，增不善法障，得下劣處障，生邊地障，生惡人家障，生惡神中障，生惡龍惡夜叉惡乾闥婆惡阿脩羅惡迦樓羅惡緊那羅惡摩睺羅伽惡羅刹中障，不樂佛法障，習童蒙法障，樂著小乘障，不樂大乘障，性多驚怖障，心常憂惱障，愛著生死障，不專佛法障，不喜見聞佛自在神通障，不得菩薩諸根障，不行菩薩淨行障，退怯菩薩深心障，不生菩薩大願障，不發一切智心障，於菩薩行懈怠障，不能淨治諸業障，不能攝取大福障，智力不能明利障，斷於廣大智慧障，不護持菩薩諸行障，樂誹謗一切智語障，遠離諸佛菩提障，樂住衆魔境界障，不專修佛境界障，不決定發菩薩弘誓障，不樂與菩薩同住障，不求菩薩善根障，性多見疑障，心常愚闇障，不能行菩薩平等施故起不捨障，不能持如來戒故起破戒障，不能入堪忍門故起愚癡惱害瞋恚障，不能行菩薩大精進故起懈怠垢障，不能得諸三昧故起散亂障，不修治般若波羅蜜故起惡慧障，於處非處中無善巧障，於度衆生中無方便障，於菩薩智慧中不能觀察障，於菩薩出離法中不能了知障，不成就菩薩十種廣大眼故眼如生盲障，耳不聞無礙法故口如啞羊障，不具相好故鼻根破壞障，不能辨了衆生語言故成就舌根障，輕賤衆生故成就身根障，心多狂亂故成就意根障，不持三種律儀故成就身業障，恒起四種過失故成就語業障，多生貪瞋邪見故成就意業障，賊心求法障，斷絶菩薩境界障，於菩薩勇猛法中心退怯障，於菩薩出離道中心生懶惰障，於菩薩智慧光明門中心生止息障，於菩薩念力中心生劣弱障，於如來教法中不能住持障，於菩薩離生道不能親近障，於菩薩無失壞道不能修習障，隨順二乘正位障，遠離三世諸佛菩薩種性障。佛子，若菩薩於諸菩薩起一瞋心，則成就如是等百萬障門。何以故？佛子，我不見有一法爲大過惡如諸菩薩於餘菩薩起瞋心者。是故，諸菩薩摩訶薩欲疾滿足諸菩薩行，應勤修十種法。何等爲十？所謂心不棄捨一切衆生，於諸菩薩生如來想，永不誹謗一切佛法，知諸國土無有窮盡，於菩薩行深生信樂，不捨平等虚空法界菩提之心，觀察菩提入如來力，精勤修習無礙辯才，教化衆生無有疲厭，住一切世界心無所著，是爲十。佛子，菩薩摩訶薩安住此十法已，則能具足十種清淨。何等爲十？所謂通達甚深法清淨，親近善知識清淨，護持諸佛法清淨，了達虚空界清淨，深入法界清淨，觀察無邊心清淨，與一切菩薩同善根清淨，不著諸劫清淨，觀察三世清淨，修行一切諸佛法清淨，是爲十。佛子，菩薩摩訶薩住此十法已，則具足十種廣大智。何等爲十？所謂知一切衆生心行智，知一切衆生業報智，知一切佛法智，知一切佛法深密理趣智，知一切陀羅尼門智，知一切文字辯才智，知一切衆生語言音聲辭辯善巧智，於一切世界中普現其身智，於一切衆會中普現形象智，於一切受生處中具一切智智，是爲十。佛子，菩薩摩訶薩住此十智已，則得入十種普入。何等爲十？所謂一切世界入一毛道，一毛道入一切世界；一切衆生身入一身，一身入一切衆生身；不可説劫入一念，一念入不可説劫；一切佛法入一法，一法入一切佛法；不可説處入一處，一處入不可説處；不可説根入一根，一根入不可説根；一切根入非根，非根入一切根；一切想入一想，一想入一切想；一切言音入一言音，一言音入一切言音；一切三世入一世，一世入一切三世，是爲十。佛子，菩薩摩訶薩如是觀察已，則住十種勝妙心。何等爲十？所謂住一切世界語言非語言勝妙心，住一切衆生想念無所依止勝妙心，住究竟虚空界勝妙心，住無邊法界勝妙心，住一切深密佛法勝妙心，住甚深無差别法勝妙心，住除滅一切疑惑勝妙心，住一切世平等無差别勝妙心，住三世諸佛平等勝妙心，住一切諸佛力無量勝妙心，是爲十。佛子，菩薩摩訶薩住此十種勝妙心已，則得十種佛法善巧智。何等爲十？所謂了達甚深佛法善巧智，出生廣大佛法善巧智，宣説種種佛法善巧智，證入平等佛法善巧智，明了差別佛法善巧智，悟解無差別佛法善巧智，深入莊嚴佛法善巧智，一方便入佛法善巧智，無量方便入佛法善巧智，知無邊佛法無差別善巧智、以自心自力於一切佛法不退轉善巧智，是爲十。佛子，菩薩摩訶薩聞此法已，咸應發心恭敬受持。何以故？菩薩摩訶薩持此法者，少作功力，疾得阿耨多羅三藐三菩提，皆得具足一切佛法，悉與三世諸佛法等。爾時，佛神力故，法如是故，十方各有十不可説百千億那由他佛刹微塵數，世界六種震動，雨出過諸天，一切華雲、香雲、末香雲、衣蓋幢旛，摩尼寶等，及以一切莊嚴具雲雨、樂妓樂雲雨、諸菩薩雲雨、不可説如來色相雲雨、不可説讚歎如來善哉雲雨、如來音聲充滿一切法界雲雨、不可説莊嚴世界雲雨、不可説增長菩提雲雨、不可説光明照耀雲雨、不可説神力説法雲雨。如此世界四天下，菩提樹下、菩提場、菩薩宫殿中，見於如來成等正覺，演説此法，十方一切諸世界中，悉亦如是。爾時，佛神力故，法如是故，十方各過十不可説佛刹微塵數世界，外有十佛刹微塵數菩薩摩訶薩來詣此土，充滿十方，作如是言：善哉善哉！佛子乃能説此諸佛如來最大誓願授記深法。佛子，我等一切同名普賢，各從普勝世界普幢自在如來所來詣此土，悉以神佛力故，於一切處演説此法。如此衆會，如是所説，一切平等，無有增減。我等皆承佛威神力，來此道場，爲汝作證。如此道場，我等十佛刹微塵數菩薩而來作證，十方一切諸世界中，悉亦如是。（偈頌不録）

（據支那内學院刊藏要本）

大方廣佛華嚴經卷第五十

如來出現品第三十七之一

爾時，世尊從眉間白毫相中放大光明，名如來出現。無量百千億那由他阿僧祇光明以爲眷屬，其光普照十方盡虚空法界一切世界，右遶十帀，顯現如來無量自在，覺悟無數諸菩薩衆，震動一切十方世界，除滅一切諸惡道苦，映蔽一切諸魔宫殿，顯示一切諸佛如來坐菩提座，成等正覺，及以一切道場衆會。作是事已，而來右遶菩薩衆會，入如來性起妙德菩薩頂。時此道場，一切大衆身心踊躍，生大歡喜，作如是念：甚奇希有！今者如來放大光明，必當演説甚深大法。爾時，如來性起妙德菩薩，於蓮華座上，偏袒右肩，右跽合掌，一心向佛，而説頌言：

正覺功德大智出，普達境界到彼岸，等於三世諸如來，是故我今恭敬禮。

已昇無相境界岸，而現妙相莊嚴身，放於離垢千光明，破魔軍衆咸令盡。

十方所有諸世界，悉能震動無有餘，未曾恐怖衆衆生，善逝威神力如是。

虚空法界性平等，已能如是而安住，一切含生無數量，咸令滅惡除衆垢。

苦行勤勞無數劫，成就最上菩提道，於諸境界智無礙，與一切佛同其性。

導師放此大光明，震動十方諸世界，已現無量神通力，而復還來入我身。

決定法中能善學，無量菩薩皆來集，今我發起問法心，是故我今請法王。

今此衆會皆清淨，善能度脱諸世間，智慧無邊無染著，如是賢勝咸來集。

利益世間尊導師，智慧精進皆無量，今以光明照大衆，今我問於無上法。

誰於大仙深境界，而能真實具開演，誰是如來法長子，世間尊導願顯示。

爾時，如來卽於口中放大光明，名無礙無畏。有千億阿僧祇光明以爲眷屬，普照十方盡虛空等法界一切世界，右遶十帀，顯現如來種種自在，開悟無量諸菩薩衆，震動一切十方世界，除滅一切諸惡道苦，映蔽一切諸魔宮殿，顯示一切諸佛如來坐菩提座，成等正覺，及以一切道場衆會。作是事已，而來右遶菩薩衆會，入普賢菩薩摩訶薩口。其光入已，普賢菩薩身及師子座，過於本時及諸菩薩身座百倍，唯除如來師子之座。爾時，如來性起妙德菩薩問普賢菩薩摩訶薩言：佛子，佛所示現，廣大神變，令諸菩薩皆生歡喜，不可思議，世莫能知，是何瑞相？普賢菩薩摩訶薩言：佛子，我於往昔，見諸如來應正等覺，示現如是廣大神變，卽説如來出現法門。如我惟忖，今現此相，當説其法。説是語時，一切大地悉皆震動，出生無量問法光明。時性起妙德菩薩問普賢菩薩言：佛子，菩薩摩訶薩，應云何知諸佛如來應正等覺出現之法？願爲我説。佛子，此諸無量百千億那由他菩薩衆會，皆久修淨業，念慧成就，到於究竟大莊嚴岸，具一切佛威儀之行，正念諸佛，未曾忘失。大悲觀察一切衆生，決定了知諸大菩薩神通境界，已得諸佛神力所加，能受一切如來妙法，具如是等無量功德，皆已來集。佛子，汝已曾於無量百千億那由他佛所，承事供養，成就菩薩最上妙行，於三昧門皆得自在,入一切佛祕密之處,知諸佛法,斷衆疑惑,爲諸如來神力所加,知衆生根,隨其所樂爲説真實解脱之法,隨順佛智演説佛法,到於彼岸,有如是等無量功德。善哉佛子!願説如來應正等覺出現之法,身相言音,心意境界,所行之行,成道轉法,乃至示現入般涅槃,見聞親近;所生善根,如是等事,願皆爲説。時如來性起妙德菩薩欲重明此義,向普賢菩薩而説頌曰:

善哉無礙大智慧,善覺無邊平等境,願説無量佛所行,佛子聞已皆欣慶。

菩薩云何隨順入,諸佛如來出興世,云何身語心境界,及所行處願皆説。

云何諸佛成正覺,云何如來轉法輪,云何善逝般涅槃,大衆聞已心歡喜。

若有見佛大法王,親近增長諸善根,願説彼諸功德藏,衆生見已何所獲。

若有得聞如來名,若現在世若涅槃,於彼福藏生深信,有何等利願宣説。

此諸菩薩皆合掌,瞻仰如來仁及我,大功德海之境界,净衆生者願爲説。

願以因緣及譬諭,演説妙法相應義,衆生聞已發大心,疑盡智净如虚空。

如徧一切國土中,諸佛所現莊嚴身,願以妙音及因論,示佛菩提亦如彼。

十方千萬諸佛土,億那由他無量劫,如今所集菩薩衆,於彼一切悉難見。

此諸菩薩咸恭敬,於微妙義生渴仰,願以净心具開演,如來出現廣大法。

爾時，普賢菩薩摩訶薩告如來性起妙德等諸菩薩大衆言：佛子,此處不可思議,所謂如來應正等覺，以無量法而得出現。何以故？非以一緣、非以一事如來出現,而得成就；以十無量、百千阿僧祇事，而得成就。何等爲十？所謂過去無量攝受一切衆生菩提心所成故,過去無量清淨殊勝志樂所成故,過去無量救護一切衆生大慈大悲所成故,過去無量相續行願所成故,過去無量修諸福智心無厭足所成故,過去無量供養諸佛教化衆生所成故,過去無量智慧方便清淨道所成故,過去無量清淨功德藏所成故,過去無量莊嚴道智所成故,過去無量通達法義所成故。佛子,如是無量阿僧祇法門圓滿,成於如來。佛子,譬如三千大千世界,非以一緣、非以一事而得成就,以無量緣、無量事方乃得成。所謂興布大雲,降霔大雨,四種風輪,相續爲依。其四者何？一名能持,能持大水故；二名能消,能消大水故；三名建立,建立一切諸處所故；四名莊嚴,莊嚴分佈，咸善巧故。如是皆由衆生共業,及諸菩薩善根所起,令於其中一切衆生,各隨所宜而得受用。佛子,如是等無量因緣，乃成三千大千世界。法性如是,無有生者,無有作者,無有知者,無有成者，然彼世界,而得成就。如來出現，亦復如是。非以一緣、非以一事而得成就,以無量因緣、無量事相乃得成就。所謂曾於過去佛所，聽聞受持大法雲雨，因此能起如來四種大智風輪。何等爲四？一者念持不忘陀羅尼大智風輪,能持一切如來大法雲雨故；二者出生止觀大智風輪,能消竭一切煩惱故；三者善巧迴向大智風輪，能成就一切善根故；四者出生離垢差別莊嚴大智風輪，令過去所化一切衆生，善根清淨，成就如來無漏善根力故。如來如是成等正覺，法性如是,無生無作,而得成就。佛子,是爲如來應正等覺出現第一相,菩薩摩訶薩應如是知。

復次,佛子，譬如三千大千世界將欲成時,大雲降雨，名曰洪霔，一切方處所不能受、所不能持，唯除大千界，欲將成時。佛子，如來應正等覺，亦復如是，興大法雲，雨大法雨，名成就如來出現，一切二乘，心志狹劣，所不能受、所不能持，唯除諸大菩薩，心相續力。佛子，是爲如來應正等覺出現第二相，菩薩摩訶薩，應如是知。

復次，佛子，譬如衆生，以業力故，大雲降雨，來無所從，去無所至。如來應正等覺，亦復如是，以諸菩薩善根力故，興大法雲，雨大法雨，亦無所從來，無所至去。佛子，是爲如來應正等覺出現第三相，菩薩摩訶薩，應如是知。

復次，佛子，譬如大雲，降霔大雨，大千世界一切衆生，無能知數，若欲算計，徒令發狂。唯大千世界主摩醯首羅，以過去所修善根力故，乃至一滴，無不明了。佛子，如來應正等覺，亦復如是，興大法雲，雨大法雨，一切衆生、聲聞獨覺所不能知，若欲思量，心必狂亂。唯除一切世間主、菩薩摩訶薩，以過去所修覺慧力故，乃至一文一句，入衆生心，無不明了。佛子，是爲如來應正等覺出現第四相，菩薩摩訶薩，應如是知。

復次，佛子，譬如大雲，降雨之時，有大雲雨名爲能滅，能滅火裁；有大雲雨名爲能起，能起大水；有大雲雨名爲能止，能止大水；有大雲雨名爲能成，能成一切摩尼諸寳；有大雲雨名爲分別，分別三千大千世界。佛子，如來出現，亦復如是，興大法雲，雨大法雨，有大法雨名爲能滅，能滅一切衆生煩惱；有大法雨名爲能起，能起一切衆生善根；有大法雨名爲能止，能止一切衆生見惑；有大法雨名爲能成，能成一切智慧法寳；有大法雨名爲分別，分別一切衆生心樂。佛子，是爲如來應正等覺出現第五相，菩薩摩訶薩，應如是知。

復次，佛子，譬如大雲，雨一味水，隨其所雨，無量差別。如來出現，亦復如是，雨於大悲一味法水，隨宜説法，無量差别。佛子，是爲如來應正等覺出相第六相，菩薩摩訶薩，應如是知。

復次，佛子，譬如三千大千世界初始成時，先成色界諸天宮殿，次成欲界諸天宮殿，次成於人及餘衆生諸所住處。佛子，如來出現，亦復如是，先起菩薩諸行智慧，次起緣覺諸行智慧，次起聲聞善根諸行智慧，次起其餘衆生有爲善根諸行智慧。佛子，譬如大雲，雨一味水，隨諸衆生善根異故，所起宮殿種種不同，如來大悲，一味法雨，隨衆生器而有差别。佛子，是爲如來應正等覺出現第七相，菩薩摩訶薩，應如是知。

復次，佛子，譬如世界初欲成時，有大水生，偏滿三千大千世界，生大蓮華，各如來出現功德寶莊嚴，偏覆水上，光照十方一切世界，時摩醯首羅、浄居天等，見是華已，即決定知於此劫中，有爾所佛，出興於世。佛子，爾時其中有風輪起，名善浄光明，能成色界諸天宮殿；有風輪起，名浄光莊嚴，能成欲界諸天宮殿；有風輪起，名堅密無能壞，能成大小諸輪圍山及金剛山；有風輪起，名勝高，能成須彌山王；有風輪起，名不動，能成十大山王。何等爲十？所謂佉陀羅山、仙人山、伏魔山、大伏魔山、持雙山、尼民陀羅山、目真隣陀山、摩訶目真隣陀山、香山、雪山。有風輪起，名爲安住，能成大地；有風輪起，名爲莊嚴，能成地天宮殿、龍宮殿、乾闥婆宮殿；有風輪起，名無盡藏，能成三千大千世界一切大海；有風輪起，名普光明藏，能成三千大千世界諸摩尼寶；有風輪起，名堅固根，能成一切諸如意樹。佛子，大雲所雨，一味之水，無有分别，以衆生善根不同故，風輪不同，風輪差别故，世界差别。佛子，如來出現，亦復如是，具足一切善根功德，放於無上大智光明，名不斷如來種不思議智，普照十方一切世界，與諸菩薩一切如來灌頂之記，當成正覺，出興於世。佛子，如來出現，復有無上大智光明，名清浄離垢，能成如來無漏無盡智；復有無上大智光明，名普照，能成如來普入法界不思議智；復有無上大智光明，名持佛種性，能成如來不傾動力；復有無上大智光明，名迴出無能壞，能成如來無畏無壞智；復有無上大智光明，名一切神通，能成如來諸不共法一切智智；復有無上大智光明，名出生變化，能成如來令見聞親近所生善根不失壞智；復有無上大智光明，名普隨順，能成如來無盡福德智慧之身，爲一切衆生，而作饒益；復有無上大智光明，名不可究竟，能成如來甚深妙智，隨所開悟，令三寶種永不斷絶；復有無上大智光明，名種種莊嚴，能成如來相好嚴身，令一切衆生皆生歡喜；復有無上大智光明，名不可壞，能成如來法界虚空界等殊勝壽命，無有窮盡。佛子，如來大悲一味之水，無有分别，以諸衆生欲樂不同、根性各别，而起種種大智風輪，令諸菩薩成就如來出現之法。佛子，一切如來同一體性，大智輪中出生種種智慧光明。佛子，汝等應知，如來於一解脱味，出生無量不可思議種種功德。衆生念言：此是如來神力所造。佛子，此非如來神力所造。佛子，乃至一菩薩，不於佛所曾種善根，能得如來少分智慧，無有是處。但以諸佛威德力故，令諸衆生具佛功德，而佛如來無有分别，無成無壞，無有作者，亦無作法。佛子，是爲如來應正等覺出相第八相，菩薩摩訶薩，應如是知。

復次，佛子，如依虚空，起四風輪，能持水輪。何等爲四？一名安住，二名常住，三名究竟，四名堅固。此四風輪，能持水輪，水輪能持大地，令不散壞。是故説，地輪依水輪，水輪依風輪，風輪依虚空，虚空無所依。雖無所依，能令三千大千世界而得安住。佛子，如來出現，亦復如是，依無礙慧光明，起佛四種大智風輪，能持一切衆生善根。何等爲四？所謂普攝衆生皆令歡喜大智風輪，建立正法令諸衆生皆生愛樂大智風輪，守護一切衆生善根大智風輪，具一切方便通達無漏界大智風輪，是爲四。佛子，諸佛世尊，大慈救護一切衆生,大悲度脱一切衆生,大慈大悲，普徧饒益。然大慈大悲依大方便善巧,大方便善巧依如來出現，如來出現依無礙慧光明，無礙慧光明,無有所依。佛子，是爲如來應正等覺出現第九相,菩薩摩訶薩,應如是知。

復次,佛子,譬如三千大千世界，既成就已，饒益無量種種衆生。所謂水族衆生得水饒益,陸地衆生得地饒益,宫殿衆生得宫殿饒益,虚空衆生得虚空饒益。如來出現，亦復如是,種種饒益無量衆生。所謂見佛生歡喜者,得歡喜益;住浄戒者,得浄戒益;住諸禪定及無量者,得聖出世大神通益;住法門光明者,得因果不壞益;住無所有光明者,得一切法不壞益。是故,説言如來出現饒益一切無量衆生。佛子,是爲如來應正等覺出現第十相，菩薩摩訶薩,應如是知。

佛子,菩薩摩訶薩知如來出現,則知無量,知成就無量行故;則知廣大,知周徧十方故;則知無來去,知離生住滅故;則知無行無所行,知離心意識故;則知無身,知如虚空故;則知平等，知一切衆生皆無我故;則知無盡,知徧一切刹無有盡故;則知無退,知盡後際無斷絶故;則知無壞,知如來智無有對故;則知無二,知平等觀察爲無爲故；則知一切衆生皆得饒益，本願迴向自在滿足故。爾時，普賢菩薩摩訶薩欲重明此義,而説頌言:

十力大雄最無上,譬如虚空無等等,境界廣大不可量，功德第一超世間。

十力功德無邊量，心意思想所不及,人中師子一法門,衆生億劫莫能知。

十方國土碎爲塵,或有算計知其數,如來一毛功德量，千萬億劫無能説。

如人持尺量虚空,復有隨行計其數,虚空邊際不可得，如來境界亦如是。

或有能於刹那頃,悉知三世衆生心,設經衆生數等劫,不能知佛一念性。

譬如法界徧一切,不可見取爲一切,十力境界亦復然,徧於一切非一切。

真如離妄恒寂静,無生無滅普周徧,諸佛境界亦復然,體性平等不增減。

譬如實際而非際,普在三世亦非普,導師境界亦如是,徧於三世皆無礙。

法性無作無變易,猶如虚空本清淨,諸佛性淨亦如是,本性非性離有無。

法性不在於言論,無説離説恒寂滅,十方境界性亦然,一切文辭莫能辯。

了知諸法性寂滅,如鳥飛空無有迹,以本願力現色身,令見如來大神變。

若有欲知佛境界,當淨其意如虚空,遠離妄想及諸取,令心所向皆無礙。

是故佛子應善聽,我以少譬明佛境,十力功德不可量,爲悟衆生今畧説。

導師所現於身業,語業心業諸境界,轉妙法輪般涅槃,一切善根我今説。

譬如世界初安立,非一因緣而可成,無量方便諸因緣,成此三千大千界。

如來出現亦如是,無量功德乃得成,刹塵心念尚可知,十力生因莫能測。

譬如劫初雲澍雨,而起四種大風輪,衆生善根菩薩力,成此三千各安住。

十力法雲亦如是，起智風輪清淨意，昔所迴向諸衆生，普導令成無上果。

如有大雨名洪澍，無有處所能容受，唯除世界將成時，清淨虛空大風力。

如來出現亦如是，普雨法雨充法界，一切劣意無能持，唯除清淨廣大心。

譬如空中澍大雨，無所從來無所去，作者受者悉亦無，自然如是普充洽。

十力法雨亦如是，無去無來無造作，本行爲因菩薩力，一切大心咸聽受。

譬如空雲澍大雨，一切無能數其滴，唯除三千自在王，具功德力悉明了。

善逝法雨亦如是，一切衆生莫能測，唯除於世自在人，明見如觀掌中寶。

譬如空雲澍大雨，能滅能起亦能斷，一切珍寶悉能成，三千所有皆分別。

十力法雨亦如是，滅惑起善斷諸見，一切智寶皆使成，衆生心樂悉分別。

譬如空中雨一味，隨其所雨各不同，豈彼雨性有分別，然隨物異法如是。

如來法雨非一異，平等寂靜離分別，然隨所化種種殊，自然如是無邊相。

譬如世界初成時，先成色界天宮殿，次及欲天次人處，乾闥婆宮最後成。

如來出現亦如是，先起無邊菩薩行，次化樂寂諸緣覺，次聲聞衆後衆生。

諸天初見蓮華瑞,知佛當出生歡喜,水緣風力起世間,宫殿山川悉成立。

如來宿善大光明,巧别菩薩與其記,所有智輪體皆浄,各能開示諸佛法。

譬如樹林依地有,地依於水得不壞,水輪依風風依空,而其虚空無所依。

一切佛法依慈悲,慈悲復依方便立,方便依智智依慧,無礙慧身無所依。

譬如世界既成立,一切衆生獲其利,地水所住及空居,二足四足皆蒙益。

法王出現亦如是,一切衆生獲其利,若有見聞及親近,悉使滅除諸惑惱。

如來出現法無邊,世間迷惑莫能知,爲欲開悟諸含識,無譬論中説其譬。

佛子,諸菩薩摩訶薩,應云何見如來應正等覺身?佛子,諸菩薩摩訶薩,應於無量處見如來身。何以故?諸菩薩摩訶薩,不應於一法、一事、一身、一國、一衆生見於如來,應徧一切處見於如來。佛子,譬如虚空徧至一切,色非色處,非至非不至。何以故?虚空無身故。如來身亦如是,徧一切處,徧一切衆生,徧一切法,衆一切國土,非至非不至。何以故?如來身無身故,爲衆生故,示現其身。佛子,是爲如來身第一相,諸菩薩摩訶薩,應如是見。

復次,佛子,譬如虚空,寬廣非色,而能顯現一切諸色,而彼虚空無有分别,亦無戲論。如來身亦復如是,以智光明普照明故,令一切衆生世出世間諸善根業皆得成就,而如來身無有分别,亦無戲論。何以故?從本已來,一切執著,一切戲論,皆永斷故。佛子,是爲如來身第二相,諸菩薩摩訶薩,應如是見。

復次,佛子,譬如日出於閻浮提,無量衆生皆得饒益,所謂破闇作明,變濕令燥,生長草木,成熟穀稼,廓徹虚空,開敷蓮華,行者見道,居者辨業。何以故?日輪普放無量光故。佛子,如來智日,亦復如是,以無量事普益衆生,所謂滅惡生善,破愚爲智,大慈救護,大悲度脱。令其增長根力覺分,令生深信,捨離濁心;令得見聞,不壞因果;令得天眼,見歿生處;令心無礙,不壞善根;令智修明,開敷覺華;令其發心,成就本行。何以故?如來廣大智慧日身,放無量光,普照耀故。佛子,是爲如來身第三相,諸菩薩摩訶薩,應如是見。

復次,佛子,譬如日出於閻浮提,先照一切須彌山等諸大山王,次照黑山,次照高原,然後普照一切大地。日不作念:我先照此,後照於彼,但以山地有高下故,照有先後。如來應正等覺,亦復如是,成就無邊法界智輪,常放無礙智慧光明,先照菩薩摩訶薩等諸大山王,次照緣覺,次照聲聞,次照決定善根衆生,隨其心器示廣大智,然後普照一切衆生,乃至邪定亦皆普及,爲作未來利益因緣令成熟故。而彼如來大智日光不作是念:我當先照菩薩大行,乃至後照邪定衆生,但放光明,平等普照,無礙無障,無所分别。佛子,譬如日月,隨時出現,大山幽谷普照無私。如來智慧,亦復如是,普照一切,無有分别,隨諸衆生根欲不同,智慧光明種種有異。佛子,是爲如來身第四相,諸菩薩摩訶薩,應如是見。

復次,佛子,譬如日出,生盲衆生無眼根故,未曾得見。雖未曾見,然爲日光之所饒益。何以故?因此得知晝夜時節,受用種種衣服飲食,令身調適,離衆患故。如來智日,亦復如是,無信無解,毁戒毁見,邪命自活。生盲之類無信眼故,不見諸佛智慧日輪,雖不見佛智慧日輪,亦爲智日之所饒益。何以故?以佛威力,令彼衆生所有身苦，及諸煩惱，未有苦因，皆消滅故。佛子，如來有光明，名積集一切功德，有光明名普照一切，有光明名清淨自在照，有光明名山大妙音，有光明名普解一切語言令他歡喜，有光明名示現永斷一切疑自在境界，有光明名無住智自在普照，有光明名永斷一切戲論自在智，有光明名隨所應出妙音聲，有光明名出清淨自在音莊嚴國土成熟衆生。佛子，如來一一毛孔放如是等千種光明，五百光明普照下方，五百光明普照上方種種刹中，種種佛所，諸菩薩衆。其菩薩等見此光明，一時皆得如來境界，十頭十眼、十耳十鼻、十舌十身、十手十足、十地十智，皆悉清淨。彼諸菩薩，先所成就，諸處諸地，見彼光明，轉更清淨，一切善根，皆悉成熟，趣一切智。往二乘者，滅一切垢，其餘一分，生盲衆生，身既快樂，心亦清淨，柔輭調伏，堪修念智。地獄餓鬼，畜生諸趣，所有衆生，皆得快樂，解脱衆苦，命終皆生天上人間。佛子，彼諸衆生，不覺不知，以何因緣，以何神力，而來生此。彼生盲者，作如是念：我是梵天，我是梵化。是時如來，住普自在三昧，出六十種妙音，而告之言：汝等非是梵天，亦非梵化，亦非帝釋護世所作，皆是如來威神之力。彼諸衆生，聞是語已，以佛神力，皆知宿命，生大歡喜。心歡喜故，自然而出優曇華雲、香雲音樂雲，衣雲蓋雲、幢雲幡雲、末香雲寶雲、師子幢半月樓閣雲、歌詠讚歎雲，種種莊嚴雲，皆以尊重心供養如來。何以故？此諸衆生，得淨眼故，如來與彼授阿耨多羅三藐三菩提記。佛子，如來智日如是利益生盲衆生，令得善根，具足成熟。佛子，是爲如來身第五相，諸菩薩摩訶薩，應如是見。

復次，佛子，譬如月輪，有四奇特未曾有法。何等爲四？一者映蔽一切星宿光明，二者隨逐於時示現虧盈，三者於閻浮提澄淨水中影無不現，四者一切見者皆對目前，而此月輪無有分别，無有戲論。佛子，如來身月，亦復如是，有四奇特未曾有法。何等爲四？所謂映蔽一切聲聞獨覺，學無學衆，隨其所宜，示現壽命脩短不同，而如來身無有增減。一切世界，浄心衆生，菩提器中影無不現。一切衆生有瞻對者，皆謂如來唯現我前，隨其心樂而爲説法，隨其地位令得解脱，隨所應化令見佛身，而如來身無有分別，無有戲論，所有利益皆得究竟。佛子，是爲如來身第六相，諸菩薩摩訶薩，應如是見。

復次，佛子，譬如三千大千世界，大梵天王以少方便，於大千世界善現其身，一切衆生皆見梵王現在己前，而此梵王亦不分身，無種種身。佛子，諸佛如來，亦復如是，無有分別，無有戲論，亦不分身，無種種身，而隨一切衆生心樂示現其身，亦不作念現若干身。佛子，是爲如來身第七相，諸菩薩摩訶薩，應如是見。

復次，佛子，譬如醫王，善知衆藥及諸呪論，閻浮提中諸所有藥，用無不盡，復以宿世諸善根力；大明呪力，爲方便故，衆生見者，病無不愈。彼大醫王，知命將終，作是念言：我命終後，一切衆生無所依怙，我今宜應爲現方便。是時醫王合藥塗身，明呪力持，令其終後身不分散，不萎不枯，威儀視聽與本無别，凡所療治，悉得除差。佛子，如來應正等覺，無上醫王，亦復如是，於無量百千億那由他劫，鍊治法藥，已得成就修學一切方便善巧，大明呪力皆到彼岸。善能除滅一切衆生諸煩惱病，及住壽命，經無量劫其身清浄，無有思慮，無有動用，一切佛事未嘗休息，衆生見者，諸煩惱病悉得消滅。佛子，是爲如來身第八相，諸菩薩摩訶薩，應如是見。

復次，佛子，譬如大海有摩尼寶，名集一切光明毗盧遮那藏，若有衆生觸其光者，悉同其色，若有見者，眼得清浄，隨彼光明所照之處雨摩尼寶，名爲安樂，令諸衆生離苦調適。佛子，諸如來身，亦復如是，爲大寶聚一切功德大智慧藏，若有衆生觸佛身寶智慧光者；同佛身色，若有見者，法眼清浄，隨彼光明所照之處，令諸衆生離貧窮苦，乃至具足佛菩提樂。佛子，如來法身，無所分别，亦無戲論，而能普爲一切衆生作大佛事。佛子，是爲如來身第九相，諸菩薩摩訶薩，應如是見。

復次，佛子，譬如大海有大如意摩尼寶王，名一切世間莊嚴藏，具足成就百萬功德，隨所住處，令諸衆生災患消除，所願滿足。然此如意摩尼寶王，非少福衆生所能得見。如來身如意寶王，亦復如是，名爲能令一切衆生皆悉歡喜，若有見身聞名讚德，悉令永離生死苦患。假使一切世界，一切衆生，一時專心欲見如來，悉令得見，所願皆滿。佛子，佛身非是少福衆生所能得見，唯除如來自在神力，所應調伏。若有衆生，因見佛身，便種善根，乃至成熟。爲成熟故，乃令得見如來身耳。佛子，是爲如來身第十相，諸菩薩摩訶薩，應如是見。以其心無量徧十方故，所行無礙，如虚空故，普入法界故，住真實際故，無生無滅故，等住三世故，永離一切分别故，住盡後際誓願故，嚴净一切世界故，莊嚴一一佛身故。爾時，普賢菩薩摩訶薩欲重明此義，而説頌言：

譬如虚空徧十方，若色非色有非有，三世衆生身國土，如是普在無邊際。

諸佛真身亦如是，一切法界無不徧，不可得見不可取，爲化衆生而現形。

譬如虚空不可取，普使衆生造衆業，不念我今何所作，云何我作爲誰作。

諸佛身業亦如是，普使羣生修善法，如來未曾有分别，我今於彼種種作。

譬如日出閻浮提，光明破闇悉無餘，山樹池蓮地衆物，種種品類皆蒙益。

諸佛日出亦如是，生長人天衆善行，永除癡闇得智明，恒受尊榮一切樂。

譬如日光出現時,先照山王次餘山,後照高原及大地，而日未始有分別。

善逝光明亦如是,先照菩薩次緣覺，後照聲聞及衆生,而佛本來無動念。

譬如生盲不見日,日光亦爲作饒益,令知時節受飲食，永離衆患身安隱。

無信衆生不見佛,而佛亦爲興義利,聞名及以觸光明，因此乃至得菩提。

譬如浄月在虚空,能蔽衆星示缺盈，一切水中皆現影,諸有觀瞻悉對前。

如來浄月亦復然,能蔽餘乘示脩短,普現天人浄心水，一切皆謂對其前。

譬如梵王住自宫,普現三千諸梵處,一切人天咸得見，實不分身向於彼。

諸佛現身亦如是，一切十方無不徧，其身無數不可稱，亦不分身不分别。

如有醫王善方術,若有見者病皆愈,命雖已盡藥塗身，令其作務悉如初。

最勝醫王亦如是，具足方便一切智，以昔妙行現佛身，衆生見者煩惱滅。

譬如海中有寶王,普出無量諸光明,衆生觸者同其色，若有見者眼清浄。

最勝寶王亦如是,觸其光者悉同色，若有得見五眼開,破諸塵闇住佛地。

譬如如意摩尼寶,隨有所求皆滿足,少福衆生不能見，非是寶王

有分别。

善逝寶王亦如是，悉滿所求諸欲樂，無信衆生不見佛，非是善逝心棄捨。

大方廣佛華嚴經卷第五十一

如來出現品第三十七之二

佛子，菩薩摩訶薩，應云何知如來應正等覺音聲？佛子，菩薩摩訶薩，應知如來音聲徧至普徧無量諸音聲故，應知如來音聲隨其心樂皆令歡喜説法明了故，應知如來音聲隨其信解皆令歡喜心得清涼故，應知如來音聲化不失時所應聞者無不聞故，應知如來音聲無生滅如呼響故，應知如來音聲無主修習一切業所起故，應知如來音聲甚深難可度量故，應知如來音聲無邪曲法界所生故，應知如來音聲無斷絶普入法界故，應知如來音聲無變易至於究竟故。佛子，菩薩摩訶薩，應知如來音聲非量非無量，非主非無主，非示非無示。何以故？佛子，譬如世界將欲壞時，無主無作，法爾而出四種音聲。其四者何？一曰，汝等當知，初禪安樂，離諸欲惡，超過欲界。衆生聞已，自然而得成就初禪，捨欲界身，生於梵天。二曰，汝等當知，二禪安樂，無覺無觀，超於梵天。衆生聞已，自然而得成就二禪，捨梵天身，生光音天。三曰，汝等當知，三禪安樂，無有過失，超光音天。衆生聞已，自然而得成就三禪，捨光音身，生徧淨天。四曰，汝等當知，四禪寂静，超徧淨天。衆生聞已，自然而得成就四禪，捨徧淨身，生廣果天。是爲四。佛子，此諸音聲，無主無作，但從衆生諸善業力之所出生。佛子，如來音聲，亦復如是，無主無作，無有分別，非入非出，但從如來功德法力出於四種廣大音聲。其四者何？一曰，汝等當知，一切諸行皆悉是苦,所謂地獄苦、畜生苦、餓鬼苦、無福德苦、著我我所苦、作諸惡行苦。欲生人天,當種善根,生人天中,離諸難處。衆生聞已,捨離顛倒,修諸善行,離諸難處,生人天中。二曰,汝等當知,一切諸行衆苦熾然,如熱鐵丸,諸行無常,是磨滅法,涅槃寂静,無爲安樂,遠離熾然,消諸熱惱。衆生聞已,勤修善法,於聲聞乘得隨順音聲忍。三曰,汝等當知,聲聞乘者隨他語解,智慧狹劣,更有上乘,名獨覺乘,悟不由師,汝等應學。樂勝道者,聞此音已,捨聲聞道,修獨覺乘。四曰,汝等當知,過二乘位,便有勝道,名爲大乘,菩薩所行,順六波羅蜜。不斷菩薩行,不捨菩提心,處無量生死而不疲厭,過於二乘,名爲大乘、第一乘、勝乘、最勝乘、上乘、無上乘、利益一切衆生乘。若有衆生,信解廣大,諸根猛利,宿種善根,爲諸如來神力所加,有勝樂欲,希求佛果,聞此音已,發菩提心。佛子,如來音聲不從身出,不從心出,而能利益無量衆生。佛子,是爲如來音聲第一相,諸菩薩摩訶薩,應如是知。

復次,佛子,譬如呼響,因於山谷及音聲起,無有形狀,不可覩見,亦無分別,而能隨逐一切語言。如來音聲,亦復如是,無有形狀,不可覩見,非有方所,非無方所,但隨衆生欲解緣出,其性究竟,無言無示,不可宣説。佛子,是爲如來音聲第二相,諸菩薩摩訶薩,應如是知。

復次,佛子,譬如諸天有大法鼓,名爲覺悟,若諸天子行放逸時,於虛空中出聲告言:汝等當知,一切欲樂皆悉無常,虛妄顛倒,須臾變壞,但誑愚夫令其戀著,汝莫放逸,若放逸者,墮諸惡趣,後悔無及。放逸諸天聞此音已,生大憂怖,捨自宫中所有欲樂,詣天王所求法行道。佛子,彼天鼓音無主無作,無起無滅,而能利益無量衆生。當知如來,亦復如是,爲欲覺悟放逸衆生,出於無量妙法音聲,所謂無著聲、不放逸聲、無常聲、苦聲、無我聲、不浄聲、寂滅聲、涅槃聲、無有量自然智聲、不可壞菩薩行聲，至一切處如來無功用智地聲，以此音聲，徧法界中，而開悟之。無數衆生聞是音已，皆生歡喜，勤修善法，各於自乘而求出離，所謂或修聲聞乘、或修獨覺乘、或習菩薩無上大乘。而如來音不住方所，無有言說。佛子，是爲如來音聲第三相，諸菩薩摩訶薩，應如是知。

復次，佛子，譬如自在天王，有天采女名曰善口，於其口中出一音聲，其聲則與百千種樂而共相應，一一樂中復有百千差別音聲。佛子，彼善口女，從口一聲，出於如是無量音聲。當知如來，亦復如是，於一音中出無量聲，隨諸衆生心樂差別，皆悉徧至，悉令得解。佛子，是爲如來音聲第四相，諸菩薩摩訶薩，應如是知。

復次，佛子，譬如大梵天王，住於梵宫，出梵音聲，一切梵衆靡不皆聞，而彼音聲不出衆外。諸梵天衆，咸生是念：大梵天王，獨與①我語。如來妙音，亦復如是，道場衆會，靡不皆聞，而其音聲不出衆外。何以故？根未熟者，不應聞故，其聞音者，皆作是念：如來世尊，獨爲我說。佛子，如來音聲無出無住，而能成就一切事業，是爲如來音聲第五相，諸菩薩摩訶薩，應如是知。復次、佛子，譬如衆水皆同一味，隨器異故，水有差别。水無念慮，亦無分别。如來言者，亦復如是，唯是一味，謂解脱味，隨諸衆生心器異故，無量差别。而無念慮，亦無分别。佛子，是爲如來音聲第六相，諸菩薩摩訶薩，應如是知。

復次，佛子，譬如阿那婆達多龍王，興大密雲，徧閻浮提，普霔甘雨，百穀苗稼皆得生長，江河泉池一切盈滿。此大雨水不從龍王身心中出，而能種種饒益衆生。佛子，如來應正等覺，亦復如是，興大悲雲，徧十方界，普雨無上甘露法雨，令一切衆生皆生歡喜，增長善法，滿足諸乘。佛子，如來音聲。不從外來，不從内出，而能饒益

① “與”，南藏作“爲”。

一切衆生,是爲如來音聲第七相,諸菩薩摩訶薩,應如是知。

復次,佛子,譬如摩那斯龍王,將欲降雨,未便卽降,先起大雲彌覆虚空,凝停七日,待諸衆生作務究竟。何以故?彼大龍王有慈悲心,不欲惱亂諸衆生故。過七日已,降微細雨,普潤大大地。佛子,如來應正等覺,亦復如是,將降法雨,未便卽降,先興法雲,成熟衆生。爲欲令其心無驚怖,待其熟已,然後普降甘露法雨,演説甚深微妙善法,漸次令其滿足如來一切智智無上法味。佛子,是爲如來音聲第八相,諸菩薩摩訶薩,應如是知。

復次,佛子,譬如海中有大龍王,名大莊嚴,於大海降雨之中時,或降十種莊嚴雨,或百或千,或百千種莊嚴雨。佛子,水無分别,但以龍王不思議力,令其莊嚴,乃至百千無量差别。如來應正等覺,亦復如是,爲諸衆生説法之時,或以十種差别音説,或百或千,或以百千,或以八萬四千音聲説八萬四千行,乃至或以無量百千億那由他音聲各别説法,令其聞者皆生歡喜。如來音聲無所分别,但以諸佛於甚深法界圓滿清凈,能隨衆生根之所宜,出種種言音,皆令歡喜。佛子,是爲如來音聲第九相,諸菩薩摩訶薩,應如是知。

復次,佛子,譬如娑竭羅龍王,欲現龍王大自在力,饒益衆生咸令歡喜,從四天下乃至他化自在天處,興大雲網,周帀彌覆,其雲色相無量差别:或閻浮檀金光明色,或毗瑠璃光明色,或白銀光明色,或玻瓈光明色,成牟薩羅光明色,或碼碯光明色,或勝藏光明色,或赤真珠光明色,或無量香光明色,或無垢衣光明色,或清凈水光明色,或種種莊嚴具光明色。如是雲網,周帀彌布,既彌布已,出種種色電光:所謂閻浮檀金色雲,出瑠璃色電光;瑠璃色雲,出金色電光;銀色雲,出玻瓈色電光;玻瓈色雲,出銀色電光;牟薩羅色雲,出碼碯色電光;碼碯色雲,出牟薩羅色電光;勝藏寶色雲,出赤真珠色電光;赤真珠色雲,出勝藏寶色電光; 無量香色雲,出無垢衣色電光;無垢衣色雲,出無量香色電光;清浄水色雲,出種種莊嚴具色電光;種種莊嚴具色雲,出清浄水色電光; 乃至種種色雲,出一色電光;一色雲,出種種色電光。復於彼雲中,出種種雷聲,隨衆生心,皆令歡喜。所謂或如天女歌詠音,或如諸天妓樂音,或如龍女歌詠音,或如乾闥婆女歌詠音,或如緊那羅女歌詠音,或如大地震動聲,或如海水波潮聲,或如獸王哮吼聲,或如好鳥鳴囀聲,及餘無量種種音聲。既震雷已,復起涼風,令諸衆生心生悦樂,然後乃降種種諸雨,利益安樂無量衆生,從他化天至於地上,於一切處所雨不同,所謂於大海中雨清冷水,名無斷絶;於他化自在天雨簫笛等種種樂音,名爲美妙;於化樂天雨大摩尼寶,名放大光明;於兜率天雨大莊嚴具,名爲垂髻;於夜摩天雨大妙華,名種種莊嚴具; 於三十三天雨衆妙香,名爲悦意;於四天王天雨衣寶衣,名爲覆蓋;於龍王宫雨赤真珠,名涌出光明;於阿脩羅宫雨諸兵仗,名降伏怨敵;於北鬱單越雨種種華,名曰開敷。餘三天下,悉亦如是,然各隨其處,所雨不同。雖彼龍王,其心平等,無有彼此,但以衆生善根異故,雨有差别。佛子,如來應正等覺無上法王,亦復如是,欲以正法教化衆生,先布身雲彌覆法界,隨其樂欲,爲現不同。所謂或爲衆生現生身雲,或爲衆生現化身雲,或爲衆生現力持身雲,或爲衆生現色身雲,或爲衆生現相好身雲,或爲衆生現福德身雲,或爲衆生現智慧身雲,或爲衆生現諸力不可壞身雲,或爲衆生現無畏身雲,或爲衆生現法界身雲。佛子,如來以如是等無量身雲,普覆十方一切世界,隨諸衆所樂各生别,示現種種光明電光。所謂或爲衆生現光明電光,名無所不至; 或爲衆生現光明電光,名無邊光明; 或爲衆生現光明電光,名入佛秘密法; 或爲衆生現光明電光,名影現光明; 或爲衆生現光明電光,名光明照耀;或爲衆生現光明電光,名入無盡陀羅尼門;或爲衆生現光明電光,名正念不亂;或爲衆生現光明電光,名究竟不壞;或爲衆生現光明電光,名順入諸趣;或爲衆生現光明電光,名滿一切願皆令歡喜。佛子,如來應正等覺,現如是等無量光明電光已,復隨衆生心之所樂,出生無量三昧雷聲。所謂善覺智三昧雷聲,熾然離垢海三昧雷聲,一切法自在三昧雷聲,金剛輪三昧雷聲,須彌山幢三昧雷聲,海印三昧雷聲,日燈三昧雷聲,無盡藏三昧雷聲,不壞解脱力三昧雷聲。佛子,如來身雲中,出如是等無量差别三昧雷聲已,將降法雨,先現瑞相,開悟衆生。所謂從無障礙,大慈悲心,現於如來大智風輪,名能令一切衆生不思議,歡喜適悦。此相現已,一切菩薩及諸衆生,身之與心,皆得清凉。然後從如來大法身雲,大慈悲雲,大不思議雲,雨不思議廣大法雨,令一切衆生身心清浄。所謂爲坐菩提場菩薩雨大法雨,名法界無差别;爲最後身菩薩雨大法雨,名菩薩遊戲如來祕密教;爲一生所繫菩薩雨大法雨,名清浄普光明;爲灌頂菩薩雨大法雨,名如來莊嚴具所莊嚴;爲得忍菩薩雨大法雨;名功德寶智慧華開敷不斷菩薩大悲行;爲住向行菩薩雨大法雨,名入現前變化甚深門而行菩薩行無休息無疲厭;爲初發心菩薩雨大法雨,名出生如來大慈悲行救護衆生;爲求獨覺乘衆生雨大法雨,名深知緣起法遠離二邊得不壞解脱果;爲求聲聞乘衆生雨大法雨,名以大智慧劒斷一切煩惱怨;爲積集善根決定不決定衆生雨大法雨,名能令成就種種法門生大歡喜。佛子,諸佛如來,隨衆生心,雨如是等廣大法雨,充滿一切無邊世界。佛子,如來應正等覺,其心平等,於法無吝,但以衆生根欲不同,所雨法雨示有差别,是爲如來音聲第十相,諸菩薩摩訶薩,應如是知。

復次,佛子,應知如來音聲,有十種無量。何等爲十?所謂如虚空界無量,至一切處故;如法界無量,無所不徧故;如衆生界無量,令一切心喜故;如諸業無量,説其果報故;如煩惱無量,悉令除滅故;如衆生言音無量,隨解令聞故;如衆生欲解無量,普歡救度故;如三世無量,無有邊際故;如智慧無量,分別一切故;如佛境界無量,入佛法界故。佛子,如來應正等覺音聲,成就如是等阿僧祇無量,諸菩薩摩訶薩,應如是知。爾時,普賢菩薩摩訶薩欲重明此義,而説頌言:

三千世界將壞時,衆生福力聲告言,四禪寂静無諸苦,令其聞已悉離欲。

十力世尊亦如是,出妙音聲徧法界,爲説諸行苦無常,令其永度生死海。

譬如深山大谷中,隨有音聲皆響應,雖能隨逐他言語,而響畢竟無分别。

十力言音亦復然,隨其根熟爲示現,令其調伏生歡喜,不念我今能演説。

如天有鼓名能覺,常於空中震法音,誡彼放逸諸天子,令其聞已得離著。

十力法鼓亦如是,出於種種妙音聲,覺悟一切諸羣生,令其悉證菩提果。

自在天王有寶女,口中善奏諸音樂,一聲能出百千音,一一音中復百千。

善逝音聲亦如是,一聲而出一切音,隨其性欲有善别,各令聞已斷煩惱。

譬如梵王吐一音,能令梵衆皆歡喜,音唯及梵不出外,一一皆言已獨聞。

十力梵王亦復然,演一言音充法界,唯霑衆會不遠出,以無信故未能受。

譬如衆水同一性，八功德味無差别，因地在器各不同，是故令其種種異。

一切智音亦如是，法性一味無分别，隨諸衆生行不同，故使聽聞種種異。

譬如無熱大龍王，降雨普洽閻浮地，能令草樹皆長生，而不從身及心出。

諸佛妙音亦如是，普雨法界悉充洽，能令生善滅諸惡，不從内外而得有。

譬如摩那斯龍王，興雲七日未先雨，待諸衆生作務竟，然後始降成利益。

十力演義亦如是，先化衆生使成熟，然後爲説甚深法，令其聞者不驚怖。

大莊嚴龍於海中，霔雨十種莊嚴雨，或百或千百千種，水雖一味莊嚴别。

究竟辯才亦如是，説十二十諸法門，或千或百至無量，不生心念有殊别。

最勝龍王娑竭羅，興雲普覆四天下，於一切處雨各别，而彼龍心無二念。

諸佛法王亦如是，大悲身雲徧十方，爲諸修行雨各異，而於一切無分别。

佛子，諸菩薩摩訶薩，應云何知如來應正等覺心？佛子，如來心意識俱不可得，但應以智無量故，知如來心。譬如虚空爲一切物所依，而虚空無所依。如來智慧，亦復如是，爲一切世間出世間智所依，而如來智無所依。佛子，是爲如來心第一相，諸菩薩摩訶薩，應如是知。

復次，佛子，譬如法界常出一切聲聞獨覺菩薩解脱，而法無增減。如來智慧,亦復如是,恒出一切世間出世間種種智慧,而如來智慧無增減。佛子,是爲如來心第二相,諸菩薩摩訶薩,應如是知。

復次,佛子,譬如大海,其水潛流四天下地,及八十億諸小洲中,有穿鑿者,無不得水,而彼大海不作分别我出於水。佛智海水,亦復如是,流入一切衆生心中,若諸衆生觀察境界,修習法門,則得智慧清浄明了,而如來智平等無二,無有分别,但隨衆生心行異故,所得智慧各各不同。佛子,是爲如來心第三相,諸菩薩摩訶薩應,如是知。

復次,佛子,譬如大海,有四寶珠,具無量德,能生海内一切珍寶,若大海中無此寶珠,乃至一寶。亦不可得。何等爲四?一名積集寶,二名無盡藏,三名遠離熾然,四名具足莊嚴。佛子,此四寶珠,一切凡夫諸龍神等,悉不得見。何以故?娑竭羅龍王以此寶珠端嚴方正,置於宫中深密處故。佛子,如來應正等覺,大智慧海,亦復如是,於中有四大智寶珠,具足無量福智功德,由此能生一切衆生、聲聞獨覺、學無學位、及諸菩薩智慧之寶。何等爲四?所謂無染著巧方便大智慧寶,善分别有爲無爲法大智慧寶,分别説無量法而不壞法性大智慧寶,知時非時未曾誤失大智慧寶。若諸如來大智海中無此四寶,有一衆生得入大乘,終無是處。此四智寶,薄福衆生所不能見。何以故?置於如來深密藏故。此四智寶,平均正直,端潔妙好,普能利益諸菩薩衆,令其悉得智慧光明。佛子,是爲如來心第四相,諸菩薩摩訶薩,應如是知。

復次,佛子,譬如大海,有四熾然光明大寶布在其底,性極猛熱,常能飲縮百川所注無量大水,是故大海無有增減。何等爲四?一名日藏,二名離潤,三名火燄光,四名盡無餘。佛子,若大海中無此四寶,從四天下乃至有頂,其中所有,悉被漂没。佛子,此日藏大寶光明,照觸海水,悉變爲乳;離潤大寶光明,照觸其乳,悉變爲酪;

火燄光大寶光明,照觸其酪,悉變爲酥;盡無餘大寶光明,照觸其酥,變成醍醐。如火熾然,悉盡無餘。佛子,如來應正等覺,大智慧海,亦復如是,有四種大智慧寶,具足無量威德光明,此智寶光,觸諸菩薩乃至令得如來大智。何等爲四?所謂滅一切散善波浪大智慧寶,除一切法愛大智慧寶,慧光普照大智慧寶,與如來平等無邊無功用大智慧寶。佛子,諸菩薩修習一切助道法時,起無量散善波浪,一切世間天人阿脩羅所不能壞,如來以滅一切散善波浪大智慧寶光明觸彼菩薩,令捨一切散善波浪,持心一境,住於三昧;又以除一切法愛大智慧寶光明觸彼菩薩,令捨離三昧味著,起廣大神通;又以慧光普照大智慧寶光明觸彼菩薩,令捨所起廣大神通,住大明功用行,乃至得如來平等地,息一切功用,令無有餘。佛子,若無如來此四智寶大光照觸,乃至有一菩薩得如來地;無有是處。佛子,是爲如來心第五相,諸菩薩摩訶薩,應如是知。

復次,佛子,如從水際上至非想非非想天,其中所有大千國土,欲色無色衆生之處,莫不皆依虛空而起,虛空而住。何以故?虛空普徧故。雖彼虛空普容三界,而無分別。佛子,如來智慧,亦復如是,若聲聞智、若獨覺智、若菩薩智、若有爲行智、若無爲行智,一切皆依如來智起,如來智住。何以故?如來智慧徧一切故。雖復普容無量智慧,而無分別。佛子,是爲如來心第六相,諸菩薩摩訶薩,應如是知。

復次,佛子,如雪山頂有藥王樹,名無盡根,彼藥樹根,從十六萬八千由旬下盡金剛地水輪際生,彼藥王樹若生根時,令閻浮提一切樹根生,若生莖時,令閻浮提一切樹莖生,枝葉華果,悉皆如是。此藥王樹根能生莖,莖能生根,根無有盡,名無盡根。佛子,彼藥王樹,於一切處皆令生長,唯於二處不能爲作生長利益:所謂地獄深坑、及水輪中。然亦於彼,初無厭捨。佛子,如來智慧大藥王樹,亦復如是,以過去所發,成就一切智慧善法,普覆一切衆生界,除滅一切諸惡道苦,廣大悲願而爲其根; 於一切如來真實智慧種性中生,堅固不動,善巧方便,以爲其莖; 徧法界智,諸波羅蜜,以爲其枝,禪定解脱,諸大三昧,以爲其葉; 揔持辯才,菩提分法,以爲其華; 究竟無變,諸佛解脱,以爲其果。佛子,如來智慧大藥王樹,何故得名爲盡根? 以究竟無休息故,不斷菩薩行故。菩薩行即如來性,如來性即菩薩行,是故得名爲無盡根。佛子,如來智慧大藥王樹,其根生時,令一切菩薩生不捨衆生大慈悲根; 其莖生時,令一切菩薩增長堅固精進深心莖; 其枝生時,令一切菩薩增長一切諸波羅蜜枝; 其葉生時,令一切菩薩生長浄戒頭陀功德少欲知足葉; 其華生時,令一切菩薩具諸善根相好莊嚴華; 其果生時,令一切菩薩得無生忍,乃至一切佛灌頂忍果。佛子,如來智慧大藥王樹,唯於二處不能爲作生長利益: 所謂二乘墮於無爲廣大深阬,及壞善根非器衆生,溺大邪見貪愛之水。然亦於彼,曾無厭捨。佛子,如來智慧無有增減,以根善安住,生無休息故。佛子,是爲如來心第七相,諸菩薩摩訶薩,應如是知。

復次,佛子,譬如三千大千世界,劫火起時,焚燒一切草木叢林,乃至鐵圍山皆悉熾然,無有遺餘。佛子,假使有人手執乾草投彼火中,於意云何,得不燒不? 答言: 不也。佛子,彼所投草,容可不燒,如來智慧,分別三世一切衆生,一切國土,一切劫數,一切諸法,無不知者。若言不知,無有是處。何以故? 智慧平等,悉明達故。佛子,是爲如來心第八相,諸菩薩摩訶薩,應如是知。

復次,佛子,譬如風災壞世界時,有大風起,名曰散壞,能壞三千大千世界鐵圍山等,皆成碎末。復有大風,名爲能障; 周帀三千大千世界,障散壞風,不令得至餘方世界。佛子,若令無此能障大風,十方世界無不壞盡。如來應正等覺,亦復如是,有大智風,名爲能滅,能滅一切諸大菩薩煩惱習氣;有大智風,名爲巧持,巧持其根未熟菩薩,不令能滅;大智風輪,斷其一切煩惱習氣。佛子,若無如來巧持習氣,無量菩薩皆墮聲聞辟支佛地,由此智故,令諸菩薩超二乘地,安住如來究竟之位。佛子,是爲如來心第九相,諸菩薩摩訶薩,應如是知。

復次,佛子,如來智慧無處不至。何以故?無一衆生而不具有如來智慧,但以妄想顛倒執著,而不證得。若離妄想,一切智、自然智、無礙智,則得現前。佛子,譬如有大經卷,量等三千大千世界,書寫三千大千世界中事,一切皆盡。所謂書寫大鐵圍山中事,量等大鐵圍山;書寫大地中事,量等大地;書寫中千世界中事,量等中千世界;書寫小千世界中事,量等小千世界。如是,若四天下、若大海、若須彌山、若地天宫殿、若欲界空居天宫殿、若色界宫殿、若無色宫殿,一一書寫,其量悉等此大經卷。雖復量等大千世界,而全住在一微塵中,如一微塵。一切微塵,皆亦如是。時有一人,智慧明達,具足成就清淨天眼,見此經卷在微塵内,於諸衆生,無少利益,即作是念:我當以精進力破彼微塵,出此經卷,令得饒益一切衆生。作是念已,即起方便,破彼微塵,出此經卷①,令諸衆生普得饒益。如於一塵、一切微塵,應知悉然。佛子,如來智慧,亦復如是,無量無礙,普能利益一切衆生,具足在於衆生身中。但諸凡愚,妄想執著,不知不覺,不得利益。爾時,如來以無障礙,清淨智眼,普觀法界一切衆生,而作是言:奇哉奇哉!此諸衆生,云何具有如來智慧,愚癡迷惑,不知不見?我當教以聖道,令其永離妄想執著,自於身中得見如來廣大智慧,與佛無異。即教彼衆生修習聖道,令離妄想。離妄想已,證得如來無量智慧,利益安樂一切衆生。佛子,

① “經卷”,宋、南藏作“大經”。

是爲如來心第十相，諸菩薩摩訶薩，應如是知。佛子，菩薩摩訶薩，應以如是等無量無礙、不可思議廣大相，知如來應正等覺心。爾時，普賢菩薩摩訶薩欲重明此義，而說頌言：

欲知諸佛心，當觀佛智慧，佛智無依處，如空無所依。
衆生種種樂，及諸方便智，皆依佛智慧，佛智無依止。
聲聞與獨覺，及諸佛解脱，皆依於法界，法界無增減。
佛智亦如是，出生一切智，無增亦無減，無生亦無盡。
如水潛流地，求之無不得，無念亦無盡，功力徧十方。
佛智亦如是，普在衆生心，若有勤修行，疾得智光明。
如龍有四珠，出生一切寶，置之深密處，凡人莫能見。
佛四智亦然，出生一切智，餘人莫能見，唯除大菩薩。
如海有四寶，能飲一切水，令海不流溢，亦復無增減。
如來智亦爾，息浪除法愛，廣大無有邊，能生佛菩薩。
下方至有頂，欲色無色界，一切依虚空，虚空不分别。
聲聞與獨覺，菩薩衆智慧，皆依於佛智，佛智無分别。
雪山有藥王，名爲無盡根，能生一切樹，根莖葉華實。
佛智亦如是，如來種中生，既得菩提已，復生菩薩行。
如人把乾草，置之於劫燒，金剛猶洞然，此無不燒理。
三世劫與刹，及其中衆生，彼草容不燒，此佛無不知。
有風名散壞，能壞於大千，若無别風止，壞及無量界。
大智風亦爾，滅諸菩薩惑，别有善巧風，令住如來地。
如有大經卷，量等三千界，在於一塵内，一切塵亦然。
有一聰慧人，淨眼悉明見，破塵出經卷，普饒益衆生。
佛智亦如是，徧在衆生心，妄想之所纏，不覺亦不知。
諸佛大慈悲，令其除妄想，如是乃出現，饒益諸菩薩。

大方廣佛華嚴經卷第五十二

如來出現品第三十七之三

佛子,菩薩摩訶薩,應云何知如來應正等覺境界?佛子,菩薩摩訶薩,以無障無礙智慧,知一切世間境界,是如來境界。知一切三世境界,一切剎境界,一切法境界,一切衆生境界,真如無差別境界,法界無障礙境界,實際無邊際境界,虛空無分量境界,無境界境界,是如來境界。佛子,如一切世間境界無量,如來境界亦無量。如一切三世境界無量,如來境界亦無量。乃至如無境界境界無量,如來境界亦無量。如無境界境界一切處無有,如來境界亦如是,一切處無有。佛子,菩薩摩訶薩,應知心境界是如來境界,如心境界無量無邊,無縛無脫,如來境界亦無量無邊,無縛無脫。何以故?以如是如是思惟分別,如是如是無量顯現故。佛子,如大龍王隨心降雨,其雨不從内出,不從外出。如來境界,亦復如是,隨於如是思惟分別,則有如是無量顯現,於十方中悉無來處。佛子,如大海水,皆從龍王心力所起,諸佛如來一切智海,亦復如是,皆從如來往昔大願之所生起。佛子,一切智海無量無邊,不可思議,不可言說,然我今者略說譬諭,汝應諦聽。佛子,此閻浮提有二千五百河,流入大海;西拘那尼有五千河,流入大海;東弗婆提有七千五百河,流入大海;北鬱單越有一萬河,流入大海。佛子,此四天下,如是二萬五千河相續不絶,流入大海。於意云何,此水多不?答言:甚多。佛子,復有十光明龍王雨大海中,水倍過前;百光明龍王雨大海中,水復倍前。大莊嚴龍王、摩那斯龍王、雷震龍王、難陀跋難陀龍王、無量光明龍王、連霔①不斷龍王、大勝龍王、大奮迅龍王，如是等八十億諸大龍王，各雨大海，皆悉展轉倍過於前。娑竭羅龍王太子，名閻浮幢，雨大海中，水復倍前。佛子，十光明龍王宫殿中水，流入大海，復倍過前；百光明龍王宫殿中水，流入大海，復倍過前。大莊嚴龍王、摩那斯龍王、雷震龍王、難陀跋難陀龍王、無量光明龍王、連霔不斷龍王、大勝龍王、大奮迅龍王，如是等八十億諸大龍王宫殿各别，其中有水，流入大海，皆悉展轉倍過於前。娑竭羅龍王太子閻浮幢宫殿中水，流入大海，復倍過前。佛子，娑竭羅龍王連雨大海，水復倍前。其娑竭羅龍王宫殿之水，涌出入海，復倍於前。其所出水紺瑠璃色，涌出有時，是故大海潮不失時。佛子，如是大海，其水無量，衆寶無量，衆生無量，所依大地亦復無量。佛子，於汝意云何，彼大海爲無量不？答言：實爲無量，不可爲諭。佛子，此大海無量，於如來智海無量百分不及一，千分不及一，乃至優波尼沙陀分不及其一，但隨衆生心爲作譬諭，而佛境界，非譬所及。佛子，菩薩摩訶薩，應知如來智海無量，從初發心，修一切菩薩行不斷故；應知寶聚無量，一切菩提分法，三寶種不斷故；應知所住衆生無量，一切學無學、聲聞獨覺，所受用故；應知住地無量，從初歡喜地，乃至究竟無障礙地，諸菩薩所居故。佛子，菩薩摩訶薩，無入無量智慧，利益一切衆生故，於如來應正等覺境界，應如是知。爾時，普賢菩薩摩訶薩欲重明此義，而説頌言：

如心境界無有量，諸佛境界亦復然，如心境界從意生，佛境如是應觀察。

如龍不離於本處，以心威力霔大雨，雨水雖無來去處，隨龍心故悉充洽。

十力牟尼亦如是，無所從來無所去，若有淨心則現身，量等法境

① “霔”，三本俱作“澍”，次亦同。

入毛孔。

如海珍奇無有量，衆生大地亦復然，水性一味等無別，於中生者各蒙利。

如來智海亦如是，一切所有皆無量，有學無學住地人，悉在其中得饒益　。

佛子，菩薩摩訶薩，應云何知如來應正等覺行？佛子，菩薩摩訶薩，應知無礙行是如來行，應知真如行是如來行。佛子，如真如，前際不生，後際不動，現在不起，如來行亦如是，不生、不動、不起。佛子，如法界非量非無量無形故，如來行亦如是，非量非無量無形故。佛子，譬如鳥飛虛空，經於百年，已經過處，未經過處，皆不可量。何以故？虛空界無邊際故。如來行亦如是，假使有人經百千億那由他劫分別演說，已說未說，皆不可量。何以故？如來行無邊際故。佛子，如來應正等覺，住無礙行，無有住處，而能普爲一切衆生示現所行，令其見已，出過一切諸障礙道。佛子，譬如金翅鳥王，飛行虛空，迴翔不去，以清浄眼觀察海內諸龍宫殿，奮勇猛力，以左右翔鼓揚海水，悉令兩闢，知龍男女命將盡者，而搏取之。如來應正等覺金翅鳥王，亦復如是，住無礙行，以浄佛眼觀察法界諸宫殿中一切衆生，若曾種善根已成熟者，如來奮勇猛十力，以止觀兩翅鼓揚生死大愛水海，使其兩闢，而撮取之置佛法中，令斷一切妄想戲論，安住如來無分別無礙行。佛子，譬如日月，獨無等侶，周行虛空，利益衆生，不作是念：我從何來，而至何所？諸佛如來，亦復如是，性本寂滅，無有分別，示現遊行一切法界，爲欲饒益諸衆生故，作諸佛事，無所休息，不生如是戲論分別：我從彼來，而向彼去。佛子，菩薩摩訶薩，應以如是等無量方便，無量性相，知見如來應正等覺，所行之行。爾時，普賢菩薩欲重明此義，而說頌言：

譬如真如不生滅，無有方所無能見，大饒益者行如是，出過三世不可量。

法界非界非非界，非是有量非無量，大行德者行亦然，非量無量無身故。

如鳥飛行億千歲，前後虚空等無別，衆劫演説如來行，已説未説不可量。

金翅在空觀大海，闢水搏取龍男女，十力能拔善根人，令出有海除衆惑。

譬如日月遊虚空，臨照一切不分别，世尊周行於法界，教化衆生無動念。

佛子，諸菩薩摩訶薩，應云何知如來應正等覺成正覺？佛子菩薩摩訶薩，應知如來成正覺，於一切義無所觀察，於法平等，無所疑惑，無二無相，無行無止，無量無際，遠離二邊，住於中道，出過一切文字言説。知一切衆生心念所行，根性欲樂，煩惱染習。舉要言之，於一念中悉知三世一切諸法。佛子，譬如大海，普能印現四天下中。一切衆生色身形像，是故共説以爲大海。諸佛菩提，亦復如是，普現一切衆生心念，根性樂欲，而無所現，是故説名諸佛菩提。佛子，諸佛菩提，一切文字所不能宣，一切音聲所不能及，一切言語所不能説，但隨所應方便開示。佛子，如來應正等覺，成正覺時，得一切衆生量等身，得一切法量等身，得一切刹量等身，得一切三世量等身，得一切佛量等身，得一切語言量等身，得真如量等身，得法界量等身，得虚空界量等身，得無礙界量等身，得一切願量等身，得一切行量等身，得寂滅涅槃界量等身。佛子，如所得身，言語及心，亦復如是，得如是等無量無數清浄三輪。佛子，如來成正覺時，於其身中普見一切衆生成正覺，乃至普見一切衆生人涅槃，皆同一性，所謂無性、無何等性，所謂無相性、無盡性、無生性、無滅性、無我性、無非我性、無衆生性、無非衆生性、無菩提性、無法界性、無虚空性、亦復無有成正覺性。知一切法皆無性故，得一切智，大悲相續，救度衆生。佛子，譬如虚空，一切世界若成若壞，常無增減。何以故？虚空無生故。諸佛菩提，亦復如是，若成正覺不成正覺，亦無增減。何以故？菩提無相無非相，無一無種種故。佛子，假使有人能化作恒河沙等心，一一心復化作恒河沙等佛，皆無色無形無相。如是，盡恒河沙等劫，無有休息。佛子，於汝意云何，彼人化心化作如來，凡有幾何？如來性起妙德菩薩言：如我解於仁所説義，化與不化等無有别，云何問言凡有幾何？普賢菩薩言：善哉善哉！佛子，如汝所説，説一切衆生於一念中，悉成正覺與不成正覺，等無有異。何以故？菩薩無相故。若無有相，則無增無減。佛子，菩薩摩訶薩，應如是知，成等正覺，同於菩提，一相無相。如來成正覺時，以一相方便，入善覺智三昧。入已，於一成正覺廣大身，現一切衆生數等身，住於身中，如一成正覺廣大身。一切成正覺廣大身，悉亦如是。佛子，如來有如是等無量成正覺門，是故應知，如來所現身無有量，以無量故，説如來身爲無量界，等衆生界。佛子，菩薩摩訶薩，應知如來身一毛孔中，有一切衆生數等諸佛身。何以故？如來成正覺身，究竟無生滅故，故一毛孔徧法界，一切毛孔悉亦如是，當知無有少許處空無佛身。何以故？如來成正覺，無處不至故，隨其所能，隨其勢力，於道場菩提樹下師子座上，以種種身成等正覺。佛子，菩薩摩訶薩，應知自心念念，常有佛成正覺。何以故？諸佛如來不離此心成正覺故。如自心、一切衆生心，亦復如是，悉有如來成等正覺，廣大周徧，無處不有，不離不斷，無有休息，入不思議方便法門。佛子，菩薩摩訶薩，應如是知如來成正覺。爾時，普賢菩薩摩訶薩欲重明此義，而説頌言：

正覺了知一切法，無二離二悉平等，自性清淨如虚空，我與非我不分別。

如海印現衆生身，以此説其爲大海，菩提普印諸心行，是故説明爲正覺。

譬如世界有成敗，而於虛空不增減，一切諸佛出世間，菩提一相恒無相。

如人化心化作佛，化與不化性無異，一切衆生成菩提，成與不成無增減。

佛有三昧名善覺，菩提樹下入此定，放衆生等無量光，開悟羣品如蓮敷。

如三世劫刹衆生，所有心念及根欲，如是數等身皆現，是故正覺名無量。

佛子，菩薩摩訶薩，應云何知如應正等覺轉法輪？佛子，菩薩摩訶薩，應如是知，如來以心自在力，無起無轉而轉法輪，知一切法恒無起故；以三種轉斷所應斷而轉法輪，知一切法離邊見故；離欲際非際而轉法輪，入一切法虛空際故；無有言説而轉法輪，知一切法不可説故；究竟寂滅而轉法輪，知一切法涅槃性故；以一切文字、一切言語而轉法輪，如來音聲無故不至故；如聲如響而轉法輪，了於諸法真實性故；於一音中出一切音而轉法輪，畢竟無主故；無遺無盡而轉法輪，内外無著故。佛子，譬如一切文字語言，盡未來劫。説不可盡。佛轉法輪，亦復如是，一切文字，安立顯示，無有休息，無有窮盡。佛子，如來法輪悉入一切語言文字而無所住。譬如書字，普入一切事、一切語、一切算數、一切世間出世間處而無所住。如來音聲，亦復如是，普入一切處、一切衆生、一切法、一切業、一切報中。而無所住。一切衆生種種語言，皆悉不離如來法輪。何以故？言音實相，即法輪故。佛子，菩薩摩訶薩，於如來轉法輪，應如是知。復次，佛子，菩薩摩訶薩，欲知如來所轉法輪，應知如來法輪所出生處。何等爲如來法輪所出生處？佛子，如來隨一切衆生心行欲樂，無量差別，出若干音聲而轉法輪。佛子，如來應正等覺有三昧，名究竟無礙無畏。入此三昧已，於成正覺一一身一一口，各出一切衆生數等言音，一一音中衆音具足，各各差別。而轉法輪，令一切衆生皆生歡喜。能如是知轉法輪者，當知此人則爲隨順一切佛法，不如是知，則非隨順。佛子，諸菩薩摩訶薩，應如是知，佛轉法輪，普入無量衆生界故。爾時，普賢菩薩摩訶薩欲重明此義，而説頌言：

如來法輪無所轉，三世無起亦無得，譬如文字無盡時，十力法輪亦如是。

如字普入而無至，正覺法輪亦復然，入諸言音無所入，能令衆生悉歡喜。

佛有三昧名究竟，入此定已乃説法，一切衆生無有邊，普出其音令悟解。

一一音中復更演，無量言音各差別，於世自在無分別，隨其欲樂普使聞。

文字不從内外出，亦不失壞無積聚，而爲衆生轉法輪，如是自在甚奇特。

佛子，菩薩摩訶薩，應云何知如來應正等覺、般涅槃？佛子，菩薩摩訶薩，欲知如來大涅槃者，當須了知根本自性，如真如涅槃，如來涅槃亦如是；如實際涅槃，如來涅槃亦如是；如法界涅槃；如來涅槃亦如是；如虚空涅槃，如來涅槃亦如是；如法性涅槃，如來涅槃亦如是；如離欲際涅槃，如來涅槃亦如是；如無相際涅槃，如來涅槃亦如是；如我性際涅槃，如來涅槃亦如是；如一切法性涅槃，如來涅槃亦如是；如真如際涅槃，如來涅槃亦如是。何以故？涅槃無生無出故。若法無生無出，則無有滅。佛子，如來不爲菩薩説諸如來究竟涅槃，亦不爲彼示現其事。何以故？爲欲令見一切如來常住其前,於一念中見過去未來。一切諸佛,色相圓滿,皆如現在,亦不起二不二想。何以故?菩薩摩訶薩永離一切諸想著故。佛子,諸佛如來爲令衆生生欣樂故,出現於世;欲念衆生生戀慕故,示現涅槃。而實如來,無有出世,亦無涅槃。何以故?如來常住清净法界,隨衆生心示現涅槃。佛子,譬如日出,普照世間,於一切净水器中影無不現,普徧衆處而無來往,或一器破,便不現影。佛子,於汝意云彼影不現,爲日咎不?答言:不也。但由器壞,非日有咎。佛子,如來智日,亦復如是,普現法界,無前無後,一切衆生净心器中,佛無不現。心器常净,常見佛生,若心濁器破,則不得見。佛子,若有衆生,應以涅槃而得度者,如來則爲示現涅槃,而實如來,無生無歿,無有滅度。佛子,譬如火大,於一切世間能爲火事;或時一處,其火息滅。於意云何,豈一切世間火皆滅耶?答言:不也。佛子,如來應正等覺,亦復如是,於一切世界,施作佛事,或於一世界,能事已畢,示入涅槃。豈一切世界,諸佛如來悉皆滅度?佛子,菩薩摩訶薩,應如是知如來應正等覺,大般涅槃。復次,佛子,譬如幻師,善明幻術,以幻術力,於三千大千世界、一切國土、城邑聚落示現幻身,以幻力持,經劫而住,然於餘處,幻事已訖,隱身不現。佛子,於汝意云何,彼大幻師,豈於一處隱身不現,便一切處皆隱滅耶?答言:不也。佛子,如來應正等覺,亦復如是,善知無量智慧方便,種種幻術,於一切法界普現其身,持令常住,盡未來際。或於一處,隨衆生心所作事訖,示現涅槃,豈以一處示入涅槃,便謂一切悉皆滅度?佛子,菩薩摩訶薩,應如是知如來應正等覺大般涅槃。復次,佛子,如來應正等覺、示涅槃時,入不動三昧。入此三昧已,於一一身各放無量百千億那由他大光明,一一光明各出阿僧祇蓮華,一一蓮華各有不可説妙寶華蘂,一一華蘂有師子座,一一座上皆有如來結跏趺坐,其佛身數正與一切衆生數等,皆具上妙功德莊嚴,從本願力之所生起。若有衆生善根熟者，見佛身已，則皆受化。然彼佛身，盡未來際究竟安住，隨宜化度一切衆生，未曾失時。佛子，如來身者，無有方處，非實非虚，但以諸佛本誓願力，衆生堪度，則便出現。菩薩摩訶薩，應如是知如來應正等覺、大般涅槃。佛子，如來住於無量無礙究竟法界、虚空界、真如法性、無生無滅、及以實際，爲諸衆生隨時示現本願持故，無有休息，不捨一切衆生、一切刹、一切法。爾時，普賢菩薩摩訶薩欲重明此義，而説頌言：

如日舒光照法界，器壞水漏影隨滅，最勝智日亦如是，無生無信見涅槃。

如火世間作火事，於一城邑或時息，人中最勝徧法界，化事訖處示終盡。

幻師現身一切刹，能事畢處則便謝，如來化訖亦復然，於餘國土常見佛。

佛有三昧名不動，化衆生訖入此定，一念身放無量光，光出蓮華華有佛。

佛身無數等法界，有福衆生所能見，如是無數一一身，壽命莊嚴皆具足。

如無生性佛出興，如無滅性佛涅槃，言辭譬諭悉皆斷，一切義成無與等。

佛子，菩薩摩訶薩，應云何知於如來應正等覺，見聞親近，所種善根？佛子，菩薩摩訶薩，應知於如來所，見聞親近，所種善根，皆悉不虚，出生無盡覺慧故，離於一切障難故，決定至於究竟故，無有虚誑故，一切願滿故，不盡有爲行故，隨順無爲智故，生諸佛智故，盡未來際故，成一切種勝行故，到無功用智地故。佛子，譬如丈夫，食少金剛，終竟不消，要穿其身，出在於外。何以故？金剛不與肉身雜穢而同止故，於如來所種少善根，亦復如是，要穿一切有爲諸行煩惱身過，到於無爲究竟智處。何以故？此少善根不與有爲諸行煩惱而共住故。佛子，假使乾草積同須彌，投火於中，如芥子許，必皆燒盡。何以故？火能燒故。於如來所種少善根，亦復如是，必能燒盡一切煩惱，究竟得於無餘涅槃。何以故？此少善根，性究竟故。佛子，譬如雪山有藥王樹，名曰善見，若有見者，眼得清淨，若有聞者，耳得清净若，有齅者，鼻得清浄，若有嘗者，舌得清浄，若有觸者，身得清浄。若有衆生取彼地土，亦能爲作除病利益。佛子，如來應正等覺無上藥王，亦復如是，能作一切饒益衆生。若有得見如來色身，眼得清浄；若有得聞如來名號，耳得清浄；若有得齅如來戒香，鼻得清浄；若有得嘗如來法味，舌得清浄，具廣長舌，解語言法；若有得觸如來光者，身得清浄，究竟獲得無上法身；若於如來生憶念者，則得念佛三昧清浄；若有衆生供養如來，所經土地及塔廟者，亦具善根，滅除一切諸煩惱患，得賢聖樂。佛子，我今告汝，設有衆生見聞於佛，業障纏覆，不生信樂，亦種善根，無空過者，乃至究竟入於涅槃。佛子，菩薩摩訶薩，應如是知，於如來所見聞親近，所種善根悉離一切諸不善法，具足善法。佛子，如來以一切譬諭説種種事，無有譬諭能説此法。何以故？心智路絶，不思議故。諸佛菩薩，但隨衆生心令其歡喜，爲説譬諭，非是究竟。佛子，此法門名爲如來祕密之處，名一切世間所不能知，名入如來印，名開大智門，名示現如來種性，名成就一切菩薩，名一切世間所不能壞，名一向隨順如來境界，名能浄一切諸衆生界，名演説如來根本實性不思議究竟法。佛子，此法門如來不爲餘衆生説，唯爲趣向大乘菩薩説，唯爲乘不思議乘菩薩説。此法門不入一切餘衆生手，唯除諸菩薩摩訶薩。佛子，譬如轉輪聖王所有七寶，因此寶故，顯示輪王，此寶不入餘衆生手，唯除第一夫人所生太子，具足成就聖王相者。若轉輪王無此太子具衆德者，王命終後，此諸寶等，於七日中悉皆散滅。佛子，此經珍寶，亦復如是，不入一切餘衆生手，唯除如來法王真子，生如來家、種如來相、諸善根者。佛子，若無此等佛之真子，如是法門，不久散滅。何以故？一切二乘不聞此經，何況受持讀誦書寫，分別解說。唯諸菩薩，乃能如是。是故菩薩摩訶薩，聞此法門，應大歡喜，以尊重心恭敬頂受。何以故？菩薩摩訶薩，信樂此經，疾得阿耨多羅三藐三菩提故。佛子，設有菩薩於無量百千億那由他劫行六波羅蜜，修習種種菩提分法，若未聞此如來不思議大威德法門，或時聞已，不信不解，不順不入，不得名爲真實菩薩，以不能生如來家故。若得聞此如來無量不可思議、無障無礙智慧法門，聞已信解，隨順悟入，當知此人生如來家，隨順一切如來境界，具足一切諸菩薩法，安住一切種智境界，遠離一切諸世間法，出生一切如來所行，通達一切菩薩法性，於佛自在，心無疑惑，住無師法，深入如來無礙境界。佛子，菩薩摩訶薩，聞此法已，則能以平等智知無量法，則能以正直心離諸分別，則能以勝欲樂現見諸佛，則能以作意力入平等虚空界，則能以自在念行無邊法界，則能以智慧力具一切功德，則能以自然智離一切世間垢，則能以菩提心入一切十方網，則能以大觀察知三世諸佛同一體性，則能以善根迴向智普入如是法，不入而入，不於一法而有攀緣，恒以一法觀一切法。佛子，菩薩摩訶薩，成就如是功德，少作功力，得無師自然智。爾時，普賢菩薩摩訶薩欲重明此義，而說頌言：

見聞供養諸如來，所得功德不可量，於有爲中終不盡，要滅煩惱離衆苦。

譬人吞服少金剛，終竟不消要當出，供養十力諸功德，滅惑必至金剛智。

如乾草積等須彌，投芥子火悉燒盡，供養諸佛少功德，必斷煩惱至涅槃。

雪山有藥名善見，見聞齅觸消衆疾，若有見聞於十力，得勝功德到佛智。

爾時，佛神力故，法如是故，十方各有十不可説百千億那由他世界六種震動。所謂東涌西没，西涌東没，南涌北没，北涌南没，邊涌中没，中涌邊没。十八相動：所謂動、徧動、等徧動，起、徧起、等徧起，涌、徧涌、等徧涌，震、徧震、等徧震，吼、徧吼、等徧吼，擊、徧擊、等徧擊。雨出過諸天，一切華雲、一切蓋雲、幢雲幡雲、香雲、鬘雲、塗香雲、莊嚴具雲、大光明摩尼寶雲、諸菩薩讚歎雲、不可説菩薩各差别身雲、雨成正覺雲、嚴浄不思議世界雲、雨如來言語音聲雲，充滿無邊法界。如此四天下，如來神力如是示現，令諸菩薩皆大歡喜，周徧十方一切世界，悉亦如是。是時十方，各過八十不可説百千億那由他佛刹微塵數世界外，各有八十不可説百千億那由他佛刹數如來，同名普賢，皆現其前，而作是言：善哉，佛子！乃能承佛威力，隨順法性，演説如來出現不思議法。佛子，我等十方八十不可説百千億那由他佛刹微塵數，同名諸佛，皆説此法。如我所説，十方世界，一切諸佛，亦如是説。佛子，今此會中，十萬佛刹微塵數菩薩摩訶薩，得一切菩薩神通三昧，我等皆與授記，一生當得阿耨多羅三藐三菩提。佛刹微塵數衆生發阿耨多羅三藐三菩提心，我等亦與授記，於當來世經不可説佛刹微塵數劫，皆得成佛，同號佛殊勝境界。我等爲令未來諸菩薩聞此法故，皆共護持如此四天下所度衆生，十方百千億那由他無數無量，乃至不可説不可説法界虚空等，一切世界中所度衆生，皆亦如是。爾時，十方諸佛威神力故，毗盧遮那本願力故，法如是故，善根力故，如來起智不越念故，如來應緣不失時故，隨時覺悟諸菩薩故，往昔所作無失壞故，令得普賢廣大行故，顯現一切智自在故，十方各過十不可説百千億那由他佛刹微塵數世界外，各有十不可説百千億那由他佛刹微塵數菩薩來詣於此,充滿十方一切法界,示現菩薩廣大莊嚴,放大光明網,震動一切十方世界,壞散一切諸魔宮殿,消滅一切諸惡道苦,顯現一切如來威德,歌詠讚歎如來無量差別功德法,普雨一切種種雨,示現無量差別身,領受無量佛法。以佛神力,各作是言:善哉,佛子!乃能說此如來不可壞法。佛子,我等一切皆名普賢,各從普光明世界、普幢自在如來所而來於此,彼一切處亦說是法,如是文句,如是義理,如是宣說,如是決定,皆同於此,不增不減。我等皆以佛神力故,得如來法故,來詣此處,爲汝作證。如我來此,十方等虛空徧法界,一切世界,諸四天下,亦復如是。爾時,普賢菩薩承佛神力,觀察一切菩薩大衆,欲重明如來出現廣大威德,如來正法不可沮壞,無量善根皆悉不空,諸佛出世必具一切最勝之法,善能觀察諸衆生心,隨應說法,未曾失時,生諸菩薩無量法光,一切諸佛無量法光,一切諸佛自在莊嚴,一切如來一身無異,從本大行之所生起,而說頌言:

一切如來諸所作,世間譬諭無能及,爲令衆生得悟解,非諭爲諭而顯示。

如是微密甚深法,百千萬劫難可聞,精進智慧調伏者,乃得聞此祕奧義。

若聞此法生欣慶,彼曾供養無量佛,爲佛加持所攝受,人天讚歎常供養。

此爲超世第一財,此能救度諸羣品,此能出生清浄道,汝等當持莫放逸。

（據日本弘教書院刊縮册藏經本）

索　引

説　明

一、索引包括人名索引和文獻索引兩部分，各自按音序排列，採用"册數/頁碼"的方式表示各詞條所在頁碼。如"阿底峽 7/73"，表示阿底峽在第 7 册第 73 頁。

二、人名索引只收録與佛教有直接關聯的人名，包括中外僧俗信徒、反佛人士、佛經原典中出現的人物，以及其他的與佛教有關之歷史活動、思想爭鳴的參與者。凡作爲背景人物出現、與佛教無涉者，概不收録。

三、人名稱呼不一而實際爲一人者，以正式或通行的名字作詞條，把書中出現的字號、别號、封號、謚號、地名（駐錫地或籍貫）、僧人俗姓、宗派系譜、外來僧人的不同譯名等異稱，以括注形式附於詞條之後，各異稱不再單獨編録；如慧能分别被稱作"大鑒禪師"（謚號）、"曹溪"（駐錫地）、"老盧"（俗姓）、"六祖"（宗派系譜）等，懷海、從諗多被分别稱作"百丈"、"趙州"（駐錫地），鳩摩羅什有時以漢譯名"童壽"指稱等，此類異稱一概括注顯示。凡根據上下文簡明易辨的簡稱，不予括注，直接編示所在頁碼，如鳩摩羅什之稱"什"、玄奘之稱"奘"等。限於編者學力，無法考證出正式或通行名字的人物，照原文編録。

四、佛陀的各種稱謂，如釋迦牟尼、如來、能仁、瞿曇、善逝等，各自單列，不做歸併處理。

五、同名的人物，則括注朝代、地名或宗派等内容加以區分。

六、文獻索引只收録與佛教有關的文獻名稱，凡在書中僅作爲思想資源而被利用的與佛教無關的文獻不再收録；佛經只收經名，佛經中的各品名不予收録。書中的文獻名多用簡稱，索引中一般録以通行名稱，個别無法斷定者，一仍原文。

七、索引詞條只收全書十册正文中的人名和書名，"簡介"中出現的人名和書名，以及以版本形式出現的書名概不收録。

人名索引

A

B

D

G

J

L

N

Q

S

T

W

X

Z

文獻索引

A

B

C

E

F

G

H

J

K

L

N

Q

R

S

X

Y

Z